U0152891

千華數位文化

信託業務專業測驗應試須知

辦理依據

依據信託業負責人應具備資格條件暨經營與管理人員應具備信託專門學識或經驗準則第16條第1項第1款規定：「信託業業務人員應具備之信託專門學識或經驗之一：一、參加信託業商業同業公會或其認可之金融專業訓練機構舉辦之信託業務專業測驗，持有合格證書」，經中華民國信託業商業同業公會認可並委託辦理本測驗。

報名資格

一、教育行政主管機關認可之高中或高職以上學校畢業者。

二、普通考試或相當普通考試以上之特種考試及格者。

三、教育行政主管機關認可之高中、高職學力鑑定考試及格並取得資格證明書者。

註：具有大學、獨立學院、三年制或二年制專科學校一年級以上肄業或五年制專科學校四年級以上肄業有證明文件者，視同高級中學畢業。

測驗地點與時間

一、地點：分為台北、台中、台南及高雄等四個考區，應考人可擇一報考。

二、測驗時間及科目：

節次	測驗科目	預備	時間	測驗題數	測驗題型及方式
第一節	信託法規	8:30	8:40～9:40	50題	四選一單選題 採答案卡作答
第二節	信託實務	10:20	10:30～12:00	80題	

測驗科目與內容

科目	內容	
信託法規 (100%)	1. 信託法 3. 信託業法施行細則 5. 相關行政規章與函令	2. 信託業法 4. 信託相關稅制
信託實務 (100%)	1. 金錢信託 3. 有價證券信託 5. 保管銀行業務	2. 不動產信託 4. 金融資產證券化 6. 其他相關信託實務

合格標準

本項測驗二科總分達140分爲合格，其中任何一科不得低於60分。

應考注意事項

一、應考人須持貼有照片之身分證件正本，未攜帶者，一律不得入場參加測驗。

二、本項測驗禁止使用電子計算機；若經勸阻無效，仍執意使用者，該科扣10分，並由監試人員代爲保管至該節測驗結束後歸還。

三、測驗期間嚴禁攜帶行動電話或其他具可傳輸、掃描或交換或儲存資料功能之電子通訊器材進入試場，違者該科以零分計。

四、本項測驗通過人員，不得要求本院分發至金融機構服務或向各金融機構推介。

（本項測驗公告如有變動，以各期測驗簡章爲準）

千華數位文化股份有限公司
新北市中和區中山路三段136巷10弄17號
TEL: 02-22289070　FAX: 02-22289076

目次

Unit 4

受託人

Unit 5

信託監督與信託關係之消滅

Unit 6

公益信託制度

第二篇 信託業法重點整理

Unit 1

信託業與信託業務的發展與法制

Unit 2 信託業之組織、設立及其他相關調整問題

Unit 3 信託業利害關係人的交易及限制

Unit 4 信託業應遵守的基本義務與責任

Unit 5 信託業的業務範圍

Unit 6 信託業的監督與管理

Unit 7 信託業的風險管理

第三篇 信託相關稅制

Unit 1 信託與課稅關係

Unit 2 信託財產課稅規範

第四篇 信託實務重點整理

Unit 1 特定金錢信託

Unit 2 企業員工持股信託

Unit 3 有價證券信託

Unit 4 不動產信託

Unit 5

金融資產證券化

Unit 6

保管銀行業務

Unit 7

信託資金集合管理運用帳戶

第五篇 歷屆試題與解析

本書緣起

信託在國際間的發展已經盛行已久，國內信託相關法規與業務的拓展，隨著時代的演進與成長，逐漸為國人瞭解與接受，並在主管機關的監管下，形成大眾所接受的財產管理工具，尤其在國內金融證券保險業務的蓬勃發展下成為極富彈性且具靈活創新的財富管理工具。也由於信託的法令與業務重點式建立於信賴與託付的關係下的重要依據，在信託的過程與執行中，受託人就必須要取得委託人的信任，將財產託付時或移轉處分的執行交給受託人管理與依信託約定運用之，最終達成委託人所約定要求的信託目的，因此委託人對受託人的認識、瞭解與選擇，將是決定委託人本身對信託目的最終執行結果是否符合需求的最重要因素。

在辦理信託相關業務規範與金融、證券、保險信託商品的設計過程中，應以信託法與信託業法兩大法令為建構基礎，因此信託業在辦理信託業務時，如果只是單純以各自法條來解讀或背誦起來，可能不易於理解。參考書目係依據台灣金融研訓院所出版「信託法制」及「信託實務」二本書的內容與說明，特別提醒其中信託業法，係以規範受託人為主要的法令規範。換言之，當從業人員在閱讀過程中就必須充分理解信託業者亦即各欲從事信託業務的服務人員在擔任受託人的角色時，所應承擔的義務及應注意遵循的相關規範責任，如未能充分瞭解委託人與受託人之間的關係與立場，就有可會有委託人被誤導或解讀不清楚的問題發生。所以主管機關對於信託業者的從業人員，要求必須先經過專業測驗，並在開始進行信託業務執行之前，完成職前訓練，及依執行業務的工作階層完成每三年一定時數的在職訓練，以期達到提昇信託業從業人員之專業能力的規範，如此才能有效將委託人的信賴與託付，得到受託人所提供的最佳專業財富管理服務與妥善運用信託財產管理之效。

本書係依據台灣金融研訓院所出版的「信託法制」及「信託實務」二本書為基礎，將重點歸納整理後，讓欲面對信託業務人員證照考試或對信託有興趣的讀者容易理解與為測驗做準備。信託法規重點在信託法及信託業法，信託法規的部分相對於信託實務的部分較為簡單，因此是考試時取得高分的重點科目，特別是在歷屆考古題的閱讀時，配合法規，加強理解與記憶會是取得高分的重點。至於信託實務的部分，因業務內容說明著重各類信託商品的解釋與規範各自獨立，不易理解。特別容易在法規內與與解讀上有新增、修改或刪除調整的情形發生，因此，本書就信託實務的整理資料以系統性重點整理提醒與歸納，協助各位讀者在理解信託業務內容時，輔以考古題的解釋，對信託業法的瞭解有相當的助益與幫助。

參考書目

1. 信託法規與稅制， 財團法人台灣金融研訓院，2016年10月。
2. 信託原理與實務，財團法人台灣金融研訓院，2016年10月。
3. 信託業務總整理，財團法人台灣金融研訓院，2015年10月。
4. 金融監督管理委員會, 官網: http://www.fsc.gov.tw/
5. 金融監督管理委員會銀行局, 官網: http://www.banking.gov.tw/
6. 金融監督管理委員會證期局, 官網: http://www.sfb.gov.tw/
7. 中央銀行, 官網: http://www.cbc.gov.tw/
8. 財政部稅務入口網，官網: http://www.etax.nat.gov.tw/
9. 財政部臺北國稅局，官網: http://www.ntbt.gov.tw/etwmain/
10. 中華民國信託商業同業公會, 官網: http://www.trust.org.tw/
11. 中華民國銀行公會, 官網: http://www.ba.org.tw/
12. 中華民國證券投資信託暨顧問商業同業公會，官網: http://www.sitca.org.tw/
13. 中華民國證券商業同業公會, 官網: http://www.csa.org.tw/
14. 中華民國期貨業商業同業公會，官網: http://www.futures.org.tw/
15. 全國法規資料庫, 官網: http://law.moj.gov.tw/

第一篇 信託法重點整理

信託之意義與分類

依據出題頻率區分，屬：**A** 頻率高

課綱概要

- 信託之意義與分類
  - 信託發展歷史
    - 信託的起源
    - 我國信託發展與近況
    - 信託歷史演進簡歷
  - 信託法理的重要規範與觀念
    - 信託關係存在之要件
    - 信託定義
    - 信託成立之法則
      - 信託設立意圖（words）
      - 信託標的（subject-matter）
      - 受益人（objects）
    - 信託之無效或得撤銷
    - 信託財產之追及
  - 信託法的特殊性
    - 信託法之法理基礎
    - 我國信託法是需要結合其他相關法律，才具有執行效力
  - 信託的方法
    - 信託架構
    - 信託的主要約定方法
  - 信託行為
    - 信託行為規範原則
    - 信託登記對抗之公示原則
    - 信託行為的適法原則
    - 信託行為之消滅或撤銷
  - 信託分類的說明
    - 依信託設立之「目的」與「關係」
    - 依信託設立時的「財產屬性」來歸類

課前導讀

本章是解釋信託法的發展、基本要義與架構，讀者應就本章節的內容充分瞭解，以便在針對考題所衍生出來的問題與概念能有效理解回答，同時對後續章節的說明與提示能有所記憶。

壹 信託發展歷史 重要度★

一、信託的起源

(一) 信託（Trust）起源於英國的USE（用益）制度。

(二) 近代信託法理發展，約可分為4期：

第1期：13世紀至15世紀前半USE制度形成，屬於習慣及道德時期。

第2期：15世紀中葉至「用益法」（Statute of Uses，1535）頒布前，屬於USE受益人權利受「衡平法」保護時期。

第3期：「用益法」施行後至17世紀初，受益人權益改為「普通法」的保護時期。

第4期：17世紀初至20世紀前半，USE轉為TRUST，成為獨特法制度時期。

(三) 日本為東方最早於18世紀開始引入英美信託制度的大陸法系國家。

二、我國信託發展與近況

(一) 我國信託法及信託業法分別制訂頒布於1996年1月及2000年7月開始生效實施。而自信託業法完成立法迄今，我國尚無依該法申請設立之信託公司。

(二) 截至2021年12月31日止，國內兼營信託業務的金融機構計共有55家，銀行兼營者有43家，信用合作社兼營者有1家及證券商兼營者有11家。其中

1. 得經營金錢之信託者，共55家。
2. 得經營有價證券信託者，共46家。

3.得經營保管業務者，共41家。

4.得經營辦理擔任有價證券簽證人業務者，共39家。

5.得經營辦理金錢債權及其擔保物權之信託者，共35家。

6.得經營經提供有價證券發行、募集之顧問服務業務者，共39家。

7.得經營不動產信託業務者，共36家。

(三)於2018年首次進行洗錢及資恐之國家風險評估，擬訂風險導向之防制洗錢及打擊資恐政策，以因應亞太防制洗錢組織11月間對台第三輪相互評鑑；主管機關就信託業防制洗錢及打擊資恐相關規範擬英譯版本，擬具防制洗錢及打擊資恐注意事項範本問答集提供信託會員研讀，並將防制洗錢納入從業人員教育訓練課程。

(四)基於2018年已正式步入高齡老年化社會型態，依據國家發展委員會統計至110年台灣65歲以上之人口已超過16%，推估預計到2026年台灣老年人口將超過20%，邁入超高齡社會；配合金管會發展高齡化金融商品與服務，信託公會除持續推動高齡者及身心障礙者財產信託外；同時鼓勵各金融機構以信託方式開發高齡者安養住宅，成功發展出運用信託機制提供安養設施業者從籌資規劃到營運，與高齡者財產保全與運用一條龍整合服務具體個案，並辦理相關宣導建立業務模式；此外，推動建立監護信託制度，藉由信託制度使受監護人能獲得更佳之照顧，可使信託制度照顧弱勢之效益更為擴大，也因此推出『安養信託2.0』。

(五)對於國民平均壽命持續延長，如何達到累積足夠退休準備計畫已是每個人迫切且重要的課題。再者現行基於社會保險或法定應提撥的退休金，已面臨破產風險與提撥比率不足的潛在問題，就此『員工福利儲蓄信託』的推動也因應而生，藉由『信託2.0』開啟自我掌控的退休規劃。

(六)針對台灣中小企業占全體企業近98%，中小企業多以家族型態為主，如何使家族資產能順利跨代傳承為重要議題；參考國外經驗，家族信託可鞏固家族企業經營權，明確分配權利，避免家族紛爭，達到財富傳承的目的；為使國人能在國內安排家族信託進而臺灣企業順利傳承經營，主管機關因應市場需求，在『信託2.0』的推動下研議出符合我國現行法制架構下的家族信託業務模式，並取得金融專利，希望透過信託業的參與，協助台灣企業的永續經營根留臺灣。

三、信託歷史演進簡歷

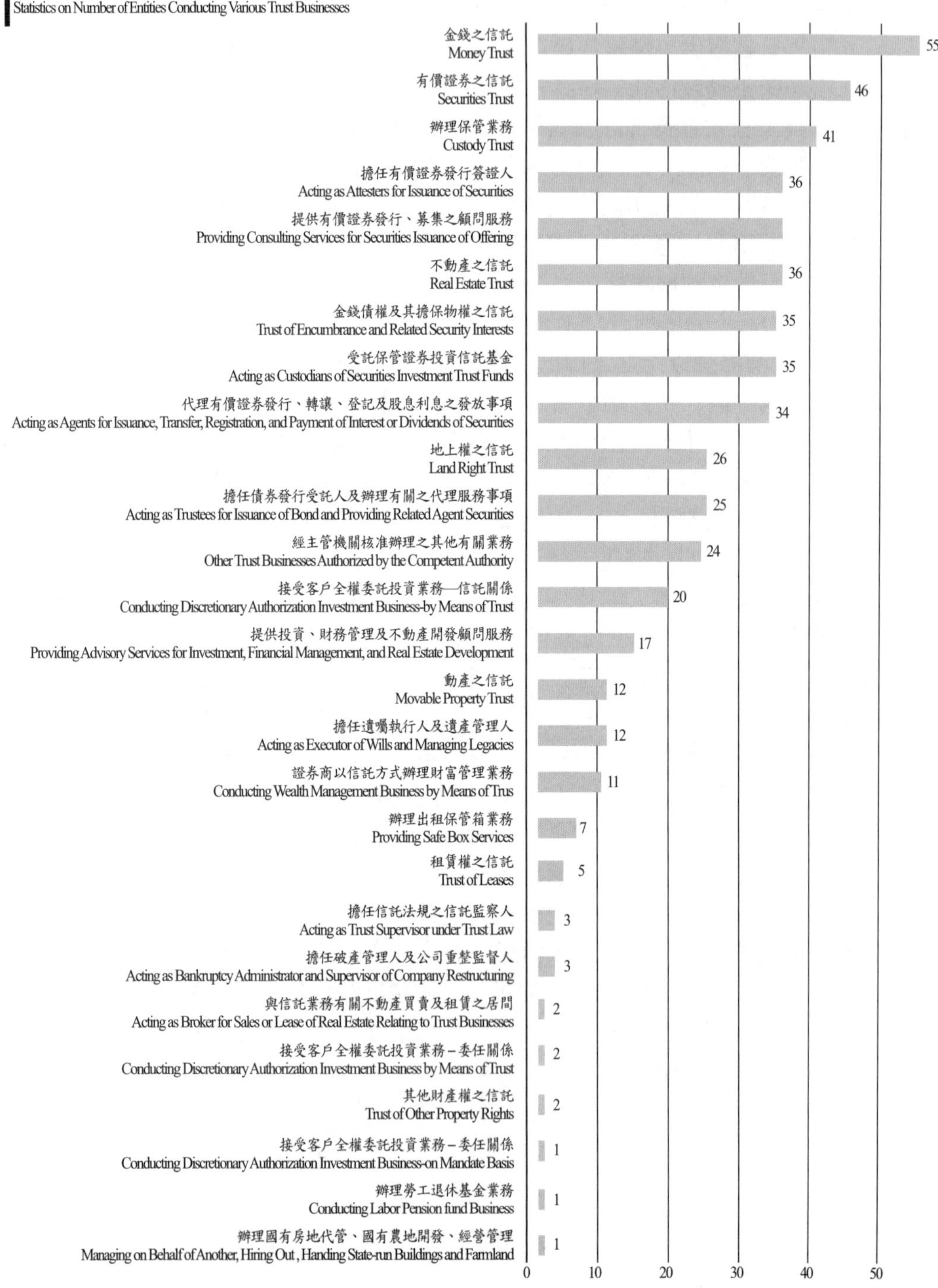

110年各項信託業務承辦家數統計
Statistics on Number of Entities Conducting Various Trust Businesses
金錢之信託
Money Trust
55
有價證券之信託
Securities Trust
46
辦理保管業務
Custody Trust
41
擔任有價證券發行簽證人
Acting as Attesters for Issuance of Securities
36
提供有價證券發行、募集之顧問服務
Providing Consulting Services for Securities Issuance of Offering
不動產之信託
Real Estate Trust
36
金錢債權及其擔保物權之信託
Trust of Encumbrance and Related Security Interests
35
受託保管證券投資信託基金
Acting as Custodians of Securities Investment Trust Funds
35
代理有價證券發行、轉讓、登記及股息利息之發放事項
Acting as Agents for Issuance, Transfer, Registration, and Payment of Interest or Dividends of Securities
34
地上權之信託
Land Right Trust
26
擔任債券發行受託人及辦理有關之代理服務事項
Acting as Trustees for Issuance of Bond and Providing Related Agent Securities
25
經主管機關核准辦理之其他有關業務
Other Trust Businesses Authorized by the Competent Authority
24
接受客戶全權委託投資業務—信託關係
Conducting Discretionary Authorization Investment Business-by Means of Trust
20
提供投資、財務管理及不動產開發顧問服務
Providing Advisory Services for Investment, Financial Management, and Real Estate Development
17
動產之信託
Movable Property Trust
12
擔任遺囑執行人及遺產管理人
Acting as Executor of Wills and Managing Legacies
12
證券商以信託方式辦理財富管理業務
Conducting Wealth Management Business by Means of Trus
11
辦理出租保管箱業務
Providing Safe Box Services
7
租賃權之信託
Trust of Leases
5
擔任信託法規之信託監察人
Acting as Trust Supervisor under Trust Law
3
擔任破產管理人及公司重整監督人
Acting as Bankruptcy Administrator and Supervisor of Company Restructuring
3
與信託業務有關不動產買賣及租賃之居間
Acting as Broker for Sales or Lease of Real Estate Relating to Trust Businesses
2
接受客戶全權委託投資業務－委任關係
Conducting Discretionary Authorization Investment Business by Means of Trust
2
其他財產權之信託
Trust of Other Property Rights
2
接受客戶全權委託投資業務－委任關係
Conducting Discretionary Authorization Investment Business-on Mandate Basis
1
辦理勞工退休基金業務
Conducting Labor Pension fund Business
1
辦理國有房地代管、國有農地開發、經營管理
Managing on Behalf of Another, Hiring Out , Handing State-run Buildings and Farmland
1
0
10
20
30
40
50

信託業主要業務辦理概況統計
Statistics of Major Businesses of Trust Enterprises

年度-季 / 金額 / 業務別	107年度	108年度	109年度	110年度	109 vs 110 年度 增(減)幅%
金錢之信託(不含證投信、期信基金保管)	4,355,624	4,541,328	4,707,245	5,060,876	8
金錢之信託-證券投資信託基金保管	2,658,328	3,861,262	4,255,749	4,748,214	12
金錢之信託-期貨信託基金保管	23,394	39,812	59,307	25,493	(57)
金錢債權及其擔保物權之信託	9,333	11,217	6,300	6,315	0
有價證券之信託	297,086	283,104	279,169	161,697	(42)
動產之信託	7,020	14,372	0	0	0
不動產之信託	785,323	870,382	959,175	1,095,495	14
其它信託業務	9,689	9,714	8,547	8,947	5
合計	8,145,797	9,631,191	10,275,492	11,107,037	8

各項主要業務比率
The Rations of Volumes of Major Trust Business

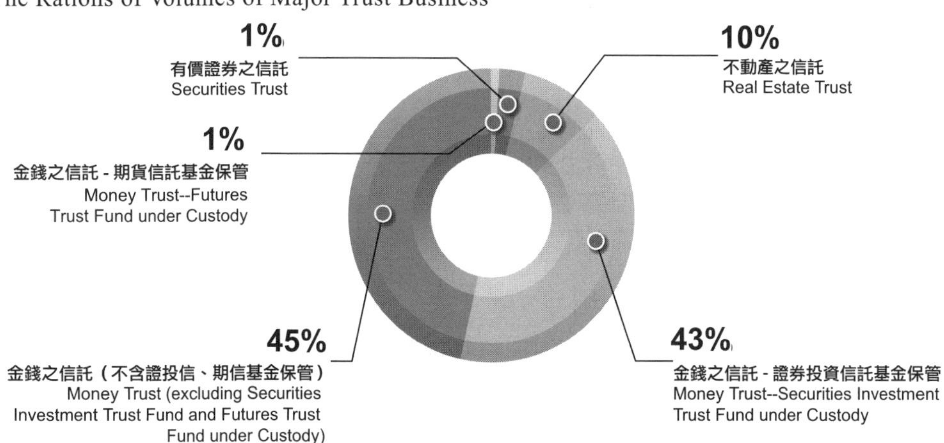

資料來源：中華民國信託同業公會110年年報

貳 信託法理的重要規範與觀念 重要度★★

一、信託關係存在之要件

受讓財產權之人負有下列衡平法上義務者，即有信託關係之存在：

(一) 財產受讓人係為他人之利益，或為包括自己在內之數人之利益，或為一個或數個公益之目的，而不能僅為自己個人（即受託人）之利益，領有財產權者。

(二) 財產所有人領有及使用財產權，係依他人之決定，惟在管理處分之際，得行使裁量權者。

二、信託定義

依信託法第1條稱信託者，謂委託人將財產權移轉或為其他處分，使受託人依信託本旨，為受益人之利益或為特定之目的，管理或處分信託財產之關係。

三、信託成立之法則

決定信託是否成立，須視其有否符合下列三項法則：

確定性法則	說明
信託設立意圖（words）	意即信託目的必須具體確定，反之，委託人對於信託意欲實現之內容，無具體而明確之表示者，信託無由成立；其以清償債務為目的，將財產權移轉於債權人者，非為信託。
信託標的（subject-matter）	意即信託財產必須是確定的標的物，反之，信託之標的非為委託人有權處分之財產權，或委託人欲信託之財產權不明確者，信託不能成立。
受益人（objects）	意即受益人必須是可以確定的，反之，受益人原則上並不以信託成立時存在或特定為必要條件，但必須是可得且確定。惟此原則並不適用於公益信託。

四、信託之無效或得撤銷

當下列信託行為發生時，則信託契約將被視為無效或不成立：

(一) 信託之設立係為遂行犯罪或民事上之不法行為者，其信託無效。

(二) 信託之目的違反公序良俗者，無效。

(三) 受強暴、脅迫、詐欺，或因錯誤而設立之信託，委託人得撤銷之。
(四) 委託人在設立信託後破產者，其破產管理人得依法撤銷信託。

五、信託財產之追及（following trust property）

(一) 受託人違反信託本旨處分信託財產時，受益人得對信託財產行使追及權，但對於善意之有償取得者（bona fide purchaser for value），不得主張之。
(二) 受託人違法處分信託財產所取得之財產權，受益人得對之主張構成信託之成立，追及該信託財產之代位物（即上揭因信託財產之處分取得之物）。

〔牛刀小試〕

( ) **1** 契約信託之委託人須將財產權移轉或設定他項權利予下列何者，信託始能成立？ (A)委託人 (B)受託人 (C)受益人 (D)信託監察人。 【第13期】

( ) **2** 所謂信託是指受託人為下列何者之利益管理或處分信託財產之關係？ (A)委託人 (B)受益人 (C)受託人 (D)信託監察人。 【第15期】

( ) **3** 在我國，有關契約信託之一般成立要件，不包括下列何者？ (A)當事人（委託人、受託人） (B)意思表示（雙方合意） (C)標的（財產權移轉） (D)關係人（信託監察人）。 【第10期】

( ) **4** 李先生於96年7月1日至其摯友程律師處，雙方言明訂立信託契約，由李先生交付一上市公司之股票壹佰萬股予程律師管理，管理之收益歸屬於其子李明，下列敘述何者錯誤？ (A)該信託屬於民事信託 (B)該信託屬於本金自益孳息他益之信託 (C)該信託契約未以書面為之，故無效 (D)李先生於信託契約成立時，應考慮是否需繳納贈與稅。 【第18期】

( ) **5** 有關私益信託之信託三大確定性，就受益人須確定之原則，下列敘述何者正確？ (A)信託成立時受益人須存在但得不確定 (B)信託成立時受益人得尚未存在並得不確定 (C)信託成立時受益人得尚未存在但須可得確定 (D)信託成立時受益人須特定否則不符合受益人須確定之原則。 【第19期】

解答與解析

1 (B)。信託法第1條：稱信託者，謂委託人將財產權移轉或為其他處分，使受託人依信託本旨，為受益人之利益或為特定之目的，管理或處分信託財產之關係。

2 (B)。同上。

3 (D)。依信託法第1條：稱信託者，謂委託人將財產權移轉或為其他處分，使受託人依信託本旨，為受益人之利益或為特定之目的，管理或處分信託財產之關係。無提及關係人（信託監察人）。

4 (C)。民事信託之信託契約不須以書面為之，營業信託須以書面為之。

5 (C)。信託成立時受益人須可得確定，但得尚未存在（如受益對象尚未出生（自然人）或尚未設立完成（法人））。

參 信託法之特殊性 重要度★

一、信託法之法理基礎

(一) 信託，是一種財產管理制度，源至於英國衡平法院所孕育出來的財產保護法。

(二) 信託法是我國唯一在英美法的法理基礎下所制定出來的法律。

(三) 信託法中的特殊規定，重點整理圖示如下。

信託法之特殊規定

1.**法律歸屬與利益享受之分立**

(1) 信託財產之所有人（即受託人），對信託財產無收益權利。

(2) 受託人使用或處分信託財產，須依照信託本旨管理或處分之。

(3) 信託財產在同一標的物上（即指信託成立後），權利名義人（受託人）與享受利益人（受益人）為不同權利主體。

2.**信託財產之獨立性**

(1) 依信託法，信託關係建立後，信託財產轉移給受託人，惟仍不認屬受託人之自有財產。

(2) 受託人死亡，信託財產不計入受託人之遺產。

(3) 受託人破產時，信託財產不應計入其破產財團之資產中，所以任何人皆不得對其保管之信託財產強制執行。

(4) 信託財產之債權與非信託財產之債務不得相互抵銷。

3.**信託之存續性**

(1) 依信託法，他益信託之委託人除信託行為另有保留或經受益人同意者外，一旦信託關係成立後，即不得任意變更受益人或終止信託，亦不得處分受益人之權利。

(2) 依信託關係，除信託行為另有訂定者外，不因自然人之委託人或受委託人死亡、破產或喪失行為能力，或法人之委託人或受託人解散或撤銷設立登記而消滅。

二、我國信託法是需要結合其他相關法律，才具有執行效力。

觀念摘要解釋

(一) 舉凡與信託法相關的法律關係是需藉由信託法中的規定來認定，但同樣的道理當信託法中未有規定者，則也賴於民法或其他法律予以補充。
(二) 就像遺囑信託，在我國信託法的規範中，僅載明遺囑的成立可以信託方式為之，但其方式、生效要件、遺囑能力及持份比例等皆須回歸依民法繼承篇的規定辦理。
(三) 在我國信託法的定義說明受託人既為信託財產之所有權人，而受益人則僅為信託財產的受益權人，僅能界定為債權關係，因此仍須倚賴民法及其他相關法律規定的補充為之。
(四) 又若信託法定義的受託人有管理失當之事實或行為發生，導致信託財產產生損害或違反信託本旨處分信託財產等情形時，委託人或受益人則可要求行使損害賠償、回復原狀或歸入權等，同時就須適用民商法的規定為之。
(五) 也因此，在我國法律關係運用上的依存性，信託法可以視為民法的特別法。

〔牛刀小試〕

( ) **1** 有關信託財產之獨立性，下列敘述何者正確？ (A)受託人破產時，信託財產屬於其破產財團 (B)受託人死亡時，信託財產不屬於其遺產 (C)屬於信託財產之債權，與不屬於該信託財產之債務，得相互抵銷 (D)信託財產權利因混同而消滅。 【第10期】

( ) **2** 信託財產不因混同而消滅，稱為信託財產之何種特性？ (A)代位性 (B)混同性 (C)獨立性 (D)同一性。 【第27期】

( ) **3** 有關信託財產之獨立性，下列敘述何者錯誤？ (A)受託人死亡時信託財產不屬於其遺產 (B)受託人破產時信託財產不屬於其破產財團 (C)屬於信託財產之債權與不屬於該信託財產之債務得互相抵銷 (D)受託人因處理信託事務所生之債務，其債權人得對該信託財產強制執行。 【第32期】

解答與解析

1 (B)。信託法第10條：受託人死亡時，信託財產不屬於其遺產。第11條：受託人破產時，信託財產不屬於其破產財團。第13條：屬於信託財產之債權與不屬於該信託財產之債務不得互相抵銷。第14條：信託財產為所有權以外之權利時，受託人雖取得該權利標的之財產權，其權利亦不因混同而消滅。故僅(B)正確。

2 (C)。信託財產不因混同而消滅，稱為信託財產之獨立性。

3 (C)。信託成立後，信託財產原則上已不屬委託人財產，而名義上雖屬受託人，但不是受託人之真實財產，即信託財產與委託人及受託人之財產獨立。而因處理信託事務所生之債務，其債權人得對該信託財產強制執行，與獨立性無關。

肆 信託之方法 重要度★★

一、信託架構

(一) 依信託法第2條規定「信託，除法律另有規定外，應以契約或遺囑為之」。

(二) 信託之成立

1. **設立信託**：以契約信託、遺囑信託及宣言信託，均依當事人之行為設立之。
2. **法定信託**：除法律另有規定，意即基於法律規定，由法律擬制成立之信託稱之。

(三) 信託基本架構圖及要素：「信託財產之移轉」、「信託財產之管理」。

依信託結構圖，以信託財產為中心來說明：

1. 委託人是將其所有權設定變更移轉給受託人的人。
2. 委託人是將其財產主權變更名義給受託人，使受託人成為信託財產的名義持有人。
3. 受託人是在為他人利益的前提下，負責管理信託財產的人。
4. 受託人是不能將委託人委託管理的信託財產視為自有財產。

5.受託人是信託財產的名義持有人，是負責依照委託人要求的信託本旨與目的來管理資產的管理人。

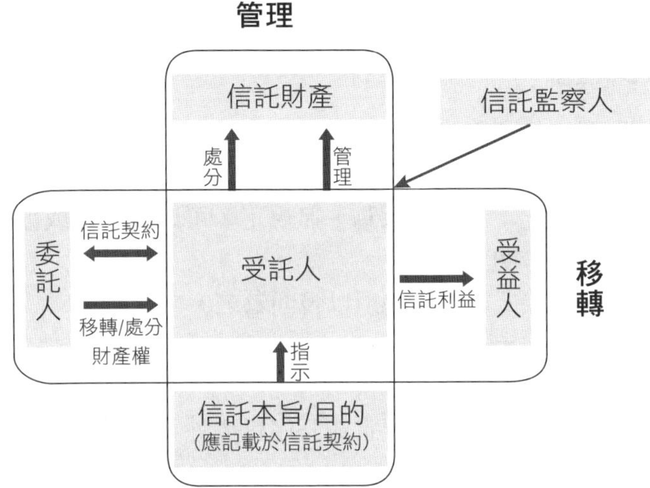

二、信託的主要約定方法

主要分為設立信託（包括契約信託、遺囑信託、宣言信託等三種）及法定信託（包括構成信託與推定信託）等二大類型，依序說明如下：

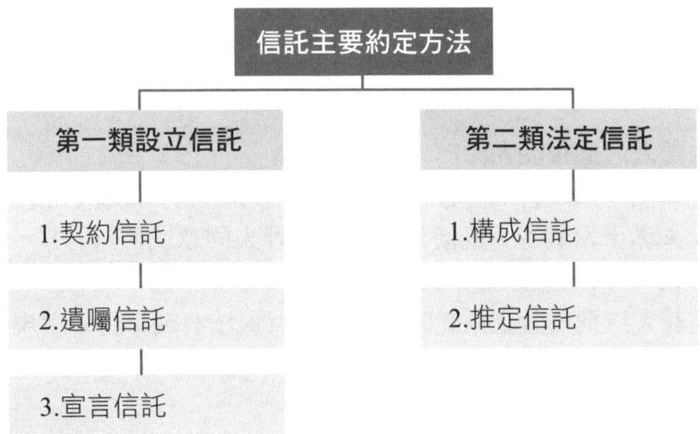

第一大類　設立信託

(一)契約信託

1. **定義**：委託人將財產權移轉或為其他處分，使受託人依信託本旨，為受益人之利益或為特定之目的，管理或處分信託財產之關係。

2. **要件**

(1) 設立信託之人須與接受信託之人訂立契約，並將其財產移轉或為其他處分於受託人，使受託人成為該財產權之權利人。

(2) 受託人須依信託本旨，為信託契約受益人利益或特定目的，管理或處分信託財產。

(3) 信託財產之權利義務須移轉至受託人。

3. **設立方法**

(1) 一般民事信託：非要式行為，無規定，可以以口頭或書面為之，但必須要能舉證證明其有效性。

(2) 營業信託：要式行為，必須以書面為之。

(3) 為雙方互相約定之行為。

4. **生效**

(1) 除其信託行為違反強行規定或公序良俗外，當信託約定成立時，信託關係與行為即已產生效力。

(2) 如委託人一方未具行為能力，或受託人未具收託能力，或任一方意思表示有瑕疵時，信託行為皆屬無效，亦即信託關係不能生效為之。

(二) **遺囑信託**

1. **定義**：立遺囑人於遺囑中載明將其財產之全部或一部分，在其死亡之後，信託契約關係賦予受託人，依信託本旨說明，為遺囑中所訂定的受益人利益或特定目的，管理或處分該財產之信託。

2. **要件**

(1) 委託人之遺囑能力

A.年滿十六歲者，不必經法定代理人同意，得單獨設立遺囑。

B.未滿十六歲者，既便經由法定代理人同意或代為訂立，亦不得為遺囑。（易產生道德風險）

(2) 委託人以遺囑設立信託時，不能違反民法有關特留分之規定。

(3) 受託人之選擇與委任

A.一般可指定或選任受託人之方法。

B.未有指定受託人時，或未有明定選任受託人之方法，或依其所定方法無法產生受託人者，該信託行為亦屬有效。

3. **設立方式**

(1) 應以民法所定遺囑方式為之，其所為遺囑方式與民法所定方式不符者，不能為之。民法規定之遺囑型態包括自書遺囑、公證遺囑、密封遺囑、代筆遺囑及口頭遺囑等。

(2)遺囑信託為單獨行為

A.遺囑信託係由遺囑委託人（亦即當事人）為意思表示即可成立，無須取得受託人之同意。

B.委託人於生前所訂立之信託契約，以其死亡為條件或始期，使該信託於其死亡時發生效力者，非屬遺囑信託。

4.遺囑人死亡後，其繼承人依照遺囑內容與要求，與受託人簽訂契約，使受託人為遺囑中所定之信託目的進行管理或處分財產之信託，亦非屬遺囑信託。

(1) 當立遺囑人（即委託人）依民法所定方式完成遺囑行為時，遺囑信託就立即成立。

(2) 遺囑信託生效，依民法規定，須等到遺囑人死亡時才開始發生，但遺囑信託之生效附有停止條件者，必須自條件成立時才發生效力。

(3) 遺囑信託中，若有部分財產非屬立遺囑人之遺產，該遺囑信託則部份無效。

(4) 遺囑信託中，若全部財產非屬立遺囑人之遺產時，該遺囑信託則全部無效。

(5) 遺囑信託所指定的受益人於立遺囑人死亡前既已死亡者，該遺囑信託則無效。

(三) **宣言信託**

1. **定義**：委託人以書面或口頭方式對外宣言以自己為受託人，自本身財產中提出特定部份，作為第三人的利益管理或處分之信託。

2. **設立方式**

(1) 必須是要式行為及單獨行為為之。

(2) 包括以書面或已公告，公證或認證方式為之。

法人是需要先向法務部申請設立登記並獲得受託同意許可，始可確認成立宣言信託。

3. **生效**：在其信託行為成立的同時，信託效力既已發生。

第二大類　法定信託

可分為「構成信託」及「推定信託」

(一) **構成信託（又可稱為擬制信託）**：財產所有人非基於本意，而是依法應為他人利益保有財產之情形，法律強制該所有人為信託受託人。而該受託人於擬制信託關係期間運用財產之所得，應一併歸還法定委託人（受益人），此種依法成立之信託關係，此種依法成立之信託關係稱之。

(二) **推定信託**：委託人意思不明時，法院依當事人意思推定或依解釋而發生者稱之。

〔牛刀小試〕

( ) **1** 依我國信託法規定，宣言信託係委託人以下列何者為受託人設立之信託？ (A)法院 (B)信託監察人 (C)委託人自己 (D)目的事業主管機關。 【第4期】

( ) **2** 遺囑人死亡後，其繼承人依遺囑之指示與受託人簽訂契約，將財產權移轉予該受託人管理所設立之信託，屬下列何種信託關係？ (A)遺囑信託關係 (B)契約信託關係 (C)宣言信託關係 (D)擬制信託關係。 【第9期】

( ) **3** 有關遺囑信託之敘述，下列何者正確？ (A)遺囑信託為單獨行為 (B)以遺囑設立信託，應另行訂定信託契約為之 (C)遺囑人死亡後，其繼承人依據遺囑，與受託人簽訂之信託契約 (D)委託人在生前與人訂立之信託契約，須以其死亡為條件，使該信託於死亡時發生效力。 【第13期】

( ) **4** 有關遺囑信託之敘述，下列何者錯誤？ (A)遺囑信託為單獨行為 (B)立遺囑人應於生前預先將財產移轉予受託人 (C)以遺囑設立信託者，應依民法所定遺囑之方式為之 (D)立遺囑人得於遺囑中載明將其財產之全部或一部辦理信託。 【第12期】

( ) **5** 依我國信託法規定，下列何者非基於信託當事人之法律行為而成立？ (A)契約信託 (B)遺囑信託 (C)宣言信託 (D)法定信託。 【第4期】

解答與解析

1 (C)。宣言信託：定義：委託人以書面或口頭方式對外宣言以自己為受託人，自本身財產中提出特定部份，作為第三人的利益管理或處分之信託。設立方式：(1)必須是要式行為及單獨行為為之。(2)包括以書面或已公告，公證或認證方式為之。法人是需要先向法務部申請設立登記並獲得受託同意許可，始可確認成立宣言信託。生效：在其信託行為成立的同時，信託效力既已發生。

2 (B)。由繼承人與受託人簽訂之契約信託，屬於契約信託關係。

3 (A)。遺囑設立信託，信託即成立，不需另訂契約。(B)(C)(D)為契約信託，不是遺囑信託。

4 (B)。遺囑信託以死亡為成立要件之一， 故於死亡後將財產移轉給受託人。

5 (D)。信託法第2條。

伍 信託行為

重要度★★★★★

一、信託行為規範原則

依信託法第3條規定委託人與受益人非同一人者，委託人除信託行為另有保留外，委託人於信託成立後就不得變更受益人或終止其信託，亦不得處分受益人之權利。除非經過受益人同意者，才可以變更或終止信託。

二、信託登記對抗之公示原則

(一) 依信託法規定信託行為應以完成登記對抗要件為前提

1. 以應登記或註冊之財產權為信託者，非經信託登記，不得對抗第三人。
2. 以有價證券為信託者，非依目的事業主管機關規定於證券上或其他表彰權利之文件上載明為信託財產，不得對抗第三人。
3. 以股票或公司債券為信託者，非經通知發行公司，不得對抗該公司。

(二) 登記或註冊之財產權

1. 不動產上的權利：包括所有權、地上權、抵押權、地役權等。
2. 船舶上的權利。
3. 航空器上的權利。
4. 專利權。
5. 漁業權。
6. 其他設有登記制度之權利：例如水權、礦業權等。

(三) 股票信託之登記程序

依公開發行股票公司股務處理準則第28條規定執行之，依信託法第4條第2項規定之股票信託，自行辦理過戶者，依下列規定辦理：

1. 委託人及受託人應填具過戶申請書及於股票背面簽名或蓋章；受託人自證券集中保管事業領回者，應檢附自該事業領回之證明文件，並由受託人於過戶申請書及股票背面受讓人欄簽名或蓋章。
2. 檢附信託契約或遺囑，以及稅務機關有關證明文件，經公司核對相符後，於股東名簿及股票背面分別載明「信託財產」及加註日期。
3. 受託人變更者，並應檢附變更事由相關文件辦理名義變更。
4. 信託契約明定信託利益之全部或一部之受益人為委託人，於信託關係存續中，變更為非委託人時，應檢附稅務機關有關證明文件。

5.信託關係消滅時，信託財產依法歸屬委託人者，應檢附足資證明信託關係消滅之文件，經公司核對相符後，辦理塗銷信託登記；信託財產歸屬非委託人者，並應加附稅務機關有關證明文件，經公司核對相符後，辦理塗銷信託登記且於股東名簿及股票背面載明日期並加蓋「信託歸屬登記」章。

6.以證券集中保管事業保管之股票為信託標的者，其信託之表示及記載事項，應依有價證券集中保管帳簿劃撥作業辦法規定辦理。

(四) **不動產信託登記之登記程序重點**

1.信託以契約為之者，信託登記應由委託人與受託人共同申請之。

2.信託以遺囑為之者，原則上由繼承人辦理繼承登記後，會同受託人申請之。

3.受託人於取得土地權利後，由受託人會同名義登記人提出相關文件向登記機構申請移轉登記。

4.信託關係消滅時，原則上由歸屬權利人會同受託人共同進行塗銷信託或歸屬登記。

5.受託人變更時，原則上由新受託人會同委託人申請受託人變更登記。

6.信託登記完成後，發給土地或建物所有權狀或他項權利證明書時，應於書狀登記記名信託財產。

7.土地權利經登記機關辦理信託登記程序後，應將信託契約或遺囑複印裝訂為信託專簿，以供閱覽或申請複印。

8.信託登記違法時，地政機關不能僅以塗銷信託登記方式改登記，須一併塗銷其所有權移轉登記。

三、信託行為的適法原則

信託行為，若發生有下列各款情形之一者，無效：

(一) 其目的違反強制或禁止規定者。

(二) 其目的違反公共秩序或善良風俗者。

(三) 以進行訴願或訴訟為主要目的者。

(四) 以依法不得受讓特定財產權之人為該財產權之受益人者。

四、信託行為之消滅或撤銷

(一) **消滅**：信託關係不因委託人或受託人死亡、破產或喪失行為能力而消滅。但信託行為另有訂定者，不在此限。（信託關係之效力）

(二) **撤銷**：信託行為有害於委託人之債權人權利者，債權人得聲請法院撤銷之。前項撤銷，不影響受益人已取得之利益。但受益人取得之利益未屆清償期或取得利益時明知或可得而知有害及債權者，不在此限。

(三) 信託成立後六個月內，委託人或其遺產受破產之宣告者，推定其行為有害及債權。撤銷權，自債權人知有撤銷原因時起，一年間不行使而消滅。自行為發生起逾十年者，亦同。（撤銷權之除斥期間）

(四) 委託人或受託人為法人時，因解散或撤銷設立登記而消滅者，適用前項之規定。

〔牛刀小試〕

(　　) **1** 信託行為有害於委託人之債權人權利者，委託人之債權人得行使下列何種權利？ (A)抵銷權 (B)撤銷權 (C)代位權 (D)形成權。 【第1期】

(　　) **2** 以有價證券為信託財產設立信託，如未依目的事業主管機關規定於證券上或其他表彰權利之文件上載明其為信託財產，則其法律效力為何？ (A)信託行為無效 (B)委託人得撤銷其信託 (C)委託人得終止其信託 (D)不得對抗第三人。 【第1期】

(　　) **3** 信託成立後多久時間內，委託人或其遺產受破產之宣告者，推定其行為有害及委託人之債權人權利？ (A)六個月 (B)一年 (C)二年 (D)三年。 【第2期】

(　　) **4** 依我國信託法規定，以應登記或註冊之財產權為信託者，僅為財產權移轉登記，而未為信託之登記，其效力為何？ (A)無效 (B)得撤銷 (C)得終止 (D)不得對抗第三人。 【第4期】

(　　) **5** 信託行為有害於委託人之債權人權利者，債權人得聲請法院撤銷之。此債權人撤銷權之行使有無期間之限制？ (A)撤銷權永久存續，無期間之限制 (B)自該債權人不知有撤銷原因而自信託行為時起，二年間不行使而消滅 (C)自該債權人知有撤銷原因時起，一年間不行使而消滅 (D)自該債權人不知有撤銷原因而自信託行為時起，五年間不行使而消滅。 【第7期】

(　　) **6** 甲以其子丙為受益人成立信託，信託期間十年，且於信託契約中未有其他特別或保留約定，五年後因丙積欠債務，甲欲提前終止本信託關係，應如何辦理？ (A)須由甲與丙共同終止 (B)甲單獨提出終止即可 (C)須丙之債權人同意 (D)須向法院聲請終止。 【第50期】

解答與解析

1 **(B)**。信託法第6條。

2 **(D)**。信託法第4條。

3 **(A)**。信託法第6條。

4 **(D)**。信託法第4條。

5 **(C)**。信託法第6條：信託行為有害於委託人之債權人權利者，債權人得聲請法院撤銷之。第7條前條撤銷權，自債權人知有撤銷原因時起，一年間不行使而消滅。自行為時起逾十年者，亦同。

6 **(A)**。依信託法第3條規定委託人與受益人非同一人者，委託人除信託行為另有保留外，委託人於信託成立後就不得變更受益人或終止其信託，亦不得處分受益人之權利。除非經過受益人同意者，才可以變更或終止信託。因此甲欲提前終止本信託關係,應須由甲與丙共同終止方可生效。所以答案為(A)。

陸 信託分類的說明 重要度★★

一、依信託設立之「目的」與「關係」來區分

區分	信託類型	
以信託設立目的之「**受益人標準**」區分	「**公益信託**」： 以公共利益為目的。	「**私益信託**」： 以私人利益為目的者
以「**委託人**」與「**受益人**」關係	「**自益信託**」： 以自己為受益人信託	「**他益信託**」： 以自己以外的人為受益人所設立的信託
以「**生效時間**」為區分	「**生前信託**」（契約信託）	「**遺囑信託**」
以委託人「**意思表達**」確認是否可以終止撤銷來區分	「**可撤銷信託**」： 委託人保留終止信託或變更信託內容的權限設計者。	「**不可撤銷信託**」： 委託人不得任意終止信託者。
以委託人「**身份**」來區分	「**個人信託**」	「**法人信託**」
以所委託之信託內容是否以「**商業**」為其目的	「**非營業信託**」： 受託人非以營業目的所接受的信託方式，又稱為「民事信託」。 係由法院監督	「**營業信託**」： 受託人以營業為目的所接受的信託方式，又稱為「商事信託」。 目前國內信託經營中以金錢信託為最大宗的信託商品。

區分	信託類型	
以受託人是否有負作為「**義務**」	「**積極信託**」： 受託人負有積極管理或處分信託財產意義之信託，又稱為「**主動信託**」，亦分為「**裁量信託**」與「**事務信託**」兩種。	「**消極信託**」： 委託人未將信託財產之管理權授予受託人，或受託人對於信託財產不負管理或處分義務者，稱之，又稱「**被動信託**」。

二、依信託設立時的「財產屬性」來歸類

類型	種類說明
金錢信託	「指定金錢信託」，委託人「概括指示」信託財產的營運範圍及運用方法者，稱之。 分為下列兩類： 1.「指定」營運範圍或方法之「單獨管理」運用金錢信託 2.「指定」營運範圍或方法之「集合管理」運用金錢信託
	「不指定金錢信託」，對於信託財產的運用方法及範圍，「沒有任何指示」者，稱之。 分為下列兩類： 1.「不指定」營運範圍或方法之「單獨管理」運用金錢信託 2.「不指定」營運範圍或方法之「集合管理」運用金錢信託 3. 依信託業法第32條第1項，對於信託業者辦理委託人不指定營運範圍或方法的金錢信託，明定營運範圍以下列為限： 一、現金及銀行存款。 二、投資公債、公司債、金融債券。 三、投資短期票券。 四、其他經主管機關核准之業務。
	「特定金錢信託」，委託人對於信託財產的運用方法以及範圍，在信託契約中有「具體明確的特別指示」者，稱之。 分為下列兩類： 1.「特定單獨」管理運用金錢信託 2.「特定集合」管理運用金錢信託
有價證券信託	1.有價證券「管理」信託 2.有價證券「運用」信託 3.有價證券「處分」信託

類型	種類說明
物之信託	「物之信託」，委託人交付或移轉給受託人的財產權為「金錢以外」的其它財產權者，稱之。 1.「動產」信託：舉凡車輛船舶航空器生產機具電腦設備等。 2.「不動產」信託：以土地為主要信託標的。
其他權利之信託	「無體財產權信託」，設立信託時，以「無體財產權」為信託財產者，稱之。亦或可稱為「金錢債權及其擔保物權」之信託，如金融資產證券化信託等。 1.「租賃權」之信託 2.「地上權」之信託 3.「專利權」之信託 4.「著作權」之信託

〔牛刀小試〕

( ) **1** 有關信託監督機關之敘述，下列何者錯誤？ (A)公益信託由目的事業主管機關監督 (B)宣言信託由法院監督 (C)營業信託由信託業主管機關監督 (D)民事信託由法院監督。【第6期】

( ) **2** 依信託法規定，下列何種信託由法院監督？ (A)營業信託之私益信託 (B)營業信託之公益信託 (C)非營業信託之私益信託 (D)非營業信託之公益信託。【第17期】

( ) **3** 委託人對信託資金保留運用決定權，並約定由委託人本人或其委任之第三人，對該信託資金之營運範圍或方法，就投資標的、運用方式、金額、條件、期間等事項為具體特定之運用指示，並由受託人依該運用指示為信託資金之管理或處分者，係指下列何種信託？ (A)特定集合管理運用金錢信託 (B)特定單獨管理運用金錢信託 (C)指定單獨管理運用金錢信託 (D)不指定集合管理運用金錢信託。【第6期】

( ) **4** 依信託業法施行細則規定，所謂特定運用之金錢信託，其委託人對信託資金之運用指示項目，得不包括下列何者？ (A)投資標的 (B)運用方式 (C)投資金額 (D)交易對手。【第13期】

( ) **5** 目前我國營業信託中以下列何種信託為最大宗？ (A)金錢信託 (B)不動產信託 (C)有價證券信託 (D)著作權信託。【第16期】

解答與解析

1 (B)。信託法第71、72條，公益信託為宣言信託之一種。第71條，法人為增進公共利益，得經決議對外宣言自為委託人及受託人，並邀公眾加入為委託人。前項信託於對公眾宣言前，應經目的事業主管機關許可。第一項信託關係所生之權利義務，依該法人之決議及宣言內容定之。第72條，公益信託由目的事業主管機關監督。

2 **(C)**。營業信託之私益信託：金管會；公益信託：公益目的事業主管機關;非營業信託之私益信託：法院。

3 **(B)**。信託業法施行細則第8條。

4 **(D)**。信託業法施行細則第8條第5款特定單獨管理運用金錢信託：指委託人對信託資金保留運用決定權，並約定由委託人本人或其委任之第三人，對該信託資金之營運範圍或方法，就投資標的、運用方式、金額、條件、期間等事項為具體特定之運用指示，並由受託人依該運用指示為信託資金之管理或處分者。

5 **(A)**。目前以買賣海外基金之金錢信託為最大宗。

精選試題

( ) **1** 有關信託關係消滅之原因，下列敘述何者不正確？ (A)信託行為所定事由發生 (B)信託目的已完成 (C)信託目的不能完成 (D)委託人死亡。 【第1期】

( ) **2** 依我國信託法規定，下列何者非基於信託當事人之法律行為而成立？ (A)契約信託 (B)遺囑信託 (C)宣言信託 (D)法定信託。 【第4期】

( ) **3** 委託人將其財產權移轉予受託人，使受託人依契約內容為受益人之利益，管理或處分該財產之關係，為下列何種法律關係？ (A)委任關係 (B)寄託關係 (C)信託關係 (D)承攬關係。 【第5期】

( ) **4** 委託人甲將財產信託予受託人乙，並指定丙為受益人，丁為信託監察人，則除信託行為另有保留外，下列何者須經受益人同意方得變更受益人？ (A)甲 (B)乙 (C)丁 (D)法院。 【第8期】

( ) **5** 財產所有人將其財產權登記為他人所有，惟並未賦予他人管理或處分該財產權限之情形，是否屬於信託法上之信託關係？ (A)屬於信託關係 (B)以信託關係論 (C)視為信託關係 (D)非為信託關係。 【第11期】

(　　) **6** 吳先生於九十三年七月一日至甲銀行辦理信託，雙方簽訂書面之信託契約，約明至九十三年七月三十日方由吳先生交付新台幣一百萬元與甲銀行，下列敘述何者正確？ (A)該信託契約雙方得改以口頭為之 (B)該信託於九十三年七月一日即成立生效 (C)吳先生於九十三年七月三十日交付新台幣一百萬元與甲銀行，該信託方成立生效 (D)該信託屆至於九十三年七月三十日即成立生效，不論吳先生是否交付新台幣一百萬元。【第12期】

(　　) **7** 契約信託之委託人須將財產權移轉或設定他項權利予下列何者，信託始能成立？ (A)委託人 (B)受託人 (C)受益人 (D)信託監察人。【第13期】

(　　) **8** 所謂信託是指受託人為下列何者之利益管理或處分信託財產之關係？(A)委託人 (B)受益人 (C)受託人 (D)信託監察人。【第15期】

(　　) **9** 依我國信託法、信託業法之規定，有關契約信託之敘述，下列何者正確？ (A)契約信託為單獨行為 (B)營業信託其信託契約之訂定，得以口頭為之 (C)一般民事信託其信託契約之訂定，應以書面為之 (D)受託人是信託財產對外唯一有管理處分權之人。【第16期】

(　　) **10** 甲與專業之古董商乙簽訂書面契約，由甲信託新台幣五百萬元予乙，請乙代為購買古董並保管，信託期間五年，甲未及交付上述款項即逝世，乙向甲之繼承人丙要求給付新台幣五百萬元，丙得為下列何種主張？ (A)信託不成立 (B)撤銷該信託 (C)信託契約須經其同意後方生效力 (D)該信託雖成立，但其有終止契約之權利。【第19、27期】

(　　) **11** 應登記或註冊之財產權，非經信託登記不得對抗第三人，下列何者成為信託財產時，無須辦理信託登記之公示？ (A)土地 (B)金錢 (C)記名式公司債券 (D)記名式上市、上櫃公司股票。【第23期】

(　　) **12** 在信託法理上，所謂「私益信託三大確定性」係指信託財產之確定、受益人之確定及下列何者？ (A)信託目的之確定 (B)委託人之確定 (C)受託人之確定 (D)信託契約之確定。【第24期】

(　　) **13** 遺囑信託之效力，須待受託人接受財產權移轉或處分後，溯自下列何時發生？ (A)遺囑人死亡時 (B)遺囑人在作成遺囑時 (C)繼承人知悉遺囑人死亡時 (D)繼承人辦妥繼承登記時。【第30期】

( ) **14** 有關私益信託之信託三大確定性，就受益人須確定之原則，下列敘述何者正確？ (A)信託成立時受益人須存在但得不確定 (B)信託成立時受益人得尚未存在並得不確定 (C)信託成立時受益人得尚未存在但須可得確定 (D)信託成立時受益人須特定否則不符合受益人須確定之原則。 【第32、41期】

( ) **15** 財產所有人將其財產權登記為他人所有，惟並未賦予他人管理或處分該財產權限之情形，是否屬於信託法上之信託關係？
(A)屬於信託關係 (B)以信託關係論
(C)視為信託關係 (D)非為信託關係。 【第36期】

( ) **16** 有關遺囑信託行為之性質，下列何者錯誤？ (A)雙方行為 (B)財產行為 (C)死後行為 (D)要式行為。 【第10期】

( ) **17** 契約信託之委託人甲將信託財產移轉予受託人乙，信託受益人為丙，信託監察人為丁，信託財產之權利人及所有權人為下列何者？
(A)甲 (B)乙
(C)丙 (D)丁。 【第11期】

( ) **18** 有關遺囑信託之敘述，下列何者錯誤？ (A)遺囑信託為單獨行為 (B)立遺囑人應於生前預先將財產移轉予受託人 (C)以遺囑設立信託者，應依民法所定遺囑之方式為之 (D)立遺囑人得於遺囑中載明將其財產之全部或一部辦理信託。 【第12期】

( ) **19** 有關遺囑信託之敘述，下列何者正確？
(A)遺囑信託為單獨行為
(B)以遺囑設立信託，應另行訂定信託契約為之
(C)遺囑人死亡後，其繼承人依據遺囑，與受託人簽訂之信託契約
(D)委託人在生前與人訂立之信託契約，須以其死亡為條件，使該信託於死亡時發生效力。 【第13期】

( ) **20** 有關遺囑信託之敘述，下列何者正確？
(A)委託人須年滿十六歲
(B)遺囑中未指定受託人時，則該信託行為無效
(C)由遺囑人一方為意思表示，須受託人之同意才可成立
(D)委託人在生前與人訂立信託契約，以其死亡為條件或始期，使該信託於其死亡時發生效力者，為遺囑信託。 【第15期】

( ) **21** 有關遺囑信託，下列敘述何者正確？ (A)須先取得受託人同意 (B)遺囑人單方意思表示即可 (C)為繼承人或遺囑執行人依據遺囑與受託人簽訂契約 (D)為委託人生前與受託人訂立信託契約，以其死亡為始期。 【第18期】

( ) **22** 有關宣言信託之敘述，下列何者錯誤？
(A)委託人以自己為受託人
(B)自然人與法人均可對外宣言成立
(C)宣言信託為要式行為
(D)宣言信託為單獨行為。 【第18期】

( ) **23** 依信託法規定，下列何者非基於信託當事人之法律行為而成立？
(A)契約信託 (B)遺囑信託
(C)宣言信託 (D)法定信託。 【第22期】

( ) **24** 有關遺囑信託，下列敘述何者正確？ (A)須先取得受託人同意 (B)遺囑人單方意思表示即可 (C)為繼承人或遺囑執行人依據遺囑與受託人簽訂契約 (D)為委託人生前與受託人訂立信託契約，以其死亡為始期。 【第23期】

( ) **25** 依信託法及信託業法規定，有關契約信託之敘述，下列何者正確？
(A)契約信託為單獨行為
(B)營業信託其信託契約之訂定，得以口頭為之
(C)受託人是信託財產對外唯一有管理處分權之人
(D)一般民事信託其信託契約之訂定，應以書面為之。 【第24期】

( ) **26** 下列何者非基於信託當事人之法律行為而成立？
(A)契約信託 (B)遺囑信託
(C)宣言信託 (D)法定信託。 【第25期】

( ) **27** 甲與乙達成合意，由甲將名下之不動產移轉予乙，交由乙管理或處分所成立之信託，稱為下列何種信託？
(A)契約信託 (B)遺囑信託
(C)宣言信託 (D)法定信託。 【第26期】

( ) **28** 遺囑人死亡後，其繼承人依遺囑之指示，與受託人簽訂契約，將財產權移轉予該受託人管理所設立之信託，屬下列何種信託關係？
(A)遺囑信託關係 (B)契約信託關係
(C)宣言信託關係 (D)擬制信託關係。 【第29期】

解答與解析

1 (D)。信託法第2條。

2 (D)。信託法第2條。

3 (C)。信託法第1條。

4 (A)。信託法第3條，其他均無權。

5 (D)。信託法第1條：稱信託者，謂委託人將財產權移轉或為其他處分，使受託人依信託本旨，為受益人之利益或為特定之目的，管理或處分信託財產之關係。故無管理或處分信託財產之關係者，不是信託。

6 (C)。信託法第2條：信託，除法律另有規定外，應以契約或遺囑為之。故不得以口頭為之。第1條：稱信託者，謂委託人將財產權移轉或為其他處分，使受託人依信託本旨，為受益人之利益或為特定之目的，管理或處分信託財產之關係。故需交付金錢後，信託始成立。

7 (B)。信託法第1條：稱信託者，謂委託人將財產權移轉或為其他處分，使受託人依信託本旨，為受益人之利益或為特定之目的，管理或處分信託財產之關係。

8 (B)。信託法第1條：稱信託者，謂委託人將財產權移轉或為其他處分，使受託人依信託本旨，為受益人之利益或為特定之目的，管理或處分信託財產之關係。

9 (D)。營業信託其信託契約之訂定，應以書面為之；一般民事信託其信託契約之訂定，則無此限制。契約信託基於委託人與受託人間之合意而成立，故不是單獨行為。信託得以遺囑方式為之，為單獨行為。

10 (A)。信託財產尚未完成移轉，信託不成立。

11 (B)。金錢無法辦理信託登記。

12 (A)。私益信託三大確定性係指信託財產之確定、受益人之確定及信託目的之確定。

13 (A)。信託法第2條：信託，除法律另有規定外，應以契約或遺囑為之。遺囑人死亡時，依遺囑即成立信託。

14 (C)。受益人之身分須可確定，但得尚未存在，未來符合條件者，即可成為受益人。

15 (D)。依信託法第1條：使受託人依信託本旨，為受益人之利益或為特定之目的。故管理或處分信託財產非屬信託關係。

16 (A)。遺囑信託為單獨行為，由遺囑人一方為意思之表示，即可成立，不須受託人同意。

17 (B)。信託成立後，信託財產之權利人及所有權人均為受託人。

18 (B)。遺囑信託以死亡為成立要件之一，故於死亡後將財產移轉給受託人。

19 (A)。遺囑設立信託，信託即成立，不需另訂契約。(B)(C)為契約信託，不是遺囑信託。

20 (A)。遺囑中未指定受託人時，則該信託行為有效。由遺囑人一方為意思表示，不須受託人同意。委託人在生前與人訂立信託契約，以其死亡為條件或始期，使該信託於其死亡時發生效力者，為契約信託。

21 **(B)**。不須先取得受託人同意；繼承人或遺囑執行人依據遺囑與受託人簽訂契約為契約信託；委託人生前與受託人訂立信託契約，以其死亡為始期，為契約信託。

22 **(B)**。信託法第71條：法人為增進公共利益，得經決議對外宣言自為委託人及受託人，並邀公眾加入為委託人。故僅限法人可對外宣言成立。

23 **(D)**。信託法第66條：信託關係消滅時，於受託人移轉信託財產於前條歸屬權利人前，信託關係視為存續，以歸屬權利人視為受益人。屬於「視為存續」之信託關係，非依當事人行為（契約、遺囑或宣言）設立，由法律擬制成立，故為一種法定信託。

24 **(B)**。遺囑人單方意思表示即可，不須先取得受託人同意。(C)(D)為契約信託。

25 **(C)**。契約信託為委託人及受託人簽訂，故不是單獨行為。信託業法第十九條「信託契約之訂定，應以書面為之」，明定營業信託之契約信託行為屬要式行為。一般民事信託其信託契約之訂定，得以口頭為之。

26 **(D)**。法定信託：非依當事人行為（契約、遺囑或宣言）設立，乃由法律擬制成立之信託。如信託法第66條規定，信託關係消滅時，於受託人移轉信託財產於歸屬權利人前，信託關係視為存續，以歸屬權利人『視為受益人』。此段『視為存續』之信託關係，即為法定信託。

27 **(A)**。甲與乙簽約稱之契約信託。

28 **(B)**。由繼承人與受託人簽立信託契約，故屬契約信託關係。

信託財產與信託目的

依據出題頻率區分，屬：**C** 頻率低

課綱概要

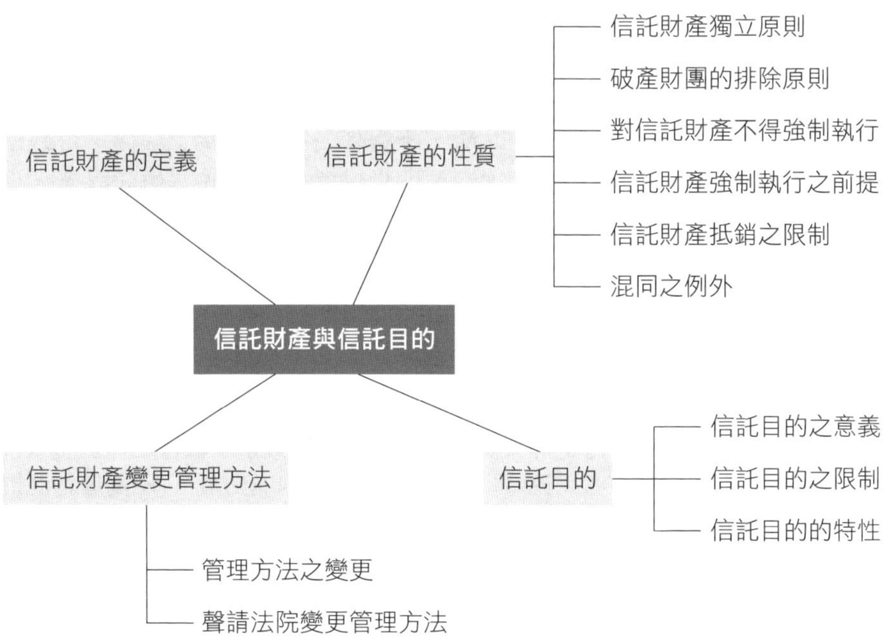

課前導讀

本章是解釋信託財產的基本要義、性質、管理方法與信託目的，讀者應就本章節的內容充分瞭解與理解其原則，以便在針對考題所衍生出來的問題與概念能理解回答，同時對後續章節的說明與提示能有所記憶。

壹 信託財產的定義 重要度★★

一、信託財產的定義

依信託法第9條解釋：

(一) 受託人因信託為取得之財產權為信託財產。

(二) 受託人因信託財產之管理、處分、滅失、毀損或其他事由取得之財產權，仍屬信託財產。

(三) 以金錢計算價值的權利，包括債權、物權、準物權及智慧財產權等有價的財產權為範圍。

(四) 信託財產的基本要件必須是能以金錢計算的財產權利為前提。

(五) 信託財產必須是積極的，確定存在的並可為受託人依法取得的財產權。所以信託財產必須符合法律上的同一性或物上代位性，

(六) 因法律、行政法規禁止流通的財產，不得作為信託財產；法律、行政法規限制流通的財產，依法經有關主管部門批准後，可以作為信託財產。信託財產內容包括：資金、動產、不動產及其他之財產權。

〔牛刀小試〕

( ) **1** 下列何者為信託財產之名義所有權人？ (A)委託人 (B)受託人 (C)受益人 (D)信託監察人。 【第1期】

( ) **2** 除信託行為另有訂定外，受託人因信託財產毀損所取得之保險金或補償金，下列敘述何者正確？ (A)屬於受託人自有財產 (B)屬於信託財產 (C)屬於受益人自有財產 (D)回復為委託人自有財產。 【第31期】

( ) **3** 下列何者不屬於信託財產？ (A)受託人因信託財產之管理取得之財產權 (B)受託人因信託財產之處分取得之財產權 (C)受託人因自有財產之投資取得之財產權 (D)受託人因信託財產之毀損所取得之財產權。 【第8期】

( ) **4** 有關財產權成為信託財產之要件，下列敘述何者錯誤？ (A)須為消極財產之財產權 (B)須得以金錢計算其價值之權利 (C)須為受託人依法可取得之財產權 (D)原則上須於信託行為當時即已確定存在，且屬於委託人所有之財產權。 【第15期】

( ) **5** 下列何者不得為信託標的之財產？ (A)建築改良物 (B)債權 (C)著作權 (D)純債務。 【第18期】

解答與解析

1 **(B)**。信託法第9條。受託人因信託行為取得之財產權為信託財產。受託人因信託財產之管理、處分、滅失、毀損或其他事由取得之財產權，仍屬信託財產。

2 **(B)**。信託法第9條。

3 **(C)**。信託法第9條。

4 **(A)**。須為積極財產之財產權。

5 **(D)**。得為信託標的之財產，應為積極財產（動產、不動產、擔保物權、債權等物或權利），而不能為消極財產（負價值之財產，如債務）。

貳 信託財產的性質 重要度★★★

一、信託財產獨立原則

信託法第10條規定說明基於信託財產的「非繼承性」，當受託人死亡時，信託財產不屬於其遺產。

二、破產財團的排除原則

同時信託法第11條亦載明基於「破產財團」的「排除原則」，受託人破產時，信託財產不屬於其破產財團。

三、對信託財產不得強制執行

依信託法第12條規定信託財產不得強制執行。

但基於信託前既已存在於該財產之權利、因處理信託事務所生之權利或其他法律另有規定者，不在此限。

四、信託財產強制執行情形之前提

同時倘若違反信託法第12條第1項的規定，委託人、受益人或受託人得於強制執行程序終結前，向執行法院對債權人提起異議之訴。係依強制執行法第18條第2項、第3項之規定，於前項情形，準用之。

五、信託財產抵銷之限制

依信託法第13條規定屬於信託財產之債權與屬於該信託財產之債務不得互相抵銷。

六、混同之例外

依信託法第14條信託財產為所有權以外之權益時，受託人雖取得該權益標的之財產權，其權利亦不因混同而消滅。

七、信託財產之物上代位性（同一性）

依信託法第9條第2項規定，受託人因信託財產之管理、處分、滅失、毀損或其他事由取得之財產權，仍屬信託財產。

八、信託財產佔有瑕疵之承繼

依信託法第33條規定說明受託人關於信託財產之占有，承繼委託人占有之瑕疵。

前項規定於以金錢、其他代替物或有價證券為給付標的之有價證券之占有，準用之。

〔牛刀小試〕

( ) **1** 除法律另有規定外，下列何項權利不得對信託財產強制執行？ (A)信託前設定於該財產之抵押權 (B)因處理信託事務於信託財產所設定之抵押權 (C)受益人對受託人之損害賠償請求權 (D)稅捐機關對信託財產依法應徵收之稅捐。 【第2期】

( ) **2** 有關信託財產之敘述，下列何者錯誤？ (A)受託人死亡時，信託財產不屬於其遺產 (B)受託人破產時，信託財產不屬於其破產財團 (C)受託人關於信託財產之占有，承繼委託人占有之瑕疵 (D)屬於信託財產之債權與不屬於該信託財產之債務得互相抵銷。 【第4期】

( ) **3** 依我國信託法規定，下列何種情形得對信託財產強制執行？ (A)受益人得對受託人請求之信託利益 (B)委託人之債權人得對委託人請求之債權 (C)因修繕信託財產而取得之權利 (D)受益人之債權人得對受益人請求之債權。 【第5期】

( ) **4** 甲以其不動產向A銀行辦理抵押貸款後，復與乙信託業簽訂信託契約，將該不動產信託予乙信託業。一年後，甲無法清償貸款，則A銀行如何行使其權利？ (A)A銀行應向法院聲請終止甲與乙之信託關係後，始得對該不動產強制執行 (B)A銀行應向法院聲請判決甲之信託行為無效後，始得對該不動產強制執行 (C)A銀行須先聲請撤銷信託行為後，始得對該不動產強制執行 (D)A銀行得向法院聲請逕對該設有抵押權之不動產強制執行。 【第7期】

( ) **5** 受託人因信託財產之管理取得之財產，仍屬於信託財產，稱為信託財產之何種特性？ (A)同一性 (B)獨立性 (C)特異性 (D)取回性。 【第10期】

解答與解析

1 (C)。信託法第12條：「對信託財產不得強制執行。但基於信託前存在於該財產之權利、因處理信託事務所生之權利或其他法律另有規定者，不在此限。」。(A)屬信託前存在於該財產之權利，(B)(D)屬處理信託事務所生之權利或其他法律另有規定者。

2 (D)。信託法第10、11、13、33條。

3 (C)。信託法第12條。

4 (D)。信託法第12條：基於信託前存在於該財產之權利得強制執行。

5 (A)。屬同一性。

參 信託財產變更管理方法 重要度★★

一、管理方法之變更

依信託法第15條對信託財產之管理方法，得經委託人、受託人及受益人之同意而變更。

二、聲請法院變更管理方法

依信託法第16條說明信託財產之管理方法因情事變更致不符合受益人之利益時，委託人、受益人或受託人得聲請法院變更之。前項規定，於法院所定之管理方法，準用之。

〔牛刀小試〕

( ) **1** 依信託法規定，有關信託財產之管理方法，下列敘述何者正確？ (A)信託財產之管理方法絕對不得變更 (B)信託財產之管理方法，得經委託人、受託人及受益人之同意變更 (C)自益信託時，信託財產管理方法之變更，得逕由受託人自行決定 (D)他益信託時，信託財產管理方法之變更，由委託人全權決定。 【第32期】

( ) **2** 依信託法規定，在私益且為他益信託之情形下，信託財產之管理方法因情事變更致不符合受益人之利益時，受益人如何變更該管理方法？ (A)僅取得委託人之同意即可變更 (B)僅取得信託監察人之同意即可變更 (C)得聲請法院變更 (D)無法變更。 【第13期】

( ) **3** 依信託法規定，他益信託時，信託財產之管理方法得經下列何者之同意變更？ (A)委託人及受託人 (B)委託人及受益人 (C)受託人及受益人 (D)委託人、受託人及受益人。 【第27期】

( ) **4** 信託財產管理方法之變更，在委託人仍生存時，除受託人及受益人同意外，尚須下列何者之同意？ (A)委託人 (B)檢察官 (C)委託人之繼承人 (D)受託人之繼承人。 【第31期】

( ) **5** 他益信託之受託人如認為原定管理方法不利於信託目的之達成時，下列敘述何者正確？ (A)得以自認為最有利於受益人之方法自行變更之 (B)經委託人同意即可變更之 (C)得經信託監察人同意變更之 (D)經委託人、受託人及受益人同意始得變更之。 【第33期】

解答與解析

1 (B)。信託法第15條：信託財產之管理方法，得經委託人、受託人及受益人之同意變更。

2 (C)。信託法第16條：信託財產之管理方法因情事變更致不符合受益人之利益時，委託人、受益人或受託人得聲請法院變更之。

3 (D)。信託法第15條：信託財產之管理方法，得經委託人、受託人及受益人之同意變更。

4 (A)。信託法第15條：信託財產之管理方法，得經委託人、受託人及受益人之同意變更。

5 (D)。信託法第16條：信託財產之管理方法因情事變更致不符合受益人之利益時，委託人、受益人或受託人得聲請法院變更之。

肆 信託目的 重要度★

一、信託目的之意義

信託目的乃委託人欲以信託達成之目的，也是信託行為意欲實現之具體內容。

二、信託目的之限制

(一) 不得違反法律強制、禁止規定或公序良俗。
(二) 不得以進行訴願或訴訟為主要目的。
(三) 不得以依法不得受讓特定財產權之人為該財產權之受益人。
(四) 不得使受託人享有全部信託利益。
(五) 不得以詐害債權為目的。

三、信託目的的特性

特性	說明
確定性	◆委託人為信託行為，除需有設立信託之意思表示外，對受託人須使其完成信託目的之指示。 ◆亦即委託人之指示須達一定程度之明確性，受託人才能依此完成其職務。
多元性	◆可以是以個人利益為之，或為公共利益設立之。 ◆可為單一目的，亦可為多重目的設立之。 ◆當信託目的有二個目的以上時，其中部分目的不適法時，如果二個目的不能分割時，則此信託的適法目的無效。倘若二者能區分各自的適法，既便部分能執行適法目的，在違反設立信託意旨下，則該信託全然無效。

〔牛刀小試〕

( ) 信託有二個以上目的，其中部分適法，部分不適法，下列敘述何者正解？(A)均無效 (B)二者能分時，不適法部分亦有效 (C)二者不能分時，不適法部分亦有效 (D)二者能分，但僅執行適法目的部分顯然違反設立信託之意旨時，該信託宜解為全部無效。 【第12期】

解答與解析

(D)。不適法部分，無效。適法部分，違反信託意旨時，宜解為無效。

精選試題

( ) **1** 下列何者不屬於信託財產？ (A)委託人信託移轉與受託人之財產權 (B)受託人因管理信託財產取得之財產權 (C)受託人處分自有財產取得之財產權 (D)受託人處分信託財產所取得之財產權。 【第11期】

( ) **2** 下列敘述何者錯誤？ (A)信託是一種以財產權為中心之法律關係 (B)信託成立後，信託財產在名義上屬於受託人所有 (C)信託財產須為確定存在之財產權 (D)信託成立後，信託財產在實質上屬於受託人自有財產。 【第14期】

( ) **3** 委託人甲將財產移轉予受託人乙成立信託契約，約定受益人為丙，信託監察人為丁，則信託財產之名義所有權人為下列何者？ (A)甲 (B)乙 (C)丙 (D)丁。 【第21期】

( ) **4** 信託一旦成立，信託財產之管理或處分權人為下列何者？ (A)委託人 (B)受託人 (C)受益人 (D)信託監察人。 【第23期】

( ) **5** 受託人管理處分信託財產應以下列何者之名義為之？ (A)受益人 (B)委託人 (C)信託監察人 (D)受託人。 【第35期】

( ) **6** 依信託法規定，信託是以管理或處分信託財產為目的，下列何者不能為信託財產？ (A)有價證券 (B)金錢債權 (C)商譽 (D)地上權。 【第36期】

( ) **7** 所謂信託財產之物上代位性，下列何者正確？ (A)對信託財產不得強制執行 (B)受託人死亡時，信託財產不屬於其遺產 (C)受託人破產時，信託財產不屬於其破產財團 (D)受託人因信託財產之管理等事由取得之財產仍屬信託財產。 【第36期】

( ) **8** 某甲參加該公司之員工持股信託，如某甲積欠乙銀行房屋貸款未償還，則乙銀行可否對某甲之員工持股信託財產強制執行？ (A)經法院同意得強制執行 (B)經受託人同意得強制執行 (C)經某甲同意得強制執行 (D)不得強制執行。 【第8期】

( ) **9** 甲向乙借款五百萬元，並以其所有之房屋設定抵押權予乙以擔保乙之債權，其後甲將房屋信託予丙由其管理，並指定受益人為丁，到期如甲無法清償對乙之借款，請問何人得對該房屋聲請強制執行以受償？ (A)對信託財產不得強制執行，無人可聲請 (B)乙 (C)丙 (D)丁。 【第9、15期】

(　　) **10** 受託人因信託財產之管理取得之財產，仍屬於信託財產，稱為信託財產之何種特性？ (A)同一性 (B)獨立性 (C)特異性 (D)取回性。【第10期】

(　　) **11** 有關信託財產之獨立性，下列敘述何者正確？ (A)受託人破產時，信託財產屬於其破產財團 (B)受託人死亡時，信託財產不屬於其遺產 (C)屬於信託財產之債權，與不屬於該信託財產之債務，得相互抵銷 (D)信託財產權利因混同而消滅。【第11期】

(　　) **12** 王大明以房屋一棟信託與甲銀行，以其子王小明為受益人，請問甲銀行可否以信託財產之房租收益逕行抵銷王小明在甲銀行之信用卡欠款？ (A)可以 (B)不可以 (C)委託人同意即可 (D)信託監察人同意即可。【第11期】

(　　) **13** 債權人就修繕信託財產之修繕費債權取得執行名義，是否得對信託財產強制執行？ (A)得強制執行 (B)不得強制執行 (C)視受益人同意與否而定 (D)未獲委託人同意不得強制執行。【第12期】

(　　) **14** 依信託法規定，下列何者不得對信託財產聲請強制執行？ (A)信託前存在於該財產之抵押權人 (B)因處理信託事務所生權利之權利人 (C)因處理信託財產所生費用之權利人 (D)他益信託受益人之債權人。【第14期】

(　　) **15** 有關信託財產之敘述，下列何者錯誤？ (A)受託人死亡時，信託財產不屬於其遺產 (B)受託人因信託行為取得之財產權為信託財產 (C)屬於信託財產之債權與不屬於該信託財產之債務得互相抵銷 (D)受託人因信託財產之管理、處分、滅失取得之財產權，仍屬信託財產。【第15期】

(　　) **16** 有關信託財產之敘述，下列何者錯誤？ (A)受託人死亡時，信託財產不屬於其遺產 (B)受託人破產時，信託財產不屬於其破產財團 (C)受託人關於信託財產之占有，承繼委託人占有之瑕疵 (D)屬於信託財產之債務與不屬於該信託財產之債權得互相抵銷。【第16期】

(　　) **17** 王蓮交付新台幣五百萬元與乙銀行成立信託，並指示該信託資金限定購買某一特定之國內債券型基金，約定信託期間一年，運用決定權則由王蓮保留之，其運用之差價利益或孳息全部歸王蓮之長女王馨，信託本金之受益人為王蓮本人，下列敘述何者正確？ (A)嗣後王蓮之債權人得就信託財產聲請強制執行 (B)嗣後王馨之債權人得就信託財產聲請強制執行 (C)嗣後乙銀行之債權人就信託財產聲請強制執行時，僅乙銀行有權提起異議之訴 (D)嗣後乙銀行之債權人就信託財產聲請強制執行時，王蓮、王馨、乙銀行均有權提起異議之訴。 【第16期】

( ) **18** 王五為委託人，將土地一筆及房屋一棟信託予受託人李四，請李四將其出售，未出售前房屋即失火，李四因而取得火險理賠金新臺幣參佰萬元，下列敘述何者正確？
(A)該火險理賠金不屬於信託財產
(B)李四死亡時該火險理賠金不屬於其遺產
(C)李四受破產宣告時，該火險理賠金須計入其破產財團
(D)保險公司對李四之自有財產享有債權時，得主張抵銷拒絕給付該保險理賠金。 【第18期】

( ) **19** 依信託法規定，債務人合法將其設有抵押權之不動產交付信託時，其債權人兼抵押權人為行使其權利，得為下列何種處置？ (A)得聲請法院終止其信託 (B)得逕對信託財產強制執行 (C)得主張債務人之信託行為無效 (D)僅得聲請法院撤銷其信託行為，但不得逕對信託財產強制執行。 【第18期】

( ) **20** 有關信託財產與受託人間之關係，下列敘述何者錯誤？ (A)信託財產不屬於受託人之遺產 (B)信託財產不屬於受託人之破產財團 (C)信託財產之債權得與受託人之債務互相抵銷 (D)受託人之債權人原則上不得對信託財產聲請強制執行。 【第19期】

( ) **21** 有關信託財產之獨立性，下列敘述何者錯誤？ (A)受託人死亡時信託財產不屬於其遺產 (B)受託人破產時信託財產不屬於其破產財團 (C)屬於信託財產之債權與不屬於該信託財產之債務得互相抵銷 (D)受託人因處理信託事務所生之債務，其債權人得對該信託財產強制執行。 【第20期】

( ) **22** 受託人之債權人違反信託法規定對信託財產強制執行時，委託人、受託人或受益人得對其提起何種訴訟？ (A)異議之訴 (B)損害賠償訴訟 (C)給付信託財產訴訟 (D)確認信託財產之訴。【第21期】

( ) **23** 下列何種情形得對信託財產強制執行？ (A)因修繕信託財產而取得之權利 (B)受益人之債權人得對受益人請求之債權 (C)受益人得對受託人請求之信託利益 (D)委託人之債權人於信託成立後對其取得之債權。 【第21期】

( ) **24** 受託人因信託財產之管理、處分、滅失、毀損或其他事由取得之財產權，仍屬信託財產。此即信託財產之何種特性？ (A)獨立性 (B)公示性 (C)連續性 (D)物上代位性。 【第21期】

( ) **25** 信託關係存續中因信託財產所生之房屋稅，受託人拒不繳納時，稅捐稽徵機關得如何執行？
(A)得對信託財產強制執行
(B)僅得對委託人財產強制執行
(C)僅得對受益人財產強制執行
(D)僅得對受託人自有財產強制執行。 【第23期】

( ) **26** 甲以其不動產向A銀行辦理抵押貸款後，復與乙信託業簽訂信託契約，將該不動產信託予乙信託業。一年後，甲無法清償貸款，則A銀行如何行使其權利？
(A)A銀行得向法院聲請逕對該設有抵押權之不動產強制執行
(B)A銀行須先聲請撤銷信託行為後，始得對該不動產強制執行
(C)A銀行應向法院聲請判決甲之信託行為無效後，始得對該不動產強制執行
(D)A銀行應向法院聲請終止甲與乙之信託關係後，始得對該不動產強制執行。 【第23期】

( ) **27** 受託人因處理信託事務負擔債務者，其債權人於取得執行名義後，得否對信託財產強制執行？ (A)得對信託財產強制執行 (B)不得對信託財產強制執行 (C)以經受益人同意者為限，得對信託財產強制執行 (D)以當事人間有特別訂定者為限，得對信託財產強制執行。 【第25期】

( ) **28** 遺囑信託設立後，受益人在立遺囑人死亡之前死亡者，此信託行為效力為何？
(A)不消滅
(B)信託關係終止
(C)不生效
(D)債權人得聲請法院撤銷之。 【第26期】

( ) **29** 土地權利因信託關係而移轉時，除應辦理權利移轉登記外，並應另為下列何種登記？ (A)信託登記 (B)代理權登記 (C)地上權登記 (D)抵押權登記。 【第27期】

解答與解析

1 **(C)**。信託法第9條：受託人因信託行為取得之財產權為信託財產。受託人因信託財產之管理、處分、滅失、毀損或其他事由取得之財產權，仍屬信託財產。受託人自有財產經處分後仍為受託人之自有財產。

2 **(D)**。信託成立後，信託在名義上屬於受託人，但不屬受託人之自有財產。

3 **(B)**。信託財產之名義所有權人為受託人，故為乙。

4 **(B)**。信託一旦成立，信託財產歸屬受託人，故財產之管理或處分權人為受託人。

5 **(D)**。信託成立後，信託財產之持有人為信託人，故以信託人名義為之。

6 **(C)**。信託財產之「財產權」係指可依金錢計算價值之權利。如果是不能以金錢計算價值之財產，如與人格權有關之商譽，除非因損害賠償而確定其金額外，無法交付信託。商譽不是信託財產。

7 **(D)**。物上代位性：又稱同一性，受託人因信託財產的管理、處分、滅失、毀損或其他事由取得的財產權，仍屬信託財產。(A)(B)(C)屬信託財產之獨立性。

8 **(D)**。信託法第12條，因員工持股信託之信託財產權不是信託前銀行存在於該財產之權利，故不得強制執行。

9 **(B)**。依信託法第12條：對信託財產不得強制執行。但基於信託前存在於該財產之權利、因處理信託事務所生之權利或其他法律另有規定者，不在此限。即乙為享有信託前存在於該財產之權利，故乙可對信託財產強制執行。

10 **(A)**。屬同一性。

11 **(B)**。信託法第10條：受託人死亡時，信託財產不屬於其遺產。第11條：受託人破產時，信託財產不屬於其破產財團。第13條：屬於信託財產之債權與不屬於該信託財產之債務不得互相抵銷。第14條：信託財產為所有權以外之權利時，受託人雖取得該權利標的之財產權，其權利亦不因混同而消滅。故僅(B)正確。

12 **(B)**。信託法第13條：屬於信託財產之債權與不屬於該信託財產之債務不得互相抵銷。王小明之信用卡債務與信託財產無關，故不得互相抵銷。

13 **(A)**。信託法第12條：對信託財產不得強制執行。但基於信託前存在於該財產之權利、因處理信託事務所生之權利或其他法律另有規定者，不在此限。

14 **(D)**。信託法第12條：對信託財產不得強制執行。但基於信託前存在於該財產之權利、因處理信託事務所生之權利或其他法律另有規定者，不在此限。即受託人拒不繳納時，稅捐稽徵機關可對信託財產強制執行。違反前項規定者，委託人、受益人或受託人得於強制執行程序終結前，向執行法院對債權人提起異議之訴。強制執行法第十八條第二項、第三項之規定，於前項情形，準用之，故選(D)。

15 **(C)**。屬於信託財產之債權與不屬於該信託財產之債務得不得互相抵銷，為信託財產獨立性之一。

16 **(D)**。信託法第13條：屬於信託財產之債權與不屬於該信託財產之債務不得互相抵銷。

17 **(D)**。信託法第12條：對信託財產不得強制執行。但基於信託前存在於該財產之權利、因處理信託事務所生之權利或其他法律另有規定者，不在此限。違反前項規定者，委託人、受益人或受託人得於強制執行程序終結前，向執行法院對債權人提起異議之訴。委託人→王蓮；受益人→王馨；受託人→乙銀行。

18 **(B)**。一、信託法第9條：受託人因信託財產之管理、處分、滅失、毀損或其他事由取得之財產權，仍屬信託財產。故火險理賠金屬於信託財產。二、信託法第10條：受託人死亡時，信託財產不屬於其遺產。李四在此為受託人。三、信託法第11條：受託人破產時，信託財產不屬於其破產財團。四、信託法第13條：屬於信託財產之債權與不屬於該信託財產之債務不得互相抵銷。

19 **(B)**。信託法第12條：對信託財產不得強制執行。但基於信託前存在於該財產之權利、因處理信託事務所生之權利或其他法律另有規定者，不在此限。設有抵押權之不動產交付信託，屬信託前存在於該財產之權利。

20 **(C)**。信託法第13條：屬於信託財產之債權與不屬於該信託財產之債務不得互相抵銷。

21 **(C)**。信託法第13條：屬於信託財產之債權與不屬於該信託財產之債務不得互相抵銷。

22 **(A)**。信託法第12條：對信託財產不得強制執行。但基於信託前存在於該財產之權利、因處理信託事務所生之權利或其他法律另有規定者，不在此限。違反前項規定者，委託人、受益人或受託人得於強制執行程序終結前，向執行法院對債權人提起異議之訴。

23 **(A)**。信託法第12條：對信託財產不得強制執行。但基於信託前存在於該財產之權利、因處理信託事務所生之權利或其他法律另有規定者，不在此限。因修繕信託財產而取得之權利屬因處理信託事務所生之權利。

24 **(D)**。獨立性：信託成立後，信託財產雖移轉受託人所有，惟不屬受託人自有財產，受託人死亡時，信託財產不屬於其遺產，受託人破產時，信託財產不屬於其破產財團；任何人原則上不得對信託財產強制執行。連續性：他益信託之委託人除信託行為另有保留或經受益人同意者外，於信託成立後即不得變更受益人或終止其信託，亦不得處分受益人權利；信託關係除信託行為另有訂定者外，不因自然人之委託人或受託人死亡、破產或喪失行為能力，或法人之委託人或受託人解散或撤銷設立登記而消滅。公示：信託財產應依法辦理信託登記或公示。物上代位性：受託人因信託財產之管理、處分、滅失、毀損或其他事由取得之財產權，仍然屬於信託財產。此即為信託財產之物上代位性，或稱同一性。

25 **(A)**。信託法第12條：對信託財產不得強制執行。但基於信託前存在於該財產之權利、因處理信託事務所生之權利或其他法律另有規定者，不在此限。因信託財產所生之房屋稅，屬因處理信託事務所生之權利，故可對信託財產強制執行。

26 **(A)**。信託法第12條：對信託財產不得強制執行。但基於信託前存在於該財產之權利、因處理信託事務所生之權利或其他法律另有規定者，不在此限。A銀行權利為信託前存在於該財產之權利，故A銀行得向法院聲請逕對該設有抵押權之不動產強制執行。

27 **(A)**。信託法第12條：「對信託財產不得強制執行。但基於信託前存在於該財產之權利、因處理信託事務所生之權利或其他法律另有規定者，不在此限。」

28 **(C)**。受益人不存在，信託不生效。

29 **(A)**。應另為信託登記，始得對抗第三人。

委託人與受益人

依據出題頻率區分，屬：C 頻率低

課綱概要

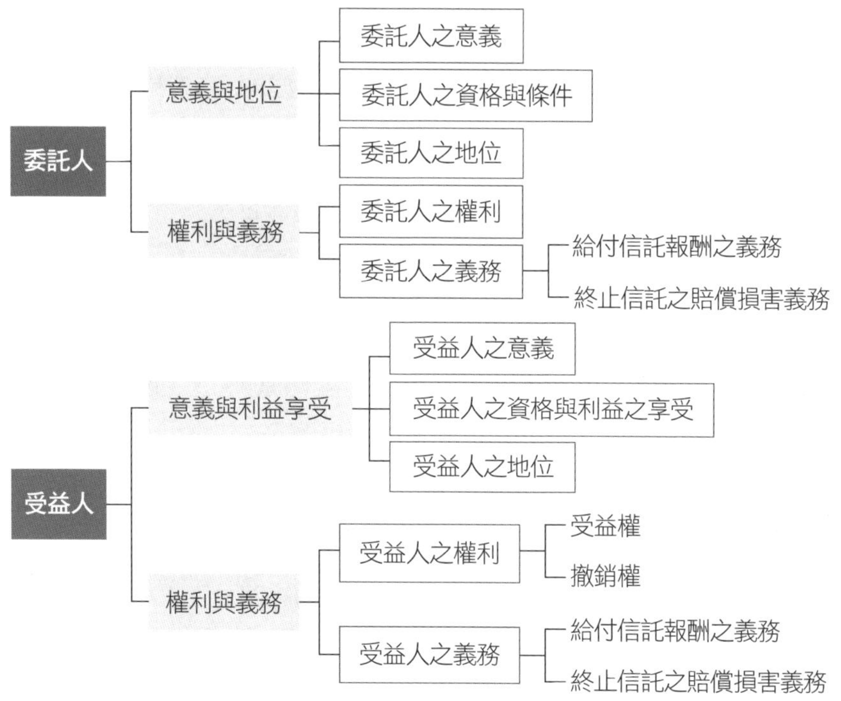

課前導讀

本章重點是解釋委託人與受益人的定義、權力與義務，讀者就本章節的內容只要詳加確認其角色及功能便不難理解，同時針對考題所衍生出來的問題與概念能有效理解回答，同時對後續章節的説明與提示能有所記憶。

壹　委託人之意義與地位　重要度★★

一、委託人之意義

(一)「委託人」就是願將其財產權交付信託後移轉給他人者。當委託人（自然人或法人）想針對照顧某人（受益人）或某種目的作財務規劃，欲將資產以信託方式交由受託人（信託業者）進行處分及管理時，該自然人或法人便成為信託關係的委託人。

(二)委託人可以是一人或多數人為之，亦即可為「單獨委託」或「共同委託」之信託方式。

二、委託人之資格與條件

(一)委託人必須依民法規定所明之行為能力人，亦即有處分財產能力之人。

(二)就一般構成信託資格的條件：

1.必須年滿十八歲之成年人（110.1.20修正民法第12條，下修成年年齡為十八歲，自112.1.1開始施行）及已結婚之未成年人。

2.七歲以上之限制行為能力人，經法定代理人同意者。

3.未滿七歲之未成年人、受監護或輔助宣告者（亦即受禁治產者）或破產宣告者（亦即屬破產財團之財產），不得為信託行為；有為信託行為之必要者，應由其法定代理人代理為之；就此原則上，不能以未成年人之財產設立他益信託。

(三)就遺囑信託而言：依民法規定，年滿十六歲以上者，始得為遺囑信託之行為。法律上始為有效。

(四)就法人信託而言：法人原則上得為信託行為，為其所設立者如為他益信託，須不能逾越其章程或捐助行為所定之目的範圍。

(五)就外國人或外國法人的情形而言：除法令對其移轉或處分財產有特別限制者外，外國人或外國法人得為委託人，將其財產權信託。

三、委託人之地位

(一)當委託人將信託財產交付信託後，原則上應與信託之運作脫離：

1.依信託法第3條之規定：委託人不得任意變更受益人或終止信託。

2.委託人與受益人非同一人者，委託人除信託行為另有保留外，於信託成立後就不得變更受益人或終止其信託，亦不得處分受益人之權利。但經受益人同意者，不在此限。

3.依信託法第8條之規定：信託關係之效力不因委託人或受託人死亡、破產或喪失行為能力而消滅。但信託行為如另有訂定者，不再此限。

4.同樣地，委託人或受託人為法人時，因解散或撤銷設立登記而消滅者，亦適用前項之規定。

(二)信託法之特別規定

1.依信託法第12條規定，對信託財產不得強制執行，違反此項規定者，委託人、受益人或受託人得於強制執行程序終結前，透過執行法院對債權人提起異議之訴。

2.同時依信託法第16條規定，信託財產之管理方法因情事變更致不符合受益人之利益時，委託人、受益人或受託人得聲請法院變更之。

〔牛刀小試〕

( ) **1** 委託人與受益人非同一人者，委託人除信託行為另有保留外，於信託成立後不得自行為下列何種行為？ A.變更受益人 B.終止信託契約 C.追加信託財產 D.處分受益人之權利 (A)A、B、C (B)B、C、D (C)A、B、D (D)A、C、D。 【第16期】

( ) **2** 信託關係原則上不因委託人死亡而消滅，但下列何種情形不在此限？ (A)信託行為另有訂定者 (B)經法院同意者 (C)經檢察官同意者 (D)經主管機關同意者。 【第26期】

( ) **3** 他益信託關係存續中受託人死亡時，除信託行為另有訂定者外，對信託關係有何影響？ (A)信託關係消滅 (B)信託關係不因之消滅 (C)委託人得終止信託關係 (D)受益人得撤銷信託關係。 【第34期】

( ) **4** 他益信託之委託人未於信託契約中保留終止信託之權利者，委託人於信託成立後，於下列何種情況下得終止其信託？ (A)經受益人同意 (B)經受託人同意 (C)經信託監察人同意 (D)經聲請法院許可。 【第9期】

( ) **5** 他益信託除信託行為另有保留外，委託人於信託成立後，不得自行為下列何種行為？ A.變更受益人 B.終止信託契約 C.追加信託財產 D.處分受益人權利 (A)ABC (B)BCD (C)ABD (D)ACD。 【第20期】

解答與解析

1 (C)。信託法第3條：委託人與受益人非同一人者，委託人除信託行為另有保留外，於信託成立後不得變更受益人或終止其信託，亦不得處分受益人之權利。但經受益人同意者，不在此限。

2 **(A)**。信託法第8條：「信託關係不因委託人或受託人死亡、破產或喪失行為能力而消滅。但信託行為另有訂定者，不在此限。委託人或受託人為法人時，因解散或撤銷設立登記而消滅者，適用前項之規定。」

3 **(B)**。信託法第8條：信託關係不因委託人或受託人死亡、破產或喪失行為能力而消滅。但信託行為另有訂定者，不在此限。

4 **(A)**。依信託法第64條：信託利益非由委託人全部享有者，除信託行為另有訂定外，委託人及受益人得隨時共同終止信託。

5 **(C)**。信託法第3條：委託人與受益人非同一人者，委託人除信託行為另有保留外，於信託成立後不得變更受益人或終止其信託，亦不得處分受益人之權利。但經受益人同意者，不在此限。

貳 委託人之權利與義務 重要度★★

一、委託人之權利

(一)得於信託行為時為權利之保留。

(二)對強制執行提起異議之訴的權利。

(三)與受託人及受益人共同變更信託財產管理方法之權利

當委託人死亡時，其繼承人不能承繼該權利時，於此情形，信託財產管理方法之變更，僅需受託人與受益人同意即可。

(四)聲請法院變更信託財產管理方法之權利。

(五)依信託法第23條規定，請求損害賠償、回復原狀或減免報酬等權利。

(六)依信託法第32條規定，請求閱覽文書等權利。

1.委託人或受益人得請求閱覽、抄錄或影印前條之文書，並得請求受託人說明信託事務之處理情形。

2.利害關係人於必要時，得請求閱覽、抄錄或影印前條之文書。

(七)辭任、選任或解任受託人之權利。

(八)指定、選任或解任信託監察人之權利

(九)終止或共同終止信託之權利。

1. **自益信託**：依信託法第63條第1項規定，信託利益全部由委託人享有者，委託人或其繼承人得隨時終止信託。
2. **他益信託**：依信託法第64條第1項規定，信託利益非由委託人全部享有者，除信託行為另有訂定外，委託人及受益人得隨時共同終止信託。

因此，針對前項所謂除信託行為另有訂定外，亦即表明委託人若於契約中聲明並保留得隨時終止信託之權利時，則委託人得自行終止信託。

但若委託人於契約中未有聲明或保留得隨時終止信託之權利時，則委託人就不得任意終止信託。

二、委託人之義務

(一)給付信託報酬之義務：受託人係為信託業或信託行為訂有給付報酬者，得請求委託人給付報酬。

(二)終止信託之賠償損害義務

1.委託人得終止信託

(1)依信託法第63條規定，信託利益全部由委託人享有者，委託人或其繼承人得隨時終止信託。

(2)依前項委託人或其繼承人於不利於受託人之時期終止信託者，應負損害賠償責任。但有不得已之事由者，不在此限。

2.委託人及受益人得共同終止信託

(1)依信託法第64條規定，信託利益非由委託人全部享有者，除信託行為另有訂定外，委託人及受益人得隨時共同終止信託。

(2)委託人及受益人於不利受託人之時期終止信託者，應負連帶損害賠償責任。但有不得已之事由者，不在此限。

〔牛刀小試〕

( ) **1** 依本國信託法規定，受託人違反信託本旨處分信託財產時，委託人不得為下列何項請求？ (A)請求以金錢賠償信託財產所受損害 (B)請求回復原狀 (C)請求主管機關賠償 (D)請求減免報酬。 【第1期】

( ) **2** 信託利益非由委託人全部享有之私益信託，委託人於信託成立後，除信託行為另有訂定外，於下列何種情況下得終止其信託？ (A)委託人與受益人共同終止信託 (B)經受託人同意終止信託 (C)經信託監察人同意終止信託 (D)經聲請法院許可終止信託。 【第15期】

( ) **3** 委託人李先生與受託人甲銀行成立信託，由李先生交付新臺幣一千萬元與甲銀行，約定由甲銀行於收到資金十日內以每股四十五元購買臺塑股票二十萬股，受益人為李先生，並約定每年李先生須給付新臺幣五萬元為信託報酬，甲銀行因作業疏失，誤以每股二十元購買臺化股票二十萬股，嗣後發現將其賣出，扣除成本尚有二十萬元收益，依信託法規定，下列敘述何者錯誤？ (A)李先生得主張甲銀行應減少報

酬 (B)李先生得主張甲銀行須依原約定內容買進臺塑股票 (C)甲銀行補進臺塑股票時已逾除息基準日，李先生得請求賠償未領之股息 (D)李先生對於甲銀行誤買臺化產生之二十萬元利益得主張加倍歸於信託財產。【第34期】

( ) **4** 依信託法規定，受託人因管理不當致信託財產發生損害時，委託人、受益人或其他受託人得請求之項目為下列何者？ A.以金錢賠償信託財產所受損害 B.回復原狀 C.自行變更信託財產之管理方法 D.減免報酬 (A)ABC (B)BCD (C)ACD (D)ABD。【第18期】

( ) **5** 他益信託之委託人死亡後，除信託行為另有訂定外，有關信託財產管理方式之變更，下列敘述何者正確？ (A)由受益人單獨為之 (B)由委託人之繼承人單獨為之 (C)由受益人與受託人合意為之 (D)由委託人之繼承人與受託人合意為之。【第20期】

解答與解析

1 (C)。信託法第23條。

2 (A)。信託法第3條：委託人與受益人非同一人者，委託人除信託行為另有保留外，於信託成立後不得變更受益人或終止其信託，亦不得處分受益人之權利。但經受益人同意者，不在此限。

3 (D)。信託法第23條：受託人因管理不當致信託財產發生損害或違反信託本旨處分信託財產時，委託人、受益人或其他受託人得請求以金錢賠償信託財產所受損害或回復原狀，並得請求減免報酬。

4 (D)。信託法第23條：受託人因管理不當致信託財產發生損害或違反信託本旨處分信託財產時，委託人、受益人或其他受託人得請求以金錢賠償信託財產所受損害或回復原狀，並得請求減免報酬。

5 (C)。信託法第15條：信託財產之管理方法，得經委託人、受託人及受益人之同意變更。

參 受益人之意義與利益享受 重要度★

一、受益人之意義

(一)「受益人」就是委託人希望以信託財產加以施惠照顧的對象，可以是自己（自益信託），也可能是子女或其他親人（他益信託）或是其他於特定目的下所指定的適當團體或個人（例如：公益信託）。委託人指定受益人後，受託人必須依照信託契約之內容指示，為受益人之利益管理信託財產，直到契約期滿或信託目的完成為止。

(二) 簡易而言，因信託之成立而享有信託利益者，稱之。但信託行為另有訂定者，從其所定。

(三) 同一信託之受益人可以為多數人，但須分別依信託行為所定比例或期間，享有其信託利益。

(四) 但若信託行為中未有訂定其比例或期間者，則按人數平均分配享受其信託利益。

二、受益人之資格與利益之享受

(一) 具有權利能力者。

(二) 無權利能力之非法人團體。

(三) 尚未出生之人或尚在籌設中的法人。

(四) 不得受任某特定財產權之人，則不得為該財產權之受益人。

(五) 受益人可分為享有信託財產本金者、享有信託財產孳息者或同時享有信託財產之本金與孳息者。

三、受益人之地位

(一) 受益人信託利益之享受

依信託法第17條第1項規定，受益人因信託成立而享有信託利益。但信託行為另有訂定者，從其所定。

(二) 受益人之信託利益之拋棄

依信託法第17條第2項規定，受益人得拋棄其所享有信託利益之權利。

〔牛刀小試〕

(　　) **1** 依信託法規定，下列何者不得擔任受益人？ (A)法人 (B)禁治產人 (C)依法不得受讓該信託財產權之人 (D)破產人或未成年人。【第10期】

(　　) **2** 信託受益人可否拋棄其得享有信託利益之權利？
(A)可以拋棄
(B)不可拋棄
(C)須經委託人同意才可拋棄
(D)須經受託人同意才可拋棄。【第19期】

( ) **3** 下列信託關係人中，何者僅需具有權利能力？ (A)委託人 (B)受益人 (C)受託人 (D)委託人與受託人。 【第21期】

( ) **4** 有關受益人之權利，下列敘述何者錯誤？ (A)享受信託利益 (B)請求執行信託 (C)請求變更信託財產之管理方法 (D)僅享有信託財產本金利益，不得享有信託財產之孳息。 【第35期】

( ) **5** 信託受益人可否拋棄其得享有信託利益之權利？ (A)可以拋棄 (B)不可拋棄 (C)須經委託人同意才可拋棄 (D)須經受託人同意才可拋棄。 【第8期】

解答與解析

1 (C)。依信託法第5條：信託行為，有左列各款情形之一者，無效：以依法不得受讓特定財產權之人為該財產權之受益人者。

2 (A)。信託法第17條：受益人因信託之成立而享有信託利益。但信託行為另有訂定者，從其所定。受益人得拋棄其享有信託利益之權利。

3 (B)。受益人為受信託利益之人，故需具有權利能力。

4 (D)。依信託本旨享有信託財產本金利益，或信託財產之孳息，或二者均有。

5 (A)。信託法第17條。

肆 受益人之權利與義務 重要度★★

一、受益人之權利

(一)受益權

1. 依信託法第20條規定，受益權之轉讓，係依民法第294條至299條之規定，準用之。
2. 因此，當受益人死亡時，由其繼承人繼承其受益權。
3. 但受益權依其屬性或信託行為中另有規定時，僅被指定為受益人之人，使得享受信託利益者，其繼承人將不得繼承其受益權。

(二)撤銷權

1. 依信託法第18條規定，在加強保護受益人原則下，受託人違反信託本旨處分信託財產時，受益人得向法院撤銷其處分。受益人有數人時，得由其中一人為之。

2.前項撤銷權之行使，以有下列情形之一者為限，始得為之：

(1) 信託財產為已辦理信託登記之應登記或註冊之財產權者。

(2) 信託財產為已依目的事業主管機關規定於證券上或其他表彰權利之文件上載明其為信託財產之有價證券者。

(3) 信託財產為前二款以外之財產權而相對人及轉得人明知或因重大過失不知受託人之處分違反信託本旨者。

(4) 撤銷權，自受益人知有撤銷原因時起，一年間不行使而消滅。自處分時起逾十年者，亦同。

3.請求執行信託之權利。

4.文書承認等權利。

5.共同終止信託財產之權利。

6.請求移轉信託財產之權利。

7.與委託人行使相同之權利。

(1) 對強制執行提起異議之訴的權利。

(2) 共同變更或單獨申請變更信託財產管理方法之權利。

(3) 監督受託人之權利。

(4) 同意受託人辭任與聲請解任、受任之權利。

二、受益人之義務

(一) 依信託法第43條之規定，負有給付報酬之義務。

同時亦適用於信託法第39條第1項、第3項，第40條及第41條之規定，於受託人得自信託財產收取報酬，準用之。

並依第41條規定，於受託人得向受益人請求報酬時，準用之。

(二) 依信託法第40條規定，受益人亦負有補償或賠償受託人所受損害等義務。

1.信託財產不足清償信託法第39條第1項之費用或債務，或受託人有第39條第3項之情形時，受託人得向受益人請求補償或清償債務或提供相當之擔保。但信託行為另有訂定者，不在此限。

2.信託行為訂有受託人得先向受益人請求補償或清償所負之債務或要求提供擔保者，從其所訂。

3.依前二項規定，於受益人拋棄其權利時，不適用之。

4.依第一項之請求權規定，因二年間不行使而消滅。

〔牛刀小試〕

( ) **1** 有關受益人之權利，下列敘述何者錯誤？ (A)享受信託利益 (B)請求執行信託 (C)請求變更信託財產之管理方法 (D)享有信託財產本金利益之人，當然得享有信託財產之孳息。 【第24期】

( ) **2** 依信託法規定，信託受益權之讓與，準用下列何種法律規定？ (A)證券交易法 (B)刑法 (C)民法 (D)保險法。 【第32期】

( ) **3** 受託人違反信託本旨處分信託財產時，受益人得聲請法院撤銷其處分，下列敘述何者錯誤？ (A)受益人有數人者，得由其中一人為之 (B)撤銷權自處分時起，逾十年不行使而消滅 (C)信託財產為應登記之財產時，如未為信託登記仍得聲請撤銷 (D)撤銷權自受益人知有撤銷原因時起，一年間不行使而消滅。 【第11期】

( ) **4** 除信託行為另有訂定外，他益信託之信託財產為已辦理信託登記之財產權者，倘受託人違反信託本旨處分該信託財產，下列何者得聲請法院撤銷其處分？ (A)委託人 (B)受託人 (C)受益人 (D)委託人之法定代理人。 【第13期】

( ) **5** 下列何者非屬受益人之權利？ (A)享受信託利益 (B)聲請撤銷受託人所為處分 (C)文書承認 (D)給付受託人報酬。 【第17期】

解答與解析

1 (D)。信託財產之本金及孳息受益人不一定是同一人，依信託契約而定。

2 (C)。信託法第20條：民法第294條至第299條之規定，於受益權之讓與，準用之。

3 (C)。信託法第18條：受託人違反信託本旨處分信託財產時，受益人得聲請法院撤銷其處分。受益人有數人者，得由其中一人為之。前項撤銷權之行使，以有下列情形之一者為限，始得為之：一、信託財產為已辦理信託登記之應登記或註冊之財產權者。二、信託財產為已依目的事業主管機關規定於證券上或其他表彰權利之文件上載明其為信託財產之有價證券者。三、信託財產為前二款以外之財產權而相對人及轉得人明知或因重大過失不知受託人之處分違反信託本旨者。第十九條：前條撤銷權，自受益人知有撤銷原因時起，一年間不行使而消滅。自處分時起逾十年者，亦同。故未登記者，不得撤銷。

4 (C)。信託法第18條：受託人違反信託本旨處分信託財產時，受益人得聲請法院撤銷其處分。第23條：受託人因管理不當致信託財產發生損害或違反信託本旨處分信託財產時，委託人、受益人或其他受託人得請求以金錢賠償信託財產所受損害或回復原狀，並得請求減免報酬。

5 (D)。給付受託人報酬為受託人之權利，受益人之義務。

精選試題

( ) **1** 於自益信託中，下列何者兼有變更受益人及對信託財產之強制執行提起異議之訴之權利？ (A)委託人 (B)受託人 (C)信託監察人 (D)法院。 【第14期】

( ) **2** 依信託法規定，受託人死亡時，除信託行為另有訂定外，下列敘述何者正確？ (A)信託關係消滅 (B)信託財產歸屬於國庫 (C)信託財產屬於委託人之遺產 (D)信託財產不屬於受託人之遺產。【第21期】

( ) **3** 甲（委託人）與乙（受託人）簽訂信託契約，指定丙為受益人，甲於信託契約存續期間死亡時，除信託行為另有訂定外，該項信託關係之效力為何？ (A)不消滅 (B)不生效 (C)信託關係終止 (D)信託監察人得聲請法院撤銷之。 【第23期】

( ) **4** 他益信託成立後，委託人原則上不能變更受益人或終止信託，但下列何種情形不在此限？ (A)向法院聲請同意 (B)經受益人同意 (C)報請金管會核准 (D)向信託監察人申請同意。 【第28期】

( ) **5** 他益信託之委託人於信託成立時未保留終止信託之權利者，委託人於信託成立後得否任意終止信託？ (A)不得任意終止信託 (B)得自行終止信託 (C)得經受託人同意終止信託 (D)得經信託監察人同意終止信託。 【第33期】

( ) **6** 委託人甲與受託人乙訂定信託契約，指定丙為受益人，並約定信託存續期間內，得由甲單獨終止信託，下列敘述何者正確？ (A)基於他益信託關係，該契約仍須由甲、丙共同終止信託關係 (B)丙依法可終止信託關係 (C)須由甲與乙共同終止信託關係 (D)依信託契約所定，由甲終止信託關係即可。 【第35期】

( ) **7** 下列何者不是信託關係消滅之事由？ (A)信託行為所定事由發生 (B)信託目的已完成或不能完成 (C)除信託行為另有訂定外，法人為受託人而有解散或撤銷設立登記之情事者 (D)他益信託之委託人及受益人共同終止信託關係。 【第38期】

( ) **8** 有關委託人之權利，下列敘述何者錯誤？ (A)變更信託財產管理方法 (B)拒絕交付或留置信託財產 (C)請求受託人說明信託事務之處理情形 (D)向受託人請求閱覽、抄錄信託財產目錄。 【第26期】

( ) **9** 私益信託委託人與受益人非同一人者，信託契約中明訂僅委託人有終止信託之權利時，委託人如何終止其信託？
(A)委託人應經受益人之同意，始得終止其信託
(B)委託人應與受益人共同終止信託
(C)委託人得逕行終止信託
(D)委託人應經受託人之同意，始得終止其信託。 【第11期】

( ) **10** 有關信託受益權之性質，下列敘述何者錯誤？ (A)原則上得為繼承之標的 (B)受益人得拋棄其享有信託利益之權利 (C)受託人得依信託契約及相關法律規定，發行有價證券 (D)受託人違反信託本旨處分信託財產時，受益人得逕自撤銷其處分。 【第18期】

( ) **11** 他益信託之委託人死亡後，除信託行為另有訂定外，有關信託財產管理方式之變更，下列敘述何者正確？ (A)由受益人單獨為之 (B)由委託人之繼承人單獨為之 (C)由受益人與受託人合意為之 (D)由委託人之繼承人與受託人合意為之。 【第20期】

( ) **12** 委託人將其電腦設備信託予受託人，約定管理方法僅能出租而不得出售，受託人竟將之讓售予不知情之第三人（即受買人不知或非因重大過失而不知該受託人之處分係違反信託本旨），則受益人得為下列何種處置？
(A)得聲請法院撤銷其處分
(B)得主張受託人之處分為無效
(C)得對原為信託財產之電腦設備強制執行
(D)得請求受託人以金錢賠償信託財產所受損害或回復原狀，並得請求減免報酬。 【第2期】

( ) **13** 依信託法規定，受託人違反信託本旨處分信託財產時，下列何者不屬於委託人之權利？
(A)請求減免報酬
(B)請求回復原狀
(C)聲請法院撤銷其處分
(D)請求以金錢賠償信託財產所受損害。 【第21、33期】

( ) **14** 有關信託受益權之性質，下列敘述何者錯誤？ (A)原則上得為繼承之標的 (B)受益人得拋棄其享有信託利益之權利 (C)受託人得依信託契約及相關法律規定，發行有價證券 (D)受託人違反信託本旨處分信託財產時，受益人得逕自撤銷其處分 【第39期】

( ) **15** 有關受益人之權利，下列何者錯誤？ (A)享受信託利益 (B)請求執行信託 (C)請求變更信託財產之管理方法 (D)享有信託財產本金利益之人，當然得享有信託財產之孳息。【第16期】

( ) **16** 除信託行為另有訂定外，他益信託之信託財產為已辦理信託登記之財產權者，倘受託人違反信託本旨處分該信託財產，下列何者得聲請法院撤銷其處分？ (A)委託人 (B)受託人 (C)受益人 (D)委託人之法定代理人。【第13期】

( ) **17** 甲、乙、丙為同一信託關係之受益人，如受託人違反信託本旨處分信託財產時，關於受益人撤銷權之行使，下列敘述何者錯誤？
(A)得由甲、乙、丙其中一人為之
(B)必須向法院提出聲請
(C)必須由甲、乙、丙三人共同為之
(D)自受益人知有撤銷原因時起，一年間不行使而消滅。【第17期】

( ) **18** 依信託法規定，信託財產為已辦理信託登記之不動產者，受託人違反信託本旨處分信託財產時，受益人得如何行使其權利？
(A)得撤銷其信託
(B)得聲請法院撤銷其處分
(C)得對該處分行為行使解除權
(D)僅得請求受託人賠償信託財產所受損害，不得請求減免受託人之報酬。【第19期】

( ) **19** 有關受益權之敘述，下列何者正確？ (A)得繼承或讓與 (B)不得繼承或讓與 (C)得繼承不得讓與 (D)不得繼承得讓與。【第19期】

( ) **20** 依信託法規定，受託人違反信託本旨處分信託財產時，受益人得聲請法院撤銷其處分，自受益人知有撤銷原因時起，多久內不行使而消滅？ (A)一年 (B)二年 (C)五年 (D)十年。【第22期】

( ) **21** 信託受益人之權利，不包括下列何者？
(A)處分信託財產
(B)對強制執行提起異議之訴
(C)除契約另有約定外，得讓與受益權
(D)請求閱覽、抄錄受託人所造具帳簿及信託財產目錄。【第28期】

( ) **22** 有關受託人違反信託本旨處分信託財產之行為，下列敘述何者正確？ (A)該行為無效 (B)該行為對委託人不生效力 (C)該行為對受益人不生效力 (D)受益人得聲請法院撤銷之。【第30期】

( ) **23** 除信託行為另有訂定外，他益信託之信託財產為已辦理信託登記之財產權者，倘受託人違反信託本旨處分該信託財產，下列何人得聲請法院撤銷其處分？
(A)委託人
(B)受託人
(C)受益人
(D)委託人之法定代理人。 【第3期】

( ) **24** 有關受益權之敘述，下列何者錯誤？
(A)受益人享受信託利益之權利，稱為「受益權」
(B)受益權得讓與
(C)受益權得依法律規定發行有價證券
(D)受益人死亡，該受益權即消滅，無法成為繼承之標的。 【第36期】

( ) **25** 依信託法規定，受託人違反信託本旨處分信託財產時，受益人得聲請法院撤銷其處分，自受益人知有撤銷原因時起，多久內不行使而消滅？
(A)一年 (B)二年
(C)五年 (D)十年。 【第38期】

( ) **26** 信託財產為已辦理信託登記之不動產者，受託人違反信託本旨處分信託財產時，受益人得如何行使其權利？
(A)得終止其信託
(B)得對該處分行為行使解除權
(C)得聲請法院撤銷其處分
(D)僅得請求受託人賠償信託財產所受損害，不得請求減免受託人之報酬。 【第5期】

解答與解析

1 (A)。信託法第12條：對信託財產不得強制執行。但基於信託前存在於該財產之權利、因處理信託事務所生之權利或其他法律另有規定者，不在此限。違反前項規定者，委託人、受益人或受託人得於強制執行程序終結前，向執行法院對債權人提起異議之訴。自益信託，委託人有權變更受益人。

2 (D)。信託法第8條：信託關係不因委託人或受託人死亡、破產或喪失行為能力而消滅。但信託行為另有訂定者，不在此限。第10條：受託人死亡時，信託財產不屬於其遺產。第11條：受託人破產時，信託財產不屬於其破產財團。

3 **(A)**。信託法第8條：信託關係不因委託人或受託人死亡、破產或喪失行為能力而消滅。但信託行為另有訂定者，不在此限。

4 **(B)**。信託法第3條：委託人與受益人非同一人者，委託人除信託行為另有保留外，於信託成立後不得變更受益人或終止其信託，亦不得處分受益人之權利。但經受益人同意者，不在此限。

5 **(A)**。信託法第3條：委託人與受益人非同一人者，委託人除信託行為另有保留外，於信託成立後不得變更受益人或終止其信託，亦不得處分受益人之權利。但經受益人同意者，不在此限。

6 **(D)**。信託法第3條：委託人與受益人非同一人者，委託人除信託行為另有保留外，於信託成立後不得變更受益人或終止其信託，亦不得處分受益人之權利。但經受益人同意者，不在此限。因已在信託行為另有保留，故委託人得終止其信託。

7 **(C)**。信託法第8條：信託關係不因委託人或受託人死亡、破產或喪失行為能力而消滅。但信託行為另有訂定者，不在此限。委託人或受託人為法人時，因解散或撤銷設立登記而消滅者，適用前項之規定。

8 **(B)**。依信託法第51條：「受託人變更時，原受託人為行使第39條、第42條或第43條所定之權利，得留置信託財產，並得對新受託人就信託財產為請求。留置信託財產屬受託人之權利。」

9 **(C)**。信託法第64條：信託利益非由委託人全部享有者，除信託行為另有訂定外，委託人及受益人得隨時共同終止信託。信託行為即已有訂定，從其約定。

10 **(D)**。信託法第23條：受託人因管理不當致信託財產發生損害或違反信託本旨處分信託財產時，委託人、受益人或其他受託人得請求以金錢賠償信託財產所受損害或回復原狀，並得請求減免報酬。

11 **(C)**。信託法第15條：信託財產之管理方法，得經委託人、受託人及受益人之同意變更。

12 **(D)**。信託法第23條。

13 **(C)**。信託法第18條：受託人違反信託本旨處分信託財產時，受益人得聲請法院撤銷其處分。受益人有數人者，得由其中一人為之。第23條：受託人因管理不當致信託財產發生損害或違反信託本旨處分信託財產時，委託人、受益人或其他受託人得請求以金錢賠償信託財產所受損害或回復原狀，並得請求減免報酬。故受益人得聲請法院撤銷其處分，非委託人。

14 **(D)**。信託法第23條：受託人因管理不當致信託財產發生損害或違反信託本旨處分信託財產時，委託人、受益人或其他受託人得請求以金錢賠償信託財產所受損害或回復原狀，並得請求減免報酬。

15 **(D)**。信託財產之孳息可另約定為第三人或委託人本人。

16 **(C)**。信託法第18條：受託人違反信託本旨處分信託財產時，受益人得聲請法院撤銷其處分。第23條：受託人因管理不當致信託財產發生損害或違反信託本旨處分信託財產時，委託人、受益人或其他受託人得請求以金錢賠償信託財產所受損害或回復原狀，並得請求減免報酬。

17 **(C)**。信託法第18條：受託人違反信託本旨處分信託財產時，受益人得聲請法院撤銷其處分。受益人有數人者，得由其中一人為之。

18 **(B)**。信託法第18條：受託人違反信託本旨處分信託財產時，受益人得聲請法院撤銷其處分。受益人有數人者，得由其中一人為之。

19 **(A)**。信託法第20條民法第294條至第299條之規定，於受益權之讓與，準用之。受益權得為繼承之標的，受益人死亡時，由其繼承人繼承受益權。但受益權依其性質，或信託行為中有特別訂定，僅被指定為受益人之人，始得享受信託利益者，其繼承人不得繼承受益權。

20 **(A)**。信託法第35條第4項：前項請求權，自委託人或受益人知悉之日起，二年間不行使而消滅。自事實發生時起逾五年者，亦同。

21 **(A)**。受益人無處分信託財產之權利，依信託法第17條受益人因信託之成立而享有信託利益。

22 **(D)**。信託法第18條：受託人違反信託本旨處分信託財產時，受益人得聲請法院撤銷其處分。

23 **(C)**。信託法第18條。

24 **(D)**。受益權為財產權之一種，依民法第1148條規定，自得為繼承之標的。

25 **(A)**。信託法第19條：前條撤銷權，自受益人知有撤銷原因時起，一年間不行使而消滅。自處分時起逾十年者，亦同。

26 **(C)**。信託法第18條。

受託人

依據出題頻率區分，屬：**B** 頻率中

課綱概要

- 受託人
  - 意義與資格
  - 地位與責任
  - 共同受託人之法律關係
    - 信託財產為受託人公同共有
    - 共同受託人共同行動之原則與效力
    - 共同受託人之責任
  - 權利
    - 管理或處分信託財產之權利
    - 發行有價證券之權利
    - 請求報酬之權利
    - 就信託財產行使抵充
    - 拒絕交付信託財產
    - 向受益人等請求補償、清償或提供擔保
    - 留置信託財產
    - 受託人不得行使權利的限制
  - 義務
    - 善良管理人注意義務
    - 分別管理義務
    - 直接管理義務
    - 忠實義務
    - 備置帳簿之義務
  - 變更
    - 受託人之任務終了
    - 受託人之變更
    - 新受託人的權利與義務
    - 原受託人的權利與義務

課前導讀

本章重點是解釋受託人的定義、地位、責任、法律關係、權利義務與變更情形等，章節的內容充分說明受託人的角色與定位，以便在針對考題所衍生出來的問題與概念能有效理解其關係變化，同時對後續章節的說明與提示能有所記憶。

壹 受託人之意義與資格 重要度★★

一、受託人之意義

定義	說明
信託業者	「受託人」在營業信託中即是所謂的信託業者，目前均為銀行或證券業兼營，他們會協助委託人達成財產管理的目的。委託人需要將信託的財產移轉給受託人，讓受託人依照信託契約內容執行管理事宜。
信託法定義的受託人	就信託法所定義的受託人，係指接受委託人財產權之移轉或處分，依信託本旨，為受益人利益或特定目的，管理或處分信託財產之人，稱之。
受託人之性質	受託人得為自然人或法人。
受託人數	受託人得為單一受託人或與他人共同（同一信託受託於兩人以上共同管理者）為受託人。
排他性管理權	受託人具有排他性管理權，其依法令或信託行為管理或處分信託財產之效力，與一般所有權人管理、處分自己財產權之效力相同。亦即應負有直接管理義務。

二、受託人之資格

類別	說明
外國人	依民法總則施行法第2條參照解釋，除因法令限制無權利能力或不能接受特定財產權之移轉或處分外，原則上得為信託財產之受託人。

類別	說明
法人	依信託法第2條及第3條規定，接受信託以屬於法人權利能力及行為能力範圍內者為限。 而非信託業而辦理不特定多數人委託經理的信託業務者，則依信託業法第33條、第48條規定可處3年以上10年以下有期徒刑，得併科新臺幣1000萬元以上2億元以下罰金。
委託人	除宣言信託外，原則上不得兼為同一信託之受託人。
未成年人、受監護或輔助宣告之人及破產人	依信託法第21條規定，未成年人、受監護或輔助宣告之人及破產人，不得為受託人（消極資格）。即便未成年人已結婚者，雖依民法第13條第3項認可為有行為能力，亦不得為受託人。
依法不得受讓特定財產之人不得為該財產之受託人。	意即如法令對於外國人持有某種財產權設有特別限制規定者，外國人不得為該財產權之受託人。
依信託法第34條規定受託人不得以任何名義，享有信託利益。	依信託法第34條規定受託人不得以任何名義，享有信託利益。亦即表示受託人不得為同一信託之唯一受益人。但與他人為共同受益人時，不在此限。

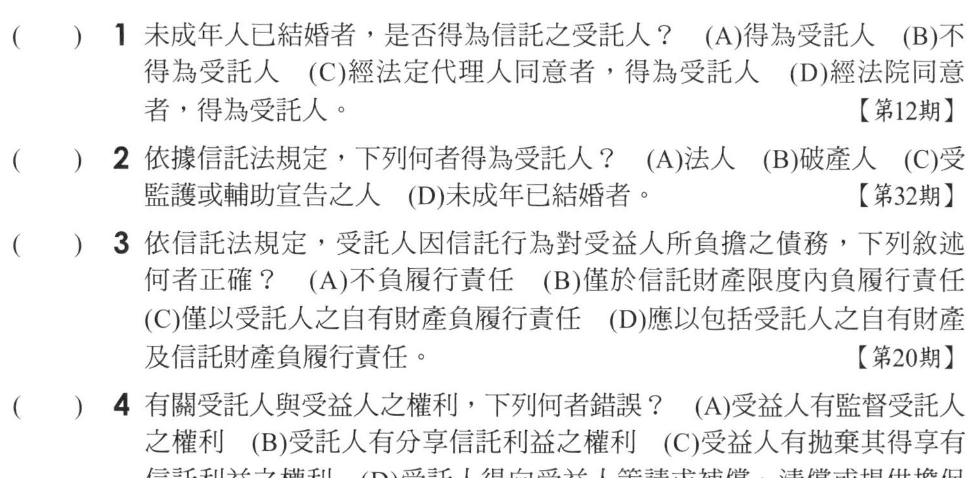

〔牛刀小試〕

( ) **1** 未成年人已結婚者，是否得為信託之受託人？ (A)得為受託人 (B)不得為受託人 (C)經法定代理人同意者，得為受託人 (D)經法院同意者，得為受託人。 【第12期】

( ) **2** 依據信託法規定，下列何者得為受託人？ (A)法人 (B)破產人 (C)受監護或輔助宣告之人 (D)未成年已結婚者。 【第32期】

( ) **3** 依信託法規定，受託人因信託行為對受益人所負擔之債務，下列敘述何者正確？ (A)不負履行責任 (B)僅於信託財產限度內負履行責任 (C)僅以受託人之自有財產負履行責任 (D)應以包括受託人之自有財產及信託財產負履行責任。 【第20期】

( ) **4** 有關受託人與受益人之權利，下列何者錯誤？ (A)受益人有監督受託人之權利 (B)受託人有分享信託利益之權利 (C)受益人有拋棄其得享有信託利益之權利 (D)受託人得向受益人等請求補償、清償或提供擔保等權利。 【第33期】

解答與解析

1 **(B)**。依信託法第21條：未成年人、受監護或輔助宣告之人及破產人，不得為受託人。

2 **(A)**。信託法第21條：未成年人、受監護或輔助宣告之人及破產人，不得為受託人。

3 **(B)**。信託法第30條：受託人因信託行為對受益人所負擔之債務，僅於信託財產限度內負履行責任。

4 **(B)**。信託法第34條：受託人不得以任何名義，享有信託利益。但與他人為共同受益人時，不在此限。

貳 受託人之地位與責任 重要度★

一、受託人之地位

區分	說明
受託人之身分	(1)一是作為「信託財產管理機關」之身分，另一則是居於受託人本身個人之身分。 (2)受託人以「個人」身分為法律行為時，僅自身權益受法律行為效果之拘束； (3)以「信託受託人」身分為法律行為時，則其法律行為之效果及於信託財產。
受託人信託管理權性質	受託人之管理權，係基於自身為信託財產權利人身分所為管理或處分之權限，非由授權行為而產生。

二、受託人之責任

重點	說明
受託人對受益人之責任	信託法第30條所定：「受託人因信託行為對受益人所負擔之債務，僅於信託財產限度內負履行責任」。
受託人對第三人之責任	(1)信託關係存續中，受託人亦有可能因處理信託事務而對第三人負擔債務。

重點	說明
受託人對第三人之責任	(2)例如接受土地信託之信託業，為開發及整建土地而向銀行借入款項之情形。本來此種債務，應由信託財產負擔，但由於受託人是以自己名義借款。 從銀行觀點而言，受託人就是債務人，故除於借貸契約中有特別約定，受託人僅於信託財產限度內負清償責任者外，對銀行應負超過信託財產（即包括受託人自有財產在內）之無限責任。 (3)另依信託法第12條第1項但書解釋，由於此種債權是「因處理信託事務所生之權利」，債權人為回收債權，亦得對該信託財產為強制執行。

〔牛刀小試〕

(　　) 依信託法規定，受託人因信託行為對受益人所負擔之債務，下列敘述何者正確？ (A)不負履行責任 (B)僅於信託財產限度內負履行責任 (C)僅以受託人之自有財產負履行責任 (D)應以包括受託人之自有財產及信託財產負履行責任。 【第27期】

解答與解析

(B)。信託法第30條：受託人因信託行為對受益人所負擔之債務，僅於信託財產限度內負履行責任。

參 共同受託人之法律關係 重要度★★★★

一、信託財產為受託人公同共有

(一) **信託法第28條第1項規定：**「同一信託之受託人有數人時，信託財產為其公同共有。」

(二) **信託法中的「公同共有」，與民法之概念並不完全一致，以下闡述之：**

1.民法上的公同共有：依民法第827條及第828條規定，「公同共有」是指數人基於公同關係，共有一物，其權利義務，依其公同關係所由規定的法律或契約定之，而公同共有物的處分及其他權利的行使，應得公同共有人全體之同意。

就此所言，「財產公同共有」，乃係指各公同共有人，基於公同關係，以公同共有的形式，對共有的標的物，共同享有所有權之意。

2.信託法上的公同共有：就信託而言，因受託人對信託財產的所有權，屬於「限制所有權」，其管理須依信託本旨為之，且不能享受信託利益，亦即在信託財產的同一標的物上，「權利名義人」與「享受利益人」乃為不同的權利主體。

(三)**「公同共有」的法源依據**

1.就法理而言，信託法上的「公同共有」，乃源自於英國法上「Joint Right」的法理依據，各共同受託人對信託財產並無持分權及分割請求權，而當其中一人死亡或任務終了時，基於「殘存者權利」（Right of Survivorship）的原則，信託財產是歸屬於其他受託人所有，而不能成為繼承之標的。

2.於此原則下，亦規範於信託法第47條第2項規定的「共同受託人中之一人任務終了時，信託財產歸屬於其他受託人」，及信託法第10條規定的「受託人死亡時，信託財產不屬於其遺產」。

二、共同受託人共同行動之原則與效力

重點	說明
共同行動之原則與例外	(1)原則上，有關信託財產之處分行為、管理行為或訴訟行為，原則上應由共同受託人全體為之，而不能以多數決之方式或以推派代表方式為之。 (2)例外，信託法第28條第2項前段特將「經常事務」、「保存行為」及「信託行為另有訂定」等三種情形，明定為受託人無須共同為之。
共同受託人意思不一致時之處理	(1)依信託法第28條第2項所述規定：「受託人意思不一致時，應得受益人全體之同意。受益人意思不一致時，得聲請法院裁定之」。 (2)同時依信託法第28條第3項所明定第三人欲對共同受託人為意思表示，僅向其中一人為之即可。亦即在共同受託人共同行動之原則下，受託人應共同遵守的義務要求，不能拘束第三人對共同受託人進行意思表示，同時只要向其中一人為之即可。

三、共同受託人之責任

對受益人之責任

(一) 共同受託人對受益人的責任，在債務負擔上，具有連帶關係。依信託法第29條規定，「受託人有數人者，對受益人因信託行為負擔之債務負連帶清償責任。其因處理信託事務負擔債務者，亦同。」

(二) 但依信託法第30條規定，僅止於信託財產限度內負履行責任。因此，各受託人並非以自己擁有的「自有財產限度內」負連帶清償責任，而是在「信託財產限度內」共同負擔應履行的責任。

〔牛刀小試〕

( ) **1** 同一信託之受託人有數人時，除信託行為另有訂定外，下列敘述何者不正確？ (A)其中一人任務終了時，信託財產歸屬於其他受託人 (B)對其中一人所為之意思表示，對其他受託人不生效力 (C)其對受益人因信託行為負擔之債務負連帶清償責任 (D)信託事務之處理除經常事務、保存行為或信託行為另有訂定外，受託人意思不一致時，應得受益人全體之同意。 【第2期】

( ) **2** 受託人有數人者，對受益人因信託行為負擔之債務應負何種責任？ (A)分別清償責任 (B)共同清償責任 (C)比例清償責任 (D)連帶清償責任。 【第10期】

( ) **3** 他益信託之共同受託人處理信託事務原則上應由全體受託人共同為之，但當受託人意思不一致時，應得下列何者同意？ (A)全體委託人 (B)全體受益人 (C)信託監察人 (D)直接向法院聲請裁定。 【第15期】

( ) **4** 有關共同受託人之責任，下列敘述何者錯誤？ (A)對其中一人所為之意思表示，對全體不生效力 (B)共同受託人對於處理信託事務所負擔之債務，負連帶清償責任 (C)共同受託人對受益人因信託行為所負擔之債務，負連帶清償責任 (D)原則上各受託人因信託行為對受益人所負擔之債務，僅於信託財產限度內負履行責任。 【第19期】

( ) **5** 他益信託之共同受託人處理信託事務原則上應由全體受託人共同為之，但當受託人意思不一致時，應得下列何者同意？ (A)全體委託人 (B)全體受益人 (C)信託監察人 (D)直接向法院聲請裁定。 【第24期】

解答與解析

1 (B)。信託法第28條：同一信託之受託人有數人時，信託財產為其公同共有。

2 (D)。依信託法第29條：受託人有數人者，對受益人因信託行為負擔之債務負連帶清償責任。其因處理信託事務負擔債務者，亦同。

3 (B)。信託法第28條：同一信託之受託人有數人時，信託財產為其公同共有。前項情形，信託事務之處理除經常事務、保存行為或信託行為另有訂定外，由全體受託人共同為之。受託人意思不一致時，應得受益人全體之同意。受益人意思不一致時，得聲請法院裁定之。受託人有數人者，對其中一人所為之意思表示，對全體發生效力。

4 (A)。信託法第28條：同一信託之受託人有數人時，信託財產為其公同共有。前項情形，信託事務之處理除經常事務、保存行為或信託行為另有訂定外，由全體受託人共同為之。受託人意思不一致時，應得受益人全體之同意。受益人意思不一致時，得聲請法院裁定之。受託人有數人者，對其中一人所為之意思表示，對全體發生效力。

5 (B)。信託法第28條：「同一信託之受託人有數人時，信託財產為其公同共有。前項情形，信託事務之處理除經常事務、保存行為或信託行為另有訂定外，由全體受託人共同為之。受託人意思不一致時，應得受益人全體之同意。受益人意思不一致時，得聲請法院裁定之。」

肆　受託人之權利與義務　重要度★★★★

一、受託人之權利

(一)管理或處分信託財產之權利

1.受託人在信託關係成立後，就成為信託財產的所有權人，有管理或處分信託財產的權限。

2.受託人對信託財產的所有權，是一種限制的所有權，並沒有一般所有權人可以享有的「收益」權限。

3.因此受託人對信託財產的管理權，不可以依照自己的意思任意為之，必須受到信託本旨的限制。

4.同樣地，對信託管理處分權，信託當事人在不違反公序良俗或強制禁止規定的前提下，可以自由約定信託財產管理處分權的內容。

5.若係為使受託人假信託之方式，行其節稅或其他脫法之目的，假受託人名義約定為捐贈，而享有所得稅法第17條或第36條之優惠，其信託行為將被認定無效。

(二) **有關受託人「管理或處分信託財產」的權利將分成以下兩點來說明：**

重點	說明
管理處分權的範圍	受託人對信託財產的管理處分權，除了信託行為另有約定之外，還包括法律行為及事實行為。所以下列行為都屬於受託人管理處分權的範圍： (1)權利取得或債務負擔的行為。 (2)為了保護信託財產所做的訴訟上或訴訟外的行為。 (3)對於信託財產的保存、利用或改良行為。
管理方法	(1)信託財產的管理方法，一般都會在信託行為中明定；受託人必須依照信託行為所定的方法管理或處分信託財產。 (2)信託關係存續中，如果受託人認為原定的管理方法不利於信託目的的達成時， 可以依照信託法第15條的規定，在取得委託人及受益人同意後變更。 (3)此外，當信託財產的管理方法因為情事變更導致不符合受益人利益時，也可以依照信託法第16條的規定聲請法院變更。

(三) **發行有價證券之權利**

依信託法第37條規定，信託行為訂定對於受益權的發行有價證券，受託人得依相關法律之規定，發行有價證券。

(四) **請求報酬之權利**

有關受託人「請求報酬」的權利將分成以下兩點來說明：

重點	說明
依信託行為請求報酬	(1)受託人最主要的權利：依信託法第38條第1項規定載明受託人係信託業或信託行為訂有給付報酬者，得請求報酬。所以當信託行為中有訂定，受託人處理信託事務可以享有請求報酬的權利時，受託人則可以依照約定請求報酬，就此說明辦理信託業務當然是可以收取手續費、管理費以及其他信託報酬。 (2)同時依信託法第38條第2項所定，信託行為中約定的報酬，依照當時的情形或因為情事變更發生有失公平的情形，法院可以根據委託人、受託人、受益人，或同一信託的其他受託人的請求來增減報酬。

重點	說明
報酬請求權無優先受償	(1)有鑑於信託報酬在本質上也屬於信託財產的費用之一，因此，在信託法第43條、第39條第1項、第3項，第40條及第41條之規定，於受託人得自信託財產收取報酬時，準用之。對費用償還請求權也有所規定，因此，受託人可以在收取信託財產報酬時，請求報酬。 (2)依信託法第41條規定，於受託人得向受益人請求報酬時，準用之。這裡所提到的受託人報酬請求權，屬於一般債權，所以無優先於無擔保債權人受償的權利。

(五) **就信託財產行使抵充**

1. 受託人就信託財產或處理信託事務所支出之稅捐、費用或負擔之債務，得以信託財產充之。

適用法條	重點說明
依信託法第39條規定，受託人就信託財產或處理信託事務所支出之稅捐、費用或負擔之債務，得以信託財產充之。	就是說明信託財產抵充權的行使方式，由於受託人是替他人管理或處分信託財產，因此，當受託人處理信託財產時，是可以直接從信託財產中扣除其所應支出的稅捐及費用，或直接以信託財產清償因處理信託事務所產生應負擔的債務。

2. 支出稅捐、費用或負擔債務享有優先權

適用法條	重點說明
依信託法第39條第2項規定，就前項所稱費用，受託人的費用償還請求權，有優先於無擔保債權人受償的權利。 但是受託人行使費用償還請求權時，如果不符合信託目的，就不得行使。	可以以信託財產抵充的項目，包括： A.稅捐，例如土地增值稅。 B.費用，例如修理大樓的費用。 C.負擔之債務，例如貸款。

(六) **向受益人等請求補償、清償或提供擔保**

有關受託人「向受益人等請求補償、清償或提供擔保」的權利可分為下列3點：

1. **信託財產不足，可要求受益人清償。**

重點解釋	適用法條
受託人就信託財產或處理信託事務有支出稅捐、費用或負擔債務的情況，當信託財產不足以清償時，或受託人就信託財產行使費用償還請求權不符信託目的時，信託法第40條第1項前段規定，「受託人得向受益人請求補償或清償債務或提供相當之擔保」。	信託法第40條信託財產不足清償前條第1項之費用或債務，或受託人有前條第3項之情形時，受託人得向受益人請求補償或清償債務或提供相當之擔保。但信託行為另有訂定者，不在此限。 信託行為訂有受託人得先對受益人請求補償或清償所負之債務或要求提供擔保者，從其所定。前二項規定，於受益人拋棄其權利時，不適用之。 第1項之請求權，因二年間不行使而消滅。

2. **因為處理信託事務受有損害的情形。**

重點解釋	適用法條
受託人因管理信託財產或處理信託事務受有損害時，依信託法第42條第1項規定，除得自信託財產扣除相當的金額，以抵充其損害外，亦可向受益人請求補償其損害或要求提供擔保。但上揭損害的造成受託人亦有過失時，依信託法第42條第2項，應準用民法第217條過失相抵規定，由法院斟酌情形，減免其補償金額。	信託法第42條受託人就信託財產或處理信託事務所受損害之補償，準用前三條之規定。前項情形，受託人有過失時，準用民法第217條規定。

3. **因為信託的終止受有損害之情形。**

重點解釋	適用法條
在信託關係由委託人或其繼承人終止之情形，或由委託人及受益人共同終止之情形，除有不得已事由外，於不利於受託人的時期終止時，受託人也可依信託法第63條第2項或信託法第64條第2項規定，請求損害賠償。	信託法第63條信託利益全部由委託人享有者，委託人或其繼承人得隨時終止信託。前項委託人或其繼承人於不利於受託人之時期終止信託者，應負損害賠償責任。但有不得已之事由者，不在此限。 信託法第64條信託利益非由委託人全部享有者，除信託行為另有訂定外，委託人及受益人得隨時共同終止信託。委託人及受益人於不利受託人之時期終止信託者，應負連帶損害賠償責任。但有不得已之事由者，不在此限。

(七) 拒絕交付信託財產

依照信託法第41條的規定，受託人依第39條第1項或前條之權利者享有下列請求權，如在受託人權利未獲滿足之前，可以拒絕將信託財產交付給受益人：

請求權重點	說明
稅捐、費用或負擔債務問題	受託人因為信託財產本身，或處理信託事務有支出稅捐、費用或負擔債務的情形，可以從信託財產或對受益人求償者。
因信託財產本身，或處理信託事務受有損害時	受託人因為信託財產本身，或處理信託事務受有損害時，可以從信託財產或對受益人請求補償者。
收取報酬	受託人可以從信託財產收取報酬，或向受益人請求報酬者。

(八) 留置信託財產

當受託人變更時，依信託法第51條規定原受託人可以行使第39條、第42條或第43條所定之權利，留置信託財產，並對新受託人就信託財產請求補償或清償債務。

此外，信託關係消滅時，受託人為了行使信託法第39條、第42條或第43條的權利，也可以留置信託財產，並可以對受益人或其他歸屬權利人請求清償。

直到新受託人依前項情形，提出與各個留置物價值相當之擔保者，原受託人就該物之留置權消滅。

同時依信託法第67條、第49條及第51條之規定，於信託財產因信託關係消滅而移轉於受益人或其他歸屬權利人時，準用之。

(九) 受託人不得行使權利的限制

依信託法第44條規定就前五條規定所訂受託人之權利，受託人未履行第23條或第24條第3項所定之損害賠償、回復原狀或返還利益之義務時，不得行使。

二、受託人之義務

(一) 善良管理人注意義務

1. 依信託法第22條規定，受託人應依信託本旨，以善良管理人之注意，處理信託事務。基於信賴關係管理信託財產，以最有利於受益人的方式，管理或處分信託財產，積極實現信託目的。
2. 依信託法第23條規定，受託人因管理不當致信託財產發生損害或違反信託本旨處分信託財產時，委託人、受益人或其他受託人得請求以金錢賠償信託財產所受損害或回復原狀，並得請求減免報酬。

(二) 分別管理義務

1. 依信託法第24條第1項規定，受託人應將信託財產與其自有財產及其他信託財產分別管理，不得以契約免除受託人的分別管理義務，以防止受託人濫權或在不同信託財產間有不公平管理之情事。
2. 但基於信託財產的獨立性原則及私法自治原則，依信託法第24條第2項規定前項所提不同信託之信託財產間，信託行為訂定得不必分別管理者，從其所定。明定受託人同時或先後接受二個以上信託時，關於信託財產間的管理，得由信託當事人以信託行為約定，排除受託人的分別管理義務。
3. 惟就信託財產的標的物為金錢之情形，因金錢乃是表彰價值的通貨，若要分別管理，有事實的困難，故信託法第24條第1項後段規定：「信託財產為金錢者，得以分別記帳方式為之」。其中，如無記名式有價證券因具有高度流通性，其性質類似金錢，因此亦可類推適用第24條第1項後段的規定，以分別記帳方式管理之即可。
4. 違反分別管理義務的民事責任與處罰

   (1) 依信託法第24條第3項規定，若受託人違反第1項規定獲得利益者，委託人或受益人得請求將其信託利益歸於信託財產。同樣地，如因有發生信託財產受損害情形，既便受託人無過失情形，亦應負損害賠償責任，但若受託人能證明已為分別管理，仍發生損害時，則不在此限。亦即能證明受託人之不當管理與損害間並無因果關係，受託人自得免責。

   依信託法第24條第4項規定，就其前項之損害請求權，自委託人或受益人知悉之日起，二年間不行使而消滅。自事實發生時起，逾5年者，亦同。

(2) 民事責任：依信託法第36條第2項規定，受託人違背其職務或有其他重大事由時，法院得因委託人或受益人之聲請將其解任。前二項情形，除信託行為另有訂定外，委託人得指定新受託人，如不能或不為指定者，法院得因利害關係人或檢察官之聲請選任新受託人，並為必要之處分。已辭任之受託人於新受託人能接受信託事務前，仍有受託人之權利及義務。

(3) 處罰：同時依託業法第51條第1項規定，當信託業違反信託法第24條規定，未將信託財產與其自有財產或其他信託財產分別管理或分別記帳者，其行為負責人處6月以上5年以下有期徒刑，得併科新臺幣300萬元以下罰金。

(三) 直接管理義務

1. 受託人原則上應自己處理信託事務

(1) 依信託法第25條規定，受託人應自己處理信託事務，但信託行為另有訂定或有不得已的事由者，得使第三人代為處理。

(2) 信託是以當事人間的信賴關係為基礎，受託人原則上當然應自己處理信託事務，僅得於信託行為另有訂定，或有不得已事由，如罹患重病等情形時，始得例外使第三人代為處理信託事務。

(3) 所稱「使第三人代為處理」，是指受託人與第三人立於委任關係，而使第三人以其自己的意思，獨立代為處理信託事務而言。

(4) 設若受託人是利用律師、會計師等代理人或使用人，輔助其處理信託事務，因輔助人非以其自己的意思處理事務，則不屬信託法第25條所稱「使第三人代為處理」信託事務。

2. 使第三人代為處理信託事務的責任

(1) 受託人依信託法第25條但書規定，使第三人代為處理信託事務者，依同法第26條第1項規定，僅限於對該第三人的選任及監督其職務的執行負其責任；如其選任與監督並無過失，縱使第三人代為處理信託事務致信託財產發生損害，亦僅由該第三人自負其責。

(2) 代受託人處理信託事務的第三人，與受益人或委託人雖無信託或委任關係，惟因其所代為處理信託事務的結果，直接對受益人或信託財產發生影響，其地位實與受託人相當，故信託法第26條第2項規定，該第三人負與受託人處理信託事務同一的責任。

3. **違反直接管理義務的責任**：依信託法第27條的規定，指出受託人若違反第25條規定，就違反直接管理義務的責任可分為以下兩種情形：

(1) 受託人應就第三人行為負完全責任：受託人違反信託直接管理義務，使第三人代為處理信託事務者，依信託法，應就該第三人的行為，負完全責任。

因此，該第三人就信託事務的處理發生過失行為時，受託人應就該第三人的行為，與就自己的行為，依信託法第27條第1項規定應負同一責任。只有在這種情形之下，代為處理信託事務的第三人所為法律行為效力，並不及於信託財產。

同時，在合法使「第三人代為處理信託事務」之情形，受託人與第三人是處於委任關係，應依民法委任的規定，使用、監督該第三人。由於委任關係僅存於該第三人與受託人之間，所以就該第三人的報酬請求權、費用或損失等的補償請求權等，並不能直接以自信託財產充之。

(2) 第三人與受託人應負連帶責任：依信託法第27條第2項受託人違反親自處理信託事務義務，而使第三人代為處理者，為確保委託人及受益人權益，就信託法規定該第三人應與受託人負連帶責任。

但若受託人委託「執行輔助人」代為處理信託事務，因輔助人僅是依受託人的判斷及指示行事，其行為效力如同受託人直接親自處理一般，故如有因故意或過失致信託財產發生損害或損失之情形，受託人應視同自身行為，對信託財產負完全責任。

(四) 忠實義務

1. **管理原則**：受託人的「忠實義務」是指受託人應該以協助完成受益人的利益或特定目的為目標，完全依照信託本旨，來管理或處分信託財產。因此，忠實義務的處理原則，應注意下列兩項重點：

   (1) 受託人不得置信託財產利益與個人利益於可能衝突的立場。

   (2) 受託人處理信託事務時，不得為圖謀自身或第三人的利益。

2. **受託人不得享有信託利益**：我國信託法中，雖未有明定受託人之忠實義務，但依信託法第34條及第35條規定載名受託人為避免發生信託財產利益與受託人個人利益相衝突情事，不得享有信託利益，也不可將信託財產轉為自有財產，或於該信託財產上設定或取得權利。

3. **例外處理原則下，受託人得享受信託利益或取得信託財產的情形**

   依信託法第35條規定之例外狀況下，受託人得於有下列五種不致於產生利益衝突情事或滋生弊端情形時，仍享受信託利益或取得信託財產：

(1) 受託人與他人為共同受益人時。

(2) 經受益人書面同意，並依市價取得信託財產或於該信託財產上設定或取得權利者。

(3) 經由集中市場競價取得信託財產者。

(4) 有不得已事由經法院許可者。

(5) 受託人因繼承、合併或其他事由，概括承受信託財產上的權利時。此一情形，準用信託法第14條之規定。

4.**違反忠實義務的責任與處罰**

項目	說明
受託人違反忠實義務之責任	(1)受託人違反「不得將信託財產轉為自有財產，或於該信託財產上設定或取得權利」規定者，依信託法第35條第3項，委託人、受益人或其他受託人除得準用信託法第23條規定，請求以金錢賠償信託財產所受損害或回復原狀，或請求減免報酬外，並得請求將其所得利益歸於信託財產。 (2)於受託人有惡意時，並得請求附加利息一併歸入。
信託業違反忠實義務的處罰	(1)信託業違反信託法中有關忠實義務之規定，將信託財產轉為自有財產，或於信託財產上設定或取得權利者，則依信託業法第51條第2項特別規定，其行為負責人處1年以上7年以下有期徒刑，得併科新臺幣1000萬元以下罰金。 (2)而其對委託人或受益人有虛偽、詐欺或其他足致他人誤信之行為者，依信託業法第49條規定，亦處其行為負責人1年以上7年以下有期徒刑或科或併科新臺幣1000萬元以下罰金。

(五) **備置帳簿之義務**

「備置帳簿之義務」可分為以下四點來說明：

項目	法規說明
應就各信託分別造具帳簿	依信託法第31條第1項受託人就各信託，應分別造具帳簿，載明各信託事務處理之狀況。受託人不論是分別管理、集合管理，或者是以分別記帳的方式來管理信託財產，都應該就各個信託，分別造具帳簿，載明信託財產的處理情形，才能使各信託的委託人及受益人能瞭解信託事務的狀況。

項目	法規說明
每年定期作成信託財產目錄及收支計算表	信託法第31條第2項受託人除了必須在信託成立時作成信託財產目錄外，之後應該每年至少定期一次，製作信託財產目錄及收支計算表，分送委託人以及受益人。
應說明信託事務處理情形	於信託存續期間，委託人或受益人可以依信託法第32條第1項隨時請求閱覽、抄錄或影印帳簿、信託財產目錄及收支計算表等文書，並可以請求受託人說明信託事務的處理情形。
提供利害關係人閱覽、抄錄或影印相關文書	於信託存續期間，委託人或受益人可以依信託法第32條第1項隨時請求閱覽、抄錄或影印帳簿、信託財產目錄及收支計算表等文書，並可以請求受託人說明信託事務的處理情形。

〔牛刀小試〕

( ) **1** 有關受託人得自信託財產收取報酬時，下列敘述何者錯誤？ (A)得以信託財產充之 (B)有優先於無擔保債權人受償之權 (C)於信託財產不足清償信託報酬時，得向受益人請求補償 (D)於收取報酬之權利未獲滿足前，得拒絕將信託財產交付受益人。 【第15期】

( ) **2** 依信託法規定，有關受託人之權利與義務，下列敘述何者錯誤？ (A)受託人得與他人成為共同受益人 (B)受託人如經受益人同意，得依市價取得信託財產 (C)委託人或受益人得請求受託人說明信託事務之處理情形 (D)已辭任之受託人於新受託人能接受信託事務前，即不得主張受託人之權利及義務。 【第16期】

( ) **3** 有關受託人之分別管理義務，下列敘述何者錯誤？ (A)信託財產為金錢者，以分別記帳方式為之 (B)不同信託之信託財產間，信託當事人得約定不必分別管理 (C)受託人違反分別管理義務而獲有利益者，委託人或受益人得請求將其利益歸入信託財產 (D)受託人違反分別管理義務而致信託財產受有損害時，原則上若無過失即可不負損害賠償責任。 【第24期】

( ) **4** 依信託法規定，受託人經下列何者之書面同意，並依市價取得者，得將信託財產轉為自有財產？ (A)委託人 (B)其他受託人 (C)受益人 (D)信託監察人。 【第24期】

( ) **5** 有關受託人就信託財產或處理信託事務所支出之費用以信託財產抵充及其求償權利，下列敘述何者錯誤？ (A)請求權因二年間不行使而消滅 (B)不符信託目的時，不得以信託財產充之 (C)就信託財產取償時，有優先於擔保債權人受償之權 (D)除信託行為另有訂定外，信託財產不足清償時，得向受益人請求補償。【第26期】

解答與解析

1 (B)。屬一般債權，無優先於無擔保債權人受償之權。

2 (D)。信託法第51條：「受託人變更時，原受託人為行使第39條、第42條或第43條所定之權利，得留置信託財產，並得對新受託人就信託財產為請求。」

3 (D)。信託法第24條：「受託人應將信託財產與其自有財產及其他信託財產分別管理。信託財產為金錢者，得以分別記帳方式為之。前項不同信託之信託財產間，信託行為訂定得不必分別管理者，從其所定。受託人違反第1項規定獲得利益者，委託人或受益人得請求將其利益歸於信託財產。如因而致信託財產受損害者，受託人雖無過失，亦應負損害賠償責任；但受託人證明縱為分別管理，而仍不免發生損害者，不在此限。前項請求權，自委託人或受益人知悉之日起，二年間不行使而消滅。自事實發生時起，逾五年者，亦同。」

4 (C)。信託法第35條：「受託人除有左列各款情形之一外，不得將信託財產轉為自有財產，或於該信託財產上設定或取得權利：一、經受益人書面同意，並依市價取得者。二、由集中市場競價取得者。三、有不得已事由經法院許可者。」

5 (C)。信託法第39條：「受託人就信託財產或處理信託事務所支出之稅捐、費用或負擔之債務，得以信託財產充之。前項費用，受託人有優先於無擔保債權人受償之權。」

伍 受託人之變更 重要度★

受託人的變更情形

一、受託人消滅之變更

首先，依信託法第8條規定，受託人因為下列情形而消滅：

(一) 自然人的受託人死亡、破產或喪失行為能力。

(二) 法人的受託人解散或撤銷設立登記。

當受託人任務將結束或終了時，為了使信託能延續時，就必須依信託法的規定重新指定或選任新的受託人，這就是受託人的變更。

二、受託人移轉之變更

同時當受託人變更時，原受託人因為必須將信託財產移轉給新受託人，也因此會產生出信託承繼的問題。因此，「受託人的變更」重點依序說明，如下：

(一)受託人之任務終了

依信託法第36條及第45條規定，受託人的任務執行時，發生下列三種情形必須終了時，必須重新選任新的受託人：

1. 當受託人欲請辭任務時，得依信託法第36條第1項規定提出更換受託人的要求：

   I.信託行為定有受託人辭任事由者，該事由發生時。

   II.經委託人及受益人同意辭任者。

   III.有不得已事由，經聲請法院許可辭任者。

2. 依信託法第36條第2項規定，當受託人有違背職務或有其他重大事由，經委託人、信託監察人或受益人聲請法院將其解任者。
3. 依信託法第45條規定，受託人死亡、受破產、監護或輔助宣告，或法人受託人經解散、破產宣告或撤銷設立登記時。

(二)受託人之變更

1. **基本原則**：依信託法第36條第1項規定受託人非經委託人及受益人之同意，不得辭任。但受託人因任務終了時，得依事先另有訂定的信託行為規範，要求變更重新選任新受託人。
2. **受託人變更時應注意事項**

   (1) 受託人變更時，依信託法第45條第3項規定，在新受託人接任處理信託事務前，原受託人的繼承人或其法定代理人、遺產管理人、破產管理人、監護人、輔助人或清算人應保管信託財產，並為信託事務的移交採取必要措施。

   (2) 若是在發生法人合併情形時，就上述有關保管信託財產等責任，則由合併後存續或另立的法人負責為之。

   (3) 至於信託財產移轉的時點，則依信託法第47條規定，應視為於原受託人任務終了時，移轉於新受託人；共同受託人中的一人任務終了時，信託財產則應歸屬於其他受託人。

(三) **新受託人的權利與義務**

1. **新受託人應承擔的債務責任**：依信託法第48條第1項，新受託人必須負擔原受託人因信託行為對受益人負擔的債務，並履行原受託人因處理信託事務所需負擔的債務。
2. **新受託人的權利**：當原受託人於管理或處分過程中，發生有下列三種情況時，新受託人得依信託法第23條及第24條第3項所定之權利，向原受託人行使並請求以金錢賠償信託財產所受損害或回復原狀：
   I.因管理不當而導致信託財產發生損害。
   II.有違反信託本旨處分信託財產。
   III.有違反分別管理義務致信託財產受有損害等情形。
3. **新受託人的義務**：關於信託財產的強制執行，新受託人得依信託法第49條規定，於受託人變更時，債權人仍得依原執行名義，以新受託人為債務人，開始或續行強制執行。

(四) **原受託人的權利與義務**

1. 依信託法第50條第1項規定，受託人變更時，原受託人有義務應就信託事務之處理作成結算書及報告書，連同信託財產會同受益人或信託監察人移交於新受託人。
2. 原受託人如有依信託法第39條、第42條或第43條所定之權利行使，亦即管理或處分信託財產或因處理信託事務支出稅捐、費用或負擔債務，或有遭受損害等情形時，得留置信託財產，並得對新受託人就信託財產行使請求權。

〔牛刀小試〕

( ) **1** 信託業未完成設立程序並發給營業執照時，信託業即開始營業應如何懲處？ (A)僅處以罰鍰 (B)僅處以刑責 (C)應負刑責及處以罰鍰 (D)僅負民事責任。 【第40期】

( ) **2** 受託人變更時，有關新受託人與原受託人間之權利義務之敘述，下列何者錯誤？ (A)信託財產視為於原受託人任務終了時，移轉於新受託人 (B)新受託人無須承受原受託人因信託行為對受益人所負擔之債務 (C)原受託人因管理不當致信託財產發生損害時，新受託人得請求其以金錢賠償 (D)對於信託財產之強制執行，債權人仍得依原執行名義，以新受託人為債務人，開始或續行強制執行。 【第40期】

(　　) **3** 受託人變更時，原受託人就處理信託事務所支出之費用，得就信託財產主張下列何種權利？　(A)損害賠償請求權　(B)撤銷權　(C)留置權　(D)抵押權 。　【第39期】

(　　) **4** 私益信託之受託人違背其職務或有其他重大事由時，下列何者得因委託人或受益人之聲請將其解任？　(A)法院　(B)目的事業主管機關　(C)財政部　(D)司法院。　【第38期】

(　　) **5** 有關信託關係之受託人與監護關係之監護人二者之敘述，下列何者錯誤？　(A)二者均存在相當的信任關係　(B)監護人須盡善良管理人之注意義務　(C)受託人依信託本旨管理信託財產　(D)監護人處分受監護人之不動產須經親屬會議同意 。　【第40期】

解答與解析

1 **(A)**。信託業法第12條：信託業非經完成設立程序，並發給營業執照，不得開始營業。
信託業法第54條：有下列情事之一者，處新臺幣一百八十萬元以上九百萬元以下罰鍰：一、違反第十二條規定。……

2 **(B)**。新受託人應承擔的債務責任，(1)依信託法第48條第1項，新受託人必須負擔原受託人因信託行為對受益人負擔的債務，並履行原受託人因處理信託事務所需負擔的債務。(2)新受託人的權利當原受託人於管理或處分過程中，發生有下列三種情況時，新受託人得依信託法第23條及第24條第3項所定之權利，向原受託人行使並請求以金錢賠償信託財產所受損害或回復原狀：I.因管理不當而導致信託信財產發生損害。II.有違反信託本旨處分信託財產。III.有違反分別管理義務致信託財產受有損害等情形。(3)新受託人的義務關於信託財產的強制執行，新受託人得依信託法第49條規定，於受託人變更時，債權人仍得依原執行名義，以新受託人為債務人，開始或續行強制執行。

3 **(C)**。原受託人的權利與義務，原受託人如有依信託法第39條、第42條或第43條所定之權利行使，亦即管理或處分信託財產或因處理信託事務支出稅捐、費用或負擔債務，或有遭受損害等情形時，得留置信託財產，並得對新受託人就信任財產行使請求權。

4 **(A)**。信託法第36條第1項：受託人違背其職務或有其他重大事由時，法院得因委託人或受益人之聲請將其解任。

5 **(B)**。信託法第45條：受託人之任務，因受託人死亡、受破產、監護或輔助宣告而終了。其為法人者，經解散、破產宣告或撤銷設立登記時，亦同。新受託人於接任處理信託事務前，原受託人之繼承人或其法定代理人、遺產管理人、破產管理人、監護人、輔助人或清算人應保管信託財產，並為信託事務之移交採取必要之措施。

精選試題

( ) **1** 有關未成年人擔任信託當事人或關係人之敘述，下列何者正確？(A)得不經法定代理人同意而自為委託人 (B)得為受益人 (C)得為受託人 (D)得為信託監察人。【第9期】

( ) **2** 依信託法規定，下列敘述何者錯誤？ (A)未成年人不得為受託人 (B)受託人破產時，信託財產不屬於其破產財團 (C)受益人不得拋棄其享有信託利益之權利 (D)除信託行為另有訂定外，受益人因信託之成立而享有信託利益。【第15期】

( ) **3** 有關契約信託關係中委託人之資格，下列敘述何者錯誤？ (A)已婚之未成年人得為委託人 (B)二十歲以上之禁治產人得為委託人 (C)七歲以下之無行為能力人，由法定代理人代理為之 (D)七歲以上之限制行為能力人，由法定代理人同意為之。【第32期】

( ) **4** 楊先生以其耕地為信託財產，下列敘述何者正確？ (A)所有權之受益人得為甲股份有限公司 (B)收益之受益人得為甲股份有限公司 (C)該信託行為一律無效 (D)耕地不得為信託財產。【第32期】

( ) **5** 李大同與甲銀行成立特定金錢信託，並約定李小明為受益人，王阿炮為信託監察人，下列何者為該信託財產對外之管理處分權人？(A)甲銀行 (B)李大同 (C)李小明 (D)王阿炮。【第25期】

( ) **6** 依信託法規定，有關受託人之敘述，下列何者錯誤？ (A)受輔助宣告之人不得為受託人 (B)未成年人但已結婚者，得為受託人 (C)受託人除與他人為共同受益人外，不得單獨為受益人 (D)依法不得受讓特定財產權之人，不得為該財產權之受託人。【第31期】

( ) **7** 依信託法規定，有關共同受託人處理信託事務之敘述，下列何者錯誤？ (A)原則上由全體受託人共同為之 (B)對受託人其中一人所為之意思表示，對全體發生效力 (C)受託人對受益人因信託行為負擔之債務負連帶清償責任 (D)受託人意思不一致時，得經受益人過半數以上之同意行之。【第13期】

( ) **8** 甲、乙、丙三人為信託關係之共同受託人，如該三人為處分信託財產，而向委託人丁為要約之意思表示時，丁應向下列何者為承諾之意思表示，始能發生效力？ (A)向受益人為之 (B)向甲、乙、丙之其中一人為之 (C)同時向甲、乙、丙三人為之 (D)向甲、乙、丙三人之半數以上為之。【第25期】

( ) **9** 對受託人之敘述，下列何者錯誤？ (A)同一信託之受託人有數人時，信託財產為其分別共有 (B)受託人關於信託財產之占有，承繼委託人占有之瑕疵 (C)受託人因信託行為對受益人所負之債務，僅於信託財產限度內負履行責任 (D)受託人不得以任何名義享有信託利益，但與他人為共同受益人時不在此限。【第29期】

( ) **10** 同一信託之受託人有數人時，信託財產所有權之歸屬為何？ (A)全體受託人分別共有 (B)全體受託人公同共有 (C)視受託人彼此間之約定定之 (D)由全體受託人推舉其中一人單獨所有。【第31期】

( ) **11** 同一信託之受託人有數人時，信託財產為該多數受託人之何種共有關係？ (A)分別共有 (B)公同共有 (C)連帶共有 (D)比例共有。【第38期】

( ) **12** 依信託法規定，受託人因管理不當致信託財產發生損害時，委託人或受益人得請求之賠償方式，下列敘述何者錯誤？ (A)金錢賠償 (B)精神損害賠償 (C)減免信託報酬 (D)回復信託財產原狀。【第26期】

( ) **13** 信託之受託人就修繕信託財產（如大樓）所支出之費用，得為下列何種行為？ (A)得以信託財產充之 (B)得要求增加報酬 (C)得就受託人本身自有財產之債務主張抵銷 (D)於其權利獲得滿足後，亦得拒絕將信託財產交付受益人。【第34期】

( ) **14** 受託人未將信託財產與自有財產分別管理而獲得利益者，受益人應於知悉之日起最長多久時間內，請求其將利益歸入信託財產？(A)二年 (B)五年 (C)十年 (D)十五年。【第9期】

( ) **15** 受託人僅於下列何種情形時，得例外享有信託利益？ (A)受託人與委託人為同一人時 (B)受託人與他人為共同受託人時 (C)受託人與他人為共同受益人時 (D)受託人與他人為共同委託人時。【第11期】

( ) **16** 對受託人就信託財產或處理信託事務所支出之稅捐、費用或負擔之債務，下列敘述何者錯誤？ (A)受託人得以信託財產充之 (B)該項費用，受託人有優先於擔保債權人受償之權 (C)該項權利之行使不符信託目的時，不得為之 (D)受託人於其權利未獲滿足前，得拒絕將信託財產交付受益人。【第11期】

( ) **17** 依信託法規定，受託人經下列何者之書面同意，並依市價取得者，得將信託財產轉為自有財產？ (A)委託人 (B)其他受託人 (C)受益人 (D)信託監察人。【第12期】

( ) **18** 有關信託法中所定受託人之權利，下列何者錯誤？ (A)請求信託報酬之權利 (B)請求享有信託財產利益之權利 (C)留置信託財產之權利 (D)請求因處理信託事務所受損害補償之權利。 【第12期】

( ) **19** 依信託法規定，受託人就信託財產或處理信託事務所支出之稅捐、費用或負擔之債務，得以信託財產充之，該費用償還請求權是否有優先權？

(A)優先於無擔保之債權

(B)無優先於無擔保之債權

(C)與有擔保債權共同分配受償

(D)優先於有擔保之債權。 【第12期】

( ) **20** 有關受託人與受益人之權利，下列何者錯誤？ (A)受益人有監督受託人之權利 (B)受託人有享受全部信託利益之權利 (C)受益人有拋棄其得享有信託利益之權利 (D)受託人有不得已之事由者，得使第三人代為處理信託事務。 【第13期】

( ) **21** 依信託法規定，私益信託之受託人如違反分別管理義務，未將信託財產與自有財產分別管理而獲得利益者，委託人或受益人得為下列何種請求或主張？ (A)請求將所獲利益歸於信託財產 (B)逕行解任受託人，不必向法院聲請 (C)請求將所獲利益歸於委託人 (D)請求將所獲利益歸於受益人。 【第13期】

( ) **22** 私益信託訂有給付受託人報酬，而所約定之報酬因情事變更致顯失公平者，委託人、受託人或受益人得向下列何者請求增減報酬之數額？ (A)目的事業主管機關 (B)信託監察人 (C)信託業商業同業公會 (D)法院。 【第13期】

( ) **23** 甲以乙為受託人成立不動產信託，如受託人違反應自己處理信託事務之義務，使丙代為處理信託事務，則乙、丙應負何責任？ (A)由乙、丙分別對其行為負非連帶責任 (B)乙應就丙之行為與自己之行為負同一責任 (C)僅由丙對其職務之執行自己負責 (D)乙僅就選任丙及監督其職務之執行負其責任。 【第14期】

( ) **24** 受託人就信託財產或處理信託事務所支出之稅捐、費用或負擔之債務，原則上得以下列何者抵充之？ (A)委託人財產 (B)受託人自有財產 (C)受益人財產 (D)信託財產。 【第14期】

(　　) **25** 依信託法規定，有關「受託人不得將信託財產轉為自有財產」之除外規定，下列何者錯誤？
(A)經受益人書面同意，並依市價取得者
(B)不動產由受託人以議價取得
(C)有不得已事由經法院許可者
(D)受託人因繼承概括承受信託財產上之權利時。【第17期】

(　　) **26** 受託人因處理不動產支出地價稅新臺幣300萬元，則受託人於尚未從信託財產抵充其支出之地價稅前，得主張下列何種權利？ (A)拒絕將信託財產交付受益人 (B)向稅捐稽徵機關申請退稅 (C)於信託關係終止前，暫時中止管理信託財產 (D)通知稅捐稽徵機關改以受益人為地價稅之納稅義務人。【第17期】

(　　) **27** 依信託法規定，受託人除應於接受信託時作成信託財產目錄外，另應多久定期作成信託財產目錄，並編製收支計算表，送交委託人及受益人？ (A)每月至少定期一次 (B)每季至少定期一次 (C)每半年至少定期一次 (D)每年至少定期一次。【第19期】

(　　) **28** 依信託法規定，受託人違反「不得於信託財產上設定或取得權利」之規定者，委託人、受益人或其他受託人得行使之權利，下列敘述何者錯誤？
(A)請求回復原狀
(B)聲請法院撤銷該行為
(C)請求金錢賠償信託財產所受損害
(D)請求將所得之利益歸於信託財產。【第20期】

(　　) **29** 有關受託人就信託財產或處理信託事務所支出費用之財產抵充及其求償權利，下列敘述何者錯誤？ (A)請求權因二年間不行使而消滅 (B)不符信託目的時，不得以信託財產充之 (C)就信託財產取償時，有優先於擔保債權人受償之權 (D)除信託行為另有訂定外，信託財產不足清償時，得向受益人請求補償。【第20期】

(　　) **30** 甲以乙為受託人成立不動產信託，如乙依信託契約使丙代為處理信託事務，則有關乙、丙應負之責任，下列何者正確？ (A)乙、丙之行為互有連帶責任 (B)乙應就丙之行為與自己之行為負同一責任 (C)乙僅就選任丙及監督其職務之執行負其責任 (D)僅由丙對其職務之執行自己負責，乙不須負任何責任。【第20期】

解答與解析

1 **(B)**。依民法第13條：未滿七歲之未成年人，無行為能力。滿七歲以上之未成年人，有限制行為能力。未成年人已結婚者，有行為能力。另依信託法第53條未成年人、禁治產人及破產人，不得為信託監察人。及第21條未成年人、禁治產人及破產人，不得為受託人。故未婚之未成年人僅能得為收益人。

2 **(C)**。信託法第17條：受益人因信託之成立而享有信託利益。但信託行為另有訂定者，從其所定。受益人得拋棄其享有信託利益之權利。

3 **(B)**。禁治產人（現已改稱受監護宣告人）為無行為能力人，不得為委託人。

4 **(B)**。農地須有一定條件者才能持有，未符合條件者不能做為土地之受益人，但土地之收益則可以任何個人及法人為受益人。

5 **(A)**。甲銀行為受託人，即管理處分權人。

6 **(B)**。信託法第21條：未成年人、受監護或輔助宣告之人及破產人，不得為受託人。

7 **(D)**。信託法第28條：同一信託之受託人有數人時，信託財產為其公同共有前項情形，信託事務之處理除經常事務、保存行為或信託行為另有訂定外，由全體受託人共同為之。受託人意思不一致時，應得受益人全體之同意。受益人意思不一致時，得聲請法院裁定之受託人有數人者，對其中一人所為之意思表示，對全體發生效力。

8 **(B)**。信託法第28條，同上題。

9 **(A)**。信託法第28條，同上題。

10 **(B)**。信託法第28條，同上題。

11 **(B)**。信託法第28條，同上題。

12 **(B)**。信託法第23條：「受託人因管理不當致信託財產發生損害或違反信託本旨處分信託財產時，委託人、受益人或其他受託人得請求以金錢賠償信託財產所受損害或回復原狀，並得請求減免報酬。」

13 **(A)**。信託法第39條：受託人就信託財產或處理信託事務所支出之稅捐、費用或負擔之債務，得以信託財產充之。

14 **(A)**。信託法第24條：前項請求權，自委託人或受益人知悉之日起，二年間不行使而消滅。

15 **(C)**。信託法第34條：受託人不得以任何名義，享有信託利益。但與他人為共同受益人時，不在此限。

16 **(B)**。信託法第39條：受託人就信託財產或處理信託事務所支出之稅捐、費用或負擔之債務，得以信託財產充之（但該權利之行使不符信託目的時，不得為之）。前項費用，受託人有優先於無擔保債權人受償之權。故優先於擔保債權人受償之權有誤。

17 **(C)**。信託法第35條：受託人除有下列各款情形之一外，不得將信託財產轉為自有財產，或於該信託財產上設定或取得權利：經受益人書面同意，並依市價取得者。由集中市場競價取得者。有不得已事由經法院許可者。

18 **(B)**。信託法第34條：受託人不得以任何名義，享有信託利益。但與他人為共同受益人時，不在此限。

19 **(A)**。信託法第39條：受託人就信託財產或處理信託事務所支出之稅捐、費用或負擔之債務，得以信託財產充之。前項費用，受託人有優先於無擔保債權人受償之權。第1項權利之行使不符信託目的時，不得為之。

20 **(B)**。信託法第34條：受託人不得以任何名義，享有信託利益。但與他人為共同受益人時，不在此限。

21 **(A)**。信託法第35條：受託人除法定例外，不得將信託財產轉為自有財產，或於該信託財產上設定或取得權利。受託人違反第1項之規定，使用或處分信託財產者，委託人、受益人或其他受託人，除準用第23條規定外，並得請求將其所得之利益歸於信託財產；於受託人有惡意者，應附加利息一併歸入。

22 **(D)**。信託法第38條：受託人係信託業或信託行為訂有給付報酬者，得請求報酬。約定之報酬，依當時之情形或因情事變更顯失公平者，法院得因委託人、受託人、受益人或同一信託之其他受託人之請求增減其數額。

23 **(B)**。信託法第25條：受託人應自己處理信託事務。但信託行為另有訂定或有不得已之事由者，得使第三人代為處理。第27條受託人違反第25條規定，使第三人代為處理信託事務者，就該第三人之行為與就自己之行為負同一責任。前項情形，該第三人應與受託人負連帶責任。

24 **(D)**。信託法第39條：受託人就信託財產或處理信託事務所支出之稅捐、費用或負擔之債務，得以信託財產充之。前項費用，受託人有優先於無擔保債權人受償之權。第1項權利之行使不符信託目的時，不得為之，故選(D)。

25 **(B)**。信託法第35條：受託人除有左列各款情形之一外，不得將信託財產轉為自有財產，或於該信託財產上設定或取得權利：一、經受益人書面同意，並依市價取得者。二、由集中市場競價取得者。三、有不得已事由經法院許可者。

26 **(A)**。信託法第39條：受託人就信託財產或處理信託事務所支出之稅捐、費用或負擔之債務，得以信託財產充之。前項費用，受託人有優先於無擔保債權人受償之權。第1項權利之行使不符信託目的時，不得為之。第41條：受託人有第39條第1項或前條之權利者，於其權利未獲滿足前，得拒絕將信託財產交付受益人。

27 **(D)**。信託法第31條：受託人就各信託，應分別造具帳簿，載明各信託事務處理之狀況。受託人除應於接受信託時作成信託財產目錄外，每年至少定期一次作成信託財產目錄，並編製收支計算表，送交委託人及受益人。

28 **(B)**。信託法第35條：受託人除有左列各款情形之一外，不得將信託財產轉為自有財產，或於該信託財產上設定或取得權利：一、經受益人書面同意，並依市價取得者。二、由集中市場競價取得者。三、有不得已事由經法院許可者。前項規定，於受託人因繼承、合併或其他事由，概括承受信託財產上之權利時，不適用之。於此情形，並準用第14條之規定。受託人違反第1項之規定，使用或處分信託財產者，委託人、受益人或其他受託人，除準用第23條規定外，並得請求將其所得之利益歸於信託財產；於受託人有惡意者，應附加利息一併歸入。前項請求權，自委託人或受益人知悉之日起，二年間不行使而消滅。自事實發生時起逾五年者，亦同。第23條：受託人因管理不當致信託財產發生損害或違反信託本旨處分信託財產時，委託人、受益人或其他受託人得請求以金錢賠償信託財產所受損害或回復原狀，並得請求減免報酬。

29 **(C)**。信託法第39條：受託人就信託財產或處理信託事務所支出之稅捐、費用或負擔之債務，得以信託財產充之。前項費用，受託人有優先於無擔保債權人受償之權。第1項權利之行使不符信託目的時，不得為之。

30 **(C)**。信託法第25條：受託人應自己處理信託事務。但信託行為另有訂定或有不得已之事由者，得使第三人代為處理。第26條：受託人依前條但書規定，使第三人代為處理信託事務者，僅就第三人之選任與監督其職務之執行負其責任。前條但書情形，該第三人負與受託人處理信託事務同一之責任。第27條：受託人違反第25條規定，使第三人代為處理信託事務者，就該第三人之行為與就自已之行為負同一責任。前項情形，該第三人應與受託人負連帶責任。

信託監督與信託關係之消滅

依據出題頻率區分，屬：B 頻率中

課綱概要

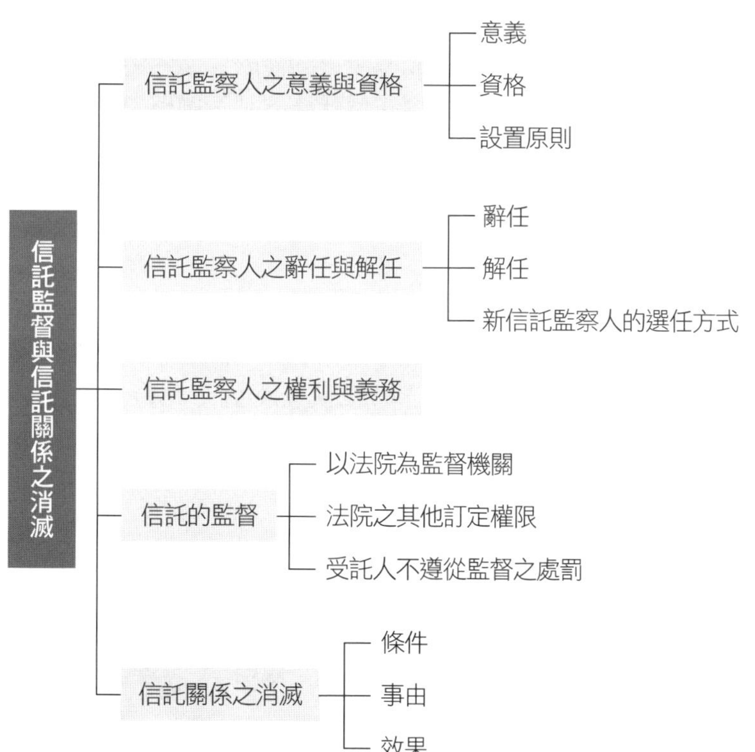

課前導讀

本章重點在於解釋信託監督的定義、地位、責任、法律關係、權利義務與信託關係之消滅情形等，只要依循章節的內容充分理解信託監察人的角色與定位，便不難理解信託關係的要求與變化，並針對考題所衍生出來的問題與概念能有效理解其關係變化，同時對後續章節的說明與提示能有所記憶。

壹 信託監察人之意義與資格

重要度★★★

一、信託監察人之意義在信託法第52條至第59條的條文內容中，皆與「信託監察人」之相關規定有關，而台灣在信託法的制定過程中是比照日韓信託法中對「信託管理人」的設置原則來訂定，同時依據我國民法所定義的「財團與社團監察人」及「公司法」所定「公司監察人」的用語來制定「信託監察人」的定義。

二、信託監察人的設置原則

(一)依信託法第52條第1項規定，除信託行為訂有信託監察人或其選任方法者外，於有下列所列情形之一時，「法院」得因「利害關係人」或「檢察官」之聲請，選任一人或數人為「信託監察人」：

1.受益人不特定時。

2.受益人尚未存在時。

3.其他為保護受益人的利益認為有必要時。

(二)就此依受益人定義，分別解釋說明如下：

定義	說明
受益人不特定時	指受益人已存在但尚不能確定孰為受益人之時。 例如某某獎學金獎勵辦法中，依信託契約所訂定內容以符合申請條件的特殊優異表現或特定輔導對象為受益人，但因成績尚未產生符合條件者之情形。

定義	說明
受益人尚未存在時	所稱「尚未存在」，是指在信託設立之時，受益對象可分為尚未出生的自然人或尚未設立完成的法人。 例如以胎兒為受益人，或以籌設中的財團法人為受益人，均屬之。
其他為保護受益人的利益認為有必要時	例如受益人為身心障礙者之情形。 如為此例舉之情形，則須依信託法第75條規定：「公益信託應設置信託監察人」，強制公益信託應設置信託監察人，以確保公益。

三、信託監察人的資格

(一) 依信託法第53條規定，下列情況之人不得為信託監察人：

1. 未成年人。
2. 受監護或輔助宣告之人。
3. 破產人。

(二) 另依信託業法第17條第6款規定，「信託業」亦得擔任信託法所規定的信託監察人。

(三) 依信託法所謂「限制行為人」之規定，分別解釋說明如下：

限制行為類別	說明
未成年人	未成年人的心智、經驗尚有不足，所以不論是否已經結婚，都不可以作為信託監察人。
受監護或輔助宣告之人	受監護或輔助宣告之人本身就欠缺行為能力，自然無法為受益人行使權利。
破產人	破產人已經欠缺信用條件，不適合作為受益人的保護人。

〔牛刀小試〕

( ) **1** 有關信託監察人職務之敘述，下列何者正確？ (A)信託監察人應以受益人名義為有關信託之訴訟上或訴訟外之行為 (B)信託監察人有數人時，就信託財產之保存行為得單獨為之 (C)信託監察人得代受益人拋棄其享有信託利益之權利 (D)信託監察人之設置，係為保護委託人及信託財產，並監督受託人執行其職務。 【第10期】

( ) **2** 信託監察人得以下列何人名義，為受益人行使信託之訴訟上或訴訟外之行為？ (A)信託監察人自己名義 (B)委託人名義 (C)受託人名義 (D)受益人之債權人名義。 【第11期】

( ) **3** 依信託法規定，十九歲已結婚之本國人，得為私益信託之何種關係人？ (A)委託人 (B)受託人 (C)信託監察人 (D)委託人、受託人及信託監察人均可。 【第10期】

( ) **4** 信託監察人係為保護下列何者而設置？ (A)委託人 (B)受託人 (C)受益人 (D)債權人。 【第16期】

( ) **5** 信託監察人是為保護受益人之利益而設，故法院得依下列何者之聲請選任之？ (A)社會正義人士 (B)善意第三人 (C)交易相對人 (D)利害關係人。 【第19期】

解答與解析

1 (B)。信託法第52條：信託監察人得以自己名義，為受益人為有關信託之訴訟上或訴訟外之行為。第55條：信託監察人有數人時，其職務之執行除法院另有指定或信託行為另有訂定外，以過半數決之。但就信託財產之保存行為得單獨為之。信託監察人為保護受益人及信託財產，執行職務，應以善良管理人之注意為之。

2 (A)。信託法第52條：信託監察人得以自己名義，為受益人為有關信託之訴訟上或訴訟外之行為。

3 (A)。僅得為委託人及受益人

4 (C)。信託監察人係為保護受益人。

5 (D)。信託法第52條：受益人不特定、尚未存在或其他為保護受益人之利益認有必要時，法院得因利害關係人或檢察官之聲請，選任一人或數人為信託監察人。但信託行為定有信託監察人或其選任方法者，從其所定。

貳 信託監察人之辭任與解任 重要度★

一、信託監察人的辭任

(一) 依信託法第57條規定，在有正當事由時，可以經由指定或選任的人同意，或法院的許可辭任信託監察人。

(二) 倘若為公益信託則依照信託法第76條以公益信託之情形為目的事業主管機關為之。因此，

1.依信託法第35條第1項第3款、第36條第2項、第3項、第45條第2項、第46條、第56條至第59條所定「法院之權限」，於「公益信託」由「目的事業主管機關」行之。

2.同時依信託法第36條第2項、第3項、第45條第2項及第46條所定之權限，「目的事業主管機關」亦得依職權為之。

二、信託監察人的解任

(一) 當信託監察人怠於執行職務或有發生其他重大事由時，依信託法第58條的規定，指定或選任的人可以解任信託監察人。

(二) 同樣類似情形發生時，法院或公益信託之情形為目的事業主管機關得依法根據利害關係人或檢察官的聲請，解任信託監察人。

三、新信託監察人的選任方式

依信託法第59條規定，當信託監察人辭任或解任時得依下列信託法所定義的「新信託監察人」選任的資格方式，從中選出。

(一) 信託行為有訂定者，從其所定。

(二) 信託行為未訂定者，由原指定或選任之人選任新信託監察人。

(三) 原指定或選任之人不能或不為選任者，由法院或於公益信託之情形為目的事業主管機關，依利害關係人或檢察官之聲（申）請選任之。

被選任為信託監察人之人拒絕或不能接任時，準用上開規定選任信託監察人。

〔牛刀小試〕

( ) **1** 甲欲以其弱智子乙為受益人成立他益信託，則何人可擔任本信託契約之信託監察人？ (A)乙之患有精神病且已被宣告禁治產之姊姊 (B)乙之未成年已結婚之哥哥 (C)乙之已申請破產之叔叔 (D)乙居住縣市所屬之社會局。 【第11期】

( ) **2** 王五因精神錯亂受禁治產宣告，王五不得擔任下列何種信託關係人？ (A)經法定代理人代理，由王五擔任委託人 (B)單獨擔任受益人未有其他共同受益人 (C)信託監察人 (D)與他人共同擔任受益人。 【第12期】

( ) **3** 私益信託信託監察人怠於執行職務時，下列何者得將其解任？ (A)信託法主管機關 (B)信託業法主管機關 (C)中華民國信託業商業同業公會 (D)指定或選任之人。 【第17、38期】

解答與解析

1 **(D)**。信託法第53條：未成年、受監護或輔助宣告之人及破產人，不得為信託監察人。

2 **(C)**。信託法第53條：未成年、受監護或輔助宣告之人及破產人，不得為信託監察人。

3 **(D)**。信託法第58條：信託監察人怠於執行其職務或有其他重大事由時，指定或選任之人得解任之；法院亦得因利害關係人或檢察官之聲請將其解任。

參 信託監察人之權利與義務 重要度★

一、信託監察人的權利

(一) 以自己名義行使權利

依信託法第52條的規定，「信託監察人」是為保護受益人及監督受託人而設。為了讓信託監察人有充分行使的權利，因此第1項規定「信託監察人」得以「自己名義」，為受益人為有關信託之「訴訟上」或「訴訟外」之行為。

(二) 當信託監察人沒有或怠於為受益人處理跟信託有關的「訴訟上」或「訴訟外」的行為時，受益人可以請求信託監察人處理。

而所謂「訴訟上」或「訴訟外」的行為，分述如下：

1.「訴訟上行為」：有關事件於法院所應該做的訴訟行為。

2.「訴訟外行為」：為了監督受託人處理信託事務，所做的訴訟行為之外的法律行為或事實行為。

(三) 信託監察人得依下列信託法規定為受益人行使之權利，內容包括如下：

1. 對違反規定隨強制執行提起異議之訴訟權利。
2. 聲請法院變更信託財產管理方法之權利。
3. 聲請法院撤銷受託人所為違反信託本旨處分信託財產之權利。
4. 請求受託人以金錢賠償信託財產所受損害或回復原狀，或請求減免報酬之權利。
5. 請求受託人將違反規定所得利益歸入信託財產之權利。
6. 請求法院增減受託人報酬之權利。
7. 聲請法院或目的事業主管機關解任受託人之權利。

8.請求閱覽受託人所作文書及請求說明信託事務處理情形之權利。

9.會同移交信託財產及承認受託人所作結算書及報告書之權利。

(四)就上述依信託法規所定信託監察人可為受益人行使之權利外，若涉及「受益人固有權利或權限」之範圍，信託監察人則無權代替受益人行使，而必須由受益人自行決定行使權利。

所謂「受益人固有權利或權限」，有下列四種：

1.依信託法第15條，「共同為變更信託財產管理方法」

2.信託法第17條第1項，「享受信託利益」

3.信託法第17條第2項，「拋棄享有信託利益」

4.信託法第64條第1項，「共同終止信託」

二、信託監察人的義務

(一)善良管理人注意義務

1.依信託法54條規定，信託監察人執行職務，應以善良管理人之注意為之。「信託監察人制度」的設立目的就是為信託監察人協助保護受益人的利益而設置。

2.因此依信託法第54條規定，明定信託監察人過失責任雖為抽象的輕過失，但是一旦違反應盡注意義務時，除原指定或選任的人可以將信託監察人解任之外，若有導致信託財產遭受損害時，受有損害的受益人，原則上是可以向信託監察人行使損害賠償請求權。

3.依信託法第55條規定，信託監察人有數人時，其職務之執行除法院另有指定或信託行為另有訂定外，以過半數決之。但就信託財產之保存行為得單獨為之。

(二)依民法對受益人應負受任人之義務

1.信託法雖未有明文規定信託監察人應負的「忠實義務」，但事實上信託監察人與受益人間具有類似民法的委任關係，也因此比照適用民法委任關係之規定。

2.適用民法委任關係解說

適用民法法條	說明
民法第541條	信託監察人代受益人收取的金錢、物品及孳息等，應交付受益人；其以自己名義為受益人取得的權利，亦應移轉於受益人。

適用民法法條	說明
民法第542條	信託監察人為自己的利益使用應交付於受益人的金錢或使用應為受益人利益而使用的金錢者，應自使用之日起支付利息，如有損害，並應賠償。
民法第543條第3項	信託監察人為行使受益人權利，因非可歸責於自己之事由此致受損害者，得向受益人請求賠償。
民法第546條第1項	信託監察人為行使受益人權利而支出的必要費用，得請求受益人償還此及支付自支出時起的利息。
民法第546條第2項	信託監察人為受益人行使權利而負擔此債務者，得請求受益人代其清償，未至清償期者，得請求受益人提供相當擔保。

〔牛刀小試〕

( ) **1** 有關私益信託信託監察人之敘述，下列何者錯誤？ (A)信託監察人得為受益人行使請求法院增減受託人報酬之權利 (B)對違反規定之強制執行，信託監察人得代受益人提起異議之訴 (C)信託監察人得為受益人行使聲請變更信託財產管理方法之權利 (D)信託監察人與受益人之關係，在解釋上不適用民法委任之規定。【第22期】

( ) **2** 信託監察人有三人時，如監察人間意見不一致，除法院另有指定或信託行為另有訂定外，如何執行職務？ (A)應以過半數決之 (B)應由法院裁定之 (C)應得受益人全體之同意 (D)應以委託人意思定之。【第24期】

( ) **3** 甲、乙、丙為同一信託關係之信託監察人，其對於信託財產之保存行為，下列何者正確？ (A)必須由甲、乙、丙三人共同為之 (B)必須事先徵求法院之許可，始得為之 (C)甲、乙、丙得分別單獨為之 (D)必須由甲、乙、丙以過半數決為之。【第30期】

( ) **4** 信託監察人有三人時，如監察人間意見不一致，除法院另有指定或信託行為另有訂定外，原則上應如何執行職務？ (A)應以過半數決之 (B)應由法院裁定之 (C)應得受益人全體之同意 (D)應以委託人意思定之。【第35期】

( ) **5** 下列何者為信託監察人之義務？ (A)忠實義務 (B)直接管理義務 (C)請求信託報酬義務 (D)善良管理人注意義務。【第37期】

解答與解析

1 (D)。信託監察人與受益人之關係，在解釋上適用民法委任之規定。

2 **(A)**。信託法第55條：「信託監察人有數人時，其職務之執行除法院另有指定或信託行為另有訂定外，以過半數決之。但就信託財產之保存行為得單獨為之。」

3 **(C)**。信託法第55條：信託監察人有數人時，其職務之執行除法院另有指定或信託行為另有訂定外，以過半數決之。但就信託財產之保存行為得單獨為之。

4 **(A)**。信託法第55條：信託監察人有數人時，其職務之執行除法院另有指定或信託行為另有訂定外，以過半數決之。但就信託財產之保存行為得單獨為之。

5 **(D)**。信託法第54條：信託監察人執行職務，應以善良管理人之注意為之。

肆 信託的監督與信託關係之消滅 重要度★★★★

一、信託的監督

(一) 依信託法第60條規定，以法院為監督機關

1. 信託除營業信託及公益信託外，由法院監督。
2. 法院得因利害關係人或檢察官之聲請為信託事務之檢查，並選任檢查人及命為其他必要之處分。

(二) 法院之其它訂定權限

法院權限	法規依據
信託財產管理時	依信託法第23條第1點規定，信託法信託財產之管理方法，因情事變更致不符合受益人利益時，得依聲請變更其管理方法。
信託財產處分時	依信託法第23條第2點規定，受託人違反信託本旨處分信託財產時，得依受益人聲請，撤銷受託人之處分。
信託財產之移轉、設定或取得	依信託法第35條第1項規定，得依受託人聲請，許可其將信託財產轉為自有財產，或許可其於信託財產上設定或取得權利。
受託人之辭任	依信託法第36條第1項規定，於受託人有不得已之事由時，得依聲請許可辭任。
受託人之解任	依信託法第36條第2項規定，於受託人違背其職務或有其他重大事由時，得依委託人或受益人聲請，將其解任。

法院權限	法規依據
受託人之變更	依信託法36條第3項規定，於受託人辭任、解任或任務終了時，得依聲請選任新受託人，並為必要之處分。
信託監察人之選任及報酬訂定	依信託法第56條規定，於受益人不特定、尚未存在或其他為保護受益人之利益認有必要時，得依聲請選任信託監察人，訂定其報酬。
受託人數增減變更	依信託法第56條規定，得依聲請增減受託人報酬數額。
信託監察人之選任或辭任	依信託法第57條規定，信託監察人有正當事由時，得經指定或選任之人同意或法院之許可辭任。
信託監察人之異動	依信託法第58條規定，得依聲請許可信託監察人辭任，並於信託監察人怠於執行其職務或有其他重要事由時，依聲請將其解任。
新信託監察人之選任	依信託法第59條規定，於信託監察人辭任或解任時，得依聲請選任新信託監察人。

(三) **受託人不遵從監督之處罰**：依信託法第61條規定，受託人不遵守法院之命令或妨礙其檢查者，處新台幣1萬元以上10萬元以下罰鍰。

二、信託關係之消滅

(一) 信託關係消滅之條件

1. 依信託法第62條規定，信託關係，因信託行為所定事由發生，或因信託目的已完成或不能完成而消滅。同時，提醒信託關係自消滅時起失其效力，不生溯及既往之效果。
2. 公益信託關係依第62條規定消滅者，受託人應於一個月內，將消滅之事由及年月日，向目的事業主管機關申報。

(二) 信託關係消滅之事由

1. 因信託契約行為中訂有存續期間或有解除條款的約定，而當事由發生時。
2. 因信託目的已達成，以致信託關係依約消滅。
3. 信託目的因下列因素不能完成時，
   (1) 原適法信託目的變為不適法時。
   (2) 因受益對象不存在或改變，以致信託目的不能完成時。
   (3) 因信託財產不存在，以致信託目的無法完成。

4.委託人終止信託

(1) 依信託法第63條規定，信託利益全部由委託人享有者，委託人或其繼承人得隨時終止信託。

(2) 前項委託人或其繼承人於不利於受託人之時期終止信託者，應負損害賠償責任。但有不得已之事由者，不在此限。

5.委託人及受益人得共同終止信託

(1) 依信託法第64條規定，信託利益非由委託人全部享有者，除信託行為另有訂定外，委託人及受益人得隨時共同終止信託。

(2) 委託人及受益人於不利受託人之時期終止信託者，應負連帶損害賠償責任。但有不得已之事由者，不在此限。

(三) 信託關係消滅之效果

特性	說明
信託財產歸屬之順序	依信託法第65條規定，信託關係消滅時，信託財產之歸屬，除信託行為另有訂定外，依下列順序定之： I.享有全部信託利益之受益人。 II.委託人或其繼承人。
效力期間	信託關係自消滅時起失其效力，不生溯及既往之效果。
存續期間	移轉信託財產前信託關係視為存續。 依信託法第66條規定，信託關係消滅時，於受託人移轉信託財產於前條歸屬權利人前，信託關係視為存續，以歸屬權利人視為受益人。
信託屬性	法定信託
強制執行程序之持續性	依信託法第67條準用第49條及第51條之規定，於信託財產因信託關係消滅而移轉於受益人或其他歸屬權利人時，準用之。 同樣地，若執行過程仍有尚未解決之情形發生，受託人亦得依此行使信託財產留置權。
信託關係消滅時受託人之報告義務	依信託法第68條規定，信託關係消滅時，受託人應就信託事務之處理作成結算書及報告書，並取得受益人、信託監察人或其他歸屬權利人之承認。 同樣地，依信託法第50條第2項規定，於前項情形，準用之。

〔牛刀小試〕

(　　) **1** 下列何者不是信託關係消滅之事由？ (A)信託行為所定事由發生 (B)信託目的已完成或不能完成 (C)除信託行為另有訂定外，法人為受託人而有解散或撤銷設立登記之情事者 (D)他益信託之委託人及受益人共同終止信託關係。【第8期】

(　　) **2** 依信託法規定，有關信託關係消滅之原因，下列何者錯誤？ (A)公益信託之委託人死亡時 (B)信託目的已完成時 (C)信託目的不能完成時 (D)信託行為所定事由發生時。【第9期】

(　　) **3** 依信託法規定，信託關係消滅時，信託財產之歸屬順序，除信託行為另有訂定外，下列何者正確？ (A)享有全部信託利益之受益人→國庫 (B)享有全部信託利益之受益人→委託人或其繼承人 (C)享有全部信託利益之受益人→享有全部信託利益之受益人之繼承人 (D)享有全部信託利益之受益人→委託人→享有全部信託利益之受益人之繼承人。【第9期】

(　　) **4** 依信託法規定，信託關係消滅時，受託人應就信託處理做成下列那些文件並取得受益人、信託監察人或其他歸屬權利人之承認？ (A)營業報告書及財務報告 (B)信託財產目錄及收支計算表 (C)結算書及報告書 (D)資產負債表及現金流量表。【第10期】

(　　) **5** 依信託法規定，受託人不遵守法院之命令或妨礙其檢查者，應處新臺幣多少之罰鍰？ (A)一萬元以上五萬元以下 (B)一萬元以上十萬元以下 (C)二萬元以上五萬元以下 (D)二萬元以上十萬元以下。【第11期】

解答與解析

1 (C)。信託法第8條。

2 (A)。依信託法第62條：信託關係，因信託行為所定事由發生，或因信託目的已完成或不能完成而消滅。

3 (B)。依信託法第65條：信託關係消滅時，信託財產之歸屬，除信託行為另有訂定外，依下列順序定之：一、享有全部信託利益之受益人。二、委託人或其繼承人。

4 (C)。依信託法第68條：信託關係消滅時，受託人應就信託事務之處理作成結算書及報告書，並取得受益人、信託監察人或其他歸屬權利人之承認。

5 (B)。信託法第61條：受託人不遵守法院之命令或妨礙其檢查者，處新臺幣1萬元以上10萬元以下罰鍰。

精選試題

( ) **1** 信託監察人得以自己名義為下列何者行使有關信託之訴訟上或訴訟外之行為？ (A)委託人 (B)受託人 (C)受益人 (D)目的事業主管機關。 【第1期】

( ) **2** 信託監察人有三人時，如監察人間意見不一致，除法院另有指定或信託行為另有訂定外，如何執行職務？ (A)應得受益人全體之同意 (B)應由法院裁定之 (C)應以過半數決之 (D)應以委託人意思定之。 【第2期】

( ) **3** 據信託法規定，下列何者可以擔任信託監察人？ (A)未成年人 (B)禁治產人 (C)成年人 (D)破產人。 【第2期】

( ) **4** 設置信託監察人之主要目的為何？ (A)保護受託人之利益 (B)保護委託人之利益 (C)保護與受託人交易之第三人之利益 (D)保護受益人之利益。 【第3期】

( ) **5** 信託監察人有數人時，除法院另有指定或信託行為另有訂定外，對信託財產之保存行為，係以下列何種方式為之？ (A)應經全體同意決之 (B)應以過半數決之 (C)得單獨為之 (D)應以四分之三多數決之。 【第6期】

( ) **6** 依信託法規定，下列敘述何者錯誤？ (A)破產人不得為受託人 (B)信託財產之管理方法，得經委託人、受託人及受益人之同意變更 (C)受託人因信託行為對受益人所負擔之債務，僅於信託財產限度內負履行責任 (D)信託監察人不得以自己名義，為受益人為有關信託之訴訟上或訴訟外之行為。 【第7期】

( ) **7** 某甲將財產信託予乙，並指定其未出生之長孫為受益人，由於受益人尚未存在，得由利害關係人或檢察官向下列何者聲請選任信託監察人？ (A)法院 (B)內政部 (C)財政部 (D)目的事業主管機關。 【第8期】

( ) **8** 依信託法規定，下列何者可以擔任信託監察人？ (A)未成年人 (B)禁治產人 (C)成年人 (D)破產人。 【第14期】

( ) **9** 信託監察人得以何人名義，為受益人為有關信託之訴訟上或訴訟外之行為？ (A)信託監察人自己名義 (B)委託人名義 (C)受託人名義 (D)受益人之法定代理人名義。 【第15期】

(　　) **10** 信託監察人得以下列何人名義，為受益人行使信託之訴訟上或訴訟外之行為？　(A)信託監察人自己名義　(B)委託人名義　(C)受託人名義　(D)受益人之債權人名義。 【第18期】

(　　) **11** 十九歲已結婚之本國人，得為私益信託之何種關係人？　(A)委託人　(B)受託人　(C)信託監察人　(D)委託人、受託人及信託監察人均可。 【第21期】

(　　) **12** 有關信託監察人之職務，下列敘述何者正確？　(A)得代受益人拋棄其享有信託利益之權利　(B)保護委託人及信託財產，並監督受託人執行其職務　(C)應以受益人名義為有關信託之訴訟上或訴訟外之行為　(D)信託監察人有數人時，就信託財產之保存行為得單獨為之。 【第21期】

(　　) **13** 依信託法規定，下列敘述何者錯誤？
(A)破產人不得為受託人
(B)信託財產之管理方法，得經委託人、受託人及受益人之同意變更
(C)受託人因信託行為對受益人所負擔之債務，僅於信託財產限度內負履行責任
(D)信託監察人不得以自己名義，為受益人為有關信託之訴訟上或訴訟外之行為。 【第22期】

(　　) **14** 未成年人可否擔任信託監察人？
(A)不得擔任信託監察人
(B)經法院許可者可擔任信託監察人
(C)經其法定代理人同意者可擔任信託監察人
(D)經受益人及委託人同意者可擔任信託監察人。 【第23期】

(　　) **15** 甲欲以其弱智子乙為受益人成立他益信託，則下列何者可擔任本信託契約之信託監察人？
(A)乙之已聲請破產之叔叔
(B)乙之未成年已結婚之哥哥
(C)乙居住縣市所屬之社會局
(D)乙之患有精神病且已被宣告禁治產之姊姊。 【第24期】

(　　) **16** 依信託法規定，信託監察人得以下列何者名義，為受益人為有關信託之訴訟上或訴訟外之行為？　(A)自己　(B)委託人　(C)受託人　(D)信託財產。 【第25期】

( ) **17** 有關信託之敘述，下列何者正確？ (A)信託監察人之設置係為保護受託人 (B)受託人死亡時，信託財產不屬於其遺產 (C)著作權之信託係屬信託業之附屬業務項目 (D)信託業者得以信託財產辦理銀行法第5-2條所訂授信業務項目。 【第27期】

( ) **18** 依信託法規定，認為必須設置信託監察人，下列敘述何者錯誤？(A)受益人不特定 (B)受益人尚未存在 (C)受益人為多數人 (D)其他為保護受益人的利益。 【第28期】

( ) **19** 信託監察人得以下列何人名義，為受益人為有關信託之訴訟上或訴訟外之行為？
(A)信託監察人自己名義
(B)委託人名義
(C)受託人名義
(D)受益人之債權人名義。 【第29期】

( ) **20** 有關私益信託信託監察人之敘述，下列何者錯誤？ (A)信託監察人得為受益人行使請求法院增減受託人報酬之權利 (B)對違反規定之強制執行，信託監察人得代受益人提起異議之訴之權利 (C)信託監察人得為受益人行使聲請變更信託財產管理方法之權利 (D)信託監察人與受益人之關係，在解釋上不適用民法委任之規定。 【第29期】

( ) **21** 設置信託監察人之主要目的為何？ (A)保護受託人之利益 (B)保護委託人之利益 (C)保護受益人之利益 (D)保護與受託人交易之第三人之利益。 【第31期】

( ) **22** 依信託法規定，信託監察人得以下列何者名義，為受益人為有關信託之訴訟上或訴訟外之行為？ (A)自己 (B)委託人 (C)受託人 (D)信託財產。 【第33期】

( ) **23** 下列何者可擔任信託監察人？A.律師 B.會計師 C.信託業 (A)僅AB (B)僅BC (C)僅AC (D)ABC。 【第35期】

( ) **24** 有關信託監察人之敘述，下列何者錯誤？
(A)可選任數人為信託監察人
(B)未成年人已結婚者，得擔任信託監察人
(C)委託人得於信託契約中指定信託監察人
(D)破產人不得擔任信託監察人。 【第37期】

(　　) **25** 信託監察人怠於執行職務或有其他重大事由時，下列何人得解任之？ (A)受益人　(B)委託人　(C)指定或選任之人　(D)受託人。【第3期】

(　　) **26** 私益信託之信託監察人解任時，除信託行為另有訂定外，由下列何者優先選任新信託監察人？　(A)法院　(B)檢察官　(C)利害關係人　(D)原指定或選任之人。【第20期】

(　　) **27** 以遺囑成立之私益信託，所指定之受託人拒絕或不能接受信託時，除遺囑另有訂定者外，下列何者得選任新受託人？
(A)由原受託人選任
(B)由法定繼承人選任
(C)由目的事業主管機關選任
(D)由利害關係人或檢察官聲請法院選任。【第28期】

(　　) **28** 依信託法規定，信託關係消滅時，信託財產歸屬權利人之順序為何？A.委託人或其繼承人　B.依信託行為之所定　C.享有全部信託利益之受益人　(A)ABC　(B)CBA　(C)ACB　(D)BCA。【第13期】

(　　) **29** 信託目的不能完成時，其信託關係為何？　(A)消滅　(B)無效　(C)不消滅　(D)得抵銷。【第13期】

(　　) **30** 有關信託關係之消滅事由，除信託行為另有訂定外，下列敘述何者錯誤？
(A)不因受託人死亡而消滅
(B)因委託人死亡而消滅
(C)不因委託人破產而消滅
(D)不因受託人破產而消滅。【第14期】

解答與解析

1 (C)。信託法第52條。

2 (C)。信託法第55條。

3 (C)。信託法第53條。

4 (D)。信託法第52條。

5 (C)。信託法第55條。

6 (D)。信託法第52條。

7 (A)。信託法第52條。

8 (C)。信託法第53條：未成年人、受監護或輔助宣告之人及破產人，不得為信託監察人。

9 (A)。信託法第52條：信託監察人得以自己名義，為受益人為有關信託之訴訟上或訴訟外之行為。

10 (A)。信託法第52條：受益人不特定、尚未存在或其他為保護受益人之利益認有必要時，法院得因利害關係人或檢察官之聲請，選任一人或數人為信託監察人。但信託行為定有信託監察人或其選任方法者，從其所定。信託監察人得以自己名義，為受益人為有關信託之訴訟上或訴訟外之行為。

11 **(A)**。受託人：未成年人、受監護或輔助宣告之人及破產人，不得為受託人（信託法第21條）。信託監察人：未成年、受監護或輔助宣告之人及破產人，不得為信託監察人（信託法第53條）。委託人：有行為能力之人即有處分財產能力，因此，滿二十歲之成年人及已結婚之未成年人，均得為信託之委託人：七歲以上之限制行為能力人，經法定代理人同意者，亦得設立信託：而未滿七歲之未成年人及受監護或輔助宣告之人或破產人（就應屬破產財團之財產），則不能為信託行為：有為信託行為之必要者，由其法定代理人代理為之。

12 **(D)**。信託法第52條：受益人不特定、尚未存在或其他為保護受益人之利益認有必要時，法院得因利害關係人或檢察官之聲請，選任一人或數人為信託監察人。但信託行為定有信託監察人或其選任方法者，從其所定。信託監察人得以自己名義，為受益人為有關信託之訴訟上或訴訟外之行為。第55條：信託監察人有數人時，其職務之執行除法院另有指定或信託行為另有訂定外，以過半數決之。但就信託財產之保存行為得單獨為之。信託監察人係保護受益人之利益。

13 **(D)**。信託法第52條第2項：信託監察人得以自已名義，為受益人為有關信託之訴訟上或訴訟外之行為。

14 **(A)**。信託法第53條：未成年、受監護或輔助宣告之人及破產人，不得為信託監察人。

15 **(C)**。信託法第53條：「未成年人、受監護或輔助宣告之人及破產人，不得為信託監察人。」

16 **(A)**。信託法第52條：「信託監察人得以自已名義，為受益人為有關信託之訴訟上或訴訟外之行為。」

17 **(B)**。信託法第52條：受益人不特定、尚未存在或其他為保護受益人之利益認有必要時，法院得因利害關係人或檢察官之聲請，選任一人或數人為信託監察人。同法第10條：受託人死亡時，信託財產不屬於其遺產。信託業法第16條：著作權之信託係屬信託業之業務項目。同法第26條：信託業者不得以信託財產辦理銀行法第5-2條所訂授信業務項目。

18 **(C)**。信託法第52條：受益人不特定、尚未存在或其他為保護受益人之利益認有必要時，法院得因利害關係人或檢察官之聲請，選任一人或數人為信託監察人。但信託行為定有信託監察人或其選任方法者，從其所定。

19 **(A)**。信託法第52條第2項：信託監察人得以自已名義，為受益人為有關信託之訴訟上或訴訟外之行為。

20 **(D)**。信託法第52條第2項：信託監察人得以自已名義，為受益人為有關信託之訴訟上或訴訟外之行為。

故信託監察人與受益人之關係，在解釋上適用民法委任之規定。

21 **(C)**。信託法第52條：受益人不特定、尚未存在或其他為保護受益人之利益認有必要時，法院得因利害關係人或檢察官之聲請，選任一人或數人為信託監察人。

22 **(A)**。信託法第52條：信託監察人得以自己名義，為受益人為有關信託之訴訟上或訴訟外之行為。

23 **(D)**。信託法第53條：未成年人、受監護或輔助宣告之人及破產人，不得為信託監察人。故A.律師B.會計師C.信託業（信託業經營之附屬業務）均可。

24 **(B)**。信託法第53條：未成年人、受監護或輔助宣告之人及破產人，不得為信託監察人。

25 **(C)**。信託法第58條。

26 **(D)**。信託法第59條：信託監察人辭任或解任時，除信託行為另有訂定外，指定或選任之人得選任新信託監察人；不能或不為選任者，法院亦得因利害關係人或檢察官之聲請選任之。

27 **(D)**。信託法第46條：遺囑指定之受託人拒絕或不能接受信託時，利害關係人或檢察官得聲請法院選任受託人。但遺囑另有訂定者，不在此限。

28 **(D)**。信託法第65條：信託關係消滅時，信託財產之歸屬，除信託行為另有訂定外，依下列順序定之：一、享有全部信託利益之受益人。二、委託人或其繼承人。

29 **(A)**。信託法第62條：信託關係，因信託行為所定事由發生，或因信託目的已完成或不能完成而消滅。

30 **(B)**。信託成立，信託財產即不屬委託人，故委託人死亡，信託仍成立。

公益信託制度

依據出題頻率區分，屬：**B** 頻率中

課綱概要

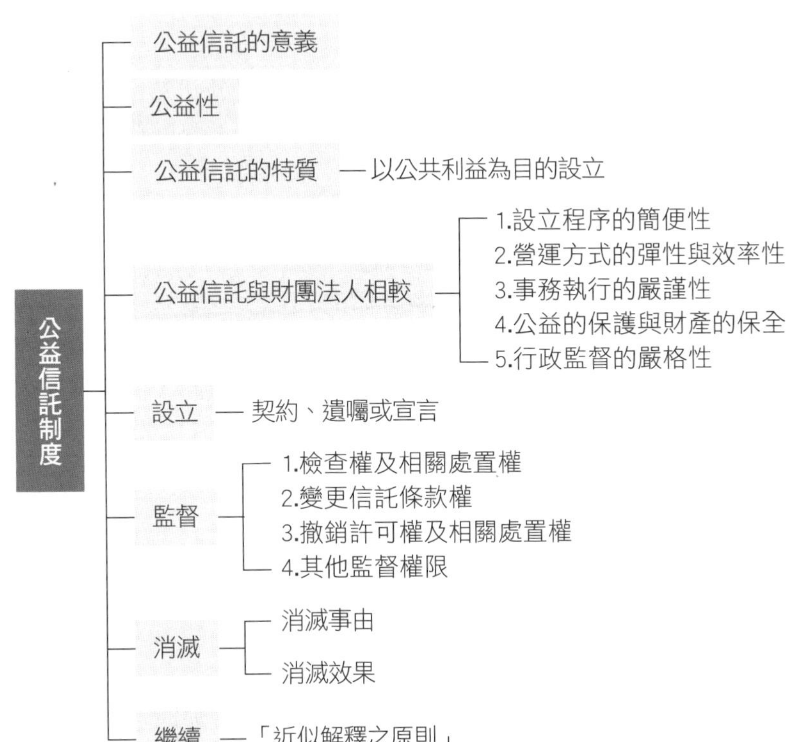

課前導讀

本章重點是解釋公益信託制度之意義、性質、特性、與財團法人之比較、設立、監督與消滅繼續變更情形等，章節的內容說明公益信託的相關權責與應用關係，以充分針對考題所衍生出來的問題與概念能有效理解其關係變化，同時對後續章節的說明與提示能有所記憶。

壹　公益信託的意義與公益性　重要度★★

一、公益信託的意義

(一) 簡而言之，「公益信託」是指委託人為了做到以公益為目的的信託方式，而願意將其財產權的一部或全部資產，經一定條件移轉給受託人或由自己當受託人進行管理及處分而設立的信託。

(二) 依信託法第69條的定義，稱公益信託者，謂以慈善、文化、學術、技藝、宗教、祭祀或其他以公共利益為目的之信託。

(三) 一般而言，所稱「公益」是指社會全體的利益，也就是不特定多數人的利益。信託是否具有公益性，必須由公益目的事業主管機關認定，不能由委託人或受託人自行決定。因此，限特定人或特定家族，例如某某人或祭祀某某家族宗祠，就不算是公益信託，稱其量也只能稱為私益信託。

二、公益信託的公益性

依據目前國內外學說論述及司法判決（例），闡釋公益信託的公益性如下：

(一) 如果受益人是特定的自然人者，不論人數多寡，都不認定具有公益性。但是以慈善為目的者，是為了救濟貧窮需要被幫助的個人，在歐美的判例上則認可具有公益性。

(二) 受益人為營利法人或團體，或加入資格設有血緣、地域或階層限制者，即使構成成員為不特定之多數人，亦不認為具有公益性質。

(三) 受益人為國家、地方自治團體或財團法人者，雖然屬於特定的人，但是都具有公共性，有助於全體社會的福祉、文明與發展，所以可被認定具有公益性。

(四) 總之，信託目的必須是「直接」有利於公益的運作與發展，才可認定具有公益性。但若是「間接」或只是「結果」有助於公益者，則仍不具有公益性。

(五) 信託基於不法因素造成或非正當對應之目的設立者，不具有公益性。例如以捐助因特殊狀況、車禍或意外事故等的受益人為目的所設立的信託，即使受益人是不特定的多數人，也不具有公益性。

(六) 公益信託的類別

依信託法第69條規定，「公益信託」是指下列以公共利益為目的的信託：

公益項目	說明
慈善	「慈善」（charity）一般是指救助貧困及救濟傷殘而言。 舉凡對困苦之人或遭遇變故之人，給予安養、保護、救助，或對殘障傷病之人給予醫療、養護等，均屬之。 例如以921震災或莫拉克風災受災戶為救助對象設立的信託，就是「慈善公益信託」。
文化	「文化」為泛指風俗、習慣、藝術、宗教、法律、科學等的綜合體。 「文化公益信託」，是指以從事有關人類文明事務及提昇國民精神生活為目的的信託。 例如對古物、古蹟的保存提供捐助，或策劃、推動文化活動、文化交流及文化合作等，皆屬之。
學術	以獎助學問、藝術等研究為目的的信託，稱為「學術公益信託」。 例如提供獎學金給績優學生，或設立基金，獎勵金等，屬之。
技藝	以陶瓷、木雕、竹器、圖畫、表演等技術或演藝，或生物科技、醫學科技、農業科技等之發展為目的設立的信託，屬「技藝公益信託」。 技藝公益信託中的傳統技藝，有時亦被認屬文化公益信託。
宗教	以闡揚宗教教義，興建宗教設施為目的設立之信託，為「宗教公益信託」。 宗教，包括佛教、道教、基督教、天主教、回教及其他新興宗教。以宗教為名，而其教義儀式或傳教方法違反公共秩序或善良風俗者，不能認屬宗教公益信託。
祭祀	以祭祀為目的設立的信託，為「祭祀公益信託」。 祭祀須符合公益性，始足當之，如祭孔、祭祀先烈等。若只限定特定人或家族始能參加者，不能認其為公益信託。
其他公共利益	除上述列舉的項目外，皆以「其他公共利益」概括。 「其他公共利益」，包括都市更新、體育推展、公害防治、公共設施的興建及河川、湖泊、海岸、空氣等的維護與清淨等，舉凡以社會利益或公共福祉為目的者，均涵蓋在內。

〔牛刀小試〕

( ) **1** 以下列何種目的成立之信託不屬於公益信託？
(A)法律研究 (B)體育推廣
(C)祭祀陳氏宗祠 (D)生物科技研究。 【第18期】

( ) **2** 有關公益信託之設立目的，下列何者錯誤？
(A)得以祭祀為目的（如祭孔）
(B)得以增進特定受益人利益為目的
(C)得以闡揚宗教教義，興建宗教設施為目的
(D)得以從事有關人類文明事務及提昇國民精神生活為目的。【第21期】

( ) **3** 宗族為管理塋墓及祭祀事務所成立之信託，限於特定個人或家族始能參加者，屬於下列何種信託？
(A)公益信託 (B)營業信託
(C)私益信託 (D)宣言信託。 【第23期】

( ) **4** 下列何者不屬於公益信託目的事業主管機關之監督權限？
(A)受託人有正當理由時，得許可其辭任
(B)得隨時檢查信託事務及財產狀況
(C)受託人違背其職務時，得依職權解任之
(D)依受益人之申請，撤銷受託人違反信託本旨之處分。 【第30期】

( ) **5** 有關公益信託之敘述，下列何者錯誤？
(A)以公共利益為目的 (B)以不特定多數人利益為目的
(C)以特定人之利益為目的 (D)非以營利為目的。 【第33期】

解答與解析

1 (C)。祭祀陳氏宗祠僅為家族之利益，不是公共利益，故不屬於公益信託。

2 (B)。信託法第69條：稱公益信託者，謂以慈善、文化、學術、技藝、宗教、祭祀或其他以公共利益為目的之信託。增進特定受益人利益為目的非屬公共利益。

3 (C)。屬私益信託。

4 (D)。依受益人之申請，撤銷受託人違反信託本旨之處分屬法院權限（信託法第76條無訂由目的事業主管機關行之）。

5 (C)。公益信託為以公共利益為目的之信託，故不可限定特定人。

貳 公益信託的特質 重要度★★

一、公益信託的特質（與財團法人相較）

公益信託與財團法人同是以公共利益為目的設立，但二者無論在法律構成或事務執行上，均有顯著差異。就組織與營運的獨立性與明確性而言，公益信託較財團法人不益凸顯，但是就設立方法與運用面來看，財團法人則不及公益信託的簡便和富於彈性。

二、公益信託與財團法人的比較

綜合歸納比較公益信託與財團法人的特色與異同處：

(一)設立程序的簡便性。
(二)營運方式的彈性與效率性。
(三)事務執行的嚴謹性。
(四)公益的保護與財產的保全。
(五)行政監督的嚴格性。

特色	異同點	
	公益信託	財團法人
設立程序的簡便性	◆相同點：必須經由目的事業主管機關許可。 ◆差異點： 1.簡便。 2.由受託人接受委託人財產權的移轉或處分，成為信託財產的權利人；財產權一旦移轉，信託即可成立。 3.由受託人協助申請，不須自己向法院申請法人登記，也不必設置獨立事務處所和專任職員。 4.接受捐助較為容易。	◆相同點：必須經由目的事業主管機關許可。 ◆差異點： 1.複雜。 2.財團法人需特別創設一個權利義務主體。 3.須向法院為法人登記，並設置獨立事務處所和專任職員。

<table>
<tr><th rowspan="2">特色</th><th colspan="2">異同點</th></tr>
<tr><th>公益信託</th><th>財團法人</th></tr>
<tr><td>營運方式的彈性與效率性</td><td>◆差異點：
1.「公益信託」可以集合大眾小額資金來設立，也可以用追加信託本金的方式營運，又不必支付獨立事務所以及人事費用，因此雖為小規模資金，也可以設立。
2.公益信託在給付時，可以依需求彈性運用，以信託財產孳息給付，或動用部分信託本金支付，易將信託財產作最有效率地運用於所要達成的信託目的。</td><td>◆差異點：「財團法人」是以不消耗基本財產及永續經營為前提設立，因此捐助的財產必須具有相當的規模才能夠有效維持營運。</td></tr>
<tr><td>事務執行的嚴謹性</td><td>◆相同點：公益信託受託人，必須依法執行職務。
◆差異點：
1.受託人資格，依信託法第21條規定：「未成年人、禁治產人及破產人，不得為受託人」。
2.對事務執行的義務與責任，由受託人依信託法規定執行職務，同時有明定下列四項義務及有關違反的責任規範：
(1)善良管理人注意義務，依信託法第22條規範之。
(2)分別管理義務，依信託法第24條規範之。
(3)親自處理信託事務義務，依信託法第25條規範之。
(4)忠實義務，依信託法第34條、第35條規範之。</td><td>◆相同點：財團法人的董事，必須依法執行職務。
◆差異點：
1.財團法人的董事的資格，民法並沒有限制規定。
2.對事務執行的義務與責任，在民法的制度上是由董事負執行的義務與責任，對民法對於財團法人的董事並沒有設條文規範。</td></tr>
</table>

特色	異同點	
	公益信託	財團法人
公益的保護與財產的保全	◆差異點： 1.依信託法第75條明定公益信託應該要設置「信託監察人」，以監督受託人，維護公益。 2.公益信託的信託監察人，在受託人有違反信託本旨處分信託財產的情形時，可以依照信託法第18條的規定，聲請法院撤銷其處分，以保全信託財產。	◆差異點：財團法人，對公益的保護與財產的保全，在民法並沒有明文限制規定。
行政監督的嚴格性	◆相同點：公益信託與財團法人都必須接受目的事業主管機關的監督，接受主管機關檢查事務處理及財務狀況。 ◆差異點： 1.公益信託除了要接受上述檢查外，主管機關必要時可以命受託人提供相當的擔保或作其他處置。 2.依信託法第72條，公益信託的受託人必須每年至少一次定期將信託事務處理情形及財務狀況，報請主管機關核備並公告。 3.當公益信託的受託人違背職務或有其他重大事由時，依信託法第76條規定，主管機關可以依照委託人或信託監察人的申請，或依職權直接將受託人解任，並可選任「新受託人」。	◆相同點：財團法人亦必須接受目的事業主管機關的監督，接受主管機關檢查事務處理及財務狀況。 ◆差異點：財團法人的董事或監察人有違反法令而有危害公益或法人等情形時，主管機關只可以請求法院解除其職務。

〔牛刀小試〕

(　　) **1** 有關財團法人與公益信託之比較，下列何者錯誤？ (A)兩者均以公共利益為目的 (B)兩者均應向法院辦理法人登記 (C)兩者之設立均須經目的事業主管機關許可 (D)前者為民法上之制度，後者為信託法上之制度。 【第9期】

( ) **2** 有關公益信託與財團法人之比較，對於公益信託之敘述，下列何者錯誤？ (A)信託財產非具相當規模無法成立 (B)可集合大眾資金設立，亦可以追加信託本金 (C)可將信託財產有效率運用於所欲達成之信託目的 (D)得以信託財產孳息或信託本金支付受益人或相關活動款項。 【第12期】

( ) **3** 有關財團法人與公益信託之比較，下列何者錯誤？ (A)二者均應向法院辦理法人登記 (B)二者之設立均須經目的事業主管機關許可 (C)前者事務由董事執行，後者則由受託人為之 (D)前者為民法上之制度，後者為信託法上之制度。 【第25期】

( ) **4** 有關公益信託與財團法人之比較，下列敘述何者錯誤？ (A)公益信託與財團法人均應辦理法人登記 (B)公益信託與財團法人均以公共利益為目的 (C)財團法人為民法上之制度，公益信託為信託法上之制度 (D)財團法人之事務由董事執行，公益信託之事務由受託人執行。 【第39期】

( ) **5** 有關公益信託與財團法人之敘述，下列何者錯誤？ (A)兩者同是以公共利益為目的 (B)公益信託須特別創設一權利義務主體 (C)公益信託不必向法院為法人登記 (D)財團法人須設獨立事務所。 【第50期】

解答與解析

1 (B)。公益信託與財團法人同是以公共利益為目的。就組織與營運之獨立性與明確性言，財團法人較優，惟就設立方法與運用面觀之，公益信託則較簡便與富於彈性。公益信託與財團法人在設立之際，均須經目的事業主管機關許可。但公益信託無須向法院為法人登記，也不必設獨立事務所及專任職員。但公益信託須由受託人向目的事業主管機關申請許可，對捐助人而言，較為簡便。

2 (A)。信託法未訂信託財產之規模。

3 (A)。公益信託與財團法人在設立時，均須經目的事業主管機關許可。但公益信託無須向法院為法人登記，也不必設獨立事務所及專任職員，且由受託人向主管機關申請許可。

4 (A)。公益信託得由受託人協助申請，不須自己向法院申請法人登記，也不必設置獨立事務處所和專任職員。

5 (B)。(A)正確，公益信託與財團法人兩者皆是以公共利益為目的，都必須經由目的事業主管機關許可。(B)錯誤，財團法人需特別創設一個權利義務主體，但公益信託主要以信託財產登記移轉即可成立。(C)和(D)公益信託可以不必向法院為法人登記，也不必設置獨立事務處所和專任職員，但財團法人須向法院為法人登記，並設置獨立事務處所和專任職員。

參 公益信託的設立 重要度★★★

一、公益信託的設立

(一) 設立方式，有契約、遺囑或宣言等三種方式。

(二) 許可申請方式：

1. 依信託法第70條第1項規定，公益信託的設立及其受託人，應該經由目的事業主管機關許可。
2. 依照信託法第70條第2項規定，是由受託人向目的事業主管機關提出。

(三) 若未經許可而使用公益信託名稱，或使用易於使人誤認為公益信託的文字者，依信託法第83條載明由目的事業主管機關處新臺幣1萬元以上10萬元以下罰鍰。

二、公益信託之目的事業主管機關

(一) 依照信託法第70條第1項及第72條第1項規定，公益信託的許可與監督，由目的事業主管機關為之。

(二) 依不同公益性質，須向不同的「目的事業主管機關」申請設立登記，例如：

依公益性質區分	應負責之目的事業主管機關
1.以慈善、救濟為目的的公益信託	內政部
2.以學術為目的之公益信託	教育部
3.以自然環境或生態保育為目的者	環保署或農委會
4.以法律服務與法律研究為目的法務公益信託	法務部
5.以民政、戶政、役政為服務目的的公益信託	內政部

(三) 公益性質牽連二機關以上主管者，各機關都是目的事業主管機關，而依信託法第85條規定，各目的事業主管機關須自行訂定公益信託的許可及監督辦法。

(四) 依信託法第71條規定，法人為增進公共利益，得經決議對外宣言自為委託人及受託人，並邀公眾加入為委託人。

前項信託於對公眾宣言前，應經目的事業主管機關許可。

第1項信託關係所生之權利義務，依該法人之決議及宣言內容定之。

〔牛刀小試〕

( ) **1** 公益信託之設立及其受託人，應經目的事業主管機關之許可，其許可之申請應由何人為之？ (A)委託人 (B)受託人 (C)受益人 (D)信託監察人。 【第3期】

( ) **2** 有關信託監督機關之敘述，下列何者錯誤？ (A)公益信託由目的事業主管機關監督 (B)宣言信託由法院監督 (C)營業信託由信託業主管機關監督 (D)民事信託由法院監督。 【第6期】

( ) **3** 依信託法規定，有關宣言信託之敘述，下列何者正確？ (A)自然人為增進公共利益，得對外宣言自為委託人及受託人，設立宣言信託 (B)法人為增進公共利益，得對外宣言自為委託人及受託人，設立宣言信託 (C)任何人均得以自己為受託人，設立宣言信託 (D)縱以公共利益為目的，任何人均不得以自己為受託人，設立宣言信託。 【第6期】

( ) **4** 依信託法規定，下列敘述何者錯誤？ (A)信託除營業信託及公益信託外，由法院監督 (B)信託監察人執行職務，應以善良管理人之注意為之 (C)一般自然人得對外宣言自為委託人及受託人，成立公益信託 (D)未經許可，不得使用公益信託之名稱或使用易於使人誤認為公益信託之文字。 【第7期】

( ) **5** 依信託法規定，公益信託之監督機關為下列何者？ (A)目的事業主管機關 (B)法院 (C)財政部 (D)金融監督管理委員會。 【第9期】

解答與解析

1 (B)。信託法第70條。公益信託之設立及其受託人，應經目的事業主管機關之許可。前項許可之申請，由受託人為之。

2 (B)。信託法第71、72條，公益信託為宣言信託之一種。第71條，法人為增進公共利益，得經決議對外宣言自為委託人及受託人，並邀公眾加入為委託人。前項信託於對公眾宣言前，應經目的事業主管機關許可。第1項信託關係所生之權利義務，依該法人之決議及宣言內容定之。第72條，公益信託由目的事業主管機關監督。

3 (B)。信託法第71條。

4 (C)。信託法第71條：限法人為之。法人為增進公共利益，得經決議對外宣言自為委託人及受託人，並邀公眾加入為委託人。前項信託於對公眾宣言前，應經目的事業主管機關許可。第1項信託關係所生之權利義務，依該法人之決議及宣言內容定之。

5 (A)。依信託法第72條：公益信託由目的事業主管機關監督。

肆 公益信託的監督與罰則 重要度★★★

公益信託的監督與罰責

依信託法第72條第1項規定，公益信託由目的事業主管機關監督，並賦予公益目的事業主管機關以下權限，以達監督之效：

1.檢查權及相關處置權。

2.變更信託條款權。

3.撤銷許可權及相關處置權。

4.其他監督權限。

一、檢查權及相關處置權

依信託法第72條第2項規定：「目的事業主管機關得隨時檢查信託事務及財產狀況；必要時並得命受託人提供相當之擔保或為其他處置。」

其中，應注意條文的要求重點：

(一)「得隨時」是指目的事業主管機關認為有必要時，任何時期皆得為之；檢查範圍包括受託人所執行的信託事務及信託財產狀況。

(二)「必要時」是指如果受託人發生財務危機，或違反義務情節重大，有危害信託財產的保全行為時，主管機關可以命令受託人提供相當的擔保或為其他處置。

(三)「其他處置」則包括實施必要限制措施或解任受託人等。

二、變更信託條款權

依信託法第73條規定：「公益信託成立後發生信託行為當時不能預見之情事時，目的事業主管機關得參酌信託本旨，變更信託條款。」

就條文的解釋，立法目的應在於儘可能保持信託的存續，以利於社會公益之實現。

其中，應注意條文中所要求重點：

(一)「不能預見之情事」是指在公益信託行為當時無法預料，且有礙信託目的實現的情事。

(二)「參酌信託本旨」是指考量委託人設立公益信託的意旨。

(三)「信託條款」是指包括信託目的在內的該公益信託的約定條項，例如信託財產的管理處分方法、信託事業經營的範圍等。

三、撤銷許可權及相關處置權

(一) 撤銷許可原因

得依信託法第77條第1項規定，公益信託設立後，有下列情事之一者，目的事業主管機關得撤銷其許可或為其他必要處置：

1.違反設立許可條件。

2.違反目的事業主管機關監督命令。

3.為其他有害公益的行為。

4.無正當理由連續三年不為活動。

(二) 通知表示意見

依信託法第77條第2項規定，目的事業主管機關為撤銷許可等處分前，應通知委託人、信託監察人及受託人於限期內表示意見；逾期不表示或表示而無正當理由者，主管機關始得撤銷其許可或為其他必要處置。

四、其他監督權限

依信託法第76條規定，公益信託的「目的事業主管機關」有下列七大權限：

第35條第1項第3款、第36條第2項、第3項、第45條第2項、第46條、第56條至第59條所定法院之權限，於公益信託由目的事業主管機關行之。但第36條第2項、第3項、第45條第2項及第46條所定之權限，目的事業主管機關亦得依職權為之。

權限	說明
許可受託人將信託財產轉為自有財產	依信託法第35條第1項第3款規定，公益信託受託人欲將信託財產轉為自有財產，或在信託財產上設定或取得權利時，必須取得目的事業主管機關許可，始得為之。
解任受託人	依信託法第36條第2項規定， 公益信託受託人違背其職務或有其他重大事由時，目的事業主管機關得因委託人或受益人的申請將其解任，或依職權解任之。
選任新受託人	1.依信託法第36條第3項規定，公益信託受託人辭任或被解任時，目的事業主管機關得依利害關係人或檢察官之申請，選任新受託人，亦得依職權選任之。 2.公益信託受託人因信託法第45條第1項規定事由發生而任務終了時，可依第45條第2項規定目的事業主管機關得依申請或依職權，選任新受託人。 3.依信託法第46條規定，以遺囑設立的公益信託，其指定的受託人拒絕或不能接受信託時，利害關係人或檢察官得申請目的事業主管機關選任受託人；目的事業主管機關亦得依職權選任之。

權限	說明
裁定酌給信託監察人報酬	依信託法第56條規定，公益信託的目的事業主管機關得因信託監察人請求，斟酌其職務之繁簡及信託財產狀況，就信託財產酌給相當報酬。
許可信託監察人辭任	依信託法第57條規定，公益信託的信託監察人有正當事由時，得經指定或選任之人同意或目的事業主管機關許可辭任。
解任信託監察人	依信託法第58條規定，公益信託的信託監察人怠於執行其職務或有其他重大事由時，指定或選任之人得解任之；目的事業主管機關亦得依利害關係人或檢察官之申請將其解任。
選任新信託監察人	依信託法第59條規定，公益信託的信託監察人辭任或解任時，除信託行為另有訂定外，指定或選任之人得選任新信託監察人；不能或不為選任者，目的事業主管機關得因利害關係人或檢察官之申請選任之。

五、處罰之規定

為了促使受託人忠實履行職務，以維護公益，信託法第82條規定，公益信託的受託人有下列情事之一者，由「目的事業主管機關」處新臺幣2萬元以上20萬元以下罰鍰：

(一) 帳簿、財產目錄或收支計算表有不實的記載。

(二) 拒絕、妨礙或規避目的事業主管機關的檢查。

(三) 向目的事業主管機關為不實的申報或隱瞞事實。

(四) 怠於公告或為不實之公告。

(五) 違反目的事業主管機關監督命令。

〔牛刀小試〕

(　　) **1** 公益信託受託人應於多久期限將信託事務處理情形及財務狀況，送信託監察人審核後，報請主管機關核備並公告之？　(A)每年至少一次　(B)每半年至少一次　(C)每季至少一次　(D)每月至少一次。【第1期】

(　　) **2** 公益信託成立後發生信託行為當時不能預見之情事時，下列何者得參酌信託本旨，變更信託條款？　(A)受託人　(B)信託監察人　(C)法院　(D)目的事業主管機關。【第1期】

(　　) **3** 信託業擔任公益信託之受託人者，除有正當理由並經下列何者之許可始得辭任？　(A)公益信託之目的事業主管機關　(B)信託業商業同業公會　(C)法院　(D)檢察機關。【第21期】

( ) **4** 有關公益信託信託監察人之設置，下列何者正確？
(A)由委託人決定是否設置 (B)由受益人決定是否設置
(C)強制設置 (D)任意設置。 【第10期】

( ) **5** 下列何者不屬於公益信託目的事業主管機關之監督權限？ (A)受託人違背職務時，得依職權解任之 (B)得隨時檢查信託事務及財產狀況 (C)受託人有正當理由時，得許可其辭任 (D)依受益人之申請，撤銷受託人違反信託本旨之處分。 【第16期】

解答與解析

1 (A)。信託法第72條。

2 (D)。信託法第73條。

3 (A)。信託法第74條。公益信託之受託人非有正當理由，並經目的事業主管機關許可，不得辭任。

4 (C)。依信託法第75條：公益信託應置信託監察人。

5 (D)。依受益人之申請，撤銷受託人違反信託本旨之處分，屬法院。

伍 公益信託的消滅與繼續 重要度★★

一、公益信託的消滅

(一) 公益信託消滅事由

1. 依信託法第62條規定：「信託關係，因信託行為所定事由發生，或因信託目的已完成或不能完成而消滅。」此條規定在「公益信託」及「私益信託」都有適用的地方。
2. 公益信託若有發生信託法第77條第1項所定事由發生而被撤銷設立許可時，依照信託法第78條規定，該公益信託也會因此消滅。

(二) 公益信託消滅效果

1. 公益信託關係消滅時，適用信託法第65條之規定，有關信託財產的移交、信託關係人間的權利義務、強制執行程序的續行，及信託事務的結算與承認等處理方式，皆與私益信託相同。
2. 「公益信託」的賸餘財產原則上不能歸屬到個人身上，亦因公益信託的受託人有依法向目的事業主管機關申報等義務。

3.賸餘財產的歸屬

(1) 由於信託法中並未就「公益信託」關係消滅時，其信託財產應如何歸屬的問題另立規定，所以應依照信託法第65條規定有關信託消滅時，信託財產歸屬，除信託行為另有訂定外，依左列順序定之：

A.享有全部信託利益之受益人。

B.委託人或其繼承人。

(2)「公益信託」是以社會大眾不特定多數人的利益為目的，當公益信託關係消滅時，如果剩餘財產可以歸屬於私人，恐怕有人會藉公益之名而行圖利之實。所以我國所得稅法第4條之3、第6條之1及遺產稅法第16條之1與贈與稅法第20條之1中均規定，公益信託的信託行為明定信託關係解除，終止或消滅時，信託財產移轉於各級政府，有類似目的的公益法人或公益信託者，才可以享有稅法上的優惠。

4. **受託人的申報義務**

(1) 消滅事由等的申報：當「公益信託」因信託行為所定事由發生，或因信託目的已完成或不能完成而消滅時，受託人應該依照信託法第80條規定，在消滅後1個月內，將消滅的事由及年月日，向目的事業主管機關申報。

(2) 信託事務處理報告書等的申報：依信託法第81條規定，公益信託關係消滅時，受託人應該作成下列文件，並依第68條第1項在取得信託監察人承認後15日內，向目的事業主管機關申報：

I. 信託事務處理報告書。

II.結算書。

III.有關信託財產的歸屬及其相關意見。

二、公益信託的繼續

「公益信託的繼續」可由信託法上的「近似解釋之原則」（Cy-Près Doctrine）來說明。

到目前為止，這是依據過去歐美相關判例、學說以及法律上的解釋，多傾向解釋為 as near as possible，語意上，也就是所謂「儘可能相近」或「近似之原則」的意思。

「近似解釋之原則」的說法，從十六世紀中葉到十七世紀初，英國衡平法院為了尊重立遺囑人的最終意思表示，對於以設立公益信託為目的的遺囑，予以從寬解釋與認定其我為人人的精神意念下，所確立的一種彌補遺囑內容因欠缺實質法令條款依據的補充法則。

延續發展至今，所謂的「近似解釋之原則」是泛指公益信託在設立之後，如果有因為社會變遷或法律變更，導致信託原定目的的執行，發生不可能、不適切或不合法的情事時，若委託人得於設立信託時，只要有為一般公益的意思表達的意圖（general charitable intent），則該信託的信託財產就可以被轉用在「儘可能接近委託人原意」的其他公益目的上，而不使該信託無效或消滅。

也因此，這個原則至今也被運用在信託以外的其他公益組織或事業上。

就我國信託法對於「公益信託的繼續」原則，雖採英美法上的「近似解釋之原則」的方法來適用並解釋之，因此「公益信託的繼續」可從下列兩種情形來解釋條文上的規定：

(一) **情事變更時**：在公益信託的監督原則下，當情事變更時，依信託法第73條規定：「公益信託成立後發生信託行為當時不能預見之情事時，目的事業主管機關得參酌信託本旨，變更信託條款。」

(二) **信託關係消滅時**：當無歸屬權利人之公益信託消滅時，信託財產之處理，依信託法第79條規定：「公益信託關係消滅，而無信託行為所訂信託財產歸屬權利人時，目的事業主管機關得為類似之目的，使信託關係存續，或使信託財產移轉於有類似目的之公益法人或公益信託。」

同時就此補充說明，何謂「歸屬權利人」及「類似目的」並解釋如下：

1. 何謂「歸屬權利人」解釋，指信託關係消滅時，剩餘財產的權利歸屬人。例如：以興建教育設施為目的設立的公益信託，信託行為訂定，於興建完成後，信託關係消滅時，其賸餘財產應給予某學校的情形，該學校即是「歸屬權利人」。
2. 何謂「類似目的」，既指與信託行為所定目的相近似的具體目的。
例如：
(1)原以慈善為目的設立的公益信託，不能移作宗教或教育目的之用。
(2)雖同為宗教目的或教育目的，以捐助佛教為目的設立的信託，其賸餘財產不能移轉捐助予基督教。
(3)以獎助文學研究為目的成立的信託，將之移轉於理學研究之用，亦非為「類似目的」。

〔牛刀小試〕

( ) **1** 有關英國衡平法院所確立之「近似解釋之原則」，僅適用於我國下列何種信託？ (A)自益信託 (B)私益信託 (C)公益信託 (D)一般他益信託（不含公益信託）。 【第34期】

( ) **2** 依信託法規定，信託關係消滅時近似解釋之原則適用於下列何種信託？ (A)限定私益信託之不動產信託 (B)公益信託 (C)限定私益信託之動產信託，其他公益信託不可適用 (D)限定公益信託之不動產信託，其他公益信託不可適用。 【第38期】

( ) **3** 依信託法規定，公益信託關係因信託目的已完成而消滅時，受託人應於多久期間內，將消滅事由及年月日，向目的事業主管機關申報？ (A)一個月內 (B)二個月內 (C)三個月內 (D)四個月內。 【第3期】

( ) **4** 公益信託關係消滅時，受託人應作成結算書及報告書，並取得下列何者承認後，向目的事業主管機關申報？ (A)受益人 (B)委託人 (C)法院 (D)信託監察人。 【第7期】

( ) **5** 公益信託關係消滅時，受託人應就信託事務之處理作成結算書及報告書，取得信託監察人承認後至遲多久期間內，向目的事業主管機關申報？ (A)十五日 (B)一個月 (C)二個月 (D)三個月。 【第19期】

解答與解析

1 (C)。僅適用於我國公益信託。

2 (B)。近似解釋原則：近似解釋之原則為十七世紀初英國衡平法院所確立，是指公益信託在設立後，如有因社會變遷或法律變更，致使信託依原定目的的執行，發生不可能、不適切或違法情事時，若委託人在設立信託當時，有為一般公益之意思表示，則可將該信託之信託財產轉用於接近委託人原意之其他公益目的上，而不使該信託無效或消滅。此一原則並不適用於私益信託。

3 (A)。信託法第80條，公益信託關係依第62條規定消滅者，受託人應於1個月內，將消滅之事由及年月日，向目的事業主管機關申報。

4 (D)。信託法第68、81條。第68條，信託關係消滅時，受託人應就信託事務之處理作成結算書及報告書，並取得受益人、信託監察人或其他歸屬權利人之承認。第50條第2項規定，於前項情形，準用之。第81條，公益信託關係消滅時，受託人應於依第68條第1項規定取得信託監察人承認後15日內，向目的事業主管機關申報。

5 (A)。信託法第81條：公益信託關係消滅時，受託人應於依第68條第1項規定取得信託監察人承認後十五日內，向目的事業主管機關申報。

精選試題

( ) **1** 某甲成立以從事法制研究、法律服務或其他與法務相關事項為目的之公益信託，其設立及受託人應經下列何者許可？ (A)財政部 (B)法務部 (C)地方法院 (D)律師公會。 【第6期】

( ) **2** 有關財團法人與公益信託之比較，下列何者錯誤？ (A)兩者均應向法院辦理法人登記 (B)兩者之設立均須經目的事業主管機關許可 (C)前者事務由董事執行，後者則由受託人為之 (D)前者為民法上之制度，後者為信託法上之制度。 【第19期】

( ) **3** 依信託法規定，下列何種信託係由法院監督？ (A)公益信託 (B)營業信託 (C)一般民事私益信託 (D)證券投資信託。 【第29期】

( ) **4** 以社會慈善為目的設立之公益信託，應以下列何者為其目的事業主管機關？ (A)法務部 (B)內政部 (C)教育部 (D)金融監督管理委員會。 【第30期】

( ) **5** 依我國信託法規定，下列敘述何者錯誤？
(A)破產人不得為受託人
(B)信託財產之管理方法，得經委託人、受託人及受益人之同意變更
(C)受託人因信託行為對受益人所負擔之債務，僅於信託財產限度內負履行責任
(D)信託監察人不得以自己名義，為受益人為有關信託之訴訟上或訴訟外之行為。 【第4期】

( ) **6** 有關公益信託與財團法人之比較，下列敘述何者錯誤？ (A)公益信託與財團法人均以公共利益為目的 (B)公益信託與財團法人均應辦理法人登記 (C)財團法人為民法上之制度，公益信託為信託法上之制度 (D)財團法人之事務由董事執行，公益信託之事務由受託人執行。 【第13、15期】

( ) **7** 有關公益信託與財團法人之比較，對於公益信託之敘述，下列何者錯誤？ (A)信託財產非達新臺幣一千萬元無法成立 (B)可集合大眾資金設立，亦可以追加信託本金 (C)可將信託財產有效率運用於所欲達成之信託目的 (D)得以信託財產孳息或信託本金支付受益人或相關活動款項。 【第17期】

( ) **8** 有關公益信託與財團法人之比較，下列敘述何者錯誤？ (A)公益信託與財團法人均應辦理法人登記 (B)公益信託與財團法人均以公共利益為目的 (C)財團法人為民法上之制度，公益信託為信託法上之制度 (D)財團法人之事務由董事執行，公益信託之事務由受託人執行。 【第29期】

( ) **9** 有關財團法人與公益信託之比較，下列何者錯誤？ (A)二者均應向法院辦理法人登記 (B)二者之設立均須經目的事業主管機關許可 (C)前者事務由董事執行，後者則由受託人為之 (D)前者為民法上之制度，後者為信託法上之制度。 【第30期】

( ) **10** 公益信託之許可及監督辦法，由下列何者定之？ (A)法院 (B)目的事業主管機關 (C)立法院 (D)司法院。 【第3期】

( ) **11** 依我國信託法規定，下列敘述何者錯誤？
(A)一般自然人得對外宣言自為委託人及受託人，成立公益信託
(B)未經許可，不得使用公益信託之名稱或使用易於使人誤認為公益信託之文字
(C)信託除營業信託及公益信託外，由法院監督
(D)信託監察人執行職務，應以善良管理人之注意為之。 【第5期】

( ) **12** 有關公益信託之敘述，下列何者正確？ (A)目的事業主管機關得隨時檢查信託之財產狀況 (B)公益信託成立後，目的事業主管機關不得變更信託條款 (C)公益信託之受託人不得辭任 (D)公益信託之成立須向法院登記。 【第7期】

( ) **13** 某甲成立以從事法制研究、法律服務或其他與法務相關事項為目的之公益信託，其設立及受託人應經下列何者許可？ (A)財政部 (B)法務部 (C)地方法院 (D)律師公會。 【第8期】

( ) **14** 甲建築公司欲以乙信託業為受託人，設立以教育為目的之公益信託，請問應由何人向何機關申請設立許可？ (A)由甲向內政部申請 (B)由甲向教育部申請 (C)由乙向內政部申請 (D)由乙向教育部申請。 【第10期】

( ) **15** 公益信託之設立應經目的事業主管機關之許可，其許可之申請應由何人為之？ (A)委託人 (B)受託人 (C)受益人 (D)信託監察人。 【第11期】

( ) **16** 依信託法規定，下列何種情形，財產所有人得對外宣言自為委託人及受託人，設立宣言信託？ (A)限於信託業，且以員工之利益為目的者 (B)限於法人，且以增進公共利益為目的者 (C)限於委託人為多數人之情形 (D)任何人皆可為任何目的設立宣言信託。 【第12期】

( ) **17** 設立公益信託應向下列何機關申請許可？ (A)目的事業主管機關 (B)信託法之主管機關 (C)信託業法之主管機關 (D)法院。 【第13期】

( ) **18** 有關宣言信託設立之敘述，下列何者正確？ (A)委託人與受益人為同一人 (B)委託人與受託人為同一人 (C)受託人與受益人為同一人 (D)委託人與信託監察人為同一人。 【第13期】

( ) **19** 法人為下列何種目的，經目的事業主管機關許可，得經決議對外宣言自為委託人及受託人成立宣言信託？ (A)為財產管理之目的 (B)為增進為公共利益之目的 (C)為風險管理之目的 (D)為增資之目的。 【第14期】

( ) **20** 以學術研究為目的設立之公益信託，其設立及受託人之許可應向下列何機關提出申請？ (A)法務部 (B)教育部 (C)內政部 (D)財政部。 【第14期】

( ) **21** 依信託法規定，公益信託由下列何者監督？ (A)目的事業主管機關 (B)法院 (C)信託法主管機關信託業法 (D)主管機關。 【第15期】

( ) **22** 信託法所規定之宣言信託，下列何者為其特色？ (A)委託人兼受益人 (B)委託人兼受託人 (C)受託人兼受益人 (D)受益人兼信託監察人。 【第22期】

( ) **23** 下列何者非為公益信託設立之方式？ (A)契約 (B)遺囑 (C)宣言 (D)法院之命令。 【第22期】

( ) **24** 依信託法規定，有關宣言信託之敘述，下列何者錯誤？ (A)應由法人為之 (B)得以私益為目的 (C)應經目的事業主管機關許可 (D)應對外宣言自為委託人及受託人。 【第24期】

( ) **25** 有關公益信託之敘述，下列何者錯誤？ (A)應置信託監察人 (B)應符合公共利益 (C)由委託人申請設立許可 (D)由目的事業主管機關監督。 【第25期】

( ) **26** 依信託法規定，下列何種信託可以宣言方式設立？ (A)自益信託 (B)公益信託 (C)私益信託 (D)遺囑信託。 【第27期】

(　　) **27** 公益信託應由下列何者向目的事業主管機關提出申請？ (A)委託人 (B)受託人 (C)委託人及受託人 (D)信託監察人。 【第31期】

(　　) **28** 信託法所規定之宣言信託，下列何者為其特色？ (A)委託人兼受益人 (B)委託人兼受託人 (C)受託人兼受益人 (D)受益人兼信託監察人。 【第32期】

(　　) **29** 依信託法規定，宣言信託係委託人以下列何者為受託人設立之信託？ (A)法院 (B)信託監察人 (C)委託人自己 (D)目的事業主管機關。 【第33期】

解答與解析

1 (B)。信託法第70條。公益信託之設立及其受託人，應經目的事業主管機關之許可。前項許可之申請，由受託人為之。

2 (A)。公益信託與財團法人在設立之際，均須經目的事業主管機關許可。但公益信託無須向法院為法人登記，也不必設獨立事務所及專任職員，且其向主管機關申請許可，可由受託人為之。

3 (C)。一般民事私益信託由法院監督。營業信託、證券投資信託由金管會監督。公益信託由目的事業主管機關監督。

4 (B)。慈善管理屬內政部。

5 (D)。信託法第21、15、30、52條。

6 (B)。公益信託不須辦理法人登記。

7 (A)。公益信託無信託財產金額之限制。

8 (A)。公益信託不須辦理法人登記。

9 (A)。公益信託與財團法人在設立時，均須經目的事業主管機關許可。但公益信託無須向法院為法人登記，也不必設獨立事務所。

10 (B)。依照信託法第70條第1項及第72條第1項規定，公益信託的許可與監督，由目的事業主管機關為之。

11 (A)。信託法第71、83、60、54條。

12 (A)。信託法第70、72、73、74條。

13 (B)。法務公益信託之目的事業主管機關為法務部。

14 (D)。由受託人向教育部申請。

15 (B)。信託法第70條：公益信託之設立及其受託人，應經目的事業主管機關之許可。前項許可之申請，由受託人為之。

16 (B)。信託法第71條：法人為增進公共利益，得經決議對外宣言自為委託人及受託人，並邀公眾加入為委託人。

17 (A)。信託法第70條：公益信託之設立及其受託人，應經目的事業主管機關之許可。

18 (B)。信託法第71條：法人為增進公共利益，得經決議對外宣言自為委託人及受託人，並邀公眾加入為委託人。

19 **(B)**。信託法第71條：法人為增進公共利益，得經決議對外宣言自為委託人及受託人，並邀公眾加入為委託人。前項信託於對公眾宣言前，應經目的事業主管機關許可，故選(B)。

20 **(B)**。學術研究之主管機關為教育部。

21 **(A)**。信託法第72條：公益信託由目的事業主管機關監督。

22 **(B)**。信託法第71條：法人為增進公共利益，得經決議對外宣言自為委託人及受託人，並邀公眾加入為委託人。故宣言信託，委託人兼受託人。

23 **(D)**。公益信託除須以契約、遺囑或宣言等方式為之外，其設立及其受託人，並應取得目的事業主管機關許可。

24 **(B)**。信託法第71條（以宣言方式成立公益信託）：「法人為增進公共利益，得經決議對外宣言自為委託人及受託人，並邀公眾加入為委託人。前項信託對公眾宣言前，應經目的事業主管機關許可。第一項信託關係所生之權利義務，依該法人之決議及宣言內容定之。故宣言信託需為公益信託。」

25 **(C)**。信託法第70條：「公益信託之設立及其受託人，應經目的事業主管機關之許可。前項許可之申請，由受託人為之。」

26 **(B)**。信託法第71條：法人為增進公共利益，得經決議對外宣言自為委託人及受託人，並邀公眾加入為委託人。

27 **(B)**。信託法第70條：公益信託之設立及其受託人，應經目的事業主管機關之許可。前項許可之申請，由受託人為之。

28 **(B)**。信託法第71條：法人為增進公共利益，得經決議對外宣言自為委託人及受託人，並邀公眾加入為委託人。

29 **(C)**。解析，同上題。

第二篇 信託業法重點整理

信託業與信託業務的發展與法制

依據出題頻率區分，屬：**A** 頻率高

課綱概要

- 信託的發展與法制
  - 信託業的起源與定義
    - 我國信託業的起源
    - 信託業之定義
      - 立法目的
      - 法律定義
      - 信託業定義歸納重點
        - 主管機關
        - 法源依據
        - 業務經營範圍
      - 可經營信託業的公司種類及說明
        - 在我國合法的信託業
        - 信託與非信託業
        - 信託業經營的法律責任
        - 「信託投資公司」適用的法規
        - 信託業附屬業務之擔任
      - 信託業名稱之規定與限制
  - 信託業適用法規
    - 信託業法成立之前
    - 信託業法成立之後
  - 信託業務發展的概念
    - 信託業是採經主管機關核准許可制
    - 信託業可辦理之業務範圍
    - 信託業的行為準則
    - 「集團信託」的設置
    - 監督
    - 公會

課前導讀

本章節是說明信託業法的發展、基本要義、適用法規基礎與發展的框架，讀者應就本章節的內容充分瞭解，以便在針對考題所衍生出來的問題與概念能有效理解回答，同時對後續章節的說明與提示能有所記憶。

壹 信託業的起源與定義

重要度★★★★★

一、我國信託業的起源

我國信託業法的起源是來自於銀行法的信託投資公司章節，重點是要規範並整合信託與投資兩種不同型態的公司。

依照銀行法第100條第1項規定：「以受託人的地位，按照特定目的，收受、經理及應用信託資金以經營信託財產，或以投資中間人的地位，從事與資本市場有關特定目的投資之金融機構」。

同時依銀行法第20條之規定，銀行包括商業銀行、專業銀行及信託投資公司，故信託投資公司亦屬銀行法規範的銀行種類之一。所以信託投資公司可以經營信託、證券、代理及其他銀行業務。

但事實上，證券或銀行業務與信託投資公司的本質是不一樣的，也由於「銀行法」及「信託投資公司管理規則」，是允許將代為確定用途之信託資金約定保證最低收益率與負責本金損失，這樣的約定，是與信託的本質是相違背。

而且造成一般民眾對「信託投資公司」所管理的信託資金與「銀行」所保管的存、放款資金的混淆，未能明顯區別出來，因為「信託投資公司」主要應是以從事信託或投資等業務為主，與從事存、放款為主業的「銀行」有所不同，所以就該項業務應該由另外其他業務部門經營。

我國財政部也認為信託業納入銀行法一併規範，是與其他各國的法規有所不同，所以在民國81年7月，組織信託業法專案小組委員會，研擬信託業法，重新從銀行法中區隔出來。

二、信託業之定義

(一)**立法目的**：依信託業法第1條的規範，說明信託業法的立法目的是「為健全信託業之經營與發展，保障委託人及受益人之權益，特制定本法。」

(二) **法律定義**：信託業法第2條規定：「本法稱信託業，謂依本法經主管機關許可，以經營信託為業之機構。」

(三) **信託業定義歸納重點**

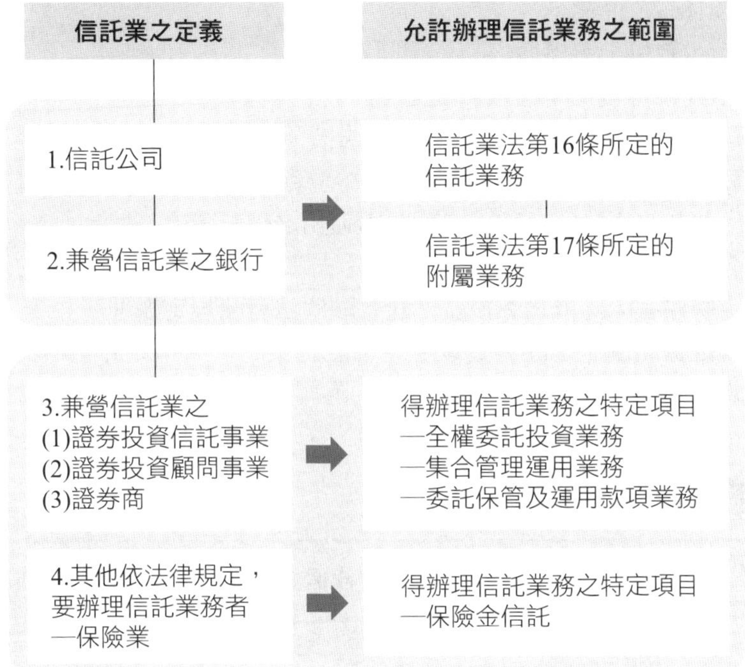

1. **主管機關**：依信託業法第4條規定，信託業的主管機關為金融監督管理委員會。信託業必須經過金融監督管理委員會許可，才得設立經營其信託業務。
2. **法源依據**：信託業的設立標準與建置，是依據信託業法來執行，而不是信託法或銀行法。
3. **信託業負責人之定義**：依信託業法第5條規定，信託業負責人，謂依公司法或其他法律或其組織章程所定應負責之人。

   依信託業法第6條規定，信託業負責人應具備之資格條件，由主管機關定之。
4. **信託業之利害關係人**：依信託業法第7條規定，本法稱信託業之利害關係人，指有下列情形之一者：

   (1) 持有信託業已發行股份總數或資本總額5%以上者。

   (2) 擔任信託業負責人。

   (3) 對信託財產具有運用決定權者。

(4) 第1款或第2款之人獨資、合夥經營之事業，或擔任負責人之企業，或為代表人之團體。

(5) 第1款或第2款之人單獨或合計持有超過公司已發行股份總數或資本總額10%之企業。

(6) 有半數以上董事與信託業相同之公司。

(7) 信託業持股比率超過5%之企業。

5. **共同信託基金**：依信託業法第8條規定，本法稱共同信託基金，指信託業就一定之投資標的，以發行受益證券或記帳方式向不特定多數人募集，並為該不特定多數人之利益而運用之信託資金。

設立共同信託基金以投資證券交易法第6條之有價證券為目的，其符合一定條件者，應依證券投資信託及顧問法有關規定辦理。

6. **業務經營範圍**：信託業是以經營信託為業的機構是允許依照信託業法第16條所定的信託業務以及第17條的附屬業務來經營之，但是並不包括吸收存款、辦理授信、投資有價證券、辦理證券及票券等業務。

信託業辦理之業務範圍

第16條信託業經營之業務項目	第17條信託業經營之附屬業務項目
適用信託關係	適用非信託關係。 例外項目： 原則上本於信託關係，擔任證券投資信託事業之受託人，辦理基金保管業務。
1.金錢之信託。 2.金錢債權及其擔保物權之信託。 3.有價證券之信託。 4.動產之信託。 5.不動產之信託。 6.租賃權之信託。 7.地上權之信託。 8.專利權之信託。 9.著作權之信託。 10.其他財產權之信託。	1.代理有價證券發行、轉讓、登記及股息、利息、紅利之發放事項。 2.提供有價證券發行、募集之顧問服務。 3.擔任有價證券發行簽證人。 4.擔任遺囑執行人及遺產管理人。 5.擔任破產管理人及公司重整監督人。 6.擔任信託監察人。 7.辦理保管業務。 8.辦理出租保管箱業務。 9.辦理與信託業務有關下列事項之代理事務： (1) 財產之取得、管理、處分及租賃。 (2) 財產之清理及清算。 (3) 債權之收取。 (4) 債務之履行。

第16條信託業經營之業務項目	第17條信託業經營之附屬業務項目
	10.與信託業務有關不動產買賣及租賃之居間。 11.提供投資、財務管理及不動產開發顧問服務。 12.經主管機關核准辦理之其他有關業務。

7. **信託業自有財產之運用範圍**：依信託業法第40條規定信託業自有財產之運用範圍，除兼營信託業務之銀行外，包含並以下列各款為限：
   (1) 購買自用不動產、設備及充作營業支出。
   (2) 投資公債、短期票券、公司債、金融債券、上市及上櫃股票、受益憑證。
   (3) 銀行存款。
   (4) 其他經主管機關核准之事項。

   前項第1款自用不動產之購買總額，不得超過該信託業淨值。

   第1項第2款公司債、上市及上櫃股票、受益憑證之投資總額不得超過該信託業淨值30%；其投資每一公司之公司債及股票總額、或每一基金受益憑證總額，不得超過該信託業淨值5%及該公司債與股票發行公司實收資本額5%，或該受益憑證發行總額5%。上開規定並非信託業之業務範圍。
8. **信託業接受客戶之委託**：信託業接受客戶之委託，將信託資金投資運用於股票或其他有價證券時，其業務性質仍屬於「金錢之信託」，而非投資業務。

(四) 可經營信託業的公司種類及說明

1. **在我國合法的信託業**：

第一類	信託公司，但還沒有產生。
第二類	兼營信託的銀行。
第三類	兼營信託業務之證券投資信託事業及證券投資顧問事業。
第四類	兼營信託業務之證券商。

2. **信託業與非信託業**：除了上述四類是有經金管會許可為合法之信託業及經營範圍的差異外，信託業與非信託業，主要的法律責任是依據信託業法第33條：「非信託業不得辦理不特定多數人委託經理信託業法第16條的信託業務。但是其他法律另有規定者，不在此限。」其餘皆非屬信託

業者，包括任何自然人，如任何律師、會計師、或其他任何行業別，如所謂「證券投資信託事業」、「信託投資公司」、「建築經理公司」、「都市更新投資信託公司」等也不都是真正的信託業。

其中「都市更新投資信託公司設置監督及管理辦法」及「都市更新投資信託基金募集運用及管理辦法」係於88年5月14日依都市更新條例第51條第1項規定訂定發布。因108年1月30日總統華總一義字第10800010381號令修正公布都市更新條例，刪除本辦法之授權依據，爰依中央法規標準法第21條第3款規定廢止本辦法。

3. **信託業經營的法律責任**：若真有對不特定多數人辦理信託業第16條的信託業務時，將涉及信託業法第48條「違反第33條規定者，處3年以上10年以下有期徒刑，得併科新臺幣1000萬元以上2億元以下罰金。其因犯罪獲取之財物或財產上利益達新臺幣1億元以上者，處7年以上有期徒刑，得併科新臺幣2500萬元以上5億元以下罰金。法人犯前項之罪者，處罰其行為負責人。」之刑罰規定。

4. **「信託投資公司」適用的法規**：就此再次提醒，依信託業法第33條規定，所謂「其他法律另有規定者」，例如銀行法第101條規定，「信託投資公司得收受、經理及運用各種信託資金、受託經管各種信託財產、擔任債券發行受託人以及受託執行遺囑及管理遺產等。」

   因此，「信託投資公司」係依銀行法第101條辦理一定範圍的信託業務，仍然不是屬於信託業之範圍。

5. **信託業附屬業務之擔任**：依信託業法第33條規定並未禁止非信託業不得對不特定多數人辦理信託業法第17條之附屬業務，從而律師或會計師如擔任信託監察人時，並未違反信託業法第33條之規定。例如：共同信託基金管理辦法第40條規定，領有會計師或律師執照且具有實務工作經驗達五年以上者，得擔任共同信託基金之信託監察人。

(五) **信託業名稱之規定與限制**

1. 依信託業法第9條第1項規定，信託業之名稱，應標明信託之字樣。但經主管機關之許可兼營信託業務者，不在此限。
2. 依信託業法第9條第2項規定，非信託業不得使用信託業或易使人誤認為信託業之名稱。但其他法律另有規定者，不在此限。
3. 依信託業法第9條第3項規定，法規更是明文，像政黨或其他政治團體不得投資或經營信託業。

〔牛刀小試〕

( ) **1** 我國信託業法制定之目的為何？ (A)健全信用合作社之經營與發展 (B)健全證券投資信託事業之經營與發展 (C)健全信託業之經營與發展，保障委託人及受益人之權益 (D)健全都市更新投資信託公司之經營與發展。【第1期】

( ) **2** 依本國信託業法規定，信託業經營之附屬業務，下列何者不正確？
(A)擔任遺囑執行人及遺產管理人
(B)擔任信託法規定之公證人
(C)擔任破產管理人及公司重整監督人
(D)擔任股票及債券發行簽證人。【第1期】

( ) **3** 下列何者不屬於信託業法規定信託業得經營之信託業務？ (A)金錢債權及其擔保物權之信託 (B)不動產之信託 (C)專利權之信託 (D)商標權之信託。【第1期】

( ) **4** 下列何者不適用信託業法之規定？ (A)新設之信託業 (B)兼營信託業務之商業銀行 (C)兼營信託業務之工業銀行 (D)都市更新投資信託公司。【第1期】

( ) **5** 信託業餘兼營信託業務之銀行外，其自有財產之運用，除經主管機關核准之事項外，下列何者不正確？ (A)購買自用不動產、設備 (B)銀行存款 (C)投資期貨 (D)充作營業支出。【第2期】

解答與解析

1 (C)。信託業法第1條。

2 (B)。信託業法第17條。

3 (D)。信託業法第16條。

4 (D)。信託業法第1條。

5 (C)。信託業法第40條。

貳 信託業適用的法規 重要度★

一、信託業法成立之前

信託業的規範，係以「銀行法」的「信託投資公司」的章節及「信託投資公司管理規則」為法令遵循依據。

二、信託業法成立之後

(一) 信託業法就成為「信託公司」及「銀行信託部」主要依循的法源。

(二) 因銀行信託部係依銀行法規定所設立的信託業務部門，依此仍須依循銀行法的規範才可執行相關信託業務。

(三) 因此，信託業的法令遵循架構，主要以下列相關法規為依據：

1.信託業法。　2.信託法。　3.銀行法。

4.證券投資信託及顧問法：

(1) 全權委託投資業務。(2)共同信託基金。(3)證券交易法。

〔牛刀小試〕

(　　) **1** 依信託業法規定，信託業之主管機關為何？ (A)經濟部 (B)財政部 (C)中央銀行 (D)金融監督管理委員會。【第21期】

(　　) **2** 下列何者係主管機關針對信託業所訂之管理規範？ (A)銀行法 (B)信託法 (C)信託業法 (D)證券交易法。【第21期】

(　　) **3** 銀行經主管機關許可兼營信託業務時，視為信託業，其適用法律之順序原則上應優先適用下列何者？ (A)銀行法 (B)公司法 (C)信託業法 (D)證券投資信託及顧問法。【第18期】

解答與解析

1 (D)。信託業法第4條：本法稱主管機關為金融監督管理委員會。

2 (C)。信託業法第1條：為健全信託業之經營與發展，保障委託人及受益人之權益，特制定本法。

3 (C)。信託業法優先適用於銀行法，銀行法優先適用於公司法；若設立共同信託基金以投資證券交易法第6條之有價證券為目的，其符合一定條件者，應優先適用證券投資信託及顧問法有關規定（信託業法第8條）。

參　信託業務發展的概念　重要度★

一、信託業是採經主管機關核准許可制

依信託業法第2條規定：「本法稱信託業，謂依本法經主管機關許可，以經營信託為業之機構。」由於信託業務發展領域屬於金融業的專業經營範疇，其設

立許可的規定是以銀行法規定為基準與信託業的設置標準為架構，經過主管機關許可並核發信託業務營業執照後，才可對外經營提供相關信託業務的服務。

有關信託業務或章程等的重大變更，更是要經過主管機關的核准才能辦理。

二、信託業可辦理之業務範圍

依照信託業法第16條所定的信託業務以及第17條的附屬業務的規定，主要業務包括主要專營的信託業務與其他兼營附屬業務。

(一) **信託關係**

主要專營信託業務，是必須經過主管機關同意才能辦理，並列示於營業執照並公告之，才可經營，項目包括：

1.金錢之信託。
2.金錢債權及其擔保物權之信託。
3.有價證券之信託。
4.動產之信託。
5.不動產之信託。
6.租賃權之信託。
7.地上權之信託。
8.專利權之信託。
9.著作權之信託。
10.其他財產權之信託。

(二) **非信託關係**：依第17條的附屬業務項目的規定，原則上適用非信託關係之兼營業務。例外：本於信託關係，擔任證券投資信託事業之受託人，辦理基金保管業務。

(三) 在依信託業法第16條與信託業法第17條規定下，所申請設立的信託公司本身是不得吸收存款業務、不可辦理授信放款業務、投資業務、證券業務與票券業務等業務。

三、信託業的行為準則

(一) 由於信託業是接受他人的委託來管理其信託財產，所以在此一信賴關係下應依信託業法第 22 條盡其善良管理人及忠實義務。

(二) 同時，依信託業法第25條及第27條規定之禁止和事先同意等方式來避免發生信託業本身與客戶間的利害衝突行為。

四、「集團信託」的設置

由於「集團信託」是信託業務的發展趨勢，所以信託業法允許信託業者依信託業法第28條規定就信託資金來進行集合管理運用，並准許依信託業法第29條規定募集共同信託基金。

五、監督

主管機關，除依銀行法與信託業法的監督規範外，信託業法另訂有提存賠償準備金的提存制度等保護措施，以健全信託業之經營與發展，保障委託人及受益人之權益。

另外，如信託業發生違法的行為，信託業及其負責人除應負民事賠償責任外，主管機關亦可根據情節輕重情況來做行政處分。

六、公會

依信託業法第45條規定，信託業非加入商業同業公會，不得營業。

為了加強信託業的自律功能，規定信託業一定要加入公會，否則不得營業，並且由主管機關頒布信託商業公會同業公會管理規則，來使信託業務可以順利推展，並增進委託人及受益人對信託業的信賴。

〔牛刀小試〕

( ) **1** 信託業依信託業法第16條規定辦理動產之信託時，其與客戶間之法律關係為何？ (A)信託關係 (B)非信託關係 (C)委任關係 (D)信託關係或委任關係皆可。 【第28、37期】

( ) **2** 有關信託業公司章程變更之敘述，下列何者正確？ (A)應經主管機關許可 (B)不須經主管機關許可，惟應經經濟部許可 (C)不須經主管機關許可，惟應經股東會決議通過 (D)不須經主管機關許可，惟應經董事會多數決通過。 【第41期】

解答與解析

1 (A)。信託業法為信託業得經營之業務項目，故其法律關係均為信託關係。

2 (A)。依信託業法第2條規定：「本法稱信託業，謂依本法經主管機關許可，以經營信託為業之機構。」由於信託業務發展領域屬於金融業的專業經營範疇，其設立許可的規定是以銀行法規定為基準與信託業的設置標準為架構，經過主管機關許可並核發信託業務營業執照後，才可對外經營提供相關信託業務的服務。有關信託業務或章程等的重大變更，更是要經過主管機關的核准才能辦理。

精選試題

( ) **1** 銀行經主管機關之許可兼營信託業務者，下列敘述何者不正確？ (A)適用信託業法之規定 (B)名稱應標明信託之字樣 (C)信託業法施行前經核准附設信託部之銀行，應自信託業法施行後六個月內申請換發營業執照 (D)銀行之分支機構兼營信託業務時，應申請主管機關許可。 【第1期】

( ) **2** 依信託業法規定，下列何者不是該法所定信託業經營之附屬業務項目？ (A)募集共同信託基金 (B)辦理保管業務 (C)擔任遺囑執行人及遺產管理人 (D)提供投資、財務管理及不動產開發顧問服務。 【第3期】

( ) **3** 依信託業法規定，信託業得經營之業務項目，下列何者不正確？ (A)著作權之信託 (B)人格權之信託 (C)專利權之信託 (D)有價證券之信託。 【第3期】

( ) **4** 下列何者非屬信託業法所稱之信託業？ (A)兼營信託業務之商業銀行 (B)證券投資信託事業 (C)新設之信託公司 (D)兼營信託業務之工業銀行。 【第4期】

( ) **5** 下列何者辦理信託業務時，應適用信託業法？ (A)證券投資信託事業 (B)會計師事務所 (C)律師事務所 (D)信託公司。 【第8期】

( ) **6** 我國對信託業之設置，係採何種主義？ (A)申報主義 (B)準則主義 (C)許可主義 (D)自由主義。 【第9期】

( ) **7** 目前部分證券公司之業務項目，包含信託業附屬業務項目中之代理有價證券發行、轉讓、登記及股息利息紅利之發放，此類證券公司是否屬於信託業法所稱之信託業？ (A)是 (B)否 (C)證券公司開辦該業務之日期在信託業法施行之前者屬信託業 (D)證券公司開辦該業務之日期在信託業法施行之後者屬信託業。 【第9期】

( ) **8** 依信託業法規定，有關信託業得經營之業務範圍，下列何者錯誤？ (A)專利權之信託 (B)租賃權之信託 (C)擔任破產管理人 (D)擔任公司重整人。 【第9期】

( ) **9** 有關信託業之設立，下列敘述何者錯誤？ (A)採申報主義 (B)非加入信託業商業同業公會不得營業 (C)原則上信託業之名稱應標明信託字樣 (D)非取得營業執照不得開始營業。 【第12、16期】

( ) **10** 依信託業法及信託業設立標準規定，下列何者非屬信託業？ (A)兼營信託業務之商業銀行 (B)辦理信託投資業務之信託投資公司 (C)辦理不動產資產信託業務之信託公司 (D)辦理不動產投資信託業務之信託公司。 【第12期】

( ) **11** 銀行經主管機關之許可兼營信託業務時，有關信託業務之經營，信託業法、銀行法、證券交易法或都市更新條例中有不同之規定時，應優先適用何法律？ (A)信託業法 (B)銀行法 (C)證券交易法 (D)都市更新條例。 【第13期】

( ) **12** 有關信託業之敘述，下列何者錯誤？ (A)信託業法中將信託業定位為銀行 (B)信託業之主管機關為金管會 (C)信託業經營之業務應報請主管機關核定 (D)信託業設立分支機構應報請主管機關許可。 【第16期】

( ) **13** 銀行經主管機關許可兼營信託業務時，視為信託業，其適用法律之順序原則上應優先適用下列何者？ (A)銀行法 (B)公司法 (C)信託業法 (D)證券投資信託及顧問法。 【第18期】

( ) **14** 下列何者不屬於信託業得經營之附屬業務？ (A)收受銀行存款 (B)擔任股票及債券發行簽證人 (C)辦理保管業務 (D)擔任遺囑執行人及遺產管理人。 【第18期】

( ) **15** 有關銀行兼營信託業務可能涉及之法令，下列何者正確？ A.銀行法B.信託業法 C.證券交易法 D.信託投資公司管理規則 (A)A.B.C (B)A.B.D (C)B.C.D (D)A.C.D。 【第19期】

( ) **16** 依信託業法規定，信託業之主管機關為何？ (A)經濟部 (B)財政部 (C)中央銀行 (D)金融監督管理委員會。 【第21期】

( ) **17** 下列何者係主管機關針對信託業所訂之管理規範？ (A)銀行法 (B)信託法 (C)信託業法 (D)證券交易法。 【第21期】

( ) **18** 下列何者得辦理不特定多數人委託經理信託業法第16條之信託業務？ (A)經許可經營信託業務之銀行 (B)證券投資信託公司 (C)保險公司 (D)都市更新投資公司。 【第32期】

( ) **19** 下列何者為信託業得經營之附屬業務項目？ (A)有價證券之信託 (B)金錢之信託 (C)其他財產權之信託 (D)提供投資、財務管理及不動產開發顧問服務。 【第32期】

( ) **20** 以保險受益人為委託人，由保險受益人將保險金請求權讓與受託人，受託標的為保險金請求權，此種信託屬於信託業法中何種信託？ (A)金錢之信託 (B)金錢債權之信託 (C)有價證券之信託 (D)租賃權之信託。 【第32期】

( ) **21** 依信託業法規定，有關信託業之敘述，下列何者錯誤？ (A)信託業應就利害關係交易之防制措施，訂定書面政策及程序 (B)為健全信託業之經營與發展，保障委託人、受託人及受益人之權益，特制定信託業法 (C)政黨或其他政治團體不得投資或經營信託業 (D)信託業如變更章程，應經主管機關之許可。 【第35期】

( ) **22** 有關信託業之設立，下列敘述何者錯誤？ (A)採申報主義 (B)非取得營業執照不得開始營業 (C)原則上信託業之名稱，應標明信託字樣 (D)非加入信託業商業同業公會不得營業。 【第35期】

( ) **23** 依信託業法規定，甲公司非為主管機關許可或其他法律規定得經營信託業務之機構，而在報紙上刊登廣告並接受不特定多數人委託經理不動產信託業務，應如何處罰？ (A)撤銷其營業許可 (B)處其行為負責人罰鍰 (C)處其行為負責人刑事罰 (D)命令解除該公司負責人之職務。 【第35期】

( ) **24** 我國信託業之設置，係採何種主義？ (A)放任主義 (B)報備主義 (C)追懲主義 (D)許可主義。 【第37期】

( ) **25** 有關信託業得經營之附屬業務，下列何者錯誤？ (A)擔任破產管理人及公司重整監督人 (B)辦理保管業務 (C)辦理出租保管箱業務 (D)辦理銀行法第五條之二所訂授信業務項目。 【第37期】

( ) **26** 有關信託業得辦理之業務，下列何者正確？ (A)吸收存款 (B)提供有價證券發行、募集之顧問服務 (C)發行證券投資信託基金 (D)辦理證券及票券業務。 【第38期】

( ) **27** 下列何者為信託業經營之附屬業務項目？ (A)不動產信託 (B)租賃權信託 (C)擔任信託監察人 (D)地上權信託。 【第38期】

( ) **28** 依信託業法規定，除其他法律另有規定者外，僅限信託業可經營之業務項目，下列何者正確？ (A)擔任信託監察人 (B)擔任股票及債券發行簽證人 (C)接受特定人之財產權信託 (D)辦理不特定多數人委託經理之信託業務 【第39期】

(　　) **29** 依信託業法規定，除經主管機關核准者外，下列何者為信託業經營之附屬業務項目？　(A)信用卡業務　(B)證券經紀業務　(C)股票承銷業務　(D)擔任股票發行簽證人業務。【第39期】

解答與解析

1 **(B)**。信託業法第3、9、13、59條。

2 **(A)**。信託業法第17條。

3 **(B)**。信託業法第16條。

4 **(B)**。信託業法第1、2、3條。

5 **(D)**。信託業法第1條已排除證券投資信託事業，律師、會計師非以信託為常業者，屬民事信託，非營業信託。

6 **(C)**。依信託業法第2條：本法稱信託業，謂依本法經主管機關許可，以經營信託為業之機構。故為許可主義。

7 **(B)**。信託業附屬業務非屬信託業專屬得經營之業務，證券公司經營本題之業務項目，係依證券交易法辦理，與信託法及信託業法無關。

8 **(D)**。依信託業法第17條：信託業經營之附屬業務項目五擔任破產管理人及公司重整監督人，不是公司重整人。

9 **(A)**。信託業法第2條：本法稱信託業，謂依本法經主管機關許可，以經營信託為業之機構。故為申請許可制。

10 **(B)**。信託業法第1條：依證券交易法核准設立之證券投資信託事業及依都市更新條例核准設立之都市更新投資信託公司，不適用本法之規定。

11 **(A)**。信託業法第1條：為健全信託業之經營與發展，保障委託人及受益人之權益，特制定本法本法未規定者，適用其他有關法令之規定。依證券交易法核准設立之證券投資信託事業及依都市更新條例核准設立之都市更新投資信託公司，不適用本法之規定。

12 **(A)**。信託業法第2條：本法稱信託業，謂依本法經主管機關許可，以經營信託為業之機構。故信託業定位為專屬機構。

13 **(C)**。信託業法優先適用於銀行法，銀行法優先適用於公司法；若設立共同信託基金以投資證券交易法第6條之有價證券為目的，其符合一定條件者，應優先適用證券投資信託及顧問法有關規定（信託業法第8條）。

14 **(A)**。信託業法第17條。

15 **(A)**。銀行本業→銀行法，兼營信託業務→信託業法，發行共同基金→證券交易法。

16 **(D)**。信託業法第4條：本法稱主管機關為金融監督管理委員會。

17 **(C)**。信託業法第1條：為健全信託業之經營與發展，保障委託人及受益人之權益，特制定本法。

18 **(A)**。信託業法第2條：本法稱信託業，謂依本法經主管機關許可，以經營信託為業之機構。故經許可經營信託業務之銀行為信託業才可經營。

19 **(D)**。信託業法第17條。

20 **(B)**。保險金請求權為金錢債權，故為金錢債權之信託。

21 **(B)**。信託業法第1條。

22 **(A)**。信託業法第2條：本法稱信託業，謂依本法經主管機關許可，以經營信託為業之機構。故採許可制（要准才可開業），不是申報制（申報後，即可開業）。

23 **(C)**。信託業法第33條：非信託業不得辦理不特定多數人委託經理第16條之信託業務。但其他法律另有規定者，不在此限。第48條：違反第33條規定者，處三年以上十年以下有期徒刑，得併科新臺幣一千萬元以上二億元以下罰金。其犯罪所得達新臺幣一億元以上者，處七年以上有期徒刑，得併科新臺幣二千五百萬元以上五億元以下罰金。法人犯前項之罪者，處罰其行為負責人。

24 **(D)**。信託業法第2條：本法稱信託業，謂依本法經主管機關許可，以經營信託為業之機構。

25 **(D)**。信託業法第17條。

26 **(B)**。信託業法第17條。

27 **(C)**。信託業法第17條，附屬業務最後均無信託二字。

28 **(D)**。信託業法第33條規定，非信託業不得辦理不特定多數人委託經理第十六條之信託業務。但其他法律另有規定者，不在此限。

29 **(D)**。信託業法第17條：信託業經營之附屬業務項目如下：一、代理有價證券發行、轉讓、登記及股息、利息、紅利之發放事項。二、提供有價證券發行、募集之顧問服務。三、擔任有價證券發行簽證人。四、擔任遺囑執行人及遺產管理人。五、擔任破產管理人及公司重整監督人。六、擔任信託監察人。七、辦理保管業務。八、辦理出租保管箱業務。九、辦理與信託業務有關下列事項之代理事務：(一)財產之取得、管理、處分及租賃。(二)財產之清理及清算。(三)債權之收取。(四)債務之履行。十、與信託業務有關不動產買賣及租賃之居間。十一、提供投資、財務管理及不動產開發顧問服務。十二、經主管機關核准辦理之其他有關業務。

信託業之組織、設立及其他相關調整問題

依據出題頻率區分，屬：**A** 頻率高

課綱概要

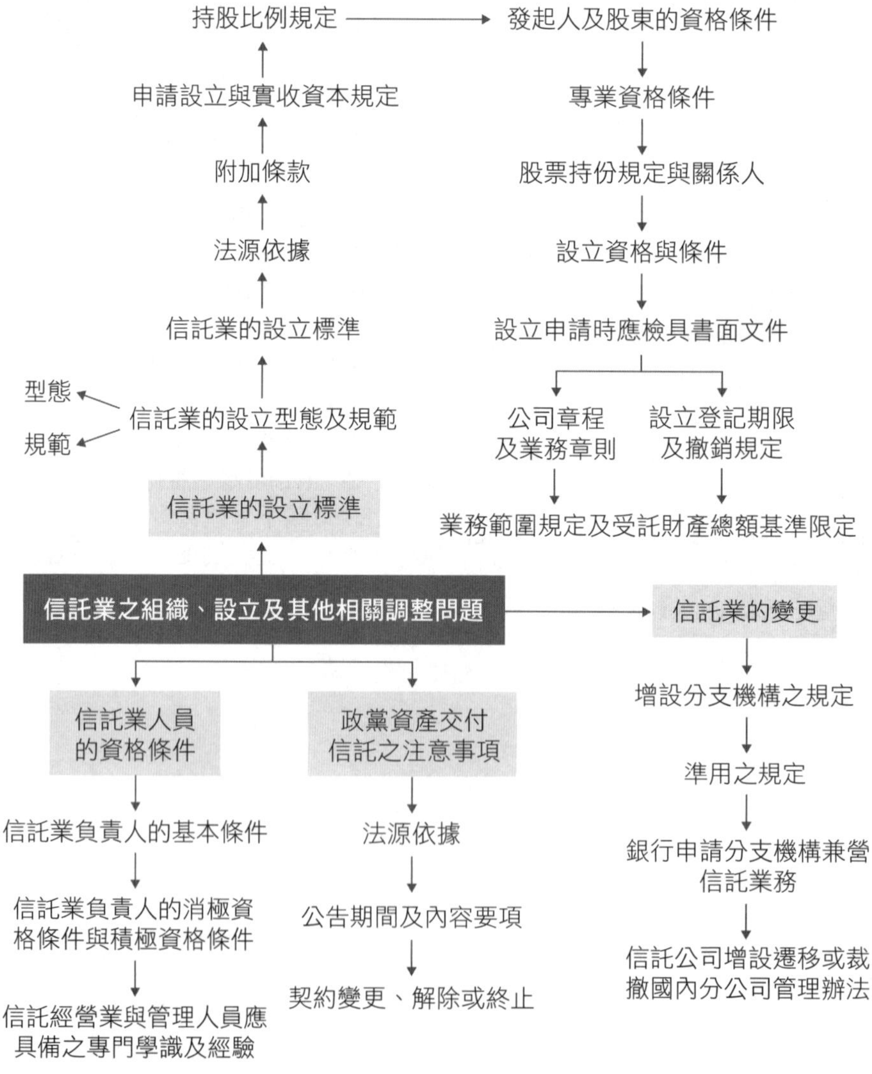

信託業之組織、設立及其他相關調整問題

- 信託業的設立標準
  - 信託業的設立型態及規範
    - 型態
    - 規範
  - 信託業的設立標準
  - 法源依據
  - 附加條款
  - 申請設立與實收資本規定
  - 持股比例規定
  - 發起人及股東的資格條件
  - 專業資格條件
  - 股票持份規定與關係人
  - 設立資格與條件
  - 設立申請時應檢具書面文件
    - 公司章程及業務章則
    - 設立登記期限及撤銷規定
  - 業務範圍規定及受託財產總額基準限定
- 信託業人員的資格條件
  - 信託業負責人的基本條件
  - 信託業負責人的消極資格條件與積極資格條件
  - 信託經營業與管理人員應具備之專門學識及經驗
- 政黨資產交付信託之注意事項
  - 法源依據
  - 公告期間及內容要項
  - 契約變更、解除或終止
- 信託業的變更
  - 增設分支機構之規定
  - 準用之規定
  - 銀行申請分支機構兼營信託業務
  - 信託公司增設遷移或裁撤國內分公司管理辦法

本章節是說明信託業的組織、設立條件、適用法規與相關應調整等應注意的問題，讀者應就本章節的內容充分瞭解，以便在針對考題所衍生出來的問題與概念能有效理解回答，同時對後續章節的說明與提示能有所瞭解與記憶。

壹 信託業的設立標準 重要度★★★★★

一、信託業的設立型態及規範

(一) 信託業之組織型態

1. 依據信託業法第10條規定：「信託業之組織，以股份有限公司為限。但銀行經主管機關之許可兼營信託業務者，不在此限。」
2. 信託業的經營模式是依公司法設立，屬於「股份有限公司」的型態，現行依法令規範可申請設立的信託業包括「信託公司」及經主管機關許可「兼營信託業務的銀行」。

(二) 信託業的設立規範

1. 信託業之設立，係以銀行法第53條至第56條規定準用之，其中以第53條規定，設立銀行者，應載明下列各款，報請中央主管機關許可：
   (1) 銀行之種類、名稱及其公司組織之種類。
   (2) 資本總額。
   (3) 營業計畫。
   (4) 本行及分支機構所在地。
   (5) 發起人姓名、籍貫、住居所、履歷及認股金額。
2. 同時，依信託業法第10條第3項規定，經由主管機關訂定下列設立的標準並授權準用之：
   (1) 信託業設立之最低實收資本額。
   (2) 發起人資格條件。
   (3) 章程應記載事項。
   (4) 同一人或同一關係人持股限額。
   (5) 申請設立許可應具備之文件、程序、不予許可之情形及其他應遵行事項，由主管機關以標準定之。

3.依信託業法第11條規定，信託業為下列行為，應經主管機關許可：

(1) 章程或與之相當之組織規程之變更。

(2) 公司法第185條第1項所定之行為。

(3) 其他經主管機關規定之事項。

4.依信託業法第12條規定，信託業非經完成設立程序，並發給營業執照，不得開始營業。

二、信託業的設立標準

(一) **法源依據**：「信託業設立標準」第1條規定訂定的依據是依「信託業法第10條第3項」及「不動產證券化條例第4條第3項」規定訂定之。

(二) **附加附款**：同時，「信託業設立標準」第2條放入附加條款規定「為健全信託業之經營與發展，主管機關依本標準所為之許可或核准，得於必要範圍內附加附款。」

(三) **申請設立與實收資本規定**：依「信託業設立標準」第3條規定如下，

1.申請設立信託公司，其最低實收資本額為新臺幣20億元，發起人及股東之出資以現金為限。但依本條例規定如下：

(1)僅辦理不動產投資信託業務之信託公司，其最低實收資本額為新臺幣10億元；

(2)僅辦理不動產資產信託業務者，其最低實收資本額為新臺幣3億元；

(3)僅辦理不動產投資信託及不動產資產信託業務者，其最低實收資本額為新臺幣10億元。

2.前項最低實收資本額，主管機關得視經濟、金融情況及實際需要調整之。

3.信託公司之最低實收資本額經依前項調整後，如有未符規定者，主管機關應命其辦理增資，並限期繳足；逾期未繳足者，主管機關得限制其業務項目及業務量。

4.信託公司應為公開發行公司。

(四) **持股比例規定**

依「信託業設立標準」第4條規定如下，

1.信託公司之發起人及股東應於發起時按實收資本額一次認足發行股份之總額，並至少繳足20%之股款。

2.已認而未繳股款者，應由原發起人於信託業設立標準第6條第2項規定範圍內連帶認繳，其已認而經撤回者亦同。

(五) 發起人及股東的資格條件

1. 依「信託業設立標準」第5條規定，信託公司的發起人及股東必須有符合一定專業資格條件的銀行、保險機構或基金管理機構，
2. 也就是信託公司中必須具有專業發起人或股東，而其專業資格原則上限於銀行、保險機構或基金管理機構，所認股份，合計不得少於實收資本額之40%，其立法目的是希望專業發起人或股東持有股份的比例愈高，愈能保持一定的專業能力。
3. 但發起人及股東為金融控股公司且所認股份超過50%者，不在此限。

(六) 專業資格條件

信託公司的專業發起人或股東的資格條件為：

機構	專業條件
銀行	1. 成立滿三年，且最近三年未曾因資產管理業務受其本國主管機關處分。 2. 具有國際金融、證券或信託業務經驗。 3. 最近一年於全球銀行資產或淨值排名居前1000名內。
保險機構	1. 成立滿三年，且最近三年未曾因資產管理業務受其本國主管機關處分。 2. 具有保險資金管理經驗。 3. 持有證券及不動產資產總金額達新臺幣200億元以上。
基金管理機構	1. 成立滿三年，且最近三年未曾因資產管理業務受其本國主管機關處分。 2. 具有管理或經營國際證券投資信託基金業務經驗。 3. 該機構及其控制或從屬機構所管理之資產中，以公開募集方式集資投資於證券或不動產之共同基金、單位信託或投資信託之基金資產總值達新臺幣650億元以上。
不動產管理機構	僅辦理「不動產投資信託」或「不動產資產信託業務」之信託公司 1. 依「信託業設立標準」本條例規定僅辦理不動產投資信託或不動產資產信託業務之信託公司，得由具有不動產管理經驗，且成立滿5年以上，實收資本額達新臺幣10億元以上並經公開發行之不動產管理機構，擔任前項之專業發起人及股東。 2. 符合第1項或前項資格條件之發起人轉讓持股時，應事先報主管機關備查。 3. 第1項及第2項之發起人持有信託公司已發行股份總數50%以上者，以投資一家信託公司為限。 第2項所稱不動產管理機構，以本條例所稱不動產管理機構為限。

(七)股票持份規定與關係人

依「信託業設立標準」第6條規定，公司股票持有股份與關係人之說明如下：

1. 信託公司之股票應為記名式。
2. 信託公司之發起人及股東，同一人或同一關係人持有同一信託公司之股份，分別不得超過其已發行股份總數25%。
3. 但發起人及股東為金融控股公司或符合第5條資格條件者，不在此限。也就是說，發起人及股東為金融控股公司或符合第5條標準的專業資格條件的銀行、保險機構及基金管理機構的持股比例，則不受25%最高上限的限制。
4. 前項所稱同一人，指：
   (1) 同一自然人或同一法人。
   (2) 同一關係人之範圍，發起人及股東為自然人者，包括本人、配偶、二親等以內之血親，及以本人或配偶為負責人之企業。
   (3) 發起人及股東為法人者，包括受同一來源控制或具有相互控制關係之法人。
   (4) 第三人為同一人或同一關係人以信託、委任或其他契約、協議、授權等方法持有股份者，應併計入同一關係人範圍。

也就是說信託公司的一般發起人及一般股東，原則上同一自然人、同一法人或同一關係人的持股上限，分別不得超過信託公司已發行股份總數的25%。

(八)設立資格與條件

信託公司	銀行兼營信託業務
依「信託業設立標準」第7條規定，信託公司設立的人員資格及專業條件，應符合下列情形才可辦理申請登記：	依「信託業設立標準」第9條規定，銀行申請兼營信託業務，應具備下列資格條件：
1.信託公司之設立，董事、監察人或經理人，應符合信託業負責人應具備資格條件暨經營與管理人員應具備信託專門學識或經驗準則之規定。	1.自有資本與風險性資產之比率符合銀行資本適足性及資本等級管理辦法第5條規定。 2.備抵呆帳已提足。 3.信用評等達申請募集發行共同信託基金及設置信託資金集合管理運用帳戶應具備之信用評等等級標準。 4.最近6個月未受銀行法第61條之1第1項第2款至第5款處分者。

信託公司	銀行兼營信託業務
2.信託公司之設立，有本準則第2條所列情事之一者，不得充任信託公司之發起人。 3.發起人、董事或監察人為法人者，其代表或被指定代表行使職務者，準用前二項規定。	5.證券投資信託事業、證券投資顧問事業及證券商依本法第3條第2項兼營信託業務者，其得辦理之信託業務特定項目範圍、申請主管機關許可應具備之資格條件、申請程序及登錄作業，應依本法第三條第三項所定辦法辦理。

(九) 設立申請時應檢具書面文件

信託公司	銀行兼營信託業務
依「信託業設立標準」第8條規定，信託公司之設立，發起人應於規定期限內檢具下列書件各3份，向主管機關申請設立許可，逾期不予受理：	依「信託業設立標準」第10條規定，銀行兼營信託業務，應檢具下列書件向主管機關申請許可：
1.信託公司設立許可申請書。 2.營業計畫書：載明業務之範圍、業務之原則與方針及具體執行之方法（包括場所設施、內部組織分工、人員招募培訓、業務發展計畫及未來3年財務預測）。 3.發起人名冊及證明文件。 4.發起人會議紀錄。 5.發起人無本準則第2條所列情事之書面聲明。 6.發起人已依第13條第1項規定開設專戶存儲股款之證明。 7.發起人之資金來源說明。 8.總經理、副總經理、協理之資格證明。 9.信託公司章程。 10.信託公司業務章則及業務流程。 11.會計師及律師之審查意見。 12.其他經主管機關規定應提出之文件。	1.申請書。 2.營業執照影本。 3.公司章程或相當於公司章程文件。 4.營業計畫書：載明業務項目、業務經營原則、內部組織分工、經理人及業務人員名冊、人員招募、場地設備概況、指撥專營信託業務之營運資金、業務發展計畫及未來3年之財務預測。 5.董事會或理事會會議紀錄。 6.董事（理事）及監察人（監事）名冊。 7.經理人無本準則第2條所列情事之書面聲明。 8.經營信託業務之業務章則及業務流程。 9.經理人之資格證明文件及本準則規定應具備信託專門學識或經驗之人員名冊及資格證明文件。 10.其他經主管機關規定應提出之文件。 銀行申請兼營信託業務，應自主管機關許可6個月內，申請換發營業執照。

(十) 公司章程及業務章則

信託公司章程	信託業務章則
依「信託業設立標準」第11條規定，信託公司章程應記載下列事項： 1. 公司名稱。 2. 營業項目。 3. 股份總數及每股金額。 4. 公司所在地。 5. 公告方法。 6. 董事及監察人之人數、任期及任免。 7. 董事會之職責及其與經理部門職權之劃分。 8. 訂立章程之年、月、日。	依「信託業設立標準」第12條規定，需依照第8條第10款規定制定信託公司業務章則，其內容應包括下列項目： 1. 組織結構與部門職掌。 2. 人員配置、管理與培訓。 3. 內部控制制度（包括業務管理及會計制度）。 4. 內部稽核制度。 5. 營業之原則與政策。 6. 作業手冊及權責劃分。 7. 其他事項。

(十一)設立登記期限及撤銷規定

設立登記期限	撤銷規定
依「信託業設立標準」第17條規定，設立信託公司者，應於經主管機關核准後6個月內向經濟部申請公司設立登記，並於辦妥公司設立登記後3個月內，檢同下列書件各3份，向主管機關申請核發營業執照。	依「信託業設立標準」第19條規定，信託公司經核發營業執照後，滿6個月尚未開始營業者，主管機關應廢止其設立之許可，限期繳銷執照，並通知經濟部。 但有正當理由經主管機關核准者，得予延展，延展期限不得超過6個月，並以1次為限。
應準備檢附項目： 1. 營業執照申請書。 2. 公司登記證件。 3. 驗資證明書。 4. 信託公司章程。 5. 發起人會議紀錄。 6. 股東名冊及股東會會議紀錄。 7. 董事名冊及董事會會議紀錄。 8. 常務董事名冊及常務董事會會議紀錄。	無

設立登記期限	撤銷規定
9.監察人名冊及監察人會議紀錄。 10.董事、監察人及經理人無本準則第二條所列情事之書面聲明。 11.總經理、副總經理、總稽核、協理、總公司經理之資格證明文件。 12.信託業負責人及本準則規定應具備信託專門學識或經驗之人員名冊及資格證明文件。 13.信託公司業務章則及業務流程。 14.兩週以上之模擬營業操作紀錄。 前項申請公司登記期限或申請核發營業執照期限屆滿前，如有正當理由，得申請延展，延展期限分別不得超過6個月及3個月，並以各一次為限，未經核准延展者，主管機關得廢止其許可。	無

(十二) **信託契約之規定及應記載事項**

依信託業法第19條規定，信託契約之訂定，應以書面為之，並應記載下列各款事項：

1. 委託人、受託人及受益人之姓名、名稱及住所。
2. 信託目的。
3. 信託財產之種類、名稱、數量及價額。
4. 信託存續期間。
5. 信託財產管理及運用方法。
6. 信託收益計算、分配之時期及方法。
7. 信託關係消滅時，信託財產之歸屬及交付方式。
8. 受託人之責任。
9. 受託人之報酬標準、種類、計算方法、支付時期及方法。
10. 各項費用之負擔及其支付方法。
11. 信託契約之變更、解除及終止之事由。
12. 簽訂契約之日期。
13. 其他法律或主管機關規定之事項。

信託業應依照信託契約之約定及主管機關之規定，分別向委託人、受益人作定期會計報告，如約定設有信託監察人者，亦應向信託監察人報告。

(十三)業務範圍規定及受託財產總額基準限定

1. 依「信託業設立標準」第20條說明，依本條例規定並經主管機關許可僅辦理不動產投資信託或不動產資產信託業務之信託公司，其經營業務之範圍，以依本條例可得辦理之業務為限。
2. 前項信託公司，其實收資本額未達新臺幣10億元者，受託管理及處分之信託財產總餘額，不得超過其淨值之20倍。
3. 前項倍數，主管機關得視經濟、金融情況及實際需要調整之。

〔牛刀小試〕

( ) **1** 銀行各分支機構辦理信託業務，除經主管機關核准者外，限於對信託財產為下列何種行為？ (A)管理 (B)運用 (C)處分 (D)收受。 【第32期】

( ) **2** 依信託業法設立專營之信託業者，其最低實收資本額，下列何者正確？ (A)新臺幣10億元 (B)新臺幣20億元 (C)新臺幣30億元 (D)新臺幣40億元。 【第33期】

( ) **3** 依信託業法規定，信託契約之訂定應以書面為之，下列何者非屬應記載事項？ (A)信託契約之變更事由 (B)信託目的 (C)信託存續期間 (D)受益人責任。 【第33期】

( ) **4** 有關信託業設立之規定，下列敘述何者正確？ (A)信託公司應為公開發行公司 (B)信託業發起人及股東並無資格限制 (C)銀行申請兼營信託業務，應自主管機關許可三個月內，申請換發營業執照 (D)信託公司經核發營業執照後，滿一年尚未開始營業者，主管機關應廢止其設立之許可，限期繳銷執照，並通知經濟部。 【第39期】

( ) **5** 信託業接受甲上櫃公司以其交付之股票為信託財產，辦理信託過戶時，下列敘述何者正確？ (A)應向中華民國證券櫃檯買賣中心辦理 (B)應向中華民國證券商業同業公會辦理 (C)應向中華民國信託業商業同業公會辦理 (D)應於股東名簿及股票背面載明為信託財產及加註日期。 【第39期】

解答與解析

1 (D)。各分支機構一般僅限收受，其餘為總公司特定單位職責。

2 (B)。信託業設立標準第3條：申請設立信託公司，其最低實收資本額為新臺幣二十億元，發起人及股東之出資以現金為限。但依本條例規定僅辦理不動產投資信託業務之信託公司，其最低實收資本額為新臺幣十億元；僅辦理不動產資產信託業務者，其最低實收資本額為新臺幣三億元；僅辦理不動產投資信託及不動產資產信託業務者，其最低實收資本額為新臺幣十億元。

3 **(D)**。信託業法第19條：信託契約之訂定，應以書面為之，並應記載下列各款事項：一、委託人、受託人及受益人之姓名、名稱及住所。二、信託目的。三、信託財產之種類、名稱、數量及價額。四、信託存續期間。五、信託財產管理及運用方法。六、信託收益計算、分配之時期及方法。七、信託關係消滅時，信託財產之歸屬及交付方式。八、受託人之責任。九、受託人之報酬標準、種類、計算方法、支付時期及方法。十、各項費用之負擔及其支付方法。十一、信託契約之變更、解除及終止之事由。十二、簽訂契約之日期。

4 **(A)**。1.依據信託業法第10條規定：「信託業之組織，以股份有限公司為限。但銀行經主管機關之許可兼營信託業務者，不在此限。」2. 信託業的經營模式是依公司法設立，屬於「股份有限公司」的型態，現行依法令規範可申請設立的信託業包括「信託公司」及經主管機關許可「兼營信託業務的銀行」。

5 **(D)**。信託過戶應注意事項如下：一、委託人及受託人應填具過戶申請書及於股票背面加蓋留存印鑑；受託人自證券集中保管事業領回者，應檢附自該事業領回之證明文件，並由受託人於過戶申請書及股票背面受讓人欄加 蓋留存印鑑。二、檢附信託契約或遺囑，以及稅務機關有關證明文件，經公司核對相符後，於股東名簿及股票背面分別載明「信託財產」及加註日期。三、受託人變更者，並應檢附變更事由相關文件辦理名義變更。四、信託關係消滅時，信託財產依法歸屬委託人者，應檢附足資證明信託關係消滅之文件，經公司核對相符後，辦理塗銷信託登記；信託財產歸屬非委託人者，並應加附稅務機關有關證明文件，經公司核對相符後，辦理塗銷信託登記且於股東名簿及股票背面載明日期並加蓋「信託歸屬登記」章。五、以證券集中保管事業保管之股票為信託標的者，其信託之表示及記載事項，應依有價證券集中保管帳簿劃撥作業辦法之規定辦理。

貳 信託業的變更 重要度★★

一、增設分支機構之規定

(一) 依信託業法第13條規定，信託業增設分支機構時，應檢具分支機構營業計畫，向主管機關申請許可及營業執照。遷移或裁撤時，亦應申請主管機關核准。

(二) 銀行之分支機構兼營信託業務時，應檢具分支機構兼營信託業務計畫，申請主管機關許可，並於分支機構之營業執照上載明之。

(三) 第1項及第2項之管理辦法，由主管機關定之。

二、準用之規定

(一) 依信託業法第14條規定，信託業或其分支機構之增設，準用銀行法第26條之規定。

(二) 依信託業法第15條規定，銀行暫時停止或終止其兼營之信託業務者，應申請主管機關許可。

信託業之合併、變更、停業、解散、廢止許可、清理及清算，準用銀行法第58條、第59條、第61條及第63條至第69條規定。

三、銀行申請分支機構兼營信託業務

(一) **申請許可與換照期限**：依信託業法第13條第3項規定所訂定的「銀行分支機構兼營信託業務管理辦法」第2條銀行申請分支機構兼營信託業務，銀行得於主管機關核定兼營之信託業務範圍內，視業務需要，檢具分支機構兼營信託業務申請書及經營與管理信託業務人員名冊與資格證明文件，向主管機關申請許可分支機構兼營，並自許可之日起3月內辦理換發分支機構營業執照。本辦法施行前，銀行分支機構營業執照業已登載許可辦理之信託業務項目，無須重新申請許可。

(二) **裁撤或酌減業務項目**

依「銀行分支機構兼營信託業務管理辦法」第3條銀行申請分支機構兼營信託業務，有下列情形之一者，應不予許可或酌減申請業務項目：

1. 不符銀行法第28條規定者。
2. 辦理信託業務經主管機關或中央銀行糾正其缺失，尚未切實改正，其情節重大者。
3. 有其他事實顯示有礙健全經營業務之虞，或未符金融政策要求者。

四、信託公司增設遷移或裁撤國內分公司管理辦法

(一) **訂定依據**：依信託業法第13條第3項規定訂定「信託公司增設遷移或裁撤國內分公司管理辦法」。

(二) **申請設立**：信託公司開始營業滿1年後，每年得向主管機關申請設立1家分公司。

(三) **增設分公司的限制**：信託公司申請增設分公司，主管機關得視國內經濟、金融情形，限制其增設。信託公司申請增設分公司，有下列情形之一者，應不予許可：

1. 最近一年內違反信託相關法規受處罰鍰總金額超過新臺幣180萬元或情節重大者。
2. 負責人因業務上故意犯罪於最近一年內經判處罪刑確定者。
3. 最近一年內發生舞弊案未依規定呈報或舞弊案情節重大者。
4. 經財政部或中央銀行糾正其缺失，尚未切實改正，其情節重大者。
5. 上一會計年度決算後有虧損或累積虧損者。但開始營業未滿3年者，不在此限。
6. 最近一年內內部控制及稽核有嚴重缺失者。
7. 最近一年內未注意安全維護致生安全事故，其情節重大者。
8. 分公司營業計畫顯欠周延妥適者。
9. 有其他事實顯示有礙健全經營業務之虞或未能符合金融政策之要求者。

(四) 營業執照之申請許可或核准

1. 信託公司經許可增設或核准遷移分公司者，應自許可或核准之日起1年內，向主管機關申請核（換）發營業執照並開始營業，屆期未開始營業者，應廢止其許可或核准；經核准裁撤分公司者，應自核准之日起1年內，繳銷營業執照並停止營業。信託公司增設、遷移或裁撤之分公司，於開始或停止營業前，應事先報金管會備查。
2. 同時，依銀行法第58條之規定，銀行之合併或對於依第53條第1款，銀行之種類、名稱及其公司組織之種類、第2款，資本總額或第4款，本行及分支機構所在地，所申報之事項擬予變更者，應經中央主管機關許可，並辦理公司變更登記及申請換發營業執照。

前項合併或變更，應於換發營業執照後15日內，在本行及分支機構所在地公告之。

如銀行違反前條第1項規定者，主管機關應命限期補正，屆期不補正，其情節重大者，得勒令其停業。

五、銀行暫時停止或終止其兼營之信託業務者，應申請主管機關許可

(一) 依銀行法第62條規定，銀行因業務或財務狀況顯著惡化，不能支付其債務或有損及存款人利益之虞時，主管機關應派員接管、勒令停業清理或為其他必要之處置，必要時得通知有關機關或機構禁止其負責人財產為移轉、交付或設定他項權利，函請入出國管理機關限制其出國。

(二) 銀行資本等級經列入嚴重不足者，主管機關應自列入之日起90日內派員接管。但經主管機關命令限期完成資本重建或限期合併而未依限完成者，主管機關應自期限屆滿之次日起90日內派員接管。

(三) 前二項接管之程序、接管人職權、費用負擔及其他應遵行事項之辦法，由主管機關定之。

(四) 第一項勒令停業之銀行，其清理程序視為公司法之清算。

(五) 法院對於銀行破產之聲請，應即將聲請書狀副本，檢送主管機關，並徵詢其關於應否破產之具體意見。

六、銀行之經營權及財產之管理處分權之接管

(一) 依銀行法第62-2條規定，銀行經主管機關派員接管者，銀行之經營權及財產之管理處分權均由接管人行使之。

(二) 前項接管人，有代表受接管銀行為訴訟上及訴訟外一切行為之權責，並得指派自然人代表行使職務。接管人因執行職務，不適用行政執行法第17條之規定。

(三) 銀行負責人或職員於接管處分書送達銀行時，應將銀行業務、財務有關之一切帳冊、文件、印章及財產等列表移交予接管人，並應將債權、債務有關之必要事項告知或應其要求為配合接管之必要行為；銀行負責人或職員對其就有關事項之查詢，不得拒絕答覆或為虛偽陳述。

(四) 銀行於受接管期間，不適用民法第35條、公司法第208-1條、第211條、第245條、第282條至第314條及破產法之規定。

(五) 銀行受接管期間，自主管機關派員接管之日起為270日；必要時經主管機關核准得予延長1次，延長期限不得超過180日。

(六) 接管人執行職務聲請假扣押、假處分時，得免提供擔保。

七、銀行之經營權及財產之管理處分權之清理

(一) 依銀行法第62-5條規定銀行之清理，主管機關應指定清理人為之，並得派員監督清理之進行；清理人執行職務，準用第62-2條第1項至第3項及第6項規定。

(二) 清理人之職務如下：

1. 了結現務。
2. 收取債權、清償債務。

(三) 清理人執行前項職務，將受清理銀行之營業及資產負債讓與其他銀行或金融機構，或促成其與其他銀行或金融機構合併時，應報經主管機關核准。

(四) 其他銀行或金融機構受讓受清理銀行之營業及資產負債或與其合併時，應依前條第1項及第3項規定辦理。

八、清算

銀行法第69條，銀行進行清算後，非經清償全部債務，不得以任何名義，退還股本或分配股利。銀行清算時，關於信託資金及信託財產之處理，依信託契約之約定。

〔牛刀小試〕

( ) **1** 信託公司經許可增設或核准遷移分公司者，最遲應自許可或核准之日起多少期間內，主管機關申請核（換）發營業執照並開始營業，屆期未開始營業者，應廢止其許可或核准？ (A)半年 (B)一年 (C)二年 (D)三年。 【第9期】

( ) **2** 信託業虧損逾資本三分之一時，經限期命其補足資本，逾期未經補足者，中央主管機關應為下列何種處置？ (A)糾正 (B)撤換負責人 (C)勒令停業 (D)停止其部分業務。 【第10期】

( ) **3** 銀行之清理，主管機關應指定清理人為之，清理人執行下列何項職務應報經主管機關核准？ (A)收取債權 (B)清償債務 (C)讓與銀行營業及資產負債 (D)了結現務。 【第10期】

( ) **4** 有關信託業之設置及經營，下列敘述何者錯誤？ (A)信託業之設置，須經主管機關許可 (B)信託業章程之變更，須經主管機關核准 (C)信託業增設分支機構，不須經主管機關核准 (D)銀行終止其兼營信託業務，須經主管機關核准。 【第12期】

( ) **5** 銀行申請分支機構兼營信託業務時，下列何種情形非屬主管機關不予許可或酌減申請業務項目之理由？ (A)未符合金融政策要求者 (B)信託業務規模未達新臺幣五千萬元者 (C)有其他事實顯示有礙健全經營業務之虞 (D)辦理信託業務經主管機關或中央銀行糾正其缺失，尚未切實改正，其情節重大者。 【第22期】

解答與解析

1 (B)。依信託公司增設遷移或裁撤國內分公司管理辦法第8條：信託公司經許可增設或核准遷移分公司者，應自許可或核准之日起一年內，向財政部申請核（換）發營業執照並開始營業，屆期未開始營業者，應廢止其許可或核准。

2 (C)。依信託業法第15條：信託業之合併、變更、停業、解散、撤銷許可、清理及清算，準用銀行法第58條、第59條、第61條及第63條至第69條之規定。

銀行法第64條：銀行虧損逾資本三分之一者，其董事或監察人應即申報中央主管機關。中央主管機關對具有前項情形之銀行，得限期命其補足資本；逾期未經補足資本者，應勒令停業。

3 **(C)**。銀行法第62-5條：銀行之清理，主管機關應指定清理人為之，清理人之職務如下：一、了結現務。二、收取債權、清償債務。清理人執行前項職務，有代表銀行為訴訟上及訴訟外一切行為之權。但將銀行營業及資產負債轉讓於其他銀行或機構，或與其他銀行合併時，應報經主管機關核准。

4 **(C)**。信託業法第13條：信託業增設分支機構時，應檢具分支機構營業計畫，向主管機關申請許可及營業執照。遷移或裁撤時，亦應申請主管機關核准。

5 **(B)**。銀行分支機構兼營信託業務管理辦法第3條：銀行申請分支機構兼營信託業務，有下列情形之一者，應不予許可或酌減申請業務項目：一、不符銀行法第28條規定者。二、辦理信託業務經財政部或中央銀行糾正其缺失，尚未切實改正，其情節重大者。三、有其他事實顯示有礙健全經營業務之虞，或未符金融政策要求者。

參 信託業人員的資格條件 重要度★★★

一、信託業負責人的基本條件

為健全信託業之經營，以確保委託人及受益人權益，信託業法第 24 條規定下列4項基本資格要求，

(一) 信託業之經營與管理，應由具有專門學識或經驗之人員為之。

(二) 對信託財產具有運用決定權者，不得兼任其他業務之經營。

(三) 信託業之董事、監察人應有一定比例以上具備經營與管理信託業之專門學識或經驗。

(四) 第1項及第3項之專門學識或經驗，及第3項之比例，由主管機關定之。

二、信託業負責人的消極資格條件及積極資格條件

同時依「信託業法」第6條、第24條第4項及「不動產證券化條例」第4條第3項規定訂定「信託業負責人應具備資格條件暨經營與管理人員應具備信託專門學識或經驗準則」規定信託業負責人應符合下列消極資格條件及積極資格條件，才可擔任之。

(一) 信託業負責人的消極資格條件

依據「信託業負責人應具備資格條件暨經營與管理人員應具備信託專門學識或經驗準則」第2條規定，有下列情事之一者，不得充任信託公司之負責人，於充任後始發生者，當然解任：

1. 無行為能力、限制行為能力人或受輔助宣告之人。
2. 曾犯組織犯罪防制條例規定之罪，經有罪判決確定者。
3. 曾犯偽造貨幣、偽造有價證券、侵占、詐欺、背信罪，經宣告有期徒刑以上之刑確定，尚未執行完畢，或執行完畢、緩刑期滿或赦免後尚未逾10年者。
4. 曾犯偽造文書、妨害秘密、重利、損害債權罪或違反稅捐稽徵法、商標法、專利法或其他工商管理法規定，經宣告有期徒刑確定，尚未執行完畢，或執行完畢、緩刑期滿或赦免後尚未逾5年者。
5. 曾犯貪污罪，受刑之宣告確定，尚未執行完畢，或執行完畢、緩刑期滿或赦免後尚未逾5年者。
6. 違反本法、不動產證券化條例、銀行法、金融控股公司法、票券金融管理法、金融資產證券化條例、保險法、證券交易法、期貨交易法、證券投資信託及顧問法、管理外匯條例、信用合作社法、農業金融法、農會法、漁會法、洗錢防制法、建築法、建築師法、不動產經紀業管理條例或其他金融、工商管理法，受刑之宣告確定，尚未執行完畢，或執行完畢、緩刑期滿或赦免後尚未逾5年者。
7. 受破產之宣告，尚未復權者。
8. 曾任法人宣告破產時之負責人，破產終結尚未逾5年，或協調未履行者。
9. 使用票據經拒絕往來尚未恢復往來者，或恢復往來後3年內仍有存款不足退票紀錄者。
10. 有重大喪失債信情事尚未了結，或了結後尚未逾5年者。
11. 因違反本法、不動產證券化條例、銀行法、金融控股公司法、票券金融管理法、金融資產證券化條例、保險法、證券交易法、期貨交易法、證券投資信託及顧問法、信用合作社法、農業金融法、農會法、漁會法、營造業法或其他金融、工商管理法，當然解任或經主管機關命令撤換或解任，尚未逾5年者。
12. 受感訓處分之裁定確定或因犯竊盜、贓物罪，受強制工作處分之宣告，尚未執行完畢，或執行完畢尚未逾5年者。
13. 擔任其他銀行、金融控股公司、信託公司、信用合作社、農（漁）會信用部、票券金融公司、證券公司、證券金融公司、證券投資信託公司、證券投資顧問公司、期貨商或保險業（包括保險代理人、保險經紀人及保險公證人）之負責人者。但下列情形，不在此限：

(1) 信託公司與該等機構間之投資關係，並經主管機關核准者，除董事長、經理人不得互相兼任外，得擔任信託公司以外其他機構之負責人。

(2) 依金融控股公司法第17條第1項授權訂定之規定兼任者。

14. 有事實證明從事或涉及其他不誠信或不正當之活動，顯示其不適合擔任信託公司負責人。

15. 信託公司之董事長、總經理或與其職責相當之人不得擔任非金融事業之董事長、總經理或職責相當之人。但擔任財團法人或非營利之社團法人職務者，不在此限。

16. 政府或法人為股東時，其代表人或被指定代表行使職務之自然人，擔任董事、監察人者，準用前二項規定。

(二)信託業負責人的積極資格條件

依據「信託業負責人應具備資格條件暨經營與管理人員應具備信託專門學識或經驗準則」第3條、第4條、第5條及第8條規定，分別針對信託公司總經理、信託公司副總經理、總稽核、協理、總公司經理、信託公司分公司經理及信託公司之董事、監察人分別規定其積極資格條件如下：

1. 依「信託業負責人應具備資格條件暨經營與管理人員應具備信託專門學識或經驗準則」第3條規定，信託公司總經理或與其職責相當之人除應符合第14條規定之信託專門學識或經驗外，尚應具備良好品德、領導及有效經營信託公司之能力，並具備下列資格條件之一：

(1) 國內外專科以上學校畢業或具有同等學歷，銀行或信託公司工作經驗9年以上，並曾擔任3年以上銀行總行或信託公司總公司經理以上或同等職務，成績優良者。

(2) 銀行或信託公司工作經驗5年以上，並曾擔任3年以上銀行或信託公司副總經理以上或同等職務，成績優良者。

(3) 有其他經歷足資證明其具備主管領導能力、信託專業知識或經營信託公司之能力，可健全有效經營信託業務者。

依不動產證券化條例規定僅辦理不動產投資信託或不動產資產信託公司之總經理資格，得以其在不動產管理機構或不動產行政管理之工作經驗及職務取代之。

前項人員除經主管機關同意外，不得兼任其他不動產管理機構之負責人職務。

信託公司總經理或與其職責相當之人之充任，信託公司應事先檢具有關證明文件，報經主管機關認可。

2. 依「信託業負責人應具備資格條件暨經營與管理人員應具備信託專門學識或經驗準則」第4條規定，信託公司副總經理、總稽核、協理、總公司經理或與其職責相當之人除應符合第14條或第15條規定之信託專門學識或經驗外，尚應具備良好品德、領導及有效經營信託公司之能力，並具備下列資格條件之一：

 (1) 國內外專科以上學校畢業或具有同等學歷，銀行或信託公司工作經驗5年以上，並曾擔任銀行總行或信託公司總公司副經理以上或同等職務，成績優良者。

 (2) 銀行或信託公司工作經驗3年以上，並曾擔任銀行總行或信託公司總公司經理以上或同等職務，成績優良者。

 (3) 有其他經歷足資證明其具備信託專業知識或經營信託公司之能力，可健全有效經營信託業務，並事先報經主管機關認可者。

 依不動產證券化條例規定僅辦理不動產投資信託或不動產資產信託公司之副總經理、總稽核、協理、總公司經理資格，得以其在不動產管理機構或不動產行政管理之工作經驗及職務取代之。

 前項人員除經主管機關同意外，不得兼任其他不動產管理機構之負責人職務。

3. 依「信託業負責人應具備資格條件暨經營與管理人員應具備信託專門學識或經驗準則」第5條規定，信託公司分公司經理或與其職責相當之人除應符合第15條規定之信託專門學識或經驗外，尚應具備良好品德及有效經營信託公司之能力，並具備下列資格條件之一：

 (1) 國內外專科以上學校畢業或具有同等學歷，銀行或信託公司工作經驗3年以上，並曾擔任銀行總行或信託公司總公司襄理以上或同等職務，成績優良者。

 (2) 銀行或信託公司工作經驗2年以上，並曾擔任銀行總行或信託公司總公司副經理以上或同等職務，成績優良者。

 (3) 有其他經歷足資證明其具備信託專業知識或經營信託公司之能力，可健全有效經營信託業務，並事先報經主管機關認可者。

 依不動產證券化條例規定僅辦理不動產投資信託或不動產資產信託公司之總公司副理及分公司經理資格，得以其在不動產管理機構或不動產行政管理之工作經驗及職務取代之。

前項人員除經主管機關同意外，不得兼任其他不動產管理機構之負責人職務。

4.依據「信託業負責人應具備資格條件暨經營與管理人員應具備信託專門學識或經驗準則」第8條規定，信託公司之董事及監察人應符合第14條規定之信託專門學識或經驗並具備良好品德，且其人數在5人以下者，應有2人，人數超過5人者，每增加4人應再增加1人，其設有常務董事者，應有2人以上具備下列資格之一：

(1) 銀行或信託公司工作經驗5年以上，並曾擔任銀行總行或信託公司總公司副經理以上或同等職務，成績優良者。

(2) 擔任金融行政或管理工作經驗5年以上，並曾任薦任8職等以上或同等職務，成績優良者。

(3) 銀行或信託公司工作經驗3年以上，並曾擔任銀行總行或信託公司總公司經理以上或同等職務，成績優良者。

(4) 有其他事實足資證明其具備信託專業知識或經營信託公司之能力，可健全有效經營信託業務者。

信託公司董事長應符合第14條規定之信託專門學識或經驗及前項所列資格條件之一。信託公司之董事長及已具備前項第4款資格條件之董事、監察人之選任，信託公司應於選任後10日內，檢具有關資格文件，報請主管機關認可；其資格條件有未經主管機關認可者，主管機關得命信託公司於期限內調整。

信託公司對擬選任之董事、監察人認有適用第1項第4款之疑義者，得於選任前，先報經主管機關認可。

三、信託業經營與管理人員應具備之專門學識及經驗

(一) 依據「信託業負責人應具備資格條件暨經營與管理人員應具備信託專門學識或經驗準則」第13條規定，信託業經營與管理人員，依其職務之性質，分為下列3類：

1.督導人員：總經理、總稽核、督導信託業務之副總經理及協理、信託財產評審委員會委員、依第8條及第10條規定之董事、監察人。

2.管理人員：管理信託業務之經理、副理、襄理、科長、副科長。

3.業務人員：第1款及第2款以外之其他辦理信託業務人員。

(二) 依其他法律或信託業組織章程規定與前項各該款人員職責相當者，應視同前項各該款人員。以下人員視為督導人員：

1.兼營信託業務之外國銀行在臺分行、外國證券商在臺分公司，其經總行或總公司授權綜理在臺所有分行或分公司業務之經理或與其職責相當之人。

2. 兼營信託業務之證券商、證券投資信託事業或證券投資顧問事業，其內部稽核部門主管。

(三) 依據「信託業負責人應具備資格條件暨經營與管理人員應具備信託專門學識或經驗準則」第14條、第15條及第16條規定，信託業督導、管理及業務人員應符合下列信託專門學識或經驗之一：

職務名稱	職務性質	應符合之信託專門學識或經驗
督導人員	總經理、總稽核、督導信託業務之副總經理及協理、信託財產評審委員會委員、依第8條及第10條規定之董事、監察人。	依據「信託業負責人應具備資格條件暨經營與管理人員應具備信託專門學識或經驗準則」第14條規定，信託業督導人員應符合下列信託專門學識或經驗之一： 1. 曾於初任前1年內參加信託業商業同業公會（以下簡稱同業公會）或其認可之金融專業訓練機構舉辦之信託業高階主管研習課程，累計3小時以上，持有結業證書。 2. 曾於國內外專科以上學校教授信託相關課程1年以上或於同業公會或其認可之金融專業訓練機構教授信託相關課程30小時以上。 3. 參加同業公會或其認可之金融專業訓練機構舉辦之信託業務專業測驗，持有合格證書。 前項督導人員每3年應參加同業公會或其認可之金融專業訓練機構舉辦之信託業務相關課程累計6小時以上。
管理人員	管理信託業務之經理、副理、襄理、科長、副科長。	依據「信託業負責人應具備資格條件暨經營與管理人員應具備信託專門學識或經驗準則」第15條規定，信託業管理人員應符合下列信託專門學識或經驗之一： 1. 曾於初任前1年內參加同業公會或其認可之金融專業訓練機構舉辦之信託業務訓練課程，累計18小時以上，持有結業證書。 2. 符合前條第1項第2款或第3款之規定。 3. 前項管理人員每3年應參加同業公會或其認可之金融專業訓練機構舉辦之信託業務相關課程累計12小時以上。 未完成前項訓練者，不得充任管理人員，並由同業公會撤銷其管理人員登錄。

職務名稱	職務性質	應符合之信託專門學識或經驗
業務人員	第1款及第2款以外之其他辦理信託業務人員。	依據「信託業負責人應具備資格條件暨經營與管理人員應具備信託專門學識或經驗準則」第16條規定，信託業業務人員應符合下列信託專門學識或經驗之一： 1.參加同業公會或其認可之金融專業訓練機構舉辦之信託業務專業測驗，持有合格證書。 2.證券投資信託暨顧問商業同業公會委託機構舉辦之證券投資信託及顧問事業之業務員測驗合格者，並經同業公會或其認可之金融專業訓練機構舉辦之信託法規測驗合格。 3.前項業務人員應參加同業公會或其認可之金融專業訓練機構或所屬信託業自行舉辦之金融相關業務專業職前訓練及在職訓練。其中初任及離職滿2年後再任之業務人員，應於到職後半年內參加職前訓練，累計12小時以上；在職人員應於任職期間參加在職訓練，每3年累計18小時以上。 參加同業公會或其認可之金融專業訓練機構舉辦之訓練課程不得低於前項應達訓練時數三分之一。 未完成第2項訓練者，不得充任業務人員，並由同業公會撤銷其業務人員登錄。

(四) 在職訓練調整期

並依第20條規定在職訓練之調整期於民國95年6月30日以前到職之現任信託業經營與管理人員，自95年7月1日起，每3年應參加在職訓練；95年7月1日以後到職之信託業經營與管理人員，自到職之日起，每3年應參加在職訓練。

(五) 相關信託工作人員之認定釋函

主管機關針對督導人員、管理人員及業務人員之職務功能認定問題，釋示如下：

1.依據93年11月4日金管銀（四）字第0938011837號令說明：

經營信託業務人員之認定標準，不以營業或後勤人員及信託業務或信託附屬業務而區分，而以是否實際辦理及從事信託業務為準。依信託業法第24條規定，並應符合「信託業負責人應具備資格條件暨經營與管理人員應具備信託專門學識或經驗準則」所定之資格條件及專門學識或經驗。

2. 下列人員並非屬銀行法第28條所稱經營信託業務人員及信託業法第24條所稱信託業務經營與管理人員：
   (1) 未實際辦理及從事信託業法第16條及第17條各項業務之人員，例如僅辦理總務、人事行政、郵件寄發、聯行傳遞、電話轉接總機及擔任司機等人員。
   (2) 僅處理文件收發、繕打及整理，而不涉及參與決定文件內容及對外諮詢或查詢服務之人員。
   (3) 協助辦理大批股票簽證庶務作業之臨時約聘僱人員。

3. 經營信託業務人員、信託業務經營與管理人員，以銀行法第28條第4項負保密義務。二者之作業方式，均應依「銀行經營信託業務風險管理規範」之意旨，不得有利害衝突或其他損及客戶權益之行為，銀行並應就資訊化之保密及使用權限訂定相關規範。

(六) **職務兼任之釋示**

1. 依據93年11月4日金管銀（四）字第 0938011837號函說明：關於信託業務督導人員、管理人員得否兼任管理人員或業務人員職務，主管機關規定督導人員得兼任管理人員但不得兼任業務人員，管理人員得兼任業務人員，惟均應符合「證券投資信託事業、證券投資顧問事業經營全權委託投資業務管理辦法」第33條及「信託業內部控制及稽核制度實施辦法」第5條第2項規定，且該兼任人員應依「信託業負責人應具備資格條件暨經營與管理人員應具備信託專門學識或經驗準則」之規定，具備擬兼任職務之專門學識或經驗。

2. 其次，信託業之業務人員應符合經驗準則第14條規定，尚不得以取得改準則第13條所定信託專門學識或經驗代替之。

3. 另有關簡易型分行辦理「代售指定用途信託資金投資國外有價證券及國內證券投資信託基金」業務，實已涉及信託業務之接洽及信託財產之收受，爰簡易型分行辦理該項業務之人員，仍應分別符合經驗準則之相關規定。

(七) 為配合不動產證券化條例施行後，「信託業負責人應具備資格條件暨經營與管理人員應具備信託專門學識或經驗準則」增定第18條及第19條規定，要求不動產投資信託基金應至少指定一名具有運用決定權人員，專責處理基金資產運用及管理之事務。

而不動產投資信託基金及不動產資產信託之經營與管理人員具有運用決定權者，應具備下列各款之一所規定之相關資格及工作經驗：

1.於不動產管理機構或金融機構從事不動產相關之投資或資產管理工作經驗達3年以上者。

2.建築師或土木技師或結構技師或不動產估價師工作經驗達3年以上者。

3.於不動產管理機構或金融機構從事與不動產證券化條例第17條相關之投資或資產管理工作經驗達3年以上者。

4.具備集合投資或全權委託之運用管理經驗達3年以上，或具有信託業務經驗達5年以上者。

5.曾擔任國內外基金經理人工作經驗3年以上者。

同時依第19條規定，以本條例規定僅辦理不動產投資信託或不動產資產信託公司之經營與管理人員未符合第12條至第14條及16條規定之信託專門學識或經驗者，應自主管機關核准其設立後1年內調整至符合規定。

(八) **公會審定與登錄**

1.信託專門學識或經驗，應經信託業商業同業公會審定並登錄，規定如下：信託業經營與管理人員除依第14條至第16條規定應符合之信託專門學識或經驗外，依第17條規定應經同業公會審定並登錄之，除初任督導或管理人員得於擔任職務起3個月內調整至符合規定時辦理登錄外，非經登錄，不得執行職務。人員有異動者，信託業應於異動次日起5個營業日內，向同業公會申報。

2.信託業經營與管理人員有下列情事之一者，同業公會不得為前項之登錄；已登錄者，應予撤銷：

(1) 不符合本準則所定之資格條件、信託專門學識或經驗。

(2) 有第2條第1項各款規定之情事之一。

(3) 因前條各款規定之行為受停止執行職務處置期間累計達2年。

信託業經營與管理人員因前項第2款、第3款或前條各款規定之情事受撤銷登錄者，同業公會自撤銷登錄之日起3年內，不得受理其登錄。

3.信託業經營與管理人員因前條各款規定之情事，受信託業予以停止執行職務或撤銷其信託業經營與管理人員登錄之處置者，同業公會應為停止執行職務登錄或撤銷登錄，並定期報主管機關備查。

4.信託業辦理前條停止執行職務及撤銷登錄處置，以及同業公會辦理信託業經營與管理人員之任職登錄、停止執行職務登錄、撤銷登錄與申復程序及其他應遵循事項，由同業公會擬訂，報請主管機關核定。

〔牛刀小試〕

( ) **1** 依「信託業負責人應具備資格條件暨經營與管理人員應具備信託專門學識或經驗準則」，信託公司管理信託業務之經理，係屬下列何者？(A)督導人員 (B)管理人員 (C)業務人員 (D)財務人員。 【第5期】

( ) **2** 有關信託業督導、管理及業務人員之敘述，下列何者錯誤？
(A)信託部門經理及副理為管理人員
(B)總經理及副總經理為管理人員
(C)辦理信託業務之基層作業人員為業務人員
(D)信託財產評審委員會之委員為督導人員。 【第13期】

( ) **3** 信託業之經營與管理人員，其職務性質為督導人員者，不包括下列何者？ (A)總經理 (B)總稽核 (C)管理信託業務之經理 (D)信託財產評審委員會委員。 【第16期】

( ) **4** 依「信託業負責人應具備資格條件暨經營與管理人員應具備信託專門學識或經驗準則」規定，不動產投資信託基金應至少指定一名下列何種人員，專責處理基金資產運用及管理之事務？ (A)管理人員 (B)業務人員 (C)分析人員 (D)具有運用決定權人員。 【第25期】

( ) **5** 對信託業之經營，下列敘述何者錯誤？ (A)信託業不得經營未經主管機關核定之業務 (B)信託業經營信託業務，不得對委託人有虛偽、詐欺之行為 (C)信託業之經營與管理，應由具有專門學識或經驗之人員為之 (D)銀行信託專責部門中對信託財產具有運用決定權者，得兼任其他業務之經營。 【第32期】

解答與解析

1 (B)。依「信託業負責人應具備資格條件暨經營與管理人員應具備信託專門學識或經驗準則」第11條。

2 (B)。信託業負責人應具備資格條件暨經營與管理人員應具備信託專門學識或經驗準則第13條：信託業經營與管理人員，依其職務之性質，分為下列三類：一、督導人員：總經理、總稽核、督導信託業務之副總經理及協理、信託財產評審委員會委員、依第八條及第十條規定之董事、監察人。二、管理人員：管理信託業務之經理、副理、襄理、科長、副科長。三、業務人員：第一款及第二款以外之其他辦理信託業務人員。依其他法律或信託業組織章程規定與前項各該款人員職責相當者，應視同前項各該款人員。

3 (C)。信託業負責人應具備資格條件暨經營與管理人員應具備信託專門學識或經驗準則第13條。

4 (D)。信託業負責人應具備資格條件暨經營與管理人員應具備信託專門學識或經驗準則第18條：「不動產投資信託基金應至少指定一名具有運用決定權人員，專責處理基金資產運用及管理之事務。」

5 (D)。信託業法第24條：信託業之經營與管理，應由具有專門學識或經驗之人員為之。對信託財產具有運用決定權者，不得兼任其他業務之經營。

肆　政黨資產交付信託之應注意事項　重要度★★

一、法源依據

依信託業法第22條第3項規定，所稱政黨政治團體財產信託，指政黨或其他政治團體交付財產信託予信託業。

二、契約要項

信託業辦理政黨政治團體財產信託，信託業應於契約訂定後10日內，將下列各款事項於其所在地之報紙或依主管機關指定之方式公告，並函報政黨或其他政治團體之主管機關備查及副知主管機關：

(一) 委託人之名稱及住所。
(二) 信託目的。
(三) 信託財產之種類、數量。
(四) 信託收益計算、分配之對象、時期及方法。
(五) 信託關係消滅時，信託財產之歸屬。
(六) 簽訂契約之日期及存續期間。
(七) 其他經主管機關規定事項。

三、公告期間及內容要項

信託業辦理政黨政治團體財產信託之期間，信託業應於每屆營業年度終了後4個月內，將下列各款事項於其所在地之報紙或依主管機關指定之方式公告，並函報政黨或其他政治團體之主管機關備查及副知主管機關：

(一) 委託人之名稱及住所。
(二) 截至上營業年度終了委託人信託財產之種類、數量。

(三) 上營業年度委託人信託財產之利益取得總額與分配對象及金額。
(四) 其他經主管機關規定事項。

四、契約變更、解除或終止

信託業辦理政黨政治團體財產信託後，其所訂定之信託契約解除、終止或第3條各款事項變更時，信託業應於契約變更、解除或終止後10日內，將其變更、解除或終止之事由及日期於其所在地之報紙或依主管機關指定之方式公告，並函報政黨或其他政治團體之主管機關備查及副知主管機關。

五、附則重點提醒

依信託業法第61條規定，於信託業法施行前，政黨或其他政治團體投資或經營信託業者，應於信託業法施行後一年內將其股份或出資額轉讓或信託。

〔牛刀小試〕

( ) **1** 下列何者不得擔任信託業之股東？ (A)銀行 (B)保險機構 (C)基金管理機構 (D)政黨。【第22期】

( ) **2** 有關信託業辦理政黨政治團體財產信託，信託業於契約訂定後十日內應公告事項，下列敘述何者錯誤？ (A)政黨背景介紹 (B)信託財產之種類及數量 (C)委託人之名稱及住址 (D)信託收益計算、分配之對象、時期及方法。【第34期】

( ) **3** 信託業辦理政黨政治團體財產信託之期間，信託業至遲應於每屆營業年度終了後多久公告？ (A)四個月內 (B)六個月內 (C)一年內 (D)二年內。【第25期】

( ) **4** 信託業之經營與業務如涉及政黨者，下列敘述何者正確？ A.政黨得投資信託業 B.政黨不得經營信託業 C.政黨之財產應全數強制信託 D.政黨交付信託之財產信託業應定期公告 (A)A、B (B)B、C (C)A、D (D)B、D。【第27期】

( ) **5** 依信託業辦理政黨政治團體財產信託公告辦法規定，有關應公告之事項，下列敘述何者錯誤？
(A)信託目的
(B)受託人之名稱、住所及負責人
(C)信託財產之種類、數量
(D)信託收益計算、分配之對象、時期及方法。【第31期】

解答與解析

1 **(D)**。信託業法第9條第3項：政黨或其他政治團體不得投資或經營信託業。故政黨或其他政治團體不得擔任信託業之股東。

2 **(A)**。信託業辦理政黨政治團體財產信託公告辦法第3條：信託業辦理政黨政治團體財產信託，信託業應於契約訂定後10日內，將下列各款事項於其所在地之報紙或依主管機關指定之方式公告，並函報政黨或其他政治團體之主管機關備查及副知主管機關：一、委託人之名稱及住所。二、信託目的。三、信託財產之種類、數量。四、信託收益計算、分配之對象、時期及方法。五、信託關係消滅時，信託財產之歸屬。六、簽訂契約之日期及存續期間。七、其他經主管機關規定事項。

3 **(A)**。信託業辦理政黨政治團體財產信託公告辦法第4條信託業辦理政黨政治團體財產信託之期間，信託業應於每屆營業年度終了後4個月內，將下列各款事項於其所在地之報紙或依主管機關指定之方式公告，並函報政黨或其他政治團體之主管機關備查及副知主管機關。

4 **(D)**。信託業法第9條：政黨或其他政治團體不得投資或經營信託業。第22條：政黨或其他政治團體交付信託之財產及其信託利益之取得與分配，信託業者應定期公告；其公告事項及公告方式等事項之辦法，由主管機關定之。

5 **(B)**。信託業辦理政黨政治團體財產信託公告辦法第3條。

精選試題

( ) **1** 有關委託人不指定營運範圍或方法之金錢信託，下列敘述何者正確？ (A)運用範圍包括現金、銀行存款、投資股票、債券及短期票券等 (B)主管機關於必要時得對本項金錢信託規定營運範圍或方法及其限額 (C)受託人對信託財產管理方法限於單獨管理運用，不得集合管理及運用 (D)信託業訂定有多數委託人或受益人之信託契約，關於委託人及受益人權利之行使，不得於信託契約訂定由受益人會議以決議行之。【第27期】

( ) **2** 依信託業設立標準規定，申請設立一般信託公司（得辦理金錢之信託），其最低實收資本額為多少？ (A)新台幣十五億元 (B)新台幣二十億元 (C)新台幣三十億元 (D)新台幣五十億元。【第28期】

( ) **3** 有關信託公司之設立，下列敘述何者正確？ (A)信託公司應為公開發行公司 (B)信託公司之股票得為無記名式 (C)發起人及股東之出資以現金及不動產為限 (D)原則上發起人應於發起時一次認足發行股份總額，並至少繳足百分之十之股款。【第28期】

( ) **4** 信託公司之專業發起人及股東，具有管理或經營國際證券投資信託基金業務經驗，且該機構及其百分之五十以上控股之附屬機構所管理資產中，以公開募集方式集資投資於證券或不動產之共同基金、單位信託或投資信託之基金資產，總值須達新台幣若干，始符合規定之資格條件？ (A)六百五十億元 (B)六百億元 (C)五百五十億元 (D)五百億元。【第28期】

( ) **5** 下列何者非屬信託業法規定信託契約應記載之事項？ (A)信託目的 (B)受益人責任 (C)簽訂契約之日期 (D)信託關係消滅時信託財產之歸屬。【第28期】

( ) **6** 信託業之設置及其業務或章程等之重大變更，須經下列何機關之許可或核准？ (A)經濟部 (B)金融監督管理委員會 (C)銀行公會 (D)信託公會。【第29期】

( ) **7** 依信託業法規定，下列敘述何者正確？ (A)信託業之組織，以有限公司為限 (B)政黨或政治團體得投資或經營信託業 (C)信託業得提供有價證券、募集之顧問服務 (D)銀行經主管機關之許可兼營信託業務，不適用信託業法之規定。【第29期】

( ) **8** 信託業設立標準係依據下列何種法律訂定？ (A)銀行法及不動產證券化條例 (B)信託業法及不動產證券化條例 (C)信託法及不動產證券化條例 (D)證券交易法及不動產證券化條例。 【第29期】

( ) **9** 依信託業設立標準規定，保險機構應具保險資金管理經驗，且持有證券及不動產資產總金額達新臺幣多少元以上，始符合信託公司發起人及股東之資格條件？ (A)五十億元 (B)一百億元 (C)一百五十億元 (D)二百億元。 【第29期】

( ) **10** 依信託業法規定，信託業簽訂之信託契約，下列敘述何者錯誤？(A)非以書面為限 (B)應記載信託目的 (C)應記載受託人之姓名、名稱及住所 (D)應記載信託財產之管理及運用方法。 【第29期】

( ) **11** 依信託業法規定，信託業之名稱，除經主管機關許可兼營信託業務之銀行外，應標明何種字樣？ (A)投資 (B)信託 (C)投資信託 (D)信託投資。 【第29期】

( ) **12** 有關商業銀行經營信託業務應遵守之規定，下列敘述何者錯誤？(A)應設置信託業務專責部門 (B)應指撥營運資金專款經營 (C)經營信託業務人員應負保密義務 (D)應優先適用銀行法，信託業法係居於補充適用之地位。 【第30期】

( ) **13** 信託公司之發起人及股東如為同一人或同一關係人者，除屬專業之管理機構外，所持有股份，分別不得超過已發行股份總數之多少比例？ (A)百分之五 (B)百分之十 (C)百分之十五 (D)百分之二十五。 【第30期】

( ) **14** 信託業之組織，除經主管機關許可兼營信託業務者外，以下列何者為限？ (A)以有限公司為限 (B)以財團法人為限 (C)以社團法人為限 (D)以股份有限公司為限。 【第31期】

( ) **15** 申請設立信託公司辦理有價證券信託業務，其最低實收資本額為新臺幣多少元？ (A)五億元 (B)十億元 (C)二十億元 (D)三十億元。 【第31期】

( ) **16** 依信託業設立標準規定，信託公司之發起人及股東，除金融控股公司或符合特定資格條件之銀行或保險機構或基金管理機構及不動產管理機構外，同一人或同一關係人持有同一信託公司之股份，分別不得超過該公司已發行股份總數之多少比例？ (A)百分之五十 (B)百分之四十 (C)百分之三十 (D)百分之二十五。 【第31期】

( ) **17** 依信託業法規定，有關信託契約之敘述，下列何者錯誤？ (A)應記載受託人之責任 (B)應記載信託存續期間 (C)信託契約可以口頭為之 (D)應記載委託人、受託人及受益人之姓名、名稱及住所。 【第31期】

( ) **18** 信託公司除發起人及股東為金融控股公司，且所認股份超過百分之五十外，其專業發起人及股東所認股份合計至少不得少於實收資本額若干比例？ (A)百分之三十 (B)百分之四十 (C)百分之五十 (D)百分之六十。 【第32期】

( ) **19** 有關信託之敘述，下列何者正確？
(A)信託監察人之設置係為保護受託人
(B)受託人死亡時，信託財產不屬於其遺產
(C)著作權之信託係屬信託業之附屬業務項目
(D)信託業者得以信託財產辦理銀行法第五條之二所訂授信業務項目。 【第33期】

( ) **20** 依信託業法設立專營之信託業者，其最低實收資本額，下列何者正確？ (A)新臺幣10億元 (B)新臺幣20億元 (C)新臺幣30億元 (D)新臺幣40億元。 【第33期】

( ) **21** 依信託業法規定，信託契約之訂定應以書面為之，下列何者非屬應記載事項？ (A)信託契約之變更事由 (B)信託目的 (C)信託存續期間 (D)受益人責任。 【第33期】

( ) **22** 依信託業法及信託業設立標準規定，下列何者非屬信託業？
(A)兼營信託業務之商業銀行
(B)辦理信託投資業務之信託投資公司
(C)辦理不動產資產信託業務之信託公司
(D)辦理不動產投資信託業務之信託公司。 【第34期】

( ) **23** 有關信託業之設立，下列何者錯誤？
(A)信託公司之股票得為無記名式
(B)發起人及股東中須有特定之專業股東
(C)主管機關許可時，得於必要範圍附加附款
(D)申請文件須記載一定事項，且須備有業務章則或營業計畫書。
【第34期】

( ) **24** 除經主管機關許可兼營信託業務之銀行外，有關信託業之組織，以下列何者為限？
(A)以財團法人為限
(B)以有限公司為限
(C)以股份有限公司為限
(D)凡公司法規定之公司均可。 【第36期】

( ) **25** 我國某甲銀行與自然人某乙欲設立專營之信託公司，下列敘述何者錯誤？
(A)專業股東之股份不得少於實收資本額之百分之四十
(B)某乙之股份，不得超過已發行股份之百分之二十五
(C)某甲銀行符合特定條件時，其股份可超過已發行股份之百分之五十
(D)該專營之信託公司最低實收資本額為新臺幣十億元。 【第36期】

( ) **26** 有關信託公司之最低實收資本額，下列何者錯誤？ (A)原則上為新臺幣二十億元 (B)僅辦理不動產投資信託業務，新臺幣十億元 (C)僅辦理不動產資產信託業務，新臺幣三億元 (D)僅辦理不動產投資信託及不動產資產信託業務，新臺幣十二億元。 【第38期】

( ) **27** 有關信託業之敘述，下列何者正確？ (A)政黨或政治團體不得投資或經營信託業 (B)信託投資公司為信託業法所稱之信託業 (C)非信託業亦得辦理不特定多數人委託經理金錢信託業務 (D)銀行經主管機關許可兼營信託業者，其名稱亦應標明信託字樣。 【第38期】

( ) **28** 銀行因解散而進行清算時，有關信託資金及信託財產之處理，應依下列何者為之？
(A)依清算人之決定 (B)依主管機關之命令
(C)依信託契約之約定 (D)依股東會之決議。 【第4期】

( ) **29** 依「信託公司增設遷移或裁撤國內分公司管理辦法」規定，信託公司開始營業滿一年後，每年得向財政部申請設立幾家分公司？
(A)一家 (B)二家 (C)三家 (D)四家。 【第4期】

( ) **30** 證券投資顧問事業或證券投資信託事業經營全權委託投資業務，應定期多久編製委任人資產交易紀錄及現況報告書送達委任人？
(A)每月 (B)三個月 (C)六個月 (D)一年。 【第4期】

解答與解析

1 (B)。信託業法第32條：信託業辦理委託人不指定營運範圍或方法之金錢信託，其營運範圍以下列為限：一、現金及銀行存款。二、投資公債、公司債、金融債券。三、投資短期票券。四、其他經主管機關核准之業務。主管機關於必要時，得對前項金錢信託，規定營運範圍或方法及其限額。

2 (B)。信託業設立標準第3條：申請設立信託公司，其最低實收資本額為新臺幣二十億元，發起人及股東之出資以現金為限。但依本條例規定僅辦理不動產投資信託業務之信託公司，其最低實收資本額為新臺幣十億元；僅辦理不動產資產信託業務者，其最低實收資本額為新臺幣三億元；僅辦理不動產投資信託及不動產資產信託業務者，其最低實收資本額為新臺幣十億。

3 (A)。信託公司應為公開發行公司。二十億元，發起人及股東之出資以現金為限。信託公司之股票應為記名式信託公司之發起人應於發起時按實收資本額一次認足發行股份之總額，並至少繳足百分之二十之股款。

4 (A)。信託業設立標準第5條：信託公司之發起人及股東應有符合下列資格條件之一之專業發起人及股東，其所認股份，合計不得少於實收資本額之百分之四十。但發起人及股東為金融控股公司且所認股份超過百分之五十者，不在此限：一、銀行：(一)成立滿三年，且最近三年未曾因資產管理業務受其本國主管機關處分。(二)具有國際金融、證券或信託業務經驗。(三)最近一年於全球銀行資產或淨值排名居前一千名內。二、保險公司：(一)成立滿三年，且最近三年未曾因資產管理業務受其本國主管機關處分。(二)具有保險資金管理經驗。(三)持有證券及不動產資產總金額達新臺幣二百億元以上。三、基金管理機構：(一)成立滿三年，且最近三年未曾因資產管理業務受其本國主管機關處分。(二)具有管理或經營國際證券投資信託基金業務經驗。(三)該機構及其控制或從屬機構所管理之資產中，以公開募集方式集資投資於證券或不動產之共同基金、單位信託或投資信託之基金資產總值達新臺幣六百五十億元以上。

5 (B)。信託業法第19條：信託契約之訂定，應以書面為之，並應記載下列各款事項：一、委託人、受託人及受益人之姓名、名稱及住所。二、信託目的。三、信託財產之種類、名稱、數量及價額。四、信託存續期間。五、信託財產管理及運用方法。六、信託收益計算、分配之時期及方法。七、信託關係消滅時，信託財產之歸屬及交付方式。八、受託人之責任。九、受託人之報酬標準、種類、計算方法、支付時期及方法。十、各項費用之負擔及其支付方法。十一、信託契約之變更、解除及終止之事由。十二、簽訂契約之日期。十三、其他法律或主管機關規定之事項。

6 **(B)**。信託業法第11條：信託業為下列行為，應經主管機關（即金融監督管理委員會）許可：一、章程或與之相當之組織規程之變更。第4條：本法稱主管機關為金融監督管理委員會。

7 **(C)**。信託業法第10條：信託業之組織，以股份有限公司為限。但經主管機關之許可兼營信託業務者，不在此限。第9條第3項政黨或其他政治團體不得投資或經營信託業。第3條銀行經主管機關之許可兼營信託業務，適用本法之規定。

8 **(B)**。信託業設立標準第1條：本標準依信託業法第10條第3項及不動產證券化條例第4條第3項規定訂定之。

9 **(D)**。信託業設立標準第5條：信託公司之發起人及股東應有符合下列資格條件之一之專業發起人及股東，其所認股份，合計不得少於實收資本額之百分之四十。但發起人及股東為金融控股公司且所認股份超過百分之五十者，不在此限：二、保險公司(一)成立滿三年，且最近三年未曾因資產管理業務受其本國主管機關處分。(二)具有保險資金管理經驗。(三)持有證券及不動產資產總金額達新臺幣二百億元以上。

10 **(A)**。信託業法第19條：信託契約之訂定，應以書面為之，並應記載下列各款事項：一、委託人、受託人及受益人之姓名、名稱及住所。二、信託目的。三、信託財產之種類、名稱、數量及價額。四、信託存續期間。五、信託財產管理及運用方法。六、信託收益計算、分配之時期及方法。七、信託關係消滅時，信託財產之歸屬及交付方式。八、受託人之責任。九、受託人之報酬標準、種類、計算方法、支付時期及方法。十、各項費用之負擔及其支付方法。十一、信託契約之變更、解除及終止之事由。十二、簽訂契約之日期。

11 **(B)**。信託業法第9條：信託業之名稱，應標明信託之字樣。但經主管機關之許可兼營信託業務者，不在此限。

12 **(D)**。信託業法第3條：銀行經主管機關之許可兼營信託業務，適用本法之規定。故應優先適用信託業法。

13 **(D)**。信託業設立標準第6條第2項：信託公司之發起人及股東，同一人或同一關係人持有同一信託公司之股份，分別不得超過其已發行股份總數百分之二十五。但發起人及股東為金融控股公司或符合第5條資格條件者，不在此限。

14 **(D)**。信託業法第10條：信託業之組織，以股份有限公司為限。但經主管機關之許可兼營信託業務者，不在此限。

15 **(C)**。信託業設立標準第3條：申請設立信託公司，其最低實收資本額為新臺幣二十億元，發起人及股東之出資以現金為限。但依本條例規定僅辦理不動產投資信託業務之信託公司，其最低實收資本額為新臺幣十億元；僅辦理不動產資產信託業務者，其最低實收資本額為新臺幣三億元；僅辦理不動產投資信託及不動產資產信託業務者，其最低實收資本額為新臺幣十億元。

16 **(D)**。信託業設立標準第6條第2項：信託公司之發起人及股東，同一人或同一關係人持有同一信託公司之股份，分別不得超過其已發行股份總數百分之二十五。

17 **(C)**。信託業法第19條：信託契約之訂定，應以書面為之，並應記載下列各款事項：一、委託人、受託人及受益人之姓名、名稱及住所。二、信託目的。三、信託財產之種類、名稱、數量及價額。四、信託存續期間。五、信託財產管理及運用方法。六、信託收益計算、分配之時期及方法。七、信託關係消滅時，信託財產之歸屬及交付方式。八、受託人之責任。九、受託人之報酬標準、種類、計算方法、支付時期及方法。十、各項費用之負擔及其支付方法。十一、信託契約之變更、解除及終止之事由。十二、簽訂契約之日期。

18 **(B)**。信託業設立標準第5條：信託公司之發起人及股東應有符合下列資格條件之一之專業發起人及股東，其所認股份，合計不得少於實收資本額之百分之四十。但發起人及股東為金融控股公司且所認股份超過百分之五十者，不在此限：一、銀行：(一)成立滿三年，且最近三年未曾因資產管理業務受其本國主管機關處分。(二)具有國際金融、證券或信託業務經驗。(三)最近一年於全球銀行資產或淨值排名居前一千名內。二、保險公司：(一)成立滿三年，且最近三年未曾因資產管理業務受其本國主管機關處分。(二)具有保險資金管理經驗。(三)持有證券及不動產資產總金額達新臺幣二百億元以上。三、基金管理機構：(一)成立滿三年，且最近三年未曾因資產管理業務受其本國主管機關處分。(二)具有管理或經營國際證券投資信託基金業務經驗。(三)該機構及其控制或從屬機構所管理之資產中，以公開募集方式集資投資於證券或不動產之共同基金、單位信託或投資信託之基金資產，總值達新臺幣六百五十億元以上。第1項及第2項之發起人持有信託公司已發行股份總數百分之五十以上者，以投資一家信託公司為限。

19 **(B)**。信託監察人之設置係為保護受益人著作權之信託，係屬信託業得經營業務項目。

20 **(B)**。信託業設立標準第3條：申請設立信託公司，其最低實收資本額為新臺幣二十億元，發起人及股東之出資以現金為限。但依本條例規定僅辦理不動產投資信託業務之信託公司，其最低實收資本額為新臺幣十億元；僅辦理不動產資產信託業務者，其最低實收資本額為新臺幣三億元；僅辦理不動產投資信託及不動產資產信託業務者，其最低實收資本額為新臺幣十億元。

21 **(D)**。信託業法第19條：信託契約之訂定，應以書面為之，並應記載下列各款事項：一、委託人、受託人及受益人之姓名、名稱及住所。二、信託目的。三、信託財產之種類、名稱、數量及價額。四、信託存續期間。五、信託財產管理及運用方法。六、信託收益計算、分配之時期及方法。七、信託關係消滅時，信託財產之歸屬及交付方式。八、受託人之責任。九、受託人之報酬標準、種類、計算方法、支付時期及方法。十、各項費用之負擔及其支付方法。十一、信託契約之變更、解除及終止之事由。十二、簽訂契約之日期。

22 **(B)**。辦理信託投資業務之信託投資公司屬銀行業不屬信託業。

23 **(A)**。信託業設立標準第6條：信託公司之股票應為記名式。

24 **(C)**。信託業法第10條：信託業之組織，以股份有限公司為限。但經主管機關之許可兼營信託業務者，不在此限。

25 **(D)**。信託業設立標準第3條：申請設立信託公司，其最低實收資本額為新臺幣二十億元，發起人及股東之出資以現金為限。但依本條例規定僅辦理不動產投資信託業務之信託公司，其最低實收資本額為新臺幣十億元；僅辦理不動產資產信託業務者，其最低實收資本額為新臺幣三億元；僅辦理不動產投資信託及不動產資產信託業務者，其最低實收資本額為新臺幣十億元。

26 **(D)**。信託業設立標準第3條：申請設立信託公司，其最低實收資本額為新臺幣二十億元，發起人及股東之出資以現金為限。但依本條例規定僅辦理不動產投資信託業務之信託公司，其最低實收資本額為新臺幣十億元；僅辦理不動產資產信託業務者，其最低實收資本額為新臺幣三億元；僅辦理不動產投資信託及不動產資產信託業務者，其最低實收資本額為新臺幣十億元。

27 **(A)**。(B)信託投資公司為銀行法所稱之銀行之一。信託業法第9條：信託業之名稱，應標明信託之字樣。但經主管機關之許可兼營信託業務者，因此(D)不在此限。(C)則依信託業法第33條：非信託業不得辦理不特定多數人委託經理第16條之信託業務。但其他法律另有規定者，不在此限。

28 **(C)**。銀行法第69條。

29 **(A)**。依「信託公司增設遷移或裁撤國內分公司管理辦法」第2條。

30 **(A)**。證券投資信託事業及證券投資顧問事業經營全權委託投資業務管理辦法第23條。

信託業利害關係人的交易及限制

依據出題頻率區分，屬：C 頻率低

課綱概要

信託業利害關係人的交易及限制

信託業之利害關係人範圍

- 持有信託業已發行股份總數或資本總額百分之5以上者
- 擔任信託業負責人
- 第1款或第2款之人獨資、合夥經營之事業，或擔任負責人之企業，或為代表人之團體
- 第1款或第2款之人單獨或合計持有超過公司已發行股份總數或資本總額10%之企業
- 有半數以上董事與信託業之相同公司
- 信託業持股比率超過5%之企業

信託業利害關係人之自易行為之絕對禁止

- 購買本身或其利害關係人發行或承銷的有價證券或票券
- 購買本身或其利害關係人的財產
- 讓售與本身或其利害關係人
- 其他經主管機關規定之利害關係交易行為
- 例外規定

信託業利害關係人之自易行為之相對限制

- 以信託財產購買其銀行業務部門經紀之有價證券或票券
- 以信託財產存放於其銀行業務部門或其利害關係人處作為存款或與其銀行業務部門為外匯相關之交易
- 以信託財產與本身或其利害關係人為第25條第1項以外之其他交易
- 例外規定1—信託契約約定信託業對信託財產不具運用決定權者
- 例外規定2—事先告知受益人並取得其書面同意
- 外匯風險告知
- 防制措施

課前導讀

本章節係解釋信託業利害關係人的交易及限制，闡明其定義與範圍框架，讀者應就本章節的內容充分瞭解，以便在針對考題所衍生出來的問題與概念能有效理解回答，同時對後續章節的說明與提示能有所記憶。

壹 信託業之利害關係人範圍 重要度★★★

一、信託業的利害關係人

在信託業法中對於業務關係管理是根據信託業法第7條規定信託業之利害關係人、第25條自易行為的絕對禁止與第27條自易行為的相對限制的規定，讓各信託業從業人員充分了解應如何管理銀行的信託業務。

信託業法所稱「信託業之利害關係人」，指有符合下列7種情形之一者：

(一) 持有信託業已發行股份總數或資本總額百分之5以上者。

(二) 擔任信託業負責人。

(三) 對信託財產具有運用決定權者。

(四) 第1款或第2款之人獨資、合夥經營之事業，或擔任負責人之企業，或為代表人之團體。

(五) 第1款或第2款之人單獨或合計持有超過公司已發行股份總數或資本總額10%之企業。

(六) 有半數以上董事與信託業相同之公司。

(七) 信託業持股比率超過5%之企業。

二、「信託業之利害關係人」之範圍說明

利害關係人	法規說明
信託業之大股東	信託業法第 7 條第 1 款的規定，是指信託業的大股東而言；該大股東應該持有信託業已發行股份總數，或資本總額的百分之五（含）以上。 例如台灣銀行之大股東為台灣金融控股公司；中國信託商業銀行之大股東為中國信託金融控股公司。

利害關係人	法規說明
信託業負責人	1.依據信託業法第5條規定，信託業負責人是指依照公司法或其他法律或組織章程所定應該負責的人，範圍包含「信託公司」的董事、監察人、總經理、副總經理、總稽核、協理、總公司經理及副理、分公司經理以及副理。 2.至於「兼營信託業務」的銀行負責人，依據主管機關歷年來的解釋，範圍包含銀行的董事、監察人、總經理、副總經理、總稽核、協理、總行各部、室、中心的經理及副理、分行的經理及副理等。 3.故分行襄理以下職級人員並不屬於銀行負責人。
對信託財產具有運用決定權者	1.信託業法第7條第3款在兼營信託業務的銀行，是指銀行的信託業務專門負責部門內對信託財產的運用具有最後核定權的主管及人員。 2.依據主管機關的解釋，對信託財產具有運用決定權者，是指在銀行的信託部內對信託財產之運用具有最後核定權限之主管及人員，因此不包括分行或總行其它部室之主管及人員。 例如，銀行的信託部，如果設有運用科及會計科、保管科時，對信託財產具有運用決定權者，是指信託部經理、副理、襄理、運用科科長或運用科人員；至於信託部會計科、保管科科長以及其他人員並不算在內。 此外，非隸屬於信託部內之主管亦不屬於對信託財產具有運用決定權者，例如負責督導信託部的協理或副總經理也不算在內，但依據信託業法第7條第2款規定解釋，協理或副總經理亦屬於信託業負責人。 3.其次，依信託業法第24條第2項的規定，對於信託財產具有運用決定權，不得兼任其他業務經營，也就是說，對於信託財產具有運用決定權者，僅可以辦理信託業法第16 條的信託業務及信託業法第17條的附屬業務，不得再辦理其他銀行業務，例如吸收存款、辦理授信、辦理投資或證券業務。 依信託業法施行細則第 2 條規定說明，信託業法第7條第3款及信託業法第24條第2項，所稱對信託財產具有運用決定權者，在信託公司，指對信託財產的運用具有最後核定權限的主管及人員，在兼營信託業務的銀行，指在信託業務專責部門內對信託財產的運用具有最後核定權限的主管及人員。

利害關係人	法規說明
第一款或第二款之人獨資、合夥經營之事業，或擔任負責人之企業，或為代表人之團體	1.信託業之大股東或信託業之負責人獨資、合夥經營之事業。 2.信託業之大股東或信託業之負責人擔任負責人之企業。例如A銀行某副總經理擔任B證券/保險公司之董事，則B證券/保險公司屬於A銀行之利害關係人。 3.信託業之大股東或信託業之負責人為代表人之團體。例如A銀行總經理同時擔任財團法人聯合信用卡中心之董事時，則財團法人聯合信用卡中心屬於A銀行之利害關係人。 4.但是信託業法第7條第1款及第2款的人為「政府」的話，則不在此限。
第1款或第2款之人單獨或合計持有超過公司已發行股份總數或資本總額10%之企業	例如A銀行董事長單獨持有C公司已發行股份總數或資本額10%時， 則C公司屬於A銀行的利害關係人。
有半數以上董事與信託業相同之公司	例如D公司董事會有10位董事，其中5位董事均擔任A銀行之董事時，則D公司為A銀行之利害關係人。
信託業或兼營信託業務之銀行持股比率超過百分之五之企業	1.信託業法第7條第5款規定是指信託業所轉投資的企業，例如A銀行轉投資的證券子公司即是；並且A銀行的持股超過該證券子公司已發行股份總數或資本總額 5%者 才算。 2.其次，應注意區別，持股比例僅達轉投資企業發行股份總數或資本總額5%者，不屬於信託業法第7條第5款規範之對象。

〔牛刀小試〕

( ) **1** 有關信託業之利害關係人，下列何者錯誤？ (A)信託業之監察人 (B)對信託財產具有運用決定權者 (C)信託業持股比率百分之三之企業 (D)持有信託業已發行股份總數或資本總額百分之五以上者。 【第12期】

( ) **2** 下列何者不屬於信託業法規定信託業之利害關係人？ (A)持有信託業已發行股份總數百分之五者 (B)擔任信託業負責人或兼營信託業務之銀行負責人 (C)對信託財產具有運用決定權者 (D)信託業持股比率為百分之五之企業。 【第13期】

( ) **3** 下列何者非屬銀行兼營信託業者之利害關係人？ (A)銀行總經理之女婿 (B)持有銀行股權百分之一之董事 (C)持有銀行股權百分之一之股東 (D)銀行持有股權百分之十之企業。 【第14期】

( ) **4** 依信託業法及其相關規定，下列何者為信託業之利害關係人？ (A)持有信託業已發行股份總數百分之三者 (B)在兼營信託業之銀行，於其營業單位擔任理財專員向客戶介紹信託產品者 (C)在兼營信託業之銀行，於信託業務專責部門擔任證券投資信託基金之保管業務經辦人員 (D)在兼營信託業之銀行，於信託業務專責部門擔任信託財產運用部門主管並有最後運用核定權。 【第37期】

( ) **5** 甲以現金新臺幣一千萬元與乙銀行訂定指定單獨管理運用之金錢信託契約，並約定丙為受益人；若上市公司丁為乙銀行之利害關係人，請問乙銀行得否以信託財產購買丁公司之股票？ (A)不得購買 (B)事先取得甲之書面同意即可購買 (C)事先取得丙之書面同意即可購買 (D)不須事先取得甲或丙之書面同意即可購買。 【第41期】

解答與解析

1 (CD)。依信託業法第7條：

本法稱信託業之利害關係人，指有下列情形之一者：

一、持有信託業已發行股份總數或資本總額百分之五以上者。

二、擔任信託業負責人。

三、對信託財產具有運用決定權者。

四、第一款或第二款之人獨資、合夥經營之事業，或擔任負責人之企業，或為代表人之團體。

五、第一款或第二款之人單獨或合計持有超過公司已發行股份總數或資本總額百分之十之企業。

六、有半數以上董事與信託業相同之公司。

七、信託業持股比率超過百分之五之企業。

2 (D)。信託業法第7條。

3 (A)。信託業法第7條。

4 (D)。信託業法第7條：本法稱信託業之利害關係人，指有下列情形之一者：一、持有信託業已發行股份總數或資本總額百分之五以上者。二、擔任信託業負責人。三、對信託財產具有運用決定權者。四、第1款或第2款之人獨資、合夥經營之事業，或擔任負責人之企業，或為代表人之團體。五、第1款或第2款之人單獨或合計持有超過公司已發行股份總數或資本總額百分之十之企業。六、有半數以上董事與信託業相同之公司。七、信託業持股比率超過百分之五之企業。

5 **(A)**。不得購買。依信託業法第25條「自易行為之絕對禁止」，信託業不得以信託財產為下列行為：購買本身或其利害關係人發行或承銷的有價證券或票券購買本身或其利害關係人的財產讓售與本身或其利害關係人其他經主管機關規定之利害關係交易行為。

貳 信託業利害關係人自易行為之絕對禁止 重要度★★

一、自易行為之絕對禁止

(一) 依信託業法第25條「自易行為之絕對禁止」，信託業不得以信託財產為下列行為：

1. 購買本身或其利害關係人發行或承銷的有價證券或票券。
2. 購買本身或其利害關係人的財產。
3. 讓售與本身或其利害關係人。
4. 其他經主管機關規定之利害關係交易行為。

(二) 信託契約約定信託業對信託財產不具運用決定權者，不受前項規定之限制。

(三) 信託業應就信託財產與信託業本身或利害關係人交易之情形，充分告知委託人，如受益人已確定者，並應告知受益人。

(四) 政府發行之債券，不受第一項規定之限制。

二、「自易行為之絕對禁止」，規範信託業利害關係人以信託財產所做之行為，分別以以下行為來說明

絕對禁止行為	說明
購買本身或其利害關係人發行或承銷的有價證券或票券。	依信託業法第25條第1款規定，信託業不得以信託財產購買銀行本身或其利害關係人所發行或承銷的有價證券或票券。 【舉例說明】 當委託人將新臺幣1000萬元交付給受託人A銀行成立金錢信託，並約定投資股票。依據信託業法第25條規定，受託人A銀行不得以信託財產100萬元購買A銀行本身發行或承銷的股票，或A銀行的利害關係人所發行或承銷的股票。

絕對禁止行為	說明
購買本身或其利害關係人的財產	依信託業法第25條第2款規定，信託業不得以信託財產購買銀行本身或其利害關係人的財產。 【舉例說明】 當委託人將新臺幣1000萬元交付受託人A銀行，成立金錢信託，並約定信託財產50%投資股票，信託財產50%投資於不動產。依據信託業法第25條規定，受託人A銀行不得以信託財產中的500萬元購買A銀行本身所有的不動產，或購買A銀行的利害關係人所有的不動產。
讓售與本身或其利害關係人	依信託業法第25條第3款規定，信託業不得讓售信託財產給與銀行本身或其利害關係人。 【舉例說明】 委託人將一塊土地移轉給受託人A銀行成立土地信託，並約定由受託人將土地蓋成大樓後，50%的大樓出租，50%的大樓出售。依據信託業法第25條第3款規定，受託人A銀行不可將信託財產50%的大樓讓售給A銀行本身，或讓售給A銀行的利害關係人。 **【重點提醒】** **依信託法第35條第1項本文規定，受託人原則上不得將信託財產轉為自有財產。** **當委託人將土地所有權移轉予受託人A銀行，成立土地信託，約定將土地蓋成大樓後，大樓的50%擬出租，大樓另外50%擬出售。依信託法第35條第1項，原則上是不得要求委託人直接將大樓出售給A銀行本身，以轉為自有財產。** **但如依同法第1項第1款規定，經受益人同意並依市價取得時，則例外不受限制。惟應注意者，於信託業者依信託業法第25條第3款規定禁止信託業以信託財產（例如大樓）讓售與本身。基於信託業在辦理信託業務時，應優先適用信託業法，從而信託法第35條第1款例外，於信託業（商業信託）將無從適用。**
其他經主管機關規定之利害關係交易行為	依信託業法第25條第4款規定，按目前金融監督管理委員會並未規定其他利害關係交易行為。

<table>
<tr><th>絕對禁止行為</th><th>說明</th></tr>
<tr><td>例外規定</td><td>1.依信託業法第25條第2項規定，信託契約約定信託業對信託財產不具運用決定權者，不受第1項之限制。
信託業應就信託財產與信託業本身或利害關係人交易之情形，充分告知委託人，如受益人已確定者，並應告知受益人。
(1)信託業必須與委託人於信託契約中約定信託業對信託財產不具有運用權者，才可不受本條文第1項限制。
因此，信託業所辦理之業務，如不具有運用決定權，而係由委託人保留所有運用決定權者，信託業無違反忠實義務之虞，爰可不受第1項限制。
(2)同時，為使委託人或受益人瞭解信託業乃其信託財產與信託業本身或利害關係人交易之情形，依規定信託業應就信託財產與信託業本身或利害關係人交易之情形，充分告知委託人或受益人。
2.此外，信託業法第25條第3項規定，政府發行的債券，不受到信託業法第25條第1項的限制。
因為公營銀行的大股東為政府，所以政府是屬於利害關係人，如果依照信託業法第25條第1款至第4款的規定，會使公營銀行在營運時受到相當的限制，所以設置排除條款，以利公營銀行為客戶運用信託財產時，可以購買政府所發行的公債。

【舉例說明】
委託人將新台幣1000萬元交付A銀行成立金錢信託並由委託人保留所有運用決定權，具體指示運用於A銀行發行之股票時，依上開函令規定，得不受信託業法第25條第1款之限制。</td></tr>
</table>

【案例1】自行員工持股信託

A銀行信託部辦理自行員工持股信託，委託人指定信託財產的運用範圍，包含A銀行本行發行的股票，依信託業法第25條第1款規定，禁止信託業以信託財產購買其本身發行的有價證券。

但信託業法第25條第2項規定信託業對信託財產不具有運用決定權的信託不受信託業法第25條第1項的限制。

所以在本案例，A銀行如果依照委託人具體特定的運用指示，將信託資金投資在A銀行本身發行的股票時，將不受信託業法第25條第1款的限制。但A銀行應將上開情形告知委託人或受益人。

【案例 2】特定金錢信託投資

A銀行辦理特定金錢信託，投資在國內外基金業務，包含了A銀行的利害關係人B證券投資信託公司發行的A基金在內，原本依據信託業法第25條第1款，有關信託業不得以信託財產購買其利害關係人發行的有價證券規定，A銀行不得將信託資金購買B證券投資信託公司發行的A基金。

惟依信託業法第25條第2項規定信託業對信託財產不具有運用決定權的信託不受信託業法第25條第1項的限制。

所以在本案例，A銀行如果依照委託人具體特定的運用指示，將信託資金購買A證券投資信託公司發行的A基金時，將不受信託業法第25條第1項第1款的限制。但A銀行應將上開情形告知委託人或受益人。

三、罰則

違反第25條第1項或第26條第1項規定者，依同法第50條規定，其行為負責人處3年以下有期徒刑、拘役或科或併科新臺幣1000萬元以下罰金。

〔牛刀小試〕

(　　) **1** 下列何者非屬信託業應遵守之行為規範？
(A)不得承諾擔保本金或最低收益率
(B)不得對委託人有虛偽、詐欺之行為
(C)以信託財產辦理授信，應事先取得受益人書面同意
(D)對信託財產有運用決定權者不能兼任其他業務之經營。　【第23期】

(　　) **2** 信託業具有運用決定權者，得以信託財產為下列何種行為？
(A)購買政府發行之債券
(B)購買其利害關係人之財產
(C)讓售與其利害關係人
(D)購買其利害關係人發行之有價證券。　【第26期】

( ) **3** 甲以現金新臺幣一千萬元與信託業乙訂定不指定營運範圍及方法之信託契約，並約定丙為受益人；今乙持股3%之丁公司，正由乙協辦其公司債承銷中，請問乙是否得以甲之信託財產購買其承銷之丁公司公司債？
(A)可購買
(B)不可購買
(C)事先取得丙之書面同意即可購買
(D)事先經乙信託財產評審委員會之同意即可購買。 【第35期】

( ) **4** 依信託法規定，私益信託之受託人如違反分別管理義務，未將信託財產與自有財產分別管理而獲得利益者，委託人或受益人得為下列何種請求或主張？ (A)請求將所獲利益歸於信託財產 (B)逕行解任受託人，不必向法院聲請 (C)請求將所獲利益歸於委託人 (D)請求將所獲利益歸於受益人。 【第50期】

解答與解析

1 (C)。信託業法第26條：信託業不得以信託財產辦理銀行法第5-2條所定授信業務項目。信託業不得以信託財產借入款項。但以開發為目的之土地信託，依信託契約之約定、經全體受益人同意或受益人會議決議者，不在此限。

2 (A)。信託業法第25條：「信託業不得以信託財產為下列行為：一、購買本身或其利害關係人發行或承銷之有價證券或票券。二、購買本身或其利害關係人之財產。三、讓售與本身或其利害關係人。四、其他經主管機關規定之利害關係交易行為。信託契約約定信託業對信託財產不具運用決定權者，不受前項規定之限制；信託業應就信託財產與信託業本身或利害關係人交易之情形，充分告知委託人，如受益人已確定者，並應告知受益人。」

3 (B)。信託業法第25條：信託業不得以信託財產為下列行為：一、購買本身或其利害關係人發行或承銷之有價證券或票券。二、購買本身或其利害關係人之財產。三、讓售與本身或其利害關係人。四、其他經主管機關規定之利害關係交易行為。信託契約約定信託業對信託財產不具運用決定權者，不受前項規定之限制；信託業應就信託財產與信託業本身或利害關係人交易之情形，充分告知委託人，如受益人已確定者，並應告知受益人。政府發行之債券，不受第1項規定之限制。屬信託業具運用決定權者，故不得購買本身或其利害關係人發行或承銷之有價證券或票券。

4 (A)。依信託法第35條：受託人除法定例外，不得將信託財產轉為自有財產，或於該信託財產上設定或取得權利。受託人違反第1項之規定，使用或處分信託財產者，委託人、受益人或其他受託人，除準用第23條規定外，並得請求將其所得之利益歸於信託財產；於受託人有惡意者，應附加利息一併歸入。故答案(A)，正確。

 信託業利害關係人自易行為之相對限制 重要度★★★

依信託業法第27條自易行為的相對限制來規範信託業利害關係人以信託財產所做之行為。

一、自易行為之相對限制

(一) 依信託業法第27條「自易行為的相對限制」，信託業除依信託契約之約定，或事先告知受益人並取得其書面同意外，不得為下列行為：

1. 以信託財產購買其銀行業務部門經紀之有價證券或票券。
2. 以信託財產存放於其銀行業務部門或其利害關係人處作為存款或與其銀行業務部門為外匯相關之交易。
3. 以信託財產與本身或其利害關係人為第25條第1項以外之其他交易。

(二) 信託契約約定信託業對信託財產不具運用決定權者，不受前項規定之限制。

(三)信託業應就信託財產與信託業本身或利害關係人交易之情形，充分告知委託人，如受益人已確定者，並應告知受益人。

(四)第1項第2款所定外匯相關之交易，應符合外匯相關法令規定，並應就外匯相關風險充分告知委託人，如受益人已確定者，並應告知受益人。

(五)信託業應就利害關係交易之防制措施，訂定書面政策及程序。

二、「自易行為之相對限制」，規範信託業利害關係人以信託財產所做之行為，分別以下列行為來說明

相對限制行為	說明
以信託財產購買其銀行業務部門經紀之有價證券或票券	依信託業法第27條第1款規定，限制信託業以信託財產購買其銀行業務部門所經紀的有價證券或票券。 【舉例說明】 委託人將新台幣1000萬元交付給A銀行，成立金錢信託，以購買上市上櫃股票，則A銀行是不可購買其本身證券部門所經紀的上市上櫃股票。 但依據信託業法第27條第1款的規定，並沒有限制A銀行不得購買A銀行的利害關係人所經紀的有價證券，所以A銀行如果有利害關係人為證券公司時，並以信託財產購買該利害關係人經紀之有價證券，則可不受到信託業法第27條第1款的限制。

相對限制行為	說明
以信託財產存放於其銀行業務部門或其利害關係人處作為存款或與其銀行業務部門為外匯相關之交易	依信託業法第27條第2款規定，限制信託業以信託財產存放在其銀行業務部門或其利害關係人處作為存款或與其銀行業務部門為外匯相關之交易。 【舉例說明】 委託人將新台幣1000萬元交付給A銀行成立金錢信託，約定以信託財產的50%購買境外基金，另外50%則存放在銀行作為存款。此時，A銀行不可以自行將存款存放在A銀行或是利害關係人處作為存款，必須將該部份信託財產轉存到其他銀行作為存款。 其次，A銀行亦不得將其中約定的新台幣500萬元，透過A銀行自己的業務部門結購或結售外匯，以投資境外基金。 亦即，A銀行必須透過其他銀行的配合辦理完成新台幣500萬元結購或結售的外匯程序。
以信託財產與本身或其利害關係人為第25條第1項以外之其他交易	依信託業法第27條第3款規定，限制信託業以信託財產與銀行本身或其利害關係人為信託業法第25條第1項以外的其他交易行為。 【舉例說明】 當信託財產與自身或其利害關係人產生或進行租賃之行為是不可以的。 也就是說，若委託人將土地登記給A銀行，成立土地信託，約定土地由受託人蓋成大樓後，將大樓出租，則A銀行是不可以將該大樓出租給銀行本身或銀行的利害關係人。
例外規定1－信託契約約定信託業對信託財產不具運用決定權者	依信託業法第27條第2項規定，信託契約約定信託業對信託財產不具運用決定權者，不受前項規定之限制。 倘若委託人對信託財產保留所有運用決定權，因為信託業是依信託契約約定進行信託財產與信託業本身或其利害關係人的相關交易，可以不受信託業法第27條第1項限制。
例外規定2－事先告知受益人並取得其書面同意	依信託業法第27條第3項規定，限制信託業就信託財產與信託業本身或利害關係人為相關交易，以免影響受益人權益。但若信託業事先告知受益人並取得其書面同意，將可從事相關交易。 依信託業法第27條第3項規定，原僅有事先取得受益人之書面同意此一例外規定。信託業法於民國97年1月16日公布修正增訂「依信託契約之約定」此一例外規定。 依此當信託業所辦理信託業務，如受益人不特定或尚未存在時，因無從事先取得受益人之書面同意，故得依信託契約之約定（例如取得委託人同意或取得信託監察人同意）辦理之。

相對限制行為	說明
外匯風險告知	依信託業法第27條第1項第2款所定外匯相關之交易，應符合外匯相關法令規定，並應就外匯相關風險充分告知委託人，如受益人已確定者，並應告知受益人。 信託業就信託財產與其銀行業務部門為相關外匯交易，應符合外匯相關法令規定，並應就外匯相關風險充分告知委託人，如受益人已確定者，並應告知受益人。
防制措施	信託業應就利害關係交易之防制措施，訂定書面政策及程序。

三、罰則

信託業違反信託業法第27條規定者，依同法第54條第7款規定，處新臺幣180萬元以上900萬元以下罰鍰。

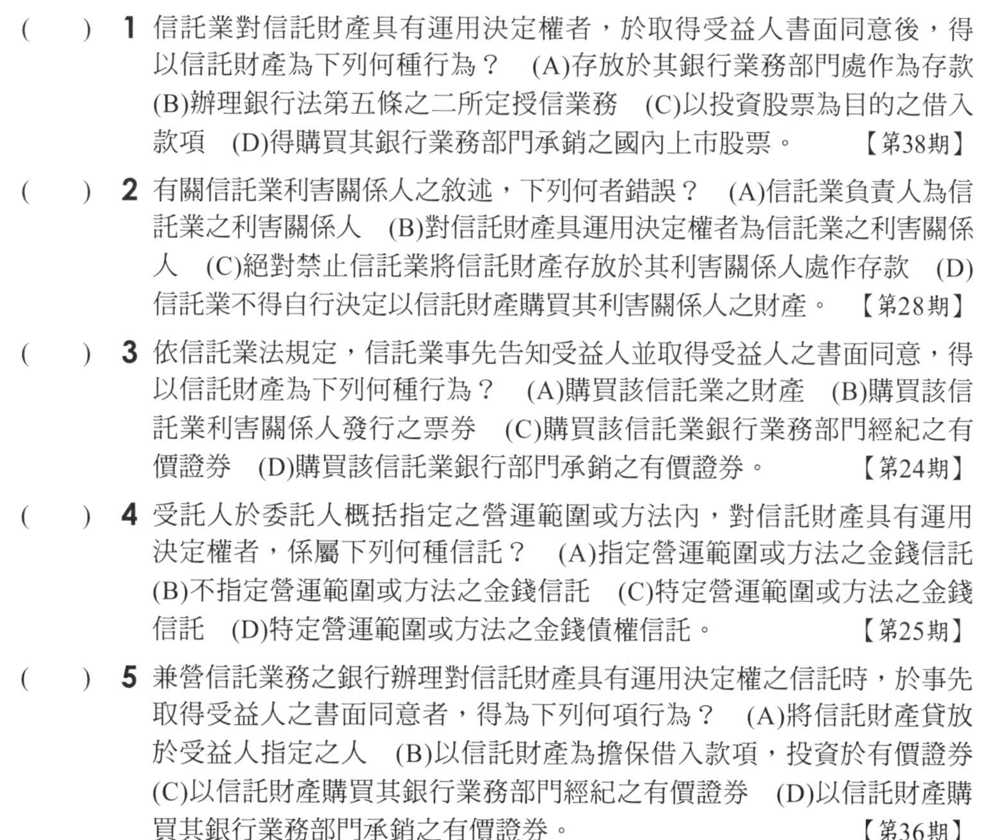

〔牛刀小試〕

(　　) **1** 信託業對信託財產具有運用決定權者，於取得受益人書面同意後，得以信託財產為下列何種行為？ (A)存放於其銀行業務部門處作為存款 (B)辦理銀行法第五條之二所定授信業務 (C)以投資股票為目的之借入款項 (D)得購買其銀行業務部門承銷之國內上市股票。【第38期】

(　　) **2** 有關信託業利害關係人之敘述，下列何者錯誤？ (A)信託業負責人為信託業之利害關係人 (B)對信託財產具運用決定權者為信託業之利害關係人 (C)絕對禁止信託業將信託財產存放於其利害關係人處作存款 (D)信託業不得自行決定以信託財產購買其利害關係人之財產。【第28期】

(　　) **3** 依信託業法規定，信託業事先告知受益人並取得受益人之書面同意，得以信託財產為下列何種行為？ (A)購買該信託業之財產 (B)購買該信託業利害關係人發行之票券 (C)購買該信託業銀行業務部門經紀之有價證券 (D)購買該信託業銀行部門承銷之有價證券。【第24期】

(　　) **4** 受託人於委託人概括指定之營運範圍或方法內，對信託財產具有運用決定權者，係屬下列何種信託？ (A)指定營運範圍或方法之金錢信託 (B)不指定營運範圍或方法之金錢信託 (C)特定營運範圍或方法之金錢信託 (D)特定營運範圍或方法之金錢債權信託。【第25期】

(　　) **5** 兼營信託業務之銀行辦理對信託財產具有運用決定權之信託時，於事先取得受益人之書面同意者，得為下列何項行為？ (A)將信託財產貸放於受益人指定之人 (B)以信託財產為擔保借入款項，投資於有價證券 (C)以信託財產購買其銀行業務部門經紀之有價證券 (D)以信託財產購買其銀行業務部門承銷之有價證券。【第36期】

解答與解析

1 **(A)**。信託業法第27條：信託業除依信託契約之約定，或事先告知受益人並取得其書面同意外，不得為下列行為：一、以信託財產購買其銀行業務部門經紀之有價證券或票券。二、以信託財產存放於其銀行業務部門或其利害關係人處作為存款或與其銀行業務部門為外匯相關之交易。三、以信託財產與本身或其利害關係人為第25條第1項以外之其他交易

2 **(C)**。信託業法第27條：信託業除依信託契約之約定，或事先告知受益人並取得其書面同意外，不得為下列行為：一、以信託財產購買其銀行業務部門經紀之有價證券或票券。二、以信託財產存放於其銀行業務部門或其利害關係人處作為存款或與其銀行業務部門為外匯相關之交易。三、以信託財產與本身或其利害關係人為第25條第1項以外之其他交易。信託契約約定信託業對信託財產不具運用決定權者，不受前項規定之限制；信託業應就信託財產與信託業本身或利害關係人交易之情形，充分告知委託人，如受益人已確定者，並應告知受益人。

3 **(C)**。信託業法第27條：「信託業除依信託契約之約定，或事先告知受益人並取得其書面同意外，不得為下列行為：一、以信託財產購買其銀行業務部門經紀之有價證券或票券。二、以信託財產存放於其銀行業務部門或其利害關係人處作為存款或與其銀行業務部門為外匯相關之交易。三、以信託財產與本身或其利害關係人為第25條第1項以外之其他交易。」第25條：「信託業不得以信託財產為下列行為：一、購買本身或其利害關係人發行或承銷之有價證券或票券。二、購買本身或其利害關係人之財產。三、讓售與本身或其利害關係人。四、其他經主管機關規定之利害關係交易行為。信託契約約定信託業對信託財產不具運用決定權者，不受前項規定之限制；信託業應就信託財產與信託業本身或利害關係人交易之情形，充分告知委託人，如受益人已確定者，並應告知受益人。政府發行之債券，不受第1項規定之限制。」

4 **(A)**。受託人對信託財產具有運用決定權之信託，分為下列二類：委託人指定營運範圍或方法：指委託人對信託財產為概括指定營運範圍或方法，並由受託人於該概括指定之營運範圍或方法內，對信託財產具有運用決定權。委託人不指定營運範圍或方法：指委託人對信託財產不指定營運範圍或方法，受託人於信託目的範圍內，對信託財產具有運用決定權。

5 **(C)**。信託業法第27條：信託業除依信託契約之約定，或事先告知受益人並取得其書面同意外，不得為下列行為：一、以信託財產購買其銀行業務部門經紀之有價證券或票券。二、以信託財產存放於其銀行業務部門或其利害關係人處作為存款或與其銀行業務部門為外匯相關之交易。三、以信託財產與本身或其利害關係人為第25條第1項以外之其他交易。信託業法第25條：信託業不得以信託財產為下列行為：一、購買本身或其利害關係人發行或承銷之有

價證券或票券。二、購買本身或其利害關係人之財產。三、讓售與本身或其利害關係人。四、其他經主管機關規定之利害關係交易行為。信託契約約定信託業對信託財產不具運用決定權者，不受該二條規定之限制。

精選試題

( ) **1** 依信託業法規定，下列何者不屬於信託業之利害關係人？ (A)對信託財產具有運用決定權者 (B)信託業負責人之三親等姻親 (C)信託業持股比率超過百分之五之企業 (D)持有信託業已發行股份或資本總額百分之五以上者之三親等血親。 【第7期】

( ) **2** 下列何者非屬信託業法上所稱信託業之利害關係人？ (A)信託業負責人 (B)持有信託業已發行股份總數達百分之三之企業 (C)對信託財產具有運用決定權者 (D)信託業持股比率達百分之六之企業。 【第8期】

( ) **3** 有關信託業之利害關係人，下列何者錯誤？ (A)信託業之監察人 (B)對信託財產具有運用決定權者 (C)信託業持股比率百分之三之企業 (D)持有信託業已發行股份總數或資本總額百分之五以上者。 【第9期】

解答與解析

1 (BD)。信託業法第7條及銀行法第33-1條。

2 (B)。信託業法第7條。

3 (AC)。依信託業法第7條：
本法稱信託業之利害關係人，指有下列情形之一者：
一、持有信託業已發行股份總數或資本總額百分之五以上者。
二、擔任信託業負責人。→(B)
三、對信託財產具有運用決定權者。→(A)
四、第一款或第二款之人獨資、合夥經營之事業，或擔任負責人之企業，或為代表人之團體。
五、第一款或第二款之人單獨或合計持有超過公司已發行股份總數或資本總額百分之十之企業。
六、有半數以上董事與信託業相同之公司。
七、信託業持股比率超過百分之五之企業。→(D)

信託業應遵守的基本義務與責任

依據出題頻率區分，屬：**B** 頻率中

課綱概要

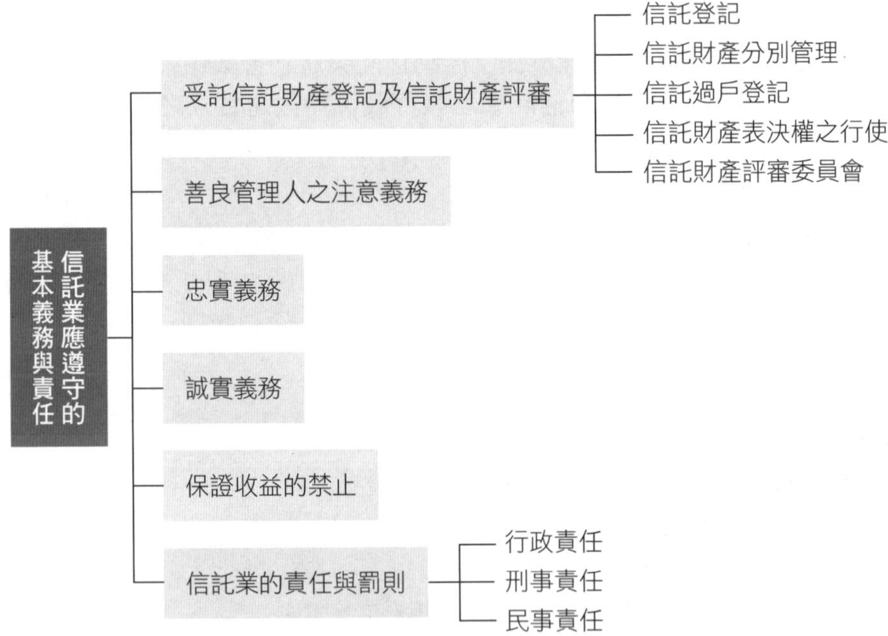

課前導讀

本章節係解釋信託業應遵循的基本義務與責任，讀者應就本章節的內容充分瞭解其各項應注意義務與規範，並對相關禁止項目及罰則的部分充分理解，以便在針對考題所衍生出來的問題與概念能有效理解回答，同時對後續章節的說明與提示能有所記憶。

壹 受託信託財產登記及信託財產評審 重要度★★★★

一、信託登記

依信託業法第20條規定，信託業之信託財產為應登記之財產者，應依有關規定為信託登記。

二、信託財產分別管理

信託業之信託財產為有價證券，信託業將其自有財產與信託財產分別管理，並以信託財產名義表彰，其以信託財產為交易行為時，得對抗第三人，不適用信託法第4條第2項規定。

三、信託過戶登記

信託業之信託財產為股票或公司債券，信託業以信託財產名義表彰，並為信託過戶登記者，視為通知發行公司。

四、信託財產表決權之行使

依信託業法第21條規定，信託業之信託財產為股票者，其表決權之行使，得與其他信託財產及信託業自有財產分別計算，不適用公司法第181條但書規定。信託業行使前項表決權，應依信託契約之約定。

五、信託財產評審委員會

(一) 依信託業法第21條及信託業法施行細則第12條規定訂定之，信託業應設立「信託財產評審委員會」，將信託財產「每3個月」評審1次，對於提會案件應詳加審議作成結論，並將會議紀錄報告董事會。

(二) 目的為健全信託業內部管理，妥善維護信託財產與保障委託人及受益人之利益，職責在於審查信託財產之運用是否遵循法令規範，並符合信託約定，採事後審查機制。

(三)「信託財產評審委員會」評審信託財產之內容如下：

1. 對信託財產不具有運用決定權之信託，由信託業務專責部門就信託財產運用之彙總運用概況提出報告。
2. 對集合管理運用帳戶，應就個別帳戶審議其信託財產之運用是否遵循法令規範並符合管理運用計畫、信託約定以及有無顯不合理之運用狀況。

3.對共同信託基金，應就個別基金審議其信託財產之運用是否遵循法令規範並符合募集發行計畫、信託約定以及有無顯不合理之運用狀況；並審閱信託業依共同信託基金管理辦法第23條所提出之檢討報告。

4.對於不動產投資信託基金及資產信託，應依信託公會對於不動產投資信託基金及資產信託之信託財產評審所擬定之評審原則審查信託財產。

5.除本條第2至4款之信託外，對於其餘就信託財產具有運用決定權之信託，應審議其信託財產之運用是否遵循法令規範、符合信託約定及有無顯不合理之運用狀況。評審時應採隨機方式進行抽查，每次抽查件數，其信託財產交付金額達新台幣5000萬元以上者，抽查比率不得低於5%；其低於新台幣5000萬元部分，應至少抽查5筆。

6.對於本規範第11條聘請之外部專業人員就信託財產運用情況所提出之分析、報告予以審查。

7.除本規範外，如有其他法律就信託財產之評審另有規定，本委員會亦應遵照該規定評審信託財產。

(四)委員會就信託財產評審事宜，認有聘請會計師、律師等外部專業人員審查之必要時，經委員會決議後由信託業聘任之。

(五)委員會得評估外部專業人員之資格、經驗、服務費用及其他事項，以決定聘用、解任及更換外部專業人員。

〔牛刀小試〕

( ) 1 依信託業法規定，信託財產評審委員會應將信託財產每幾個月評審一次，報告董事會？
(A)一個月 (B)三個月
(C)六個月 (D)九個月。 【第41期】

( ) 2 信託業法第21條所訂信託財產評審委員會之組織及評審規範，由下列何者訂之？ (A)信託業之主管機關 (B)人民團體之主管機關 (C)中華民國信託業商業同業公會 (D)中華民國銀行商業同業公會。 【第36期】

( ) 3 依信託法及信託業法規定，有關信託業辦理定期會計報告之敘述，下列何者錯誤？ (A)應依信託契約及主管機關規定為之 (B)信託財產評審報告每三個月應報告委託人及受益人 (C)信託契約約定設有信託監察人者，亦應向信託監察人報告 (D)受託人每年至少定期一次作成信託財產目錄，並編製收支計算表，送交委託人及受益人。 【第32期】

( ) **4** 信託業法第21條所訂信託財產評審委員會之組織及評審規範，由下列何者訂之？ (A)信託業之主管機關 (B)人民團體之主管機關 (C)中華民國信託業商業同業公會 (D)中華民國銀行商業同業公會。 【第4期】

( ) **5** 信託業從事下列何種行為不須經主管機關之許可？
(A)募集共同信託基金 (B)裁撤分支機構
(C)變更章程 (D)辦理信託財產評審。 【第8期】

解答與解析

1 (B)。信託業法第21條：信託業應設立信託財產評審委員會，將信託財產每3個月評審1次，報告董事會。

2 (C)。信託業法施行細則第12條：本法第21條所定信託財產評審委員會之組織及評審規範，由同業公會定之。故為中華民國信託業商業同業公會。

3 (B)。信託業法第21條：信託業應設立信託財產評審委員會，將信託財產每三個月評審一次，報告董事會。

4 (C)。信託業法施行細則第12條。

5 (D)。信託業法第11、13、21、29條。

貳 善良管理人之注意義務 重要度★★★

一、依信託業法第22條規定，信託業處理信託事務，應該以善良管理人的注意為之，並負忠實義務。

二、中華民國信託業商業同業公會依信託業法第22條第2項規定報請主管機關訂定「信託業應負之義務及相關行為規範」，以供信託業者遵循之。

三、其訂定本旨目的乃為健全信託業內部管理，妥善維護信託財產，共同創造信託業之發展與保障委託人及受益人之利益，信託業於經營信託業務時，應遵守本規範，並應使其負責人及員工遵守本規範。

四、依據上開規範目的，第8條規定更指明善良管理人注意義務之一般規範，信託業應依信託本旨，以善良管理人之注意義務，並以專業及謹慎態度處理信託業務。

五、並於同規範第10條中規定信託業之告知義務及未盡善良管理人注意義務之情形，因此，如果信託業有下列情形之一者，應視為違反善良管理人之注意義務：

(一) 應告知委託人或受益人之重大訊息怠於告知者，其情形包括下列事項：

1. 未依相關法令規定向委託人或受益人告知信託帳戶投資運用之風險。
2. 未依信託業法第25條第2項、第27條第2項，就信託財產與信託業本身或利害關係人交易之情形充分告知委託人或已確定之受益人。
3. 未依信託業法第27條第3項，將外匯相關風險充分告知委託人，或已確定之受益人。
4. 未依本規範第36條第2項規定告知委託人或受益人，其為委託人或受益人處理信託業務有利益衝突之情事。

(二) 違反本規範第4條、第6條、第7條所規定之任一行為。

(三) 未依法令或信託公會規章所規定之保護措施保管信託財產。

(四) 未依信託法或相關法令規定將信託財產與其自有財產及其他信託財產分別設帳管理。

(五) 處理信託業務有違反利益衝突原則之情事。

(六) 未依信託財產所投資之產品規定時限即時為委託人或受益人給付相關款項及費用。

在國外的善良管理人應注意義務的相關法令遵循規定的發展上，美國在1940年之後，就曾經採取謹慎投資人規則的規定，釐清並界定受託人的責任界限。

要求受託人有責任在投資前應該事先調查清楚要投資的對象及內容，同時在選擇購買相關證券時，應先進行研究該證券標的過去的財務資料以及瞭解未來可能的展望，同時參考分析師專家所提供的意見，並應考慮投資建議提供意見者與欲投資的證券之間有無利害關係。

〔牛刀小試〕

( ) **1** 信託業管理、運用或處分信託財產，下列敘述何者不正確？ (A)信託業不得以信託財產購買本身之財產 (B)信託業不得以信託財產購買其利害關係人之財產 (C)除政府發行之債券外，信託業不得以信託財產讓售與本身或其利害關係人 (D)信託業得以信託財產辦理放款。 【第3期】

( ) **2** 依信託業法規定，信託業得依契約之約定，為下列何種行為？ (A)擔保本金或最低收益率 (B)以信託財產辦理銀行法第五條之二所定授信業務 (C)經營未經主管機關 (D)以信託財產購買其銀行業務部門經紀之有價證券或票券。核定之業務 【第26期】

(　　) **3** 有關信託財產之運用，下列敘述何者正確？ (A)信託業得以信託財產辦理銀行法第5-2條所定授信業務項目 (B)信託業得經信託監察人同意後，將信託財產存放其銀行業務部門 (C)信託業得依信託契約約定，將信託財產運用於具保本保息性質之標的 (D)以開發為目的之土地信託經二分之一以上受益人之同意，得以信託財產借入款項。【第29期】

(　　) **4** 除依信託契約之約定外，有關信託業以信託財產存放於其銀行業務部門或其利害關係人處作為存款之敘述，下列何者正確？ (A)絕對禁止 (B)由信託業者決定 (C)應向信託公會報備 (D)事先告知受益人並取得其書面同意。【第30期】

(　　) **5** 有關信託業法對信託業經營業務之規定，下列敘述何者錯誤？ (A)信託財產評審委員會應將信託財產每三個月評審一次 (B)信託業得以信託財產辦理銀行法第5-2條所定授信業務 (C)不得對委託人或受益人有虛偽、詐欺或其他足致他人誤信之行為 (D)信託業具有運用決定權，不得以信託財產購買本身或其利害關係人之財產。【第31期】

解答與解析

1 **(D)**。信託業法第25、26條。

2 **(D)**。信託業法第27條：「信託業除依信託契約之約定，或事先告知受益人並取得其書面同意外，不得為下列行為：一、以信託財產購買其銀行業務部門經紀之有價證券或票券。二、以信託財產存放於其銀行業務部門或其利害關係人處作為存款或與其銀行業務部門為外匯相關之交易。三、以信託財產與本身或其利害關係人為第25條第1項以外之其他交易。」

3 **(C)**。信託業法第27條：信託業除依信託契約之約定，或事先告知受益人並取得其書面同意外，不得為下列行為：一、以信託財產購買其銀行業務部門經紀之有價證券或票券。二、以信託財產存放於其銀行業務部門或其利害關係人處作為存款或與其銀行業務部門為外匯相關之交易。第26條：信託業不得以信託財產辦理銀行法第5-2條所定授信業務項目。信託業不得以信託財產借入款項。但以開發為目的之土地信託，依信託契約之約定、經全體受益人同意或受益人會議決議者，不在此限。前項受益人會議之決議，應經受益權總數三分之二以上之受益人出席，並經出席表決權數二分之一以上同意行之。

4 **(D)**。信託業法第27條：信託業除依信託契約之約定，或事先告知受益人並取得其書面同意外，不得為下列行為：一、以信託財產購買其銀行業務部門經紀之有價證券或票券。二、以信託財產存放於其銀行業務部門或其利害關係人處作為存款或與其銀行業務部門為外匯相關之交易。

5 **(B)**。信託業法第26條：信託業不得以信託財產辦理銀行法第5-2條所定授信業務項目。

 忠實義務 重要度★★★

就一般規範而言，受託人本來就應該以受益人的利益為處理信託事務的唯一目的，不可以在處理相關信託事務時，只考慮到自己的利益或有圖利他人之行為，應當避免與受益人產生利害衝突之情事。

一、依信託業法有關「忠實義務」之規定，可區分為下列情形來說明

忠實義務之行為禁止與限制	法規說明
1.禁止兼任其他業務的經營	依據信託業法第 24 條第 2 項規定，對信託財產具有運用決定權者，不可以兼任其他業務的經營。 亦即對信託財產具有運用決定權的人，只能辦理信託業法第16條的信託業務以及信託業法第17條的附屬業務，以避免受託人將管理或處分信託財產的消息洩漏給他人或在處理信託事務時，同時為自己或第3人從事其他業務之利益，藉以從中獲利。 正如同銀行信託部的經理、副理、襄理、信託財產運用科科長及下屬，如對信託財產的運用，具有最後決定權時，上述人員只能夠辦理信託業法第16條信託業務及信託業法第17條附屬業務。而不得接受辦理其他銀行業務，例如：吸收存款、辦理授信、投資業務、證券業務、票券業務等業務。
2.禁止行為	所謂「禁止行為」是指信託業法第25條及信託業法第26條的規定。可區分為「自易行為之絕對禁止」和「授信業務之禁止」： 1.「自易行為之絕對禁止」，依信託業法第 25 條信託業不得以信託財產為下列行為： (1) 購買本身或其利害關係人發行或承銷之有價證券或票券。 (2) 購買本身或其利害關係人之財產。 (3) 讓售與本身或其利害關係人。 (4) 其他經主管機關規定之利害關係交易行為。 2.「授信業務之禁止」 (1)依信託業法第26條第1項規定，信託不得以信託財產辦理銀行法第5條之2所定授信業務項目。 也就是說，信託業不得以信託財產辦理放款、透支、貼現、保證、承兌及其他經主管機關指定之業務項目。

忠實義務之行為禁止與限制	法規說明
2.禁止行為	(2)依據信託業法第26條第2項規定，信託業不得以信託財產借入款項。但以開發為目的之土地信託，依信託契約之約定，經全體受益人同意或受益人會議決議者，不在此限。本規定重點分別敘明如下： I.基本上，信託業不得以信託財產借入款項，以維持信託財產的穩定性及信託關係的單純性。 II.土地信託如以開發為目的，信託業於開發過程因需投入一定規模以上之資金尚能有效完成信託的目的。因此，例外規定信託業得以信託財產為借入款項，例如土地。 III.信託業辦理以開發為目的之土地信託，將信託財產借款者，必須符合下列三種情形： A.依信託契約之約定，得以信託財產借入款項。 B.經全體受益人同意，得以信託財產借入款項。 C.經受益人會議決議，得以信託財產借入款項。 同時，該受益人會議，應經受益權總收三分之二以上之受益人出席，並經出席表決權數二分之一以上同意行之。
3.限制行為	所謂「限制行為」是指信託業法第27條有關「自易行為之相對限制」的說明，信託業除依信託契約之約定，或事先告知受益人並取得其書面同意外，不得為下列行為： 1.以信託財產購買其銀行業務部門經紀之有價證券或票券。 2.以信託財產存放於其銀行業務部門或其利害關係人處作為存款或與其銀行業務部門為外匯相關之交易。 3.以信託財產與本身或其利害關係人為第25條第1項以外之其他交易。

二、「信託業應負之義務及相關行為規範」之「忠實義務」

依該規範第4條規定信託業應忠實執行信託業務，並應遵守下列規定：

(一) 為信託事務之管理，應盡力為受益人謀求利益。

(二) 不得明知某項信託財產之投資運用或交易對委託人或受益人是顯不適當的，意圖為自己或第三人不法之利益，或損害委託人或受益人之利益，而故意建議委託人或受益人進行該項投資運用或交易，例如對信託財產有運用決定權時，為委託人或受益人執行該項投資運用或交易行為。

(三) 不得明知委託人或受益人對於信託契約之重大條款、信託行為或信託財產管理之重大事項認知錯誤，而故意不告知該錯誤情事。

(四) 經營信託業務，不得對委託人或受益人有虛偽、詐欺或其他足致委託人或受益人誤信之行為。

(五) 不得故意設計某些交易行為以掩飾或隱匿其違反法令或信託公會規章規定之行為。

(六) 於擔任受託人時，除與他人為共同受益人外，不得以任何名義，享有信託利益，或與他人交互享有信託利益。

(七) 為避免信託業執行信託事務時與本身發生利害衝突，除信託契約約定信託業對信託財產不具運用決定權之信託外，信託業不得有信託業法第25條規定之禁止行為；除信託契約約定信託業對信託財產不具運用決定權之信託外，非依信託契約之約定或事先告知受益人並取得其書面同意，亦不得有信託業法第27條規定之限制行為。

因此，依信託業法第25條規定違反第25條第1項或第26條第1項規定者，其行為負責人處3年以下有期徒刑拘役或科或併科新臺幣1000萬元以下罰金。

(八) 如以信託財產與其本身或利害關係人交易時，應依信託業法第25條第2項及第27條第2項規定，就信託財產與信託業本身或利害關係人交易之情形充分告知委託人；如涉及外匯相關之交易，除應符合外匯相關法令規定外，並應就外匯相關風險充分告知委託人；其受益人已確定者，並均應告知受益人。

(九) 受客戶委託辦理信託財產之投資時，其業務相關人員有利害關係者，不得參與該投資行為之決定。

(十) 信託如有二人以上之受益人，信託業應依信託本旨，盡力以公平原則處理信託財產之運用、管理與分配事宜。

(十一) 不得以信託財產辦理授信；除法律另有規定外，亦不得以信託財產借入款項，但以開發為目的之土地信託，依信託契約之約定、經全體受益人同意或符合信託業法第26條第3項之受益人會議決議者，不在此限。

(十二) 對其委託人或受益人之往來、交易資料，除法律或主管機關另有規定外，應予保密。

(十三) 於經營或執行信託相關業務時，不得強制委託人或受益人接受信託業本身或其利害關係人之業務商品、服務或與其交易，做為訂立信託契約之必要條件。但如各該商品或服務係不可分，基於商業習慣、或有正當理由，且無妨害公平競爭之虞者，不在此限。

(十四)信託業辦理以自己擔任受託人之信託受益權為擔保之質權設定時，應注意遵守信託法第34條、第35條、信託業法第22條第1項及本規範第36條、第36條之1規定，以避免違反忠實義務或發生利益衝突之情事。

三、違反「忠實義務」之虛偽、詐欺或其他足致委託人或受益人誤信之情形

依該規範第4條第1項第4款所稱其他足致委託人或受益人誤信之行為，係指下列事項：

(一)偽造信託相關文件。

(二)故意誤導委託人或受益人有關信託財產所投資運用標的之風險。

(三)故意誤導委託人或受益人有關信託財產所投資運用商品應收取之費用及其付款方式。

(四)就信託財產所投資運用之商品之提供委託人或受益人未來投資報酬，故意為不適當之預測，致誤導委託人或受益人有關該投資商品可能之績效。

(五)對信託財產所投資產品或所運用標的之價值故意為錯誤之記錄。

〔牛刀小試〕

( ) **1** 信託業之忠實義務，一般係指下列何者？ A.以受益人利益為處理信託事務之唯一目的 B.不得考量受託人自身利益 C.避免與受益人利害衝突 (A)僅AB (B)僅BC (C)僅AC (D)ABC。 【第18期】

( ) **2** 信託業為下列何種行為時，不需取得受益人之同意？ (A)依信託契約之約定，向受益人作定期會計報告 (B)以信託財產存放於其利害關係人處作為存款 (C)以信託財產購買其銀行業務部門經紀之有價證券 (D)辦理以開發為目的之土地信託，以該信託財產借入款項。 【第18期】

( ) **3** 依信託業法規定，信託業不得以信託財產借入款項，但下列何種情況可不受限制？ (A)以開發為目的之土地信託，依信託契約約定 (B)以公益為目的之土地信託，經信託監察人同意者 (C)以開發為目的之土地信託，經委託人會議決議者 (D)以投資為目的之有價證券信託，依信託契約約定並經全體受益人同意者。 【第30期】

( ) **4** 依信託業法規定，信託業有下列何種情形時，將可能被處有期徒刑之罰則？ (A)承諾擔保本金或最低收益率 (B)以信託財產辦理放款 (C)非經受益人同意以信託財產購買其銀行業務部門經紀之有價證券 (D)信託業未定期編製營業報告書向主管機關申報。 【第33期】

( ) **5** 信託業可否以信託財產辦理銀行法第五條之二所定授信業務項目？ (A)得依信託契約之約定辦理授信 (B)事先取得受益人書面同意者，得辦理授信 (C)絕對不得以信託財產辦理授信 (D)事先取得委託人書面同意者，得辦理授信。 【第24期】

解答與解析

1 **(D)**。所謂忠實義務，依一般通說，乃指受託人必須以受益人的利益為處理信託事務之唯一目的，不得於處理事務時，考慮自己的利益或圖利他人，即須避免有與受益人利害衝突之情事。

2 **(A)**。信託業法第26條：信託業不得以信託財產辦理銀行法第5-2條所定授信業務項目。信託業不得以信託財產借入款項。但以開發為目的之土地信託，依信託契約之約定、經全體受益人同意或受益人會議決議者，不在此限。第27條：信託業除依信託契約之約定，或事先告知受益人並取得其書面同意外，不得為下列行為：一、以信託財產購買其銀行業務部門經紀之有價證券或票券。二、以信託財產存放於其銀行業務部門或其利害關係人處作為存款或與其銀行業務部門為外匯相關之交易。三、以信託財產與本身或其利害關係人為第25條第1項以外之其他交易。

3 **(A)**。信託業法第26條：信託業不得以信託財產辦理銀行法第5-2條所定授信業務項目。信託業不得以信託財產借入款項。但以開發為目的之土地信託，依信託契約之約定、經全體受益人同意或受益人會議決議者，不在此限。

4 **(B)**。信託業法第26條：信託業不得以信託財產辦理銀行法第5-2條所定授信業務項目。信託業不得以信託財產借入款項。第50條：違反第25條第1項或第26條第1項規定者，其行為負責人處三年以下有期徒刑、拘役或科或併科新臺幣一千萬元以下罰金。

5 **(C)**。信託業法第26條。

肆 誠實義務 重要度★★★

一、依據信託業法第23條規定，信託業經營信託業務，不可以對委託人或受益人有虛偽、詐欺或其他足以讓他人誤信的行為。

二、違反這項規定者，依信託業法第49條的規定，違反第23條或第29條第1項規定者，其行為負責人處1年以上7年以下有期徒刑或科或併科新臺幣1000萬元以下罰金。

三、依據「信託業應負義務及相關行為規範」第6條規定，信託業處理信託業務時，不得故意為下列行為：

(一)製作不正確或不適當之績效報告傳送予委託人或受益人。

(二)為委託人或受益人製作錯誤之交易確認單或其他交易記錄或有價證券之持有情形，不論該委託人或受益人是否知悉此等錯誤情事或是否請求給予此等記錄。

四、依據「信託業應負義務及相關行為規範」第7條規定，信託業不得故意為下列不當運用委託人之信託財產之行為：

(一)就委託人信託帳戶內之資產執行不正當之交易，從中獲利。

(二)侵占委託人信託之資產，包括將屬於委託人之信託帳戶內之現金或有價證券移轉至自己或他人之帳戶。

(三)不當挪用委託人信託帳戶內之資金，以之作為信託業之其他委託人應補足之交易保證金或用於彌補其交易損失。

(四)將委託人信託帳戶內之資金運用於委託人原定用途以外之用途。

(五)未經委託人或受益人之同意，以委託人信託帳戶內之資產設定擔保或提供作為交易保證金。

〔牛刀小試〕

(　　) **1** 下列何者係信託業事先取得受益人同意，即可從事之行為？ (A)以信託財產辦理放款 (B)以信託財產讓售與利害關係人 (C)以信託財產存放於其銀行業務部門作為存款 (D)以信託財產購買本身或利害關係人發行之票券。【第17期】

(　　) **2** 信託業應遵守之基本義務，下列敘述何者正確？ (A)宜加強以信託財產從事放款業務 (B)政府對於信託從業人員資格及經驗設有相關條件 (C)為善盡忠實義務，一律不得使第三人代為處理信託事務 (D)為提供完整金融服務，應將管理處分信託財產之消息與他人分享。【第21期】

(　　) **3** 有關信託業應遵守之基本義務，下列何者係屬誠實義務？ (A)信託財產非經委託人同意不得辦理放款 (B)以開發為目的之土地信託非經全體受益人同意，不得以信託財產借入款項 (C)對信託財產具運用決定權者不得兼任其他業務之經營 (D)信託業不得對委託人或受益人有虛偽、詐欺或足致他人誤信之行為【第41期】

解答與解析

1 (C)。信託業法第27條：信託業除事先取得受益人之書面同意外，不得為下列行為：一、以信託財產購買其銀行業務部門經紀之有價證券或票券。二、以信託財產存放於其銀行業務部門或其利害關係人處作為存款。三、以信託財產與本身或其利害關係人為第二十五條第一項以外之其他交易。四、其他經主管機關規定之行為。

2 **(B)**。信託業法第24條：信託業之經營與管理，應由具有專門學識或經驗之人員為之。對信託財產具有運用決定權者，不得兼任其他業務之經營。信託業之董事、監察人應有一定比例以上具備經營與管理信託業之專門學識或經驗。第1項及第3項之專門學識或經驗，及第3項之比例，由主管機關定之。

3 **(D)**。信託業法第23條：信託業經營信託業務，不得對委託人或受益人有虛偽、詐欺或其他足致他人誤信之行為。即誠實條款。

伍　保證收益之禁止　　重要度★★★

一、依信託業法第 31 條規定，信託業不得承諾擔保本金及最低收益率。
信託之本旨係由委託人自負盈虧，與存款之性質有別，為避免信託業變相吸收存款或經營其他財產，爰明定禁止其辦理擔保本金或最低收益率之信託，而僅得辦理不擔保本金且不擔保最低收益之信託。

二、但若委託人指示將信託財產運用於政府債券或定期存款等商品，不是由受託人主動承諾擔保時，而只是所運用標的物本身具保本保息之本質時，未有違反本條之規定。

〔牛刀小試〕

(　　) **1** 信託業法禁止信託業保證收益，下列敘述何者錯誤？　(A)由委託人或受益人自負盈虧　(B)主要係禁止受託人擔保承諾　(C)禁止運用標的本身具有保本保息性質　(D)信託業不得辦理保本保息之信託業務。　【第22期】

(　　) **2** 信託業應遵守的基本義務為何？　A.善良管理人之注意　B.誠實義務　C.忠實義務
(A)僅A、B　(B)僅B、C
(C)僅A、C　(D)A、B、C。　【第32期】

(　　) **3** 信託業法禁止信託業保證收益，下列敘述何者錯誤？　(A)由委託人或受益人自負盈虧　(B)主要係禁止受託人擔保承諾　(C)禁止運用標的本身具有保本保息性質　(D)信託業不得辦理保本保息之信託業務。　【第32期】

( ) **4** 信託業不得承諾擔保本金或最低收益率，違反者應如何處罰？
(A)處以刑事罰
(B)處以行政罰鍰
(C)不處罰
(D)逕行廢止其營業許可。 【第38期】

( ) **5** 有關信託業得辦理之業務，下列敘述何者正確？ (A)信託業得辦理保本保息信託業務 (B)信託業得承諾擔保本金或最低收益率 (C)信託業為委託人之利益，得以信託財產辦理放款 (D)信託業不得承諾擔保本金或收益率。 【第40期】

解答與解析

1 **(C)**。信託業不得承諾擔保本金或最低收益率。運用標的本身具有保本保息性質，係由運用標的發行者承諾。

2 **(D)**。均須注意。

3 **(C)**。得運用於標的本身具有保本保息性質之商品，由商品保證而不是信託業保證。

4 **(B)**。信託業法第31條：信託業不得承諾擔保本金或最低收益率。第54條：有下列情事之一者，處新臺幣一百八十萬元以上九百萬元以下罰鍰：八、違反第31條規定。

5 **(D)**。依信託業法第31條規定，信託業不得承諾擔保本金及最低收益率。

陸 信託業的責任與罰則 重要度★★★

一、民事責任

(一) 依信託業法第35條規定，信託業違反法令或信託契約，或因其他可歸責於信託業之事由，致委託人或受益人受有損害者，其應負責之董事及主管人員應與信託業連帶負損害賠償之責。

(二) 前項連帶責任，自各應負責之董事及主管人員卸職之日起二年內，不行使該項請求權而消滅。

(三) 要求民事賠償的前提及應具基本事由：

1. 因信託業以違法行為使委託人及受益人確有損害時，對其損失負有舉證之責任。

2.確認信託業有違反法令之事實與證據。

3.確認信託業有違反契約之約定事實與證據。

4.其他可歸責於信託業之事實理由與證據。

二、刑事責任

(一)依信託業法第33條規定，非信託業不得辦理不特定多數人委託經理第16條之信託業務。但其他法律另有規定者，不在此限。

1.依信託業法第48條規定，觸犯非信託業辦理信託業務之行為，違反第33條規定者，處3年以上10年以下有期徒刑，得併科新臺幣1000萬元以上2億元以下罰金。其犯罪所得達新臺幣1億元以上者，處7年以上有期徒刑，得併科新臺幣2500萬元以上5億元以下罰金。

2.法人犯前項之罪者，處罰其行為負責人。

(二)信託業從業人員違背職務之行為

1.依信託業法第48條第1項規定，信託業負責人或職員，意圖為自己或第三人不法之利益，或損害信託業之利益，而為違背其職務之行為，致生損害於信託業之自有財產或其他利益者，處3年以上10年以下有期徒刑，得併科新臺幣1000萬元以上2億元以下罰金。其犯罪所得達新臺幣1億元以上者，處7年以上有期徒刑，得併科新臺幣2500百萬元以上5億元以下罰金。信託業負責人或職員，2人以上共同實施前項犯罪之行為者，得加重其刑至二分之一。

2.第一項之未遂犯罰之。

(三)違法募集共同基金之刑責

1.依信託業法第29條第1項規定，信託業非經主管機關核准，不得募集共同信託基金。

2.若有違反，則依信託業法49條規定，違反第23條或第29條第1項規定者，其行為負責人處1年以上7年以下有期徒刑或科或併科新臺幣1000萬元以下罰金。

(四)自易行為之責任

1.依信託業法第25條規定，信託業不得以信託財產為下列行為：

(1) 購買本身或其利害關係人發行或承銷之有價證券或票券。

(2) 購買本身或其利害關係人之財產。

(3) 讓售與本身或其利害關係人。

(4) 其他經主管機關規定之利害關係交易行為。

信託契約約定信託業對信託財產不具運用決定權者，不受前項規定之限制；信託業應就信託財產與信託業本身或利害關係人交易之情形，充分告知委託人，如受益人已確定者，並應告知受益人。

政府發行之債券，不受第一項規定之限制。

2. 違反第25條第1項規定者，其行為負責人處3年以下有期徒刑、拘役或科或併科新臺幣1000萬元以下罰金。

(五) 虛偽、詐欺或其他足致他人誤信之行為

1. 依信託業法第23條規定，信託業經營信託業務，不得對委託人或受益人有虛偽、詐欺或其他足致他人誤信之行為。
2. 依信託業法49條規定，違反第23條或第29條第1項規定者，其行為負責人處1年以上7年以下有期徒刑或科或併科新臺幣1000萬元以下罰金。

(六) 信託業違反規定，以信託財產辦理授信業務

1. 依信託業法第26條第1項規定，信託業不得以信託財產辦理銀行法第5條之二所定授信業務項目。
2. 違反第25條第1項或第26條第1項規定者，其行為負責人處3年以下有期徒刑、拘役或科或併科新臺幣1000萬元以下罰金。

(七) 違反信託法未遵循分別管理或分別記帳之責任

1. 依信託業法第24條第1項規定，受託人應將信託財產與其自有財產及其他信託財產分別管理。信託財產為金錢者，得以分別記帳方式為之。
2. 信託業違反信託法第24條第1項規定，未將信託財產與其自有財產或其他信託財產分別管理或分別記帳者，其行為負責人處6月以上5年以下有期徒刑，得併科新臺幣300萬元以下罰金。

(八) 信託業違反信託法第35條規定，將信託財產轉為自有財產，或於信託財產上設定或取得權利者，其行為負責人處1年以上7年以下有期徒刑，得併科新臺幣1000萬元以下罰金。

(九) 非信託業使用信託業之名稱或易使人誤認為信託業之責任：違反信託業法第9條第2項規定者，其行為負責人處1年以下有期徒刑、拘役或科或併科新臺幣300萬元以下罰金。

(十) 政黨或其他政治團體不得投資或經營信託業：政黨或其他政治團體違反信託業法第9條第3項規定者，其行為負責人處1年以下有期徒刑、拘役或科或併科新臺幣300萬元以下罰金。

三、行政責任

(一) 行政罰是屬於由主管機關依職權裁決所做的行政處分，可以依行政救濟程序，提起訴願或行政訴訟方式，於提起期間，提供適額保證而停止執行。

(二) 依信託業法第57條規定，違反本法或本法授權所定命令中有關強制或禁止規定，或應為一定行為而不為者，除本法另有處罰規定應從其規定者外，處新臺幣60萬元以上300萬元以下罰鍰。

(三) 依信託業法第58條規定，本法所定罰鍰，由主管機關依職權裁決之。受罰人不服者，得依訴願及行政訴訟程序，請求救濟。在訴願及行政訴訟期間，得命提供適額保證，停止執行。
罰鍰經限期繳納而屆期不繳納者，自逾期之日起，每日加收滯納金1%；屆30日仍不繳納者，移送強制執行，並得由主管機關勒令該信託業或分支機構停業。

(四) 信託業法第43條第1項法令修正由「刑罰」改為「行政罰」：信託業因業務或財務顯著惡化，不能支付其債務或有損及委託人或受益人利益之虞時，違反主管機關依第43條第1項規定所為之處置，未將信託契約或信託財產移轉於主管機關指定之其他信託業，處行為負責人新臺幣180萬元以上900萬元以下罰鍰。因信託業務性質為資產管理，金管會於2008.1.16重新認定無須準用銀行法之緊急處分程序，爰配合第43條之修正，修正本條處罰規定，由「刑罰」改為「行政罰」。

〔牛刀小試〕

( ) **1** 有關信託業違反信託業法之可能處罰，下列敘述何者正確？ (A)民事、刑事及行政責任 (B)僅民事及刑事責任 (C)僅刑事及行政責任 (D)僅民事及行政責任。 【第30期】

( ) **2** 信託業違反信託法第三十五條規定，將信託財產轉為自有財產者，如何處罰？ (A)處其行為負責人行政罰 (B)處其行為負責人刑事罰 (C)應立即勒令停業 (D)主管機關得派員監管或接管。 【第31期】

( ) **3** 信託業應遵守之基本義務，下列敘述何者正確？ (A)宜加強以信託財產從事授信業務 (B)政府對於信託從業人員資格及經驗設有相關條件 (C)為善盡忠實義務，一律不得使第三人代為處理信託事務 (D)為提供完整金融服務，應將管理處分信託財產之消息與他人分享。 【第35期】

( ) **4** 有關信託業違反信託業法之可能處罰，下列敘述何者正確？ (A)民事、刑事及行政責任 (B)僅民事及刑事責任 (C)僅刑事及行政責任 (D)僅民事及行政責任。 【第35期】

( ) **5** 違反信託業法有關強制或禁止規定，除該法另有處罰規定外，可處多少罰鍰？ (A)銀元六十萬元以上三百萬元以下罰鍰 (B)新臺幣一百萬元以上三百萬元以下罰鍰 (C)新臺幣六十萬元以上五百萬元以下罰鍰 (D)新臺幣六十萬元以上三百萬元以下罰鍰。 【第36期】

解答與解析

1 (A)。有民事、刑事及行政責任。

2 (B)。信託業法第51條第2項：信託業違反信託法第35條規定，將信託財產轉為自有財產，或於信託財產上設定或取得權利者，其行為負責人處1年以上7年以下有期徒刑，得併科新臺幣1000萬元以下罰金。

3 (B)。信託業法第26條：信託業不得以信託財產辦理銀行法第5-2條所定授信業務項目。信託業應負之義務及相關行為規範。第12條（直接管理之義務）：信託業應自己處理信託事務，除信託行為另有訂定或有不得已之事由者，不得由他人代為處理。第4條（忠實義務之一般規範）：十二、對其委託人或受益人之往來、交易資料，除法律或主管機關另有規定外，應予保密。

4 (A)。民事、刑事及行政責任均有。

5 (D)。信託業法第57條：違反本法或本法授權所定命令中有關強制或禁止規定，或應為一定行為而不為者，除本法另有處罰規定應從其規定者外，處新臺幣60萬元以上300萬元以下罰鍰。

精選試題

( ) **1** 信託財產評審委員會應將信託財產每幾個月評審一次，並向董事會報告？ (A)一個月 (B)三個月 (C)六個月 (D)九個月。 【第1期】

( ) **2** 依信託業法規定，下列何者不是信託業應公告之項目？ (A)信託財產評審委員會之評審結果 (B)政黨交付信託之財產及其信託利益之取得與分配 (C)每半年營業年度之資產負債表 (D)董事長（理事主席）、總經理（局長）或三分之一以上董（理）事發生變動者。 【第2期】

( ) **3** 信託業從事下列何種行為不須經主管機關之許可？ (A)募集共同信託基金 (B)信託業增設分支機構 (C)銀行終止兼營之信託業務 (D)辦理信託財產評審。 【第3期】

(　　) **4** 依我國信託業法規定，信託業應設立信託財產評審委員會，將信託財產每三個月評審一次，並向下列何者報告？　(A)股東會　(B)董事會　(C)監察人　(D)總經理。　【第4期】

(　　) **5** 有關信託業處理信託業務之規定，下列敘述何者正確？　A.應以善良管理人之注意為之，並負忠實義務　B.不得對委託人或受益人有詐欺之行為　C.對信託財產具有運用決定權者，得兼任其他業務之經營　D.應依信託契約之約定提供定期會計報告　(A)A.B.C　(B)A.B.D　(C)A.C.D　(D)B.C.D。　【第12期】

(　　) **6** 有關對信託財產具有運用決定權者之敘述，下列何者錯誤？　(A)為信託業利害關係人之一　(B)兼任其他業務之經營應先經主管機關核可　(C)為對信託財產具有最後核定權限之主管及人員　(D)於兼營信託業務銀行係屬信託業務專責部門內之人員。　【第19期】

(　　) **7** 依信託業法規定，有關對信託財產具有運用決定權者兼任其他業務之規定為何？　(A)不得兼任其他業務之經營　(B)經委託人同意得兼任其他業務　(C)可以兼任證券及票券等業務　(D)經主管機關同意者得兼任其他業務之經營。　【第20期】

(　　) **8** 下列何者為信託業應公告之事項？　A.信託業之資產負債表　B.董事長發生變動　C.設置信託財產評審委員會　D.政黨交付信託之財產　(A)A.B.C.　(B)A.B.D.　(C)B.C.D.　(D)A.C.D.。　【第6期】

(　　) **9** 信託業辦理有運用決定權之業務，得以信託財產為下列何種行為？(A)購買本身所發行之票券　(B)購買政府發行之債券　(C)購買利害關係人之財產　(D)購買本身銀行業務部門承銷之票券。　【第8期】

(　　) **10** 甲以現金新臺幣一千萬元與信託業乙訂定不指定營運範圍及方法之信託契約，並約定丙為受益人；今乙持股3%之丁公司，正由乙協辦其公司債承銷中，試問乙是否得以甲之信託財產購買其承銷之丁公司公司債？　(A)可購買　(B)不可購買　(C)事先取得丙之書面同意即可購買　(D)事先經乙信託財產評審委員會之同意即可購買。　【第11期】

(　　) **11** 甲以現金新台幣一千萬元與乙銀行訂定指定單獨管理運用之金錢信託契約，並約定丙為受益人；若上市公司丁為乙銀行之利害關係人，試問乙銀行得否以信託財產購買丁公司之股票？　(A)不得購買　(B)事先取得甲之書面同意即可購買　(C)事先取得丙之書面同意即可購買　(D)不須事先取得甲或丙之書面同意即可購買。　【第20期】

(　　) **12** 信託業以信託財產購買其銀行業務部門經紀之有價證券或票券，除依信託契約之約定外，須經下列何者之書面同意？ (A)委託人 (B)信託監察人 (C)受益人 (D)毋須經他人同意。 【第20期】

(　　) **13** 信託業具有運用決定權者，得以信託財產為下列何種行為？ (A)購買其利害關係人發行之有價證券 (B)購買其利害關係人之財產 (C)讓售與其利害關係人 (D)購買政府發行之債券。 【第18期】

(　　) **14** 信託業對信託財產具有運用決定權，事先取得受益人之書面同意，得以信託財產為下列何項行為？ (A)購買該信託業發行之金融債券 (B)購買該信託業發行之股票 (C)購買其本身銀行業務部門經紀之票券 (D)購買其本身銀行業務部門承銷之股票。 【第19期】

(　　) **15** 有關信託業以信託財產存放於其銀行業務部門或其利害關係人處作為存款之敘述，下列何者正確？ (A)絕對禁止 (B)由信託業者決定 (C)應向信託公會報備 (D)事先告知受益人並取得受益人之書面同意。 【第24期】

(　　) **16** 依信託業法規定，有關信託業之敘述，下列何者錯誤？ (A)信託業非加入商業同業公會，不得營業 (B)信託業不得承諾擔保本金或最低收益率 (C)信託業辦理金錢信託業務，均得以信託財產借入款項 (D)信託業接受以股票或公司債券為信託者，應通知發行公司。 【第14期】

(　　) **17** 依信託業法規定，信託業辦理以開發為目的之土地信託，經下列何者同意得以信託財產借入款項？ (A)財政部 (B)金融監督管理委員會 (C)全體受益人 (D)信託業商業同業公會。 【第15期】

(　　) **18** 依信託業法規定，下列敘述何者錯誤？ (A)信託業不得辦理擔保本金之信託 (B)信託業不得辦理擔保最低收益率之信託 (C)信託業辦理以開發為目的之土地信託，雖經全體受益人同意，亦不得以信託財產辦理放款 (D)信託業辦理以開發為目的之土地信託，雖經全體受益人同意，亦不得以信託財產借入款項。 【第20期】

(　　) **19** 依信託業法規定，信託業不得以信託財產借入款項，但辦理下列何種業務並經全體受益人同意者，不在此限？ (A)動產之信託 (B)著作權之信託 (C)有價證券之信託 (D)以開發為目的之土地信託。 【第22期】

( ) **20** 信託業違反下列那一項規定時，其行為負責人將處三年以下有期徒刑、拘役或科或併科新臺幣一千萬元以下罰金？ (A)營業及會計未獨立 (B)信託財產未定期評審 (C)辦理信託業務之人員未具備信託專門之學識或經驗 (D)信託業就信託財產與其利害關係人間之交易，違反信託業法第二十五條之規定。 【第23期】

( ) **21** 有關信託業應遵守之基本義務，下列何者係屬誠實義務？ (A)信託財產非經委託人同意不得辦理放款 (B)以開發為目的之土地信託非經全體受益人同意，不得以信託財產借入款項 (C)對信託財產具運用決定權者不得兼任其他業務之經營 (D)信託業不得對委託人或受益人有虛偽、詐欺或足致他人誤信之行為。 【第10期】

( ) **22** 有關信託業運用信託財產之絕對禁止規定，下列敘述何者正確？ (A)不得存放於其銀行部門作為存款 (B)不得以信託財產辦理放款 (C)不得存放於其利害關係人處作為存款 (D)不得購買其銀行部門經紀之有價證券。 【第12期】

( ) **23** 有關信託之敘述，下列何者正確？ (A)信託監察人之設置係為保護受託人 (B)信託係一種為他人利益管理財產之制度 (C)著作權之信託係屬信託業之附屬業務項目 (D)信託業者得以信託財產辦理放款。 【第13期】

( ) **24** 有關銀行辦理「指定用途信託資金投資國外有價證券」業務，下列敘述何者正確？ (A)為保本但非保息之信託業務 (B)為一代理銷售國外基金予委託人之業務 (C)可投資外國證券集中交易市場交易之交易所買賣基金（ETFs, Exchange Traded Funds） (D)金融機構之分支機構不得申請辦理本項業務。 【第7期】

( ) **25** 依信託業法規定，下列敘述何者錯誤？ (A)信託業不得辦理擔保本金之信託 (B)信託業不得辦理擔保最低收益率之信託 (C)信託業辦理以開發為目的之土地信託，雖經全體受益人同意，亦不得以信託財產辦理放款 (D)信託業辦理以開發為目的之土地信託，雖經全體受益人同意，亦不得以信託財產借入款項。 【第8期】

( ) **26** 依信託業法規定，有關信託資金之性質，下列何者正確？ (A)保本 (B)保息 (C)保本保息 (D)不保本不保息。 【第9期】

(　　) **27** 信託業法禁止信託業保證收益，下列敘述何者錯誤？ (A)信託業不得辦理保本保息之信託業務 (B)主要係禁止受託人承諾擔保本金或最低收益率 (C)禁止運用標的本身具有保本保息性質 (D)由委託人自負盈虧。【第16期】

(　　) **28** 吳先生與銀行簽訂信託契約，由吳先生交付銀行新臺幣壹佰萬元，雙方約定信託期間二年，運用方式限購買台塑股票，購買時機由銀行全權決定。依信託業法規定，雙方得為下列何種約定？ (A)銀行保證信託期間屆滿，吳先生可取回信託本金壹佰萬元 (B)銀行保證信託期間屆滿，吳先生可取回信託本金九十五萬元以上 (C)銀行承諾當台塑公司分配現金股利時，將扣除相關費用與稅捐後交付吳先生 (D)銀行保證無論台塑公司是否發放現金股利或股票股利，保證每年獲利一成以上。【第18期】

(　　) **29** 信託業對信託財產具有運用決定權時，得為下列何種行為？ (A)以信託契約承諾擔保本金 (B)以信託契約保證最低收益率 (C)以信託財產購買政府發行之債券 (D)以信託財產購買本身銀行業務部門承銷之股票。【第21期】

(　　) **30** 依信託業法所定罰鍰，倘受罰人未依訴願及行政訴訟程序，請求救濟，罰鍰經限期繳納而逾期不繳者，自逾期之日起，每日加收滯納金若干？ (A)罰鍰之百分之一 (B)罰鍰之百分之三 (C)罰鍰之千分之一 (D)罰鍰之千分之五。【第2期】

解答與解析

1 **(B)**。信託業法第21條。

2 **(A)**。信託業法第21條。

3 **(D)**。信託業法第29、13、15、21條。

4 **(B)**。信託業法第21條。

5 **(B)**。信託業法第24條：信託業之經營與管理，應由具有專門學識或經驗之人員為之。對信託財產具有運用決定權者，不得兼任其他業務之經營。

6 **(B)**。信託業法第24條。

7 **(A)**。信託業法第24條。

8 **(B)**。信託業法第22、41條。

9 **(B)**。信託業法第25條。

10 **(B)**。信託業法第25條：信託業不得以信託財產為下列行為：一、購買本身或其利害關係人發行之有價證券或票券。二、購買本身或其利害關係人之財產。三、讓售與本身或其利害關係人。四、購買本身銀行業務部門承銷之有價證券或票券。故乙不得以信託財產購買其承銷之丁公司公司債。

11 (A)。信託業法第25條：信託業不得以信託財產為下列行為：一、購買本身或其利害關係人發行或承銷之有價證券或票券。二、購買本身或其利害關係人之財產。三、讓售與本身或其利害關係人。四、其他經主管機關規定之利害關係交易行為。信託契約約定信託業對信託財產不具運用決定權者，不受前項規定之限制；信託業應就信託財產與信託業本身或利害關係人交易之情形，充分告知委託人，如受益人已確定者，並應告知受益人。政府發行之債券，不受第1項規定之限制。

12 (C)。信託業法第27條：信託業除依信託契約之約定，或事先告知受益人並取得其書面同意外，不得為下列行為：一、以信託財產購買其銀行業務部門經紀之有價證券或票券。二、以信託財產存放於其銀行業務部門或其利害關係人處作為存款或與其銀行業務部門為外匯相關之交易。三、以信託財產與本身或其利害關係人為第25條第1項以外之其他交易。

13 (D)。信託業法第25條。

14 (C)。信託業法第27條。

15 (D)。信託業法第27條。

16 (C)。信託業法第26條：信託業不得以信託財產辦理銀行法第5-2條所定授信業務項目。信託業不得以信託財產借入款項。但以開發為目的之土地信託，依信託契約之約定、經全體受益人同意或受益人會議決議者，不在此限。前項受益人會議之決議，應經受益權總數三分之二以上之受益人出席，並經出席表決權數二分之一以上同意行之。

17 (C)。信託業法第26條。

18 (D)。信託業法第26條。

19 (D)。信託業法第26條。

20 (D)。信託業法第50條：違反第25條第1項或第26條第1項規定者，其行為負責人處三年以下有期徒刑、拘役或科或併科新臺幣一千萬元以下罰金。

21 (D)。信託業法第23條：信託業經營信託業務，不得對委託人或受益人有虛偽、詐欺或其他足致他人誤信之行為。即誠實條款。

22 (B)。信託業法第26條：信託業不得以信託財產辦理放款。

23 (B)。信託監察人之設置係為保護受益人（信託法第52條）。著作權之信託屬信託業經營之業務項目（信託業法第16條）。信託業者不得以信託財產辦理放款（信託業法第26條）。

24 (C)。信託業務不得保本保息；此為信託業務；核准之分支機構得辦理。

25 (D)。信託業法第26條。

26 (D)。依信託業法第31條：信託業不得承諾擔保本金或最低收益率。故為不保本不保息。

27 (C)。信託業不得辦理保本保息之信託業務，但運用標的本身得具有保本保息性質。

28 (C)。信託業法第31條：信託業不得承諾擔保本金或最低收益率。

29 (C)。信託業法第25條第3項：政府發行之債券，不受第1項規定之限制。第31條：信託業不得承諾擔保本金或最低收益率。

30 (A)。信託業法第58條。

信託業的業務範圍

依據出題頻率區分，屬：**B** 頻率中

課綱概要

信託業的業務範圍
- 經營之主要業務及附屬業務項目
  - 主要業務 — 信託業法第16條 — 適用信託關係
  - 附屬業務 — 信託業法第17條 — 適用非信託關係
- 信託業申請辦理業務之規定
- 證券投資信託事業、證券投資顧問事業兼營信託業務之特定項目
- 證券商兼營信託業務之特定項目
- 證券投資信託業務、證券投資顧問事業或證券商申請兼營信託業務之特定項目之相關規定

課前導讀

本章節係解釋信託業的業務範圍，讀者應就本章節的內容充分瞭解其各項業務項目、內容及相關規定，並對相關項目之定義充分理解，以便在針對考題所衍生出來的問題與概念能有效理解回答，同時對後續章節的說明與提示能有所記憶。

壹 經營之主要業務及附屬業務項目 重要度★★★★★

一、信託業主要經營業務與附屬業務項目

主要業務	附屬業務
第16條信託業經營之業務項目	第17條信託業經營之附屬業務項目
適用信託關係	適用非信託關係。 例外項目： 原則上本於信託關係，擔任證券投資信託事業之受託人，辦理基金保管業務。
1.金錢之信託。 2.金錢債權及其擔保物權之信託。 3.有價證券之信託。 4.動產之信託。 5.不動產之信託。 6.租賃權之信託。 7.地上權之信託。 8.專利權之信託。 9.著作權之信託。 10.其他財產權之信託。	1.代理有價證券發行、轉讓、登記及股息、利息、紅利之發放事項。 2.提供有價證券發行、募集之顧問服務。 3.擔任有價證券發行簽證人。 4.擔任遺囑執行人及遺產管理人。 5.擔任破產管理人及公司重整監督人。 6.擔任信託監察人。 7.辦理保管業務。 8.辦理出租保管箱業務。 9.辦理與信託業務有關下列事項之代理事務： (1)財產之取得、管理、處分及租賃。 (2)財產之清理及清算。 (3)債權之收取。 (4)債務之履行。 10.與信託業務有關不動產買賣及租賃之居間。 11.提供投資、財務管理及不動產開發顧問服務。 12.經主管機關核准辦理之其他有關業務。

二、信託業務對信託財產之管理方法及運用決定權

依信託業法施行細則第5條所指信託業法第16條各款所定信託業經營之業務項目，以委託人交付、移轉或為其他處分之財產種類，定其分類。

<table>
<tr><th>信託財產之管理運用方法</th><th>信託財產之運用決定權</th></tr>
<tr><td>依信託業法施行細則第6條規定，所指信託業法第16條各款所定信託業經營之業務項目，依「信託財產之管理運用方法」，可分為「單獨管理運用」及「集合管理運用」。其分類說明如下：</td><td rowspan="3">依據信託業法施行細則第7條規定，所指信託業法第16條各款所定的信託業經營之業務項目，依「受託人對信託財產運用決定權之有無」，可分為「具有運用決定權」及「不具有運用決定權」，其分類說明如下：
1.具有運用決定權：受託人對信託財產具有運用決定權的信託，依據委託人是否指定「營運範圍或方法」，又可分為「指定」及「不指定」兩類。
(1)指定：委託人對信託財產為概括指定運用範圍或方法，並由受託人於該概括指定的運用範圍或方法內，對信託財產具有運用決定權。
(2)不指定：委託人對信託財產不指定運用範圍或方法，受託人於信託目的範圍內，對信託財產具有運用決定權。
2.不具有運用決定權 ：委託人保留對信託財產的運用決定權，並約定由「委託人本人」，或「委託人委任的第3人」就信託財產的運用範圍或方法作出具體特定的運用指示，並由受託人依據運用指示為信託財產的管理或處分。
運用指示的5項要件：
投資標的、運用方式、金額、條件、期間等。</td></tr>
<tr><td>1.單獨管理運用之信託：指受託人與個別委託人訂定信託契約，並單獨管理運用其信託財產。</td></tr>
<tr><td>2.集合管理運用之信託：指受託人依信託契約之約定，將不同信託行為之信託財產，依其投資運用範圍或性質相同之部分，集合管理運用。</td></tr>
</table>

三、信託業經營之業務項目

(一) 金錢之信託

簡單而言，金錢信託是指信託行為生效時，以金錢為信託財產的信託。

金錢信託可以用契約來約定，在信託終了時，除可以金錢為交付工具交給受益人外，亦可以約定依運用取得的信託財產現狀交付給受益人。

1.根據「信託業法施行細則」第8條說明，依信託業法第16條第1款規定金錢之信託並同時依信託業法施行細則第6條及第7條前二條之分類方式，可分下列種類敘述：

金錢信託之種類	說明
指定營運範圍或方法之單獨管理運用金錢信託（簡稱「指定單獨管理運用金錢信託」）	指受託人與委託人個別訂定信託契約，由委託人概括指定信託資金之營運範圍或方法，受託人於該營運範圍或方法內具有運用決定權，並為單獨管理運用者。
指定營運範圍或方法之集合管理運用金錢信託（簡稱「指定集合管理運用金錢信託」）	指委託人概括指定信託資金之營運範圍或方法，並由受託人將信託資金與其他不同信託行為之信託資金，就其營運範圍或方法相同之部分，設置集合管理運用帳戶，受託人對該集合管理運用帳戶具有運用決定權者。
不指定營運範圍或方法之單獨管理運用金錢信託（簡稱「不指定單獨管理運用金錢信託」）	指委託人不指定信託資金之營運範圍或方法，由受託人於信託目的範圍內，對信託資金具有運用決定權，並為單獨管理運用者。
不指定營運範圍或方法之集合管理運用金錢信託（簡稱「不指定集合管理運用金錢信託」）	「不指定集合管理運用金錢信託」是指委託人不指定信託資金之營運範圍或方法，並由受託人將該信託資金與其他不同信託行為之信託資金，於信託業法本法第32條第1項規定之營運範圍內，設置集合管理運用帳戶，受託人對該集合管理運用帳戶具有運用決定權者。
特定單獨管理運用金錢信託	指委託人對信託資金保留運用決定權，並約定由委託人本人或其委任之第3人，對該信託資金之營運範圍或方法，就投資標的、運用方式、金額、條件、期間等事項為具體特定之運用指示，並由受託人依該運用指示為信託資金之管理或處分者。

金錢信託之種類	說明
特定集合管理運用金錢信託	指委託人對信託資金保留運用決定權，並約定由委託人本人或其委任之第3人，對該信託資金之營運範圍或方法，就投資標的、運用方式、金額、條件、期間等事項為具體特定之運用指示，受託人並將該信託資金與其他不同信託行為之信託資金，就其特定營運範圍或方法相同之部分，設置集合管理帳戶者。

2. 不指定金錢信託（或指不特定金錢信託）

其中針對「不指定營運範圍或方法金錢信託」所包含的上述第3項「不指定單獨管理運用金錢信託」及第4項「不指定集合管理運用金錢信託」兩項，依「信託業辦理不指定營運範圍方法金錢信託運用準則」第3條規定說明信託業辦理委託人不指定營運範圍或方法之金錢信託其重點如下：

(1) 信託業辦理不指定金錢信託時，其營運範圍以下列各款為限：

A.現金及銀行存款。

B.投資公債、公司債、金融債券。

C.投資短期票券。

D.其他經財政部核准之業務。

(2) 前項之銀行存款，應存放於經財政部認可之信用評等機構評等達一定等級以上之金融機構。

(3) 第一項之公司債、短期票券，應經財政部認可之信用評等機構評等達一定等級以上之金融機構保證或承兌，未經保證或承兌者，其發行人應經財政部認可之信用評等機構評等達一定等級以上。

(4) 第一項之金融債券，指經財政部認可之信用評等機構評等達一定等級以上之金融機構所發行之金融債券，與經中央銀行及財政部核准之國際金融組織來臺所發行之債券。

3.「信託資金集合管理運用管理辦法」第4條第1項第4款及第5款與「信託業辦理不指定營運範圍方法金錢信託運用準則」第3條第2項至第4項所稱「經財政部認可之信用評等機構評等達一定等級以上」，指信用評等等級符合下列情形之一：

種類	信用評等等級
存放於金融機構之存款，所存放之金融機構其信用評等應符合下列情形之一：	(1)經 Standard & Poor's Corporation 評定，長期債務信用評等達 BBB-級以上，短期債務信用評等達A-3級以上。 (2)經 Moody's Investors Service 評定，長期債務信用評等達Baa3級以上，短期債務信用評等達P-3級以上。 (3)經 Fitch Rating Ltd.評定，長期債務信用評等達 BBB-級以上，短期債務信用評等達F3級以上。 (4)經中華信用評等股份有限公司評定，長期債務信用評等達twBBB-級以上，短期信用評等達 twA-3 級以上。 (5)經英商惠譽國際信用評等股份有限公司台灣分公司評定，長期債務信 用評等達BBB-（twn）級以上，短期債務信用評等達F3（twn）級以上。 (6)經穆迪信用評等股份有限公司評定，長期債務信用評等達Baa3.tw級以上，短期債務信用評等達TW-3級以上。
投資於金融債券、公司債或短期票券，該金融債券之發行人及公司債或短期票券之債務人（發行人、保證人或承兑人），其信用評等以該投資標的長、短期性質區分，應符合下列情形之一：（以上所稱金融債券、公司債不包括次順位金融債券、次順位公司債）：	(1) 經 Standard & Poor's Corporation 評定，長期債務信用評等達BBB-級以上，或短期債務信用評等達A-3級以上。 (2) 經 Moody's Investors Service 評定，長期債務信用評等達Baa3級以上，或短期債務信用評等達P-3級以上。 (3) 經 Fitch Rating Ltd.評定，長期債務信用評等達 BBB-級以上，或短期債務信用評等達F3級以上。 (4) 經中華信用評等股份有限公司評定，長期債務信用評等達twBBB-級以上，或短期信用評等達twA-3級以上。 (5) 經英商惠譽國際信用評等股份有限公司台灣分公司評定，長期債務信 用評等達BBB-（twn）級以上，或短期債務信用評等達F3（twn）級以 上。 (6) 經穆迪信用評等股份有限公司評定，長期債務信用評等達Baa3.tw級以上，或短期債務信用評等達TW-3級以上。

4.依「信託業辦理不指定營運範圍方法金錢信託運用準則」第4條規定信託業辦理不指定金錢信託時，其營運範圍營運範圍之限額，規定如下：

(1) 信託業受託管理「不指定金錢信託」

存放於同一金融機構	存放於同一金融機構之存款、投資其發行之金融債券或其保證或承兑之公司債或短期票券金額，合計不得超過： (A)投資當日其所受託管理不指定金錢信託淨資產總價值10%，及 (B)該金融機構淨值10%。

投資於同一公司	投資於同一公司發行之公司債或短期票券金額，合計不得超過： (A)投資當日其所受託管理不指定金錢信託淨資產總價值5%及 (B)該公司債或短期票券發行公司實收資本額5%。

(2) 信託業受託管理「不指定單獨管理運用金錢信託」

存放於同一金融機構	存放於同一金融機構之存款、投資其發行之金融債券及其保證或承兌之公司債或短期票券金額，合計不得超過投資當日個別不指定單獨管理運用金錢信託淨資產總價值20%。
投資於同一公司	投資於同一公司發行之公司債或短期票券金額，合計不得超過投資當日個別不指定單獨管理運用金錢信託淨資產總價值10%。

(3) 信託業受託管理不指定單獨管理運用金錢信託，其接受委託人委託管理運用資金之「最低限額」，由「中華民國信託商業同業公會」報請「財政部」核定之。

5.特定金錢信託

(1) 信託業辦理特定金錢信託受託投資境外基金之相關規範重點提示如下：

重點	法規提示
金管會規定投資於境外基金之核准或申報生效重點規範	1.依「境外基金管理辦法」第2條規定，任何人非經金融監督管理委員會核准或申報生效後，不得在中華民國境內代理募集及銷售境外基金。 2.同時依「境外基金管理辦法」第28條規定，於本辦法發布前經證券投資顧問事業提供投資顧問之境外基金，應由其境外基金機構委任之總代理人填具申報書，並檢具相關文件，向金管會申報生效後，始得募集及銷售。 總代理人依前項規定提出申報，其應檢附之書件及程序，由本會公告之。 3.依「境外基金管理辦法」第55條規定，於本辦法發布前經證券投資顧問事業提供投資顧問之境外基金，應由其境外基金機構於1年內依第28條規定辦理，屆期未完成申報者，除對原在國內採定時定額扣款作業之投資人得繼續其扣款外，不得新增申購。本會並得撤銷或廢止該境外基金投資顧問之核准。 證券投資顧問事業對前項之未買回或繼續扣款之境外基金投資人，得提供必要之資訊。

重點	法規提示
依據「境外基金管理辦法」第23條規定，境外基金除境外指數股票型基金外，其符合下列條件者，得經金管會核准或申報生效在國內募集及銷售：	1.境外基金從事衍生性商品交易之比率，不得超過本會所訂定之比率。 2.境外基金不得投資於黃金、商品現貨及不動產。 3.境外基金投資大陸地區證券市場之有價證券占該境外基金總投資之比率，不得超過本會所訂定之比率。 4.國內投資人投資金額占個別境外基金比率，不得超過本會規定之一定限額。 5.境外基金之投資組合不得以中華民國證券市場為主要的投資地區，該投資比率由本會定之。 6.該境外基金不得以新臺幣或人民幣計價。 7.境外基金必須成立滿一年。 8.境外基金已經基金註冊地主管機關核准向不特定人募集者。 9.其他經本會規定之事項。 10.境外基金經本會專案核准或基金註冊地經我國承認並公告者，得免受前項第一款及第七款之限制。 ・境外基金從事衍生性商品交易之比率限制： 依據境外基金管理辦法第23條第1項第1款，規定境外基金從事衍生性商品交易之比率限制如下： 一、境外基金為增加投資效率，持有衍生性商品未沖銷部位之風險暴露，不得超過該境外基金淨資產價值之40%。 二、境外基金為避險需要，持有衍生性商品未沖銷空頭部位價值之總金額，不得超過該境外基金所持有之相對應有價證券總市值。 ・投資大陸地區證券市場之有價證券占該境外基金總投資之比率限制：按境外基金管理辦法第23條第1項第3款規定，經金管會核准或申報生效在國內募集及銷售之境外基金，投資大陸地區證券市場之有價證券占該境外基金總投資之比率，不得超過金管會所訂定之比率。次按金管會108年1月4日金管證投字第 1070120331號令規定，在國內募集及銷售之境外基金投資大陸地區之有價證券以掛牌上市有價證券及銀行間債券市場為限，且投資前述有價證券總金額不得超過該境外基金淨資產價值之20%。但下列情形不在此限： (1)境外指數股票型基金經本會核准向證券交易所申請上市或進行交易者。 (2)境外基金機構依鼓勵境外基金深耕計畫向本會申請並經認可者，得適用鼓勵境外基金深耕計畫所列放寬前開投資總金額上限至40%之優惠措施。

重點	法規提示
	境外基金不論採直接或間接方式（如透過參與憑證等）投資於大陸地區有價證券，均應符合前開令規定之比率。 同時針對上述「境外基金管理辦法」第23條第1項第4款及第5款規定，「國內投資人投資個別境外基金之金額比率」及「境外基金投資中華民國證券市場之投資比率」如下： (1)國內投資人投資金額佔個別境外基金淨資產價值之比率不得超過50%。但基金註冊地經我國依本辦法第23條第2項規定承認並公告者，或境外基金機構經本會專案認可對提升我國資產管理業務經營與發展有具體績效貢獻事項者，前揭國內投資人投資比率上限為70%；本會並得視證券市場管理需要，調降個別境外基金之國內投資人投資比率上限為40%。 (2)境外基金之投資組合不得以中華民國證券市場為主要之投資地區，其投資於中華民國證券市場之比率不得超過其淨資產價值之50%。
經金管會核准或申報生效在國內募集及銷售之境外基金，其境外基金管理機構，應符合下列條件：	依「境外基金管理辦法」第24條規定，總代理人申請（報）境外基金之募集及銷售，除境外指數股票型基金外，該境外基金之境外基金管理機構，應符合下列條件： 1.基金管理機構（得含其控制或從屬機構）所管理以公開募集方式集資投資於證券之基金總資產淨值超過20億美元或等值之外幣者。所稱總資產淨值之計算不包括退休基金或全權委託帳戶。 2.最近2年未受當地主管機關處分並有紀錄在案者。 3.成立滿2年以上者。 4.基金管理機構或其集團企業對增進我國資產管理業務有符合本會規定之具體貢獻，且經本會認可者。但基金註冊地與基金管理機構所在地為我國承認且公告者，得不受限制。 前項第4款所稱集團企業係指該基金管理機構所屬持股逾50%之控股公司，或持股逾50%之子公司，或屬同一控股公司持股逾50%之子公司。 其中，依「境外基金管理辦法」第24條第1項第4款所稱對增進我國資產管理業務有符合本會規定之具體貢獻，自105年10月15日生效全文內容，參照如下： 1.境外基金管理辦法第24條第1項第4款所稱對增進我國資產管理業務有符合本會規定之具體貢獻如下：

重點	法規提示
	(A)境外基金管理機構，其在中華民國境內（以下簡稱國內）募集及銷售之境外基金，前一年度每月平均國內投資人持有金額達新臺幣500億元以上（同為關係企業之境外基金管理機構予以合併計算），且該機構或其集團企業在國內設立持股達50%以上之營業據點，該境外基金管理機構或集團企業應達到下列貢獻項目之一： I.於我國設立之證券投資信託事業所管理資產（含具投資決定權之顧問資產）達新臺幣50億元。 II.於我國設立之證券投資顧問事業所管理資產（含具投資決定權之顧問資產）達新臺幣35億元。 III.將所管理資產委由我國全權委託投資業者管理（含具投資決定權之顧問資產）達新臺幣35億元。 IV.所管理資產投資我國證券投資信託事業所發行之證券投資信託基金達新臺幣50億元。 (B)境外基金管理機構，其在國內募集及銷售之境外基金，前一年度每月平均國內投資人持有金額達新臺幣500元以上（同為關係企業之境外基金管理機構予以合併計算），且該機構或其集團企業未在國內設立持股達50%以上之營業據點，該境外基金管理機構或集團企業應達到下列貢獻項目之一： I.將所管理資產委由我國全權委託投資業者管理（含具投資決定權之顧問資產）達新臺幣35億元。 II.所管理資產投資我國證券投資信託事業所發行之證券投資信託基金達新臺幣50億元。 III.配合本會指定機構成立人才培育與產業發展基金，每年提撥前一年度每月平均國人持有金額萬分之一之捐款，並以新臺幣1500萬元為上限，專款專用。 (C)境外基金管理機構，其在國內募集及銷售之境外基金，前一年度每月平均國內投資人持有金額未達新臺幣500億元（同為關係企業之境外基金管理機構予以合併計算），該境外基金管理機構或集團企業應達到下列貢獻項目之一： I.於我國設立之證券投資信託事業所管理資產（含具投資決定權之顧問資產）達新臺幣50億元。 II.於我國設立之證券投資顧問事業所管理資產（含具投資決定權之顧問資產）達新臺幣35億元。 III.將所管理資產委由我國全權委託投資業者管理（含具投資決定權之顧問資產）達新臺幣35億元。 IV.所管理資產投資我國證券投資信託事業所發行之證券投資信託基金達新臺幣35億元。

重點	法規提示
	V.將所管理資產委由我國業者提供投資顧問服務達新臺幣140億元。 VI.配合本會指定機構成立人才培育與產業發展基金，每年提撥前一年度每月平均國人持有金額萬分之一之捐款，專款專用。 2.境外基金管理機構依前點向本會提出具體計畫，並於本令生效前經本會核准者，得給予合理之執行期限。
經金管會核准或申報生效在國內募集及銷售之境外基金，其保管機構應符合金管會核准或認可之信用評等機構評等達一定等級以上者。	1.依境外基金管理辦法第25條規定，經金管會核准或申報生效在國內募集及銷售之境外基金，除境外指數股票型基金外，其保管機構應符合經金管會核准或認可之信用評等機構評等達一定等級以上者。 2.前項保管機構無信用評等者，得以所屬集團公司之信用評等替代之。 3.境外基金管理辦法第10條第1項所稱符合本會所定條件，指總代理人提存營業保證金之金融機構應符合下列條件： 國內銀行（含外國銀行在中華民國境內依銀行法組織登記之子公司）其普通股權益比率、第一類資本比率及資本適足率應符合下列條件： (1)不得低於銀行資本適足性及資本等級管理辦法第5條第1項第1款及第2款所定最低比率。 (2)前目所定之最低比率，經本會依據銀行資本適足性及資本等級管理辦法第5條第2項規定提高者，不得低於提高後之比率。 4.外國銀行機構：除了要符合境外基金管理辦法第10條第1項所定條件外， (A)指總代理人提存營業保證金之金融機構應符合下列條件國內銀行（含外國銀行在中華民國境內依銀行法組織登記之子公司）其普通股權益比率、第一類資本比率及資本適足率的條件標準： I.不得低於銀行資本適足性及資本等級管理辦法第5條第1項第1款及第2款所定最低比率。 II.前目所定之最低比率，經本會依據銀行資本適足性及資本等級管理辦法第5條第2項規定提高者，不得低於提高後之比率。 (B)屬外國銀行在中華民國境內之分公司者，並應依境外基金管理辦法第25條所稱符合經本會核准或認可之信用評等機構評等達一定等級以上，指經金管會核准或申報生效在國內募集及銷售之境外基金之保管機構，應符合第10條第1項第2款所列任一信用評等標準。其總公司之信用評等等級應達下列標準之一：

重點	法規提示
	I.經 Standard & Poor's Ratings Services 評定，長期債務信用評等達 BBB-級以上，短期債務信用評等達 A-3級以上。 II.經 Moody's Investors Service評定，長期債務信用評等達 Baa3級以上，短期債務信用評等達 P-3級以上。 III.經 Fitch Ratings Ltd.評定，長期債務信用評等達 BBB-級以上，短期債務信用評等達 F3 級以上。 IV.經中華信用評等股份有限公司評定，長期債務信用評等達 twBBB- 級以上，短期債務信用評等達 twA-3級以上。 V.經英商惠譽國際信用評等股份有限公司臺灣分公司評定，長期債務信用評等達 BBB-（twn）級以上，短期債務信用評等達 F3（twn）級以上。
落實風險控管並確保資產安全，總代理人於本令發布後，應依下列規定辦理，並納入內部控制制度確實執行：	總代理人除在國內代理境外指數股票型基金之募集及銷售者外，應依下列規定，向得辦理保管業務，並符合本會所定條件之金融機構提存營業保證金： 1. 擔任一家境外基金管理機構所管理之基金時，應提存新臺幣3000萬元。 2. 擔任二家境外基金管理機構所管理之基金時，應提存新臺幣5000萬元。 3. 擔任三家以上境外基金管理機構所管理之基金時，應提存新臺幣7000萬元。銷售機構以自己名義為投資人向總代理人申購境外基金者，除依特定金錢信託契約受託投資境外基金者外，應向符合前項規定之金融機構提存營業保證金新臺幣2000萬元。 前二項之營業保證金應以現金、銀行存款、政府債券或金融債券提存，不得設定質權或以任何方式提供擔保，且不得分散提存於不同金融機構；提存金融機構之更換或營業保證金之提取，應經同業公會轉報本會核准後始得為之。 營業保證金之提存、領取及更換等程序，由同業公會擬訂要點，報經本會核定；修正時，亦同。 就風險控管及內控執行規範： (1)總代理人應持續追蹤其提存營業保證金之銀行是否符合境外基金管理辦法第10條第1項所定條件，並密切注意該銀行之營運狀況；在該銀行每年依規定公告或揭露其上半年度及年度財務報告時，總代理人應即檢視該銀行是否符合規定條件。

重點	法規提示
	(2)總代理人檢視或追蹤發現其提存營業保證金之銀行有不符規定條件之情形者，應於知悉之日起3個月內調整至符合規定條件之銀行辦理。但總代理人以定期存款方式向該銀行提存營業保證金，經評估該銀行之營運狀況尚無風險之虞，且於定期存款到期前，若有疏失而致客戶權益受損時，仍依相關法令及契約規定負完全責任者，得於定期存款到期時再行調整。
境外指數股票型基金（Exchange Traded Fund; ETF）符合下列條件者，得經金管會核准向證券交易所申請上市或進行交易：	1. 基金註冊地與基金管理機構所在地為我國承認且公告。但因金融主管機關雙邊或多邊合作下所募集發行，其基金註冊地，不在此限。 2. 符合境外基金管理辦法第23條第1項第2款、第5款、第6款、第8款及第9款規定。

(2) 信託業辦理特定金錢信託受託投資其他有價證券之相關規範如下：依據信託業營運範圍受益權轉讓限制風險揭露及行銷訂約管理辦法第三條規定辦理。

投資其他有價證券之規範	重點摘要
依據「證券投資顧問事業管理規則」第5條規定訂定「證券投資顧問事業辦理外國有價證券投資顧問業務應行注意事項」第4條規定，證券投資顧問事業可提供顧問服務之外國有價證券為：	1. 除大陸地區證券市場或大陸地區政府、公司發行之股票或債券外，於其他外國證券集中交易市場、香港證券集中交易市場及美國店頭市場（NASDAQ）交易之股票或債券。 2. 除大陸地區或大陸地區政府、公司發行之債券外，經慕迪投資服務公司（MOODY'S INVESTORS SERVICE）或史丹普公司（STANDARD & POOR'S CORP.）評等為A級以上由國家或機構所保證或發行之債券。 3. 除大陸地區或大陸地區政府、公司發行或管理之受益憑證、基金股份或投資單位外，符合下列條件之發行或經理公司所發行或經理，且成立年限滿2年以上之受益憑證、基金股份或投資單位：

投資其他有價證券之規範	重點摘要
	(1)所經營基金總資產淨值超過10億美元或等值之外幣者。 (2)經理公司成立年限滿2年以上者。 (3)未受當地主管機構處分並有記錄在案者。 (4)基於避險或為提昇基金資產組合管理之效率，而投資衍生性商品價值之總金額不得超過個別基金最新資產淨值之15%。 (5)個別基金必須成立滿2年。
投資於其他外國有價證券時，其範圍以下列各款為限：	1.於外國證券集中交易市場及店頭市場交易之股票、指數股票型基金（ ETF，Exchange Traded Fund ） 或存託憑證（ Depositary Receipts ）。 2.符合下列任一信用評等規定，由國家或機構所保證或發行之債券： (1)經 Standard & Poor's Corporation 評定，債務發行評等達 BBB 級（含）以上。 (2)經 Moody's Investors Service 評定，債務發行評等達 Baa2 級（含）以上。 (3)經 Fitch Ratings Ltd. 評定，債務發行評等達 BBB 級（含）以上。 上述所規範之評等，依中央銀行93年6月17日函令規定說明： (1)於一般債券者，係指債券本身之評等。 (2)對投資於連動式債券（ Structured Notes ） 者，係指機構評等或債券本身之評等。 該等規定自93月7起實施。 3.上述有價證券不含下列標的： (1)本國企業赴海外發行之公司債。 (2)以國內有價證券、本國上市、上櫃公司於海外發行之有價證券、國內證券投資信託事業於海外發行之受益憑證為連結標的之連動型或結構型債券。

6.集合信託業受託金錢信託：依信託業法第16條第1款，集合信託業受託金錢信託，依信託契約約定，委託人同意其信託資金與其他委託人之信託資金集合管理運用者，由信託業就相同營運範圍或方法之信託資金設置

集合管理運用帳戶。同時，就信託業所辦理信託資金集合管理運用帳戶之重點說明如下：

(1) 信託業所設置信託資金集合管理運用帳戶，可分為以下三種：

A.指定集合管理運用帳戶：委託人概括指示信託資金之營運範圍或方法，由受託人將信託資金與其他不同信託行為之信託資金，就其營運範圍或方法相同之部分，設置集合管理運用帳戶，受託人具有運用決定權。

B.不指定集合管理運用帳戶：委託人不指定信託資金之營運範圍或方法，由受託人將信託資金與其他不同信託行為之信託資金，於信託業法第32條第1項規定之營運範圍內，設置集合管理運用帳戶，受託人具有運用決定權。同時本帳戶之運用範圍應優先適用信託業法第32條之規定。

C.特定集合管理運用帳戶：委託人對信託資金之營運範圍或方法，就投資標的、運用方法、金額、條件、期間等事項為具體之指示，受託人將該信託資金與其他不同信託行為之信託資金，就營運範圍或方法相同之部分，設置集合管理運用帳戶。受託人不具有運用決定權，因此依委託人之運用指示，此種帳戶目前依法不須要報經主管核准，非屬信託資金集合管理運用辦法規範之對象。

(2) 信託業申請設置信託集合管理運用帳戶應事先經主管機關核准，並為經主管機關認可之信用評等機構達一定等級以上，而主管機關規定如下：

A.經標準普爾公司（Standard & Poor's Corporation）評定，長期債務信用評等達 BBB-級以上，短期債務信用評等達 A-3 級以上。

B.經穆迪投資人服務公司（Moody's Investors Service）評定，長期債務信用評等達 Baa3 級以上，短期債務信用評等達 P-3 級以上。

C.經惠譽國際信用評等公司（Fitch Rating Ltd.）評定，長期債務信用評等達 BBB-級以上，短期債務信用評等達 F3 級以上。

D.經中華信用評等股份有限公司評定，長期債務信用評等達 twBBB-級以上，短期信用評等達 twA-3 級以上。

E.經英商惠譽國際信用評等股份有限公司台灣分公司評定，長期債務信用評等達BBB-（twn）級以上，短期債務信用評等達F3（twn）級以上。

F. 經穆迪信用評等股份有限公司評定，長期債務信用評等達Baa3.tw級以上，短期債務信用評等達TW-3級以上。

(3) 信託資金集合管理運用帳戶之運用原則及限制

A.信託業辦理信託資金集合管理運用之運用範圍，以具有次級交易市場投資標的為原則。從而上市公司、上櫃公司股票、銀行發行之金融債券、短期票券、公司債、證券投資信託基金受益憑證、銀行存款均屬可運用之範圍。

但若集合管理運用帳戶之信託資金，如經主管核准運用於無次級交易市場或欠缺流動性之標的者，信託業得於該帳戶約定條款中訂定一定期間停止受益人退出。

因此，信託業如設置不指定集合管理運用帳戶時，因同時須符合信託業法第32條有關營運範圍之限制，因此不指定集合管理運用帳戶之運用範圍僅限於現金、銀行存款、公債、公司債、金融債券、短期票券，且其運用或投資情形及適用信用評等關係如下所列。

運用或投資情形	適用信用評等
運用於存款、金融債券、公司債或經短期票券時，應符合主管機關認可之信用評等機構評等達一定等級以上，存放於金融機構之存款，所存放之金融機構其信用評等應符合下列情形之一：	(1)經Standard & Poor's Corporation評定，長期債務信用評等達 BBB-級以上，短期債務信用評等達A-3級以上。 (2)經 Moody's Investors Service 評定，長期債務信用評等達Baa3級以上，短期債務信用評等達P-3級以上。 (3)經 Fitch Rating Ltd.評定，長期債務信用評等達BBB-級以上，短期債務信用評等達 F3級以上。 (4)經中華信用評等股份有限公司評定，長期債務信用評等達twBBB-級以上，短期信用評等達twA-3級以上。
投資於金融債券、公司債或短期票券，該金融債券之發行人及公司債或短期票券之債務人（發行人、保證人或承兑人），其信用評等以該投資標的長、短期性質區分，應符合下列情形之一：（以上所稱金融債券、公司債不包括次順位金融債券、次順位公司債）：	(5)經英商惠譽國際信用評等股份有限公司台灣分公司評定，長期債務 信用評等達BBB-（twn）級以上，短期債務信用評等達 F3（twn）級以上。 (6)經穆迪信用評等股份有限公司評定，長期債務信用評等達Baa3.tw級以上，短期債務信用評等達TW-3級以上。

B.信託業辦理集合管理運用帳戶投資於金融資產證券化條例規定私募之受益證券及資產基礎證券，應符合與客戶簽訂信託契約運用於該集合管理帳戶金額合計超過新台幣5000萬以上者，且應取得委託人同意後明定於信託資金集合管理運用帳戶約定條款後始得為之，並提供書面資料載明私募受益證券或資產基礎證券投資之特性、轉讓限制及其投資風險，向委託人詳細說明之。

C.信託業應符合下列風險分散之規定來保障受益人權益，並且避免投資風險過度集中於某一投資標的物，而造成較大的損失：

管理帳戶種類	分散風險投資規定之限制
個別集合管理運用帳戶	I. 投資於同一公司股票、短期票券或公司債（次順位公司債投資金額應併入）之金額，分別不得超過個別集合管理運用帳戶投資當日淨資產總價值10%。 II. 投資於任一證券投資信託事業已募集發行之證券投資信託基金受益憑證之金額，合計不得超過投資當日個別集合管理運用帳戶淨資產總價值10%。 III. 投資於次順位公司債、次順位金融債券，其投資金額除應併入本辦法第4條第1項第6款至第8款有關公司債、金融債券之限額規定辦理以外，任一信託資金集合管理運用帳戶投資任一金融機構或其他公司所發行次順位金融債券或次順位公司債，不得超過該金融機構或該公司該次（如有分券指分券後）所發行次順位金融債券或次順位公司債總額10%。 IV. 投資於同一資產信託證券化計畫或資產證券化計畫所發行之受益證券或資產基礎證券之金額，分別不得超過個別集合管理運用帳戶投資當日淨資產總價值10%。
全體集合管理運用帳戶	I. 同一信託業所設置之全體集合管理運用帳戶，投資於同一公司股票之股份總額、短期票券及公司債（次順位公司債投資金額應併入）之金額，合計不得超過投資當日該公司實收資本額10%。 II. 存放於同一金融機構之存款、投資其發行之金融債券（次順位金融債券投資金額應併入）與其保證之公司債及短期票券金額，合計不得超過投資當日全體集合管理運用帳戶淨資產總價值20%及該金融機構淨值10%。 III. 同一信託業所設置之全體集合管理運用帳戶，投資於任一資產信託證券化計畫或資產證券化計畫所發行之受益證券或資產基礎證券之金額，合計不得超過投資當日該資產信託證券化計畫或資產證券化計畫所發行之受益證券或資產基礎證券總額10%。

D.信託業辦理集合管理運用之金錢信託，應保持適當之流動性。金管會於必要時，得於洽商中央銀行後，訂定流動性資產之範圍及其比率。信託業未達該比率者，應於金管會所定期限內調整之。

a.流動性資產之範圍如下：

(A)現金及銀行存款。

(B)公債。

(C)短期票券。

(D)其他經金管會洽商中央銀行同意之資產。

b.信託業所持有流動性資產佔所設置個別集合管理運用帳戶淨資產價值之最低比率為5%。

7.金錢債權及其擔保物之信託：委託人將其金錢債權的催收、保全、管理、處分所得之金錢交付受益人的信託，稱「金錢債權之信託」。

【舉例說明】

(1) 保險金信託，委託人依約定向保險公司要求保險金的債權信託予受託人，而由受託人代為行使此一請求權。

(2) 又如銀行依金融資產證券化條例規定，將債權資產（汽車貸款債權或其他動產擔保貸款債權及其擔保物權、房屋貸款債權或其他不動產擔保貸款債權及其擔保物權、租賃債權、信用卡債權、應收帳款債權或其他金錢債權等）交付信託予受託機構，同時委由受託機構以該資產為基礎，設定為金錢債權及其擔保物權之信託憑證並發行受益證券。

8.有價證券之信託：接受以有價證券為信託財產的信託，稱「有價證券信託」。有價證券信託成立後，並不限制其財產形態的變更，亦即從信託開始至信託終了，信託財產不必皆為有價證券。

得為有價證券信託之財產標的者，以證券交易法第 6 條所規定之有價證券為例，包含政府債券、公司股票、公司債券、金管會所核定之有價證券（受益憑證、認購權證、認股權證）、新股認購權利證書以及各種有價證券之價款繳納憑證或表明其權利之證書等均屬之。

有價證券信託於實務上，可概分為有價證券之管理、運用及處分信託三種類型，重點分述如下：

(1) 有價證券管理信託：以有價證券之管理為目的，包括由受託人處理有價證券之保管、股利股息利息或債券本息之收取、現金增資新股之認購、議決權之行使等。

(2) 有價證券運用信託：以有價證券為借貸之運用，以提高其收益。標的範圍包含股票、公債、公司債等，特別是政府公債及金融債券為主要標的。依據臺灣證券交易所有價證券借貸辦法規定，有價證券借貸分為下列三種：

A.定價交易：由借券人及出借人依臺灣證交所公告之費率（固定借券費率 4%年利率，採逐筆逐日計算）申請，採逐筆撮合成交。

B.競價交易：由借券人及出借人依最高年利率20%以下，0.1%為升降單位，自行申報出借及借券費率，借券費率採逐筆撮合成交。採價格優先撮合原則。

C.議借交易：由借券人及出借人依最高年利率20%以下，0.1%為升降單位， 雙方自行議定成交費率。

(3) 有價證券處分信託：受託人將有價證券處分後，投資於其他投資標的，以獲取較高之報酬。

9.動產之信託：委託人將其所有的動產，信託給受託人管理或處分的信託，稱「動產之信託」。

在日本，與信託相關的法律，對受託動產的種類並無限制，舉凡鐵路車輛、船舶、汽車、航空器、電子計算機等皆可信託。

10.不動產之信託：接受信託時，信託財產為土地或其定著物的信託，稱「不動產之信託」。

由於本業務非屬證券化業務，無發行受益證券，但信託業者往往透過受益權轉讓方式，達到資產流動化之效果，而現行信託業法及相關法令尚乏特別規範。為加強管理並保障受益人利益，中華民國信託業商業同業公會訂有相關規範，其重點如下：

(1) 信託業辦理不動產信託業務不得有向不特定人或多數人公開募集之行為。

(2) 信託業辦理不動產信託業務，不得製作交付受益人證明其受益權之任何書面文件，不論其稱為受益權證書、受益證券、受益憑證或其他類似名稱。但信託業為確認受益人所持有之受益權範圍或內容，或第三人經受益人同意為查證受益人之受益權時，信託業得出具信函予委託人、受益人或查證之第三人，以確認之；且該信函之形式及實質內容，均不得有足致他人誤認其為不動產證券化條例所定之受益證券或其他有價證券之情形。

(3) 信託業辦理不動產信託業務，除係依921震災重建暫行條例或都市更新條例交付信託者外，應與委託人及受益人於信託契約約定除受益權之轉讓係因繼承、受益人之無償讓與或依法所為之拍賣者外，其受益權之轉讓應符合下列規定：

A.受益權之受讓人必須為下列對象：

a. 銀行業、票券業、信託業、保險業、證券業或其他經主管機關依不動產證券化條例第13條第1項第1款核准之法人或機構。

b. 符合主管機關依不動產證券化條例第13條第1項第2款所定條件之自然人、法人或基金，其人數不得逾35人。

B.受益人得讓與及分割讓與其所持有之受益權。但分割讓與後之每一受益人所持有之受益權所表彰之價值不得低於新台幣100萬元整，且受益人總數仍不得逾35人。

C.特定不動產之共有人全體為該不動產開發之目的共同將不動產信託予信託業管理，並符合下列各款條件者，其受益權之轉讓得不受第1款所定對象及總人數之限制：

a.初始之受益人已逾35人，且於信託時擁有該不動產所有權達1年以上之受益人所持有之受益權比例須佔全部受益權之80%以上。

b.每一受益人僅得將其受益權讓與1人，不得分割讓與其受益權。

D.受益人應於轉讓其受益權前提供受讓人之身分資料、轉讓之受益權單位數及轉讓契約等相關資料予信託業，經信託業同意其轉讓後，受益人始得轉讓其受益權。其中，土地信託則以租賃型和出售型兩種為主。

11. 租賃權之信託：土地租賃權的信託是接受以土地租賃權為信託財產的信託。

通常係由委託人將其所擁有在他人土地上的租賃權，移轉予信託業，由信託業為受益人利益，就該租賃權為管理處分。

12. 地上權之信託：地上權的信託是接受以地上權為信託財產的信託，由委託人將其所有的地上權，移轉予受託人，由受託人為受益人利益，將地上權為出租或讓售等管理處分的信託。

地上權的定義，依我國民法規定，謂以在他人土地上有建築物，或其他工作物，或竹木為目的而使用其土地之權。從而，委託人為使地權有效利用，將其地上權信託予信託業管理或處分，屬於信託業法第16條第7款地上權之信託。

本款地上權之信託分類如下：

(1)管理型地上權信託委託人將其地上權信託予信託業，委由信託業辦理地上權標的之營運、管理、出租及收取收益等事項。

(2)開發型地上權信託委託人將其地上權信託予信託業，委由信託業辦理興建建築物、其他工作物及竹木。於興建完成後，再由信託業辦理地上權標的之營運、管理、出租及收取收益等事項。

13. 專利權的信託：專利權之信託，是以專利權為信託財產的信託。

專利權，依我國專利權法第6條規定，分發明專利、新型專利及新式樣專利三種。

專利申請權及專利權，均得為讓與或繼承。

14. 著作權之信託：著作權信託是以著作權為信託財產的信託。著作權為智慧財產權的一種。

依我國著作權法第3條規定，指因著作完成所生之著作人格權及著作財產權，著作人於著作完成時，享有著作權的著作如下：

1.語文著作。
2.音樂著作。
3.戲劇、舞蹈著作。
4.美術著作。
5.攝影著作。
6.圖形著作。
7.視聽著作。
8.錄音著作。
9.建築製作。
10.電腦程式製作。

〔牛刀小試〕

( ) **1** 依我國信託業法規定，信託業所辦理之業務，如涉及外匯之匯入或匯出部分，應依據下列何項有關之規定，透過外匯指定銀行為之？ (A)外國人投資條例 (B)中央銀行法 (C)管理外匯條例 (D)存款保險條例。【第41期】

( ) **2** 信託業經營之業務涉及外匯之匯入匯出部分，應依據管理外匯條例有關之規定，透過下列何者為之？ (A)財政部 (B)外匯指定銀行 (C)證期會 (D)中央銀行。【第7期】

( ) **3** 信託業接受金錢之信託，投資於國內上市公司股票，其信託財產帳戶應以下列何種名義表彰之？ (A)委託人之名義 (B)信託業之信託財產名義 (C)信託業自有財產之名義 (D)他益信託時以受益人之名義。【第4期】

( ) **4** 依信託業法施行細則規定，信託財產運用於國內之投資標的時，應以下列何者之信託財產名義表彰之？ (A)委託人 (B)受益人 (C)委託人及受益人 (D)信託業。【第7期】

( ) **5** 依信託業法規定，信託業得經營之業務項目，下列何者錯誤？ (A)著作權之信託 (B)人格權之信託 (C)專利權之信託 (D)地上權之信託。【第10期】

解答與解析

1 (C)。信託業法第18條。

2 (B)。信託業法第18條。

3 (B)。信託業法第20條。

4 (D)。信託業法施行細則第3條。

5 (B)。信託業法第16條：信託業經營之業務項目如下：一、金錢之信託。二、金錢債權及其擔保物權之信託。三、有價證券之信託。四、動產之信託。五、不動產之信託。六、租賃權之信託。七、地上權之信託。八、專利權之信託。九、著作權之信託。十、其他財產權之信託。

貳 信託業申請辦理業務之規定 重要度★★

一、信託業之組織設立

依信託業法第10條規定，信託業之組織，以股份有限公司為限。但經主管機關之許可兼營信託業務者，不在此限。

信託業之設立，準用銀行法第53條至第56條規定。

信託業設立之最低實收資本額、發起人資格條件、章程應記載事項、同一人或同一關係人持股限額、申請設立許可應具備之文件、程序、不予許可之情形及其他應遵行事項，由主管機關以標準定之。

二、主管機關許可之項目

依信託業法第11條規定，信託業為下列行為，應經主管機關許可：

(一)章程或與之相當之組織規程之變更。

(二)公司法第185條第1項所定之行為。

(三)其他經主管機關規定之事項。

三、營業執照之核發

依信託業法第12條規定，信託業非經完成設立程序，並發給營業執照，不得開始營業。

四、分支機構之申請許可

依信託業法第13條規定，信託業增設分支機構時，應檢具分支機構營業計畫，向主管機關申請許可及營業執照。遷移或裁撤時，亦應申請主管機關核准。

銀行之分支機構兼營信託業務時，應檢具分支機構兼營信託業務計畫，申請主管機關許可，並於分支機構之營業執照上載明之。

第1項及第2項之管理辦法，由主管機關定之。

五、增設之準用

依信託業法第14條規定，信託業或其分支機構之增設，準用銀行法第26條之規定。

六、變更之程序

依信託業法第15條規定，銀行暫時停止或終止其兼營之信託業務者，應申請主管機關許可。

信託業之合併、變更、停業、解散、廢止許可、清理及清算，準用銀行法第58條、第59條、第61條及第63條至第69條規定。

七、信託業經營業務之核定

(一) 依信託業法第18條規定，各信託業得經營之業務種類，應報請主管機關核定；其有變更者，亦同。

(二) 其業務涉及外匯之經營者，應經中央銀行同意。其業務之經營涉及信託業得全權決定運用標的，且將信託財產運用於證券交易法第6條規定之有價證券或期貨交易法第3條規定之期貨時，其符合一定條件者，並應向主管機關申請兼營證券投資顧問業務。

(三) 信託業不得經營未經主管機關核定之業務。

八、信託業辦理信託業務應遵循規範

(一) 依「信託業營運範圍受益權轉讓限制風險揭露及行銷訂約管理辦法」第6條規定說明，兼營信託業務之銀行申請辦理信託業法第16條各款信託業務應檢具下列申請書件，報請主管機關核定：

1.營業計畫書，內容應包括下列各目：

(1) 辦理業務之法律依據及相關法令之評估分析。

(2) 業務說明（信託業務須標明信託業法施行細則第6條至第8條之分類）及風險控管。

(3) 業務作業要點及流程。

(4) 與客戶訂定契約之重要事項。

(5) 內部控制及稽核制度。

(6) 對客戶權益保障事項。

(7) 人員配置及設備評估。

(8) 董事會議紀錄。但外國銀行在台分行得由經總行授權人員出具同意書為之。

(9) 最近一期經會計師查核簽證之財務報告。

(10) 信託契約範本。

2.信託業申請辦理本法第17條各款附屬業務，應檢具前項第1款至第3款申請書件，報請主管機關核定。

3.兼營信託業務之銀行如自有資本與風險性資產之比率低於8%或最近一期經會計師查核簽證之累積盈虧為負者，不得申請新增本法第16條及第17條尚未經主管機關核准之業務項目。

(二) 兼營信託業務之銀行符合「信託業營運範圍受益權轉讓限制風險揭露及行銷訂約管理辦法」第6條各款條件者，其經主管機關核定之信託業務，除屬第7條之情形外，得逕行開辦各種信託商品或混合兩種以上信託業務項目之新種信託商品，並於開辦後15日內，檢具營業計畫書及信託契約範本，報主管機關備查。

(三) 依「信託業營運範圍受益權轉讓限制風險揭露及行銷訂約管理辦法」第7條規定，兼營信託業務之銀行辦理信託業務涉及下列情形者，應依相關規定辦理，除申辦項目外，必須另行依循申辦處理：

1.信託業申請募集發行共同信託基金應依共同信託基金管理辦法辦理。

2.信託業申請設置集合管理運用帳戶者應依信託資金集合管理運用管理辦法辦理。

3.涉及與適用臺灣地區與大陸地區人民關係條例及依該條例所定相關法令有關之商品。

4.涉及外匯之經營，另經中央銀行同意。

5.涉及信託業得全權決定運用標的，且將信託財產運用於證券交易法第6條規定之有價證券或期貨交易法第3條規定之期貨時，應依本法第18條第1項後段之規定辦理。

(四) 有下列情事之一者，主管機關得令信託業停止或於補正前暫停辦理該新種信託商品：

1.應檢具書件有不完備、或應記載事項不充分、或經主管機關要求補正，未依限補正。
2.有礙市場秩序之虞。
3.有影響信託業財務業務健全之虞。
4.契約內容顯失公平。

(五) 依「信託業營運範圍受益權轉讓限制風險揭露及行銷訂約管理辦法」第5條規定，兼營信託業務之銀行符合下列條件者，對已經主管機關核定之信託業務，除屬第7條之情形外，另須依照信託財產運用範圍及依本法施行細則第6條至第8條所為之業務種類，得逕行辦理：
1.逾期放款比率未超過2%。
2.自有資本與風險性資產比率達10%以上。
3.已依銀行資產評估損失準備提列及逾期放款催收款呆帳處理辦法提足損失準備、備抵呆帳及保證責任準備。
4.信用評等達申請募集發行共同信託基金及設置信託資金集合管理運用帳戶應具備之信用評等等級標準。
5.最近6個月未有違反本法、銀行法或中華民國信託業商業同業公會自律規章，經主管機關或同業公會處分未改善，情節重大者。

九、公積之提存

依信託業法第38條信託業公積之提存，準用銀行法第50條規定。

十、營業報告書及財務報告之申報

依信託業法第39條信託業應每半年營業年度編製營業報告書及財務報告，向主管機關申報，並將資產負債表於其所在地之日報或依主管機關指定之方式公告。

十一、自有財產之運用範圍

依信託業法第40條信託業自有財產之運用範圍，除兼營信託業務之銀行外，以下列各款為限：

(一) 購買自用不動產、設備及充作營業支出。
(二) 投資公債、短期票券、公司債、金融債券、上市及上櫃股票、受益憑證。
(三) 銀行存款。
(四) 其他經主管機關核准之事項。
(五) 前項第1款自用不動產之購買總額，不得超過該信託業淨值。

(六)第1項第2款公司債、上市及上櫃股票、受益憑證之投資總額不得超過該信託業淨值30%；

(七)其投資每一公司之公司債及股票總額、或每一基金受益憑證總額，不得超過該信託業淨值5%及

(八)該公司債與股票發行公司實收資本額5%，或該受益憑證發行總額5%。

十二、無法支付債務或有損委託人利益之處置

依信託業法第43條信託業因業務或財務顯著惡化，不能支付其債務或有損及委託人或受益人利益之虞時，主管機關得命其將信託契約及其信託財產移轉於經主管機關指定之其他信託業。

信託業因解散、停業、歇業、撤銷或廢止許可等事由，致不能繼續從事信託業務者，應洽由其他信託業承受其信託業務，並經主管機關核准。

信託業未依前項規定辦理者，由主管機關指定其他信託業承受。

前三項之移轉或承受事項，如係共同信託基金或募集受益證券業務，應由承受之信託業公告之。如係其他信託業務，信託業應徵詢受益人之意見，受益人不同意或不為意思表示者，其信託契約視為終止。

〔牛刀小試〕

( ) **1** 依信託業法規定，有關信託契約之敘述，下列何者錯誤？ (A)應記載受託人之責任 (B)應記載信託存續期間 (C)信託契約可以口頭為之 (D)應記載委託人、受託人及受益人之姓名、名稱及住所。 【第19期】

( ) **2** 信託業訂定信託契約如非以書面為之，則該信託行為之效力為何？ (A)有效 (B)無效 (C)如有第三者見證則有效 (D)委託人、受託人及受益人都同意則有效。 【第22期】

( ) **3** 本國銀行或外國銀行之各分支機構辦理信託業務，下列敘述何者正確？(A)得辦理經主管機關核准之業務 (B)經信託公會之核准，得辦理信託財產之管理、運用及處分 (C)原則上除信託財產之收受外，亦得辦理信託財產之管理、運用及處分 (D)原則上得辦理與總行信託業務專責部門所有業務，包括信託財產之管理、運用及處分。 【第31期】

解答與解析

1 (C)。信託業法第19條：信託契約之訂定，應以書面為之，並應記載下列各款事項：一、委託人、受託人及受益人之姓名、名稱及住所。二、信託目的。

三、信託財產之種類、名稱、數量及價額。四、信託存續期間。五、信託財產管理及運用方法。六、信託收益計算、分配之時期及方法。七、信託關係消滅時，信託財產之歸屬及交付方式。八、受託人之責任。九、受託人之報酬標準、種類、計算方法、支付時期及方法。十、各項費用之負擔及其支付方法。十一、信託契約之變更、解除及終止之事由。十二、簽訂契約之日期。十三、其他法律或主管機關規定之事項。信託業應依照信託契約之約定及主管機關之規定，分別向委託人、受益人作定期會計報告，如約定設有信託監察人者，亦應向信託監察人報告。

2 **(B)**。信託業法第19條：信託契約之訂定，應以書面為之，並應記載下列各款事項。故非以書面為之，則該信託行為無效。

3 **(A)**。銀行分支機構兼營信託業務管理辦法第2條：銀行得於主管機關核定兼營之信託業務範圍內，視業務需要，檢具分支機構兼營信託業務申請書及經營與管理信託業務人員名冊與資格證明文件，向主管機關申請許可分支機構兼營，並自許可之日起三個月內辦理換發分支機構營業執照。經核准辦理者分支機構原則上限於信託財產之收受，其管理運用及處分均應統籌由專責信託業務部門為之。

參 證券投資信託事業、證券投資顧問事業兼營信託業務之特定項目

重要度★★★

一、依據證券投資信託事業設置標準及證券投資顧問事業設置標準規定，信託業得申請辦理項目如下：

(一)「兼營證券投資信託業務」。

(二)「兼營證券投資顧問業務」。

(三)「以委任關係辦理全權委託投資業務」。

(四)「以信託關係辦理全權委託投資業務」。

二、按信託業法第18條第1項前段規定所述「信託業得經營之業務種類，應報請主管機關分別核定」，金管會援引規定信託業依信託業法第18條第1項前段，申請核准辦理上開4項業務之資格條件如下：

(一)信用評等達財政部 92.10.30 台財融 (四) 字第 0924000965 號令募集發行共同信託基金及設置信託資金集合管理運用帳戶具備之信用評等機構評等等級標準。

(二) 未有違反信託相關法令或中華民國信託業商業同業公會自律規範或同業公會糾正未改善，情節重大者。

(三) 申請「兼營證券投資信託業務」或「以信託關係辦理全權委託投資業務」者，並需取得「金錢之信託」業務許可。

三、信託業如符合前述資格條件者，得逕依證券投資信託及顧問法相關規定，並檢附符合前開資格條件之聲明書，向金管會申請許可。

四、信託業自金管會許可之日起6個月內，應備妥「證券投資信託事業設置標準」第22條或「證券投資顧問事業設置標準」第19條、第22條所定文件並應符合最近期經會計師查核簽證之財務報告每股淨值不低於面額之規定，且經總經理及法令遵循主管二人確認後，始得辦理登錄作業。

五、信託業未於前開期間內辦理登錄，金管會得廢止兼營許可。但有正當理由，於期限屆滿前，得向本會申請展延3個月，並以1次為限。

六、全權委託投資業務要點

依證券投資信託事業證券投資顧問事業經營全權委託投資業務管理辦法本辦法第2條規定，所稱全權委託投資業務，指證券投資信託事業或證券投資顧問事業對客戶委任交付或信託移轉之委託投資資產，就有價證券、證券相關商品或其他經金融監督管理委員會（以下簡稱本會）核准項目之投資或交易為價值分析、投資判斷，並基於該投資判斷，為客戶執行投資或交易之業務。

(一) 證券經紀商、期貨經紀商、期貨經理事業或期貨信託事業兼營證券投資顧問事業辦理全權委託投資業務者，除第2章、第4章及第4-1章外，應適用本辦法證券投資顧問事業經營全權委託投資業務之相關規定。

(二) 信託業以委任方式兼營全權委託投資業務者，除第2章、第4章及第4-1章外，應適用本辦法證券投資顧問事業以委任方式經營全權委託投資業務之相關規定。

(三) 信託業辦理信託業法第18條第1項後段全權決定運用標的，且將信託財產運用於證券交易法第6條之有價證券，並符合一定條件者，應依證券投資顧問事業設置標準向本會申請兼營全權委託投資業務，除信託法及信託業法另有規定外，其運用之規範應依第四章規定辦理。

(四) 前項所稱一定條件，指信託業單獨管理運用或集合管理運用之信託財產涉及運用於證券交易法第6條之有價證券達新臺幣1000萬元以上者。

(五) 保險業經營投資型保險業務專設帳簿之資產，如要保人以保險契約委任保險業全權決定運用標的，且將該資產運用於證券交易法第六條之有價證券者，應依證券投資顧問事業設置標準向本會申請兼營全權委託投資業務，其運用規範應依第4-1章規定辦理。

(六) 本辦法所稱全權委託保管機構，指依本法及全權委託相關契約，保管委託投資資產及辦理相關全權委託保管業務，並符合本會所定條件之銀行。

七、全權委託之保管機構

(一) 依證券投資信託事業證券投資顧問事業經營全權委託投資業務管理辦法本辦法第11條規定，證券投資信託事業或證券投資顧問事業以委任方式經營全權委託投資業務，應由客戶將資產委託全權委託保管機構保管或信託移轉予保管機構，證券投資信託事業或證券投資顧問事業並不得以任何理由保管受託投資資產。

(二) 前項全權委託保管機構，應由客戶自行指定之。

(三) 客戶指定之全權委託保管機構，與證券投資信託事業或證券投資顧問事業間具有下列控制關係者，證券投資信託事業或證券投資顧問事業對客戶應負告知義務：

1. 投資於證券投資信託事業或證券投資顧問事業已發行股份總數百分之十以上股份。
2. 擔任證券投資信託事業或證券投資顧問事業董事或監察人；或其董事、監察人擔任證券投資信託事業或證券投資顧問事業董事、監察人或經理人。
3. 證券投資信託事業或證券投資顧問事業持有其已發行股份總數百分之十以上股份。
4. 由證券投資信託事業或證券投資顧問事業或其代表人擔任董事或監察人。
5. 全權委託保管機構與證券投資信託事業或證券投資顧問事業間，具有其他實質控制關係。

董事、監察人為法人者，其代表人或指定代表行使職務者，準用前項第二款規定。

全權委託投資業務之客戶為信託業或其他經本會核准之事業，得由客戶自行保管委託投資資產，不適用第一項規定。

八、證券投資信託基金管理辦法應記載事項

證券投資信託基金管理辦法第二條規定，證券投資信託契約除金融監督管理委員會另有規定外，應記載下列各款事項：

(一) 證券投資信託事業及基金保管機構之名稱及地址。

(二) 證券投資信託基金（以下簡稱基金）之名稱及其存續期間。

(三) 證券投資信託事業之權利、義務及法律責任。

(四) 基金保管機構之權利、義務及法律責任。
(五) 受益人之權利、義務及法律責任。
(六) 運用基金投資有價證券及從事證券相關商品交易之基本方針及範圍。
(七) 證券投資信託之收益分配事項。
(八) 受益憑證之買回事項。
(九) 基金應負擔之費用。
(十) 證券投資信託事業及基金保管機構之經理或保管費用。
(十一) 基金及受益權單位淨資產價值之計算。
(十二) 證券投資信託契約之終止事項。
(十三) 受益人會議之召開事由、出席權數、表決權數及決議方式。

信託業兼營證券投資信託業務，經本會核准得自行保管基金資產，並設有信託監察人者，前項第四款應記載信託監察人之權利、義務及法律責任。
證券投資信託契約範本，應由中華民國證券投資信託暨顧問商業同業公會（同業公會）洽商中華民國信託業商業同業公會（信託業公會）擬訂，報經金管會核定。

〔牛刀小試〕

( ) **1** 證券投資信託事業及證券投資顧問事業經營全權委託投資業務時，其委任人委託投資之款項與有價證券應由委任人指定下列何者保管？
(A)證券經紀商 (B)證券承銷商
(C)保管機構 (D)證券投資信託事業。 【第4期】

( ) **2** 證券投資信託事業應將證券投資信託基金交由下列何者保管？
(A)自行保管 (B)證券交易所
(C)基金保管機構 (D)證券集中保管事業。 【第7期】

( ) **3** 信託業收受以公司債為信託財產之信託，經償還後轉化為金錢，併為信託財產運用，係屬於下列何種信託？ (A)金錢之信託 (B)金錢債權之信託 (C)有價證券之信託 (D)動產之信託。 【第37期】

( ) **4** 依證券投資信託事業證券投資顧問事業證券商兼營信託業務管理辦法規定，證券商得申請主管機關許可以信託方式辦理之特定項目，下列何者錯誤？ (A)經營全權委託投資業務 (B)辦理財富管理業務 (C)擔任信託監察人 (D)辦理客戶委託保管及運用其款項業務 【第40期】

( ) **5** 證券投資信託事業接受委任人全權委託投資之資金，保管機構應由下列何者指定？ (A)委任人 (B)投信公司 (C)信託同業公會 (D)受任人。 【第1期】

解答與解析

1 **(C)**。證券投資信託事業及證券投資顧問事業經營全權委託投資業務管理辦法第11條。

2 **(C)**。證券投資信託基金管理辦法第2條。

3 **(C)**。交付有價證券（公司債）故為有價證券之信託。

4 **(C)**。依據證券投資信託事業設置標準及證券投資顧問事業設置標準規定，信託業得申請辦理項目如下：(一)「兼營證券投資信託業務」、(二)「兼營證券投資顧問業務」、(三)「以委任關係辦理全權委託投資業務」及(四)「以信託關係辦理全權委託投資業務」。但不包括擔任信託監察人。

5 **(A)**。證券投顧投信事業經營全權委託投資業務管理辦法第11條。證券投資信託事業或證券投資顧問事業以委任方式經營全權委託投資業務，應由客戶將資產委託全權委託保管機構保管或信託移轉予保管機構，證券投資信託事業或證券投資顧問事業並不得以任何理由保管受託投資資產。前項全權委託保管機構，應由客戶自行指定之。

肆 證券商兼營信託業務之特定項目 重要度★★★

一、證券投資信託事業及證券投資顧問事業依證券投資信託及顧問法之規定兼營信託業務之特定項目，其符合一定條件者，或證券商兼營信託業務之特定項目，應申請主管機關許可；經許可者，適用本信託業法除第10條至第15條、第38條至第40條及第43條以外之規定。

二、前項信託業務特定項目之範圍、申請主管機關許可應具備之資格條件、不予許可與廢止許可之情事、財務、業務管理及其他應遵行事項之辦法，由主管機關定之。

〔牛刀小試〕

(　　) 有關信託業得兼營之業務，下列何者錯誤？ (A)證券投資顧問業務 (B)證券承銷商業務 (C)證券投資信託業務 (D)全權委託投資業務。【第37期】

解答與解析

(B)。尚未開放證券承銷商業務。

證券投資信託業務、證券投資顧問事業或證券商申請兼營信託業務之特定項目之相關規定 重要度★★★

一、法源依據

(一)「證券投資信託事業證券投資顧問事業證券商兼營信託業務管理辦法」依「信託業法」第3條第3項規定訂定之。

(二)證券投資信託事業、證券投資顧問事業或證券商依信託業法第3條第2項規定兼營信託業務之特定項目，除應遵守證券投資信託及顧問法、證券交易法、信託法或其他相關法令外，並應依本法及本辦法有關規定辦理。

二、業務經營項目

(一)依信託業法第3條證券投資信託事業及證券投資顧問事業於其依證券投資信託及顧問法得辦理之業務項下，得申請主管機關許可兼營金錢之信託及有價證券之信託，以信託方式經營全權委託投資業務。

(二)依信託業法第3條第2項所稱一定條件，指證券投資信託事業或證券投資顧問事業以信託方式經營全權委託投資業務，其受託投資之原始信託財產須達新臺幣1,000萬元以上者；該原始信託財產，包括最初委託及增加委託投資之金額。

(三)證券商得申請主管機關許可兼營金錢之信託及有價證券之信託，辦理下列特定項目：

1.全權委託投資業務。
2.財富管理業務。
3.客戶委託保管及運用其款項業務。

前項第2款業務屬於指定營運範圍或方法之集合管理運用者，證券商應申請設置信託資金集合管理運用帳戶。

三、特定項目條件

證券投資信託事業、證券投資顧問事業或證券商申請兼營信託業務之特定項目，應具備下列條件：

(一)證券投資信託事業、證券投資顧問事業申請以信託方式辦理全權委託投資業務，應符合證券投資信託事業證券投資顧問事業經營全權委託投資業務管理辦法所定條件。

(二) 證券商申請以信託方式辦理全權委託投資業務，應符合證券投資顧問事業設置標準所定條件。
(三) 證券商申請以信託方式辦理財富管理業務，應符合證券商辦理財富管理業務應注意事項所定辦理該業務應具備之條件。
(四) 證券商申請設置之信託資金集合管理運用帳戶所得受理信託資金之加入總額達新臺幣1000萬元以上者，應先經主管機關核准以信託方式辦理全權委託投資業務。
(五) 證券商申請以信託方式辦理客戶委託保管及運用其款項業務，應符合證券商辦理客戶委託保管及運用其款項管理辦法所定條件。
(六) 最近半年未曾受信託業法第44條糾正、限期改善之處分。
(七) 最近二年未曾受信託業法第44條第1款、第2款或第3款規定之處分。
(八) 證券投資信託事業、證券投資顧問事業或證券商不符前項第6款及第7款之條件者，如已改善並提出具體證明，得不受該二款之限制。

四、特定項目應檢具之文件

證券投資信託事業、證券投資顧問事業或證券商申請兼營信託業務之特定項目，應填具申請書，並檢具下列文件，向主管機關申請許可：
(一) 證券投資信託事業、證券投資顧問事業申請以信託方式辦理全權委託投資業務，應檢具證券投資信託事業證券投資顧問事業經營全權委託投資業務管理辦法所定申請文件及符合前條第1項第1款所定條件之資格證明文件。
(二) 證券商申請以信託方式辦理全權委託投資業務，應檢具證券投資顧問事業設置標準所定申請文件及符合前條第1項第2款所定條件之資格證明文件。
(三) 證券商申請以信託方式辦理財富管理業務，應檢具證券商辦理財富管理業務應注意事項所定申請文件及符合前條第1項第3款所定條件之資格證明文件。
(四) 證券商申請以信託方式辦理客戶委託保管及運用其款項業務，應檢具證券商辦理客戶委託保管及運用其款項管理辦法所定申請文件及符合前條第1項第5款所定條件之資格證明文件。
(五) 聲明符合前條第1項第6款及第7款規定之聲明書。
(六) 營業計畫書。
(七) 信託契約範本。
(八) 經營與管理信託業務人員名冊與資格證明文件。
(九) 主管機關規定之其他文件。

五、設立信託資金集合管理運用帳戶應檢具之文件

證券商申請設置信託資金集合管理運用帳戶，應依信託資金集合管理運用管理辦法及其相關法令規定辦理，並應依下列事項檢具相關文件：

(一) 聲明符合前條第1項第6款及第7款規定之聲明書。

(二) 符合前條第1項第3款所定條件之資格證明文件。

(三) 證券商申請設置之信託資金集合管理運用帳戶所得受理信託資金之加入總額達新臺幣1000萬元以上者，已經主管機關核准以信託方式辦理全權委託投資業務之證明文件。

六、設立期限及相關開辦規定

證券投資信託事業、證券投資顧問事業或證券商申請兼營信託業務之特定項目，應自主管機關許可之日起6個月內，依證券投資信託及顧問法或證券交易法相關規定申請換發營業執照或許可證照，並於主管機關網際網路申報系統或主管機關指定之網站完成新增營業項目之登錄，登錄前應經總經理及法令遵循主管二人確認所登錄業務項目符合法令規定，且備妥中華民國信託業商業同業公會（以下簡稱同業公會）同意入會及已依信託業法第34條規定提存賠償準備金之證明文件，向主管機關申報後始得開辦。

證券投資信託事業、證券投資顧問事業或證券商未於前項期限內辦理登錄，主管機關得廢止其兼營之許可。但有正當理由，於期限屆滿前，得向主管機關申請展延6個月，並以1次為限。

七、證券投資信託事業證券投資顧問事業證券商兼營信託業務之風險管理

依證券投資信託事業證券投資顧問事業證券商兼營信託業務管理辦法第8條規定：

(一) 應設置信託業務專責部門，負責信託財產之管理、運用及處分，並得收受信託財產；各分支機構辦理信託業務，除經主管機關核准者外，限於信託財產之收受，其管理、運用及處分均應統籌由該專責部門為之。

(二) 信託業務相關會計應整併於信託帳處理。

(三) 專責部門或分支機構辦理信託業務，應以顯著方式於營業櫃檯標示，並向客戶充分告知下列事項：

1. 辦理信託業務，應對客戶盡善良管理人之注意義務及忠實義務。
2. 受託人不擔保信託業務之管理或運用績效，委託人或受益人應自負盈虧。

(四) 辦理信託業務專責部門之營業場所應與其他部門區隔。

(五) 信託業務與其他業務間之共同行銷、資訊交互運用、營業設備及營業場所之共用方式，不得有利害衝突或其他損及客戶權益之行為。

(六) 經營信託業務之人員，關於客戶之往來、交易資料，除其他法律或主管機關另有規定外，應保守秘密；對其他部門之人員，亦同。

(七) 應參考同業公會擬訂並報經主管機關核定之銀行經營信託業務風險管理規範，訂定內部規範。

〔牛刀小試〕

(　) **1** 依證券投資信託事業證券投資顧問事業證券商兼營信託業務管理辦法規定，證券投資顧問事業申請兼營信託業務之特定項目時，應自主管機關許可之日起幾個月內申請換發營業執照或許可證照？　(A)一個月　(B)三個月　(C)六個月　(D)一年。【第26期】

(　) **2** 依信託業法規定，信託業因業務或財務狀況顯著惡化，不能支付其債務或有損及委託人或受益人利益之虞時，主管機關得為下列何種處置？
(A)派員監管或接管
(B)停止其一部業務
(C)勒令停業並限期清理
(D)命其將信託契約及其信託財產移轉於經主管機關指定之其他信託業。【第29期】

(　) **3** 依證券投資信託事業證券投資顧問事業證券商兼營信託業務管理辦法規定，證券商向主管機關申請兼營信託業務之特定項目，其應檢具之文件，下列何者非屬之？
(A)營業計畫書
(B)信託契約範本
(C)證券投資契約書
(D)經營與管理信託業務人員名冊與資格證明文件。【第32期】

(　) **4** 依證券投資信託事業證券投資顧問事業證券商兼營信託業務管理辦法規定，兼營信託業務之證券商因廢止許可，致不能繼續從事信託業務時之相關處理程序，下列敘述何者錯誤？
(A)應洽由其他信託業承受其信託業務，並經主管機關核准
(B)承受事項應於信託契約約定，該承受事項應徵詢受益人之意見
(C)受益人不同意承受事項者，其信託契約視為終止
(D)受益人對承受事項不為意思表示者，視為同意。【第37期】

( ) **5** 依證券投資信託事業證券投資顧問事業證券商兼營信託業務管理辦法規定，有關兼營信託業務證券商之風險管理，下列敘述何者錯誤？ (A)應設置信託業務專責部門且以顯著方式於營業櫃檯標示 (B)經營信託業務之人員，關於客戶之往來資料應對其他部門人員保密 (C)以信託方式經營全權委託投資業務之專責部門得併入以委任方式經營該等業務之獨立專責部門 (D)信託業務專責部門之營業場所應避免與其他部門區隔以利風險監督與管理。【第37期】

解答與解析

1 (C)。應自主管機關許可之日起6個月內申請換發營業執照或許可證照。

2 (D)。信託業法第43條：信託業因業務或財務顯著惡化，不能支付其債務或有損及委託人或受益人利益之虞時，主管機關得命其將信託契約及其信託財產移轉於經主管機關指定之其他信託業。

3 (C)。證券投資信託事業證券投資顧問事業證券商兼營信託業務管理辦法第5條：證券投資信託事業、證券投資顧問事業或證券商申請兼營信託業務之特定項目，應填具申請書，並檢具下列文件，向主管機關申請許可：一、證券投資信託事業、證券投資顧問事業或證券商申請以信託方式經營全權委託投資業務者：(一)證券投資信託事業及證券投資顧問事業檢具證券投資信託事業證券，投資顧問事業經營全權委託投資業務管理辦法規定申請該業務之文件；證券商檢具證券投資顧問事業設置標準規定申請該業務之文件。(二)符合前條第1項第1款所定條件之資格證明文件。二、證券商申請以信託方式辦理財富管理業務者，應檢具符合前條第1項第2款所定條件之資格證明文件及證券商辦理財富管理業務應注意事項規定申請該業務之文件。三、證券商申請以信託方式辦理客戶委託保管及運用其款項業務者，應檢具符合前條第1項第3款所定條件之資格證明文件及證券商辦理客戶委託保管及運用其款項管理辦法規定申請該業務之文件。四、聲明符合前條第1項第4款及第5款規定之聲明書。五、營業計畫書。六、信託契約範本。七、經營與管理信託業務人員名冊與資格證明文件。八、主管機關規定之其他文件。

4 (D)。證券投資信託事業證券投資顧問事業證券商兼營信託業務管理辦法第13條：證券投資信託事業、證券投資顧問事業或證券商兼營信託業務之特定項目，因解散、停業、歇業、撤銷或廢止許可等事由，致不能繼續從事信託業務者，應洽由其他信託業承受其信託業務，並經主管機關核准。前項之承受事項應於信託契約約定，該承受事項應徵詢受益人之意見，受益人不同意或不為意思表示者，其信託契約視為終止。

5 (D)。證券投資信託事業證券投資顧問事業證券商兼營信託業務管理辦法第8條：一、應設置信託業務專責部門，負責信託財產之管理、運用及處分，並得收受信託財產；各分支機構辦理信託業務，除經主管機關核准者外，限於信託財產之收受，其管理、運用及處分均應統籌由該專責部門為之。二、信託業務相關會計應整併於信託帳處理。三、專責部門或分支機構辦理信託業務，應以顯著方式於營業櫃檯標示，並向客戶充分告知下列事項：(一)辦理信託業務，應對客戶盡善良管理人之注意義務及忠實義務。(二)受託人不擔保信託業務之管理或運用績效，委託人或受益人應自負盈虧。四、辦理信託業務專責部門之營業場所應與其他部門區隔。五、信託業務與其他業務間之共同行銷、資訊交互運用、營業設備及營業場所之共用方式，不得有利害衝突或其他損及客戶權益之行為。六、經營信託業務之人員，關於客戶之往來、交易資料，除其他法律或主管機關另有規定外，應保守秘密；對其他部門之人員，亦同。七、應參考同業公會擬訂並報經主管機關核定之銀行經營信託業務風險管理規範，訂定內部規範。

精選試題

( ) **1** 下列信託業所經營之業務項目，何者與客戶之法律關係為信託關係？ (A)擔任公司債之發行簽證人 (B)辦理動產之信託業務 (C)擔任證券商營業保證金之保管銀行 (D)擔任公司之股務代理人辦理股票之發行、轉讓、登記事項。 【第8期】

( ) **2** 依我國信託業法及其相關規定，下列敘述何者正確？ (A)政黨得投資或經營信託業 (B)信託業得募集證券投資信託基金 (C)信託業得經營之業務種類應報請主管機關分別核定，並載明於營業執照 (D)信託業增加分支機構不須事先得到主管機關之許可，可事後報備。 【第8期】

( ) **3** 受託人與委託人訂定信託契約，由委託人概括指定信託資金之營運範圍或方法，受託人於該營運範圍或方法內具有運用決定權者，係指下列何種信託？ (A)不指定營運範圍或方法之金錢信託 (B)指定營運範圍或方法之金錢信託 (C)特定集合管理運用金錢信託 (D)特定單獨管理運用金錢信託。 【第8期】

( ) **4** 下列何者為信託業得辦理之業務項目？ (A)辦理信用卡業務 (B)擔任遺囑執行人及遺產管理人 (C)證券經紀業務 (D)收受存款。 【第8期】

( ) **5** 有關信託業得經營之附屬業務，下列何者錯誤？ (A)辦理保管業務 (B)擔任股票及債券發行簽證人 (C)辦理有價證券之承銷及股息利息紅利之發放 (D)與信託業務有關不動產買賣及租賃之居間。 【第8期】

( ) **6** 甲、乙、丙為共同委託人，將金錢信託予信託業丁，由戊為具體特定之運用指示，其性質為何？ (A)特定單獨管理運用金錢信託 (B)特定集合管理運用金錢信託 (C)不指定營運範圍或方法之金錢信託 (D)指定營運範圍或方法之集合管理運用金錢信託。 【第8期】

( ) **7** 依我國信託業法及其相關規定，委託人交付金錢用以投資有價證券，係屬下列何種信託？ (A)金錢之信託 (B)動產之信託 (C)金錢債權之信託 (D)有價證券之信託。 【第8期】

( ) **8** 信託業法施行前設立之信託投資公司，依信託業法規定，應於八十九年七月二十一日起，最長幾年內申請改制為其他銀行或信託業？ (A)一年 (B)三年 (C)五年 (D)七年。 【第9期】

( ) **9** 委託人甲與受託人乙個別訂立信託契約，由甲交付乙新臺幣一百萬元成立信託，甲保留運用決定權，並指示乙購買特定標的A公司發行之公司債，此種信託係屬下列何種信託？ (A)特定單獨管理運用有價證券信託 (B)指定單獨管理運用金錢信託 (C)指定集合管理運用金錢信託 (D)特定單獨管理運用金錢信託。 【第9期】

( ) **10** 甲擬將新臺幣貳仟萬元信託予乙銀行以其子女為受益人，甲於信託契約中僅概括指定信託資金之營運範圍，而乙銀行在該營運範圍有運用決定權，則屬成立何種信託？ (A)指定營運範圍或方法之單獨管理運用 (B)不指定營運範圍或方法之單獨管理運用 (C)特定集合管理運用 (D)特定單獨管理運用。 【第10期】

( ) **11** 銀行收受公司債為信託財產，信託期間該公司債經償還後轉化為現金，此種信託係屬下列何者？ (A)有價證券之信託 (B)金錢之信託 (C)動產之信託 (D)金錢債權及其擔保物權之信託。【第10期】

( ) **12** 信託業得辦理下列何種信託業務？ (A)吸收存款 (B)授信放款 (C)自營買賣有價證券 (D)特定金錢信託。 【第12期】

( ) **13** 下列何者不屬於信託業法規定信託業得經營之信託業務？ (A)金錢債權及其擔保物權之信託 (B)不動產之信託 (C)專利權之信託 (D)商譽之信託。 【第12期】

( ) **14** 依信託業法規定，信託業得經營之業務項目，下列何者錯誤？ (A)不動產之信託 (B)租賃權之信託 (C)專利權之信託 (D)商標權之信託。 【第13期】

( ) **15** 信託業開辦具有運用決定權之金錢信託，如涉及證券交易法第六條之有價證券或期貨交易法第三條之期貨且達一定金額以上時，除經主管機關核定外，尚應向證券主管機關申請兼營下列何種業務？ (A)證券投資信託業務 (B)證券投資顧問業務 (C)證券經紀業務 (D)共同信託基金業務。 【第13期】

( ) **16** 林先生與甲銀行簽訂信託契約，約定將其持有之鴻海股票信託與甲銀行，由受託人將股票出售，並將出售價金半數交付其配偶，半數購買房屋一棟，該信託係屬下列何種信託？ (A)金錢之信託 (B)有價證券之信託 (C)金錢債權之信託 (D)不動產之信託。 【第13期】

( ) **17** 依信託業法及信託業法施行細則規定，有關受託人具有運用決定權之信託，下列敘述何者錯誤？

(A)包括特定單獨管理運用金錢信託

(B)包括委託人指定或不指定營運範圍或方法

(C)不得以信託財產購買受託人發行之有價證券

(D)委託人對信託財產為概括指定營運範圍或方法時，受託人對信託財產具有運用決定權。 【第14期】

( ) **18** 下列何種信託之委託人保留對信託資金之運用決定權？ (A)不指定營運範圍或方法之金錢信託 (B)指定營運範圍或方法之金錢信託 (C)特定單獨管理運用之金錢信託 (D)指定營運範圍或方法之單獨管理運用金錢信託。 【第16期】

( ) **19** 委託人交付現金新臺幣一千萬元予受託人所成立之信託，其信託目的約定投資股票及不動產，係屬何種信託？ (A)不動產之信託 (B)有價證券之信託 (C)動產之信託 (D)金錢之信託。 【第17期】

( ) **20** 蔡先生交付銀行新臺幣貳佰萬元成立信託，其於信託契約中僅約定銀行購買國內債券型基金，但購買之時點與基金別授權銀行決定，此信託係屬於下列何種信託？ (A)指定單獨管理運用有價證券信託 (B)指定單獨管理運用金錢信託 (C)不指定單獨管理運用金錢信託 (D)特定單獨管理運用金錢信託。 【第18期】

(　　) **21** 甲委託人與乙受託人，訂立信託契約，由甲交付乙新台幣五百萬元成立信託，甲於信託契約中約明指示乙購買國內債券型基金，並同意乙擁有運用決定權，且得將甲之信託資金與其他不同信託行為之信託資金集合管理運用，此種信託係屬下列何種信託？
(A)特定單獨管理運用金錢信託
(B)特定集合管理運用金錢信託
(C)指定單獨管理運用金錢信託
(D)指定集合管理運用金錢信託。　【第19期】

(　　) **22** 柯先生與甲銀行簽訂信託契約，並交付新台幣一百萬元，指定受託人得將該筆資金與他人之信託資金集合管理運用投資於國內上市公司股票，該種信託係屬下列何種信託？
(A)指定營運範圍或方法之單獨管理運用金錢信託
(B)指定營運範圍或方法之集合管理運用金錢信託
(C)不指定營運範圍或方法之集合管理運用金錢信託
(D)不指定營運範圍或方法之單獨管理運用金錢信託。　【第20期】

(　　) **23** 依信託業法分類，所稱「金融資產證券化」屬下列何種信託？　(A)金錢信託　(B)不動產信託　(C)有價證券信託　(D)金錢債權及其擔保物權信託。　【第20期】

(　　) **24** 若共同信託基金募集發行額度為新臺幣五十億元，可投資於證券交易法第六條規定之有價證券達新臺幣多少金額以上，應向證券主管機關申請核准？
(A)一億元　(B)三億元
(C)五億元　(D)六億元。　【第21期】

(　　) **25** 乙銀行依「金融資產證券化條例」之相關規定，將其汽車貸款債權及其擔保物權信託與丙銀行之信託部，發行受益證券向投資人銷售，有關信託契約之敘述，下列何者正確？　(A)為動產之信託　(B)為金錢之信託　(C)為有價證券之信託　(D)為金錢債權及其擔保物權之信託。　【第22期】

(　　) **26** 信託業法所稱信託資金集合管理及運用，屬於下列何種信託？
(A)金錢之信託　(B)動產之信託
(C)不動產之信託　(D)專利權之信託。　【第22期】

(　　) **27** 信託業得經營之附屬業務項目中，不包括下列何者？
(A)辦理保證業務
(B)代理有價證券紅利之發放事項
(C)擔任公司重整監督人
(D)辦理與信託業務有關不動產買賣及租賃之居間。【第22期】

(　　) **28** 依信託業法及其相關規定，委託人將其所有房屋乙棟信託予受託人，約定由受託人將房屋出售所得之價金運用於投資股票並購買汽車乙輛之信託，屬於下列何種信託業務？
(A)動產信託
(B)不動產信託
(C)有價證券信託
(D)動產、不動產及有價證券信託。【第24期】

(　　) **29** 乙銀行依「金融資產證券化條例」之相關規定，將其汽車貸款債權及其擔保物權信託與丙銀行之信託部，發行受益證券向投資人銷售，有關信託契約之敘述，下列何者正確？
(A)為動產之信託
(B)為金錢之信託
(C)為有價證券之信託
(D)為金錢債權及其擔保物權之信託。【第26期】

(　　) **30** 信託業法施行細則規定，下列何者屬受託人不具有運用決定權之信託？
(A)指定營運範圍或方法之單獨管理運用金錢信託
(B)不指定營運範圍或方法之集合管理運用金錢信託
(C)特定單獨管理運用金錢信託
(D)不指定營運範圍或方法之單獨管理運用金錢信託。【第34期】

解答與解析

1 **(B)**。信託業法第16、17條。

2 **(C)**。信託業法第9、18、13條。

3 **(B)**。信託業法施行細則第七條。

4 **(B)**。信託業法第16條。

5 **(C)**。信託業法第17條。

6 **(A)**。信託業法施行細則第8條。

7 **(A)**。信託業法施行細則第5條，交付金錢，故為金錢信託。

8 **(C)**。依信託業法第六十條：本法施行前依銀行法設立之信託投資公司應於八十九年七月二十一日起五年內依銀行法及其相關規定申請改制為其他銀行，或依本法申請改制為信託業。

9 **(D)**。依信託業法施行細則第8條：五、特定單獨管理運用金錢信託：指委託人對信託資金保留運用決定權，並約定由委託人本人或其委任之第三人，對該信託資金之營運範圍或方法，就投資標的、運用方式、金額、條件、期間等事項為具體特定之運用指示，並由受託人依該運用指示為信託資金之管理或處分者。

10 **(A)**。依信託業法施行細則第8條：指定營運範圍或方法之單獨管理運用金錢信託：指受託人與委託人個別訂定信託契約，由委託人概括指定信託資金之營運範圍或方法，受託人於該營運範圍或方法內具有運用決定權，並為單獨管理運用者。

11 **(A)**。收公司債，即有價證券信託。

12 **(D)**。信託業法第16條：信託業經營之業務項目如下：一、金錢之信託。二、金錢債權及其擔保物權之信託。三、有價證券之信託。四、動產之信託。五、不動產之信託。六、租賃權之信託。七、地上權之信託。八、專利權之信託。九、著作權之信託。十、其他財產權之信託。

13 **(D)**。同上題。

14 **(D)**。信託業法第16條：信託業經營之業務項目如下：一、金錢之信託。二、金錢債權及其擔保物權之信託。三、有價證券之信託。四、動產之信託。五、不動產之信託。六、租賃權之信託。七、地上權之信託。八、專利權之信託。九、著作權之信託。十、其他財產權之信託。第17條：信託業經營之附屬業務項目如下：一、代理有價證券發行、轉讓、登記及股息利息紅利之發放事項。二、提供有價證券發行、募集之顧問服務。三擔任股票及債券發行簽證人。四、擔任遺囑執行人及遺產管理人。五、擔任破產管理人及公司重整監督人。六、擔任信託法規定之信託監察人。七、辦理保管業務。八、辦理出租保管箱業務。九、辦理與信託業務有關下列事項之代理事務：(一)財產之取得、管理、處分及租賃。(二)財產之清理及清算。(三)債權之收取。(四)債務之履行。十、與信託業務有關不動產買賣及租賃之居間。十一、提供投資、財務管理及不動產開發顧問服務。十二、經主管機關核准辦理之其他有關業務。

15 **(B)**。信託業法第18條：信託業得經營之業務種類，應報請主管機關分別核定，並於營業執照上載明之；其有變更者，亦同。其業務涉及外匯之匯入匯出部分，應依據管理。外匯條例有關之規定，透過外匯指定銀行為之。其業務之經營涉及信託業得全權決定運用標的，且將信託財產運用於證券交易法第六條規定之有價證券或期貨交易法第三條規定之期貨時，並應向證券主管機關申請兼營證券投資顧問業務。

16 **(B)**。交付股票，故為有價證券信託。

17 **(A)**。信託業法施行細則第8條：五、特定單獨管理運用金錢信託：指委託人對信託資金保留運用決定權，並約定由委託人本人或其委任之第三人，對該信託資金之營運範圍或方法，就投資標的、運用方式、金額、條件、期間等事項為具體特定之運用指示，並由受託人依該運用指示為信託資金之管理或處分者。即受託人無運用決定權。

18 **(C)**。信託業法施行細則第8條：特定單獨管理運用金錢信託：指委託人對信託資金保留運用決定權，並約定由委託人本人或其委任之第三人，對該信託資金之營運範圍或方法，就投資標的、運用方式、金額、條件、期間等事項為具體特定之運用指示，並由受託人依該運用指示為信託資金之管理或處分者。

19 **(D)**。交付現金，故為金錢信託。

20 **(B)**。交付新臺幣貳佰萬元，故為金錢信託。指定標的，但未指定時機，故為指定單獨管理運用金錢信託。

21 **(D)**。信託契約約明指示，故為指定信託。交付新台幣五百萬元，故為金錢信託。集合管理運用，故為集合管理運用信託。

22 **(B)**。信託業法施行細則第8條第1項：…二、指定營運範圍或方法之集合管理運用金錢信託：指委託人概括指定信託資金之營運範圍或方法，並由受託人將信託資金與其他不同信託行為之信託資金，就其營運範圍或方法相同之部分，設置集合管理運用帳戶，受託人對該集合管理運用帳戶具有運用決定權者。

23 **(D)**。金融資產證券化條例第4條：本條例用詞定義如下：…二、資產：指由創始機構收益及處分之下列資產：(一)汽車貸款債權或其他動產擔保貸款債權及其擔保物權。(二)房屋貸款債權或其他不動產擔保貸款債權及其擔保物權。(三)租賃債權、信用卡債權、應收帳款債權或其他金錢債權。(四)創始機構以前三目所定資產與信託業成立信託契約所生之受益權。(五)其他經主管機關核定之債權。交付之資產為金錢債權及其擔保物權，故為金錢債權及其擔保物權信託。

24 **(D)**。共同信託基金管理辦法第3條第2項：共同信託基金投資於證券交易法第6條之有價證券占共同信託基金募集發行額度百分之四十以上或可投資於證券交易法第6條之有價證券達新臺幣六億元以上者，應向證券主管機關申請核准，其募集、發行、買賣、管理及監督事項，依證券交易法之有關規定辦理；其經證券主管機關核准者，視為已依本法規定核准。百分之四十或六億元之條件，即應向證券主管機關申請核准。

25 **(D)**。汽車貸款債權屬金錢債權及其擔保物權，故為金錢債權及其擔保物權之信託。

26 **(A)**。信託資金集合管理運用管理辦法第2條：本辦法所稱信託資金集合管理運用，謂信託業受託金錢信託，依信託契約約定，委託人同意其信託資金與其他委託人之信託資金集合管理運用者，由信託業就相同營運範圍或方法之信託資金設置集合管理運用帳戶，集合管理運用。故信託資金集合管理運用，屬金錢信託。

27 **(A)**。信託業法第17條：信託業經營之附屬業務項目如下：一、代理有價證券發行、轉讓、登記及股息、利息、紅利之發放事項。二、提供有價證券發行、募集之顧問服務。三、擔任有價證券發行簽證人。四、擔任遺囑執行人及遺產管理人。五、擔任破產管理人及公司重整監督人。六、擔任信託監察人。七、辦理保管業務。八、辦理出租保管箱業務。九、辦理與信託業務有關下列事項之代理事務：(一)財產之取得、管理、處分及租賃。

28 **(B)**。交付房屋（不動產），故為不動產信託。

29 **(D)**。汽車貸款債權及其擔保物權屬金錢債權及其擔保物，故為金錢債權及其擔保物權信託。

30 **(C)**。信託業法施行細則第8條：五、特定單獨管理運用金錢信託：指委託人對信託資金保留運用決定權，並約定由委託人本人或其委任之第三人，對該信託資金之營運範圍或方法，就投資標的、運用方式、金額、條件、期間等事項為具體特定之運用指示，並由受託人依該運用指示為信託資金之管理或處分者。六、特定集合管理運用金錢信託：指委託人對信託資金保留運用決定權，並約定由委託人本人或其委任之第三人，對該信託資金之營運範圍或方法，就投資標的、運用方式、金額、條件、期間等事項為具體特定之運用指示，受託人並將該信託資金與其他不同信託行為之信託資金，就其特定營運範圍或方法相同之部分，設置集合管理帳戶者。

信託業的監督與管理

依據出題頻率區分，屬：**A** 頻率高

課綱概要

信託業的監督與管理
- 主管機關的權限
  - 信託業的設立許可
  - 營業項目及範圍
- 財務監督
  - 賠償準備金
  - 信託業連帶負損害賠償責任
  - 金錢信託流動性之維持
  - 信託業會計處理準則
  - 信託業公基金的提存
  - 信託業自有資產的運用
- 業務監督
  - 重大事項之申報及應公告事項
  - 信託業務之廣告、招攬及促銷活動應注意事項
- 信託業內控、稽核
  - 法源依據
    - 信託業法第42條
    - 準用銀行法第45條
  - 內部稽核制度之目的
  - 總稽核制度
  - 自行查核檢查及內部控制制度聲明書
  - 法令遵循制度
  - 風險管理機制
  - 監督之責任規範
- 公會管理與自律
  - 公會章程應載明之事項
  - 業務計劃與預算
  - 公會人員管理
  - 自律公約
  - 會計處理原則
  - 查核遵循辦法
  - 紛爭調解
  - 主管機關的權限

課前導讀

本章節係解釋信託業的監督與管理，重點讀者應就本章節的內容充分瞭解主管機關權限、財務監督、公會的管理及自律規範與信託業本身的內控內稽所應遵循之相關規定，並對相關項目之定義充分理解，以便在針對考題所衍生出來的問題與概念能有效理解回答，同時對後續章節的說明與提示能有所記憶。

壹　主管機關的權限　重要度★

主管機關權限，依據信託業法第4條規定，信託業的主管機關為金融監督管理委員會，然而實際上主要是由銀行局統籌負責監管之職。因此，「管理機關的權限」將分成以下兩項重點來說明：

一、信託業的設立許可，以信託業法第2章第10條至第15條規定

(一)依信託業法第2條規定，信託業必須完成設立程序的申請，並取得經主管機關核可的營業執照，使得開業經營，以信託業法第二章第10條至第15條所定規定為主。

(二)因此，依信託法第13條規定，信託業之分支機構的增設，應檢具分支機構營業計畫，亦須事先報請主管機關許可，並申請核發營業執照後，使得營業，而同樣地，當分支機構有遷移或裁撤之異動時，也須事先報備並申請主管機關核准後始得實施執行。

(三)銀行之分支機構兼營信託業務時，應檢具分支機構兼營信託業務計畫，申請主管機關許可，並於分支機構之營業執照上載明之。

二、營業項目及範圍

(一)依信託業法第18條規定，信託業經營及兼營的業務種類，應報請主管機關核定；其有變更者，亦同。並在營業執照上記載清楚。一般信託契約的訂定，不須要事先經主管機關個別核定，但有關共同信託基金的發行，及設置集合管理運用帳戶的操作，則必須事先取得主管機關的許可，尚可發行運作。

(二)信託業之業務涉及外匯之經營者，應經中央銀行同意。

(三)信託業業務之經營，涉及信託業得全權決定運用標的，且將信託財產運用於證券交易法第6條有價證券或期貨交易法第3條規定之期貨時，其符合一定條件者，並應向主管機關申請兼營證券投資顧問業務。

(四)信託業不得經營未經主管機關核定之業務。

〔牛刀小試〕

( ) **1** 除經主管機關許可兼營信託業務之銀行外，有關信託業之組織，以下列何者為限？ (A)以財團法人為限 (B)以有限公司為限 (C)以股份有限公司為限 (D)凡公司法規定之公司均可。 【第36期】

( ) **2** 本國銀行各分支機構辦理信託業務，除經主管機關核准者外，限於辦理下列何項業務？ (A)信託財產之收受業務 (B)信託財產之管理業務 (C)信託財產之運用業務 (D)信託財產之處分業務。 【第7期】

( ) **3** 兼營信託業之銀行經主管機關勒令停業進行清理時，有關第三人對該銀行之債權，下列敘述何者錯誤？ (A)銀行停業日前之利息不列入清理 (B)罰金、罰鍰及追繳金不列入清理 (C)債權人參加清理程序為個人利益所支出之費用不列入清理 (D)銀行停業日後債務不履行所生之損害賠償及違約金不列入清理。 【第7期】

( ) **4** 銀行分支機構暫時停止或終止全部或一部信託業務，應檢具申請書向下列何者申請許可？ (A)財政部 (B)經濟部 (C)中央銀行 (D)信託業商業同業公會。 【第7期】

( ) **5** 銀行違反法令、章程或有礙健全經營之虞時，依銀行法規定，主管機關之處置，下列何者錯誤？ (A)停止銀行全部業務 (B)解除董事職務 (C)予以糾正 (D)撤銷法定會議決議。 【第8期】

解答與解析

1 (C)。信託業法第10條：信託業之組織，以股份有限公司為限。但經主管機關之許可兼營信託業務者，不在此限。

2 (A)。信託業法第13條。

3 (A)。信託業法第15條及銀行法第62-7條。

4 (A)。信託業法第15條、銀行分支機構兼營信託業務管理辦法第4條。

5 (A)。銀行法第61-1條。

貳 財務監督 重要度★★★★★

「信託業財務的監督」，依據信託業法規定，信託業對本身資金之運用，將分成以下六點來說明：

一、賠償準備金

(一) 依銀行法第28條第2項規定銀行經營信託業務應指撥營運資金之數額，不得低於新臺幣5,000萬元，該營運資金並得充當信託業法第34條規定之賠償準備金。

(二) 依信託業法第34條規定，信託業為擔保其因違反受託人義務而對委託人或受益人所負之損害賠償、利益返還或其他責任，應提存賠償準備金。

前項賠償準備金之額度，由主管機關就信託業實收資本額或兼營信託業務之機構實收資本額之範圍內，分別訂定並公告之。

第一項賠償準備金，應於取得營業執照後1個月內以現金或政府債券繳存中央銀行。

委託人或受益人就第一項賠償準備金，有優先受償之權。

(三) 賠償準備金的金額，依照民國99年1月28日金管銀票字第09940000304號公告「信託業提存賠償準備金額度」規定：

1. 信託公司及兼營信託業務之機構，為擔保其因違反受託人義務而對委託人或受益人所負之損害賠償、利益返還或其他責任，應於每年5月20日前，依上會計年度決算後受託信託財產總金額，按下列比率提存賠償準備金，新臺幣1,000萬元以下四捨五入，主管機關並得視社會經濟情況及實際需要調整之：
   (1) 就證券投資信託基金及期貨信託基金之保管業務， 應依受託信託財產總金額之萬分之一計提。
   (2) 就前款以外之信託業務，應依受託信託財產總金額之千分之一計提。
2. 賠償準備金應提存至少新臺幣5000萬元，應提之賠償準備金逾實收資本額50%者，應即增資。兼營信託業務之證券投資信託事業、證券投資顧問事業及證券商，其辦理全權委託投資業務、以信託方式辦理財富管理業務及以信託方式辦理客戶委託保管及運用其款項業務提存之營業保證金，其中以現金及政府債券提存者，得充當賠償準備金。
3. 信託業以政府債券方式繳存，其計價方式以面額訂價發行者，以面額計算；以貼現方式發行者，按發行價格計算；分割債券則按債券到期面額之85%計價。

4. 信託業提存債券因市價大幅滑落或其他原因，致與應提存準備金金額顯不相當時，主管機關得命其補足準備金。

二、信託業連帶負損害賠償責任

(一) 依信託業法第35條信託業違反法令或信託契約，或因其他可歸責於信託業之事由，致委託人或受益人受有損害者，其應負責之董事及主管人員應與信託業連帶負損害賠償之責。

(二) 前項連帶責任，自各應負責之董事及主管人員卸職之日起二年內，不行使該項請求權而消滅。

(三) 侵權損害賠償請求權和舉證責任關係為：

1. 請求權一方負有舉證責任。
2. 在適用無過失責任原則和過錯推定原則的情況下，請求權一方除了證明自己應當證明的內容之外，對某些事實實行舉證責任倒置。

三、金錢信託流動性之維持

(一) 依信託業法第36條規定，信託業辦理集合管理運用之金錢信託，應保持適當之流動性。主管機關於必要時，得於洽商中央銀行後，訂定流動性資產之範圍及其比率。信託業未達該比率者，應於主管機關所定期限內調整之。

(二)「集合管理運用金錢信託流動性資產範圍及比率準則」（90.09.25台財融（四）字第0904000010號令訂定）重點：

1. 信託業辦理信託業法第28條之信託資金集合管理及運用業務時，應保持適當之流動性，其持有流動性資產之範圍如下：
   (1)現金及銀行存款。
   (2)公債。
   (3)短期票券。
   (4)其他經財政部洽商中央銀行同意之資產。
2. 信託業辦理信託業法第28條之信託資金集合管理及運用業務，依「集合管理運用金錢信託流動性資產範圍及比率準則」第2條持有之流動性資產占所設置個別集合管理運用帳戶淨資產價值之最低比率為5%。
   信託業未達前項所定比率者，應即調整之。
3. 「集合管理運用金錢信託流動性資產範圍及比率準則」第2條第一項所定之比率，財政部於必要時得洽商中央銀行後調整之。

四、信託業會計處理準則

(一) 依信託業法第 37 條規定，信託業的會計處理原則，由信託業商業同業公會報請主管機關核定。

(二) 財務報告的申報及公告

依信託業法第39條準用銀行法第49條的規定，在股東會承認後15日內，應分別報請中央主管機關以及中央銀行備查，並將資產負債表的日報公告在其所在地。銀行除應將財務報表及其他經主管機關指定之項目於其所在地之日報或依主管機關指定之方式公告外，應完成以下公告的工作：

1.並應備置於每一營業處所之顯著位置以供查閱。但已符合證券交易法第36條規定者，得免辦理公告。

2.函送信託業商業同業公會留存，以供查詢使用。

3.公告於主管機關指定之網站報告

(三) 另外，於每半年營業年度終了後2個月內及每年營業年度終了後4個月內，需編製營業報告書及財務報告，向主管機關申報。

(四)資訊揭露與定期報告

依信託業應負之義務及相關行為規範第40條規定，信託業應每半年營業年度將其資產負債表依下列方式之一公告：

1.於其所在地之日報公告。

2.於信託業網站辦理公告或備置於信託業每一營業處所顯著位置以供查閱；且應另於信託公會網站辦理公告。

信託業辦理各項信託業務，應依相關之法令及信託契約規定分別向委託人及受益人定期為信託財產管理運用之報告並公告及通知委託人及受益人其他各項信託相關事宜。

五、信託業公積金的提存

(一) 依信託業法第38條準用銀行法第50條的規定，信託業於完納一切稅捐後分派盈餘時，應該先提存30%為法定盈餘公積。

(二) 法定盈餘公積未達資本總額前，其最高「現金盈餘」分配，不得超過資本總額之15%。依規定信託業應提繳額度，實際上比公司法第237條第1項所訂定10%的要求為高。

(三) 其原因係為使財務業務健全銀行之盈餘分配更趨活化，對於財務業務健全，並依公司法第237條規定，提列10%之法定盈餘公積者（按此為所有公司皆應適用之最低標準），可排除本條文第1項提撥法定盈餘公積及現金盈餘分配比率之規定，至於上開財務業務健全指標，將從資本適足率、資產品質及守法性情形等方面訂定具體指標，爰修正第2項並增訂第4項授權規定。

(四) 如銀行法定盈餘公積已達其資本總額時，或財務業務健全並依公司法提法定盈餘公積者，得不受前項規定之限制。

(五) 除法定盈餘公積外，銀行得於章程規定或經股東會決議，另提特別盈餘公積。此項規定與公司法第237條第2項的規定相同。

(六) 依信託業法第38條第2項所定財務業務健全應具備之資本適足率、資產品質及守法性等事項之標準，由主管機關定之。

(七) 有關銀行法第50條第2項所定「銀行財務業務健全標準」規定（以下簡稱「財務業務健全標準規定」）相關疑義，依99.3.24金管銀控字第09960000470號釋明如下：

1.銀行經自行檢視認定符合「財務業務健全標準規定」，並依公司法提法定盈餘公積者，其現金盈餘分配即可不受銀行法第50條第1項規定之限制。

2.「財務業務健全標準規定」第2點第3款所稱「全體本國銀行平均數」，係指銀行召開董事會時，可取得之最近一期主管機關公告之全體本國銀行平均數。

3.「財務業務健全標準規定」第2點第4款所稱「董事會通過盈餘分配案前一年內」係指董事會通過盈餘分配案之日往前推算1年。

六、信託業自有資產的運用

(一) 信託業自有資產的運用範圍，必須符合信託業法第40條的規定，除兼營信託業的銀行外，應以下列項目為限：

1.購買自用不動產、設備及充作營業支出。

2.投資公債、短期票券、公司債、金融債券、上市及上櫃股票、受益憑證。

3.銀行存款。

(二) 對於資產規畫與選擇應以低風險資產為主要投資對象，同時自用不動產的購買總額，不得超過信託業的淨值。亦即不得投資於非自用不動產。

(三) 因此，為達分散風險之目的，信託業投資公司債、上市及上櫃股票、受益證券之投資總額不得超過信託業淨值30%；其投資每一公司之公司債及股票總額，或每一基金受益憑證總額，不得超過該信託業淨值5%及該公司債與股票發行公司實收資本額5%，或該受益憑證發行總額5%。

〔牛刀小試〕

( ) **1** 兼營信託業務之銀行為擔保其因違反受託人義務而對委託人所提存之準備，下列敘述何者正確？ (A)至少新臺幣三千萬之信託資金準備 (B)至少新臺幣三千萬之賠償準備金 (C)至少新臺幣五千萬之信託資金準備 (D)至少新臺幣五千萬之賠償準備金。【第31期】

( ) **2** 信託業法所稱依主管機關指定之方式公告，其方式為何？ A.備置於信託業每一營業處所知顯著位置 B.於信託業商業同業公會之網站公告 (A)僅A (B)僅B (C)A或B (D)A及B。【第31期】

( ) **3** 信託業商業同業公會之主要權責，包括下列何者？ A.訂定信託業自律公約 B.訂定證券業會計處理原則 C.訂定信託業經營與管理人員專門學識或經驗之審訂標準 D.訂定信託業紛爭調解處理辦法 (A)僅D (B)A、B、C (C)A、C、D (D)A、B、C、D。【第32期】

( ) **4** 信託業法所定營業報告書與財務報告之申報，至遲應於每年營業年度終了後幾個月內為之？ (A)二個月內 (B)三個月內 (C)四個月內 (D)六個月內。【第33期】

( ) **5** 信託業應於取得營業執照後多久期間內，將賠償準備金以現金或政府債券提存於中央銀行？
(A)一個月 (B)二個月
(C)三個月 (D)半年。【第33期】

解答與解析

1 (D)。中華民國99年1月28日金管銀票字第09940000304號：二、賠償準備金應提存至少新臺幣五千萬元。

2 (D)。中華民國95年7月25日發文字號：金管銀(四)字第09500285660號一、信託業法第39條及第41條所稱「依主管機關指定之方式公告」，指信託業併採下列方式辦理：(一)備置於信託業每一營業處所之顯著位置，以供查閱。(二)於信託業商業同業公會網站辦理公告。

3 (C)。信託業法第37條：信託業之會計處理原則，由信託業同業公會報請主管機關核定之。第24條第3項、第1項及第3項之專門學識或經驗，及第3項之比例，由主管機關定之。信託業商業同業公會業務管理規則第15條：公會應訂定會員機構辦理信託業務之自律公約，並報財政部備查及督促會員確實執行之。第19條：公會對會員與客戶或會員間所發生之爭議，應訂定紛爭調處辦法報財政部備查，並確實執行之。

4 (C)。信託業法施行細則第17條：本法第39條所定營業報告書與財務報告之申報及資產負債表之公告，應依下列規定期限辦理：一、於每半年營業年度終了後二個月內為之。二、於每年營業年度終了後四個月內為之。

5 (A)。信託業法第34條：賠償準備金，應於取得營業執照後一個月內以現金或政府債券繳存中央銀行。

參 業務監督 重要度★★

一、重大事項之申報及應公告事項

(一)依信託業法第41條規定，信託業如果發生重大事由時，應該在事實發生隔天起2個營業日內，向主管機關申報，並在所在地的日報公告，使股東、委託人及受益人知悉。信託業法第41條規定係與證券交易法第36條及證券交易法施行細則第7條的規定相同。

(二)依規定應公告之重大事由項目如下：

1. 存款不足之退票、拒絕往來或其他喪失債信情事者。
2. 因訴訟、非訟、行政處分或行政爭訟事件，對公司財務或業務有重大影響者。
3. 有公司法第185條第1項規定各款情事之一者。
4. 董事長（理事主席）、總經理（局長）或三分之一以上董（理）事發生變動者。
5. 簽訂重要契約或改變業務計畫之重要內容。
6. 信託財產對信託事務處理之費用，有支付不能之情事者。
7. 其他足以影響信託業營運或股東或受益人權益之重大情事者。

二、懲處之規定

依信託業法第44條規定，信託業違反本法或依本法所發布之命令者，除依本法處罰外，主管機關得予以糾正、命其限期改善，並得依其情節為下列之處分：

(一) 命令信託業解除或停止負責人之職務。

(二) 停止一部或全部之業務。

(三) 廢止營業許可。

(四) 其他必要之處置。

三、信託業務之廣告、招攬及促銷活動應注意事項

(一) 信託業辦理其從事信託業務之廣告、招攬及促銷活動時，不得提供不相符之訊息或誤導投資人對其金融商品風險之認識，銀行受託投資金融商品，

應確實辦理風險等級之審查，並應辦理業務人員之查核，避免其收取額外之報酬及不當之利益。

依金管會於99.10.29發函通知為避免有銀行業務人員以類定存等話術推介投資基金等商品，已有誤導投資人之虞，函令信託業會員應確實遵循以下規範：

1. 依據信託業營運範圍受益權轉讓限制風險揭露及行銷訂約管理辦法第20條規定，信託業就所從事之信託業務為廣告、業務招攬及營業促銷活動時：
   (1) 不得使人誤信能保證本金之安全或獲利。
   (2) 亦不得利用客戶之存款資料進行勸誘或推介與客戶風險屬性不相符之投資商品。
   (3) 故業務人員於推介或說明投資商品時，不應將具有定期配息性質之基金或境外結構型商品等產品，與定期存款相互比擬，誤導投資人對於金融商品實質風險之認識。
   (4) 或於客戶辦理定期存款續存時，勸誘客戶解約投資於與客戶風險屬性不相符之投資商品。
2. 銀行受託投資金融商品，應落實辦理上架金融商品風險等級之審查。
3. 如屬具有定期配息性質之商品，除考量該商品保本程度或價格波動程度外：
   (1) 應確實將發行機構或基金投資標的之信用風險，納入審查商品風險等級之考量。
   (2) 且為避免客戶忽略該等固定配息基金之投資風險，銀行應注意向客戶揭露基金持有非投資等級證券之風險與基金配息政策可能之風險。
4. 另境外基金管理辦法第40條第3項及證券投資信託事業募集證券投資信託基金處理準則第30條之1第5項已明定銷售機構及其人員辦理基金銷售業務，不得向境外基金機構、總代理人或證券投資信託事業收取銷售契約約定以外之報酬、費用或其他利益。
5. 信託業應負之義務及相關行為規範第43條亦定有員工收受財物餽贈及利益之限制，請銀行應確實依上開規定辦理，並加強業務人員之查核。

(二) 依信託業營運範圍受益權轉讓限制風險揭露及行銷訂約管理辦法（104.06.29金管銀票字第10440003180號令修正）第20條規定：

1. 信託業就其公司形象或所從事之信託業務為廣告、業務招攬及營業促銷活動時，除法令另有規定外，應遵守下列規定：

(1) 不得就未經主管機關核准募集或申報生效之受益證券，預為廣告或進行業務招攬、營業促銷活動。
(2) 不得提供贈品或以其他利益招攬業務。但在主管機關核定範圍內，不在此限。
(3) 不得利用客戶之存款資料，進行勸誘或推介與客戶風險屬性不相符之投資商品。
(4) 不得勸誘客戶以融資方式取得資金，轉為信託財產進行運用。
(5) 不得對於過去之業績及績效作誇大之宣傳，並不得有虛偽、詐欺、隱匿或其他足致他人誤信之行為。
(6) 不得有其他影響受益人權益之事項。

2.信託業辦理前項活動所提供之廣告、行銷文件，除法令另有規定外，於對外使用前，應先經其法令遵循主管審核，確定內容無不當、不實陳述、誤導消費者或違反相關法令之情事，並應遵守下列規定：
(1) 不得以經主管機關核准信託業務之開辦，或同業公會會員資格作為受益權價值之保證。
(2) 不得使人誤信能保證本金之安全或獲利。
(3) 特定投資標的之名稱應適當表達其特性及風險，不得使用可能誤導客戶之名稱。
(4) 對於獲利與風險應作平衡報導，且不得載有與向主管機關申請文件內容不符之文字或設計。
(5) 不得違反法令或信託契約內容。

信託業所進行廣告、業務招攬及營業促銷活動之內容、管理及其他應遵循事項，由同業公會擬訂，報請主管機關核定。

〔牛刀小試〕

(　　) **1** 信託業董事如有十五人，則有幾位董事發生變動時，應於事實發生日之翌日起二個營業日內，向主管機關申報？ (A)二位 (B)三位 (C)四位 (D)五位。 【第29期】

(　　) **2** 除法令另有規定外，有關信託業辦理信託業務，其廣告、業務招攬及營業促銷活動得為之行為，下列敘述何者正確？ (A)對於過去之業績作誇大之宣傳 (B)提供贈品或以其他利益招攬業務 (C)以獲利為廣告者同時報導其風險，以作為平衡報導 (D)勸誘客戶以融資取得資金，轉為信託財產進行運用。 【第30期】

(　　) **3** 信託業違反信託業法規定，經主管機關糾正，並限期改善而不改善其情節重大者，主管機關得對同一事實或行為再為之處分，不包括下列何者？　(A)停止部分業務　(B)沒收信託業提存之賠償準備金　(C)撤銷營業許可　(D)停止全部之業務。　【第4期】

(　　) **4** 信託業違反信託業法規定，於主管機關命其限期改善而信託業仍不遵行時，則主管機關得對於同一事實或行為再予加幾倍之罰鍰？　(A)一至五倍　(B)六至十倍　(C)十一至十五倍　(D)十六至二十倍。　【第7期】

(　　) **5** 依信託業法規定，信託業發生訴訟事件，對公司財務有重大影響者，應於何時向主管機關申報？　(A)事實發生之翌日起二日內　(B)事實發生之翌日起二個營業日內　(C)事實發生日起二個營業日內　(D)事實發生之翌日起三個營業日內。　【第23期】

解答與解析

1 **(D)**。信託業法第41條：信託業有下列情事之一者，應於事實發生之翌日起二個營業日內，向主管機關申報，並應於本公司所在地之日報或依主管機關指定之方式公告：四、董事長（理事主席）、總經理（局長）或三分之一以上董（理）事發生變動者。15人的三分之一為5人。

2 **(C)**。金融服務業從事廣告業務招攬及營業促銷活動辦法第5條：金融服務業從事廣告、業務招攬及營業促銷活動，不得有下列各款之情事：一、違反法令、主管機關之規定或自律規範。二、虛偽不實、詐欺、隱匿、或其他足致他人誤信。三、損害金融服務業或他人營業信譽。四、冒用或使用相同或近似於他人之註冊商標、服務標章或名號，致有混淆金融消費者之虞。五、故意截取報章雜誌不實之報導作為廣告內容。六、對於業績及績效作誇大之宣傳。七、藉主管機關對金融商品或服務之核准或備查程序，誤導金融消費者認為主管機關已對該金融商品或服務提供保證。八、除依法得逕行辦理之金融商品或服務外，對未經主管機關核准或備查之金融商品或服務，預為宣傳或促銷。九、使用之文字或訊息內容使人誤信能保證本金之安全或保證獲利。十、刻意以不明顯字體標示附註與限制事項。信託業營運範圍受益權轉讓限制風險揭露及行銷訂約管理辦法第20條：信託業就其公司形象或所從事之信託業務為廣告、業務招攬及營業促銷活動時，除法令另有規定外，應遵守下列規定：一、不得就未經主管機關核准募集或申報生效之受益證券，預為廣告或進行業務招攬、營業促銷活動。二、不得提供贈品或以其他利益招攬業務。但在主管機關核定範圍內，不在此限。三、不得利用客戶之存款資料，進行勸誘或推介與客戶風險屬性不相符之投資商品。四、不得勸誘客戶以融資方式取得資金，轉為信託財產進行運用。五、不得對於過去之業績及績效作誇大之宣傳，並不得有虛偽、詐欺、隱匿或其他足致他人誤信之行為。六、不得有其他影響受益人權益之事項。信託業辦理前項活動所提供之廣告、行銷文件，除法令另有規定外，於對外使用前，應先經其法令遵循主管審核，確定內容無不當、不實陳述、誤導消費者或違反相關法令之情事，並應遵守下列規定：一、不得以經主管機關核准信託業務之開辦，或同業公會會員資格作為受益權價值之保證。二、不得使人誤信能保證本金之安全或獲利。三、特定投資標的之名稱應適當表達其特性及風險，不得使用可能誤導客戶之名稱。四、對於獲利與風險應作平衡報導，且不得載有與向主管機關申請文件內容不符之文字或設計。五、不得違反法令或信託契約內容。

3 **(B)**。信託業法第44條：「信託業違反本法或依本法所發布之命令者，除依本法處罰外，主管機關得予以糾正、命其限期改善，並得依其情節為下列之處分：一、命令信託業解除或停止負責人之職務。二、停止一部或全部之業務。三、廢止營業許可。四、其他必要之處置。」。

4 **(A)**。信託業法第44條。

5 **(B)**。信託業法第41條：信託業有下列情事之一者，應於事實發生之翌日起二個營業日內，向主管機關申報，並應於本公司所在地之日報或依主管機關指定之方式公告：一、存款不足之退票、拒絕往來或其他喪失債信情事者。二、因訴訟、非訟、行政處分或行政爭訟事件，對公司財務或業務有重大影響者。

肆 公會管理與自律 重要度★★

一、公會管理與自律

依信託業法第45條的規定，信託業非加入商業同業公會不得營業，主管機關可以另外訂定「信託業商業同業公會業務管理規則」，如果信託業商業同業公會之理事、監事有違反法令怠於實施該會章程、規則、濫用職權或違背誠實信用原則之行為者，主管機關得予糾正或命令信託業商業同業公會予以解任。

二、就信託業商業同業公會業務管理規則（金管會於108年1月31日修正）之規範，將「公會管理與自律」將歸納下列重點說明

(一)公會章程應載明之事項，除依商業團體法第11條規定辦理外，應包括下列事項：

1.關於會員客戶權益保障及業務紛爭調處等事項。

2.關於會員間共同業務規章及會計處理原則之訂定及解釋等事項。

3.關於辦理會員機構之查核及輔導等事項。

4.關於會員間法令遵行與業務健全經營之協助、指導及諮詢等事項。

5.關於會員業務宣導及研究發展等事項。

6.關於會員、會員代表及專業人員之管理、測驗、登記與資格審定等事項。

7.關於會員商業道德之維護事項。

8.關於會員違反法令、公會章程、規範或決議之處置事項。

9.關於政府經濟政策與本法之協助推行與研究、建議事項。

10.關於督促會員自律，共謀業務上之改進及聯繫、協調事項。

11.關於依本法、本規則、其他法律或命令應行辦理之事項。

(二) 會議備查紀錄：公會每次會員大會與理事會、監事會之開會提案及會議紀錄，應於開會後十五日內報金管會備查。

(三) 業務計畫與預算：公會於向會員大會提報年度總預算一個月前，應擬具業務計畫與預算，報金管會核定，修正時亦同。並應依金管會核定之年度業務計畫與預算執行之。

(四) 公會人員管理：公會應擬訂信託業專門學識或經驗之審定標準，報金管會核定，修正時亦同。

公會工作人員，除負責研究企劃工作或有特殊情形經金管會核准者外，不得擔任信託公司或兼營信託業務銀行之任何兼職或名譽職位。

公會之理事、監事及工作人員不得有下列行為：

1.依法令或契約有保守因職務知悉或持有祕密之義務而無故洩露予他人。

2.利用職務關係，有虛偽、詐欺或其他足致他人誤信之行為。

3.其他違反本法或財政部所定應為或不得為之情事。

公會之理事、監事，有違反法令、怠於行使職務、濫用職權或違背誠實信用原則之行為者，公會應視情節輕重，為適當之處置，並報金管會備查。

(五) 自律公約：訂定會員機構辦理信託業務之自律公約，並報金管會備查及督促會員確實執行之。

前項自律公約應包括會員專業注意義務、忠實義務、廣告促銷以及客戶權益保障等共同事項之規範。

會員為廣告、公開說明會及其他營業促銷活動時，不得有下列情事：

1.使人誤信得擔保本金或最低收益率。

2.對於過去績效為誇大宣傳或為攻訐同業之廣告。

3.虛偽、詐欺或其他足致他人誤信之行為。

4.其他依法令或經財政部禁止之行為。

會員有前項情形者，公會應命其更正並對外說明。

(六) 會計處理原則：公會應依本法第37條規定，擬訂信託業會計處理原則，並報金管會核定及督促會員確實執行之。

(七) 查核遵循辦法：公會應注意查核其會員之財務、業務情形，對查核所發現之缺失，得依相關規定對信託業及相關人員為適當處置，其有違反本法及相關法令之情事者，並應報金管會處理。

前項信託業之財務與業務查核辦法由公會訂定，並報金管會備查，修正時亦同。

(八) 主管機關的權限：公會對下列情事，除應為適當處置外，並應報金管會備查：

一、公會之會員代表發生依法不得擔任公會負責人之情事。

二、會員入會或退會。

三、對會員違反法令、公會章程、規範或決議之處置事項。

四、會員因業務涉訟對營運有重大影響者。

五、會員財務報告之審閱結果。

六、其他經金管會規定應行辦理或申報之事項。

前項第一款至第四款之事項，應於事實發生或處理完成後十五日內，向金管會通報；第五款之事項應於每月月底前彙報上月份完成之審閱結果。

(九) 為促進信託業務之發展、健全信託業之管理及保障信託客戶之權益，金管會於必要時得命令公會變更其章程、規定、決議或為其他一定之行為。

(十) 自律案件審議：依會員自律公約第17條規定，本會會員涉及違反相關法令、本會章則及本公約時，應依本會審議會員自律案件作業要點經自律規範案件審議會審議，如認為有違反，應移請業務發展委員會審議。

業務發展委員會就前項案件得逕為審議，或通知該會員限期提出說明、補正改善或配合辦理，會員未於期限內提出說明、說明理由不成立、逾期不改善、不配合辦理或情節重大者，經二分之一以上委員出席，出席委員過半數之同意，交由法規紀律委員會審議；經法規紀律委員會三分之二以上委員出席，出席委員過半數之同意，交由法規紀律委員會審議；經法規紀律委員會三分之二以上委員出席，出席委員過半數之同意，建議下列之處置，提報理事會決議，於決議後立即執行並報知主管機關：

1.函請該會員嗣後注意改善。

2.糾正。

3.警告。

4.限期改善並將改善情形函報本會。

5.處以新臺幣二萬元以上、一百萬元以下之違約金。

6.停止其應享有之部分或全部權益。

7.責令會員對其所屬人員為適當之處分。

8.呈報主管機關為適當之處分。本會會員於最近一年內被糾正達三次、或經警告達二次、或未於期限內將改善情形函報本會者，得由法規紀律委員會依前項程序按第五款至第八款建議為部分或全部之處置，並提報理事會。第二項第五款之處置，本會得按次連續各處以每次提高一倍金額之違約金，至補正改善或配合辦理為止。

(十一)依會員自律公約第18條規定，本會會員有下列情事之一者，得依事件性質由該主管委員會提報理事會獎勵或表揚：

1.建立信託相關業務制度具有顯著績效者。

2.對發展新種信託商品具有創意，經主管機關或本會採行者。

3.舉發市場不法違規事項，經查明屬實者。

4.適時消弭重大變故或意外事件者。

5.維護同業之共同利益，有具體事蹟者。

6.其他足資表揚之事蹟者。

前項獎勵或表揚，如同時舉發他人而使本會有違約金收入者，得由原提報委員會同時報請理事會，於該已收取之違約金中，酌撥已收取金額之20%作為獎金鼓勵。

(十二)訂定並實行適當之紛爭受理方式與處理流程

依信託業商業同業公會會員自律公約第14條修正規定，本會會員就經營信託相關業務，應訂定並實行適當之紛爭受理方式與處理流程。

配合金管會廢止「中華民國信託業商業同業公會會員業務紛爭調處辦法」，經金融監督管理委員會108年5月10日金管銀票字第10801079200號函同意備查，並參考「信託業應負之義務及相關行為規範」第47條第1項規定，修正本條後段規定，信託業應訂定並實行適當之紛爭受理方式與處理流程，以有效處理委託人或受益人對其服務之申訴。信託業於判斷所訂定之紛爭受理方式與處理流程是否適當時，應考量其所承做之信託業務型態、機構之組織、可能接獲且須進一步調查之申訴之性質、 其複雜度與數量。

紛爭受理方式與處理流程至少應包含下列事項：

1.受理申訴之程序。

2.回應申訴之程序。

3.適當調查申訴之程序。

〔牛刀小試〕

( ) **1** 依信託業商業同業公會會員自律公約規定，會員處理信託相關業務時，應為客戶最佳之利益，以適當之方法執行，並禁止有誤導、詐欺、利益衝突或內線交易之行為係屬下列何項原則？ (A)守法原則 (B)善良管理原則 (C)謹慎管理原則 (D)忠實誠信原則。【第36期】

( ) **2** 欲經營信託業務之公司，須完成下列何種程序始得開始營業？ (A)向經濟部取得公司執照時，即得開始營業 (B)經完成設立程序時，即得開始營業 (C)經完成設立程序，並取得營業執照時，即可開始營業 (D)經完成設立程序，並取得營業執照後，尚須加入商業同業公會，始得營業。【第38期】

( ) **3** 下列何者不屬於信託業商業同業公會之權責？ (A)訂定紛爭調解處理辦法 (B)擬訂信託業會計處理原則 (C)訂定本身業務管理規則 (D)擬訂信託業經營與管理人員專門學識或經驗之審定標準。【第39期】

( ) **4** 依信託業法規定，信託業負責人應具備之資格條件，由下列何者定之？ (A)信託業商業同業公會 (B)金融監督管理委員會 (C)經濟部 (D)中央銀行。【第39期】

( ) **5** 依信託業商業同業公會會員自律公約規定，會員舉發市場違規事項，而使本會有違約金收入者，得於該已收取之違約金中，酌撥已收取金額之多少比例做為獎金鼓勵？ (A)10% (B)15% (C)20% (D)25%。【第39期】

解答與解析

1 (C)。中華民國信託業商業同業公會會員自律公約第3條：本會會員應共同信守下列基本之業務經營原則：一、守法原則：應瞭解並遵守相關法令之規定，不得有違反或幫助他人違反法令之行為。二、忠實誠信及善良管理原則：於執行業務時，應盡善良管理人之注意義務及忠實義務。三、謹慎管理原則：處理信託相關業務時，應為客戶最佳之利益，以適當之方式執行，並禁止有誤導、詐欺、利益衝突或內線交易之行為。

2 (D)。信託業法第45條：信託業非加入商業同業公會，不得營業。

3 (C)。公會章程應載明之事項，除依商業團體法第11條規定辦理外，應包括下列事項：

(1)關於會員客戶權益保障及業務紛爭調處等事項。

(2)關於會員間共同業務規章及會計處理原則之訂定及解釋等事項。

(3)關於辦理會員機構之查核及輔導等事項。

(4)關於會員間法令遵行與業務健全經營之協助、指導及諮詢等事項。

(5)關於會員業務宣導及研究發展等事項。
(6)關於會員、會員代表及專業人員之管理、測驗、登記與資格審定等事項。
(7)關於會員商業道德之維護事項。
(8)關於會員違反法令、公會章程、規範或決議之處置事項。
(9)關於政府經濟政策與本法之協助推行與研究、建議事項。
(10)關於督促會員自律,共謀業務上之改進及聯繫、協調事項。
(11)關於依本法、本規則、其他法律或命令應行辦理之事項。

4 **(B)**。信託業法第24條。

5 **(C)**。依會員自律公約第18條規定,獎勵或表揚,如同時舉發他人而使本會有違約金收入者,得由原提報委員會同時報請理事會,於該已收取之違約金中,酌撥已收取金額之20%作為獎金鼓勵。

伍 信託業內控、稽核 重要度★★★★

一、依信託業法第42條規定,主管機關對信託業之檢查,或令其提報相關資料及報告,準用銀行法第45條規定。信託業應建立內部控制及稽核制度,並設置稽核單位。信託業內部控制及稽核制度實施辦法,由主管機關定之。

二、依銀行法第45條及第45-1條規定,中央主管機關得隨時派員,或委託適當機構,或令地方主管機關派員,檢查銀行或其他關係人之業務、財務及其他有關事項,或令銀行或其他關係人於限期內據實提報財務報告、財產目錄或其他有關資料及報告。

中央主管機關於必要時,得指定專門職業及技術人員,就前項規定應行檢查事項、報表或資料予以查核,並向中央主管機關據實提出報告,其費用由銀行負擔。

三、依銀行法第45-1條規定,銀行應建立內部控制及稽核制度;其目的、原則、政策、作業程序、內部稽核人員應具備之資格條件、委託會計師辦理內部控制查核之範圍及其他應遵行事項之辦法,由主管機關定之。
銀行對資產品質之評估、損失準備之提列、逾期放款催收款之清理及呆帳之轉銷,應建立內部處理制度及程序;其辦法,由主管機關定之。

銀行作業委託他人處理者，其對委託事項範圍、客戶權益保障、風險管理及內部控制原則，應訂定內部作業制度及程序；其辦法，由主管機關定之。

銀行辦理衍生性金融商品業務，其對該業務範圍、人員管理、客戶權益保障及風險管理，應訂定內部作業制度及程序；其辦法，由主管機關定之。

四、 法源依據：「信託業內部控制及稽核制度實施辦法」，業經金管會於中華民國99年3月29日以金管銀國字第09900039294號令發布廢止，並更改為遵循民國107年3月31日「金融控股公司及銀行業內部控制及稽核制度實施辦法」。本辦法係依金融控股公司法第51條、銀行法第45-1第1項、信用合作社法第21條第1項、票券金融管理法第43條及信託業法第42條第3項規定訂定之。

因此，本辦法所稱銀行業，包括銀行機構、信用合作社、票券商及信託業。銀行業以外之金融業兼營票券業務及信託業務者，其內部控制及內部稽核制度，除其他法令另有規定外，應依本辦法辦理。

五、 內部稽核制度之目的：在於協助董（理）事會及管理階層查核及評估內部控制制度是否有效運作，並適時提供改進建議，以合理確保內部控制制度得以持續有效實施及作為檢討修正內部控制制度之依據。

六、總稽核制度

(一) 依「金融控股公司及銀行業內部控制及稽核制度實施辦法」第10條規定。

1. 金融控股公司及銀行業應設立隸屬董（理）事會之內部稽核單位，以獨立超然之精神，執行稽核業務，並應至少每半年向董（理）事會及監察人（監事、監事會）或審計委員會報告稽核業務。
2. 金融控股公司及銀行業應建立總稽核制，綜理稽核業務。總稽核應具備領導及有效督導稽核工作之能力，其資格應符合各業別負責人應具備資格條件規定，職位應等同於副總經理，且不得兼任與稽核工作有相互衝突或牽制之職務。
3. 總稽核之聘任、解聘或調職，應經審計委員會全體成員二分之一以上同意及提董（理）事會全體董（理）事三分之二以上之同意，並報請主管機關核准後為之。

(二)同時依「金融控股公司及銀行業內部控制及稽核制度實施辦法」第11條規定，總稽核有下列情形之一者，主管機關得視情節之輕重，予以糾正、命其限期改善或命令金融控股公司或銀行業解除其總稽核職務：

1.有事實證明曾有從事不當授信案件或涉及嚴重違反授信原則或與客戶不當資金往來之行為。

2.濫用職權，有事實證明從事不正當之活動，或意圖為自己或第三人不法之利益，或圖謀損害所屬金融控股公司（含子公司）或銀行業之利益，而為違背其職務之行為，致生損害於所屬金融控股公司及其子公司或銀行業或第三人。

3.未經主管機關同意，對執行職務無關之人員洩漏、交付或公開金融檢查報告全部或其中任一部分內容。

4.因所屬金融控股公司（含子公司）或銀行業內部管理不善，發生重大舞弊案件，未通報主管機關。

5.對所屬金融控股公司（含子公司）或銀行業財務與業務之嚴重缺失，未於內部稽核報告揭露。

6.辦理內部稽核工作，出具不實內部稽核報告。

7.因所屬金融控股公司（含子公司）或銀行業配置之內部稽核人員顯有不足或不適任，未能發現財務及業務有嚴重缺失。

8.未配合主管機關指示事項辦理查核工作或提供相關資料。

9.其他有損害所屬金融控股公司（含子公司）或銀行業信譽或利益之行為者。

七、自行查核檢查及內部控制制度聲明書

(一)銀行業應建立自行查核制度。各營業、財務、資產保管、資訊單位及國外營業單位應每半年至少辦理一次一般自行查核，每月至少辦理一次專案自行查核。但已辦理一般自行查核、內部稽核單位（含母公司內部稽核單位）已辦理一般業務查核、金融檢查機關已辦理一般業務檢查或法令遵循事項自行評估之月份，該月得免辦理專案自行查核。

(二)金融控股公司各單位及子公司每年至少須辦理一次內部控制制度自行查核，以及每半年至少須辦理一次法令遵循作業自行查核。

(三)各單位辦理前二項之自行查核，應由該單位主管指定非原經辦人員辦理並事先保密。

(四)第1項及第2項自行查核報告應作成工作底稿，併同自行查核報告及相關資料至少留存5年備查。

(五) 金融控股公司及銀行業總經理應督導各單位（金融控股公司含子公司）審慎評估及檢討內部控制制度執行情形，由董（理）事長（主席）、總經理、總稽核及總機構法令遵循主管聯名出具內部控制制度聲明書（附表），並提報董（理）事會通過，於每會計年度終了後3個月內將內部控制制度聲明書內容揭露於金融控股公司及銀行業網站，並於主管機關指定網站辦理公告申報。

(六) 前項「內部控制制度聲明書」應依規定刊登於「年報」、「股票公開發行說明書」及「公開說明書」。

八、法令遵循制度

(一) 金融控股公司及銀行業應設立一隸屬於總經理之法令遵循單位，負責法令遵循制度之規劃、管理及執行，並指派高階主管一人擔任總機構法令遵循主管，綜理法令遵循事務，至少每半年向董（理）事會及監察人（監事、監事會）或審計委員會報告。

(二) 金融控股公司及銀行業之總機構法令遵循主管除兼任法務單位主管外，不得兼任內部其他職務。但主管機關對信用合作社及票券金融公司另有規定者，不在此限。

(三) 金融控股公司及銀行機構之總機構法令遵循主管，職位應等同於副總經理，資格應分別符合「金融控股公司發起人負責人應具備資格條件負責人兼職限制及應遵行事項準則」及「銀行負責人應具備資格條件兼職限制及應遵行事項準則」規定。金融控股公司及銀行業總機構、國內外營業單位、資訊單位、財務保管單位及其他管理單位應指派人員擔任法令遵循主管，負責執行法令遵循事宜。

(四) 金融控股公司及銀行業總機構法令遵循單位主管及所屬人員、國內外營業單位、資訊單位、財務保管單位及其他管理單位之法令遵循主管應具下列資格條件之一：

1. 曾任金融機構法令遵循人員或主管，合計滿五年者。
2. 參加主管機關認定機構所舉辦30小時以上課程，並經考試及格且取得結業證書。
3. 國外營業單位法令遵循主管係自當地聘任者，依董事會通過之評估辦法自行評估，或經當地主管機關審查認可，足證其已具備熟知當地法令規定之相關能力。

(1) 金融控股公司及銀行業總機構法令遵循主管、法令遵循單位主管及所屬人員、國內營業單位、資訊單位、財務保管單位及其他管理單位之法令遵循主管，每年應至少參加主管機關或其認定機構所舉辦或所屬金融控股公司（含子公司）或銀行業（含母公司）自行舉辦15小時之在職教育訓練，訓練內容應至少包含新修正法令、新種業務或新種金融商品。

(2) 國外營業單位之法令遵循主管，每年應至少參加由當地主管機關或相關單位舉辦之法令遵循在職教育訓練課程15小時，或參加主管機關或其認定機構所舉辦或所屬金融控股公司（含子公司）或銀行業（含母公司）自行舉辦之教育訓練課程。

前二項在職訓練為自行舉辦之訓練方式應提報董事會通過，總機構需留存相關人員上課紀錄備查。

防制洗錢及打擊資恐專責單位設於法令遵循單位者，該專責單位人員充任前及每年應受之訓練，依防制洗錢及打擊資恐相關規定辦理，不受第5項及第6項規定限制。

(五) 金融控股公司及銀行業應以網際網路資訊系統向主管機關申報總機構法令遵循主管、法令遵循單位所屬人員之名單及受訓資料。

(六) 法令遵循單位應辦理下列事項：

1. 建立清楚適當之法令規章傳達、諮詢、協調與溝通系統。
2. 確認各項作業及管理規章均配合相關法規適時更新，使各項營運活動符合法令規定。
3. 於銀行業推出各項新商品、服務及向主管機關申請開辦新種業務前，法令遵循主管應出具符合法令及內部規範之意見並簽署負責。
4. 訂定法令遵循之評估內容與程序，及督導各單位定期自行評估執行情形，並對各單位法令遵循自行評估作業成效加以考核，經簽報總經理後，作為單位考評之參考依據。
5. 對各單位人員施以適當合宜之法規訓練。
6. 應督導各單位法令遵循主管落實執行相關內部規範之導入、建置與實施。

內部稽核單位得自行訂定所屬單位法令遵循之評估內容與程序，及自行評估所屬單位法令遵循執行情形，不適用前項第四款規定。

(七) 銀行業設有國外營業單位者，法令遵循單位應督導國外營業單位辦理下列事項：

1. 蒐集當地金融法規資料、落實執行法令遵循自行評估作業、確保法令遵循主管適任性及法令遵循資源（含人員、配備及訓練）是否適足等事項，以確保遵守其所在地國家之法令。

2.建立法令遵循風險之自行評估及監控機制，對於其中業務規模大、複雜度或風險程度高者，並應委請當地外部獨立專家驗證其法令遵循風險自行評估及監控機制之有效性。

金融控股公司及銀行業法令遵循自行評估作業，每半年至少須辦理一次，其辦理結果應送法令遵循單位備查。各單位辦理自行評估作業，應由該單位主管指定專人辦理。

前項自行評估工作底稿及資料應至少保存5年。

(八) 依「金融控股公司及銀行業內部控制及稽核制度實施辦法」第34-1條規定，適用第32條第2項第1款之銀行業應建立全行之法令遵循風險管理及監督架構，其架構原則及權責規定如下：

1.法令遵循單位應建立辨識、評估、控制、衡量、監控及獨立陳報法令遵循風險之程序、計畫及機制，以全面控制、監督及支援國內外各部門、分支機構及子公司之個別營業單位、跨部門及跨境之相關法令遵循事項。

2.法令遵循單位應依據業務分類或法令遵循重點設置適當數量之專業單位，以負責該項業務或法令相關之國內外營業單位監督、法令遵循執行及支援事項。

3.法令遵循單位得依風險基礎方法評估各單位法令遵循主管之設置並強化法令遵循主管之獨立性，屬法令遵循風險較低之單位得不單獨設置法令遵循主管而由總機構法令遵循單位負責，不受第32條第4項前段規定之限制。

4.法令遵循單位應建立法令遵循風險警訊之獨立通報、評估及處理因應機制。

5.法令遵循單位應定期及不定期評估主要營運活動、商品及服務、授信或業務專案、有違反法令之虞之重大客訴等法令遵循風險管理情形，並建立與其他第二道防線之橫向溝通聯繫機制。

6.法令遵循單位為掌握全行法令遵循風險情形，得向各單位要求提供相關資訊。

7.管理階層及各部門主管之考核，應納入法令遵循部門對其法令遵循執行程度之評估意見。

8.銀行業及法令遵循單位應充分掌握國外營業單位應辦理之法令遵循事項及當地主管機關對法令遵循標準之要求，並提供充分資源及支援。

9.法令遵循單位依第32條第1項至少每半年向董（理）事會及監察人或審計委員會報告之法令遵循事項，應針對全行境內外營運情形，提出法令遵循風險管理之弱點事項及督導改善計畫及時程，董（理）事會應提供充分資源及對營業單位建立適當獎懲機制，以循序建立全行法令遵循文化。

10. 內部稽核單位依第10條第1項至少每半年向董（理）事會及監察人或審計委員會報告之稽核業務事項，應包括法令遵循單位辦理績效及全行法令遵循程度之評估意見。

適用前項規定之銀行業，應於符合適用條件起6個月內，依第32條第2項第一款規定設置總機構專責之法令遵循單位及法令遵循主管，並調整全行之法令遵循風險管理及監督架構報請主管機關備查後，且於每年4月底前將前項第5款及第9款評估報告函報主管機關。

(九) 建立檢舉制度：

依「金融控股公司及銀行業內部控制及稽核制度實施辦法」第34-2條規定，金融控股公司及銀行業為促進健全經營，應建立檢舉制度，並於總機構指定具職權行使獨立性之單位負責檢舉案件之受理及調查。

金融控股公司及銀行業對檢舉人應為下列之保護：

1. 檢舉人之身分資料應予保密，不得洩漏足以識別其身分之資訊。
2. 不得因所檢舉案件而對檢舉人予以解僱、解任、降調、減薪、損害其依法令、契約或習慣上所應享有之權益，或其他不利處分。

檢舉案件之受理及調查過程，有利益衝突之人，應予迴避。

第1項檢舉制度，至少應包括下列事項，並提報董（理）事會通過：

1. 揭示任何人發現有犯罪、舞弊或違反法令之虞時，均得提出檢舉。
2. 受理之檢舉案件類型。
3. 設置並公布檢舉之管道。
4. 調查與配合調查之流程、迴避規定及後續處理機制之標準作業程序。
5. 檢舉人保護措施。
6. 檢舉案件受理、調查過程、調查結果與相關文件製作之紀錄及保存。
7. 檢舉案件之處理情形，應適度以書面或其他方式通知檢舉人。

被檢舉人為董（理）事、監察人（監事）或職責相當於副總經理以上之管理階層者，調查報告應陳報至監察人（監事、監事會）或審計委員會複審。

金融控股公司及銀行業調查後發現為重大偶發事件或違法案件，應主動向相關機關通報或告發。

金融控股公司及銀行業應定期對所屬人員，辦理檢舉制度之宣導及教育訓練。

(十) 建立防制洗錢及打擊資恐內部控制制度

1. 依金管會107年11月9日金管銀法字第10702744660號令訂定「銀行業及其他經金融監督管理委員會指定之金融機構防制洗錢及打擊資恐內部控制與稽核制度實施辦法」第6條規定，信託業應建立防制洗錢及打擊資恐之內部控制制度並遵守相關規定，因此經金管會於108年5月10日金管銀票字第10801079200號函同意備查「信託業應負之義務及相關行為規範」第46條規定，信託業應依防制洗錢及打擊資恐相關法令及「信託業防制洗錢及打擊資恐注意事項範本」建立防制洗錢及打擊資恐之內部控制制度並遵守相關規範。

2. 依據金融監督管理委員會民國108年10月24日金管銀票字第1080133776號函備查之「信託業防制洗錢及打擊資恐注意事項範本」修正，依據「洗錢防制法」、「資恐防制法」、「金融機構防制洗錢辦法」、「銀行業及其他經金融監督管理委員會指定之金融機構防制洗錢及打擊資恐內部控制與稽核制度實施辦法」及「金融機構對經指定制裁對象之財物或財產上利益及所在地通報辦法」訂定「信託業防制洗錢及打擊資恐注意事項範本」規定指示，信託業依「銀行業及其他經金融監督管理委員會指定之金融機構防制洗錢及打擊資恐內部控制與稽核制度實施辦法」第6條規定建立防制洗錢及打擊資恐之內部控制制度，應經董（理）事會通過；修正時，亦同。其內容應包括下列事項：

(1) 依據「信託業評估洗錢及資恐風險及訂定相關防制計畫指引」，訂定對洗錢及資恐風險進行辨識、評估、管理之相關政策及程序。

(2) 依該指引與風險評估結果及業務規模，訂定防制洗錢及打擊資恐計畫，以管理及降低已辨識出之風險，並對其中之較高風險，採取強化控管措施。

(3) 監督控管防制洗錢及打擊資恐法令遵循與防制洗錢及打擊資恐計畫執行之標準作業程序，並納入自行查核及內部稽核項目，且於必要時予以強化。

依此前項第1款洗錢及資恐風險之辨識、評估及管理，應至少涵蓋客戶、地域、產品及服務、交易或支付管道等面向，並依下列規定辦理：

(1) 應製作風險評估報告。

(2) 應考量所有風險因素，以決定整體風險等級，及降低風險之適當措施。

(3) 應訂定更新風險評估報告之機制，以確保風險資料之更新。

(4) 應於完成或更新風險評估報告時，將風險評估報告送金融監督管理委員會（以下簡稱金管會）備查。

根據第1項第2款之防制洗錢及打擊資恐計畫，應包括下列政策、程序及控管機制：

(1) 確認客戶身分。

(2) 客戶及交易有關對象之姓名及名稱檢核。

(3) 帳戶及交易之持續監控。

(4) 通匯往來銀行業務。

(5) 紀錄保存。

(6) 一定金額以上通貨交易申報。

(7) 疑似洗錢或資恐交易申報及依據資恐防制法之通報。

(8) 指定防制洗錢及打擊資恐專責主管負責遵循事宜。

(9) 員工遴選及任用程序。

(10) 持續性員工訓練計劃。

(11) 測試防制洗錢及打擊資恐制度有效性之獨立稽核功能。

(12) 其他依防制洗錢及打擊資恐相關法令及金管會規定之事項。

同時具國外辦理信託業務分公司（或子公司）（以下簡稱分支機構）之信託業，應訂定集團層次之防制洗錢與打擊資恐計畫，於集團內之分支機構施行。內容包括前項政策、程序及控管機制，並應在符合我國及國外分支機構所在地資料保密法令規定下，訂定下列事項：

(1) 為確認客戶身分與洗錢及資恐風險管理目的所需之集團內資訊分享政策及程序。

(2) 為防制洗錢及打擊資恐目的，於有必要時，依集團層次法令遵循、稽核及防制洗錢及打擊資恐功能，得要求國外分支機構提供有關客戶、帳戶及交易資訊，並應包括異常交易或活動之資訊及所為之分析；必要時，亦得透過集團管理功能使國外分支機構取得上述資訊。

(3) 對運用被交換資訊及其保密之安全防護，包括防範資料洩露之安全防護。

A. 信託業應確保其國外分支機構，在符合當地法令情形下，實施與總公司（或母公司）一致之防制洗錢及打擊資恐措施。當總公司（或母公司）與分支機構所在地之最低要求不同時，分支機構應就兩地選擇較高標準者作為遵循依據，惟就標準高低之認定有疑義時，以信託業總公司（或母公司）所在地之主管機關之認定為依據；倘因外國法規禁止，致無法採行與總公司（或母公司）相同標準時，應採取合宜之額外措施，以管理洗錢及資恐風險，並向金管會申報。

B. 在臺之外國金融機構集團分支機構就第1項第1款及第2款應依據「信託業評估洗錢及資恐風險及訂定相關防制計畫指引」訂定之洗錢及資恐風險辨識、評估、管理相關政策、程序，及防制洗錢及打擊資恐計畫所須包括之政策、程序及控管機制，若母集團已建立不低於我國規定且不違反我國法規情形者，在臺分支機構得適用母集團之規定。

C. 信託業之董（理）事會對確保建立及維持適當有效之防制洗錢及打擊資恐內部控制負最終責任。董（理）事會及高階管理人員應瞭解其洗錢及資恐風險，及防制洗錢及打擊資恐計畫之運作，並採取措施以塑造重視防制洗錢及打擊資恐之文化。

3. 信託業評估洗錢及資恐風險及訂定相關防制計畫指引

信託業應建立定期之全面性洗錢及資恐風險評估作業並製作風險評估報告，使管理階層得以適時且有效地瞭解信託業所面對之整體洗錢與資恐風險、決定應建立之機制及發展合宜之抵減措施。

信託業應依據下列指標，建立定期且全面性之洗錢及資恐風險評估作業：

(1) 業務之性質、規模、多元性及複雜度。

(2) 目標市場。

(3) 信託業交易數量與規模：考量信託業一般交易活動與其客戶之特性等。

(4) 高風險相關之管理數據與報告：如高風險客戶之數目與比例；高風險產品、服務或交易之金額、數量或比例；客戶之國籍、註冊地或營業地、或交易涉及高風險地域之金額或比例等。

(5) 業務與產品，包含提供業務與產品予客戶之管道及方式、執行客戶審查措施之方式，如資訊系統使用的程度以及是否委託第三人執行審查等。

(6) 內部稽核與監理機關之檢查結果。

信託業於進行前項之全面性洗錢及資恐風險評估作業時，除考量上開指標外，建議輔以其他內部與外部來源取得之資訊，如：

(1) 信託業內部管理階層（如事業單位主管、客戶關係經理等）所提供的管理報告。

(2) 國際防制洗錢組織與他國所發布之防制洗錢及打擊資恐相關報告。

(3) 主管機關發布之洗錢及資恐風險資訊。

信託業之全面性洗錢及資恐風險評估結果應做為發展防制洗錢及打擊資恐計畫之基礎；信託業應依據風險評估結果分配適當人力與資源，採取有效的反制措施，以預防或降低風險。

信託業有重大改變，如發生重大事件、管理及營運上有重大發展、或有相關新威脅產生時，應重新進行評估作業。

信託業應於完成或更新風險評估報告時，將風險評估報告送金融監督管理委員會備查。

九、風險管理機制

(一) 金融控股公司及銀行業應訂定適當之風險管理政策與程序，建立獨立有效風險管理機制，以評估及監督整體風險承擔能力、已承受風險現況、決定風險因應策略及風險管理程序遵循情形。

(二) 前項風險管理政策與程序應經董（理）事會通過並適時檢討修訂。

(三) 金融控股公司及銀行業應設置獨立之專責風險控管單位，並定期向董（理）事會提出風險控管報告，若發現重大暴險，危及財務或業務狀況或法令遵循者，應立即採取適當措施並向董（理）事會報告。

(四) 前項獨立專責風險控管單位之設置，信用合作社得指定一總社管理單位替代。

(五) 金融控股公司之風險控管機制應包括下列事項：

1. 依金融控股公司及其子公司業務規模、信用風險、市場風險與作業風險狀況及未來營運趨勢，監控金融控股公司及其子公司資本適足性。
2. 訂定適當之長短期資金調度原則及管理規範，建立衡量及監控金融控股公司及其子公司流動性部位之管理機制，以衡量、監督、控管金融控股公司及其子公司之流動性風險。
3. 考量金融控股公司整體暴險、自有資本及負債特性進行各項投資配置，建立各項投資風險之管理。
4. 建立金融控股公司及其各子公司一致性資產品質及分類之評估方法，計算及控管金融控股公司及其子公司之大額暴險，並定期檢視，覈實提列備抵損失或準備。
5. 對金融控股公司與其子公司及各子公司間業務或交易、資訊交互運用等建立資訊安全防護機制及緊急應變計畫。

(六) 銀行業之風險控管機制應包括下列原則：

1. 應依其業務規模、信用風險、市場風險與作業風險狀況及未來營運趨勢，監控資本適足性。

2.應建立衡量及監控流動性部位之管理機制，以衡量、監督、控管流動性風險。

3.應考量整體暴險、自有資本及負債特性進行各項資產配置，建立各項業務風險之管理。

4.應建立資產品質及分類之評估方法，計算及控管大額暴險，並定期檢視，覈實提列備抵損失。

5.應對業務或交易、資訊交互運用等建立資訊安全防護機制及緊急應變計畫。

(七) 設置資訊安全專責單位及主管

1.依第38-1條規定，銀行業應設置資訊安全專責單位及主管，不得兼辦資訊或其他與職務有利益衝突之業務，並配置適當人力資源及設備。但主管機關對信用合作社及票券金融公司另有規定者，依其規定。

2.銀行業前一年度經會計師查核簽證之資產總額達新臺幣一兆元以上者，應設置具職權行使獨立性之資訊安全專責單位，並指派協理以上或職責相當之人擔任資訊安全專責單位主管。

3.銀行業資訊安全專責單位負責規劃、監控及執行資訊安全管理作業，每年應將前一年度資訊安全整體執行情形，由資訊安全專責單位主管與董（理）事長（主席）、總經理、總稽核聯名出具資訊安全整體執行情形聲明書，並於會計年度終了後3個月內提報董（理）事會。

4.銀行業資訊安全專責單位人員，每年至少應接受15小時以上資訊安全專業課程訓練或職能訓練。總機構、國內外營業單位、資訊單位、財務保管單位及其他管理單位之人員，每年至少須接受3小時以上資訊安全宣導課程。

5.中華民國銀行商業同業公會全國聯合會、有限責任中華民國信用合作社聯合社及中華民國票券金融商業同業公會應訂定並定期檢討資訊安全自律規範。

適用第二項規定之銀行業，應於符合適用條件起6個月內調整。

十、監督之責任規範

(一) 金融控股公司及銀行業應確保金融檢查報告之機密性，其負責人或職員除依法令或經主管機關同意者外，不得閱覽或對執行職務無關之人員洩漏、交付或公開與金融檢查報告全部或部分內容。

(二) 金融控股公司及銀行業應依主管機關之規定，制定金融檢查報告之相關內部管理規範及作業程序，並提報董（理）事會通過。

(三) 金融控股公司及銀行業應於內部控制制度中訂定經理人及相關人員違反本辦法或其所訂內部控制制度規定時之處罰。

(四) 內部稽核人員及法令遵循主管，對內部控制重大缺失或違法違規情事所提改進建議不為管理階層採納，將肇致所屬金融控股公司（含子公司）或銀行業重大損失者，均應立即作成報告陳核，並通知獨立董事及監察人（監事、監事會）或審計委員會，同時通報主管機關。

〔牛刀小試〕

( ) **1** 依信託業法規定，信託業應建立內部控制及稽核制度，並設置下列何種單位？ (A)內部控制單位 (B)調查單位 (C)檢查單位 (D)稽核單位。 【第28期】

( ) **2** 信託業應建立自行查核制度，其自行查核報告應作成工作底稿，併同自行查核報告及相關資料，至少應留存幾年備查？ (A)一年 (B)二年 (C)三年 (D)五年。 【第30期】

( ) **3** 有關主管機關得檢查信託業之規定，下列敘述何者錯誤？ (A)主管機關得隨時派員檢查 (B)主管機關不得委託適當機構進行檢查 (C)主管機關於必要時，得委託會計師查核 (D)主管機關得令信託業於限期內提報有關資料。 【第30期】

( ) **4** 信託業應設置隸屬於下列何者之內部稽核單位，並建立總稽核制度？ (A)人事室 (B)秘書室 (C)董（理）事會 (D)監事會。 【第31期】

( ) **5** 信託業內部控制及稽核制度實施辦法係由下列何者訂定？ (A)經濟部 (B)台灣金融研訓院 (C)金融監督管理委員會 (D)中華民國信託業商業同業公會。 【第32期】

解答與解析

1 (D)。信託業法第42條：信託業應建立內部控制及稽核制度，並設置稽核單位。

2 (D)。金融控股公司及銀行業內部控制及稽核制度實施辦法第25條第4項：第1項及第2項自行查核報告應作成工作底稿，併同自行查核報告及相關資料至少留存五年備查。

3 (B)。比照銀行法第45條：中央主管機關得隨時派員，或委託適當機關，或令地方主管機關派員，檢查銀行或其他關係人之業務、財務及其他有關事項，或令銀行或其他關係人於限期內據實提報財務報告、財產目錄或其他有關資料及報告。中央主管機關於必要時，得指定專門職業及技術人員，就前項規定應行檢查事項、報表或資料予以查核，並向中央主管機關據實提出報告，其費用由銀行負擔。

4 (C)。金融控股公司及銀行業內部控制及稽核制度實施辦法第10條：金融控股公司及銀行業應設立隸屬董（理）事會之內部稽核單位，以獨立超然之精神，執行稽核業務，並應至少每半年向董（理）事會及監察人（監事、監事會）或審計委員會報告稽核業務。

5 (C)。信託業法第42條第3項：信託業內部控制及稽核制度實施辦法，由主管機關定之。

精選試題

( ) **1** 依據財政部所核定之信託業會計處理原則，信託帳會計科目分為那兩類？ (A)信託本金與信託孳息 (B)自有帳與信託帳 (C)收入與費用 (D)信託資產與信託負債。 【第6期】

( ) **2** 有關信託業提存賠償準備金之規定，下列敘述何者錯誤？ (A)賠償準備金之額度由中央銀行定之 (B)應以現金或政府債券繳存 (C)應繳存於中央銀行 (D)委託人或受益人有優先受償之權。 【第6期】

( ) **3** 依信託業法規定，信託業受託管理何種信託財產，應保持適當之流動性？ (A)有價證券信託 (B)不動產信託 (C)指定營運範圍或方法之集合管理運用金錢信託 (D)不指定營運範圍或方法之單獨管理運用金錢信託。 【第7期】

( ) **4** 信託投資公司改制為信託業後，應於中央銀行提存下列何項準備金？ (A)信託資金準備 (B)流動準備金 (C)賠償準備金 (D)呆帳準備金。 【第7期】

( ) **5** 信託業董事如有十五人，則有幾位董事發生變動時，應於事實發生日之翌日起二個營業日內，向財政部申報？ (A)二位 (B)三位 (C)四位 (D)五位。 【第8期】

( ) **6** 有關信託業提存賠償準備金之規定，下列敘述何者錯誤？ (A)賠償準備金之額度由中央銀行定之 (B)應以現金或政府債券繳存 (C)應繳存於中央銀行 (D)委託人或受益人有優先受償之權。 【第8期】

(　　) **7** 信託業執行信託業務時，因違法行為導致委託人受有損害，信託業者應負賠償責任，下列敘述何者正確？　(A)受託人須對該損害負有舉證責任　(B)信託業督導及管理人員須對該損害負有舉證責任　(C)信託業業務人員對該損害負有舉證責任　(D)委託人須對該損害負有舉證責任。【第8期】

(　　) **8** 有關信託業之盈餘分配，下列敘述何者錯誤？　(A)信託業於完納一切稅捐後，應先提撥百分之三十為法定盈餘公積　(B)法定盈餘公積未達資本總額前，其最高現金盈餘分配，不得超過資本總額之百分之十五　(C)法定盈餘公積已達其資本總額時，其最高現金盈餘分配，不得超過資本總額之百分之三十　(D)除法定盈餘公積外，信託業得於章程規定或經股東會決議，另提特別盈餘公積。【第8期】

(　　) **9** 依信託業法規定，信託業賠償準備金應以現金或政府債券繳存於下列何單位？　(A)中央銀行　(B)財政部　(C)銀行公會　(D)信託公會。【第9期】

(　　) **10** 兼營信託業務之銀行，為擔保其因違反受託人義務而對委託人或受益人所負之損害賠償、利益返還或其他責任，應提存至少新臺幣多少之賠償準備金？　(A)一千萬元　(B)三千萬元　(C)五千萬元　(D)七千萬元。【第9期】

(　　) **11** 信託業法所稱：「依主管機關指定之方式公告」，下列何者錯誤？　(A)於信託業之網站公告　(B)函送信託業商業同業公會　(C)於主管機關指定之網站公告　(D)備置於信託業每一營業處所之顯著位置。【第9期】

(　　) **12** 依信託業法規定，信託業每年度營業終了，於完納一切稅捐後分派盈餘時，至少應先提列多少比例為法定盈餘公積？　(A)百分之十　(B)百分之二十　(C)百分之三十　(D)百分之三十五。【第9期】

(　　) **13** 依信託業法規定，信託業違反法令或信託契約，致委託人或受益人受有損害者，下列何者應連帶負損害賠償責任？　A.信託業　B.應負責之董事　C.應負責之主管人員　D.監察人　(A)A、B、D　(B)B、C、D　(C)A、C、D　(D)A、B、C。【第9期】

(　　) **14** 依信託業法規定，信託業於營業年度間，應多久編製營業報告書及財務報告，向主管機關申報？　(A)每月　(B)每季　(C)每半年　(D)每年。【第9期】

( ) **15** 信託業為擔保其因違反受託人義務而對委託人或受益人所負之損害賠償，其提存之賠償準備金應於取得營業執照後多久期間內繳存中央銀行？ (A)一個月 (B)三個月 (C)六個月 (D)一年。 【第10期】

( ) **16** 信託業應提存之賠償準備金，得以下列何者繳存於中央銀行？ A.現金 B.金融債券 C.政府債券 D.公司債 (A)A、B (B)A、C (C)A、D (D)B、C。 【第10期】

( ) **17** 信託業違反信託業法規定，於主管機關命其限期改善而信託業仍不遵行時，則主管機關得對於同一事實或行為再予加幾倍之罰鍰？
(A)一至五倍 (B)六至十倍
(C)十一至十五倍 (D)十六至二十倍。 【第10期】

( ) **18** 信託業法所定營業報告書與財務報告之申報，至遲應於每年營業年度終了後幾個月內為之？ (A)二個月內 (B)三個月內 (C)四個月內 (D)六個月內。 【第11期】

( ) **19** 信託業於完納一切稅捐後分派盈餘時，應先提撥百分之三十為法定盈餘公積，法定盈餘公積未達資本總額前，其最高現金盈餘分配，不得超過多少？
(A)資本總額之百分之十
(B)資本總額之百分之十五
(C)資本總額之百分之二十五
(D)資本總額之百分之三十。 【第11期】

( ) **20** 信託業法所稱依主管機關指定之方式公告，其方式不包括下列何者？ (A)備置於信託業每一營業處所之顯著位置 (B)函送信託業商業同業公會 (C)於主管機關指定之網站公告 (D)於中央銀行指定之網站公告。 【第11期】

( ) **21** 依信託業法規定，有關信託業財務之監督，下列何者錯誤？ (A)應提存賠償準備金 (B)應準用銀行法提存公積金 (C)應向主管機關申報財務報告 (D)應將損益表於所在地之日報公告。 【第11期】

( ) **22** 信託業依信託業法提存之賠償準備金，下列敘述何者錯誤？ (A)受託人就該項賠償準備金有優先受償之權 (B)賠償準備金得以現金方式提存 (C)賠償準備金應繳存於中央銀行 (D)賠償準備金應於取得營業執照後一個月內繳存。 【第12期】

( ) **23** 信託業之會計處理原則，由下列何者報請主管機關核定之？
(A)財政部
(B)中央銀行
(C)會計師公會
(D)信託業商業同業公會。 【第12期】

( ) **24** 信託業應提存之賠償準備金，除現金外，得以下列何者繳存中央銀行？ (A)政府公債 (B)公司債 (C)銀行可轉讓定期存單 (D)金融債券。 【第13期】

( ) **25** 信託業如發生信託業法第四十一條規定之事由時，應依主管機關指定方式公告，其公告方式，下列何者錯誤？ (A)函送信託業商業同業公會 (B)於主管機關指定之網站公告 (C)於信託業所在地之任一日報或晚報刊登公告 (D)備置於信託業每一營業處所之顯著位置，以供查閱。 【第13期】

( ) **26** 信託業違反信託業法規定，經主管機關糾正，並限期改善而不改善其情節重大者，主管機關得對同一事實或行為再為之處分，不包括下列何者？ (A)停止部分業務 (B)停止全部之業務 (C)撤銷營業許可 (D)沒收信託業提存之賠償準備金。 【第14期】

( ) **27** 有關信託業公告事項及方式之敘述，下列何者錯誤？
(A)應每半年營業年度編製營業報告
(B)將資產負債表於其所在地之日報公告
(C)應每半年營業年度編製財務報告
(D)如有信託業法第四十一條之情事發生時，至遲應於事實發生之翌日起三個營業日內辦理公告。 【第14期】

( ) **28** 下列何種方式非為信託業法規定或主管機關指定之信託業資產負債表之公告方式？ (A)登載於信託業者所在地之日報 (B)函送信託業商業同業公會 (C)公告於法務部指定之網站 (D)備置於信託業每一營業處所之顯著位置，以供查閱。 【第15期】

( ) **29** 依信託業法規定，信託業辦理集合管理運用之金錢信託，應保持適當之流動性。主管機關於必要時，得於洽商下列何者後，訂定流動性資產之範圍及其比率？ (A)經濟部 (B)中央銀行 (C)信託業商業同業公會 (D)台灣證券交易所。 【第15期】

( ) **30** 依信託業法規定，信託業辦理集合管理運用之金錢信託，下列何者正確？ (A)須經受益人同意 (B)應保持適當之流動性 (C)信託業得任意自行設置集合管理運用帳戶 (D)受託人對信託財產之管理運用不具有運用決定權。 【第16期】

解答與解析

1 **(D)**。信託業會計處理原則第3條原則用詞定義如下：一、自有帳：指信託業記錄其財務狀況、經營結果及財務狀況變動之帳務。二、信託帳：指信託業記錄其受託管理、運用與處分信託財產之帳務。

2 **(A)**。信託業法第34條，額度由財政部定之。

3 **(C)**。信託業法第36條。

4 **(C)**。信託業法第34條。

5 **(D)**。信託業法第41條，三分之一變動。

6 **(A)**。信託業法第34條，由財政部定之。

7 **(D)**。信託業法第35條，依民事訴訟法規定，由委託人或受益人舉證。

8 **(C)**。信託業法第38條準用銀行法第50條規定。

9 **(A)**。依信託業法第34條：賠償準備金，應於取得營業執照後1個月內以現金或政府債券繳存中央銀行。

10 **(C)**。90/02/06財政部台財融(四)第90727315號函信託公司及兼營信託業務之銀行，為擔保其因違反受託人義務而對委託人或受益人所負之損害賠償、利益返還或其他責任，應提存至少新臺幣五千萬元之賠償準備金。

11 **(A)**。九十年一月十六日台財融(四)字第90725300號信託業法第39條及第41條所稱依主管機關指定之方式公告，係指信託業應依下列方式辦理：一、備置於信託業每一營業處所之顯著位置，以供查閱。二、函送信託業商業同業公會，以供查閱。三、於財政部指定之網站公告。

12 **(C)**。依信託業法第38條：信託業公積之提存，準用銀行法第50條規定。故為百分之三十。

13 **(D)**。依信託業法第35條：信託業違反法令或信託契約，或因其他可歸責於信託業之事由，致委託人或受益人受有損害者，其應負責之董事及主管人員應與信託業連帶負損害賠償之責。

14 **(C)**。依信託業法第39條：信託業應每半年營業年度編製營業報告書及財務報告，向主管機關申報，並將資產負債表於其所在地之日報或依主管機關指定之方式公告。

15 **(A)**。依信託業法第34條：信託業為擔保其因違反受託人義務而對委託人或受益人所負之損害賠償、利益返還或其他責任，應提存賠償準備金。前項賠償準備金，應於取得營業執照後一個月內以現金或政府債券繳存中央銀行。

16 (B)。依信託業法第34條。

17 (A)。依信託業法第44條：信託業違反本法規定，除依本法處罰外，主管機關得依其情節為下列之處分：一、糾正並限期改善。二、命令信託業解除或停止負責人之職務。信託業不遵行前項處分，主管機關得對同一事實或行為再予加一倍至五倍罰鍰，其情節重大者，並得為下列之處分：一、停止一部或全部之業務。二、撤銷營業許可。三、其他必要之處置。

18 (C)。信託業法第39條：信託業應每半年營業年度編製營業報告書及財務報告，向主管機關申報，並將資產負債表於其所在地之日報或依主管機關指定之方式公告。信託業法施行細則第17條本法第39條所定營業報告書與財務報告之申報及資產負債表之公告，應依下列規定期限辦理：一、於每半年營業年度終了後二個月內為之。二、於每年營業年度終了後四個月內為之。

19 (B)。信託業法第38條：信託業公積之提存，準用銀行法第50條規定。銀行法第50條：銀行於完納一切稅捐後分派盈餘時，應先提百分之三十為法定盈餘公積；法定盈餘公積未達資本總額前，其最高現金盈餘分配，不得超過資本總額之百分之十五。法定盈餘公積已達其資本總額時，得不受前項規定之限制。除法定盈餘公積外，銀行得於章程規定或經股東會決議，另提特別盈餘公積。

20 (D)。主管機關指定之方式公告，係指信託業應依下列方式辦理：一、備置於信託業每一營業處所之顯著位置，以供查閱。二、函送信託業商業同業公會。三、於財政部指定之網站公告。（財政部90年1月16日臺財融第90725300號函）

21 (D)。依信託業法第39條的規定，信託業應每半年營業年度編製營業報告書及財務報告，向主管機關申報，並將資產負債表於其所在地之日報或依主管機關指定之方式公告。

22 (A)。信託業法第34條：信託業為擔保其因違反受託人義務而對委託人或受益人所負之損害賠償、利益返還或其他責任，應提存賠償準備金。前項賠償準備金之額度，由主管機關就信託業實收資本額或兼營信託業務之銀行實收資本額之範圍內，分別規定之。賠償準備金，應於取得營業執照後1個月內以現金或政府債券繳存中央銀行。委託人或受益人就第1項賠償準備金，有優先受償之權。（受託人無優先受償之權）

23 (D)。信託業法第37條：信託業之會計處理原則，由信託業同業公會報請主管機關核定之。

24 (A)。信託業法第34條：信託業為擔保其因違反受託人義務而對委託人或受益人所負之損害賠償、利益返還或其他責任，應提存賠償準備金。第一項賠償準備金，應於取得營業執照後一個月內以現金或政府債券繳存中央銀行。

25 (C)。民國93年8月19日金融監督管理委員會金管銀(四)字第0934000590號。信託業法第39條及第41條所稱

「依主管機關指定之方式公告」，係指信託業應依下列方式辦理：一、備置於信託業每一營業處所之顯著位置，以供查閱。二、函送信託業商業同業公會，以供查閱。三、於信託業商業同業公會網站辦理公告事宜。

26 **(D)**。信託業法第44條：信託業違反本法規定，除依本法處罰外，主管機關得依其情節為下列之處分：一、糾正並限期改善。二、命令信託業解除或停止負責人之職務。信託業不遵行前項處分，主管機關得對同一事實或行為再予加一倍至五倍罰鍰，其情節重大者，並得為下列之處分：一、停止一部或全部之業務。二、撤銷營業許可。三、其他必要之處置。

27 **(D)**。信託業法第41條：信託業有下列情事之一者，應於事實發生之翌日起二個營業日內，向主管機關申報，並應於本公司所在地之日報或依主管機關指定之方式公告：一、存款不足之退票、拒絕往來或其他喪失債信情事者。二、因訴訟、非訟、行政處分或行政爭訟事件，對公司財務或業務有重大影響者。三、有公司法第一百八十五條第一項規定各款情事之一者。四、董事長（理事主席）、總經理（局長）或三分之一以上董（理）事發生變動者。五、簽訂重要契約或改變業務計畫之重要內容。六、信託財產對信託事務處理之費用，有支付不能之情事者。七、其他足以影響信託業營運或股東或受益人權益之重大情事者。

28 **(C)**。90年01月16日台財融(四)字第90725300號。【主旨】關於信託業法第39條及第41條所稱信託業應依主管機關指定之方式公告，茲規定如說明，請查照並轉知各會員機構。【說明】一、信託業應將資產負債表依主管機關指定之方式公告，信託業法第39條定有明文；另信託業有第41條所列各款情事之一者，應依主管機關指定之方式公告，亦為信託業法第41條所明定。二、信託業法第39條及第41條所稱依主管機關指定之方式公告，係指信託業應依下列方式辦理：(一)備置於信託業每一營業處所之顯著位置，以供查閱。(二)函送信託業商業同業公會，以供查閱。(三)於本部指定之網站公告。

29 **(B)**。信託業法第36條：信託業辦理集合管理運用之金錢信託，應保持適當之流動性。主管機關於必要時，得於洽商中央銀行後，訂定流動性資產之範圍及其比率。信託業未達該比率者，應於主管機關所定期限內調整之。

30 **(B)**。信託業法第36條：信託業辦理集合管理運用之金錢信託，應保持適當之流動性。主管機關於必要時，得於洽商中央銀行後，訂定流動性資產之範圍及其比率。信託業未達該比率者，應於主管機關所定期限內調整之。

信託業的風險管理

依據出題頻率區分，屬：**B** 頻率中

課綱概要

信託業的風險管理
- 信託業風險控管基本架構
- 銀行經營信託業務的風險控管
- 信託業辦理信託資金集合管理運用之風險管理規範
- 共同信託基金的風險管理
- 不指定營運範圍或方法之金錢信託風險管理

本章節係強調信託業的風險控制監督與管理，重點在於信託業本身發展經營過程中對於風險掌控與制度規劃管理，除依照主管機關的要求外，對於業務與信託商品架構皆須依循法令與風控原則進行，避免產生失控的情形發生。讀者應就本章節的內容充分瞭解主管機關權限規範等相關風險項目之定義有充分理解，以便在針對考題所衍生出來的問題與概念能有效理解回答，同時對後續章節的說明與提示能有所記憶。

壹 信託業風險控管基本架構 重要度★

主旨在於信託業應建立以獨立有效的風險管理機制為基本前提

一、訂定適當的風險管理政策與程序，並經董（理）事會通過與適時檢討修訂的記錄。

二、建立獨立有效的風險管理機制。

三、具備評估及監督下列風險的能力：

(一)整體風險承擔能力。

(二)已承受風險現況。

(三)決定風險因應策略。

(四)風險管理程序遵循情形。

四、設置獨立的專責風險控管單位，並定期向董（理）事會提出風險控管報告。

五、若發現重大曝險，危及財務或業務狀況或法令遵循者，應立即採取適當措施並向董（理）事會報告。

〔牛刀小試〕

( ) **1** 有關商業銀行兼營信託業務之風險管理，下列敘述何者正確？
(A)本國銀行總行不須設置信託業務專責部門
(B)外國銀行各分支機構未經核准即得收受信託財產
(C)本國銀行各分支機構未經核准即得辦理信託財產之管理、運用及處分
(D)本國銀行總行應設置信託業務專責部門，除得收受信託財產外，並負責信託財產之管理、運用及處分。【第14期】

( ) **2** 依銀行法規定，商業銀行及專業銀行經營信託業務，下列敘述何者正確？
(A)營業及資本必須獨立
(B)資本及會計必須獨立
(C)營業及會計必須獨立
(D)營業、資本及會計必須獨立。【第19期】

解答與解析

1 (D)。銀行經營信託或證券業務之營運範圍及風險管理準則規（90/08/01台財融(四)字第90285008號令訂定）銀行經營信託業務之風險管理，除應符合其他法令規定者外，並應依下列規定辦理：一、本國銀行總行或外國銀行申請認許時所設分行應設置信託業務專責部門，除得收受信託財產外，並負責信託財產之管理、運用及處分；各分支機構辦理信託業務，除經主管機關核准者外，限於信託財產之收受，其管理、運用及處分均應統籌由該專責部門為之。二、信託業務相關會計應整併於信託帳處理。三、銀行專責部門或分支機構辦理信託業務，應以顯著方式於營業櫃檯標示，並向客戶充分告知下列事項：(一)銀行辦理信託業務，應盡善良管理人之注意義務及忠實義務。(二)

銀行不擔保信託業務之管理或運用績效，委託人或受益人應自負盈虧。(三)信託財產經運用於存款以外之標的者，不受存款保險之保障。四、銀行辦理信託業務專責部門之營業場所應與銀行其他部門區隔。五、信託業務與銀行其他業務間之共同行銷、資訊交互運用、營業設備及營業場所之共用方式，不得有利害衝突或其他損及客戶權益之行為。銀行應參考中華民國信託業商業同業公會擬訂並報經主管機關核定之銀行經營信託業務風險管理規範，訂定內部規範。

2 **(C)**。銀行法第28條：商業銀行及專業銀行經營信託或證券業務，其營業及會計必須獨立；其營運範圍及風險管理規定，得由主管機關定之。

貳 銀行經營信託業務的風險控管 重要度★★★★

一、法規依據

依據銀行法第28條第1項：「商業銀行及專業銀行經營信託或證券業務，其營業及會計必須獨立；其營運範圍及風險管理規定，得由主管機關定之。」

二、銀行經營信託或證券業務之營運範圍及風險管理準則

金管會依據授權訂定「銀行經營信託或證券業務之營運範圍及風險管理準則」（106年6月27日發布修正），規範辦理重點如下：

(一) 專責部門設置：本國銀行總行或外國銀行申請認許時所設分行應設置信託業務專責部門，除得收受信託財產外，並負責信託財產之管理、運用及處分；各分支機構辦理信託業務，除經主管機關核准者外，限於信託財產之收受，其管理、運用及處分均應統籌由該專責部門為之。

同樣的，各銀行國際金融業務分行（OBU; Offshore Banking Unit）經核准辦理「外幣指定用途信託資產投資國外有價證券業務」（亦指外幣特定金錢信託投資國外有價證券業務）時，依規定同上款所稱各分支機構，原則上限於信託財產之收受行為。

但本項業務應帳載於國際金融業務分行（OBU），另以附註方式揭露於信託業務專責部門之財務報表。

(二) 信託帳務處理：信託業務相關會計應整併於信託帳處理。

(三) 充分告知事項：銀行專責部門或分支機構辦理信託業務，應以顯著方式於營業櫃檯標示，並向客戶充分告知下列事項：

1.銀行辦理信託業務，應盡善良管理人之注意義務及忠實義務。

2.銀行不擔保信託業務之管理或運用績效，委託人或受益人應自負盈虧。

3.信託財產經運用於存款以外之標的者，不受存款保險之保障。

(四) 營業場所的區隔：銀行辦理信託業務專責部門之營業場所應與銀行其他部門區隔。

(五) 內部規範管理：信託業務與銀行其他業務間之共同行銷、資訊交互運用、營業設備及營業場所之共用方式，不得有利害衝突或其他損及客戶權益之行為。

銀行應參考中華民國信託業商業同業公會擬訂並報經主管機關核定之「銀行經營信託業務風險管理規範」（最新修訂於106年6月27日由金管會核定發布），訂定內部規範。

(六) 銀行經營證券業務之風險管理，除應符合證券交易法及其相關規定者外，並應依下列規定辦理：

1.應設置證券部門辦理證券業務，相關會計亦應整併於證券帳處理。

2.銀行證券部門應以顯著方式於營業櫃檯標示，並向客戶充分告知證券投資非屬存款，不受存款保險之保障，其投資盈虧風險由投資人自負。

3.銀行證券部門之營業場所應與其他部門區隔。但下列相同性質業務不在此限，其人員及營業場所得相互共用：

(1) 有價證券之自行買賣、短期票券自營、外匯即期交易及衍生性金融商品交易。

(2) 代理買賣外國債券業務、提供境外衍生性金融商品資訊及諮詢服務、外匯及衍生性金融商品行銷。

(3) 結算交割或申報等後檯作業。

4.證券業務與銀行其他業務間之共同行銷、資訊交互運用、營業設備、人員及營業場所之共用方式，不得有利害衝突或其他損及客戶權益之行為，並應建立相關內部審核控管機制。

銀行應參考中華民國銀行商業同業公會擬訂，並報經主管機關核定之銀行經營證券業務風險管理規範，訂定內部規範。

三、客戶資料保密義務與責任

(一) 銀行經營信託及證券業務之人員，關於客戶之往來、交易資料，除其他法律或主管機關另有規定外，應保守秘密；對銀行內其他部門之人員，亦同。

(二) 依「銀行法」第28條第4項規定經營信託業務人員、信託業務經營與管理人員，負有保密義務。作業方式，均應依「銀行經營信託業務風險管理規範」之意旨，不得有利害衝突或其他損及客戶權益之行為，銀行並應就資訊化之保密及使用權限訂定相關規範。旨在防範銀行經營信託業務人員藉由辦理信託業務過程中，以獲取之任何資訊，從事不利於委託人或受益人之行為發生並攫取不當利益。

四、信託財產之運用決定權

(一) 依據「信託業法」第24條第2項規定，對信託財產具有運用決定權者，不得兼任其他業務之經營。所謂對信託財產具運用決定權者，依信託業法施行細則第2條規定，係指下列兩者對象：

1.於信託公司，指對信託財產之運用具有最後核定權限之主管及人員。

2.於兼營信託業務之機構，指其信託業務專責部門內對信託財產之運用具有最後核定權限之主管及人員。

也因此上述兩者之最後核定權限之主管與人員，如對信託財產具有運用決定權，則不得兼任其他業務之經營，亦即僅得辦理信託業法第16條信託業務及第17條附屬業務。例如倘若信託部經理兼投資部經理，就有可能在管理運用委託人的信託財產時，以自身利益為前提，進行不當交易，而損及委託人或受益人的利益。

(二) 同時依據「信託業法」第16條及「信託業法施行細則」第7條的規定，所定的業務項目，依受託人對信託財產運用決定權的設定有或無，可分成以下兩點來說明：

1.受託人對信託財產具有運用決定權：受託人對信託財產具有運用決定權的信託管理時，依據委託人指定營運範圍內容或方式，可分為指定與不指定兩種方式。

(1) 指定：委託人對信託財產為概括指定運用範圍或方法，並由受託人於該概括指定的運用範圍或方法內，對信託財產執行運用決定權。

(2) 不指定：委託人對信託財產不指定運用範圍或方法，受託人可於信託目的範圍內，對信託財產執行運用決定權。

2.受託人對信託財產不具有運用決定權：委託人保留對信託財產的運用決定權，並約定由委託人本人，或委託人委任的第3人就信託財產的運用範圍或方法作出具體特定的運用指示，並由受託人依據運用指示為信託財產的管理或處分。其運用指示的五項要件包括：投資標的、運用方式、金額、條件、期間等。

五、依據信託業法相關規定信託業不得以信託財產辦理或交易的行為，重點提醒如下

◆自易行為之禁止及限制	
第25條	信託業不得以信託財產與本身或其利害關係人為一定交易行為，實務上稱為自易行為之絕對禁止。
第27條	明定信託業除事先取得受益人之書面同意外，亦不得以信託財產與本身或利害關係人為一定交易行為，實務上稱為自易行為之相對限制。
◆不得以信託財產辦理授信	
第26條	信託業不得以信託財產辦理銀行法第5-2條所定授信業務項目。
第26條第2項	信託業不得以信託財產借入款項，但以開發為目的之土地信託，依信託契約之約定、經全體受益人同意或受益人會議決議者，不在此限。
◆不得承諾擔保本金或最低收益率	
第31條	信託業不得承諾擔保本金或最低收益率。立法目的在於我國信託業務之本質係不保本不保息，而係由受益人自負盈虧。 倘若信託業在擔任受託人時，不得於信託契約上主動承諾擔保，如有虧損，則由信託業本身自行彌補。 也就是說，一般信託業辦理信託業務時，信託財產運用所衍生的收益或損失皆應由受益人自行吸收承擔，自負盈虧。

〔牛刀小試〕

( ) **1** 有關銀行經營信託業務之風險管理，下列何者錯誤？ (A)本國銀行總行應設置信託業務專責部門 (B)信託業務相關會計應整併於銀行帳處理 (C)外國銀行申請認許時所設分行應設置信託業務專責部門 (D)各分支機構辦理信託業務，除經主管機關核准外，限於信託財產之收受。【第13期】

( ) **2** 有關銀行總行及其分支機構兼營信託業務，下列何者錯誤？ (A)銀行不擔保信託業務之管理或運用績效 (B)銀行辦理信託業務，應盡善良管理人之忠實義務 (C)銀行辦理信託業務，應盡善良管理人之注意義務 (D)信託財產經運用於存款以外之標的者，仍受存款保險之保障。【第13期】

(　　) **3** 有關銀行國際金融業務分行辦理外幣特定金錢信託投資國外有價證券業務之敘述，下列何者錯誤？ (A)帳務應帳載於信託專責部門 (B)國際金融業務分行僅限於信託財產之收受 (C)信託財產之管理、處分及運用，應統籌於信託專門部門處理 (D)辦理本項業務之經營與管理人員應符合「信託業負責人應具備資格條件暨經營與管理人員應具備信託專門學識或經驗準則」之規定。【第14期】

(　　) **4** 有關信託業務專責部門與其他業務區隔之敘述，下列何者錯誤？ (A)信託財產之管理、運用及處分均應統籌由該專責部門為之 (B)信託財產報告書類須經信託業務專責部門編製後傳送予客戶 (C)在避免利害衝突以及不損害客戶權益下，進出信託業務專責部門人員，應予以管制 (D)信託業務專責部門不需有獨立之作業及營業場所，與銀行其他業務部門不須區隔。【第16期】

(　　) **5** 有關信託業務之經營，下列敘述何者錯誤？ (A)商業銀行經營信託業務其營業及會計必須獨立 (B)至少應提存賠償準備金新臺幣五千萬元 (C)專業銀行經營信託業務其營業及會計必須獨立 (D)銀行經營信託業務得保證信託本金及最低收益率。【第17期】

解答與解析

1 **(B)**。銀行經營信託或證券業務之營運範圍及風險管理準則。第三條：銀行經營信託業務之風險管理，除應符合其他法令規定者外，並應依下列規定辦理：一、本國銀行總行或外國銀行申請認許時所設分行應設置信託業務專責部門，除得收受信託財產外，並負責信託財產之管理、運用及處分；各分支機構辦理信託業務，除經主管機關核准者外，限於信託財產之收受，其管理、運用及處分均應統籌由該專責部門為之。二、信託業務相關會計應整併於信託帳處理。三、銀行專責部門或分支機構辦理信託業務，應以顯著方式於營業櫃檯標示，並向客戶充分告知下列事項：(一)銀行辦理信託業務，應盡善良管理人之注意義務及忠實義務。(二)銀行不擔保信託業務之管理或運用績效，委託人或受益人應自負盈虧。(三)信託財產經運用於存款以外之標的者，不受存款保險之保障。四、銀行辦理信託業務專責部門之營業場所應與銀行其他部門區隔。五、信託業務與銀行其他業務間之共同行銷、資訊交互運用、營業設備及營業場所之共用方式，不得有利害衝突或其他損及客戶權益之行為。銀行應參考中華民國信託業商業同業公會擬訂並報經主管機關核定之。銀行經營信託業務風險管理規範，訂定內部規範。

2 **(D)**。信託財產不受存款保險之保障，但運用之標的原受存款保險之保障時，同時受存款保險之保障。

3 (A)。財政部金融局91/03/14台融局(四)字第0904000411號【主旨】各銀行國際金融業務分行辦理「外幣指定用途信託資金投資國外有價證券業務」時，仍應依照信託業法及「銀行經營信託或證券業務之營運範圍及風險管理準則」等相關規定辦理，請查照轉知。【說明】一、各銀行國際金融業務分行經核准辦理本項業務時，依照前揭準則之規定，原則上限於信託財產之收受；其管理、運用及處分均應統籌由本國銀行總行或外國銀行申請認許時所設分行之信託業務專責部門為之。二、本項業務應帳載於國際金融業務分行，並應另以附註方式揭露於信託業務專責部門之財務報表。三、辦理本項業務之經營與管理人員，如有未符合「信託業負責人應具備資格條件暨經營與管理人員應具備信託專門學識或經驗準則」之規定者，應於限期內調整至符合規定。

4 (D)。銀行經營信託或證券業務之營運範圍及風險管理準則：銀行辦理信託業務專責部門之營業場所應與銀行其他部門區隔。

5 (D)。信託業不得保本保息。

參 信託業辦理信託資金集合管理運用之風險管理規範

重要度★

一、信託資金集合之管理及運用規範

依「信託業法」第28條管理規定，委託人得依契約之約定，委託信託業將其所信託之資金與其他委託人之信託資金集合管理及運用。前項信託資金集合管理運用之管理辦法，由主管機關定之。

二、同時應遵循「信託資金集合管理運用管理辦法」於110年8月23日修訂第9條之規定

(一) 信託業辦理非專業投資人得委託投資之信託資金集合管理運用，以具有次級交易市場之投資標的為原則，並應遵守下列規定：

1. 除已獲准上市、上櫃而正辦理承銷中之股票外，不得投資未上市、未上櫃公司股票。
2. 不得辦理放款或提供擔保。
3. 不得從事證券信用交易。

4. 本身管理之各集合管理運用帳戶間不得互為交易。
5. 投資於任一上市、上櫃公司發行之股票、存託憑證、公司債、金融債券及短期票券之金額，分別不得超過個別集合管理運用帳戶投資當日淨資產價值的10%。
6. 同一信託業所設置之全體集合管理運用帳戶，投資於任一上市、上櫃公司發行之股票、存託憑證、公司債、金融債券及短期票券之金額，合計不得超過投資當日該公司實收資本額的10%。
7. 存放於同一金融機構之存款、投資其發行之金融債券與其保證之公司債及短期票券金額，合計不得超過投資當日全體集合管理運用帳戶淨資產總價值的20%及該金融機構淨值的10%。（於106年3月14日修訂之）
8. 個別集合管理運用帳戶投資於任一基金受益憑證、受益證券、基金股份或投資單位（以下簡稱基金）之金額，不得超過投資當日被投資基金已發行受益權單位總數的10%；全體集合管理運用帳戶投資於任一基金之合計金額不得超過投資當日被投資基金已發行受益權單位總數的20%。
9. 投資於任一基金之金額不得超過投資當日個別集合管理運用帳戶淨資產價值的10%。但該集合管理運用帳戶投資五個以上基金，並任一基金之最高投資上限未超過其淨資產價值之30%，且未投資組合型基金者，不在此限。
10. 投資於同一證券化發行計畫下之證券化商品總金額不得超過同一證券化發行計畫總額的10%或投資當日個別集合管理運用帳戶淨資產價值的10%。
11. 投資於任一證券化商品之金額，加計該商品創始機構或委託人發行之股票、存託憑證、公司債、金融債券及短期票券之總金額，不得超過投資當日個別集合管理運用帳戶淨資產價值之20%。
12. 個別集合管理運用帳戶投資於任一上市或上櫃公司承銷股票之總數，不得超過該次承銷總數的1%；全體集合管理運用帳戶投資於同一次承銷股票之總數，不得超過該次承銷總數的3%。
13. 信託業與證券化商品之創始機構、委託人、受託機構或特殊目的公司之任一機構具有本法第7條所稱利害關係人之關係者，信託業不得運用集合管理運用帳戶投資於該證券化商品。
14. 不得投資於非屬第3條第2項經主管機關核准之管理及運用計畫所訂定運用範圍之投資標的。

15. 除第7條外，經主管機關核准之其他投資，相關管理、運用及處分等應遵循事項，得由主管機關另定之。

(二) 信託業運用集合管理運用帳戶投資前項第一款承銷股票額度應與同種類上市上櫃公司股票之股份，合併計算總數額或總金額，以合併計算得投資之比率上限；投資存託憑證應與所持有該存託憑證發行公司發行之股票，合併計算總金額或總數額，以合併計算得投資之比率上限。

(三) 第1項之集合管理運用帳戶自第一筆信託資金撥入起算3個月或存續期間屆滿日前1個月，不適用第1項第5款至第13款規定。

(四) 集合管理運用帳戶之信託資金，經主管機關核准或備查運用於無次級交易市場或欠缺流動性之標的者，信託業得於該帳戶約定條款中訂定一定期間停止受益人退出。

(五) 信託業辦理限專業投資人委託投資之信託資金集合管理運用，適用第1項第2款至第4款、第11款至第13款規定，並不得投資於非屬依第3條第5項經主管機關備查之管理及運用計畫與約定條款所訂定運用範圍之投資標的。

(六) 信託財產運用於境外投資標的，應以外幣計價；屬境外之衍生性金融商品，其不得連結之標的，準用境外結構型商品管理規則第17條第3款規定。

(七) 外幣計價集合管理運用帳戶信託財產之運用，以外幣計價標的為限，且不得涉及或連結新臺幣利率及匯率指標之商品。

三、集合管理運用金錢信託流動性資產範圍及比率準則

依信託資金集合管理運用管理辦法第10條規定，辦理信託資金之集合管理運用時，其流動性資產之範圍及比率應依據依信託業法第36條授權所為之規定辦理。（參考信託業法第36條規定，信託業辦理集合管理運用之金錢信託，應保持適當之流動性。主管機關於必要時，得於洽商中央銀行後，訂定流動性資產之範圍及其比率。信託業未達該比率者，應於主管機關所定期限內調整之。）

(一) 流動性資產範圍

信託業辦理信託業法第28條之信託資金集合管理及運用業務時，應保持適當之流動性，其持有流動性資產之範圍如下：

1.現金及銀行存款。

2.公債。

3.短期票券。

4.其他經財政部洽商中央銀行同意之資產。

(二)流動性資產比率準則

信託業辦理信託業法第28條之信託資金集合管理及運用業務時，持有之流動性資產占所設置個別集合管理運用帳戶淨資產價值之最低比率為5%。

信託業未達前項所定比率者，應即調整之。

〔牛刀小試〕

( ) 1 信託業辦理信託資金集合管理運用時，信託業持有之流動性資產占所設置個別集合管理運用帳戶淨資產價值之最低比率為何？
(A)百分之三 (B)百分之五
(C)百分之十 (D)百分之十五。 【第16期】

( ) 2 下列何者得為信託業辦理信託資金集合管理運用之運用範圍？
(A)未上市、未上櫃公司股票
(B)從事證券信用交易
(C)辦理放款或提供擔保經主管機關認可之信評機構評等達一定等級以上之金融機構
(D)保證或承兌之短期票券或公司債。 【第16期】

( ) 3 信託業欲申請設置信託資金集合管理運用帳戶者，其經中華信用評等股份有限公司評定，長期債務信用評等至少須達何種等級以上？
(A)twBBB+ (B)twBBB
(C)twBBB- (D)twBB+。 【第14期】

( ) 4 信託業辦理信託資金集合管理運用時，下列何者非主管機關規定其得持有流動性資產之範圍？
(A)現金及銀行存款 (B)公債
(C)衍生性商品 (D)短期票券。 【第18期】

( ) 5 有關信託資金集合管理運用帳戶，下列敘述何者錯誤？
(A)不得從事證券信用交易
(B)信託業得向不特定多數人募集
(C)個別信託受益權由信託業以記帳方式登載
(D)因運用所生之收益及損失，均歸屬於該帳戶。 【第30期】

解答與解析

1 (B)。集合管理運用金錢信託流動性資產範圍及比率準則第3條：信託業辦理本法第28條之信託資金集合管理及運用業務，依第2條持有之流動性資產占所設置個別集合管理運用帳戶淨資產價值之最低比率為百分之五。

2 (D)。信託資金集合管理運用管理辦法第9條第1項第5款：信託業辦理信託非專業投資人得委託投資之資金集合管理運用之運用範圍，以具有次級交易市場之投資標的為原則，並應遵守下列規定：五、投資於短期票券或公司債，應經財政部認可之信用評等機構評等達一定等級以上之金融機構保證或承兌，未經保證或承兌者，其發行人應經財政部認可之信用評等機構評等達一定等級以上。

3 (C)。財政部92/10/30台財融(四)字第0924000965號「共同信託基金管理辦法」第4條第1項及「信託資金集合管理運用管理辦法」第3條第1項第4款規定：信託業申請募集發行共同信託基金及申請設置信託資金集合管理運用帳戶，該信託業應經本部認可之信用評等機構評等達一定等級以上，係指信託業應符合下列情形之一者：四、經中華信用評等股份有限公司評定，長期債務信用評等達twBBB-級以上，短期債務信用評等達twA-3級以上。

4 (C)。集合管理運用金錢信託流動性資產範圍及比率準則第2條：信託業辦理本法第28條之信託資金集合管理及運用業務時，應保持適當之流動性，其持有流動性資產之範圍如下：一、現金及銀行存款。二、公債。三、短期票券。四、其他經財政部洽商中央銀行同意之資產。

5 (B)。信託業僅得向已簽訂信託約之特定多數人募集。

肆 共同信託基金的風險管理 重要度★★★★

一、法規依據

信託業法第8條：共同信託基金，指信託業就一定之投資標的，以發行受益證券或記帳方式向不特定多數人募集，並為該不特定多數人之利益而運用之信託資金。

設立共同信託基金以投資證券交易法第6條之有價證券為目的，其符合一定條件者，應依證券投資信託及顧問法有關規定辦理。

二、共同信託基金之募集

信託業依信託業法第29條規定進行共同信託基金之募集，應先：

(一) 擬具發行計畫。

(二) 該基金發行內容應載明下列基本項目：

1.投資標的及比率。

2 募集方式。

3.權利轉讓。

4.資產管理。

5.淨值計算。

6.權益分派。

7.信託業之禁止行為與責任及其他必要事項，報經主管機關核准。

三、非經核准，不得募集

信託業非經主管機關核准，不得募集共同信託基金：

(一)信託業應依主管機關核定之發行計畫，經營共同信託基金業務。

(二)「共同信託基金管理辦法」，由主管機關洽商中央銀行定之。

四、共同信託基金之受益憑證規定

依「信託業法」第30條對於共同信託基金之受益憑證規定：

(一)共同信託基金受益證券應為記名式。

(二)共同信託基金受益證券由受益人背書轉讓之。但非將受讓人之姓名或名稱通知信託業，不得對抗該信託業。

五、禁止承諾擔保本金或最低收益率

「信託業法」第31條亦明文規定禁止承諾擔保本金或最低收益率：信託業不得承諾擔保本金或最低收益率，如有觸犯將依信託業法第54條第8項處新臺幣180萬元以上900萬元以下罰鍰。

六、委託人及受益人權利說明

依「信託業法」第32條對於委託人及受益人權利說明重點如下

(一)信託業辦理信託資金集合管理及運用、募集共同信託基金，或訂定有多數委託人或受益人之信託契約，關於委託人及受益人權利之行使，得於信託契約訂定由受益人會議以決議行之。

(二)「受益人會議」之召集程序、決議方法、表決權之計算、會議規範及其他應遵行事項，應於信託契約中訂定。

(三)「受益人會議應遵行事項範本」，由信託業商業同業公會擬訂，報請主管機關核定。

(四)信託業辦理信託資金集合管理及運用，或募集共同信託基金，持有受益權3%以上之受益人，得以書面附具理由，向信託業請求閱覽、抄錄或影印其依信託法第31條規定編具之文書，如有違反情形發生，將處新臺幣

60萬元以上300萬元以下罰鍰。前項請求，除有下列情事之一者外，信託業不得拒絕：

1.非為確保受益人之權利。

2.有礙信託事務之執行，或妨害受益人之共同利益。

3.請求人從事或經營之事業與信託業務具有競爭關係。

4.請求人係為將閱覽、抄錄或影印之資料告知第三人，或於請求前二年內有將其閱覽、抄錄或影印之資料告知第三人之紀錄。

七、「共同信託基金管理辦法」重點摘要

（中華民國103年10月31日以金管銀票字第10340003820號令修正發布施行）

(一) 共同信託基金管理辦法受益憑證基本說明

1.受益證券，指信託業為募集共同信託基金所發行以表彰持有人所得享有共同信託基金受益權之證券。

2.受益權，指受益人依受益證券或其他表彰受益權之證明文件所記載受益權單位數，得享有信託收益分配、信託財產受償或其他利益之權利。

3.表彰受益權之證明文件，指信託業所製發並記載受益人持有受益權單位數之文書。

4.受益權單位淨資產價值，指每一受益權單位所表彰共同信託基金信託財產之淨資產價值。

(二) 信託業申請募集發行共同信託基金經核准後，除法令另有規定外，應於核准函送達之日起6個月內開始募集。但有正當理由，於期限屆滿前，得向主管機關申請展延，展延期限不得超過6個月，並以1次為限。

(三) 信託業應於共同信託基金募集發行成立前，報請主管機關核准，經主管機關核准之日為基金成立日。

(四) 信託業於共同信託基金募集發行期間屆滿未募足最低募集金額致無法成立時，應於期間屆滿後10個營業日內，以書面通知受益人並報請主管機關備查。

(五) 信託業運用共同信託基金，應遵守本法及下列之規定：

1.不得運用於保證或提供擔保。

2.不得從事證券信用交易。

3.本身管理之各共同信託基金間不得互為交易。

4.銀行存款金額不得超過本共同信託基金資產的20%。但貨幣市場共同信託基金不在此限。

5.運用於任一上市、上櫃公司發行之股票、存託憑證、公司債、金融債券及短期票券之總金額，不得超過投資當日該共同信託基金淨資產價值的10%。

6.運用每一共同信託基金投資於任一上市、上櫃公司發行之股票、公司債、金融債券及短期票券之總金額，合計不得超過投資當日該公司實收資本額的10%。

7.每一共同信託基金投資於第23條第2項第10款任一標的之受益權單位總數，不得超過投資當日該共同信託基金淨資產價值的10%及被投資基金已發行受益權單位總數之10%；所募集之全部共同信託基金投資於第23條第2項第10款任一標的總金額不得超過被投資標的已發行受益權單位總數的20%。

8.存放於同一金融機構之存款、投資其發行之金融債券與其保證之公司債及短期票券金額，合計不得超過投資當日該共同信託基金淨資產價值的20%及該金融機構淨值的10%。

9.信託業除經主管機關核准兼營期貨信託業務外，運用於期貨交易法第三條之期貨交易，其未沖銷部位期貨交易契約總市值不得超過交易當日共同信託基金淨資產價值的40%。

10.運用於同一證券化發行計畫之證券化商品總金額不得超過投資當日該共同信託基金淨資產價值的10%。

11.運用於任一證券化商品之金額，加計該商品創始機構發行之股票、公司債、金融債券及短期票券之總金額，不得超過投資當日該共同信託基金淨資產價值之20%。

12.信託業與證券化商品之創始機構、委託人、受託機構或特殊目的公司之任一機構具有本法第7條所稱利害關係人之關係者，信託業不得運用共同信託基金投資於該證券化商品。

13.投資境外期貨之種類及交易所，以經主管機關依期貨交易法第5條所公告者為限。

14.運用於第23條第2項之各款標的，屬境外投資者，應以外幣計價；屬境外之衍生性金融商品，其不得連結之標的，準用境外結構型商品管理規則第17條第3款規定。

15.運用於動產、不動產或主管機關核准之其他投資，應遵守之規定，主管機關必要時得另定之。

16.不得為其他法令或主管機關規定之禁止事項。

(六)信託業運用共同信託基金投資承銷股票額度應與同種類上市、上櫃公司股票之股份，合併計算總數額或總金額，以合併計算得投資之比率上限。

(七)投資存託憑證應與所持有該存託憑證發行公司發行之股票，合併計算總金額或總數額，以合併計算得投資之比率上限。

(八)每一共同信託基金自基金成立屆滿3個月以前或存續期間屆滿日前1個月，不適用第1項第4款至第11款及第27條規定。

〔牛刀小試〕

( ) **1** 有關共同信託基金之資訊揭露，下列敘述何者錯誤？ (A)信託業原則上應於每一營業日公告受益權單位淨資產價值 (B)信託業應於營業處所提供最新公開說明書、信託契約及財務報表 (C)對受益人權益有重大影響之情事發生時，信託業應於知悉事實發生之日起五個營業日內公告並向主管機關報告 (D)信託業應於公開說明書或其他銷售文件中揭露基金之各類風險。 【第6期】

( ) **2** 共同信託基金信託財產若運用於現金及銀行存款時，其金額合計不得超過該基金資產百分之多少？
(A)五 (B)十
(C)十五 (D)二十。 【第7期】

( ) **3** 有關共同信託基金之運用，下列敘述何者正確？
(A)得從事證券信用交易
(B)得以基金資產提供擔保
(C)信託業本身管理之各共同信託基金間得互為交易
(D)信託業依信託契約約定得將現金存放於其銀行業務部門。 【第27期】

( ) **4** 信託業主管機關依信託業法第29條第1項規定所為共同信託基金募集之核准，於設立共同信託基金以投資證券交易法第六條之有價證券為目的之情形，委任下列何機關辦理？ (A)法院 (B)中央銀行 (C)證券主管機關 (D)中華民國信託業商業同業公會。 【第32期】

( ) **5** 依信託業法規定，下列敘述何者錯誤？
(A)信託業負責人應具備之資格條件，由主管機關定之
(B)信託業之會計處理原則，由信託業商業同業公會報請主管機關核定之
(C)信託業辦理集合管理運用之金錢信託業務，應保持適當之流動性
(D)信託業如經核准辦理金錢信託業務，得先募集共同信託基金後再報主管機關備查。 【第33期】

解答與解析

1 (C)。共同信託基金管理辦法11條，發生對受益人權益有重大影響事項，未於事實發生之日起二個營業日內公告並向主管機關報告。

2 (D)。共同信託基金管理辦法第26條第4項，銀行存款金額不得超過本共同信託基金資產百分之二十。但貨幣市場共同信託基金不在此限。

3 (D)。共同信託基金管理辦法第26條第1至4項規定：信託業運用共同信託基金，應遵守本法及下列之規定：

一、不得運用於保證或提供擔保。

二、不得從事證券信用交易。

三、本身管理之各共同信託基金間不得互為交易。

四、銀行存款金額不得超過本共同信託基金資產百分之二十。但貨幣市場共同信託基金不在此限。

4 (C)。共同信託基金管理辦法第3條第2項：共同信託基金投資於證券交易法第6條之有價證券占共同信託基金募集發行額度百分之四十以上或可投資於證券交易法第6條之有價證券達新臺幣六億元以上者，應向證券主管機關申請核准，其募集、發行、買賣、管理及監督事項，依證券交易法之有關規定辦理；其經證券主管機關核准者，視為已依本法規定核准。

5 (D)。信託業法第29條：共同信託基金之募集，應先擬具發行計畫，載明該基金之投資標的及比率、募集方式、權利轉讓、資產管理、淨值計算、權益分派、信託業之禁止行為與責任及其他必要事項，報經主管機關核准。信託業非經主管機關核准，不得募集共同信託基金。

伍 「不指定營運範圍或方法之金錢信託」的風險管理

重要度★

一、「不指定營運範圍或方法之金錢信託」其營運範圍

依「信託業法」第32條信託業辦理委託人「不指定營運範圍或方法之金錢信託」，其營運範圍以下列為限：

(一) 現金及銀行存款。

(二) 投資公債、公司債、金融債券。

(三) 投資短期票券。
(四) 其他經主管機關核准之業務。

主管機關於必要時，得對前項金錢信託，規定營運範圍或方法及其限額。

二、信託業辦理不指定營運範圍方法金錢信託運用準則營運範圍之限額

「信託業辦理不指定營運範圍方法金錢信託運用準則」第4條營運範圍之限額，規定如下：

(一) 信託業受託管理不指定金錢信託，存放於同一金融機構之存款、投資其發行之金融債券或其保證或承兌之公司債或短期票券金額，合計不得超過投資當日其所受託管理不指定金錢信託淨資產總價值的10%，及該金融機構淨值的10%。
(二) 信託業受託管理不指定金錢信託，投資於同一公司發行之公司債或短 期票券金額，合計不得超過投資當日其所受託管理不指定金錢信託淨資產總價值的5%及該公司債或短期票券發行公司實收資本額的5%。
(三) 信託業受託管理不指定單獨管理運用金錢信託，存放於同一金融機構之存款、投資其發行之金融債券及其保證或承兌之公司債或短期票券金額，合計不得超過投資當日個別不指定單獨管理運用金錢信託淨資產總價值的20%。
(四) 投資於同一公司發行之公司債或短期票券金額，合計不得超過投資當日個別不指定單獨管理運用金錢信託淨資產總價值的10%。
(五) 信託業受託管理不指定單獨管理運用金錢信託，其接受委託人委託管理運用資金之最低限額，由中華民國信託商業同業公會報請金管會核定之。

〔牛刀小試〕

( ) **1** 信託業辦理委託人不指定營運範圍或方法之金錢信託，除經主管機關核准外，其營運範圍不包括下列何者？ (A)銀行存款 (B)為避險而進行之選擇權交易 (C)投資短期票券 (D)投資公司債。 【第8期】

( ) **2** 信託業辦理不指定營運範圍或方法之公錢信託時，下列敘述何者正確？ (A)得訂定最低收益率 (B)得將全部信託財產存放於同一金融機構 (C)得依信託契約集合管理 (D)運用未申請主管機關專案核准，而得運用於購買土地。 【第14期】

( ) **3** 信託業辦理委託人不指定營運範圍或方法之金錢信託，其營運範圍，下列敘述何者正確？ (A)無限制，受託人可自行裁量 (B)可購買銀行業務部門承銷之股票 (C)可包括公債、公司債、金融債券 (D)可經受益人之書面同意，購買銀行業務部門承銷之票券。 【第17期】

( ) **4** 信託業辦理委託人不指定營運範圍或方法之金錢信託，除經主管機關核准外，不得將信託財產為下列何種運用？ (A)投資不動產 (B)投資短期票券 (C)現金及銀行存款 (D)投資公債及公司債。 【第21期】

解答與解析

1 (B)。信託業法第32條。

2 (C)。(A)信託業不得保證收益。(B)有限制不得購置土地。

3 (C)。信託業法第32條：信託業辦理委託人不指定營運範圍或方法之金錢信託，其營運範圍以下列為限：一、現金及銀行存款。二、投資公債、公司債、金融債券。三、投資短期票券。四、其他經主管機關核准之業務。主管機關於必要時，得對前項金錢信託，規定營運範圍或方法及其限額。

4 (A)。信託業法第32條：信託業辦理委託人不指定營運範圍或方法之金錢信託，其營運範圍以下列為限：一、現金及銀行存款。

精選試題

( ) **1** 有關銀行兼營信託業務之經營管理，下列敘述何者正確？ (A)進出信託業務專責部門之人員不須予以管制 (B)信託財產報告書類得由銀行各分支機構編製後傳送予客戶 (C)銀行各總分支機構辦理信託業務，其營業場所應以顯著方式標示 (D)信託業務專責部門若與其他業務部門地處同一建物時，不須有明顯之區隔。 【第14期】

( ) **2** 信託業辦理有運用決定權之信託業務時，得為下列何種行為？ (A)以信託財產購買信託業本身之財產 (B)以信託財產購買信託業本身之利害關係人之財產 (C)以信託財產購買本身銀行業務部門承銷之票券 (D)依契約之約定，將委託人信託之資金與其他委託人之信託資金集合管理及運用。 【第15期】

( ) **3** 有關銀行國際金融業務分行經核准辦理外幣特定金錢信託投資國外有價證券業務之敘述，下列何者錯誤？ (A)可辦理信託財產收受 (B)可辦理信託財產運用及處分 (C)帳載於國際金融業務分行 (D)於信託業務專責部門之財務報表附註揭露。 【第15期】

( ) **4** 長青銀行國際金融業務分行經核准辦理「外幣特定金錢信託投資國外有價證券業務」時，該項業務應於下列何者列帳登載？ (A)國際金融業務分行 (B)國外業務部 (C)國內業務部 (D)信託業務專責部門。【第20期】

( ) **5** 信託業法所稱對信託財產有運用決定權者，於兼營信託業務之銀行係指下列何者？ (A)信託監察人 (B)信託財產評審委員會委員 (C)信託業務專責部門內草擬或核定信託財產之運用方案之主管與人員 (D)信託業務專責部門內對信託財產之運用具有最後核定權之主管與人員。【第34期】

( ) **6** 有關銀行經營信託業務之經營與管理，下列敘述何者錯誤？ (A)應指撥營運資金專款經營 (B)營運範圍及風險管理規定，由業者逕自定之 (C)經營信託業務之人員應對客戶交易資料保守秘密 (D)除其他法律另有規定者外，準用銀行法第六章之規定。【第33期】

( ) **7** 銀行辦理信託業務與銀行其他業務共同行銷時，應以顯著方式於營業櫃檯標示，且須充分告知之事項，下列何者錯誤？ (A)銀行辦理信託業務，應盡善良管理人之注意義務及忠實義務 (B)銀行不擔保管理及運用績效，委託人或受益人應自負盈虧 (C)銀行得與委託人協議收取績效獎金 (D)信託財產運用於存款以外之標的者，不受存款保險之保障。【第33期】

( ) **8** 依信託業法及信託業法施行細則規定，有關受託人具有運用決定權之信託，下列敘述何者錯誤？ (A)包括特定單獨管理運用金錢信託 (B)包括委託人指定或不指定營運範圍或方法 (C)不得以信託財產購買受託人發行之有價證券 (D)委託人對信託財產為概括指定營運範圍或方法時，受託人於該概括指定之營運範圍或方法內，對信託財產具有運用決定權。【第37期】

( ) **9** 有關信託資金集合管理運用之敘述，下列何者錯誤？ (A)主管機關為金管會 (B)信託資金運用範圍設有限制 (C)屬於金錢債權及其擔保物權之信託 (D)信託資金集合管理運用與共同信託基金同屬於信託業法規範之業務。【第18期】

( ) **10** 有關信託資金集合管理運用帳戶，下列敘述何者錯誤？ (A)不得從事證券信用交易 (B)信託業得向不特定多數人募集 (C)個別信託受益權由信託業以記帳方式登載 (D)因運用所生之收益及損失，均歸屬於該帳戶。【第19期】

(　　) **11** 信託業辦理信託資金集合管理及運用業務，持有之流動性資產應占所設置個別集合管理運用帳戶淨資產價值之最低比率為何？　(A)百分之二　(B)百分之五　(C)百分之十　(D)百分之十五。　【第22期】

(　　) **12** 信託資金集合管理運用帳戶之約定條款除另有約定者外，信託業應多久就各集合管理運用帳戶分別計算其每一信託受益權之淨資產價值？　(A)每一個營業日　(B)每二個營業日　(C)每三個營業日　(D)每五個營業日。　【第7期】

(　　) **13** 有關「共同信託基金」之敘述，下列何者不正確？　(A)向不特定多數人募集　(B)信託業非經主管機關核准，不得募集　(C)共同信託基金受益證券得為記名式或無記名式　(D)共同信託基金受益證券之轉讓由受益人以背書方式為之。　【第1期】

(　　) **14** 下列敘述何者正確？　(A)共同信託基金不得以記帳方式向不特定多數人募集信託資金　(B)政黨不得投資或經營信託業　(C)信託業法稱主管機關為法務部　(D)信託業之組織以有限公司為限。【第1期】

(　　) **15** 銀行辦理「指定用途信託資金投資國外有價證券業務」，依現行規定下列敘述何者不正確？　(A)銀行得於營業櫃檯提供委託人有關外國基金資料，但該資料需經銀行審核蓋章或具名者為限　(B)為服務客戶，銀行得於傳播媒體上刊登外國基金名稱、績效等與投資標的有關之廣告　(C)不得具名舉辦外國基金公開說明會等廣告活動　(D)不得於營業處所張貼或公開陳列外國基金之海報等促銷活動。　【第1期】

(　　) **16** 有關信託業募集共同信託基金之敘述，下列何者錯誤？　(A)共同信託基金受益證券僅能向特定人私募　(B)共同信託基金受益證券由受益人背書轉讓之　(C)信託業募集發行共同信託基金，應向受益人交付公開說明書　(D)非將受益證券受讓人之姓名或名稱通知信託業，不得對抗該信託業。　【第35期】

(　　) **17** 有關信託業申請募集發行共同信託基金，其因有正當理由於期限屆滿前向主管機關申請展延，就展延期限與次數下列何者正確？(A)展延一次為六個月，最多可延兩次　(B)展延期限不得超過六個月，且以一次為限　(C)展延一次為六個月，次數無限　(D)期限屆滿前三個月申請展延，則無次數限制。　【第35期】

( ) **18** 有關信託業募集發行共同信託基金之敘述，下列何者錯誤？
(A)契約應以書面為之
(B)應交付公開說明書
(C)募集發行計畫有變更時，應經受益人大會決議通過
(D)受託人可不告知風險。 【第37期】

( ) **19** 若共同信託資金募集發行額度為新臺幣五十億元，可投資於證券交易法第六條規定之有價證券達新臺幣多少金額以上，應向證券主管機關申請核准？
(A)一億元 (B)三億元
(C)五億元 (D)六億元。 【第31期】

( ) **20** 有關共同信託基金受益證券轉讓，下列敘述何者正確？
(A)自由轉讓後讓與即生效且可對抗信託業
(B)受益人背書轉讓後即生讓與效力，並可對抗信託業
(C)可自由交付不需受益人背書即生效力，但不可對抗信託業
(D)由受益人背書轉讓後，應將受讓人之姓名或名稱通知該信託業始生對抗效力。 【第31期】

( ) **21** 有關信託業辦理信託業務，依據相關法令經主管機關核准者後，得向不特定人或多數人公開募集資金之情形，下列何者錯誤？
(A)設置集合管理運用帳戶
(B)依不動產證券化條例募集發行受益證券
(C)依金融資產證券化條例募集發行受益證券
(D)依共同信託基金管理辦法募集發行受益證券。 【第29期】

解答與解析

1 **(C)**。(A)需管制。(B)收受交易記錄由分行留存，信託財產報告書由總行專責部門辦理可同建物或同樓層，但須明顯區隔。

2 **(D)**。信託業法第28條：委託人得依契約之約定，委託信託業將其所信託之資金與其他委託人之信託資金集合管理及運用。

3 **(B)**。91年03月14日台融局(四)字第0904000411號【主旨】各銀行國際金融業務分行辦理「外幣指定用途信託資金投資國外有價證券業務」時，仍應依照信託業法及「銀行經營信託或證券業務之營運範圍及風險管理準則」等相關規定辦理，請查照轉知。【說明】一、各銀行國際金融業務分行經核准辦理本項業務時，依照前揭準則之規定，原則上限於信託財產之收受；其管理、運用及處分均應統籌由本國銀行總

行或外國銀行申請認許時所設分行之信託業務專責部門為之。二、本項業務應帳載於國際金融業務分行，並應另以附註方式揭露於信託業務專責部門之財務報表。三、辦理本項業務之經營與管理人員，如有未符合「信託業負責人應具備資格條件暨經營與管理人員應具備信託專門學識或經驗準則」之規定者，應於限期內調整至符合規定。

4 **(A)**。財政部金融局於91年3月14日以台融局(四)第0904000411號函規定，各銀行國際金融業務分行經核准辦理「外幣指定用途信託資金投資國外有價證券業務」時，原則上限於信託財產之收受；其管理、運用及處分均應統籌由本國銀行總行或外國銀行申請認許時所設分行之信託業務專責部門為之。同時，本項業務應帳載於國際金融業務分行，並應另以附註方武揭露於信託業務專責部門之財務報表。

5 **(D)**。信託業法施行細則第2條：本法第7條第3款及第24條第2項所稱對信託財產具有運用決定權者，於信託公司，指對信託財產之運用具有最後核定權限之主管及人員；於兼營信託業務之機構，指其信託業務專責部門內對信託財產之運用具有最後核定權限之主管及人員。

6 **(B)**。銀行法第28條：商業銀行及專業銀行經營信託或證券業務，其營業及會計必須獨立；其營運範圍及風險管理規定，得由主管機關定之。

7 **(C)**。銀行經營信託業務風險管理規範第2條：三、信託業務與銀行其他業務共同行銷時，應以顯著方式於營業櫃檯標示，充分告知下列事項：(一)銀行辦理信託業務，應盡善良管理人之注意義務及忠實義務。(二)銀行不擔保信託業務之管理或運用績效，委託人或受益人應自負盈虧。(三)信託財產經運用於存款以外之標的者，不受存款保險之保障。

8 **(A)**。特定信託受託人無運用決定權。

9 **(C)**。信託資金集合管理運用屬金錢信託。

10 **(B)**。信託資金集合管理運用管理辦法第2條：本辦法所稱信託資金集合管理運用，謂信託業受託金錢信託，依信託契約約定，委託人同意其信託資金與其他委託人之信託資金集合管理運用者，由信託業就相同營運範圍或方法之信託資金設置集合管理運用帳戶，集合管理運用。募集對象僅限委託人已與受託人簽訂金錢信託者之特定對象。

11 **(B)**。台財融(四)第0904000010號令：信託業持有之流動性資產占所設置個別集合管理運用帳戶淨資產價值之最低比率為百分之五。

12 **(A)**。信託資金集合管理運用管理辦法第17條。

13 **(C)**。信託業法第8、29、30條。

14 **(B)**。信託業法第8、9、4、10條。

15 **(B)**。財政部80.01.30台財融字第801294091號函。

16 **(A)**。信託業法第8條：本法稱共同信託基金，指信託業就一定之投資標的，以發行受益證券或記帳方式向不特定多數人募集，並為該不特定多數人之利益而運用之信託資金。

17 **(B)**。共同信託基金管理辦法第12條：信託業申請募集發行共同信託基金經核准後，除法令另有規定外，應於核准函送達之日起六個月內開始募集。但有正當理由，於期限屆滿前，得向主管機關申請展延，展延期限不得超過六個月，並以一次為限。

18 **(D)**。共同信託基金管理辦法第9條：共同信託基金契約應以書面為之，除本法第19條規定外，並應記載下列事項：五、受託人不擔保本金及收益率之風險告知。

19 **(D)**。證券投資信託事業設置標準第15條：信託業募集發行共同信託基金投資於證券交易法第6條之有價證券占共同信託基金募集發行額度百分之四十以上或可投資於證券交易法第6條之有價證券達新臺幣六億元以上者，應依本法規定先申請兼營證券投資信託業務，始得募集之。但募集發行貨幣市場共同信託基金，不在此限。

20 **(D)**。信託業法第30條：共同信託基金受益證券應為記名式。共同信託基金受益證券由受益人背書轉讓之。但非將受讓人之姓名或名稱通知信託業，不得對抗該信託業。

21 **(A)**。設置集合管理運用帳戶限特定人，即已簽訂信託契約的委託人。

NOTE

第三篇　信託相關稅制

信託與課稅關係

依據出題頻率區分，屬：**C** 頻率低

課綱概要

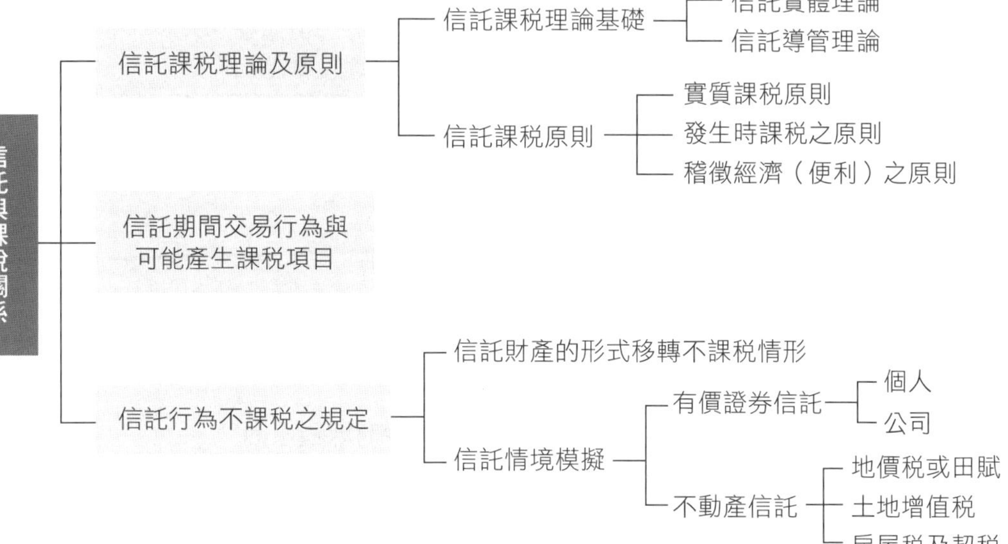

課前導讀

本章是解釋信託與課稅之間的關係並著重說明理論與實務的變化情形，讀者應就本章節的內容充分瞭解，以便在針對考題所衍生出來的問題與概念能有效理解回答，同時對後續章節的說明與提示能有所記憶。

壹 信託課稅理論及原則 重要度★★

一、信託課稅理論基礎

國內稅法係以「得為權利主體之自然人或法人」為納稅義務人，無從以「財產權」為課稅對象，故採信託導管理論為課稅之理論依據。

理論根據	主張	說明
信託實體理論	獨立課稅	所有信託財產所發生之利益，均歸屬信託財產本身，而對其課稅。
信託導管理論	移轉課稅	信託僅係委託人將信託利益移轉到受益人的一種方法或導管，所以應對移轉財產權之人、享受信託利益之人或信託財產之實質權利人課稅。

二、信託課稅原則

(一) 實質課稅原則

1. 係對實質所得之人或實質之權利課稅之原則。
2. 對於信託本旨所為形式移轉不予課稅。
3. 對於信託所生之利益，以實際受益人為課稅對象。

(二) 發生時課稅之原則

依現行所得稅法規定核算課稅標準，採發生時課稅原則。

1. 受託人應按年度計算受益人之各類所得額課稅，若受託人未有依規辦理者，稽徵機關應按查得之資料核定受益人所得額。
2. 因信託種類的多元性，適用發生時實際課稅計算有困難者，可採由受益人於信託利益實際分配時併入所得核課。

(三) 稽徵經濟（便利）之原則

1. 為確保稅負的公平性，相關稅負應以受益人為課徵對象。
2. 同時可預防假借信託之名，規避稅負。對信託而衍生的稅賦，原則上以信託利益實質所得之人或者是信託財產實質歸屬之人，為納稅義務人。
3. 為簡便手續，即直接向受託人課稅，再由受託人依信託法第39條至第41條之規定，向實質課稅原則所定之人來求償。

〔牛刀小試〕

( ) **1** 有關我國信託相關稅法之課稅原則，下列何者錯誤？ (A)稽徵經濟之原則 (B)發生時課稅之原則 (C)實質課稅之原則 (D)信託財產實體課稅之原則。 【第8期】

( ) **2** 有關我國信託課稅之敘述，下列何者錯誤？ (A)形式上之移轉不課稅 (B)信託財產原則上於分配時課稅 (C)因信託行為成立，委託人交付信託財產與受託人時不課徵贈與稅 (D)信託利益原則上以實際受益人為課稅主體。 【第37期】

( ) **3** 信託課稅所稱之「實質課稅原則」，係指對下列何者課稅之原則？ (A)實質所得人 (B)實質支出人 (C)實質管理人 (D)所得發生時之所有權人。 【第41期】

解答與解析

1 (D)。不是實體課稅；而是實質課稅，其係指對實質所得之人或實質之權利人課稅之原則。

2 (B)。原則上採用發生時課稅原則。

3 (A)。即實質所得人。為保持稅捐之中立性，「信託相關稅法」制定原則，實質上謹守稅捐立法中立性，即起草之初，除非有政策上之目的，否則有關信託稅制之立法，避免對信託行為結果賦與稅法上之異常利益，或加重其不當之稅負。

貳 信託期間交易行為與可能產生課稅項目 重要度★

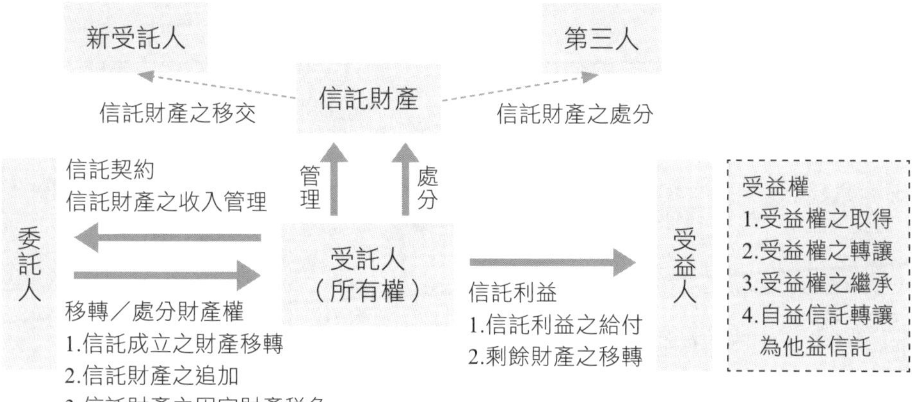

	信託成立期間	信託關係存續期間	信託結束期間
可能產生的稅負項目	1.他益信託行為 委託人生前移轉：贈與稅 2.遺囑信託行為 委託人死亡移轉：遺產稅 3.營利事業所得行為 法人他業交付：所得稅 4.公益信託行為 符合公益條件之交付：免稅	1.個人所得：所得稅 2.受益人死亡：遺產稅 3.不動產交易或移轉： 房屋稅、地價稅、土地增值稅、契稅 4.法人財產出售：營業稅	不動產轉移：土地增值稅、契稅

〔牛刀小試〕

(　　) 信託稅制是指對下列何者的課稅制度？ A.信託關係人 B.信託契約 C.信託監察人 D.信託財產 (A)ABCD (B)ACD (C)AD (D)BC。【第17期】

解答與解析

(C)。信託關係人及信託財產。

參 信託行為不課稅之規定 重要度★

一、信託財產的形式移轉不課稅情形

依遺贈稅法第5-2條規定，信託財產於下列各款信託關係人間移轉或為其他處分者，不課徵贈與稅：

信託關係發生階段	信託行為發生情形	課稅與否					
		贈與稅	遺產稅	所得稅	土地增值稅	契稅	營業稅
信託關係成立	1.因信託行為成立，委託人與受託人間。	×	×	×	×	×	×

信託關係發生階段	信託行為發生情形		課稅與否					
			贈與稅	遺產稅	所得稅	土地增值稅	契稅	營業稅
信託關係存續	2.信託關係存續中受託人變更時，原受託人與新受託人間。		╳	╳	╳	╳	╳	╳
信託關係存續	3.信託關係存續中，受託人依信託本旨交付信託財產，受託人與受益人間。		╳	╳	○	╳	╳	╳
信託關係消滅	4.因信託關係消滅，委託人與受託人間或受託人與受益人間。	自益信託	╳	╳	╳	╳	╳	╳
		他益信託	╳	╳	╳	○	○	╳
		遺囑信託	╳	○	╳	╳	╳	╳
信託行為不成立	5.因信託行為不成立、無效、解除或撤銷，委託人與受託人間。		╳	╳	╳	╳	╳	╳

註：○：要課稅。 ╳：不用課稅。

二、信託情境模擬

(一)有價證券信託：【以個人形式設立信託】

信託情境說明	信託契約形式	課稅原則		
		信託契約成立時	信託期間利息所得之所得人	信託契約終止（有價證券交付時）
信託契約中明定平均分配給受益人	委託人為保留變更受益人權益時	應核課贈與稅	受益人	無
信託契約中僅明訂受益人，未賦予比例原則	委託人僅保留受益人間之分配比例	應核課贈與稅	受益人	無
信託契約中明訂受益人	委託人保留未來可變更受益人之權利	不核課贈與稅	委託人本人	應核課贈與稅

(二)**有價證券信託：**【以公司型態設立信託】

信託契約形式	課稅原則		
	信託契約成立時	信託期間利息所得之所得人	信託契約終止（有價證券交付受益人時）
信託契約未明定受益人之權利範圍及條件 企業負責人（委託人）可依其意願隨時調整信託契約內容與受益人之權益	不核課贈與稅	委託人本人	應核課贈與稅
信託契約明定受益人之權利範圍及條件，同時企業負責人（委託人）無保留任何權利。 （意即企業負責人已於信託契約約定時完成信託財產之贈與行為，同時代表未來受益人之對象及其權益無法任意變更調整。）	應核課贈與稅	受益人 或受託人	無
信託契約明定受益人之權利範圍及條件，但企業負責人（委託人）要保留指定受益人或調整分配信託利益之權利。 （意即企業負責人雖已於信託契約約定時完成其財產信託之行為，但仍保留未來可隨時更改受益人對象之權利，包括信託契約的變更與信託財產的取回。）	不核課贈與稅	委託人本人	應核課贈與稅

(三)**不動產信託：**

1.【**地價稅或田賦**】

(1) 依土地稅法第3-1條規定，土地為信託財產者，於信託關係存續中，以受託人為地價稅或田賦之納稅義務人。前項土地應與委託人在同一直轄市或縣（市）轄區內所有之土地合併計算地價總額，依土地稅法第16條規定稅率課徵地價稅，分別就各該土地地價佔地價總額之比例，計算其應納之地價稅。

(2) 但信託利益之受益人為非委託人且符合下列各款規定者，前項土地應與受益人在同一直轄市或縣（市）轄區內所有之土地合併計算地價總額：

A.受益人已確定並享有全部信託利益者。（他益信託）

B.委託人未保留變更受益人之權利者。（自益信託）

信託情境說明	信託契約形式	課稅原則		
		信託契約成立時	信託期間之納稅義務人	信託契約終止交付時
I.信託契約明定受益人可享有全部利益（他益信託）	委託人不保留變更受益人權益時	應核課地價稅或田賦	受託人（但以受益人為歸戶對象）	無
II.信託契約僅明訂委託人享有全部利益（自益信託）	委託人即為受益人	應核課地價稅或田賦	委託人（以委託人本人為歸戶對象）	無

2.**【土地增值稅】**

(1)依土地稅法第5-2條規定，「受託人就受託土地，於信託關係存續中，有償移轉所有權，設定典權或依信託法第35條第1項規定轉為其自有土地時，課徵土地增值稅。

(2)以土地為信託財產，受託人依信託本旨移轉信託土地與委託人以外之歸屬權利人時，以該歸屬權利人為納稅義務人，課徵土地增值稅。」

(3)依信託法第35條第1項：「受託人除有左列各款情形之一外，不得將信託財產轉為自有財產，或於該信託財產上設定或取得權利：

A.經受益人書面同意，並依市價取得者。

B.由集中市場競價取得者。

C.有不得已事由經法院許可者。」

信託情境說明（受益人處分信託土地）時	課稅原則		
	信託契約關係	信託期間之納稅義務人	信託契約終止交付時
受託人有償移轉土地給第三人或轉為自有時	信託關係存續情形下，以受託人為土地所有權人，並負管理之義務。因此，該土地因移轉所獲之漲價利益，由受託人管理運用，所以納稅義務人，應課土地增值稅。	受託人	課徵土地增值稅

信託情境說明 （受益人處分信託土地）時	課稅原則		
	信託契約關係	信託期間之納稅義務人	信託契約終止交付時
信託關係消滅，受託人將土地信託交予權利人時	屬形式移轉，不用課徵土地增值稅。	委託人	無
	當信託關係消滅時，受託人將信託財產依信託契約約定移轉給受益人時，因該歸屬權利人係無償取得土地，應以實際移轉當時的公告現值計算，應向受益人課徵土地增值稅。	受益人	課徵 土地增值稅

3.【**房屋稅及契稅**】

依契稅條例第7-1條：「以不動產為信託財產，受託人依信託本旨移轉信託財產與委託人以外之歸屬權利人時，應由歸屬權利人估價立契，依契稅第16條規定之期限申報繳納贈與契稅。」

信託情境說明	課稅原則		
	信託契約關係	信託期間之納稅義務人	信託契約終止交付時
他益信託	受託人於信託關係終止並將信託財產移轉給受益人時	受益人	課徵契稅
自益信託	屬於形式移轉。	委託人	無
	若因受託人將信託財產依信託契約約定移轉給受益人時，受益人屬於無償取得土地時	受益人	課徵契稅
遺囑信託	受益人為受遺贈人時，依現行規定因遺贈取得不動產時，可免徵契稅。	受益人	無

〔牛刀小試〕

(　　) **1** 信託關係消滅時，於受託人移轉信託財產於歸屬權利人前，信託關係視為存續，以何者視為受益人？　(A)歸屬權利人　(B)受託人　(C)信託監察人　(D)委託人。【第16期】

(　　) **2** 自然人以信託契約成立非以公益為目的之他益信託時，原則上應向下列何人課徵何稅？　(A)向受益人課徵所得稅　(B)向受託人課贈與稅　(C)向受託人課徵所得稅　(D)向委託人課徵贈與稅。【第21期】

解答與解析

1 (A)。信託法第66條：信託關係消滅時，於受託人移轉信託財產於前條歸屬權利人前，信託關係視為存續，以歸屬權利人視為受益人。

2 (D)。屬贈與行為，故向委託人課徵贈與稅。

精選試題

(　　) **1** 信託課稅所稱之「實質課稅原則」，係指對下列何者課稅之原則？(A)實質所得人　(B)實質支出人　(C)實質管理人　(D)所得發生時之所有權人。【第9期】

(　　) **2** 我國信託課稅係採下列何種理論為課稅之基礎？　(A)信託財產權課稅基礎　(B)原信託財產權課稅基礎　(C)信託導管課稅基礎　(D)信託實體課稅基礎。【第10期】

(　　) **3** 信託導管理論係以下列何者為課稅主體？　(A)信託利益或財產之實質權利人　(B)信託監察人　(C)信託原始委託人　(D)信託財產之所有權人。【第16期】

(　　) **4** 信託導管理論係以下列何者為課稅主體？　(A)信託財產　(B)信託財產之所有權人　(C)信託原始委託人　(D)信託利益或財產之實質權利人。【第24期】

(　　) **5** 有關我國信託相關稅法之課稅原則，下列何者錯誤？　(A)稽徵經濟之原則　(B)發生時課稅之原則　(C)實質課稅之原則　(D)信託財產實體課稅之原則。【第25期】

解答與解析

1 **(A)**。即實質所得人。為保持稅捐之中立性，「信託相關稅法」制定原則，實質上謹守稅捐立法中立性，即起草之初，除非有政策上之目的，否則有關信託稅制之立法，避免對信託行為結果賦與稅法上之異常利益，或加重其不當之稅負。

2 **(C)**。為信託導管課稅基礎。

3 **(A)**。現行信託所得課稅制度採信託導管理論設計，視信託為委託人將信託利益移轉受益人的一個導管，乃依稅捐客體歸屬原則於所得發生時，課徵受益人所得稅。

4 **(D)**。以信託利益或財產之實質權利人為課稅主體。

5 **(D)**。信託課稅之原則：

(1)實質課稅之原則：不以名義上之權利人，而以實際上享受信託利益之人為課稅對象。

(2)發生時課稅之原則：信託財產發生之收入，受託人應於所得發生年度，計算受益人之各類所得額，由受益人併入當年度所得額課稅。例外情形，則是發生時課稅原則有實際之困難者，如公益信託或共同信託基金，其信託利益於實際分配時，由受益人併入分配年度之所得額，依所得稅法規定課稅。

(3)不是實體課稅之原則：信託實體理論是將信託財產被視為獨立之課稅主體，故信託收益不論分配與否或受益人為何，皆歸屬於信託財產本身而予以課稅。此種課稅方式具有便於課徵之優點，不向信託受益人課稅，委託人將藉由信託制度來規避個人所得累進稅率。

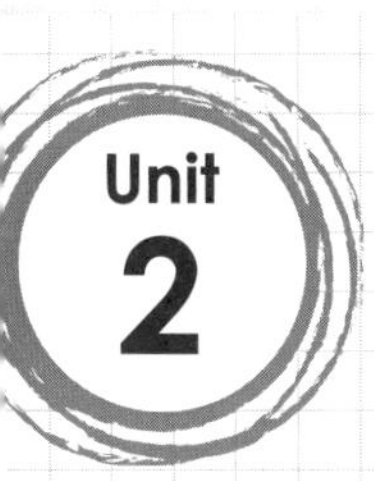

信託財產課稅規範

依據出題頻率區分，屬：B 頻率中

課綱概要

- 信託財產課稅規範
  - 贈與稅
    - 贈與稅課徵相關規定
    - 信託行為與贈與稅之課稅情形規定
    - 贈與稅權利價值計算
    - 不計入贈與總額之財產
    - 委託人與受益人間課稅之區分
  - 遺產稅
    - 遺產稅課徵相關規定
    - 信託關係發展行為與遺產稅之課稅規定
    - 遺產稅權利價值計算
    - 不計入遺產總額之財產
  - 所得稅
    - 所得稅課徵
    - 信託所得課稅效果
  - 地價稅
    - 地價稅計算範圍
    - 信託課徵地價稅規定
  - 土地增值稅
    - 土地增值稅課徵範圍
    - 不課徵土地增值稅之情形
    - 課徵土地增值稅
  - 營業稅
    - 營業稅課徵原則
    - 除外規定
    - 標售、義賣及義演免徵營業稅
  - 契稅
    - 贈與契稅之申報繳納
    - 不課徵契稅之情形
  - 房屋稅
    - 房屋稅徵收對象
    - 受託人為房屋稅之納稅義務人
    - 因公益關係取得之房屋

課前導讀 

本章是著重信託財產課稅與贈與稅、遺產稅、所得稅、地價稅、土地增值稅、房屋稅、契稅及營業稅之間的課稅關係與規範，讀者應就本章節的重點熟讀並不難理解各個稅法與信託之間的影響，將歸類後的內容充分瞭解，再針對考題所衍生出來的問題與概念能有效理解回答，同時對後續章節的說明與提示能有所記憶。

壹 贈與稅有關信託課稅規定 重要度★★

一、贈與稅課徵相關規定

(一)贈與稅課徵身分及財產計算範圍

依法所稱贈與，指財產所有人以自己之財產無償給予他人，經他人允受而生效力之行為。

身分	課徵財產範圍
經常居住中華民國境內之中華民國國民。	包括境內及境外之財產。
經常居住中華民國境外之中華民國國民，及非中華民國國民，就其在中華民國境內之財產為贈與者。	僅限於境內之財產。

(二)死亡事實或贈與行為發生前二年內，被繼承人或贈與人自願喪失中華民國國籍者，仍應依遺贈稅法關於中華民國國民之規定，課徵遺產稅或贈與稅。

(三)贈與稅的納稅義務人為贈與財產予他人的人（贈與人）。

(四)經常居住中華民國境內，係指被繼承人或贈與人有左列情形之一：

1. 死亡事實或贈與行為發生前2年內，在中華民國境內有住所者。
2. 在中華民國境內無住所而有居所，且在死亡事實或贈與行為發生前2年內，在中華民國境內居留時間合計逾365天者。但受中華民國政府聘請從事工作，在中華民國境內有特定居留期限者，不在此限。

(五)贈與稅之計算

依遺產及贈與稅法第16條第1款至第3款規定不計入遺產總額之遺產：

1. 遺贈人、受遺贈人或繼承人捐贈各級政府及公立教育、文化、公益、慈善機關之財產。

2.遺贈人、受遺贈人或繼承人捐贈公有事業機構或全部公股之公營事業之財產。

3.遺贈人、受遺贈人或繼承人捐贈於被繼承人死亡時，已依法登記設立為財團法人組織且符合行政院規定標準之教育、文化、公益、慈善、宗教團體及祭祀公業之財產。納稅義務人於申報遺產稅時，應檢具受遺贈人或受贈人同意受遺贈或受贈之證明列報主管稽徵機關核發不計入遺產總額證明書。

前項捐贈之財產，其為不動產者，納稅義務人未於主管稽徵機關核發不計入遺產總額證明書之日起1年內辦妥產權移轉登記；其為動產者，未於3個月內交付與受遺贈人或受贈人者，除有特殊原因，報經主管稽徵機關核准延期者外，應依法補徵遺產稅，並按郵政儲金1年期定期儲金固定利率加計利息。

(六)贈與稅納稅義務人，每年得自贈與總額中減除免稅額220萬元。

(七)贈與稅的申報期限，贈與人在1年內贈與他人之財產總值超過贈與稅免稅額時，應於超過免稅額之贈與行為發生後30日內，向主管稽徵機關亦即戶籍所在地之國稅局依規定辦理贈與稅申報。

(八)非經常居住中華民國境內之中華民國國民及外國人，則向台北市國稅局申報。

二、信託行為與贈與稅之課稅情形規定

信託行為發生時點	信託行為認定與異動		課稅對象	贈與稅應課徵與否
成立或生效時	契約信託	(1)自益信託：當信託利益皆由委託人全部享有者。	委託人	×
		(2)他益信託：信託契約明定信託利益之全部或一部之受益人為非委託人者，視為委託人將享有信託利益之權利贈與該受益人，亦即信託利益非由委託人全部享有者。	委託人	○
		(3)公益信託：委託人以公益信託為設立目的者。	委託人	×
	宣言信託		委託人	×

信託行為發生時點	信託行為認定與異動	課稅對象	贈與稅應課徵與否
存續維持期間	(1)受託人變更（原受託人與新受託人間變更）	受託人	×
	(2)受託人交付信託財產予受益人	受益人	×
	(3)自益信託變更為他益信託：信託契約明定信託利益之全部或一部之受益人為委託人，於信託關係存續中，變更為非委託人者，於變更時。	委託人	○
	(4)委託人追加信託財產：信託關係存續中，委託人追加信託財產，致增加非委託人享有信託利益之權利者，於追加時，就增加部分。	委託人	○
消滅時	(1)信託財產歸屬於受益人（委託人與受益人間）	受益人	×
	(2)信託財產回歸於委託人（委託人與受託人間）	委託人	×
	(3)信託財產歸屬於委託人之繼承人	委託人	○
例外情形	(1)信託設立不成立、無效、解除或撤銷之行為發生時	委託人	×
	(2)委託人成立、捐贈或加入符合公益條件規定之信託時	委託人	×
	(3)委託人（亦即贈與人）有符合下列情形： I.行蹤不明者。 II.逾規定繳納期限尚未繳納，且在中華民國境內無財產可供執行者。	受託人	○

三、贈與稅權利價值計算

應課徵贈與稅之權利，其價值之計算，依下列規定估定之：

(一)享有全部信託利益之權利者，該信託利益為金錢時，以信託金額為準；信託利益為金錢以外之財產時，以贈與時信託財產之時價為準。

(二)享有孳息以外信託利益之權利者，該信託利益為金錢時，以信託金額按贈與時起至受益時止之期間，依贈與時郵政儲金匯業局一年期定期儲金固定利率複利折算現值計算之；信託利益為金錢以外之財產時，以贈與時信託財產之時價，按贈與時起至受益時止之期間，依贈與時郵政儲金匯業局一年期定期儲金固定利率複利折算現值計算之。

(三) 享有孳息部分信託利益之權利者，以信託金額或贈與時信託財產之時價，減除依前款規定所計算之價值後之餘額為準。但該孳息係給付公債、公司債、金融債券或其他約載之固定利息者，其價值之計算，以每年享有之利息，依贈與時郵政儲金匯業局一年期定期儲金固定利率，按年複利折算現值之總和計算之。

(四) 享有信託利益之權利為按期定額給付者，其價值之計算，以每年享有信託利益之數額，依贈與時郵政儲金匯業局一年期定期儲金固定利率，按年複利折算現值之總和計算之；享有信託利益之權利為全部信託利益扣除按期定額給付後之餘額者，其價值之計算，以贈與時信託財產之時價減除依前段規定計算之價值後之餘額計算之。

(五) 享有前四款所規定信託利益之一部者，按受益比率計算之。

四、不計入贈與總額之財產

因委託人提供財產成立、捐贈或加入符合遺贈稅法第16-1條各款規定之公益信託，受益人得享有信託利益之權利，不計入贈與總額。

(一) 受託人為信託業法所稱之信託業。

(二) 各該公益信託除為其設立目的舉辦事業而必須支付之費用外，不以任何方式對特定或可得特定之人給予特殊利益。

(三) 信託行為明定信託關係解除、終止或消滅時，信託財產移轉於各級政府、有類似目的之公益法人或公益信託。

五、委託人與受益人間課稅之區分

(一)自然人與法人課稅項目之差異：

<table>
<tr><th colspan="2"></th><th colspan="2">委託人</th></tr>
<tr><th rowspan="3">受益人</th><th></th><th>自然人</th><th>法人</th></tr>
<tr><th>自然人</th><td>A.委託人；應課徵贈與
B.受益人；不用課徵所得</td><td>A.委託人；不用課徵贈與，捐贈費用不能扣抵
B.受益人；應課徵所得</td></tr>
<tr><th>法人</th><td>A.委託人；應課徵贈與
B.受益人；不用課徵所得</td><td>A.委託人；不用課徵贈與，捐贈費用不能扣抵
B.受益人；應課徵所得，並應以稅後淨額轉列資本公積</td></tr>
</table>

(二)受益人及委託人關係與課稅原則之整理說明：

受益人角色	委託人保留權利範圍	課稅原則			說明
		信託契約成立時	信託期間所得稅之所得人	信託利益實際分配時	
受益人不特定但明定有受益人之範圍及條件	委託人無保留特定受益人分配他益信託利益之權利，或變更信託財產營運範圍、方法之權利。	核課贈與稅	受益人	無	他益信託
	委託人保留變更受益人或分配、處分信託利益之權利。	不核課贈與稅	委託人	核課贈與稅	他益信託
受益人特定	委託人無保留變更受益人或分配、處分信託利益之權利	核課贈與稅	受益人	無	他益信託
	委託人無保留特定受益人分配他益信託利益之權利，或變更信託財產營運範圍、方法之權利。	核課贈與稅	受益人	無	他益信託
	委託人保留變更受益人或分配、處分信託利益之權利	不核課贈與稅	委託人	核課贈與稅	視為自益信託
受益人不特定但明定有受益人之範圍及條件	委託人無保留變更受益人或分配、處分信託利益之權利	核課贈與稅	受益人	無	他益信託
	委託人保留變更受益人或分配、處分信託利益之權利	不核課贈與稅	委託人	核課贈與稅	他益信託

資料來源：信託與我：認識信託的第一本書

〔牛刀小試〕

(　　) **1** 依「遺產及贈與稅法」規定，他益信託契約如應課徵贈與稅時，其納稅義務人及課稅時點，下列何者正確？　(A)委託人；移轉信託財產予受託人之日　(B)受益人；實際享有信託利益之日　(C)委託人；訂定、變更信託契約之日　(D)受益人；移轉信託財產予受託人之日。【第5期】

(　　) **2** 下列何種情況信託財產需課徵贈與稅？　(A)信託存續期間，原受託人將信託財產移轉予新受託人　(B)委託人為自然人之自益信託變更為非公益之他益信託　(C)自益信託之信託行為成立，委託人移轉信託財產予受託人　(D)信託關係消滅，受託人與委託人或受益人間信託財產之移轉。【第9期】

(　　) **3** 下列何種情況信託財產需課徵贈與稅？　(A)信託存續期間，原受託人將信託財產移轉予新受託人　(B)委託人為自然人之自益信託變更為非公益之他益信託　(C)自益信託之信託行為成立，委託人移轉信託財產予受託人　(D)信託關係消滅，受託人與委託人或受益人間信託財產之移轉。【第19期】

(　　) **4** 依遺產及贈與稅法規定，他益信託受益人享有孳息以外信託利益，該信託利益為金錢時，以信託金額按受益人死亡時起至受益時止之期間，依受益人死亡時之下列何種利率複利折算現值計算？　(A)三商銀一年期定存機動利率　(B)台灣銀行一年期定存固定利率　(C)郵政儲金匯業局一年期定期儲金固定利率　(D)郵政儲金匯業局一年期定期儲金機動利率。【第27期】

(　　) **5** 自然人以信託契約成立非以公益為目的之他益信託時，原則上應向下列何人課徵何稅？　(A)向受益人課徵所得稅　(B)向受託人課徵贈與稅　(C)向受託人課徵所得稅　(D)向委託人課徵贈與稅。【第29期】

解答與解析

1 (C)。遺贈稅法第5-1條，(1)信託契約明定信託利益之全部或一部之受益人為非委託人者，視為委託人將享有信託利益之權利贈與該受益人，依本法規定，課徵贈與稅。(2)信託契約明定信託利益之全部或一部之受益人為委託人，於信託關係存續中，變更為非委託人者，於變更時，適用前項規定課徵贈與稅。(3)信託關係存續中，委託人追加信託財產，致增加非委託人享有信託利益之權利者，於追加時，就增加部分，適用第一項規定課徵贈與稅。(4)前三項之納稅義務人為委託人。但委託人有第七條第一項但書各款情形之一者，以受託人為納稅義務人。故依遺產及贈與稅法規定，他益信託契約如應課徵贈與稅時，其課稅時點為答案(C)訂定、變更信託契約之日。

2 (B)。依遺產及贈與稅法第5-2條：信託財產於左列各款信託關係人間移轉或為其他處分者，不課徵贈與稅：一、因信託行為成立，委託人與受託人間。二、信託關係存續中受託人變更時，原受託人與新受託人間。三、信託關係存續中，受託人依信託本旨交付信託財產，受託人與受益人間。四、因信託關係消滅，委託人與受託人間或受託人與受益人間。五、因信託行為不成立、無效、解除或撤銷，委託人與受託人間。

3 **(B)**。(A)、(B)、(C)無實質交易，不課稅。委託人為自然人信託關係存續中，委託人如將自己享有之信託利益之全部，或一部變更為非委託人享有者；應於變更信託契約之日，視為委託人將其享有之信託利益之權利，贈與該非委託人之受益人，依法課徵贈與稅委託人為營利事業者，在信託關係存續中，將受益人變更為非委託人時，該非委託人之受益人應將其享有信託利益之權利價值，併入變更年度之所得額，依法課徵所得稅。

4 **(C)**。遺產及贈與稅法第10-2條：依第5-1條規定應課徵贈與稅之權利，其價值之計算，依下列規定估定之：

一、享有全部信託利益之權利者，該信託利益為金錢時，以信託金額為準；信託利益為金錢以外之財產時，以贈與時信託財產之時價為準。

二、享有孳息以外信託利益之權利者，該信託利益為金錢時，以信託金額按贈與時起至受益時止之期間，依贈與時郵政儲金匯業局一年期定期儲金固定利率複利折算現值計算之；信託利益為金錢以外之財產時，以贈與時信託財產之時價，按贈與時起至受益時止之期間，依贈與時郵政儲金匯業局一年期定期儲金固定利率複利折算現值計算之。

三、享有孳息部分信託利益之權利者，以信託金額或贈與時信託財產之時價，減除依前款規定所計算之價值後之餘額為準。但該孳息係給付公債、公司債、金融債券或其他約載之固定利息者，其價值之計算，以每年享有之利息，依贈與時郵政儲金匯業局一年期定期儲金固定利率，按年複利折算現值之總和計算之。

四、享有信託利益之權利為按期定額給付者，其價值之計算，以每年享有信託利益之數額，依贈與時郵政儲金匯業局一年期定期儲金固定利率，按年複利折算現值之總和計算之；享有信託利益之權利為全部信託利益扣除按期定額給付後之餘額者，其價值之計算，以贈與時信託財產之時價減除依前段規定計算之價值後之餘額計算之。

五、享有前四款所規定信託利益之一部者，按受益比率計算之。

5 **(D)**。遺產及贈與稅法（委託人為自然人）第5-1條：信託契約明定信託利益之全部或一部之受益人為非委託人者，視為委託人將享有信託利益之權利贈與該受益人，依本法規定，課徵贈與稅。所得稅法（委託人為營利事業）第3-2條：委託人為營利事業之信託契約，信託成立時，明定信託利益之全部或一部之受益人為非委託人者，該受益人應將享有信託利益之權利價值，併入成立年度之所得額，依本法規定課徵所得稅。受贈人為個人者，依法課徵其綜合所得稅：為營利事業者，課徵其營利事業所得稅。

貳 遺產稅有關信託課稅規定 重要度★★

一、遺產稅課徵相關規定

因遺囑成立之信託，於遺囑人死亡時，其信託財產應依本法規定，課徵遺產稅。

信託關係存續中受益人死亡時，應就其享有信託利益之權利未領受部分，依遺贈稅法規定課徵遺產稅。

(一)遺產稅課徵身分（依被繼承人）及財產計算範圍

身分	課徵財產範圍
經常居住中華民國境內之中華民國國民。	包括境內及境外之財產。
經常居住中華民國境外之中華民國國民，及非中華民國國民，死亡時在中華民國境內遺有財產者。	僅限於境內之財產。

(二)遺產稅的納稅義務人分類；（信託遺產繼承人即為信託受益人）

有無遺囑情形	課稅對象
有遺囑安排時	為遺囑執行者
無遺囑安排時	為繼承人及受遺贈人
皆無遺囑執行者及繼承人時	為依法選定之遺產管理人

1.死亡事實或贈與行為發生前二年內，被繼承人或贈與人自願喪失中華民國國籍者，仍應依遺贈稅法關於中華民國國民之規定，課徵遺產稅或贈與稅。

2.遺產稅的申報期限，於被繼承人死亡日算起6個月內，得申請延期一次（以3個月為限）向被繼承人死亡時之戶籍所在地的國稅局申報。

3.遺囑信託不得侵害特留分：

(1)直系血親卑親屬之特留分，為其應繼分之1/2。

(2)父母之特留分，為其應繼分之1/2。

(3)配偶之特留分，為其應繼分1/2。

(4)兄弟姊妹之特留分，為其應繼分1/3。

(5)祖父母之特留分，為其應繼分1/3。

二、信託關係發展行為與遺產稅之課稅規定

信託關係發生時點	信託關係認定或異動	課稅對象	遺產稅應課徵與否
成立或生效時	(1)遺囑信託生效	受益人	╳
	(2)遺囑人死亡	受益人	○
	(3)以遺囑財產捐贈或加入公益信託	受益人	╳
	(4)以遺囑設立公益信託	受益人	○
存續維持期間	受益人死亡	受益人之繼承人	○
消滅時	信託財產歸屬於委託人之繼承人	受益人	○

註：○：應核課；╳：不用核課

三、遺產稅權利價值計算

應課徵遺產稅之權利，其價值之計算，依左列規定估定之：

(一) 享有全部信託利益之權利者，該信託利益為金錢時，以信託金額為準，信託利益為金錢以外之財產時，以受益人死亡時信託財產之時價為準。

(二) 享有孳息以外信託利益之權利者，該信託利益為金錢時，以信託金額按受益人死亡時起至受益時止之期間，依受益人死亡時郵政儲金匯業局一年期定期儲金固定利率複利折算現值計算之；信託利益為金錢以外之財產時，以受益人死亡時信託財產之時價，按受益人死亡時起至受益時止之期間，依受益人死亡時郵政儲金匯業局一年期定期儲金固定利率複利折算現值計算之。

(三) 享有孳息部分信託利益之權利者，以信託金額或受益人死亡時信託財產之時價，減除依前款規定所計算之價值後之餘額為準。

但該孳息係給付公債、公司債、金融債券或其他約載之固定利息者，其價值之計算，以每年享有之利息，依受益人死亡時郵政儲金匯業局一年期定期儲金固定利率，按年複利折算現值之總和計算之。

(四) 享有信託利益之權利為按期定額給付者，其價值之計算，以每年享有信託利益之數額，依受益人死亡時郵政儲金匯業局一年期定期儲金固定利率，按年複利折算現值之總和計算之；

享有信託利益之權利為全部信託利益扣除按期定額給付後之餘額者，其價值之計算，以受益人死亡時信託財產之時價減除依前段規定計算之價值後之餘額計算之。

(五) 享有前四款所規定信託利益之一部者，按受益比率計算之。

四、不計入遺產總額之財產

遺贈人、受遺贈人或繼承人提供財產，捐贈或加入於被繼承人死亡時已成立之公益信託並符合左列各款規定者，該財產不計入遺產總額：

(一) 受託人為信託業法所稱之信託業。

(二) 各該公益信託除為其設立目的舉辦事業而必須支付之費用外，不以任何方式對特定或可得特定之人給予特殊利益。

(三) 信託行為明定信託關係解除、終止或消滅時，信託財產移轉於各級政府、有類似目的之公益法人或公益信託。

〔牛刀小試〕

( ) 遺囑信託不得侵害特留分，依民法相關規定，當遺產繼承人為父母時，其特留分為其應繼分之比例，下列何者正確？ (A)二分之一 (B)三分之一 (C)四分之一 (D)五分之一。 【第39期】

解答與解析

(A)。遺囑信託不得侵害特留分：
(1) 直系血親卑親屬之特留分，為其應繼分之1/2。
(2) 父母之特留分，為其應繼分之1/2。
(3) 配偶之特留分，為其應繼分1/2。
(4) 兄弟姊妹之特留分，為其應繼分1/3。
(5) 祖父母之特留分，為其應繼分1/3。

參 所得稅有關信託課稅規定 重要度★★★

一、信託所得課稅效果

信託契約成立時課稅，即認定信託財產的孳息於信託契約成立時即已移轉給受益人，依所得稅法第3-4條第1項規定，信託成立後信託財產發生的孳息即應併入受益人的所得課徵所得稅，當委託人綜合所得稅適用較高的稅率，其可利用稅率較低的受益人為其分散所得，以達到規避個人綜合所得稅的效果。

若改以信託利益實現時課稅，在信託利益給予受益人前發生之所得，仍屬委託人之所得，應併委託人之所得課稅，即不致於產生委託人藉他益信託規避所得稅負。

二、所得稅課徵

(一) 委託人為營利事業之信託契約，信託成立時，明定信託利益之全部或一部之受益人為非委託人者，該受益人應將享有信託利益之權利價值，併入成立年度之所得額，依本法規定課徵所得稅。

依所得稅法第3-2條規定，有下列4種情況應課徵所得稅：

信託關係發生之時點	信託財產所得之計算	扣繳義務人	應課稅對象
信託成立時	I.明定信託利益之全部或一部之受益人為非委託人者，將信託利益之權利價值，併入成立年度之所得額，課徵所得稅。	受託人	受益人
信託期間	II.信託財產發生所得時，按發生年度課徵。	受託人	受益人
	III.信託財產發生之收入，受託人應於所得發生年度，按所得類別依所得稅法規定，減除成本、必要費用及損耗後，分別計算各類所得額。	受託人	受益人併入當年度所得額
	IV.受託人應按信託行為明定或可得推知之比例計算各類所得額。	受託人	依各類所得受益人之人數平均計算

1. 信託契約之委託人為營利事業，信託關係存續中追加信託財產，致增加非委託人享有信託利益之權利者，該受益人應將其享有信託利益之權利價值增加部分，併入追加年度之所得額，依本法規定課徵所得稅。
2. 受益人有二人以上時，受託人應按信託行為明定或可得推知之比例計算各受益人之各類所得額；其計算比例不明或不能推知者，應按各類所得受益人之人數平均計算之。
3. 當受益人為不特定者或尚未存在者，應以受託人為納稅義務人，就信託成立、變更或追加年度受益人享有信託利益之權利價值，於第71條規定期限內，按規定之扣繳率申報納稅；其依第89-1條第2項規定計算之已扣繳稅款，得自其應納稅額中減除；其扣繳率由財政部擬訂，報請行政院核定發布之。
4. 受託人未依前述第1項至第3項規定辦理者，稽徵機關應按查得之資料核定受益人之所得額，依所得法規定課稅。

5. 符合第4-3條各款規定之公益信託，其信託利益於實際分配時，由受益人併入分配年度之所得額，依本法規定課稅。
6. 依法經主管機關核准之共同信託基金、證券投資信託基金、期貨信託基金或其他信託基金，其信託利益於實際分配時，由受益人併入分配年度之所得額，依本法規定課稅。

(二) 不課徵所得稅之情形：

信託財產於下列各款信託關係人間，基於信託關係移轉或為其他處分者，不課徵所得稅：

1. 因信託行為成立，委託人與受託人間。
2. 信託關係存續中受託人變更時，原受託人與新受託人間。
3. 信託關係存續中，受託人依信託本旨交付信託財產，受託人與受益人間。
4. 因信託關係消滅，委託人與受託人間或受託人與受益人間。
5. 因信託行為不成立、無效、解除或撤銷，委託人與受託人間。

前項信託財產在移轉或處分前，因受託人管理或處分信託財產發生之所得，應依第3-4條規定課稅。

(三) 委託人為營利事業之公益信託。

當委託人為營利事業提供財產成立、捐贈或加入符合下列各款規定之公益信託，依所得稅法第4-3條規定，受益人享有該信託利益之權利價值免納所得稅，不適用所得稅法第3-2條及第4條第1項第17款但書規定：

1. 受託人為信託業法所稱之信託業。
2. 各該公益信託除為其設立目的舉辦事業而必須支付之費用外，不以任何方式對特定人給予特殊利益。
3. 信託行為明訂信託關係消滅或解除時，信託財產移轉於各級政府、有類似目的之公益法人或公益信託。

(四) 個人及營利事業成立、捐贈或加入符合第4-3條各款規定之公益信託之財產，適用第17條及第36條有關捐贈之規定。

(五) 第3-4條第5項、第6項規定之公益信託或信託基金，實際分配信託利益時，應以受託人為扣繳義務人，依前二條規定辦理。

(六) 懲罰

1. 依照所得稅法第111-1條規定，信託行為之受託人短漏報信託財產發生之收入或虛報相關之成本、必要費用、損耗，致短計第3-4第1項、第2項、第5項、第6項規定受益人之所得額，或未正確按所得類別歸類致減少受益人之納稅義務者，應按其短計之所得額或未正確歸類之金額，處受託人5%之罰鍰。但最高不得超過30萬元，最低不得少於1萬5千元。

2. 信託行為之受託人未依第3-4第2項規定之比例計算各受益人之各類所得額者，應按其計算之所得額與依規定比例計算之所得額之差額，處受託人5%之罰鍰。但最高不得超過30萬元，最低不得少於1萬5千元。

3. 信託行為之受託人未依限或未據實申報或未依限填發第92-1規定之相關文件或扣繳憑單或免扣繳憑單及相關憑單者，應處該受託人7,500元之罰鍰，並通知限期補報或填發；屆期不補報或填發者，應按該信託當年度之所得額，處受託人5%之罰鍰。但最高不得超過30萬元，最低不得少於1萬5千元。

〔牛刀小試〕

( ) **1** 「指定用途信託資金投資國外有價證券業務」，其所孳生取自國外之利息收入、股利收入及證券交易所得，分配給委託人（我國境內居住之本國自然人）時，下列敘述何者正確？ (A)委託人應繳納所得稅 (B)委託人免納所得稅 (C)除利息收入委託人應繳納所得稅外，其他部分可免納所得稅 (D)利息收入及股利收入部分，委託人應繳納所得稅，但證券交易所得部分可免納所得稅。 【第4期】

( ) **2** 信託財產發生之收入，扣繳義務人應以下列何者為納稅義務人予以扣繳稅款？ (A)委託人 (B)受託人 (C)受益人 (D)歸屬權利人。 【第5期】

( ) **3** 以營利法人為委託人成立他益信託時，應課徵下列何種稅捐？ (A)向委託人課徵所得稅 (B)向委託人課徵贈與稅 (C)向受益人課徵所得稅 (D)向受益人課徵贈與稅。 【第5期】

( ) **4** 除法令另有規定外，原則上信託財產所得應併入受益人下列何年度之所得課稅？ (A)發生年度 (B)分配年度 (C)發放年度 (D)提撥年度。 【第14期】

( ) **5** 除公益信託外，信託所得課稅，於下列何種情況須以受託人為納稅義務人？ A.受益人不特定 B.受益人尚未存在 C.受益人未成年 D.受益人未成年且父母雙亡 (A)ABCD (B)ABC (C)AB (D)ABD。 【第18期】

解答與解析

1 (B)。所得稅法第2條，國外任何項目所得均免稅。凡有中華民國來源所得之個人，應就其中華民國來源之所得，依所得稅法規定，課徵綜合所得稅。非中華民國境內居住之個人，而有中華民國來源所得者，除所得稅法另有規定外，其應納稅額，分別就源扣繳。

2 **(B)**。所得稅法第89-1條規定，依第3-4條信託財產發生之收入，扣繳義務人應於給付時，以信託行為之受託人為納稅義務人，依前二條規定辦理。但扣繳義務人給付第3-4條第5項規定之公益信託之收入，除依法不併計課稅之所得外，得免依第88條規定扣繳稅款。

3 **(C)**。所得稅法第3-2條。註：委託人為自然人時，才課贈與稅。

4 **(A)**。所得稅法第3-2條：委託人為營利事業之信託契約，信託成立時，明定信託利益之全部或一部之受益人為非委託人者，該受益人應將享有信託利益之權利價值，併入成立年度之所得額，依本法規定課徵所得稅。前項信託契約，明定信託利益之全部或一部之受益人為委託人，於信託關係存續中，變更為非委託人者，該受益人應將其享有信託利益之權利價值，併入變更年度之所得額，依本法規定課徵所得稅。信託契約之委託人為營利事業，信託關係存續中追加信託財產，致增加非委託人享有信託利益之權利者，該受益人應將其享有信託利益之權利價值增加部分，併入追加年度之所得額，依本法規定課徵所得稅。前三項受益人不特定或尚未存在者，應以受託人為納稅義務人，就信託成立、變更或追加年度受益人享有信託利益之權利價值，於第71條規定期限內，按規定之扣繳率申報納稅；其扣繳率由財政部擬訂，報請行政院核定發布之。

5 **(C)**。所得稅法第3-2條：受益人不特定或尚未存在，則以受託人為納稅義務人，由受託人按規定申報繳納所得稅。

肆 地價稅有關信託課稅規定 重要度★

一、地價稅計算範圍

(一) 合併計算地價總額，依土地法第3-1條規定，土地為信託財產者，於信託關係存續中，以受託人為地價稅或田賦之納稅義務人。

(二) 前項土地應與委託人在同一直轄市或縣（市）轄區內所有之土地合併計算地價總額，依土地稅法第16條規定稅率課徵地價稅，分別就各該土地地價占地價總額之比例，計算其應納之地價稅。

二、信託課徵地價稅規定

信託利益之受益人為非委託人且符合下列各款規定者，土地與受益人在同一直轄市或縣（市）轄區內所有之土地合併計算地價總額：

(一) 受益人已確定並享有全部信託利益者。（他益信託）

(二) 委託人未保留變更受益人之權利者。（自益信託）

〔牛刀小試〕

(　) **1** 委託人甲與委託人乙簽訂信託契約，並已移轉一筆土地為信託財產，約定受益人為丙，信託監察人為丁，則下列何者為該筆土地之地價稅納稅義務人？ (A)甲 (B)乙 (C)丙 (D)丁。【第16期】

(　) **2** 受益人已確定之他益信託，委託人於信託契約中保留變更受益人之權利者，該信託財產之土地應與下列何者在同一直轄市或縣（市）轄區內所有土地合併計算地價總額課徵地價稅？ (A)委託人 (B)受託人 (C)受益人 (D)信託監察人【第23期】

(　) **3** 信託受託人短漏報信託收入者，應按其短計之所得額處以多少百分比之罰鍰，且不得少於新臺幣一萬五千元？ (A)百分之一 (B)百分之三 (C)百分之五 (D)百分之十。【第41期】

(　) **4** 以土地為信託財產者，於下列各款信託關係人間移轉所有權，何者應課徵土地增值稅？ (A)因遺囑成立之信託，於信託關係消滅時，受託人與受益人間 (B)受託人就受託土地於信託關係存續中，依信託法第三十五條第一項規定轉為其自有土地者 (C)信託契約明定信託財產之受益人為委託人，信託關係消滅時，受託人與受益人間 (D)信託關係存續中受託人變更時，原受託人與新受託人間。【第8期】

(　) **5** 在信託關係存續中，土地為信託財產者，以下列何者為地價稅之納稅義務人？ (A)受託人 (B)委託人 (C)受益人 (D)歸屬權利人。【第11期】

解答與解析

1 (B)。平均地權條例第19-1條：土地為信託財產者，於信託關係存續中，以受託人為地價稅或田賦之納稅義務人。

2 (A)。土地稅法第3-1條第2項：信託之土地應與委託人在同一直轄市或縣（市）轄區內所有土地合併計算地價總額……。信託利益之受益人為非委託人，且符合下列各款規定者，上開土地應與受益人在同一直轄市或縣（市）轄區內所有之土地，合併計算地價總額。(1)受益人已確定並享有全部信託利益者。(2)委託人未保留變更受益人之權利者。

3 (C)。
(1)依照所得稅法第111-1條規定，信託行為之受託人短漏報信託財產發生之收入或虛報相關之成本、必要費用、損耗，致短計第3-4第1項、第2項、第5項、第6項規定受益人之所得額，或未正確按所得類別歸類致減少受益人之納稅義務者，應按其短計之所得額或未正確歸類之金額，處受託人百分之五之罰鍰。但最高不得超過30萬元，最低不得少於1萬5千元。
(2)信託行為之受託人未依第3-4第2項規定之比例計算各受益人之各類所得額者，應按其計算之所得額與依規定比例計算之所得額之差額，處受託人百分之五之罰鍰。但最高不得超過30萬元，最低不得少於1萬5千元。
(3)信託行為之受託人未依限或未據實申報或未依限填發第92-1規定之相關文件或扣繳憑單或免扣繳憑單及相關憑單者，應處該受託人7,500元之罰鍰，並通知限期補報或填發；屆期不補報或填發者，應按該信託當年度之所得額，處受託人百分之五之罰鍰。但最高不得超過30萬元，最低不得少於1萬5千元。

4 (B)。土地稅法第28-3、31-1條。

5 (A)。土地稅法第3-1條：土地為信託財產者，於信託關係存續中，以受託人為地價稅或田賦之納稅義務人。

伍 土地增值稅有關信託課稅規定 重要度★★

一、土地增值稅課徵範圍

(一) 受託人就受託土地，於信託關係存續中，有償移轉所有權、設定典權或依信託法第35條第1項規定轉為其自有土地時，以受託人為納稅義務人，課徵土地增值稅。

(二) 以土地為信託財產，受託人依信託本旨移轉信託土地與委託人以外之歸屬權利人時，以該歸屬權利人為納稅義務人，課徵土地增值稅。

二、不課徵土地增值稅之情形

土地為信託財產者，於左列各款信託關係人間移轉所有權，不課徵土地增值稅：

(一) 因信託行為成立，委託人與受託人間。

(二) 信託關係存續中受託人變更時，原受託人與新受託人間。

(三) 信託契約明定信託財產之受益人為委託人者，信託關係消滅時，受託人與受益人間。

(四) 因遺囑成立之信託，於信託關係消滅時，受託人與受益人間。

(五) 因信託行為不成立、無效、解除或撤銷，委託人與受託人間。

三、課徵土地增值稅

(一) 依土地稅法第28-3條規定不課徵土地增值稅之土地，於所有權移轉、設定典權或依信託法第35條第1項規定轉為受託人自有土地時，以該土地不課徵土地增值稅前之原規定地價或最近一次經核定之移轉現值為原地價，計算漲價總數額，課徵土地增值稅。

(二) 但屬第39條第2項但書規定情形者，其原地價之認定，依其規定。

依都市計畫法指定之公共設施保留地尚未被徵收前之移轉，準用前項規定，免徵土地增值稅。但經變更為非公共設施保留地後再移轉時，以該土地第一次免徵土地增值稅前之原規定地價或前次移轉現值為原地價，計算漲價總數額，課徵土地增值稅。

(三) 因遺囑成立之信託，於成立時以土地為信託財產者，該土地有前項應課徵土地增值稅之情形時，其原地價指遺囑人死亡日當期之公告土地現值。

(四) 以自有土地交付信託，且信託契約明定受益人為委託人並享有全部信託利益，受益人於信託關係存續中死亡者，該土地有第1項應課徵土地增值稅之情形時，其原地價指受益人死亡日當期之公告土地現值。

前項委託人藉信託契約，不當為他人或自己規避或減少納稅義務者，不適用該項規定。

(五) 依前述第1項土地，於計課土地增值稅時，委託人或受託人於信託前或信託關係存續中，有支付第31條第1項第2款改良土地之改良費用或同條第3項增繳之地價稅者，準用該條之減除或抵繳規定；第2項及第3項土地，遺囑人或受益人死亡後，受託人有支付前開費用及地價稅者，亦準用之。本法中華民國104年6月12日修正之條文施行時，尚未核課或尚未核課確定案件，適用前三項規定。

〔牛刀小試〕

(　) **1** 依土地稅法第五條規定，受託人就受託土地，於信託關係存續中，依照信託本旨將土地出售，其應納土地增值稅之納稅義務人為下列何人？
(A)委託人 (B)受託人 (C)受益人 (D)買受人。 【第3期】

( ) **2** 受託人於信託關係存續中，將信託財產之土地出售，其土地增值稅之納稅義務人為下列何者？ (A)委託人 (B)受託人 (C)受益人 (D)買受人。 【第6期】

( ) **3** 因遺囑成立之信託，於信託關係消滅時，受託人依信託本旨將信託土地移轉於受益人時，其土地增值稅如何辦理？ (A)由受託人申報課徵土地增值稅 (B)以該受益人為納稅義務人，申報課徵土地增值稅 (C)不課徵土地增值稅 (D)由遺囑執行人申報課徵土地增值稅。 【第11期】

( ) **4** 土地為信託財產者，於信託關係人間移轉土地所有權時，下列何者應課徵土地增值稅？ (A)信託關係存續中受託人變更時，原受託人與新受託人間 (B)因遺囑成立之信託，於信託關係消滅時，受託人與受益人間 (C)信託契約明定信託財產之受益人為委託人，信託關係消滅時，受託人與受益人間 (D)受託人就受託土地於信託關係存續中，依信託法第三十五條第一項規定轉為其自有土地者。 【第15期】

( ) **5** 土地為信託財產者，應課徵土地增值稅之情形，下列何者正確？ (A)信託關係成立，委託人移轉信託財產於受託人時 (B)因信託行為被撤銷，受託人移轉信託財產於委託人時 (C)信託關係存續中，受託人將信託財產移轉為其自有財產時 (D)信託關係存續中，受託人變更，原受託人移轉信託財產於新受託人時。 【第13期】

解答與解析

1 (B)。土地稅法第5-2條。土地稅法第5條土地增值稅之納稅義務人：一、土地為有償移轉者，為原所有權人。二、土地為無償移轉者，為取得所有權之人。三、土地設定典權者，為出典人。前項所稱有償移轉，指買賣、交換、政府照價收買或徵收等方式之移轉；所稱無償移轉，指遺贈及贈與等方式之移轉。

2 (B)。平均地權條例第37-1條。土地稅法第5條土地增值稅之納稅義務人：一、土地為有償移轉者，為原所有權人。二、土地為無償移轉者，為取得所有權之人。三、土地設定典權者，為出典人。前項所稱有償移轉，指買賣、交換、政府照價收買或徵收等方式之移轉；所稱無償移轉，指遺贈及贈與等方式之移轉。

3 (C)。土地稅法第28-3條：土地為信託財產者，於下列各款信託關係人間移轉所有權，不課徵土地增值稅：一、因信託行為成立，委託人與受託人間。二、信託關係存續中受託人變更時，原受託人與新受託人間。三、信託契約明定信託財產之受益人為委託人者，信託關係消滅時，受託人與受益人間。四、因遺囑成立之信託，於信託關係消滅時，受託人與受益人間。五、因信託行為不成立、無效、解除或撤銷，委託人與受託人間。故遺囑成立之信託，於信託關係消滅時，受託人與受益人間不課徵土地增值稅。

4 (D)。土地稅法第5-2條：受託人就受託土地，於信託關係存續中，有償移轉所有權、設定典權或依信託法第35條第1項規定轉為其自有土地時，以受託人為納稅義務人，課徵土地增值稅。以土地為信託財產，受託人依信託本旨移轉信託土地與委託人以外之歸屬權利人時，以該歸屬權利人為納稅義務人，課徵土地增值稅。

5 (C)。(A)(B)(D)為名義上之移轉，故不課土地增值稅。

陸 房屋稅有關信託課稅規定 重要度★

一、房屋稅徵收對象

(一) 房屋稅徵收之相對人是向房屋所有人徵收之。

(二) 其設有典權者，向典權人徵收之。

(三) 共有房屋向共有人徵收之，由共有人推定一人繳納，其不為推定者，由現住人或使用人代繳。

(四) 前項代繳之房屋稅，在其應負擔部分以外之稅款，對於其他共有人有求償權。

(五) 若所有權人或典權人住址不明，或非居住房屋所在地者，應由管理人或現住人繳納之。如屬出租，應由承租人負責代繳，抵扣房租。

(六) 未辦建物所有權第一次登記且所有人不明之房屋，其房屋稅向使用執照所載起造人徵收之；無使用執照者，向建造執照所載起造人徵收之；無建造執照者，向現住人或管理人徵收之。

(七) 房屋為信託財產者，於信託關係存續中，以受託人為房屋稅之納稅義務人。受託人為二人以上者，準用(三)有關共有房屋之規定。

二、受託人為房屋稅之納稅義務人

房屋為信託財產者，於信託關係存續中，以受託人為房屋稅之納稅義務人。受託人為二人以上者，準用房屋稅條例第4條第1項有關共有房屋之規定，共有房屋向共有人徵收之，由共有人推定一人繳納，其不為推定者，由現住人或使用人代繳。

三、因公益關係取得之房屋

經目的事業主管機關許可設立之公益信託，其受託人因該信託關係而取得之房屋，直接供辦理公益活動使用者，免徵房屋稅。

〔牛刀小試〕

( ) **1** 以房屋為信託財產者，在信託關係存續中，下列何者為房屋稅之納稅義務人？
(A)委託人 (B)受益人
(C)信託監察人 (D)受託人。 【第12期】

( ) **2** 經目的事業主管機關許可設立之公益信託，其受託人因該信託關係而取得之房屋，下列哪一項符合免徵房屋稅之規定？ (A)以受託人名義取得之房屋 (B)以公益信託名義登記之房屋 (C)直接供辦理公益活動使用之房屋 (D)以受託人名義取得之房屋未供營業使用者。 【第31期】

( ) **3** 以房屋為信託財產者，在信託關係存續中，下列何者為房屋稅之納稅義務人？
(A)委託人 (B)受益人
(C)信託監察人 (D)受託人。 【第37期】

解答與解析

1 (D)。房屋稅條例第4條：房屋稅向房屋所有人徵收之。其設有典權者，向典權人徵收之。共有房屋向共有人徵收之，由共有人推定一人繳納，其不為推定者，由現住人或使用人代繳。前項代繳之房屋稅，在其應負擔部分以外之稅款，對於其他共有人有求償權。第一項所有權人或典權人住址不明，或非居住房屋所在地者，應由管理人或現住人繳納之。如屬出租，應由承租人負責代繳，抵扣房租。未辦建物所有權第一次登記且所有人不明之房屋，其房屋稅向使用執照所載起造人徵收之；無使用執照者，向建造執照所載起造人徵收之；無建造執照者，向現住人或管理人徵收之。房屋為信託財產者，於信託關係存續中，以受託人為房屋稅之納稅義務人。受託人為二人以上者，準用第一項有關共有房屋之規定。

2 (C)。房屋稅條例第15條：私有房屋有下列情形之一者，免徵房屋稅：十一、經目的事業主管機關許可設立之公益信託，其受託人因該信託關係而取得之房屋，直接供辦理公益活動使用者。

3 (D)。房屋稅條例第4條：房屋為信託財產者，於信託關係存續中，以受託人為房屋稅之納稅義務人。

柒 契稅有關信託課稅規定 重要度★

一、贈與契稅之申報繳納

以不動產為信託財產，受託人依信託本旨移轉信託財產與委託人以外之歸屬權利人時，應由歸屬權利人估價立契，依第16條規定之期限申報繳納贈與契稅。

二、不課徵契稅之情形

不動產為信託財產者，於左列各款信託關係人間移轉所有權，不課徵契稅：

(一) 因信託行為成立，委託人與受託人間。

(二) 信託關係存續中受託人變更時，原受託人與新受託人間。

(三) 信託契約明定信託財產之受益人為委託人者，信託關係消滅時，受託人與受益人間。

(四) 因遺囑成立之信託，於信託關係消滅時，受託人與受益人間。

(五) 因信託行為不成立、無效、解除或撤銷，委託人與受託人間。

〔牛刀小試〕

( ) **1** 甲先生將房屋信託登記予乙信託業，其後乙信託業於第三年依信託本旨將信託財產移轉予丙歸屬權利人，其應納房屋契稅，以下列何者為納稅義務人？ (A)甲先生 (B)乙信託業 (C)丙歸屬權利人 (D)信託監察人。【第17期】

( ) **2** 受託人依信託本旨移轉信託不動產於委託人以外之歸屬權利人時，應由歸屬權利人估價立契，繳納下列何者稅負？ (A)買賣契稅 (B)交換契稅 (C)贈與契稅 (D)分割契稅。【第36期】

( ) **3** 契約信託以房屋為信託財產，受託人依信託本旨移轉房屋於委託人以外之歸屬權利人時，下列何者為契稅之納稅義務人？ (A)委託人 (B)受託人 (C)歸屬權利人 (D)信託監察人。【第38期】

( ) **4** 甲先生將房屋信託登記予乙信託業，其後乙信託業於第三年依信託本旨將信託財產移轉予丙歸屬權利人，其應納房屋契稅，下列何者為納稅義務人？ (A)甲先生 (B)乙信託業 (C)丙歸屬權利人 (D)信託監察人。【第40期】

解答與解析

1 (C)。依契稅條例第7-1條規定，以不動產為信託財產，受託人依信託本旨移轉信託財產與委託人以外之歸屬權利人時，應由歸屬權利人估價立契，依同條例第16條規定之期限申報繳納贈與契稅。

2 **(C)**。契稅條例第7-1條：以不動產為信託財產，受託人依信託本旨移轉信託財產與委託人以外之歸屬權利人時，應由歸屬權利人估價立契，依第16條規定之期限申報繳納贈與契稅。

3 **(C)**。契稅條例第7-1條：以不動產為信託財產，受託人依信託本旨移轉信託財產與委託人以外之歸屬權利人時，應由歸屬權利人估價立契，依第16條規定之期限申報繳納贈與契稅。

4 **(C)**。丙歸屬權利人，以不動產為信託財產，受託人依信託本旨移轉信託財產與委託人以外之歸屬權利人時，應由歸屬權利人估價立契，依第16條規定之期限申報繳納贈與契稅。

捌 營業稅有關信託課稅規定 重要度★

一、營業稅課徵原則

依「加值型及非加值型營業稅法」規定，受託人處理信託交易時，如有產生銷貨或勞務及進口貨物之情形發生時，應依法課徵營業稅。

二、除外規定

依「加值型及非加值型營業稅法」第3-1條規定，信託財產移轉非屬銷售貨物轉讓或勞務關係移轉所得，不適用「視為銷售」之規定。

因此信託財產於下列各款信託關係人間移轉或為其他處分者，不適用有關視為銷售之規定：

(一) 因信託行為成立，委託人與受託人間。

(二) 信託關係存續中受託人變更時，原受託人與新受託人間。

(三) 因信託行為不成立、無效、解除、撤銷或信託關係消滅時，委託人與受託人間。

三、標售、義賣及義演免徵營業稅

(一) 受託人因公益信託而標售或義賣之貨物與舉辦之義演，其收入除支付標售、義賣及義演之必要費用外，全部供作該公益事業之用者，免徵營業稅。

(二) 前項標售、義賣及義演之收入，不計入受託人之銷售額。

〔牛刀小試〕

( ) 依營業稅法規定，受託人因公益信託舉辦義演之收入，除支付義演之必要費用外，全部供作該公益事業之用者，有關該收入之敘述，下列何者正確？ (A)不計入受託人銷售額，免徵營業稅 (B)計入受託人銷售額，免徵營業稅 (C)不計入受託人銷售額，課徵營業稅 (D)計入受託人銷售額，課徵營業稅。 【第38期】

解答與解析

(**A**)。加值型及非加值型營業稅法第8-1條：受託人因公益信託而標售或義賣之貨物與舉辦之義演，其收入除支付標售、義賣及義演之必要費用外，全部供作該公益事業之用者，免徵營業稅。前項標售、義賣及義演之收入，不計入受託人之銷售額。

精選試題

( ) **1** 他益信託之受益人僅享有孳息以外信託利益之權利者，該信託利益為金錢時，其贈與稅權利價值之計算，下列何者正確？ (A)原信託金額 (B)信託金額扣除未來孳息合計額之值 (C)信託金額按贈與時起至受益時止之期間，依規定利率複利折算現值 (D)信託金額按贈與時起至受益時止之期間，依規定利率複利折算終值。 【第13期】

( ) **2** 依我國稅法規定，他益信託受益人享有孳息以外信託利益，其權利價值之計算為以信託金額或贈與時信託財產之時價，按贈與時起至受益時止之期間，依下列何種利率複利折算現值？ (A)三商銀一年期定存機動利率 (B)台灣銀行一年期定存固定利率 (C)郵政儲金匯業局一年期定期儲金固定利率 (D)郵政儲金匯業局一年期定期儲金機動利率。 【第17期】

( ) **3** 下列何種情況信託財產需課徵贈與稅？ (A)信託存續期間，原受託人將信託財產移轉予新受託人 (B)委託人為自然人之自益信託變更為非公益之他益信託 (C)自益信託之信託行為成立，委託人移轉信託財產予受託人 (D)信託關係消滅，受託人與委託人或受益人間信託財產之移轉。 【第20期】

( ) **4** 依遺產及贈與稅法規定，他益信託契約如應課徵贈與稅時，其課稅時點，下列何者正確？ (A)移轉信託財產予受託人之日 (B)實際享有信託利益之日 (C)訂定、變更信託契約之日 (D)移轉信託財產予受益人之日。 【第31期】

( ) **5** 他益信託之受益人僅享有孳息以外信託利益之權利者，該信託利益為金錢時，其贈與稅權利價值之計算，下列何者正確？ (A)原信託金額 (B)信託金額扣除未來孳息合計額之值 (C)信託金額按贈與時起至受益時止之期間，依規定利率複利折算現值 (D)信託金額按贈與時起至受益時止之期間，依規定利率複利計算終值。 【第33期】

( ) **6** 委託人為自然人者，信託契約明定受益人為非委託人時，原則上應以何者為納稅義務人課徵何種稅負？ (A)以受益人為納稅義務人課徵所得稅 (B)以受託人為納稅義務人課徵所得稅 (C)以受益人為納稅義務人課徵贈與稅 (D)以委託人為納稅義務人課徵贈與稅。 【第35期】

( ) **7** 原則上信託財產所發生之收入應於何時課稅？ (A)所得分配時 (B)信託終了時 (C)所得發生時 (D)信託成立時。 【第38期】

( ) **8** 個人捐贈符合所得稅法第四條之三規定公益信託之財產，至多在所得總額百分之多少內，得申報捐贈之扣除？ (A)十 (B)二十 (C)三十 (D)四十。 【第38期】

( ) **9** 於信託期間委託人（自然人）增加信託財產致增加非委託人（自然人）享有信託利益者，此時應對委託人課徵下列何種稅捐？ (A)所得稅 (B)贈與稅 (C)遺產稅 (D)契稅。 【第39期】

( ) **10** 依遺產及贈與稅法規定，受益人死亡時，受益人享有孳息以外信託利益，該信託利益為金錢時，以信託金額按受益人死亡時起至受益時止之期間，依受益人死亡時之下列何種利率複利折算現值計算？ (A)三商銀一年期定存機動利率 (B)台灣銀行一年期定存固定利率 (C)郵政儲金匯業局一年期定期儲金固定利率 (D)郵政儲金匯業局一年期定期儲金機動利率。 【第39期】

( ) **11** 銀行信託部辦理委託人信託資金投資國內開放型基金，贖回時所產生之資本利得，下列敘述何者正確？ (A)應納所得稅 (B)免納所得稅 (C)委託人為個人時應納所得稅 (D)委託人為營利法人時應納營業稅。 【第1期】

( ) **12** 營利事業或個人提供財產捐贈予符合所得稅法第四條之三各款規定之公益信託，下列何者不正確？ (A)營利事業提供財產捐贈公益信託，受益人享有該信託利益之權利價值免納所得稅 (B)個人捐贈符合規定之公益信託，其信託利益不計入贈與總額 (C)營利事業捐贈符合規定之公益信託，在不超過營利事業所得額百分之十額度內，得列為營利事業之捐贈費用 (D)個人對符合規定之公益信託所捐贈之財產，可全額列為綜合所得稅扣除額，不受任何限制。【第2期】

( ) **13** 符合規定之公益信託所取得之收入，下列敘述何者不正確？ (A)受益人有二人以上時，應按明知或可得推知之比例，予以計算受益人各類所得額 (B)公益信託所購買政府舉辦之獎券，其中獎獎金可免扣繳所得稅 (C)其信託利益於實際分配時，由受益人併入分配年度之所得額，課徵所得稅 (D)公益信託之受託人於分配利益給受益人時，應負責辦理扣繳。【第3期】

( ) **14** 信託行為之受託人短漏報信託財產發生之收入，致短計受益人之所得額，應處受託人罰鍰為何，但最低不得少於新臺幣一萬五千元？ (A)按其短計之所得額百分之五 (B)按其短計之所得額百分之十 (C)按其短計之所得額百分之十五 (D)按其短計之所得額百分之二十。【第4期】

( ) **15** 銀行辦理「指定用途信託資金投資國內基金業務」，接受委託人（我國境內居住之本國自然人）指示向基金公司贖回受益憑證時所產生之增益，受託銀行應如何處理相關稅賦？ (A)採百分之二十分離課稅 (B)先不扣繳，由受益人自行申報繳納 (C)於證券交易所得停止課徵所得稅期間內，免徵所得稅 (D)先行扣繳百分之十所得稅，再由委託人併入當年所得合併申報。【第4期】

( ) **16** 依我國所得稅法規定，以營利法人為委託人成立他益信託者，如受益人不特定時，應以何人為所得稅之納稅義務人？ (A)受益人 (B)委託人 (C)受託人 (D)信託監察人。【第4期】

( ) **17** 委託人為營利事業所成立之私益信託，其信託契約約定享有全部信託利益之受益人尚未存在者，該年度信託收益如何申報所得稅？ (A)由委託人依規定之扣繳率申報納稅 (B)由委託人將信託利益併入委託人該年度所得辦理結算申報 (C)由受託人依規定之扣繳率申報納稅 (D)由受託人將信託利益併入受託人該年度所得辦理結算申報。【第6期】

(　　) **18** 委託人為營利事業之私益信託契約，信託成立時，明定信託利益之全部非由委託人享有者，當其約定之受益人為尚未存在或為不特定之人時，依所得稅法之規定，應以下列何者為納稅義務人，就信託成立年度受益人享有信託利益之權利價值課徵所得稅？ (A)委託人 (B)受託人 (C)不課徵所得稅 (D)信託監察人。 【第7期】

(　　) **19** 居住在新竹之本國國民甲，向A銀行新竹分行以指定用途信託資金投資B國外連動式債券，下列敘述何者錯誤？

(A)A銀行辦理該項業務所收取之手續費收入，須課徵營業稅

(B)B國外連動式債券孳生之配息，分配予甲時，甲可免列入所得課稅

(C)A銀行辦理該項業務所收取之手續費收入，應併入所得課稅

(D)B國外連動式債券孳生之配息，分配予甲時，應併入萬元儲蓄投資特別扣除額中。 【第7期】

(　　) **20** 委託人為營利事業之他益信託契約，並指定特定且存在之受益人，信託成立時應依法課徵所得稅，其納稅之義務人為下列何者？ (A)委託人 (B)受託人 (C)受益人 (D)信託監察人。 【第8期】

(　　) **21** 營利事業以信託契約成立他益信託，若受益人不特定或尚未存在，應以下列何者為納稅義務人？ (A)該營利事業 (B)受益人 (C)受託人 (D)信託監察人。 【第10期】

(　　) **22** 個人或營利事業成立稅法規定之公益信託，其財產得列為何種支出自所得額中扣除？ (A)其他支出 (B)捐贈支出 (C)營業支出 (D)公益支出。 【第14期】

(　　) **23** 委託人為營利事業者，信託成立時，下列何種情況係以受託人為納稅義務人，對受益人應享有信託利益之權利價值申報繳納所得稅？ (A)附條件或期限之信託 (B)受益人行蹤不明 (C)受益人無財產者 (D)受益人不特定或尚未存在。 【第17期】

(　　) **24** 原則上信託財產所發生之收入應於何時課稅？ (A)所得分配時 (B)信託終了時 (C)所得發生時 (D)信託成立時。 【第18期】

(　　) **25** 受益人為非中華民國境內居住之個人者，就信託財產發生之收入，應以下列何者為所得稅之扣繳義務人？ (A)委託人 (B)受託人 (C)其他受益人 (D)信託監察人。 【第21期】

( ) **26** 公益信託如有下列何種情形，不得享有稅法上之優惠？ (A)受託人為信託業法上所稱之信託業者 (B)信託關係消滅時，信託財產移轉於各級政府者 (C)以間接方式對可得確定之人給予特殊利益者 (D)受託人為經主管機關核准兼營信託業務之銀行者。 【第22期】

( ) **27** 委託人為營利事業之他益信託契約，並指定特定且存在之受益人，信託成立時應依法課徵所得稅，其納稅之義務人為下列何者？ (A)委託人 (B)受託人 (C)受益人 (D)信託監察人。【第23期】

( ) **28** 信託財產發生之利益應於所得發生時課稅，其例外之情形為下列何者？ (A)共同信託基金 (B)受益人尚未存在 (C)受益人行蹤不明 (D)私益信託受益人不特定。 【第24期】

( ) **29** 委託人為營利事業之信託契約，信託成立時，明定信託利益之全部之受益人為非委託人者，該信託利益之權利價值應由下列何者併入成立年度之所得額申報，課徵所得稅？ (A)委託人 (B)受託人 (C)受益人 (D)該營利事業負責人。 【第27期】

( ) **30** 委託人為營利事業所成立之私益信託，其信託契約約定享有全部信託利益之受益人尚未存在者，該年度信託收益如何申報所得稅？ (A)由委託人依規定之扣繳率申報納稅 (B)由受託人依規定之扣繳率申報納稅 (C)由委託人將信託利益併入委託人該年度所得辦理結算申報 (D)由受託人將信託利益併入受託人該年度所得辦理結算申報。 【第28期】

解答與解析

1 (C)。依遺贈稅法：為信託金額按贈與時起至受益時止之期間，依規定利率複利折算現值。

2 (C)。遺產及贈與稅法第10-2條受益人享有孳息以外信託利益之權利（即原信託財產）者，該信託利益為金錢時，以信託金額按贈與時起至受益時止之期間，依贈與時郵政儲金匯業局一年期定期儲金固定利率複利，折算現值計算之。

3 (C)。遺產及贈與稅法第5-1條：信託契約明定信託利益之全部或一部之受益人為非委託人者，視為委託人將享有信託利益之權利贈與該受益人，依本法規定，課徵贈與稅。

4 (C)。遺產及贈與稅法第24-1條：除第20-1條所規定之公益信託外，委託人有第5-1條應課徵贈與稅情形者，應以訂定、變更信託契約之日為贈與行為發生日，依前條第1項規定辦理。

5 (C)。遺產及贈與稅法第10-2條（贈與稅價值計算）：依第5-1條規定應課徵贈與稅之權利，其價值之計算，依左列規定估定之：一、享有全部信託利益之權利者，該信託利益為金錢時，以信託金額為準；信託利益為金錢以外之財產時，以贈與時信託財產之時價為準。二、享有孳息以外信託利益之權利者，該信託利益為金錢時，以信託金額按贈與時起至受益時止之期間，依贈與時郵政儲金匯業局一年期定期儲金固定利率複利折算現值計算之；信託利益為金錢以外之財產時，以贈與時信託財產之時價，按贈與時起至受益時止之期間，依贈與時郵政儲金匯業局一年期定期儲金固定利率複利折算現值計算之。三、享有孳息部分信託利益之權利者，以信託金額或贈與時信託財產之時價，減除依前款規定所計算之價值後之餘額為準。但該孳息係給付公債、公司債、金融債券或其他約載之固定利息者，其價值之計算，以每年享有之利息，依贈與時郵政儲金匯業局一年期定期儲金固定利率，按年複利折算現值之總和計算之。四、享有信託利益之權利為按期定額給付者，其價值之計算，以每年享有信託利益之數額，依贈與時郵政儲金匯業局一年期定期儲金固定利率，按年複利折算現值之總和計算之；享有信託利益之權利為全部信託利益扣除按期定額給付後之餘額者，其價值之計算，以贈與時信託財產之時價減除依前段規定計算之價值後之餘額計算之。五、享有前四款所規定信託利益之一部者，按受益比率計算之。

6 **(D)**。遺產及贈與稅法第5-1條：信託契約明定信託利益之全部或一部之受益人為非委託人者，視為委託人將享有信託利益之權利贈與該受益人，依本法規定，課徵贈與稅。

7 **(C)**。原則上信託財產所發生之收入應於所得發生時課稅。

8 **(B)**。所得稅法第6-1條：個人及營利事業成立、捐贈或加入符合第4-3條各款規定之公益信託之財產，適用第17條及第36條有關捐贈之規定。

9 **(B)**。依遺產及贈與稅法第5-1條：信託契約明定信託利益之全部或一部之受益人為非委託人者，視為委託人將享有信託利益之權利贈與該受益人，依本法規定，課徵贈與稅。信託契約明定信託利益之全部或一部之受益人為委託人，於信託關係存續中，變更為非委託人者，於變更時，適用前項規定課徵贈與稅。信託關係存續中，委託人追加信託財產，致增加非委託人享有信託利益之權利者，於追加時，就增加部分，適用第1項規定課徵贈與稅。

10 **(C)**。享有孳息部分信託利益之權利者，以信託金額或受益人死亡時信託財產之時價，減除依前款規定所計算之價值後之餘額為準。但該孳息係給付公債、公司債、金融債券或其他約載之固定利息者，其價值之計算，以每年享有之利息，依受益人死亡時郵政儲金匯業局一年期定期儲金固定利率，按年複利折算現值之總和計算之。

11 **(B)**。財政部85.8.20北國稅審貳字第85159805號函。

12 **(D)**。所得稅法第4-3條，第6-1條。

13 **(B)**。所得稅法第3-4條。信託財產發生之收入，受託人應於所得發生年度，按所得類別依本法規定，減除成本、必要費用及損耗後，分別計算受益人之各類所得額，由受益人併入當年度所得額，依本法規定課稅。

前項受益人有二人以上時，受託人應按信託行為明定或可得推知之比例計算各受益人之各類所得額；其計算比例不明或不能推知者，應按各類所得受益人之人數平均計算之。

受益人不特定或尚未存在者，其於所得發生年度依前二項規定計算之所得，應以受託人為納稅義務人，於第71條規定期限內，按規定之扣繳率申報納稅，其依第89-1條第2項規定計算之已扣繳稅款，得自其應納稅額中減除；其扣繳率，由財政部擬訂，報請行政院核定。

受託人未依第1項至第3項規定辦理者，稽徵機關應按查得之資料核定受益人之所得額，依本法規定課稅。

符合第4-3條各款規定之公益信託，其信託利益於實際分配時，由受益人併入分配年度之所得額，依本法規定課稅。

依法經金融監督管理委員會核准之共同信託基金、證券投資信託基金、期貨信託基金或其他信託基金，其信託利益於實際分配時，由受益人併入分配年度之所得額，依本法規定課稅。

14 **(A)**。所得稅法第111-1條。

15 **(C)**。所得稅法第4-1條。

16 **(C)**。所得稅法第3-2條。

17 **(C)**。所得稅法第3-2條第4項。

18 **(B)**。所得稅法第3-2條。

19 **(D)**。所得發生在國外,不課所得稅。

20 **(C)**。所得稅法第3-2條及第3-7條，受益人為納稅義務人；但受益人不特定或尚未存在者，則以受託人為納稅義務人。

21 **(C)**。所得稅法第3-2條（依法課徵所得稅）：委託人為營利事業之信託契約，信託成立時，明定信託利益之全部或一部之受益人為非委託人者，該受益人應將享有信託利益之權利價值，併入成立年度之所得額，依本法規定課徵所得稅。受益人不特定或尚未存在者，應以受託人為納稅義務人。

22 **(B)**。所得稅法第6-1條：個人及營利事業成立、捐贈或加入符合第4-3條各款規定之公益信託之財產，適用第17條及第36條有關捐贈之規定。

23 **(D)**。所得稅法第3條之2第1項、第4項若受益人不特定或尚未存在，則以受託人為納稅義務人，由受託人按規定申報繳納所得稅。

24 **(C)**。為避免信託所得累積不分配，所得稅法規定「信託財產發生之收入，受託人應於所得發生年度，計算收益人之各類所得額，由受益人併入當年度所得額課稅」。

25 **(B)**。所得稅法第89-1條第3項：受益人為非中華民國境內居住之個人或在中華民國境內無固定營業場所之營利事業者，應以受託人為扣繳義務人……。

26 **(C)**。對可得確定之人給予特殊利益者屬贈與，不得享有稅法上之優惠。

27 **(C)**。對營利事業不課徵贈與稅。故營利事業以他人為受益人設立信託之情形，依所得稅法第3-2條第1項之規定，該受益人應將其享有信託利益之權利價值，併入信託成立年度之所得額，依所得稅法之規定課所得稅。

28 **(A)**。所得稅法第3-4條：「受益人不特定或尚未存在者，其於所得發生年度依前二項規定計算之所得，應以受託人為納稅義務人，於第71條規定期限內，按規定之扣繳率申報納稅，其依第89條之1第2項規定計算之已扣繳稅款，得自其應納稅額中減除；其扣繳率由財政部擬訂，報請行政院核定發布之。符合第4-3條各款規定之公益信託，其信託利益於實際分配時，由受益人併入分配年度之所得額，依本法規定課稅。依法經主管機關核准之共同信託基金、證券投資信託基金，或其他經財政部核准之信託基金，其信託利益於實際分配時，由受益人併入分配年度之所得額，依本法規定課稅。」

29 **(C)**。所得稅法第3-2條：委託人為營利事業之信託契約，信託成立時，明定信託利益之全部或一部之受益人為非委託人者，該受益人應將享有信託利益之權利價值，併入成立年度之所得額，依本法規定課徵所得稅。

30 **(B)**。所得稅法第3-2條：委託人為營利事業之信託契約，信託成立時，明定信託利益之全部或一部之受益人為非委託人者，該受益人應將享有信託利益之權利價值，併入成立年度之所得額，依本法規定課徵所得稅。前項信託契約，明定信託利益之全部或一部之受益人為委託人，於信託關係存續中，變更為非委託人者，該受益人應將其享有信託利益之權利價值，併入變更年度之所得額，依本法規定課徵所得稅。信託契約之委託人為營利事業，信託關係存續中追加信託財產，致增加非委託人享有信託利益之權利者，該受益人應將其享有信託利益之權利價值增加部分，併入追加年度之所得額，依本法規定課徵所得稅。前三項受益人不特定或尚未存在者，應以受託人為納稅義務人，就信託成立、變更或追加年度受益人享有信託利益之權利價值，於第71條規定期限內，按規定之扣繳率申報納稅；其扣繳率由財政部擬訂，報請行政院核定發布之。

NOTE

第四篇 信託實務重點整理

特定金錢信託

依據出題頻率區分，屬：**A** 頻率高

課綱概要

特定金錢信託
- 特定金錢信託概述
  - 意義
  - 特質
  - 分類
    - 具有運用決定權
      - 指定
      - 不指定
    - 不具有運用決定權 — 特定金錢信託
      - 投資國外有價證券
      - 投資國內外共同基金業務
      - 員工持股信託及福利儲蓄信託
  - 應注意事項
- 特定金錢信託運用範圍與限制
  - 法規沿革概況
  - 外匯投資管理規範與限制
  - 信託業務之營運範圍、限制及風險揭露規範
- 專業投資人/專業機構投資人及非專業投資人之限制
- 應遵守事項
  - 投資國外有價證券業務
  - 投資境外基金相關規定
  - 境外結構型商品規則
- 特定金錢信託之運作架構及相關規定
  - 基本架構
  - 前置作業
  - 業務受理面之規定
- 特定金錢信託推展與資訊揭露規範 — 報酬費用說明與風險揭露 — 信託業營運範圍受益權轉讓限制 — 廣告、業務招攬及營業促銷活動規定
- 新種金錢信託業務及發展趨勢
  - 業務發展概述
  - 預收款信託
    - 禮券預收款信託
    - 生前契約預收款信託
    - 預售屋價金信託
    - 預售屋不動產開發信託
  - 基礎
  - 架構
  - 法規依據

課前導讀

本章節是考試非常重要的一部分，特別是特定金錢信託是佔信託業的大部分比例，因此必須確認清楚從特定金錢信託的概述、運用範圍與限制、運作架構及其規定、推展與資訊揭露規範到新種信託商品的發展與業務內容等重點，如此考試時就能充分掌握特定金錢信託的考題變化，以便在針對考題所衍生出來的問題與概念能有效理解回答，同時對後續章節的說明與提示能有所掌握。

壹　特定金錢信託概述　重要度★★★★

一、金錢信託之意義

(一) 依信託業法第16條第1項規定，「金錢之信託」為所列信託業得經營之首要業務。

(二) 依「信託業法施行細則」第5條規定，信託業法第16條各款所定信託業經營之業務項目，以委託人交付、移轉或為其他處分之財產種類，定其分類。

(三) 依其定義說明，所謂金錢信託係指設立信託時，以委託人所交付之「金錢」為信託財產者之信託。委託人同時保留對信託財產的運用決定權，受託人依委託人的運用指示辦理信託財產的管理或處分。

二、金錢信託之特質

(一) 以委託人所交付之「金錢」為信託財產者之信託：此金錢之信託可以以契約約定，於信託終了時，以金錢交付信託人，亦可以約定以運用後所取得之信託財產現狀交付受益人。

(二) 金錢信託不屬於保本、保息之業務：依信託業法第31規定，信託業不得承諾擔保本金或最低收益率。

三、金錢信託之分類

依信託業施行細則第7條規定，受託人對信託財產是否擁有運用決定權來區分：

(一)受託人對信託財產「具有運用決定權」之信託依委託人是否有指定營運範圍或方法，分為下列「指定」及「不指定」二種類型：

1.委託人「指定」營運範圍或方法：即所謂「指定金錢信託」，指委託人對信託財產為概括指定營運範圍或方法，並由受託人於該概括指定之營運範圍或方法內，對信託財產具有運用決定權。

2.委託人「不指定」營運範圍或方法：即所謂「不指定金錢信託」，或稱「全權委託」，指委託人對信託財產不指定營運範圍或方法，受託人於信託目的範圍內，對信託財產具有運用決定權。

(二)受託人對信託財產「不具有運用決定權」之信託：

1.即所謂「特定金錢信託」，其定義係指委託人保留對信託財產之運用決定權，並約定由委託人本人或其委任之第三人，對信託財產之營運範圍或方法，就投資標的、運用方式、金額、條件、期間等事項為具體特定之運用指示，並由受託人依該運用指示為信託財產之管理或處分。

2.簡而言之，「特定金錢信託」的特性：

(1)委託人所交付之信託財產為「金錢」。

(2)受託人對信託財產不具有運用決定權。

3.「特定金錢信託」分類，依信託業法施行細則第8條規定：

(1)特定單獨管理運用金錢信託：指委託人對信託資金保留運用決定權，並約定由委託人本人或其委任之第三人，對該信託資金之營運範圍或方法，就投資標的、運用方式、金額、條件、期間等事項為具體特定之運用指示，並由受託人依該運用指示為信託資金之管理或處分者。（適用單筆投資運用的）

(2)特定集合管理運用金錢信託：指委託人對信託資金保留運用決定權，並約定由委託人本人或其委任之第三人，對該信託資金之營運範圍或方法，就投資標的、運用方式、金額、條件、期間等事項為具體特定之運用指示，受託人並將該信託資金與其他不同信託行為之信託資金，就其特定營運範圍或方法相同之部分，設置集合管理帳戶者。（適用定期定額）

四、分類整理

<table>
<tr><th>受託人</th><th>委託人之約定</th><th>信託管理運用方法</th></tr>
<tr><td rowspan="2">對信託財產「具有運用決定權」之信託</td><td>「指定」營運範圍或方法</td><td>「指定金錢信託」：
I.「指定單獨」管理運用金錢信託
II.「指定集合」管理運用金錢信託</td></tr>
<tr><td>「不指定」營運範圍或方法</td><td>「不指定金錢信託」，或稱「全權委託」：
I.「不指定單獨」管理運用金錢信託
II.「不指定集合」管理運用金錢信託</td></tr>
<tr><td rowspan="2">對信託財產「不具有運用決定權」之信託</td><td rowspan="2">保留對信託財產之運用決定權，並約定由委託人本人或其委任之第三人（特定），對信託財產之營運範圍或方法。
特性：
I.委託人所交付之信託財產為「金錢」。
II.受託人對信託財產不具有運用決定權。</td><td>「特定單獨」管理運用金錢信託</td></tr>
<tr><td>「特定集合」管理運用金錢信託</td></tr>
</table>

五、特定金錢信託之業務

目前國內金錢信託之主要業務項目包括：

(一) 特定金錢信託資金投資國外有價證券

1. 以特定金錢信託投資有價證券係由委託人與受託人簽訂信託契約，委請受託人代為投資國外有價證券。得以由委託人就其同意之委託方式簽定投資契約規範並確認經委託人同意之國外經理機構代為操作，同時選擇經委託人同意之保管機構代為保管。
2. 另外，委託人亦可自行制定投資決策，以逐筆指示方式進行投資交易。並請受託人依信託契約之約定及相關合約內容，將信託資金交付與國外經理機構或保管機構，委其辦理相關信託帳務處理；或依照委託人之逐筆指示投資於指定之有價證券之後，再辦理後續交割及信託帳務處理。

3.辦理特定金錢信託投資國外有價證券業務應遵循下列主管機關監管：

(1)金融監督管理委員會：須經「金融監督管理委員會」核准辦理金錢信託業務。

(2)中央銀行：銀行兼營信託業者須依「銀行業辦理外匯業務管理辦法」向中央銀行申請許可，並須遵守中央銀行有關「投資國外有價證券之評等、種類及範圍」等相關規定。

4.經辦本項業務，信託業者於輔導委託人投資之國外有價證券，除著重投資標的之收益外，應注意下列應遵循之基本事項：

(1)善良管理人之責及委託人之權益：應就投資商品之可能收益及風險作平衡之告知，以盡善良管理人之注意，保障委託人之權益。

(2)信託報酬及風險揭露：依相關規定揭示信託報酬，並須揭露受託投資標的所涉及之各類可能面對的風險；如投資標的涉及連動債券或結構型商品者，更須依照「辦理特定金錢信託業務之信託報酬及風險揭露一致性規範」之規定，就個別商品條件與所涉風險，確實向委託人說明與揭露。

(二) 特定金錢信託資金投資國內外共同基金業務

1.特定金錢信託資金投資國外有價證券業務之投資境外基金（國外基金）

(1)境外基金管理辦法及證券投資信託及顧問法：辦理特定金錢信託投資境外基金除須經金融監督管理委員會核准辦理金錢信託業務外，需與總代理人或境外基金公司簽訂銷售契約，且依照「境外基金管理辦法」所投資之境外基金需經金管會核准；未經核准或申報生效而從事或代理募集、銷售、投資顧問境外基金，將處以「證券投資信託及顧問法」第110條之罰則。

(2)客戶投資風險評估：信託業者受託透過特定金錢信託投資境外基金應充分知悉並評估客戶之投資知識、投資經驗、財務狀況及其承受投資風險程度，提供適合客戶之境外基金。

(3)投資模式可分為單筆投資及定期定額投資方式。

(4)下單交易方式分為臨櫃、電話、語音或網路交易。

(5)證照資格：辦理募集及銷售境外基金業務人員須通過證券投資信託及顧問法規測驗合格，才可辦理募集及銷售工作。

2.信託資金投資國內證券投資信託基金業務（國內基金）

(1)信託業者辦理特定金錢信託投資之國內基金業務除須經金融監督管理委員會核准辦理金錢信託業務外，所委託投資之國內基金需主管機關核准或申報生效。

(2)以信託契約關係買賣基金，委託人所購買之基金列為信託財產，因此受信託法、信託業法之保障。

(三)**員工持股信託及福利儲蓄信託**：企業員工持股信託制度乃同一企業內之員工為取得、管理自己所服務公司之股票及儲蓄為目的。

六、特定金錢信託其他應注意事項：

(一)信託業者於受託投資國外有價證券時，如涉及未經核准在我國募集發行之外國有價證券，且不得有廣告行為，如有違之，將涉嫌違反證券交易法第22條有價證券之募集與發行規定之行為，而遭受罰則處分。

(二)信託業辦理特定金錢信託投資國外有價證券業務時，除投資標的為境外基金應依「境外基金管理辦法」規定辦理外，亦應確實遵守下列規範事項：

1.信託業所提供相關國外有價證券之說明書等資料，僅得於特定營業櫃檯放置。

2.不得主動洽詢媒體公開宣導或刊登特定國外有價證券之相關內容，或舉辦說明會、發布新聞稿。

3.不得主動推介特定國外有價證券或主動提供、寄發其說明書予客戶或一般大眾。但該國外有價證券之經理（或發行）機構未說明該國外有價證券有銷售對象之限制，且該國外有價證券到期本金之保本比率達百分之百者，得對現有之特定金錢信託客戶為之。

4.不得於國內有公開募集行為。

5.信託業應執行下列事項，避免違反忠實義務：

(1)如特定國外有價證券之經理（或發行）機構說明該國外有價證券有銷售對象之限制者，信託業不得接受一般客戶委託投資。

(2)國外有價證券之名稱應適當表達其特性及風險，不得使用可能誤導客戶之名稱。

(三)經核准之境外基金從事涉及廣告、公開說明會及其他營業促銷活動時，應注意並共同遵循下列各項相關法規：

1.「證券投資信託及顧問法」。

2.「境外基金管理辦法」。

3.「中華民國證券投資信託暨顧問商業同業公會境外基金廣告及營業促銷活動行為規範」。

4.銷售契約約定及相關規定。

(四) 兼營信託業務之銀行，辦理特定金錢信託投資國外有價證券業務，涉及財富管理業務或對非財富管理部門客戶銷售金融商品者，除依前項規定辦理外，並應依主管機關所定相關規定及中華民國銀行商業同業公會全國聯合會所定相關自律規範辦理。

〔牛刀小試〕

( ) 1 許先生與乙銀行簽訂信託契約辦理金錢信託，指定將新臺幣一百萬元投資於ABC國外共同基金，下列敘述何者錯誤？ (A)就乙銀行而言，新臺幣一百萬元為信託資金 (B)就該基金公司而言，乙銀行為信託委託人 (C)就許先生而言，乙銀行為受託人 (D)就乙銀行而言，其持有之ABC國外共同基金受益權單位為信託財產。【第6期】

( ) 2 某甲交付銀行新臺幣十萬元辦理指定用途信託資金投資國外共同基金，係屬下列何種信託業務？ (A)動產之信託業務 (B)信用卡業務 (C)金錢之信託業務 (D)有價證券之信託業務。【第5期】

( ) 3 受託人對下列何種金錢信託不具有運用決定權？ (A)特定單獨管理運用金錢信託 (B)指定營運範圍或方法之單獨管理運用金錢信託 (C)指定營運範圍或方法之集合管理運用金錢信託 (D)不指定營運範圍或方法之單獨管理運用金錢信託。【第5期】

( ) 4 有關委託人經由受託銀行辦理新臺幣特定金錢信託投資以美元計價之國外連動式債券，如該債券發行條件列有到期百分之百美元保本者，下列敘述何者錯誤？ (A)該債券係由受託銀行保證到期百分之百還本 (B)委託人有匯率風險 (C)該債券有信用風險 (D)該債券有流動性風險。【第41期】

( ) 5 銀行辦理「指定用途信託資金投資國外有價證券業務」得投資之有價證券種類與範圍，係由下列何者訂定？ (A)財政部 (B)中央銀行 (C)經濟部投審會 (D)法務部。【第4期】

解答與解析

1 (B)。乙銀行與基金公司不是信託關係。

2 (C)。交付金錢，為金錢信託。

3 (A)。特定者：係指定營運範圍及運用方式者，故受託人無運用決定權。

4 (A)。信託業務不可保本保息。

5 (B)。國外有價證券因牽涉外匯，屬中央銀行管轄。

貳　特定金錢信託運用範圍與限制　重要度★★★★★

一、法規沿革概況

(一)過去對信託財產運用於「國外」有價證券之種類與範圍，原係由中央銀行訂定，並參照金管會相關規定修正。惟自民國98年6月15日中央銀行發布修正「銀行業辦理外匯業務管理辦法」，並停止適用原相關規定後，即由金管會另訂定「信託業辦理特定金錢信託業務運用信託財產於國外投資之範圍及限制」規定接續規範，其後並轉納入於民國99年2月修正發布之「信託業營運範圍受益權轉讓限制風險揭露及行銷訂約管理辦法」中。

(二)依「信託業營運範圍受益權轉讓限制風險揭露及行銷訂約管理辦法」內容規定將委託人區分為專業投資人、專業機構投資人及非專業投資人加以規範。其中運用範圍於國外或涉及外匯之投資包括境外基金、股票、債券、指數股票型基金及存託憑證等，各種投資標的各有其限制條件，並特別針對限制非專業投資人可運用投資的項目，以期降低投資風險，同時對於交易所之規範認定，亦依循「證券商受託買賣外國有價證券管理規則」中經主管機關指定之外國證券交易所，俾使法規趨於一致。

二、特定金錢信託運用之範圍及限制

(一)外匯投資管理規範與限制

1. 依「信託業法」第18條第1項規定，信託業務涉及外匯之經營者，應經中央銀行同意。為使信託業運用信託財產於國外或涉及外匯之投資皆能有所規範，同時依「信託業法」第18-1條第2項規定，明定信託業運用信託財產於國外或涉及外匯之投資範圍及限制，應依「信託業營運範圍受益權轉讓限制風險揭露及行銷訂約管理辦法」第10條至第15條規定辦理。
2. 對於涉及國外或外匯之其他投資涉及資金之匯出、匯入部分，除應依中央銀行之相關規定辦理外。同時，法規另訂應循規定項目如下：
   (1)信託業法第28條規定之信託資金集合管理運用帳戶。
   (2)信託業法第29條規定之信託業辦理共同信託基金。
   (3)金融資產證券化條例。
   (4)不動產證券化條例。
   (5)證券投資信託及顧問法。
   (6)期貨交易法。

(7)境外結構型商品管理規則。

(8)境外基金管理辦法。

(9)證券投資信託基金管理辦法。

(10)證券投資信託事業證券投資顧問事業經營全權委託投資業務管理辦法。

(11)期貨信託基金管理辦法

(12)或其他法令另有規定外。

3. 信託業運用信託財產於國外或涉及外匯之投資，應符合下列規定：

(1) 不得以新臺幣計價。

(2) 投資涉及大陸地區或港澳地區有價證券之範圍及限制，準用「證券商受託買賣外國有價證券管理規則」之相關規定。

證券商受託買賣外國有價證券之外國證券交易市場範圍及標的規範，業經本會於中華民國99年3月2日以金管證券字第0990008535號令修正發布，投資型保險連結國外債券，其投資大陸地區或港澳地區有價證券之範圍及限制，準用證券商受託買賣外國有價證券管理規則第5條相關規定。另「注意事項」第8點亦規定，投資型保險商品連結國外證券交易市場交易之指數股票型基金，應於證券商受託買賣外國有價證券管理規則第3條第1項第1款所定證券商得受託買賣之外國證券市場交易。據此，旨揭令釋規定修正發布後，投資型保險連結國外債券或境外指數股票型基金之交易範圍及限制，應併受其規範。

修正證券商受託買賣外國有價證券之外國證券交易市場範圍及標的規範如下：

A. 依證券商受託買賣外國有價證券管理規則第5條規定辦理。

B. 證券商受託買賣外國有價證券管理規則第5條第1項第1款所稱之「受益憑證」範圍，以指數股票型基金（Exchange Traded Fund，以下簡稱ETF）為限，且委託人為非專業投資人者，限受託買賣以投資股票、債券為主且不具槓桿或放空效果之ETF。

C. 證券商受託買賣外國有價證券，除依證券商受託買賣外國有價證券管理規則第5條規定辦理外，並不得涉及大陸地區或港澳地區下列各款之有價證券：

a. 大陸地區證券市場有價證券。

b. 大陸地區政府或公司在香港地區發行或經理的有價證券（國企股）。

D.至於其他外國證券交易市場掛牌之有價證券，不得受託買賣以下標的：

a 大陸地區註冊之公司在大陸地區及香港地區市場以外之其他證券交易市場掛牌之有價證券（含股票、存託憑證等）。

b.經政府認定陸資企業直接或間接持有股權50%以上（含50%），或低於50%但具實質控制力之外國企業所發行之有價證券（不包括含有上開外國有價證券之ETF）。

E. 證券商受託買賣外國中央政府債券，委託人為非專業投資人者，發行國家主權評等應符合附表一所列信用評等機構評定達一定等級以上；委託人為專業投資人者，發行國家主權評等應符合附表二所列信用評等機構評定達一定等級以上。

F. 證券商受託買賣前點以外之外國債券（含可轉換公司債及附認股權公司債），委託人為非專業投資人者，該外國債券發行人或保證人之長期債務信用評等及外國債券之債務發行評等應符合附表三所列信用評等機構評定達一定等級以上；委託人為專業投資人者，該外國債券發行人或保證人之長期債務信用評等或外國債券之債務發行評等須符合附表四所列信用評等機構評定達一定等級以上。

G.證券商受託買賣外國證券化商品，委託人為非專業投資人者，外國證券化商品之債務發行評等應符合附表三所列信用評等機構評定達一定等級以上，且不得為再次證券化商品及合成型證券化商品；委託人為專業投資人者，外國證券化商品之債務發行評等須符合附表四所列信用評等機構評定達一定等級以上。

H.證券商受託買賣境外結構型商品，應依境外結構型商品管理規則之相關規定辦理。

I. 另依證券商受託買賣外國有價證券管理規則第2條及第5條第1項第3款規定，證券商受託買賣境外基金，應依證券投資信託及顧問法第16條第3項授權訂定之境外基金管理辦法規定辦理，且僅能受託買賣經本會核准或申報生效在國內募集及銷售之境外基金，非經本會核准或申報生效在國內募集及銷售之境外基金，不得為證券商受託買賣外國有價證券標的。

J. 證券商受託買賣境外ETF，辦理申購或買回時，不得持有第3點及第4點所定有價證券成分股。

K.第二點、第五點至第七點所稱「非專業投資人」及「專業投資人」，適用境外結構型商品管理規則第3條第4項及第3項之規定。

附表一【非專業投資人適用】

信用評等機構名稱	信用評等等級
DBRS Ltd.	A
Fitch, Inc.	A
Japan Credit Rating Agency, Ltd.	A
Moody's Investor Services, Inc.	A2
Rating and Investment Information, Inc.	A
Standard & Poor's Rating Services	A
Egan-Jones Rating Company	A

附表二【專業投資人適用】

信用評等機構名稱	信用評等等級
DBRS Ltd.	BBBH
Fitch, Inc.	BBB+
Japan Credit Rating Agency, Ltd.	BBB+
Moody's Investor Services, Inc.	Baa1
Rating and Investment Information, Inc.	BBB+
Standard & Poor's Rating Services	BBB+
Egan-Jones Rating Company	BBB+

附表三【非專業投資人適用】

信用評等機構名稱	信用評等等級
A.M. Best Company, Inc.	a-
DBRS Ltd.	AL
Fitch, Inc.	A-
Japan Credit Rating Agency, Ltd.	A-
Moody's Investor Services, Inc.	A3
Rating and Investment Information, Inc.	A-
Standard & Poor's Rating Services	A-
Egan-Jones Rating Company	A-
LACE Financial Corp.	長期債務信用評等：B+ 債務發行評等：A-
Realpoint	A-

附表四【專業投資人適用】

信用評等機構名稱	信用評等等級
A.M. Best Company, Inc.	bbb
DBRS Ltd.	BBB
Fitch, Inc.	BBB
Japan Credit Rating Agency, Ltd.	BBB
Moody's Investor Services, Inc.	Baa2
Rating and Investment Information, Inc.	BBB
Standard & Poor's Rating Services	BBB
Egan-Jones Rating Company	BBB

信用評等機構名稱	信用評等等級
LACE Financial Corp.	長期債務信用評等：B- 債務發行評等：BBB
Realpoint	BBB

(3)投資本國企業赴國外發行之有價證券，以依「發行人募集與發行海外有價證券處理準則」發行且以於次級市場交易者為限。

4.但是符合下列條件之一者，不受前三條限制：

(1)委託人為專業機構投資人，信託業以委託人依法令得投資之範圍受託投資。

(2)依「信託業營運範圍受益權轉讓限制風險揭露及行銷訂約管理辦法」發布施行前依法令受託投資者，於契約期滿前按原訂契約金額繼續持有。

(二)信託業務之營運範圍、限制及風險揭露規範

1.依信託業法第18-1條規定，信託業辦理信託業務之營運範圍、受益權轉讓限制及風險揭露應載明於信託契約，並告知委託人。

2.前項之營運範圍、受益權轉讓限制、風險揭露與行銷、訂約之管理及其他應遵行事項之辦法，由主管機關定之。

3.信託財產投資於國內發行的金融商品之規範：信託業運用信託財產投資於國內發行的金融商品，包括國內股票、債券、基金等，如以外幣計價者，係屬「信託業營運範圍受益權轉讓限制風險揭露及行銷訂約管理辦法」第9條至第15條所稱「信託業運用信託財產於國外或涉及外匯之投資」之範圍。另外，信託業運用信託財產，不論投資於國內或國外發行之金融商品，皆應遵守本辦法其他規定。

只要合法之投資工具，除未上市及未上櫃股票外，原則並無限制，如國內上市股票、上櫃股票、公債、公司債、基金等均可為投資之工具。

4.信託財產投資於外國有價證券範圍：係指外國股票、外國債券、外國認股權證、外國存託憑證、外國指數股票型基金（Exchange Traded Fund, ETF）、境外基金、外國證券化商品。有關外國有價證券之規定，於以債券方式發行之境外結構型商品亦準用之。

5.國外金融商品投資範圍：係指至國外投資於外國有價證券等金融商品；同時凡涉及外匯之投資包括在國外及國內投資的外幣金融商品，例如外幣存款，無論係存放於本國銀行或國外之外國銀行均屬之。

6. 信託業不宜受理客戶委託與信託業之海外子行、分行、聯行等以信託專戶辦理相關之投資交易。金管會民國96年1月23日金管銀(五)字第09685000680號函已有規定，並於民國99年10月13日以金管銀法字第09910005821號函再次重申，金管會核准本國銀行設立海外子銀行或分行，旨在鼓勵本國銀行拓展海外業務，爰若本國銀行有對國外與其具隸屬關係子銀行、海外分行、海外聯行或其他國外銀行同業，提供介紹客戶開戶或協助銷售金融商品等服務，或該等在海外之金融機構亦派員跨境來臺提供相關金融服務，顯有違反上述設立海外分支機構之目的。

(三)**「專業投資人／專業機構投資人」及「非專業投資人」之限制**

1. **投資資格規範**

(1) 首先依照「信託業營運範圍受益權轉讓限制風險揭露及行銷訂約管理辦法」第10條至第15條規定，對所稱「專業投資人」、「專業機構投資人」及「非專業投資人」有明確的規範與限制，同時亦適用於「境外結構型商品管理規則」第3條第3項及第4項規定。

(2) 除「專業機構投資人」外，「專業投資人」得以書面向信託業申請變更為「非專業投資人」，但未符合前項規定之非專業投資人不得申請變更為「專業投資人」。

(3) 有關「專業投資人」應符合之資格條件，應由信託業受託或銷售機構盡合理調查之責任，並向委託人或投資人取得合理可信之佐證依據。

(4) 依「境外結構型商品管理規則」第3條第3項，所稱「專業投資人」，係指投資人符合以下條件之一者：

A.「專業機構投資人」：係指國內外之銀行、保險公司、票券金融公司、證券商、基金管理公司、政府投資機構、政府基金、退休基金、共同基金、單位信託、證券投資信託公司、證券投資顧問公司、信託業、期貨商、期貨服務事業及其他經本會核准之機構。

B. 同時符合下列條件，並以書面向信託業、證券商或保險業（以下簡稱受託或銷售機構）申請為「高淨值投資法人」：

a. 最近一期經會計師查核或核閱之財務報告淨資產超過新臺幣200億元者。但中華民國境外之法人，其財務報告免經會計師查核或核閱。

b. 設有投資專責單位，並配置適任專業人員，且該單位主管具備下列條件之一：

I. 曾於金融、證券、期貨或保險機構從事金融商品投資業務工作經驗3年以上。

II. 金融商品投資相關工作經驗4年以上。

III. 有其他學經歷足資證明其具備金融商品投資專業知識及管理經驗，可健全有效管理投資部門業務者。

c. 最近一期經會計師查核或核閱之財務報告持有有價證券部位或衍生性金融商品投資組合達新臺幣10億元以上。但中華民國境外之法人，其財務報告免經會計師查核或核閱。

d. 內部控制制度具有合適之投資程序及風險管理措施。

C. 最近一期經會計師查核或核閱之財務報告總資產超過新臺幣5,000萬元之法人或基金。但中華民國境外之法人，其財務報告免經會計師查核或核閱。

D. 同時符合下列三項條件，並以書面向受託或銷售機構申請為專業投資人之自然人：

a. 提供新臺幣3,000萬元以上之財力證明；或單筆投資逾新臺幣300萬元之等值外幣，且於該受託、銷售機構之存款及投資（含該筆投資）往來總資產逾新臺幣1,500萬元，並提供總資產超過新臺幣3,000萬元以上之財力聲明書。

b. 投資人具備充分之金融商品專業知識或交易經驗。

c. 投資人充分了解受託或銷售機構受專業投資人委託投資得免除之責任，同意簽署為專業投資人。

E. 簽訂信託契約之信託業，其委託人符合第2款、第3款或前款之規定。

F. 本規則所稱非專業投資人，係指符合前項專業投資人條件以外之投資人。

(5) 專業投資人無須於交易時重新查核其財力證明或重新簽署相關聲明，故以單筆投資逾新臺幣300萬元之等值外幣等條件申請為專業投資人者亦同，另該財力證明應不包含其配偶或未成年子女之資產。

2. 對【專業投資人】信託財產運用之限制

信託業運用信託財產於國外或涉及外匯之投資，委託人如屬【專業投資人者】，以下列範圍為限：

(1) 存放於本國銀行或全世界銀行資本或資產排名居前1,000名以內之外國銀行及其於國內分行之外幣存款；該銀行之信用評等應符合附表一所列信用評等機構評定達一定等級以上。

附表一（存放外幣存款之銀行信用評等）【專業投資人及非專業投資人適用】

信用評等機構名稱	長期債務信用評等等級	短期債務信用評等等級
A.M. Best Company, Inc.	bbb-	AMB-3
DBRS Ltd.	BBBL	R-3
Fitch, Inc.	BBB-	F3
Japan Credit Rating Agency, Ltd.	BBB-	J3
Moody's Investor Services, Inc.	Baa3	P-3
Rating and Investment Information, Inc.	BBB-	a-3
Standard & Poor's Rating Services	BBB-	A-3
Egan-Jones Rating Company	BBB-	A-3
中華信用評等股份有限公司	twBBB-	twA-3
英商惠譽國際信用評等股份有限公司台灣分公司	BBB-（twn）	F3（twn）

(2) 依證券商受託買賣外國有價證券管理規則經主管機關指定之外國證券交易所交易之股票、認股權證、存託憑證及指數股票型基金。

(3) 依證券投資信託基金管理辦法或期貨信託基金管理辦法募集或私募外幣計價之證券投資信託基金或期貨信託基金。

(4) 依境外基金管理辦法私募之境外基金與經主管機關核准或申報生效在國內募集及銷售之境外基金。

(5) 債務人（發行人、保證人或承兌人）短期債務信用評等符合附表二所列信用評等機構評定達一定等級以上之外幣短期票券。

附表二（短期債務信用評等）【專業投資人適用】

信用評等機構名稱	信用評等等級
A.M. Best Company, Inc.	AMB-3
DBRS Ltd.	R-3

信用評等機構名稱	信用評等等級
Fitch, Inc.	F3
Japan Credit Rating Agency, Ltd.	J3
Moody's Investor Services, Inc.	P-3
Rating and Investment Information, Inc.	a-3
Standard & Poor's Rating Services	A-3
Egan-Jones Rating Company	A-3

(6)依外國發行人募集與發行有價證券處理準則發行且已於次級市場交易之外幣計價債券。

(7)符合下列信用評等之外國債券：

A.外國中央政府債券：發行國家主權評等符合附表三所列信用評等機構評定達一定等級以上。

附表三（國家主權評等）【專業投資人適用】

信用評等機構名稱	信用評等等級
DBRS Ltd.	BB
Fitch Ratings Ltd.	BB
Japan Credit Rating Agency, Ltd.	BB
Moody's Investor Services, Inc.	Ba2
Rating and Investment Information, Inc.	BB
Standard & Poor's Rating Services	BB
Egan-Jones Rating Company	BB

B.除前目以外之外國債券（含可轉換公司債及附認股權公司債）：發行人或保證人之長期債務信用評等或債券之債務發行評等符合附表四所列信用評等機構評定達一定等級以上。

附表四(發行人或保證人之長期債務信用評等或債券之債務發行評等)【專業投資人適用】

信用評等機構名稱	信用評等等級
A.M. Best Company, Inc.	bb
DBRS Ltd.	BB
Fitch Ratings Ltd.	BB
Japan Credit Rating Agency, Ltd.	BB
Moody's Investor Services, Inc.	Ba2
Rating and Investment Information, Inc.	BB
Standard & Poor's Rating Services	BB
Egan-Jones Rating Company	BB
Kroll Bond Rating Agency	BB
Morningstar, Inc.	BB

(8)債務發行評等符合附表四所列信用評等機構評定達一定等級以上之外國證券化商品。

(9)以前4款為標的之附條件交易:以第5款為標的者,交易相對人短期債務信用評等應符合附表二所列信用評等機構評定達一定等級以上;以前3款為標的者,交易相對人長期債務信用評等應符合附表四所列信用評等機構評定達一定等級以上。

(10)符合境外結構型商品管理規則得於國內受託投資之境外結構型商品。

(11)第16條規定之衍生性金融商品交易。

(12)黃金。

(13)其他經主管機關核准之投資標的。

3. **對【非專業投資人】之限制**

信託業運用信託財產於國外或涉及外匯之投資,委託人如屬【非專業投資人者】,以下列範圍為限:

(1)存放於本國銀行或全世界銀行資本或資產排名居前500名以內之外國銀行及其於國內分行之外幣存款;該銀行之信用評等應符合附表一所列信用評等機構評定達一定等級以上。

附表一（存放外幣存款之銀行信用評等）
【專業投資人及非專業投資人適用】

信用評等機構名稱	長期債務信用評等等級	短期債務信用評等等級
A.M. Best Company, Inc.	bbb-	AMB-3
DBRS Ltd.	BBBL	R-3
Fitch, Inc.	BBB-	F3
Japan Credit Rating Agency, Ltd.	BBB-	J3
Moody's Investor Services, Inc.	Baa3	P-3
Rating and Investment Information, Inc.	BBB-	a-3
Standard & Poor's Rating Services	BBB-	A-3
Egan-Jones Rating Company	BBB-	A-3
中華信用評等股份有限公司	twBBB-	twA-3
英商惠譽國際信用評等股份有限公司台灣分公司	BBB-（twn）	F3（twn）

(2) 依證券商受託買賣外國有價證券管理規則經主管機關指定之外國證券交易所交易之股票、認股權證、存託憑證及以投資股票、債券為主且不具槓桿或放空效果之指數股票型基金。

(3) 依證券投資信託基金管理辦法或期貨信託基金管理辦法募集外幣計價之證券投資信託基金或期貨信託基金。

(4) 依境外基金管理辦法經主管機關核准或申報生效在國內募集及銷售之境外基金。

(5) 債務人（發行人、保證人或承兌人）短期債務信用評等符合附表五所列信用評等機構評定達一定等級以上之外幣短期票券。

附表二（短期債務信用評等）【非專業投資人適用】

信用評等機構名稱	信用評等等級
A.M. Best Company, Inc.	AMB-2

信用評等機構名稱	信用評等等級
DBRS Ltd.	R-2M
Fitch, Inc.	F2
Japan Credit Rating Agency, Ltd.	J2
Moody's Investor Services, Inc.	P-2
Rating and Investment Information, Inc.	a-2
Standard & Poor's Rating Services	A-2
Egan-Jones Rating Company	A-2

(6)依外國發行人募集與發行有價證券處理準則發行且已於次級市場交易之外幣計價債券。

(7)符合下列信用評等之外國債券：

A.外國中央政府債券：發行國家主權評等符合附表六所列信用評等機構評定達一定等級以上。

附表三（國家主權評等）【非專業投資人適用】

信用評等機構名稱	信用評等等級
DBRS Ltd.	A
Fitch, Inc.	A
Japan Credit Rating Agency, Ltd.	A
Moody's Investor Services, Inc.	A2
Rating and Investment Information, Inc.	A
Standard & Poor's Rating Services	A
Egan-Jones Rating Company	A

B.除前目以外之外國債券（含可轉換公司債及附認股權公司債）：發行人或保證人之長期債務信用評等及債券之債務發行評等符合附表七所列信用評等機構評定達一定等級以上。

附表四（發行人或保證人之長期債務信用評等及債券之債務發行評等）
【非專業投資人適用】

信用評等機構名稱	信用評等等級
A.M. Best Company, Inc.	a-
DBRS Ltd.	AL
Fitch, Inc.	A-
Japan Credit Rating Agency, Ltd.	A-
Moody's Investor Services, Inc.	A3
Rating and Investment Information, Inc.	A-
Standard & Poor's Rating Services	A-
Egan-Jones Rating Company	A-
LACE Financial Corp.	長期債務信用評等：B+ 債務發行評等：A-
Realpoint	A-

(8)債務發行評等符合附表七所列信用評等機構評定達一定等級以上之外國證券化商品。但不含再次證券化商品及合成型證券化商品。

(9)以前4款為標的之附條件交易：以第5款為標的者，交易相對人短期債務信用評等應符合附表五所列信用評等機構評定達一定等級以上；以前3款為標的者，交易相對人長期債務信用評等應符合附表七所列信用評等機構評定達一定等級以上。

(10)符合境外結構型商品管理規則得由非專業投資人投資之境外結構型商品。

(11)黃金。

(12)其他經主管機關核准之投資標的。

4.專業投資人之自然人，其資格改變的權益：依金管會於民國100年2月1日金管銀票字第09900525890號函說明二，有關申請為專業投資人之自然人，其資格應每年審視乙節，如委託人以專業投資人身分投資後，某一複審年度其財力資格不符規定時，原已投資之商品該如何處理有關專業投資人應符合之資格條件係依交易時之資格認定，交易後不符專業投資人資格或專業投資人以書面向信託業申請變更為非專業投資人者，委託人已簽約投資之商品，以單筆方式投資者，得按原訂契約繼續持有；以定期定額方式投資者，得按原訂契約繼續投資，至委託人全數贖回為止。

5.「專業投資人」每次交易均須逾新臺幣300萬元之等值外幣，並應符合「專業投資人」其他要件，惟委託人無須於每次交易時，提供總資產超過新臺幣3,000萬元以上之財力聲明書或重新簽署同意為「專業投資人」之聲明，而是由信託業於每年至少辦理一次複審時，請委託人重新出具相關聲明書即可。又既為「專業投資人」，自得適用「信託業營運範圍受益權轉讓限制風險揭露及行銷訂約管理辦法」第10條各款標的（如：存款、指數股票型基金、外幣計價之證券投資信託基金…等）。

6.國外IPO有價證券相關資訊提供之限制

(1)委託人如屬「非專業投資人」，主動要求信託業提供國外IPO之有價證券之相關資訊，信託業依「信託業營運範圍受益權轉讓限制風險揭露及行銷訂約管理辦法」第21條第2項第2款規定，信託業得對「非專業投資人」推介之外國有價證券，限已於指定之外國證券交易所交易者，如屬初級市場發行或募集之標的，則不得為推介行為。

(2)此一規定係基於投資標的如屬初級市場發行或募集之外國有價證券，尚未於指定之外國證券交易所交易，信託業不得主動推介之，且鑑於「非專業投資人」多未具專業知識及交易經驗，尚難以得知相關資訊。該規定係規範信託業進行推介特定投資標的之行為，如委託人主動向信託業要求提供相關資訊，以作為特定金錢信託委託投資國外有價證券之參考，尚非該款所稱之「推介行為」。為利舉證並避免適法性爭議，信託業應於受託投資時以「書面」留存相關證明。

(3)信託業受理「專業投資人」及「非專業投資人」之委託，運用信託財產於外國IPO有價證券之範圍，須分別符合本辦法第10條及第11條規定，但不包含第10條第2款及第11條第2款規定之商品。

(四)**信託業辦理特定金錢信託業務，應遵守下列事項：**

1.信託業不得以自有資金先行買入該有價證券，再以特定金錢信託方式賣予委託人。

信託業以特定金錢信託運用於購買有價證券時，若信託業非證券自營商，且該有價證券依法不得在國內發行、買賣，則信託業不得以自有資金先行買入該有價證券，再以特定金錢信託方式賣予委託人。另信託業對信託財產不具有運用決定權之信託，雖不受信託業法第25條第1項之限制「特定金錢信託購買或讓售信託業其利害關係人所發行之有價證券不受限制」，惟若有該條規定之情事時，應充分告知委託人，其委託有信託業法第25條規定之情事。

2. 費用之載明

依信託業法第19條第1項第9款規定，信託業辦理特定金錢信託業務，自交易對手取得之服務費，在性質上屬信託報酬，應於信託契約中明定。

3. 信託業運用信託財產投資國內證券商所經營連結標的僅涉及國內資產（例如：國內股票、利率等不涉及國外及外匯者）之結構型商品，是否屬信託業者可受託投資之標的及應遵守之相關規範（100.2.25金管銀票字第09900436300號）

(1) 兼營信託業務之銀行辦理信託業務，依信託業法第18條規定，其業務項目應先經主管機關核定，且未符合「信託業營運範圍受益權轉讓限制風險揭露及行銷訂約管理辦法」第5條所定之條件者，不得逕行增加金融商品（含旨揭結構型商品）為信託財產之運用範圍；惟涉及共同信託基金或集合管理運用帳戶之業務，應另依各相關規定辦理。

(2) 信託業受託投資之標的為證券商於其營業處所經營之衍生性金融商品，應符合上開規定，並應依信託業相關法規及貴會所定自律規範辦理。另案關證券商並應遵守證券商管理規則及財團法人中華民國證券櫃檯買賣中心證券商營業處所經營衍生性金融商品交易業務規則。此外，信託業運用信託財產受託投資本案結構型商品，若該關證券商屬信託業本身或其利害關係人，應特別注意不得違反信託業法第25條（內部交易防範）規定，以保護委託人及受益人之權益。

(3) 另「信託業營運範圍受益權轉讓限制風險揭露及行銷訂約管理辦法」部分修正條文已於民國100年2月17日發布，該辦法修正條文第22條已增訂信託業辦理特定金錢信託業務或特定有價證券信託業務受託投資境內結構型商品，應建立充分瞭解客戶之作業準則，受理非專業投資人之委託投資時，應依貴會所定之自律規範建立商品適合度規章，以確認委託人足以承擔所投資標的之風險；且為強化對信託業運用信託財產從事結構型商品交易之管理，該辦法修正條文第16條並明定由貴會訂定信託業從事結構型商品交易之自律規範。爰信託業者應俟貴會依上開規定擬訂自律規範報本會核定後，依相關規定辦理。

4.保本型外幣債券，如投資標的為評等達一定等級以上，由國家保證或發行之債券，並非百分之百無風險，因此保本型外幣債券之命名，不得有誤讓投資人誤解，故受託銀行於辦理本項業務時，應向委託人說明並於信託契約中明白揭示，信託業不得有擔保本金或最低收益率，或以其他名稱代替，避免引發爭端。

(五)**信託業辦理特定金錢信託投資國外有價證券業務應遵守之事項**

1.信託業辦理特定金錢信託投資國外有價證券業務，除其投資標的為境外基金另依「境外基金管理辦法」規定辦理外，應遵守下列事項：

(1)信託業所提供相關國外有價證券之說明書等資料，僅得於特定營業櫃檯放置。

(2)不得主動洽詢媒體公開宣導或刊登特定國外有價證券之相關內容，或舉辦說明會、發布新聞稿。

(3)不得主動推介特定國外有價證券或主動提供、寄發其說明書予客戶或一般大眾。但該國外有價證券之經理（或發行）機構未說明該國外有價證券有銷售對象之限制，且該國外有價證券到期本金之保本比率達百分之百者，得對現有之特定金錢信託客戶為之。

(4)不得於國內有公開募集行為。

(5)信託業應執行下列事項，避免違反忠實義務：

A.如特定國外有價證券之經理（或發行）機構說明該國外有價證券有銷售對象之限制者，信託業不得接受一般客戶委託投資。

B.國外有價證券之名稱應適當表達其特性及風險，不得使用可能誤導客戶之名稱。

2.兼營信託業務之銀行，辦理特定金錢信託投資國外有價證券業務，涉及財富管理業務或對非財富管理部門客戶銷售金融商品者，除依前點規定辦理外，並應依本會所定相關規定及中華民國銀行商業同業公會全國聯合會所定相關自律規範辦理。

(六)**投資境外基金相關規定**

1.依境外基金管理辦法第2條規定，任何人非經金管會核准或申報生效後，不得在中華民國境內代理募集及銷售境外基金。

2.**總代理相關規定：**

(1)依境外基金管理辦法第3條第1項規定，境外基金管理機構或其指定機構應委任單一之總代理人在國內代理其基金之募集及銷售。

(2) 依境外基金管理辦法第3條第2項規定，總代理人得在國內代理一個以上境外基金機構之基金募集及銷售。

(3) 得申請擔任總代理之機構對象：依境外基金管理辦法第8條第1項規定，境外基金機構得委任經核准營業之「證券投資信託事業」、「證券投資顧問事業」或「證券經紀商擔任總代理人」，辦理境外基金募集及銷售業務。

3. **銷售機構相關規定：**

(1) 依境外基金管理辦法第3條第1項規定，境外基金管理機構或其指定機構應委任單一之總代理人在國內代理其基金之募集及銷售。

(2) 依境外基金管理辦法第3條第3項規定，銷售機構得在國內代理一個以上境外基金之募集及銷售。

(3) 得擔任銷售機構對象：依境外基金管理辦法第18條第1項規定，總代理人得委任經核准營業之證券投資信託事業、證券投資顧問事業、證券經紀商、銀行、信託業及其他經主管機關核定之機構，擔任境外基金之銷售機構，辦理該境外基金之募集及銷售業務。

(4) 依境外基金管理辦法第3條第4項規定，信託業依特定金錢信託契約及證券經紀商依受託買賣外國有價證券契約受託投資境外基金者，除本辦法另有規定外，應適用本辦法總代理人或銷售機構之相關規定。

(5) 依境外基金管理辦法第3條第5項規定，銷售機構受理境外基金投資人之申購、買回或轉換等事宜，除信託業依特定金錢信託契約受託投資境外基金者外，應經總代理人轉送境外基金機構辦理。

(6) 參與證券商受理或從事境外指數股票型基金（Exchange Traded Fund；ETF）之申購或買回，應依境外基金機構規定之方式辦理，得免經總代理人轉送境外基金機構。

4. **銷售機構受託買賣簽訂應以「書面約定」為之：**

(1) 境外基金機構與其委任之總代理人簽訂書面之總代理契約，以及總代理人與其委任之銷售機構簽訂書面之銷售契約。

(2) 信託業或證券經紀商依本辦法擔任境外基金銷售機構者，得與投資人簽訂「特定金錢信託契約」或受託買賣外國有價證券契約為之。

5. **銷售機構應對投資人應告知與協助之相關事宜：**

(1) 交付投資人須知及公開說明書中譯本等相關資訊予投資人。

(2) 就不可歸責銷售機構之情事，協助投資人紛爭處理與辦理投資人權益保護事宜及一切通知事項。

(3) 其他依法令或本會規定應辦理之事項。

6. **境外基金募集與銷售之資格條件：**

依境外基金管理辦法第23條規定，境外基金除境外指數股票型基金外，其符合下列條件者，得經金管會核准或申報生效在國內募集及銷售：

(1) 境外基金從事衍生性商品交易之比率，不得超過金管會所訂定之比率。現階段金管會對於衍生性商品交易之比率訂定如下：

A. 境外基金為增加投資效率，持有衍生性商品未沖銷部位之風險暴露，不得超過該境外基金淨資產價值之40%。

B. 境外基金為避險需求，持有衍生性商品未沖銷空頭部位總價值總額，不得超過該境外基金所持相對應有價證券總市值。

(2) 境外基金不得投資於黃金、商品現貨及不動產。

(3) 境外基金投資大陸地區證券市場之有價證券占該境外基金總投資之比率，不得超過金管會所訂定之比率。

現階段金管會訂定國內募集及銷售之境外基金投資大陸有價證券及紅籌股之比率不得超過該境外基金淨資產價值之10%。

但境外指數股票型基金經本會核准向證券交易所申請上市或進行交易者，不在此限。

(4) 國內投資人投資金額占個別境外基金比率，不得超過金管會規定之一定限額。

現階段金管會訂定不得超過該境外基金淨資產價值之90%。

(5) 境外基金之投資組合不得以中華民國證券市場為主要的投資地區，該投資比率由金管會定之。

目前金管會訂定境外基金投資中華民國證券市場之比率不得超過該境外基金淨資產價值之70%。

(6) 該境外基金不得以新臺幣或人民幣計價。

(7) 境外基金必須成立滿1年。

(8) 境外基金已經基金註冊地主管機關核准向不特定人募集者。

(9) 其他經金管會規定之事項。

(10) 境外基金經本會專案核准或基金註冊地經我國承認並公告者，得免受前項第1款及第7款之限制。

7. **境外基金管理機構應符合下列之資格條件：**

依境外基金管理辦法第24條規定，總代理人申請（報）境外基金之募集及銷售，除境外指數股票型基金外，該境外基金之境外基金管理機構，應符合下列條件：

(1) 基金管理機構（得含其控制或從屬機構）所管理以公開募集方式集資投資於證券之基金總資產淨值超過20億美元或等值之外幣者。所稱總資產淨值之計算不包括退休基金或全權委託帳戶。
(2) 最近2年未受當地主管機關處分並有紀錄在案者。
(3) 成立滿2年以上者。
(4) 基金管理機構或其集團企業對增進我國資產管理業務有符合金管會規定之具體貢獻，且經本會認可者。但基金註冊地與基金管理機構所在地為我國承認且公告者，得不受限制。
(5) 前項第4款所稱集團企業係指該基金管理機構所屬持股逾50%之控股公司，或持股逾50%之子公司，或屬同一控股公司持股逾50%之子公司。

8. **廣告及促銷之規範：**
依境外基金管理辦法第50條規定，總代理人或其委任之銷售機構從事境外基金之廣告、公開說明會及促銷時，除本會另有規定外，不得有下列行為：
(1) 藉本會對該境外基金之核准或申報生效，作為證實申請（報）事項或保證境外基金價值之宣傳。
(2) 使人誤信能保證本金之安全或保證獲利。
(3) 提供贈品或以其他利益勸誘他人購買境外基金。
(4) 對於過去之業績作誇大之宣傳或對同業為攻訐之廣告。
(5) 為虛偽、欺罔、或其他顯著有違事實或故意使他人誤信之行為。
(6) 對未經本會核准或申報生效之境外基金，預為宣傳廣告、公開說明會及促銷。
(7) 內容違反法令、契約或公開說明書內容。
(8) 為境外基金績效之預測。
(9) 涉及對新臺幣匯率走勢之臆測。
(10) 違反同業公會訂定廣告及促銷活動之自律規範。
(11) 其他影響投資人權益之事項。
前項第10款之自律規範，由同業公會擬訂，報經本會核定；修正時，亦同。

9. 依金管會於民國104年9月1日金管銀外字第10400192770號令，銀行國際金融業務分行辦理總行經金融監督管理委員會核准辦理之外幣信託業務，受託投資標的為境外基金時，不受投資標的組合內容不得涉及新臺幣計價商品限制，但其投資於中華民國證券市場之比率不得超過其淨資產價值之50%。

(1)銀行國際金融業務分行，得依國際金融業務條例第4條第1項第11款規定，辦理總行（或外國銀行申請認許時所設分行）經主管機關核准辦理之外幣信託業務。

銀行國際金融業務分行以信託方式辦理國際金融業務條例第4條第1項第10款業務者，亦適用本規定。

(2)前點業務之辦理，依國際金融業務條例第5條第1項規定，於業務面不受信託業法、證券投資信託及顧問法與期貨交易法之限制，包含下列各項：

A.管理、運用與處分信託資產之種類及範圍。

B.專業投資人應符合之資格條件。

C.商品應經同業公會或主管機關審查、核准、備查或申報生效之規定。

D.從事推介、廣告、業務招攬及營業促銷活動之規定。

(3)第一點業務之交易對象以中華民國境外客戶為限，且受託投資標的，除經主管機關核准者，應符合下列規定：

A.計價幣別不得為新臺幣。

B.連結標的不得為新臺幣匯率、新臺幣利率指標或新臺幣計價商品。

C.投資標的組合內容不得涉及新臺幣計價商品。

(4)下列受託投資標的，得不受前點所稱投資標的組合內容不得涉及新臺幣計價商品之限制：

A.境外基金，但其投資於中華民國證券市場之比率不得超過其淨資產價值之百分之五十。

B.國內證券投資信託事業發行含新臺幣級別之多幣別基金之外幣級別。外幣計價國際債券（含寶島債）得不計入投資於中華民國證券市場比率限制之計算範圍。

(5)銀行國際金融業務分行辦理第一點業務，應善盡善良管理人之注意義務及忠實義務，除應充分說明該信託商品、服務及契約之重要內容及充分揭露其風險外，並應就下列事項訂定作業規範，本國銀行於報經董事會、外國銀行在臺分行於報經總行或區域中心核准後施行：

A.接受客戶之標準與瞭解客戶之審查作業程序。

B.得提供客戶之商品種類及範圍。

C.商品適合度規章。

D.商品上架之審查機制。

E.從事推介、廣告、業務招攬及營業促銷活動應遵循之事項。

(6) 第1點業務應帳列國際金融業務分行，並另以附註方式揭露於總行（或外國銀行申請認許時所設分行）所設信託業務專責部門之財務報表。

(7) 本令所規範事項，應納入內部控制及稽核制度落實執行。

(七) 境外結構型商品規則相關規定

1. **境外結構商品定義**：依境外結構型商品管理規則第2條規定說明，境外結構型商品係指於中華民國境外發行，以固定收益商品結合連結股權、利率、匯率、指數、商品、信用事件或其他利益等衍生性金融商品之複合式商品，且以債券方式發行者。

2. 本規則所指受託投資，係指依信託關係投資境外結構型商品之行為；所稱受託買賣，係指透過證券商從事境外結構型商品之買賣行為。

3. 運用信託財產投資於銀行業或證券業發行之本金連結外幣匯率選擇權之結構型商品，屬於「信託業營運範圍受益權轉讓限制風險揭露及行銷訂約管理辦法」所稱「信託業運用信託財產於國外或涉及外匯」之規範範圍。且另信託業運用信託財產投資境內結構型商品，均應遵守本辦法第16條有關從事衍生性金融商品及結構型商品交易應遵循之事項，以及本辦法其他規定。

4. 境外結構型商品，非依本規則規定，不得於中華民國境內受託投資、受託買賣或為投資型保單之投資標的。但於外國證券交易所掛牌交易之境外結構型商品不適用本規則規定。

   受託或銷售機構以第2條商品為受託投資、受託買賣或為投資型保單之投資標的者，依本規則之規定，本規則未規定者，依其他相關法令之規定；其涉及資金之匯出、匯入部分，應依中央銀行之相關規定辦理。

5. 於中華民國境內受託投資、受託買賣或為投資型保單投資標的之境外結構型商品，非以專業投資人為受託或銷售對象者，於國外發行機構及商品註冊地亦得以非專業投資人為受託或銷售對象，其當次發行之受託或銷售條件訂有交易條件者，於中華民國境內亦應為相當之交易條件。

6. **境外結構型商品發行人或總代理人**：境外結構型商品發行機構應於中華民國境內設有分公司（以下簡稱發行人）。其未設有分公司者，應由下列規定之該商品發行機構或保證機構之母公司、分公司或子公司擔任總代理人（以下簡稱總代理人）：

   (1) 發行機構在中華民國境內之母公司、子公司或其境外子公司之在臺分公司。

   (2) 保證機構在中華民國境內之母公司、分公司或子公司，或其境外子公司之在臺分公司。

前項所稱分公司以經金融監督管理委員會（以下簡稱本會）核准設立之外國銀行在臺分行、外國證券商在臺分公司或外國保險公司在臺分公司為限。

第1項所稱發行機構或保證機構境內母公司應符合下列條件：

(1) 經本會核准設立且對外國金融控股公司、外國銀行、外國證券商或外國保險公司直接或間接轉投資持股逾50%之本國銀行、本國證券商或本國保險公司。

(2) 該母公司同意就發行機構或保證機構所負境外結構型商品之義務負連帶責任。

第1項所稱發行機構或保證機構子公司應符合下列條件：

(1) 外國金融控股公司、外國銀行、外國證券商或外國保險公司直接或間接轉投資且持股逾50%之銀行、證券商或保險子公司。其屬中華民國境內子公司者，應經本會核准在臺設立。

(2) 該子公司同意就發行機構或保證機構所負境外結構型商品之義務負連帶責任。

前二項所稱外國金融控股公司應符合下列條件：

(1) 受外國金融監督管理機關監理。

(2) 資本適足率須符合巴塞爾資本協定三之規範。

7. **營業保證金提存**

發行人或總代理人應依下列規定，向得辦理保管業務，並符合主管機關認可之信用評等機構評等達一定等級以上之銀行提存營業保證金：

(1) 擔任一家境外結構型商品發行機構之發行人或總代理人時，應提存新臺幣5,000萬元。

(2) 擔任二家境外結構型商品發行機構之發行人或總代理人時，應提存新臺幣8,000萬元。

(3) 擔任三家以上境外結構型商品發行機構之發行人或總代理人時，應提存新臺幣1億元。

營業保證金應以現金、政府債券、銀行存款或金融債券提存，不得設定質權或作為任何債務之擔保，且不得分散提存於不同銀行；提存金融機構之更換或營業保證金之提取，應經本會核准後始得為之，發行人或總代理人變更時亦同。

8. **境外結構型商品符合下列條件者**

境外結構型商品符合下列條件者，由其發行人或總代理人填具申請書並檢具相關文件，送受託或銷售機構所屬同業公會審查，審查通過，並經與發行人或總代理人簽訂契約者，始得為於中華民國境內對非專業投資人從事受託投資、受託買賣或為投資型保單之標的：

(1) 發行機構或保證機構之長期債務信用評等及境外結構型商品之發行評等，應符合經金管會核准或認可之信用評等機構評等達一定等級以上者。

(2) 計價幣別以美元、英鎊、歐元、澳幣、紐西蘭幣、港幣、新加坡幣、加幣、日圓及人民幣為限。

(3) 不得連結至下列標的：

A. 新臺幣利率及匯率指標。

B. 國內有價證券。

C. 本國企業於國外發行之有價證券。

D. 國內證券投資信託事業於國外發行之受益憑證。

E. 國內外機構編製之台股指數及其相關金融商品。但如該指數係由臺灣證券交易所股份有限公司或財團法人中華民國證券櫃檯買賣中心與國外機構合作編製非以台股為主要成分股之指數，不在此限。

F. 屬於下列任一涉及大陸地區之商品或契約：

a. 大陸地區證券市場之有價證券。

b. 大陸地區之政府、企業或機構所發行或交易之有價證券。

c. 大陸地區股價指數、股價指數期貨。

d. 大陸地區債券或貨幣市場相關利率指標。

e. 人民幣匯率指標。

f. 其他涉及適用臺灣地區與大陸地區人民關係條例及依該條例所定之相關法令之商品。

G. 未經主管機關核准或申報生效得募集及銷售之境外基金。

H. 國外私募之有價證券。

I. 股權、利率、匯率、基金、指數型股票基金（ETF）、指數、商品及上述相關指數以外之衍生性金融商品。但指數型股票基金（ETF），以主管機關核定之證券市場掛牌交易之以投資股票、債券為主且不具槓桿或放空效果者為限。

(4) 封閉式結構型商品：

A. 到期保本率至少為計價貨幣本金之100%。

B. 投資型保單連結之結構型商品，不得含有目標贖回式設計，且不得含有發行機構得提前贖回之選擇權。

(5)開放式結構型商品之動態保本率須達計價貨幣本金之80%以上。

9.境外結構型商品非以專業投資人為受託或銷售對象者，其發行人或其總代理人應檢具下列文件送受託或銷售機構所屬同業公會審查，並應於收到審查通過通知書後二個營業日內報請主管機關備查。

10.主管機關對於審查非以專業投資人為受託或銷售對象者通過之境外結構型商品，發現有下列情事之一者，得命令停止該商品全部或一部之受託或銷售：

(1)有礙市場秩序。

(2)損害客戶權益。

(3)危及金融服務業財務健全。

(4)其他違反法令之情事。

11.受託或銷售機構審查境外結構型商品時，應組成商品審查小組，組成人員至少應包括：

(1)獨立董事一名或董事二名。

(2)財務主管。

(3)法律遵循主管。

(4)風險控管主管。

12.發行人、總代理人及受託或銷售機構從事境外結構型商品之推介或提供境外結構型商品資訊及行銷文件，不得有下列情形：

(1)藉所屬同業公會對該境外結構型商品之審查通過，作為證實申請事項或保證境外結構型商品價值之陳述或推介。

(2)使人誤信能保證本金之安全或保證獲利。

(3)境外結構型商品使用可能誤導客戶之名稱。

(4)提供贈品或以其他利益勸誘他人購買境外結構型商品。

(5)誇大過去之業績或為攻訐同業之陳述。

(6)為虛偽、欺罔、或其他顯著有違事實或故意使他人誤信之行為。

(7)內容違反法令、契約、產品說明書內容。

(8)為境外結構型商品績效之臆測。

(9)違反受託或銷售機構之同業公會訂定廣告及促銷活動之自律規範。

(10)其他影響投資人權益之事項。

境外結構型商品限於專業投資人投資者，不得為一般性廣告或公開勸誘之行為。

〔牛刀小試〕

( ) 1 銀行辦理指定用途信託資金投資國外有價證券業務，投資之境外基金應符合之條件，下列何者正確？ (A)經評等為A級以上基金公司所發行者 (B)境外基金不得投資於衍生性商品 (C)基金管理機構及境外基金均須成立滿二年者 (D)境外基金得投資於黃金、商品現貨及不動產。【第9期】

( ) 2 有關信託業辦理特定金錢信託投資連動式債券之特性，下列敘述何者錯誤？ (A)投資人所取回本金及收益之多寡與該債券所連結之基礎資產價格變化息息相關 (B)其可與利率、匯率、股票、股票指數等相連結 (C)連結標的如為A級以上由國家保證或發行之債券即表示無信用風險並可百分之百保本 (D)與傳統債券依票面利率支付利息並於屆期時返還本金之架構並不相同。【第41期】

( ) 3 信託業辦理特定金錢信託投資境外基金業務時，得為下列何項行為？ (A)提供贈品 (B)預測績效 (C)承諾保本保息 (D)廣告促銷經金管會核准之境外基金。【第41期】

( ) 4 委託人交付新臺幣資金以特定金錢信託方式投資境外基金時，係以下列何者名義辦理結購外匯事宜？ (A)委託人 (B)受託銀行 (C)受益人 (D)基金公司。【第41期】

( ) 5 銀行辦理特定金錢信託投資國外基金業務，下列敘述何者錯誤？ (A)得發給客戶基金存摺 (B)得向客戶保證獲利 (C)得發給客戶對帳單 (D)發給客戶之信託憑證應予記名。【第41期】

解答與解析

1 (C)。應符合下列條件：一、基金管理機構（得含其控制或從屬機構）所管理基金總資產淨值超過十億美元或等值之外幣者。上述總資產淨值之言算不包括退休基金及個人或機構投資人之全權委託帳戶。二、基金管理機構成立滿二年以上者。三、個別基金必須成立滿兩年。四、基金管理機構最近二年未受當地主管機關（構）處分並有紀錄在案者。五、受益憑證、基金股份或投資單位基於避險或為提昇基金資產組合管理之效率，而投資衍生性商品價值之總金額不得超過個別基金最新資產淨值之百分之十五。六、受益憑證、基金股份或投資單位不得投資於黃金、商品現貨及不動產。

2 (C)。信託業務不可保本保息。

3 (D)。境外基金管理辦法第50條：總代理人或其委任之銷售機構從事境外基金之廣告、公開說明會及促銷時，除本會另有規定外，不得有下列行為：一、藉本會對該境外基金之核准或申報生效，作為證實申請（報）事項或保證境外基金價值之宣傳。二、使人誤信能保證本金之安全或保證獲利。三、提供贈品或以其他利益勸誘他人購買境外基金。四、對於過去之業績作誇大之宣傳或對同業為攻訐之廣告。五、為虛偽、欺罔、或其他顯著有違事實或故意使他人誤信之行為。六、對未經本會核准或申報生效之境外基金，預為宣傳廣告、公開說明會及促銷。七、內容違反法令、契約或公開說明書內容。八、為境外基金績效之預測。九、涉及對新臺幣匯率走勢之臆測。十、違反同業公會訂定廣告及促銷活動之自律規範。

4 **(B)**。信託後，信託財產屬於受託人名義下，故以受託人之名義辦理結購外匯事宜。

5 **(B)**。信託業法第31條：信託業不得承諾擔保本金或最低收益率。

參　特定金錢信託之運作架構及相關規定　重要度★★★★★

一、特定金錢信託運作之基本架構

符合委託人的商品
適合度之運用與標的物

1.KYC充分瞭解客戶
2.簽訂信託契約
3.交付信託資金
4.指定運用標的
5.對帳單或其他約定方式

7.投資運用、信託登記
8.運用結果本金、孳息投資收益

委託人

受託人
（信託業）

6.報表或結匯申請

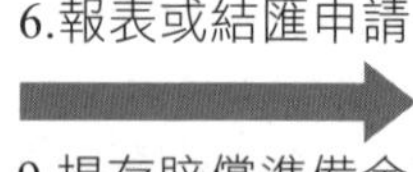

9.提存賠償準備金

中央銀行

10.交易報告書
11.定期報告（受益人、信託監察人）
12.結算本金收益報告書

13.營業報告書
14.財務報告書

金管會

二、特定金錢信託投資國內外基金之前置作業

(一) 基金投資契約之簽訂：依「境外基金管理辦法」及「募集證券投信基金處理準則」等相關法令規定，由受託信託業機構先與基金相關機構簽訂「基金投資契約」。

(二) 國內基金銷售契約之簽訂：基金銷售機構應與投資信託公司簽訂由投信投顧公會所擬業經金管會核定之應行記載事項的銷售契約。

(三) 境外基金銷售契約之簽訂：依「境外基金管理辦法」，境外基金機構應以書面方式完成對總代理人之委任及總代理人對銷售機構之委任。

銷售機構得與境外基金機構及總代理共同簽訂銷售契約，契約內容之應行記載事項應遵循投信投顧公會所擬業經金管會核定之版本。

(四) 商品審查小組：信託業受託投資之金融商品於上架之前應經商品審查小組同意後，使得上架，其中審查過程重點，至少包含下列事項：

1. 商品之合法性。
2. 商品之成本、費用及合理性。
3. 商品之投資策略、風險報酬及合理性。
4. 產品說明書內容之正確性及資訊之充分揭露。
5. 信託業受託投資之適法性及利益衝突之評估。
6. 商品發行機構或保證機構之過去績效、信譽及財務業務健全性。

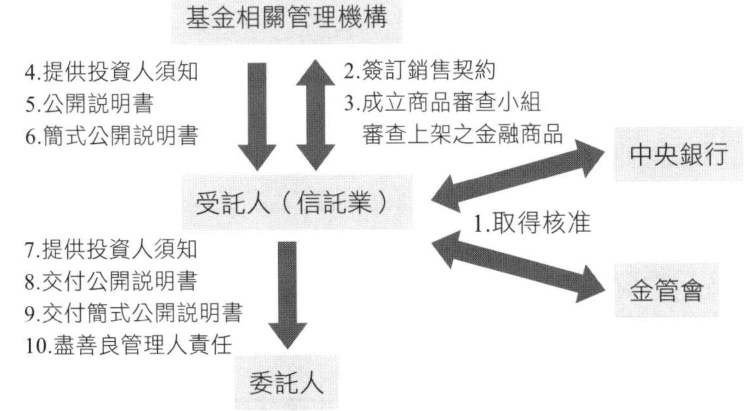

投資國內外基金之前置作業

三、特定金錢信託業務受理面之規定

信託業務作業規範

(一) **委託人資格**：目前法規對於一般特定金錢信託的委託人資格未有特別規定，但對於投資國外有價證券業務時，依中央銀行目前發布的「銀行業辦理外匯業務作業規範」第9條及第10條規定之規定，其委託人之資格條件如下：

1. 本國自然人、領有臺灣地區居留證、外僑居留證或外交部核發相關身分證件之外國自然人。
2. 本國法人或經我國政府認許之外國法人。
3. 經許可來臺，並依金融監督管理委員會規定在國內銀行開設新臺幣存款帳戶之大陸地區人民。若其辦理外幣信託資金投資外國有價證券時，限其必須在外匯指定銀行開設外匯存款帳戶。不論其以台幣或外幣投資信託資金投資外國有價證券且每筆信託資金不得超過所存入該帳戶之餘額。
4. 其他經金融監督管理委員會或央行核准者。

(二) **認識你的客戶（Know Your Customer; KYC）作業準則**：信託業辦理特定金錢信託業務或特定有價證券信託業務，以受託投資國內外有價證券、短期票券或境內結構型商品為目的者，除受託擔任證券投資信託基金、期貨信託基金之基金保管機構外，應建立充分瞭解客戶之作業準則，其內容至少應包括下列事項：

1. 受理客戶應辦理事項：應訂定客戶交付信託財產之最低金額及條件，以及得拒絕受理客戶之各種情事。
2. 瞭解客戶審查事項：
   (1) 應訂定瞭解客戶之審查作業程序及應留存之基本資料，包括客戶之身分、財務背景、所得與資金來源、風險偏好、過往投資經驗及委託目的與需求等。該資料之內容及分析結果，應經客戶以簽名、蓋用原留印鑑或其他雙方同意之方式確認；修正時，亦同。
   (2) 接受客戶簽訂信託契約時，須有適當之單位或人員，複核客戶簽約程序及所提供文件之真實性與完整性後始得辦理。
3. 評估客戶投資能力應辦理事項：評估客戶之投資能力及接受客戶委託時，除參考前款資料外，應綜合考量下列資料：
   (1) 客戶資金操作狀況及專業能力。
   (2) 客戶之投資屬性、對風險之瞭解及風險承受度。
4. 前項客戶為非專業投資人時，應遵守下列事項：
   (1) 依第5項同業公會所定之自律規範建立商品適合度規章，以確認委託人足以承擔所投資標的之風險。

依「信託業建立非專業投資人商品適合度規章應遵循事項」第6條規定，信託業建立非專業投資人商品適合度規章應包含下列項目：

A. 客戶風險承受等級分類。

B. 商品風險等級分類。

C. 客戶風險承受等級與商品風險等級之適配方式。

D. 避免不當推介及受託投資之事前及事後監控機制。

E. 員工教育訓練機制：信託業依適合度方式對客戶所作風險承受等級之評估結果如超過1年，信託業於推介或新辦受託投資時，應再重新檢視客戶之風險承受等級；如推介前無法重新檢視者，信託業僅得推介依第6條評估及確認後屬最低風險等級之商品。

(2) 以淺顯文字明確告知委託人，該投資標的之交易係信託業依據委託人之運用指示，由信託業以受託人名義代委託人與交易相對人進行該筆投資交易。

5. 前項第1款所稱商品適合度規章，其內容至少應包括非專業投資人風險承受等級及個別商品風險等級之分類，以利依非專業投資人之風險承受等級，推介或受託投資合適風險等級之商品。並應建立事前及事後監控機制，以避免不當推介或受託投資之情事。

6. 委託人委託投資之標的為信託業所推介者，信託業之推介內容若有虛偽、隱匿情事，或未依第2項第1款規定辦理者，應負損害賠償責任。

7. 第2項第1款所稱商品適合度規章之內容、作業程序及其他應遵循事項，由同業公會擬訂，報請主管機關核定。

8. 信託業辦理具運用決定權之金錢信託或有價證券信託，以財務規劃或資產負債配置為目的者，準用第1項至第5項規定。

(三) **委託人所須負擔之費用：**

1. 申購手續費：分為單筆投資與定期定額：費用係以信託本金乘以費率，於申購時一次給付，費率依各基金公司而有所不同，亦有於贖回時才收取者（亦即所稱B股）。

2. 轉換手續費：於辦理基金轉換時一次收取。

3. 信託手續費：以投資信託本金乘以費率由委託人於信託資金交付時一次給付受託銀行，有些銀行於申購費中已內含信託手續費。

4. 信託管理費：由受託銀行，以信託本金乘以費率，再乘上持有期間計算之，於贖回返還信託本金時扣收。

(四) **受託人資格限制**：欲擔任特定金錢信託投資國外有價證券業務之受託機構，必須為業經金管會核准辦理金錢信託業務之指定銀行且符合中央銀行「銀行業辦理外匯業務作業規範」之申請許可者。

(五) **信託契約之訂定原則**：

1. 委託人至受託銀行辦理特定金錢信託前應與受託銀行簽訂信託契約，且應以「書面為之」，其內容不得違反信託業法規範，不得有保本保息之約定，亦不得以其他負面表業方式約定排除信託契約記載事項之效力。
2. 信託契約上所訂之存續期間，可由委託人及受託人合意訂定之。
3. 信託契約辦理特定金錢信託，自交易對手中收取之手續費，性質上屬於信託報酬，應在信託契約中明定報酬標準、種類、計算方式、支付時間及方法。

(六) **信託資金之交易規範**

1. 委託人交付之信託資金，得為一次交付或分次交付，亦得為新台幣款項或外幣款項，所交付之新台幣信託資金如投資國外則由受託銀行辦理結匯事宜。
2. 信託資金以外幣交付者即「外幣信託」，依央行之規定，凡經金管會核准經營收受、經理及運用各種信託資金業務之指定銀行，得檢附文件向外匯局申請開辦外幣信託資金業務，惟該信託資金限投資於國外有價證券。
3. 目前金管會已核准兼營信託業務銀行得依「國際金融分行業務規則」規定，申請於國際金融業務分行對境外客戶開辦外幣信託，惟經核准辦理者原則上限於信託財產之收受，其管理運用及處分均應統一由專責信託業務部門為之。並以附註方式揭露於信託業務專責部門的財務報表中。

(七) **信託憑證之製發給付**：從事金錢信託，受託人於接受委託人交付信託資金，得發給信託憑證，但可以對帳單或基金存摺或交易確認書等方式代替：

1. 信託業辦理特定金錢信託所製發之信託憑證應為記名式，且不得轉讓。
2. 信託業發給之信託憑證係屬不可讓與之債權，且不得為放款或保證之擔保。
3. 銀行亦不得接受委託人以基金受益憑證辦理質借。
4. 銀行辦理外幣信託業務所簽發之外幣信託憑證不得辦理質借新台幣。
5. 特定金錢信託受益權跨行質借

   依民國104年10月26日金管銀票字第10400239610號函釋，銀行得辦理「跨行質借」之特定金錢信託受益權，以信託財產投資於下列標的且具較高流動性與公開市場價格者，令最高貸放成數以50%為限：

(1) 依「信託業營運範圍受益權轉讓限制風險揭露及行銷訂約管理辦法」第10條及第11條規定之外國股票、指數股票型基金及外國債券。

(2) 依「境外基金管理辦法」經主管機關核准或申報生效在國內募集及銷售之境外基金。

(3) 依「證券投資信託基金管理辦法」募集之證券投資信託基金。

6. 辦理外幣特定金錢信託投資外幣有價證券業務，其本金收受及本益攤還均應以外幣為之，不得以新台幣支付。新台幣信託投資國外有價證券業務時，其本金收受及本益攤還均應以新台幣為之，不得直接以外幣返還。

7. 信託業辦理以信託憑證為擔保之質借設定時，應避免違反忠實義務或發生利益衝突之情事。

8. 為配合金管會推動銀行辦理非以自己擔任受託人之特定金錢信託受益權質借業務（簡稱「特定金錢信託受益權跨行質借」），研擬作業方式說明如下：

(1) 依據金管會民國104年8月20日金管銀票字第10440004250號函及民國104年10月26日金管銀票字第10400239610號函辦理。

(2) 金管會於民國104年10月26日函示有關承作標的、貸放成數規定及受益權證明書交付程序、參考格式等事項，一併整合為「特定金錢信託受益權跨行質借」相關作業方式如次：

A. 承作標的及貸放成數－依金管會民國104年10月26日金管銀票字第10400239610號函說明三規定，銀行得辦理跨行質借之特定金錢信託受益權，以信託財產投資於下列標的且具較高流動性與公開市場價格者，最高貸放成數以五成為限：

a. 依信託業營運範圍受益權轉讓限制風險揭露及行銷訂約管理辦法第10條及第11條規定之外國股票、指數股票型基金及外國債券。

b. 依境外基金管理辦法經主管機關核准或申報生效在國內募集及銷售之境外基金。

c. 依證券投資信託基金管理辦法募集之證券投資信託基金。

B. 申辦流程及跨行照會機制－銀行辦理信託受益權跨行質借業務，其辦理流程類似定存單跨行質借業務，貸款銀行與受託機構間應辦理照會作業。相關申辦及照會作業流程如下：

a. 客戶（出質人）提供對帳單等文件，向貸款銀行提出貸款申請，經貸款銀行初步審核同意受理申請後，請客戶向受託機構申請製發「特定金錢信託受益權證明書」（下稱「受益權證明書」）。

b.受託機構應於與客戶完成簽訂信託契約之增補約款後，依客戶之申請與指示製發「受益權證明書」逕行寄交客戶指定之貸款銀行。

c.貸款銀行接獲受益權證明書，與客戶辦理貸款及質權設定契約簽訂及對保手續。

d.貸款銀行完成貸款相關約據之對保手續後，即填具「特定金錢信託受益權質權設定通知書」寄發受託機構辦理受益權設定質權註記。

e.受託機構完成受益權設定質權註記後，即寄發「特定金錢信託受益權質權設定覆函」予貸款銀行及受益人（出質人）。

f.貸款銀行接獲上述「受益權質權設定覆函」，向受託機構辦理照會無誤後，即通知客戶辦理撥款作業。

g.貸款銀行解除質權後，應寄發「特定金錢信託受益權質權消滅通知書」予受託機構，並同時返還「受益權證明書」。

h.貸款銀行行使質權時，應寄發「特定金錢信託受益權質權實行通知書」，並檢附「受益權證明書」予受託機構，受託機構於收到通知後次一營業日代為辦理贖回作業或處分。

i.客戶申請貸款後，於撥款前如有取消貸款申請者：

I. 如受託機構已寄發「受益權證明書」但未辦理受益權質權設定註記時，貸款銀行應通知受託機構免辦理受益權質權設定註記，並返還「受益權證明書」予受託機構。

II.如受託機構已辦妥受益權質權設定註記時，貸款銀行應寄發「受益權質權消滅通知書」，並返還「受益權證明書」予受託機構。

J.受益權設質存續中，如發行機構通知基金清算時，受託機構應通知貸款銀行（質權人）及客戶（受益人），並於清算款項扣除相關費用後，依貸款銀行指示之金額（不得超過最高限額質權金額）逕行給付予貸款銀行。貸款銀行於清償借款本息後，應將剩餘款項逕行返還予客戶（受益人），並於質權消滅時將「受益權證明書」返還受託機構。

C.授信參考作業流程

a.受理客戶申請，依授信5P原則辦理審核及進行徵信調查。（5P原則分別為People（人）、Purpose（資金用途）、Payment（還款來源）、Protection（債權確保）、Perspective（未來展望））

b.擔保品價值及核貸條件評估：銀行得受理之受益權標的種類及貸款成數上限，應依據金管會上開函示規定辦理，並依據受益權標的風險程度，核定個案貸放成數及放款條件。

c.質權設定及行使：質權設定契約應訂定授權條款，由客戶授權貸款銀行，於客戶債務不履行時，得直接指示受託機構終止信託契約，將原投資標的贖回或出售後給付貸款銀行，以償還借款本息。

d.與客戶簽立質借契約，進行設質與撥款。

e.為確保貸款銀行（質權人）之權益，貸款銀行應注意於撥款前，是否取得受託機構書面同意拋棄抵銷權，以避免未來借款人不履行債務時，面臨無法行使質權收回債權之困擾。

f.擔保維持率之控管：依擔保品維持率之管理機制，評價質借標的。如擔保維持率不足，通知客戶補繳差額，或要求受託機構進行處分並清償貸款。

(3)另金管會亦以民國104年11月27日金管銀票字第10400286180號函轉中央銀行民國104年11月17日台央外柒字第1040046564號函釋示，指定銀行受理客戶以委託人與受益人為同一人之外幣特定金錢信託受益權為擔保辦理外幣貸款，得不適用「銀行業辦理外匯業務作業規範」第6點有關應憑辦文件之規定。

(八)信託財產管理規定

1.信託資金之結匯：當信託關係成利立後，信託財產權已移轉予受託人，因此，以信託資金辦理結匯時應以「受託人」名義辦理結匯，故目前信託財產於運用時或信託關係終止時之外幣匯或結售，依法令規範為之，並不會或不應占用委託人依中央銀行規定所享有每年結購結售換匯的額度。

2.當委託人為銀行、保險公司、基金管理機構或郵政儲金匯業局等受託機構於投資換匯金額超過100萬美金時，應先電告央行外匯局。

3.對於特定金融機構，其外幣風險上限（含信託資金投資國外者）須符合主管機關之規定，如非外匯指定銀行及信託投資公司以不超過其前一年淨值之15%為限，保險公司依保險法等相關規定，由主管機關視各保險業經營情況核定，不得超過各該保險業資金和責任準備總額之40%為限。

4.匯率之避險操作：基於穩定投資原則央行同意特定金錢信託投資國外有價證券之本金，得選擇辦理新台幣與外幣間遠期外匯、換匯交易或換匯換利交易。

因此，依「信託業營運範圍受益權轉讓限制風險揭露及行銷訂約管理辦法」信託業運用信託財產於國外或涉及外匯之投資，為避險目的得依受託人名義以客戶身分與銀行從事下列交易：

(1) 新臺幣與外幣間匯率選擇權交易。

(2) 新臺幣與外幣間換匯交易。

(3) 新臺幣與外幣間換匯換利交易。

前項所稱避險目的，指為移轉已持有表內、表外資產或已承諾交易之風險。

5. 投資國內外基金方式

(1) 委託人與受託銀行簽訂信託契約後，受託銀行即辦理投資事宜，如投資國外共同基金，除由委託人直接交付外幣資金者外，應先辦理結匯手續。

(2) 基金投資可以區分為單筆投資及定期定額投資兩種。

(3) 委託人辦理基金投資依受託行之規定，可採臨櫃、電話、語音或網路交易之方式。委託人交付信託資金之方式，於新台幣款，可以是現款或轉帳；於外幣款項時，一般均以委託人外匯存款帳戶辦理。

(九) 信託財產登記

1. 特定信託應依「信託法」及「信託業法」之規定：

(1) 以應登記或註冊之財產權為信託者：非經登記不得對抗第三人。如土地依規定辦理「土地權利信託登記」。

(2) 以有價證券為信託者：非依目的事業主管機關規定於證券上或其他表彰權利之文件上載明為信託財產，不得對抗第三人。如公開發行公司股票須辦理「公開發行公司股票過戶」登記。至於證券集管事業之股票為信託者，其他表彰權利之文件上載明為信託財產（以信託名義登記屬之）。

(3) 以股票或公司債為信託者：非經通知發行公司不得對抗第三人。

2. 依信託業法施行則第3條規定，信託財產，應以信託業之信託財產名義表彰之。但信託財產運用於國外之投資標的時，得依信託業與國外受託保管機構所訂契約之約定辦理。

3. 公開發行股票之信託公示規定：

(1) 應檢附信託契約或遺囑供發行公司核對。

(2) 應於股東簿及股票背面分別在明「信託財產」及加註日期。

(3) 受託人變更者，應檢附變更事由相關文件辦理名義變更。

(4) 以證券集中保管機構保管之股票為信託財產者，應辦理信託登記，並檢附自該事業領回之證明文件。

(十) 賠償準備金之規定

依信託業法第34條規定如下，

1. 信託業為擔保其因違反受託人義務而對委託人或受益人所負之損害賠償、利益返還或其他責任，應提存賠償準備金。
2. 前項賠償準備金之額度，由主管機關就信託業實收資本額或兼營信託業務之機構實收資本額之範圍內，分別訂定並公告之。依目前主管機關規定，信託業及兼營信託業務之機構，應至少提存新台幣5000萬元賠償準備金。
3. 第1項賠償準備金，應於取得營業執照後1個月內以現金或政府債券繳存中央銀行。
4. 委託人或受益人就第1項賠償準備金，有優先受償之權。

(十一) 信託財產報告

1. 受託人除就各信託，應分別造具帳簿，載明各信託事務處理之狀況外，受託人除應於接受信託時作成信託財產目錄外，每年至少定期一次作成信託財產目錄，並編製收支計算表，送交委託人及受益人。
2. 信託關係消滅時，受託人應就信託事務之處理作成結算書及報告書，並取得受益人、信託監察人或其他歸屬權利人之承認。
3. 信託業應依照信託契約之約定及主管機關之規定，分別向委託人、受益人作定期會計報告，如約定設有信託監察人者，亦應向信託監察人報告。

(十二) 信託財產評審委員會

1. 依信託業法第21條規定，信託業應設立信託財產評審委員會，將信託財產每3個月評審一次，報告董事會。
2. 現行信託財產評審係依據「信託財產評審委員會之組織及評審規範」，由非主管業務之單位主管5到9人以上（含主席）擔任委員。前項委員由董事會或總經理自董事或未參與信託財產運用決策之主管選任，其由總經理選任者並應提報董事會備查。信託業務部門主管擔任委員之人數應低於委員會總人數之二分之一。由此可知信託財產評審委員會為一直接隸屬董事會之超然獨立組織，性質上不宜全由信託業務部門之人員擔任評審委員，以避免失去外部審查功能及客觀性。
3. 同時依「信託財產評審委員會之組織及評審規範」第6條規定，委員會應至少每3個月召開一次以評審信託財產，必要時，得隨時召開臨時會議。

信託財產全數為受託人不具有運用決定權，且各委員對信託業務專責部門依本規範第10條第1項第1款所作之報告均表無意見時，得以簽署方式為之；但各委員如對報告有意見時，仍應依前項召開會議。前項委員會以簽署方式為之者，不適用本規範第9條，並應以委員簽署紀錄報告董事會。說明如下：

(1)受託人不具運用決定權之信託，完全依據委託人之具體指示、契約內容及法令規範而執行信託財產之管理運用事務，受託人不參與投資決定，不易有越權或濫權等情事發生，所以對於此種信託，評估重點多置於受託人遵法執行之情形，而依現行相關法令，信託業者均須建置法令遵循（compliance）等內控制度，加以內部稽核之相對檢查，對違法防制已產生相當之效果，故本規範第10條第1項第1款亦規定對信託財產不具有運用決定權之信託，僅由信託業務專責部門就信託財產運用之彙總運用概況提出報告即可。

(2)委員會評審之信託財產全數為受託人不具有運用決定權之信託財產時，如各委員對信託業務專責部門依本規範第10條第1項第1款所作之報告亦無意見時，如前項所述，因業務單純，為簡化作業程序，爰建議得以出具簽署無意見之方式取代實際召開會議，以減少作業成本。但各委員如有意見時，為維持信託財產評審委員會之公議性，仍以實際召開會議為宜，以便各委員之充分討論。

(3)委員會以出具簽署無意見方式取代實際召開會議時，並無會議紀錄，故不適用本規範第9條，明定此時應以各委員之簽署紀錄彙整後報告董事會。

4.由專責部門就信託財產彙總運用概況提出報告，審查重點為：

(1)就運用信託資金從事信託財產之交易事項。

(2)委託人信託資金購置各信託諸財產等加以審閱。

依據「信託財產評審委員會之組織及評審規範」委員會評審信託財產之內容說明如下：

一、對信託財產不具有運用決定權之信託，由信託業務專責部門就信託財產運用之彙總運用概況提出報告。

二、對集合管理運用帳戶，應就個別帳戶審議其信託財產之運用是否遵循法令規範並符合管理運用計畫、信託約定以及有無顯不合理之運用狀況。

三、對共同信託基金，應就個別基金審議其信託財產之運用是否遵循法令規範並符合募集發行計畫、信託約定以及有無顯不合理之運用狀況；並審閱信託業依共同信託基金管理辦法第23條所提出之檢討報告。

四、對於不動產投資信託基金及資產信託，應依信託公會對於不動產投資信託基金及資產信託之信託財產評審所擬定之評審原則審查信託財產。

五、除本條第2至4款之信託外，對於其餘就信託財產具有運用決定權之信託，應審議其信託財產之運用是否遵循法令規範、符合信託約定及有無顯不合理之運用狀況。評審時應採隨機方式進行抽查，每次抽查件數，其信託財產交付金額達新台幣5,000萬元以上者，抽查比率不得低於5%；其低於新台幣5,000萬元部分，應至少抽查5筆。

六、對於本規範第11條聘請之外部專業人員就信託財產運用情況所提出之分析、報告予以審查。

七、除本規範外，如有其他法律就信託財產之評審另有規定，本委員會亦應遵照該規定評審信託財產。

(十三) **內部控制與短線交易**

1. 信託業應建立內部稽核制度，自行查核制度、法令遵循主管制度及風險管理機制，進行有效適當的內部控制管理運作機制。
2. 依「境外基金管理辦法」及「募集證投信基金處理準則」等相關法令規定，訂定銷售機構之內部控制制度執行內容應包括如下：
   (1) 充分了解客戶KYC。
   (2) 銷售行為規範。
   (3) 短線交易防制機制。
   (4) 洗錢防制機制。
   (5) 法令訂定應遵循作業事項。
3. 信託業擔任國內外基金之銷售機構，應依規制訂內部控制制度交由總代理人或證券投資信託事業送交投信投顧公會審查。
4. 基金銷售機構應建置短線交易防制資訊系統，確實遵循並執行公開說明書所載之短線交易防制措施。並依金管會所規定之格式，提供予境外基金機構或總代理人或證券投資信託公司備查與執行。並將執行情形併入一般查核或專案查核。

〔牛刀小試〕

( ) 1 信託業辦理信託業務之交易報告書，除法令另有規定外，應記載哪些事項？ A.足以識別委託人或受益人之代號 B.交易標的名稱、數量 C.交易日期 D.對帳單基準日之信託財產目錄 (A)僅A、C、D (B)僅A、B、C (C)僅B、C、D (D)A、B、C、D。 【第40期】

( ) 2 銀行辦理特定金錢信託投資國外有價證券業務，對原經申請核准或申報生效之境外基金，因故終止或暫停國內募集或銷售者應如何處理？ (A)單筆方式投資者，應辦理贖回 (B)定期定額投資者，可繼續持有但不可繼續扣款 (C)單筆方式投資者，得繼續持有且可增加投資金額 (D)定期定額投資者，得按原信託契約繼續投資但不可增加扣款日期或提高扣款金額。 【第41期】

( ) 3 詹先生至乙銀行辦理特定金錢信託投資境外基金，嗣後詹先生可能收到之報表或憑證，下列何者錯誤？ (A)對帳單 (B)基金存摺 (C)信託憑證 (D)受益憑證。 【第41期】

( ) 4 有關銀行辦理特定金錢信託之作業，下列敘述何者錯誤？ (A)應以委託人名義運用 (B)應接受委託人逐筆指示運用 (C)得依委託人指示以定期定額方式辦理投資 (D)得依委託人指示投資境外基金。 【第41期】

( ) 5 有關信託業信託財產評審委員會之規定，下列敘述何者錯誤？ (A)採事後審查機制 (B)委員會之委員至少應有五人 (C)職責為審查信託財產之運用績效是否良好 (D)對信託財產具有運用決定權之主管不得擔任委員。 【第41期】

解答與解析

1 **(B)**。信託業辦理信託業務之交易報告書及對帳單應遵循事項第4條：交易報告書，除法令另有規定外，應記載下列事項：一、委託人、受益人之姓名或其他足以識別委託人、受益人之代號或標示。二、交易之編號或其他足以識別該筆交易之代號或標示（如無交易編號或代號者，毋須載明）。三、交易標的名稱、數量。四、交易日期。五、交易幣別及金額（如涉及外幣交易，並應記載不同幣別換算之匯率）。六、涉及信託業法第二十五條第一項或第二十七條第一項之交易者（以下稱利害關係交易），該利害關係交易情形。七、相關費用（例如信託管理費、信託手續費等或詳收費通知書）。八、其他法律或主管機關規定之事項。

2 **(D)**。單筆方式投資者，得繼續持有但不可增加投資金額。定期定額投資者，得按原信託契約繼續投資但不可增加扣款日期或提高扣款金額。

3 **(D)**。受益憑證為基金公司給受託人，受託人給委託人的是對帳單、基金存摺或信託憑證。

4 **(A)**。應以受託人名義運用。

5 **(C)**。信託財產評審委員會之組織及評審規範第10條，委員會評審信託財產之內容如下：一、對信託財產不具有運用決定權之信託，由信託業務專責部門就信託財產運用之彙總運用概況提出報告。二、對集合管理運用帳戶，應就個別帳戶審議其信託財產之運用是否遵循法令規範並符合管理運用計畫、信託約定以及有無顯不合理之運用狀況。三、對共同信託基金，應就個別基金審議其信託財產之運用是否遵循法令規範並符合募集發行計畫、信託約定以及有無顯不合理之運用狀況；並審閱信託業依共同信託基金管理辦法第23條所提出之檢討報告。四、對於不動產投資信託基金及資產信託，應依信託公會對於不動產投資信託基金及資產信託之信託財產評審所擬定之評審原則審查信託財產。五、除本條第2至4款之信託外，對於其餘就信託財產具有運用決定權之信託，應審議其信託財產之運用是否遵循法令規範、符合信託約定及有無顯不合理之運用狀況。評審時應採隨機方式進行抽查，每次抽查件數，其信託財產交付金額達新台幣五千萬元以上者，抽查比率不得低於百分之五；其低於新台幣五千萬元部分，應至少抽查五筆。六、對於本規範第11條聘請之外部專業人員就信託財產運用情況所提出之分析、報告予以審查。七、除本規範外，如有其他法律就信託財產之評審另有規定，本委員會亦應遵照該特定金錢規定評審信託財產。信託屬不具有運用決定權之信託，由信託業務專責部門就信託財產運用之彙總運用概況提出報告。

肆 特定金錢信託推展與資訊揭露規範　重要度★★★

一、報酬費用說明與風險揭露

(一) 信託報酬費用的說明

1. 依「信託業營運範圍受益權轉讓限制風險揭露及行銷訂約管理辦法」第24條規定，信託業辦理特定金錢信託業務或特定有價證券信託業務，自交易相對人取得之報酬、費用、折讓等各項利益，應分別明定收取費率之範圍。

   信託業應將前項利益實際收取之費率及年化費率，告知委託人；以非專業投資人為受託投資對象之商品，前項利益之年化費率不得超過該商品受託投資總金額0.5%，未滿1年者，依實際投資期間按比例計算。

   但「證券投資信託基金管理辦法」、「證券投資信託事業募集證券投資信託基金處理準則」、「境外基金管理辦法」、「期貨信託基金管理辦法」或「境外結構型商品管理規則」另有規定者，從其規定。

信託業辦理對信託財產具有運用決定權之金錢信託業務或有價證券信託業務，自交易相對人取得服務費或手續費折讓，應將該服務費或手續費折讓作為委託人買賣成本之減少。

2.信託業辦理特定金錢信託業務，如交易相對人支付信託業服務費、折讓等各項利益，屬交易相對人給予中介金融機構之報酬，係自該投資標的預計產生之成本中扣抵，爰該服務費應屬信託報酬之一，為使委託人知悉信託業收取該報酬之費率範圍，應明定之。

3.同時，為避免信託業係基於服務費用之有無或多寡予以推介商品，恐產生不當行銷或未考量受益人最佳利益之虞。爰參考境外結構型商品發行機構、總代理人及受託或銷售機構之共同簽訂書面契約應行記載事項規定，並於書面契約中明定，信託業辦理特定金錢信託業務，如涉及向交易相對人取得前項利益，應於收取後將確實收取之費率及年化費率告知委託人，該資訊之揭露，信託業得於寄送對帳單時一併告知。並限制每年收取之上限，該每年費率上限收取之限制，應依商品年期比例計算。

4.依「信託業營運範圍受益權轉讓限制風險揭露及行銷訂約管理辦法」第24條第2項前段規定，信託業辦理特定金錢信託業務或特定有價證券信託業務，應於收取前項利益後將確實收取之費率及年化費率告知委託人。揭露方式分述如下：

(1)如屬具有明確年限之金融商品，而信託業為一次收取該項利益者，應於實際收取後以交易報告書或對帳單等方式告知委託人所實際收取之費率及年化費率。

(2)如屬具有明確年限之金融商品，而信託業係每年計收者，應於第一年實際收取後以交易報告書或對帳單等方式告知委託人實際收取之總費率__%，並將分__年計收，年化費率為__%。

(3)如屬無到期日之金融商品，因僅得於受託買進時收取一次，故於實際收取後以交易報告書或對帳單等方式告知委託人所實際收取之費率，該實際收取之費率即為年化費率。

5.另「證券投資信託基金管理辦法」、「證券投資信託事業募集證券投資信託基金處理準則、「境外基金管理辦法、「期貨信託基金管理辦法及「境外結構型商品管理辦法對於該等商品收取之報酬與揭露之方式已另有規定，爰排除本項之適用。

6.同時依「信託業營運範圍受益權轉讓限制風險揭露及行銷訂約管理辦法」第27條規定，信託業辦理信託業務應向委託人充分揭露並明確告知信託報酬、各項費用與其收取方式，及可能涉及之風險等相關資訊，其中投資風險應包含最大可能損失。其應揭露之資訊及應遵循事項，除法令另有規定外，應依同業公會之自律規範辦理。

7.信託業辦理信託業務所收取費用，應考量相關營運成本、交易風險及合理利潤等，訂定合理之定價，不得以不合理之定價招攬或從事信託業務。

8.產品說明書或特別約定條款視為信託契約之一部份；由於不同債券、基金之收費標準、種類、計算方法、支付時間及方法各不相同，應於個別之產品說明書或特別約定條款上載明揭露之。

揭示內容得彈性調整，但應遵循本規範所訂項目之基本內容。

如商品經發行機構買回或依自動贖回條款自動贖回等原因提前到期，係發行機構於發行該商品時即與投資人約定之商品條件，故商品經發行機構買回或依自動贖回條款自動贖回，係依商品條件之約定給付予投資人，該商品條件尚無涉及應退還已給付之手續費或通路服務費等情事。

為免爭議，信託業得事先向投資人及發行機構告知或敘明，如商品因經發行機構買回或依自動贖回條款自動贖回等原因提前到期，受託人已收取之通路服務費係依相關契約之約定辦理，不予退還交易相對人或投資人。

(二)基金通路報酬揭露

1.**通路報酬之定義**：依銷售機構基金通路報酬揭露施行要點第3條的定義，境外基金機構、總代理人或證券投資信託事業依本施行要點提供銷售機構之報酬應依銷售契約約定辦理。總代理人或銷售機構因銷售基金產品而從證券投資信託事業、總代理人或境外基金機構所取得之通路報酬如下：

(1)申購手續費分成：自申購、轉換或買回手續費取得之分成比率。

(2)經理費分成：依投資人持有期間及持有受益憑證金額，取得經理費收入、經銷費（Distribution Fee、12b-1 Fee 等）的分成比率。

(3)銷售獎勵金：依特定期間之銷售金額或定期定額開戶數，取得之一次性銷售獎勵金。

(4)贊助或提供產品說明會及員工教育訓練：贊助或提供總代理人或銷售機構向投資人進行產品說明及商品簡介等任何說明及活動；及為提升

總代理人或銷售機構人員銷售能力及瞭解商品性質，贊助或提供基金銷售機構教育訓練。

(5) 其他：如非屬銷售獎勵之行銷贊助（如：印製對帳單、投資月刊或理財專刊等）。

2. **揭露格式及原則**

基金通路報酬之揭露應符合下列原則：

(1) 依「基金別」揭露，但同一證券投資信託事業或境外基金機構及總代理人，通路報酬費率相同之基金，得共用一份說明資料。

(2) 報酬類型及揭露內容詳如附件範本格式。

(3) 申購手續費分成、經理費分成及銷售獎勵金之揭露方式如下：

A. 銷售時實際費率（可無條件進入到整數）。

B. 銷售獎勵金於銷售時無法確定金額者，可揭露費率級距，並說明內容及計算方式。

(4) 贊助或提供產品說明會及員工教育訓練之揭露方式如下：

A. 銷售時可確定金額：如係提供一筆贊助金者，雖無須分攤至個別基金，但應揭露總金額。

B. 銷售時無法確定金額：說明內容及計算方式。

C. 範圍：證券投資信託事業、總代理人或境外基金機構贊助或提供之茶點費、講師費（不含證券投資信託事業、總代理人或境外基金機構內部員工講師）、場地費（不含證券投資信託事業、總代理人、境外基金機構或銷售機構之公司內部場地）、銷售機構員工參與教育訓練之交通費及住宿費等合理必要費用。

D. 揭露門檻：贊助金額高於第五條第一項所定金額者，才須揭露。

(5) 其他報酬之揭露方式：其他報酬金額高於第五條第三項所定金額者，才須揭露。

(6) 通路報酬揭露書面得以單張說明或併申購申請書或其他文件方式為之；網路電子交易、語音或其他電子方式申購得以公司網路頁面、播放或任何得使投資人了解之方式揭露。

(7) 投資人須簽名或蓋章確認已閱讀及了解通路報酬揭露書面；如係透過網路、語音或其他電子方式申購，投資人可提供身分證字號或出生年月日或登入密碼等個人識別資訊以確認係本人，本人仍應透過網路頁面或口頭同意等方式確認知悉。又，就金融消費者保護法第四條所稱專業投資機構及定時定額投資人，僅於首次申購時進行揭露通知，除有第六條變動通知之情形外，銷售機構毋庸就後續投資進行通知。

(8) 總代理人及基金銷售機構就投資人持有之基金別，應依下列方式之一，揭露基金經理費率及其分成費率：1.定期以對帳單或其他相當文件揭露；2.於公司網站揭露，並於對帳單提醒投資人在其持有期間，總代理人或銷售機構仍持續收受經理費分成報酬，另如投資人所持有基金之經理費率及其分成費率有變動情形，應描述變動之情形，並註明相關費率資訊之查詢網址與電話。

(9) 如銷售機構所屬客戶係與證券投資信託事業或總代理人簽訂開戶契約，且對帳單亦由證券投資信託事業或總代理人寄送，證券投資信託事業及總代理人應於對帳單提醒投資人在其持有期間，銷售機構仍持續收受經理費分成報酬，另如投資人所持有基金之經理費率及其分成費率有變動情形，應描述變動之情形，並註明相關費率資訊之查詢電話，銷售機構則應於網站揭露基金經理費率及其分成費率；上述銷售機構如未設立公司網站，得以電話查詢經理費率及其分成費率方式取代網路揭露。

(10) 中華民國證券投資信託暨顧問商業同業公會依金融監督管理委員會指示轉知有關通路報酬支付合理性原則（民國108年9月23日中信顧字第080052128號函），通路報酬支付合理性原則如下：

A. 通路報酬支付應考量事業之營運成本、合理利潤及銷售機構整體貢獻度等，且不得以任何名義變相支付獎勵銷售活動之一次性通路報酬。

B. 通路報酬支付應與經理費收入配合為原則，例如：不得將尚未收取之經理費收入預先支付銷售機構，作為經理費分成項目。

C. 經理費率之訂定應合理分配於基金存續期間為原則，且經理費之收取機制應考量對投資人權益之影響，不得有為支付通路報酬而於短期間內集中收取經理費之情事。

依金融監督管理委員會108年10月29日金管證投字第1080361030號函辦理，查證券投資信託事業發行目標到期債券基金有預先支付一次性經理費分成予銷售機構或給付一次性報酬予保險公司之情事，涉有變相獎勵銷售基金，核與金融監督管理委員會108年9月18日金管證投字第1080360185號函（本公會業已於108年9月23日中信顧字第1080052128號函轉知諒達）不符。

3.**公開說明書及投資人須知的揭露**

(1)公開說明書：依境外基金管理辦法第36條及第37條規定，總代理人申請（報）境外基金之募集及銷售，經申請核准或申報生效後，應於2日內辦理公告。

前項公告內容，應記載下列事項：

A.經本會核准或申報生效募集及銷售之日期及文號。

B.境外基金管理機構之名稱。

C.總代理人之名稱、電話及地址。

D.銷售機構之名稱、電話及地址。

E.保管機構之名稱及信用評等等級。

F.境外基金之名稱、種類、型態、投資策略及限制。

G.境外基金開始受理申購、買回日期及每營業日受理申購、買回申請截止時間。

H.投資人應負擔的各項費用及金額或計算基準之表列。

I. 最低申購金額。

J.申購價金之計算。

K.申購手續及資金給付方式。

L. 公開說明書中譯本、投資人須知及其分送方式或取閱地點。

M.投資風險警語。

N.總代理人協助辦理投資人權益保護之方式。

O.本會規定應行揭露事項。

P.其他為保護公益及投資人之必要應揭露事項。

境外基金公開說明書之更新或修正，總代理人應將其中譯本於更新或修正後3日內辦理公告。

(2)投資人須知：總代理人、銷售機構及參與證券商募集及銷售境外基金時，應交付投資人須知及公開說明書中譯本予投資人。但境外指數股票型基金於證券交易所進行交易者，不在此限。

投資人須知應載明下列事項：

A.總代理人、境外基金發行機構、管理機構、保管機構、總分銷機構及其他相關機構之說明；如為關係人者，應說明其關係。

B.代理募集及銷售之境外基金簡介。

C. 申購、買回及轉換境外基金之方式：

a. 最低申購金額。

b. 價金給付方式。

c. 每營業日受理申請截止時間，及對逾時申請文件之認定及處理方式。

d. 申購、買回及轉換之作業流程。

D. 境外基金之募集及銷售不成立時之退款方式。

E. 總代理人與境外基金機構之權利、義務及責任。

F. 總代理人應提供之資訊服務事項。

G. 境外基金機構、總代理人及銷售機構與投資人爭議之處理方式。

H. 協助投資人權益之保護方式。

I. 投資人應負擔的各項費用及金額或計算基準之表列。

J. 投資風險之說明。

K. 投資人取得相關資訊之網址。

L. 交付表彰投資人權益之憑證種類。

M. 募集及銷售境外指數股票型基金者，並應載明下列事項：

a. 標的指數簡介。

b. 參與證券商之說明。

c. 在證券交易所交易之方式與程序。

d. 透過參與證券商申購、買回之方式與程序。

e. 投資人行使權利之方式。

N. 其他經本會規定之事項。

前項投資人須知應於每季終了1個月內更新，其範本由同業公會擬訂，報經本會核定；修正時，亦同。

投資人須知之更新或修正，總代理人應於更新或修正後3日內辦理公告。

4. **商品風險揭露**：因連動債券屬高風險商品，故信託業辦理特定金錢信託業務投資連動債券，就不同商品應對委託人揭露之風險，包含基本風險、不同產品風險及加強揭露風險：

(1) 基本風險：包括最低收益風險、委託人兼收益人提前贖回之風險、利率風險、流動性風險、信用風險、匯兌風險、事件風險、國家風險及交割風險等。

A. 最低收益風險：應根據不同類型之連動標的定義出產品之最低收益風險。例如當投資期間所連結的標的操作績效不佳，可能拿不到配息，以致委託人於到期日時僅得到發行機構所保證配息及100％本金之保證。

B. 委託人兼受益人提前贖回的風險：本債券未發生違約之狀況下，發行機構於到期日時，將保證100％償還原始信託本金。如提前贖回時必須以贖回當時之實際成交價格贖回，則可能會導致信託本金之損失。因此，當市場價格下跌，而委託人又選擇提前贖回時，委託人會產生損失。

C. 利率風險：本債券自正式交割發行後，其存續期間之市場價格（mark to market value）將受發行幣別利率變動所影響；當該幣別利率調升時，債券之市場價格有可能下降，並有可能低於票面價格而損及原始投資金額；當該幣別利率調降時，債券之市場價格有可能上漲，並有可能高於票面價格而獲得額外收益。

D. 流動性風險：本債券不具備充份之市場流動性，對於金額過小之提前贖回指示單無法保証成交。在流動性缺乏或交易量不足的情況下，債券之實際交易價格可能會與債券本身之單位資產價值產生顯著的價差（Spread），將造成委託人若於債券到期前提前贖回，會發生可能損及信託原始投資金額的狀況，甚至在一旦市場完全喪失流動性後，委託人必須持有本債券直到滿期。

E. 信用風險：本債券之發行或保證機構為銀行，委託人須承擔本債券發行或保證機構之信用風險；而「信用風險」之評估，端視委託人對於債券發行或保證機構之信用評等價值之評估；亦即保本保息係由發行或保證機構所承諾，而非受託人之承諾或保證。

F. 匯兌風險：本債券屬外幣計價之投資產品，若委託人於投資之初係以新台幣資金或非本產品計價幣別之外幣資金承作本債券者，須留意外幣之孳息及原始投資金額返還時，轉換回新台幣資產時將可能產生低於投資本金之匯兌風險。

G. 事件風險：如遇發行機構發生重大事件，有可能導致債券評等下降。

H. 國家風險：本債券之發行或保證機構之註冊國如發生戰亂等不可抗力之事件將導致委託人損失。

I. 交割風險：本債券之發行或保證機構之註冊國或所連結標的之交易所或款券交割清算機構所在地，如遇緊急特殊情形、市場變動因素或逢例假日而改變交割規定，將導致暫時無法交割或交割延誤。

(2) 不同產品風險：包括發行機構行使提前買回債券權利風險、再投資風險、受連結標的影響之風險、通貨膨脹風險及本金轉換之風險。

(3) 再投資信用連結型商品應加強揭露風險：若投資之標的係信用連結商品者，應就所涉之無法履行債務風險、破產風險及重整風險等相關事項，應加強揭露其定義說明。

二、信託業營運範圍受益權轉讓限制

(一) 信託業運用信託財產於國外投資者，應經中央銀行同意；其範圍及限制，由主管機關洽商中央銀行後定之。

(二) 信託業辦理信託業務，除依信託業法第29條、金融資產證券化條例、不動產證券化條例募集發行受益 證券或其他法令另有規定外，不得有向不特定人或多數人公開募集資金之行為。前項所稱多數人，由主管機關定之。

(三) 信託業辦理信託業務，除於信託契約、交易報告書或對帳單載明受益權外，不得有製作交付受益權證書、受益證券、受益憑證、或用以證明其受益權之其他書面文件予受益人致他人誤認其為有價證券之行為。但信託業依信託業法第29條、金融資產證券化條例或不動產證券化條例發行受益證券者，不在此限。

(四) 信託業辦理信託業務，應於信託契約約定除受益權之轉讓係因繼承、受益人之無償讓與、依法所為之拍賣或每一受益人僅將其受益權全部讓與一人外，其受益權之轉讓應符合下列規定。但信託業法第29條、金融資產證券化條例、不動產證券化條例或其他法令另有規定者，不在此限：

1. 受益權之受讓人需符合不動產證券化條例第13條第1項第1款及第2款所定之對象。
2. 受益人分割讓與後之每一受益人所持有之受益權，其表彰之單位金額不得低於新臺幣1000萬元，且受益人總數合計不得逾35人。
3. 受益人應於轉讓其受益權前，提供受讓人之身分資料、轉讓之受益權單位數及轉讓契約等相關資料予信託業，經信託業同意其轉讓後，受益人始得轉讓其受益權。

三、廣告、業務招攬及營業促銷活動規定

(一)信託業就其公司形象或所從事之信託業務為廣告、業務招攬及營業促銷活動時，除法令另有規定外，應遵守下列規定：

1.不得就未經主管機關核准募集或申報生效之受益證券，預為廣告或進行業務招攬、營業促銷活動。

2.不得提供贈品或以其他利益招攬業務。但在主管機關核定範圍內，不在此限。

3.不得利用客戶之存款資料，進行勸誘或推介與客戶風險屬性不相符之投資商品。

4.不得勸誘客戶以融資方式取得資金，轉為信託財產進行運用。

5.不得對於過去之業績及績效作誇大之宣傳，並不得有虛偽、詐欺、隱匿或其他足致他人誤信之行為。

6.不得有其他影響受益人權益之事項。

(二)信託業辦理前項活動所提供之廣告、行銷文件，除法令另有規定外，於對外使用前，應先經其法令遵循主管審核，確定內容無不當、不實陳述、誤導消費者或違反相關法令之情事，並應遵守下列規定：

1.不得以經主管機關核准信託業務之開辦，或同業公會會員資格作為受益權價值之保證。

2.不得使人誤信能保證本金之安全或獲利。

3.特定投資標的之名稱應適當表達其特性及風險，不得使用可能誤導客戶之名稱。

4.對於獲利與風險應作平衡報導，且不得載有與向主管機關申請文件內容不符之文字或設計。

5.不得違反法令或信託契約內容。

(三)信託業所進行廣告、業務招攬及營業促銷活動之內容、管理及其他應遵循事項，由同業公會擬訂，報請主管機關核定。

因此依信託公會所擬訂之「信託業從事廣告、業務招攬及營業促銷活動應遵循事項」第6條規定，信託業從事廣告、業務招攬及營業促銷活動時，除應遵守上述行銷訂約管理辦法第20條外，並應遵守下列規定：

1.不得有引起一般投資大眾或客戶對信託業及其他同業或競爭者之商標或標章等混淆或誤認之虞。

2.不得貶低或詆毀其他同業或競爭者之業務或聲譽、貶低整體行業聲譽或以攻訐同業之方式作宣傳。

3.不得有虛偽、詐欺、隱匿或其他足致他人誤信之行為。

4.於推介或說明投資商品時，不得將具有定期配息性質之金融商品，與定期存款相互比擬，以避免誤導投資人對於金融商品實質風險之誤認。

5.有關賦稅優惠之說明，應載明所適用之對象及範圍。

6.如涉及比較信託業及其競爭者時，應為客觀公平之比較，並應揭露該比較之假設條件及比較因素，不得有誤導一般投資大眾或客戶之虞。

7.不得採用不雅之文字或美術稿。

8.不得片斷截取報章雜誌之報導作為廣告、業務招攬及營業促銷活動時之資料內容。引用數據、資料及他人論述作為廣告、業務招攬及營業促銷活動之資料內容時，須註明出處且不得故意隱匿不利之部分致有誤導投資大眾或客戶之虞。

9.信託業依本事項須刊登警語者，該警語字體大小，不得小於同一廣告上其他部分最小之字體，並應以粗體印刷顯著標示，以便客戶於快速閱覽相關廣告時，均可顯而易見。

10.為廣告、業務招攬及營業促銷活動時所製發之資料應載明信託業之名稱及聯絡信託業之方式。

前項第3款所稱其他足致他人誤信之行為係指信託業應負之義務及相關行為規範第5條第1款至第4款規定之情事。

信託業務依法令不得有公開募集資金之行為者，不得以該等信託商品為廣告。

(四)受託機構不得於傳播媒體上刊登有關外國基金種類、名稱、績效等與投資標的有關之廣告或類似廣告上掛名，或於營業處所張貼外國基金之海報公開陳列、散發或張貼外國基金資料、或具名舉辦外國基金公開說明會等廣告活動。

(五)依信託公會所擬訂之「信託業從事廣告、業務招攬及營業促銷活動應遵循事項」第8條規定，信託業辦理共同信託基金業務之廣告、業務招攬及營業促銷活動，並應遵守下列規定：

1.不得對於共同信託基金之未來狀況或表現做任何預測或影射。但對於共同信託基金所投資之市場經濟、股票市場、債券市場及經濟趨勢之預測，不在此限。

2.不得使用「擔保」、「保證」、「安全」、「無風險」、或任何其他獲益之承諾等語詞。

3.不得以捐贈銷售佣金、促銷費用、或受託人之報酬作為行銷廣告之訴求。

4.投資國外標的之共同信託基金的廣告不得有涉及對新台幣匯率走勢之預測。

5.辦理平面媒體廣告時，應於廣告內容揭示「本基金經金管會核准，惟不表示本基金絕無風險。本公司以往之經理績效不保證本基金之投資收益；本公司除盡善良管理人之注意義務外，不負責本基金之盈虧，亦不保證最低之收益，客戶申購前應詳閱本基金公開說明書」之警語。

6.引用基金績效之數據時，應註明所有引用的依據及日期，並應註明該基金績效數字係僅供參考。

7.以基金績效作為廣告者，以同一基金績效達6個月以上者，始能刊登，且須刊登自成立日以來並計算至月底之最近日期之全部績效（指3個月、6個月、1年、2年及自成立日之績效），且不得截取特定期間之績效；成立滿3年者，應以最近3年全部績效（指1年、2年及3年之績效）為圖表或曲線表示。

8.以基金績效以外之其他業績數字為比較性廣告時，得引用國內外具公正性暨公信力之機構所為之統計或分析資料。但作同類比較時，應使用同一統計數據來源。

9.與其他信託業受託管理之共同信託基金作比較時，應以投資標的、投資策略、投資之國家或市場相似的共同信託基金為比較，並必須將全部同類型之基金均列入，且在廣告中應指出共同信託基金間之比較會受到比較選樣之基礎無法完全相同之限制。

10.開放式基金不得以「無折價風險」等相類詞語作為廣告。

(六)依信託公會所擬訂之「信託業從事廣告、業務招攬及營業促銷活動應遵循事項」第12、13及14條規定，信託業應訂定廣告、業務招攬及營業促銷活動時之文件製作之管理規範，及其散發公布之控管作業流程。

1.信託業辦理廣告、業務招攬及營業促銷活動所提供之文件，除法令另有規定外，於對外使用前，應先經其法令遵循主管審核，確定內容無不當、不實陳述、誤導消費者或違反相關法令之情事。

2.前條廣告、業務招攬及營業促銷活動所提供之廣告、行銷文件應保存2年。

3.信託業廣告、業務招攬及營業促銷活動之內容、公開說明會或其他有關資料，有違反本事項者，信託公會除得要求改正或為其他足以確保內容符合本事項之改善措施外，並應依「中華民國信託業商業同業公會審議會員自律案件作業要點」辦理。

(七)信託業辦理不具運用決定權之金錢信託（以下簡稱特定金錢信託）或有價證券信託（以下簡稱特定有價證券信託）業務，以受託投資外國有價證券為目的者，應遵守下列事項。但境外基金管理辦法及境外結構型商品管理規則另有規定者，從其規定：

1. 信託業所提供之商品說明書等資料，僅得於特定營業櫃檯放置。
2. 不得對一般大眾就特定投資標的進行廣告、業務招攬及營業促銷活動。
3. 對已簽訂信託契約之客戶，得就特定投資標的以當面洽談、電話或電子郵件聯繫、寄發商品說明書之方式進行推介。但不包含最近一年內以信託方式進行投資之交易筆數低於5筆、年齡為70歲以上、教育程度為國中畢業以下或有全民健康保險重大傷病證明之非專業投資人。
4. 如特定投資標的之發行機構登記或註冊之所在地、發行之商品掛牌或上市地，有限制僅專業投資人得投資或屬私募商品者，信託業僅得受理專業投資人委託投資。但委託人符合該特定投資標的要求之投資人資格者，不在此限。

(八) 前項第3款之客戶為非專業投資人時，信託業應遵守下列事項：

1. 信託業之推介行為須事先徵取委託人之同意書，且不得以併入其他約據之方式辦理。委託人得隨時終止該推介行為，並於書面指示送達信託業後生效。
2. 信託業推介之特定投資標的，應依證券商受託買賣外國有價證券管理規則之規定，已於主管機關指定之外國證券交易所交易。
3. 本辦法所稱書面，依電子簽章法之規定，得以電子文件為之。

(九) 信託業辦理信託業務，應向委託人充分揭露並明確告知信託報酬、各項費用與其收取方式，及可能涉及之風險等相關資訊。其應揭露之資訊及應遵循事項，除法令另有規定外，應依同業公會之自律規範辦理，應向客戶告知事項：

1. 信託業以信託財產與他人交易時，除於集中交易市場交易外，應明確告知交易對象，信託業係以受託人身分與其辦理信託財產之交易，不得有使他人誤認係與信託業自有財產交易之情事。
2. 銀行專責部門或分支機構辦理信託業務，應以顯著方式於營業櫃檯標示，並向客戶充分告知下列事項：
   (1) 銀行辦理信託業務，應盡善良管理人之注意義務及忠實義務。
   (2) 銀行不擔保信託業務之管理或運用績效，委託人或受益人應自負盈虧。
   (3) 信託財產經運用於存款以外之標的者，不受存款保險之保障。
3. 銀行辦理特定金錢信託受理國內外基金業務，應於各分支機構櫃檯以淺顯易懂及明確方式具體顯示下列事項：
   (1) 基金並非屬存款保險承保範圍。
   (2) 基金並非存款，投資人須自負盈虧，託銀行不保本保息。

(3) 基金投資具投資風險，此一風險可能使本虧損。

(4) 基金以往績效不代表未來投資之表現，投資人應慎選投資標的。

4. 銀行辦理特定金錢信託受理國外有價證券業務，金融機構應注意：

(1) 輔導委託人投資國外有價證券，除重收益外，高品質及安全性尤應注重，並應就投資商品之可能收益及風險作平衡告知，以盡善良管理人之注意，保障委託人之權益。

(2) 不得有一般廣告、公開勸誘或代銷海外基金之行為。

5. 對帳單之交付：信託業運用信託財產從事交易後，除法令另有規定或信託契約另有約定外，應交付委託人及受益人交易報告書，並應至少每季編製對帳單交付委託人及受益人。

(十) 不當銷售行為之規範與提醒

1. 依據信託業營運範圍受益權轉讓限制風險揭露及行銷訂約管理辦法第20條規定，信託業就所從事之信託業務為廣告、業務招攬及營業促銷活動時，不得使人誤信能保證本金之安全或獲利，亦不得利用客戶之存款資料進行勸誘或推介與客戶風險屬性不相符之投資商品。故業務人員於推介或說明投資商品時，不應將具有定期配息性質之基金或境外結構型商品等產品，與定期存款相互比擬，誤導投資人對於金融商品實質風險之認識，或於客戶辦理定期存款續存時，勸誘客戶解約投資於與客戶風險屬性不相符之投資商品。

2. 銀行受託投資金融商品，應落實辦理上架金融商品風險等級之審查。如屬具有定期配息性質之商品，除考量該商品保本程度或價格波動程度外，應確實將發行機構或基金投資標的之信用風險，納入審查商品風險等級之考量。且為避免客戶忽略該等固定配息基金之投資風險，銀行應注意向客戶揭露基金持有非投資等級證券之風險與基金配息政策可能之風險。

3. 另境外基金管理辦法第40條第3項及證券投資信託事業募集證券投資信託基金處理準則第30條之1第5項已明定銷售機構及其人員辦理基金銷售業務，不得向境外基金機構、總代理人或證券投資信託事業收取銷售契約約定以外之報酬、費用或其他利益。信託業應負之義務及相關行為規範第43條亦定有員工收受財物餽贈及利益之限制，信託業應確實依規定辦理，並加強業務人員之查核與管理。

(十一) 風險收益分級

風險收益（Risk Return; RR）等級，目的是為使投資人易於瞭解並掌握境外基金投資可能面對的風險波動程度，其分類如下：

風險等級	風險屬性	預期追求的目標
RR1	最低	追求安全穩定收益為主
RR2	低	追求相對穩定收益為主
RR3	中度	以資本利得及固定收益為主
RR4	高	追求資本利得為主
RR5	最高	追求最大資本利得為目標

〔牛刀小試〕

( ) **1** 銀行辦理指定用途信託資金業務依規定從事推介外國有價證券時，應先訂定推介計畫，並經下列何者核准後始得辦理？ (A)銀行研究部門主管 (B)銀行信託部門主管 (C)銀行負責人 (D)銀行信託財產評審委員會。 【第8期】

( ) **2** 銀行辦理指定用途信託資金業務應客戶要求提供外國有價證券推介服務時，不得有下列何種行為？ (A)向不特定多數人推介 (B)製作客戶須知 (C)提供研究報告 (D)使用公開之資訊。 【第8期】

( ) **3** 依「信託業從事廣告、業務招攬及營業促銷活動應遵循事項」規定，信託業辦理廣告、業務招攬及營業促銷活動所提供的廣告、行銷文件應保存幾年？ (A)一年 (B)二年 (C)三年 (D)五年。 【第40期】

( ) **4** 信託業辦理特定金錢信託投資於境外結構型商品時，下列何者非屬應對委託人揭露之「基本風險」？ (A)最低收益風險 (B)通貨膨脹風險 (C)利率風險 (D)信用風險。 【第40期】

( ) **5** 依境外基金管理辦法規定，銷售機構原則上可作之行為，下列何者正確？ (A)為境外基金績效之預測 (B)主管機關審核期間，舉辦試賣會以促銷 (C)提供贈品，以勸誘他人購買境外基金 (D)為境外基金之廣告，總代理人應於事實發生後十日內向投信投顧公會申報。 【第39期】

解答與解析

1 (C)。依銀行辦理指定用途信託資金業務應客戶要求推介外國有價證券作業要點第12條。

2 (A)。不得對不特定人推介，應於客戶提出要求後依誠信、謹慎原則辦理。

3 (B)。依信託公會所擬訂之「信託業從事廣告、業務招攬及營業促銷活動應遵循事項」第13條規定，廣告、業務招攬及營業促銷活動所提供之廣告、行銷文件應保存2年。

4 (B)。依照中華民國信託業商業同業公會會員辦理信託業務之信託報酬及風險揭露應遵循事項第12條：信託業辦理特定金錢信託業務投資連動債券，應對委託人揭露之基本風險，包含最低收益風險、委託人兼受益人提前贖回的風險、利率風險、流動性風險、信用風險、匯兑風險、事件風險、國家風險及交割風險等事項。

5 (D)。境外基金管理辦法第50條：總代理人或其委任之銷售機構從事境外基金之廣告、公開說明會及促銷時，除本會另有規定外，不得有下列行為：一、藉本會對該境外基金之核准或申報生效，作為證實申請（報）事項或保證境外基金價值之宣傳。二、使人誤信能保證本金之安全或保證獲利。三、提供贈品或以其他利益勸誘他人購買境外基金。四、對於過去之業績作誇大之宣傳或對同業為攻訐之廣告。五、為虛偽、欺罔、或其他顯著有違事實或故意使他人誤信之行為。六、對未經本會核准或申報生效之境外基金，預為宣傳廣告、公開說明會及促銷。七、內容違反法令、契約或公開說明書內容。八、為境外基金績效之預測。九、涉及對新臺幣匯率走勢之臆測。十、違反同業公會訂定廣告及促銷活動之自律規範。第51條：總代理人或其委任之銷售機構為境外基金之廣告、公開說明會及促銷，總代理人應於事實發生後十日內向同業公會申報。

伍 新種金錢信託業務及發展趨勢 重要度★★★

一、新種金錢信託業務發展概述

國內金錢信託業務的發展已由原先以特定金錢信託投資國內外有價證券的投資信託，演變發展出下列各種不同信託目的的信託，例如：

(一) 員工持股信託、員工福利儲蓄信託。

(二) 退休安養信託。

(三) 子女教育及創業信託。

(四) 家業傳承信託。

(五) 預售屋價金信託。

(六) 預收款信託。

(七) 保險金信託等。

其中預收款信託，依現行經濟社會的發展及需求，發展出下列目前新種金錢信託業務的重點，特此依其業務發展說明如下：

(一) 禮券預收款信託。

(二) 生前契約預收款信託。

(三) 預售屋價金信託。

(四) 預售屋不動產開發信託。

二、預收款信託

(一) **預收款信託的基礎**：預收款信託業務係指消費者基於對廠商之信賴，預先付款與廠商所為之信用交易，其交易方式由消費者預先付款，再由廠商提供消費商品或服務。預收型商品對消費者而言，在預先付款後，如廠商倒閉或無法履行商品供給契約時，消費者須承擔損失預付款項之風險，影響消費者的權益。因此，基於保障消費者預付款項安全，增進買賣雙方互信基礎所成立之信託，並運用於所有由消費者先預付的款項，再藉由提供商品或服務的提供者提供其商品或服務之所有預付的行為，包括生前契約、禮券、電子票證及預售屋等價金信託機制。

(二) **預收款信託的架構**：就現行法規的基礎架構下，信託業者所承辦的預收款信託皆以商品或服務提供廠商為委託人及受益人並行的自益信託行為架構。受託人即信託業者是為廠商管理處分信託資產，而非替消費者，同時受託人亦未委託人承擔廠商違約之風險。因此受託人惟於保障消費者權益時，當委託人因發生宣告破產、撤銷登記或歇業等事由，以致無法履行交付商品或提供服務之義務時，才可將信託財產之受益權依法規或契約約定，自動歸屬予尚未履約要求商品或服務之消費者。

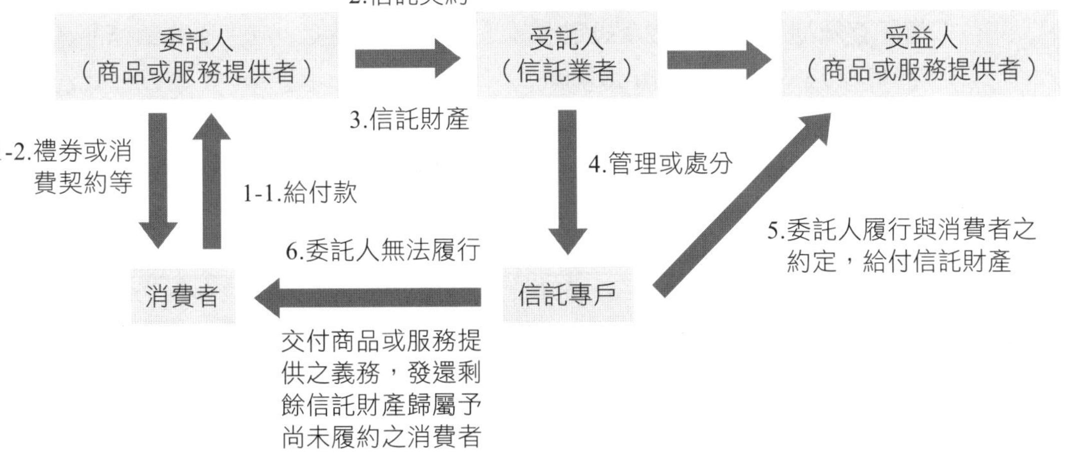

三、預收款應注意事項相關規定

(一) 法規依據

1. 行政院消費者保護委員會依消費者保護法第17條於公告特定行業定型化契約應記載或不得記載之事項，積極推行預收型商品之「禮券」或「預售屋價金信託」履約保證機制，預收款信託為其方式之一。
2. 惟預收型商品種類繁多，其特性及風險不同，爰依行政院金融監督管理委員會民國98年11月16日金管銀票字第09800319390號函指示，就信託業辦理預收型信託業務訂定自律規範，參酌內政部管轄之「殯葬管理條例施行細則」及「電子票證發行管理條例」的儲存款項信託契約之應記載及不得記載事項等相關規定訂定「中華民國信託業商業同業公會會員辦理預收款信託業務應行注意事項」以為遵循依據。

(二) 預收款信託業應行注意事項用詞定義如下：

1. **預收款**：指消費者基於對廠商之信賴，而預先給付廠商之消費款項。
2. **廠商**：指收受預收款並提供商品或服務之人或依法令規定得由其指定之人提供商品或服務者。
3. **消費者**：指接受或購買廠商預收款商品或服務之人。
4. **預收款信託**：指為加強廠商履行其應盡義務之目的，以廠商為委託人，並以消費者預先給付之全部或部分消費款項或廠商自有財產為信託財產之信託。
5. **商品服務憑證**：指由廠商發行，消費者或商品服務憑證持有人依憑證享受商品或服務之證明，例如禮券、磁條卡、晶片卡、電子點數或電磁紀錄等。
6. **預收款商品或服務契約**：指由廠商收受預收款後提供消費性質之商品或服務，而與消費者所簽訂之契約。
7. **信託存續期間**：指依法令規定應於「商品服務憑證」或「預收款商品或服務契約」記載之信託存續期間。
8. **受益權人會議**：指廠商發生宣告破產、撤銷登記或歇業等事由，致無法履行交付商品或提供服務之義務時，會員依預收款信託契約約定將信託財產之受益權歸屬於消費者或商品服務憑證持有人所召開之受益權人會議。

   其中參考經濟部民國96年8月30日經商字第09602420380號公告之「零售業等商品（服務）禮券定型化契約應記載及不得記載事項」之補充解釋二，明訂「應記載事項第2點第3種銀行信託專戶作為履約保證方式，得於商品（服務）禮券正面記載信託期間，信託存續期間至少1年以上」，恐與業者和廠商實際所簽預收款信託契約之信託存續期間有所差異，並就廠商未發行「商品服務憑證」者，預期將來各目的事業主管機關亦可能會於法令規定廠商應於「預收款商品或服務契約」中明訂「信託存續期間」，使消費者知悉其保障情形，及考慮此等「信託存續期間」尚未屆滿而預收款信託契約存續期間已屆滿，對於廠商辦理預收款信託履約保證機制之完整銜接（請參考第9條規定），故予以定義「信託存續期間」，以與預收款信託契約之信託存續期間有所區別。

(三) **信託業務不適用之應注意事項**

辦理本業務，除法令另有規定及第2項之情形外，應依本注意事項之規定辦理。

會員辦理下列信託業務不適用本注意事項：

1. 依內政部規範預售屋買賣定型化契約履約保證機制之不動產開發信託與價金信託。
2. 依電子票證發行管理條例交付信託。
3. 依電子支付機構管理條例交付信託。
4. 依經濟部所訂第三方支付服務定型化契約應記載及不得記載事項交付信託。
5. 其他非屬先付款後消費性質之價金信託。例如預售屋買賣價金信託必須先動用預收款以興建房屋；而不動產買賣價金信託為買賣雙方同時履行義務之行為，性質上並不屬於先付款後消費之預收款信託。

(四) **具履約保證機制預收款信託之限制**：對於具有履約保證機制之預收款信託，不得同意其相關受益權之轉讓及辦理質權設定。

(五) **承接與續約前之應評估事項**：依行政院金融監督管理委員會民國96年3月20日金管銀(三)字第09600067 941號函明定會員辦理本業務時，宜比照徵授信程序，審慎考量相關事項後決定是否承接及續約。

辦理預收款業務應依據信託業會員內部作業分工相關規定為適當之評估，並就廠商之下列事項考量是否承接及續約：

1. **廠商信用**：應向財團法人金融聯合徵信中心查詢廠商之信用，並就下列項目考量：
   (1) 營業歷史：包括創立時間及營業項目等。
   (2) 經營能力：包括營業金額增減趨勢及獲利能力等。
   (3) 誠實信用：包括往來承諾之履行及財務報表之可靠性等。
   (4) 財務狀況：包括財務狀況是否健全，週轉資金是否充足，以及是否有資不抵債之情形。

2. **目的因素**：廠商發行商品服務憑證之目的是否正當。

3. **內部控制**：瞭解廠商是否建立內部控制制度，並請廠商提供與消費者簽訂之服務契約。

4. **業務展望**：廠商如有提供會計師財務報表查核報告，應作為評估之重要依據。會計師如簽發正式無保留意見查核報告之申請案件，應瞭解並註明其簽發之原因。會計師如簽發保留意見、否定意見或無法表示意見之申請案件，因參酌其他因素受託辦理時，應加強後續對廠商營業狀況之追蹤。

(六) **信託業辦理預收款信託契約應注意事項**

1.辦理本業務簽訂預收款信託契約時，因預收型產品種類眾多，有些產品對發行機構有特殊規定，例如電子票證發行管理條例第6條對於發行機構有資格之限制，會員銀行於簽約時，應注意廠商是否符合相關條件；又廠商為公司法人者，簽約時應一併注意該契約是否對廠商發生效力，爰訂定第1款。

2.依「信託業營運範圍受益權轉讓限制風險揭露及行銷訂約管理辦法」第26條第2項訂定第2款。

3.廠商為外國法人者，其適用法律與執行財產之可能性均與國內廠商不同，為使會員於簽約時注意其求償可能性，爰訂定第3款。

4.商品服務憑證係由廠商所發行，受託人難以辨識其真偽，故廠商無法履行交付商品或提供服務之義務時，受託人面對消費者或商品服務憑證持有人請求分配信託財產，恐無法辨識，爰訂定第4款，要求廠商對於其所發行之商品服務憑證有適當之防偽設計，並告知受託人辨認方式。

5.由於預收款商品服務契約之法律關係是存在於廠商與消費者之間，為確保會員得以合法蒐集、處理或利用消費者之個人資料，會員於簽訂預收款信託契約時，應注意廠商是否於與消費者簽訂之預收款商品服務契約中，徵取消費者同意將其個人資料提供予廠商簽訂預收款信託契約之會員並於預收款信託相關之特定目的範圍內得為蒐集、處理或利用，但會員應負保密之責任。

6.信託業辦理本業務簽訂預收款信託契約時，應注意下列事項：

(1)相關法令如有規定廠商資格條件者，應依規定審閱廠商資格條件；廠商為公司法人者，應確認該預收款信託契約之簽約人，是否具有代表或代理之資格。

(2)廠商如與消費者訂有預收款商品或服務契約者，檢視該契約範本是否載明「信託業營運範圍受益權轉讓限制風險揭露及行銷訂約管理辦法」第26條第2項之事項，並將契約範本留底備查。

(3)廠商如為外國法人者，由在台代表人或其指定之代理人簽訂預收款信託契約，其準據法應適用我國之法律，並注意其求償可能性。

(4)如有發行商品服務憑證時，約定要求廠商對於其所發行之商品服務憑證有適當之防偽設計，並告知辨認方式。

(5)廠商是否於與消費者簽訂之預收款商品服務契約中，徵取消費者同意，將其個人資料提供予廠商簽訂預收款信託契約之會員並於預收款信託相關之特定目的範圍內得為蒐集、處理或利用，但會員應負保密之責任。

(七) **結算造冊之訂定**：廠商辦理之預收款業務種類眾多，收取款項方式不同且履約期間長短不一，為使會員辦理本項業務能兼顧實務與作業風險之控管，爰參照殯葬管理條例施行細則第30條規定：「殯葬服務業因簽訂生前殯葬服務契約，預先一次或分次收取之費用，應按月逐筆結算造冊後，於次月底前依比例交付信託。」明定辦理本業務與廠商結算之頻率至少為1個月。

(八) **廠商告知義務**

1.為避免消費者或商品服務憑證持有人誤認會員係為其受託管理信託財產而產生糾紛，爰依信託業營運範圍受益權轉讓限制風險揭露及行銷訂約管理辦法第26條第2項明定應約定廠商告知義務之事項。

2.預收款信託以廠商為受益人者，會員與廠商簽訂之預收款信託契約應約定：

(1)廠商於行銷、廣告、業務招攬或與消費者簽訂預收款商品或服務契約時，應向其行銷、廣告或業務招攬之對象或其消費者明確告知，該信託之受益人為廠商而非其消費者或商品服務憑證持有人，廠商並不得使其消費者誤認會員係為該消費者或商品服務憑證持有人受託管理信託財產。廠商有與消費者訂約者，並應於契約中明定，且將契約範本提供受託人留底備查。

(2)經消費者或商品服務憑證持有人請求時，廠商或會員應提供前款所載之約定條款影本。

(九) **預收款信託契約應記載事項**

1.明定會員與廠商簽訂之預收款信託契約，除依信託業法及其他法令記載應記載事項外，並應記載之事項。

2. 為便於消費者或商品服務憑證持有人得知信託存續期間之相關權益，爰參考經濟部民國96年8月30日經商字第096024 20380號令補充解釋第2點訂定第1款。同時，為明確廠商與消費者或商品服務憑證持有人受益權轉換之時點，爰參考經濟部民國96年3月19日經商字第09602405691號令第4點訂定第2款。
3. 預收款信託契約之當事人如有重大違約時，應賦予他方提前終止契約之權利，惟為明確雙方之權利義務關係，提前終止之事由宜於預收款信託契約明定，爰訂定第3款。
4. 預收款信託契約提前終止，廠商未完成銜接機制時，基於保護消費者，應約定其受益權歸屬消費者或商品服務憑證持有人，並依第15條至第17條之規定辦理，爰訂定第4款。
5. 為避免介入廠商與消費者之糾紛，會員宜要求廠商應告知消費者預收款信託可能涉及之風險及載明其他法律或主管機關規定之事項，爰訂定第5款。
6. 於第6款明定會員應與廠商約定違約時之處理方式。
7. 會員與廠商簽訂之預收款信託契約，除依信託業法及其他法令規定記載應記載事項外，並應記載下列事項：
   (1)如有發行商品服務憑證時，應於商品服務憑證記載發行日期及信託存續期間，信託存續期間至少為一年以上；並得記載信託存續期間屆滿後，由會員將信託專戶餘額交由廠商領回，但商品服務憑證持有人仍得依法向商品服務憑證發行廠商請求履行相關義務。惟如商品服務憑證因以磁條卡、晶片卡或其他電子方式發行，而難以完整呈現前述記載事項者，廠商應以書面或其他合理方式揭露，使消費者充分知悉本款應記載事項內容。。
   (2)廠商發生宣告破產、撤銷登記或歇業等事由，致無法履行交付商品或提供服務之義務時，其受益權應歸屬消費者或商品服務憑證持有人。
   (3)預收款信託契約提前終止之事由。
   (4)預收款信託契約提前終止時，廠商除完成下列事項外，其受益權應歸屬消費者或商品服務憑證持有人，並依第15條至第17條規定辦理：
      A. 與其他業者訂定預收款信託契約或履約保證契約。
      B. 將前目與其他業者訂定契約之情形函報目的事業主管機關。
   (5)廠商應告知消費者預收款信託可能涉及之風險及載明其他法律或主管機關規定之事項。
   (6)廠商違約時之處理方式。

(十) 控管措施

1. 為避免廠商重複發行或超額發行商品服務憑證及廠商發行商品服務憑證後未將預收款價金交付信託，明定會員對於廠商發行預收款商品服務憑證應有適當之防制措施。

   辦理本業務，對廠商發行預收款商品服務憑證應有適當之防制措施，並採取下列其中之一種或數種方式控管：

   (1) 由會員自行或委託印刷廠印製商品服務憑證控管。

   (2) 由廠商印製後，交由會員於商品服務憑證逐筆認證。

   (3) 由廠商印製後，自行以電腦登錄控管，由會員派員定期或不定期查核。

   (4) 要求廠商應將履行服務後回收之商品服務憑證，於一定期間送交會員勾稽，以便控管在外流通數量。

   (5) 要求廠商應於履行服務時，於商品服務憑證上打洞或加蓋收訖戳記，以避免重複使用。

   (6) 要求商品服務憑證需印製條碼，並提供相關登錄及銷號資訊。

   (7) 要求廠商定期提供經會計師簽認已向消費者預收且尚未提供商品服務之餘額報表。

   (8) 其他經會員內部核准通過之控管方式。

2. 明定會員對於廠商如未發行預收款商品服務憑證時，應對預收款服務契約有適當之防制措施。預收款商品或服務契約與商品服務憑證不同，無法由憑證書面即可得知尚未消費之金額，爰訂定第一款至第四款，以控管預收款商品或服務契約內容之真實及已收取但尚未提供商品服務之餘額。

   廠商如未發行預收款商品服務憑證者，會員應要求廠商對於預收款商品或服務契約應有適當之防制措施，並要求廠商以下列方式控管：

   (1) 契約應有編號，由廠商自行登錄及控管；會員應要求廠商提供契約編號簿冊及載明消費者資料，並得派員或委託他人定期或不定期查核。

   (2) 契約應載明簽訂日期、消費者資料及預收款金額、信託存續期間、消費方法等事項。

   (3) 影印或縮影照像方式留存消費者之各項證件。

   (4) 定期提供會員經會計師簽認已向消費者預收且尚未提供商品服務之餘額報表。

(十一) 信託財產管理應注意事項

1. 為避免廠商向消費者收取預收款後未確實交付信託，明定會員應要求廠商須於網站提供消費者或商品服務憑證持有人查詢有無將預收款交付信託，並得定期抽驗廠商是否確實更新相關資訊，以利消費者或商品服務憑證持有人查驗。

2.同時，為避免廠商發生宣告破產、撤銷登記或歇業等事由，致無法履行交付商品或提供服務之義務時，信託財產因投資虧損而無法償還，爰參考經濟部民國96年3月19日經商字第09602405691號令第4點明定訂定第1款，信託財產除法令另有規定外，不得從事具有投資風險之運用。

3.參考電子票證儲存款項信託契約之應記載及不得記載事項第1項第7點訂定第2款，明定會員應依據相關法令規定及預收款信託契約約定辦理信託財產之結算及提補。

4.為避免引起消費糾紛，信託財產之管理應依據法令規定及預收款信託契約約定，爰訂定第3款至第5款。

5.會員辦理本業務對於信託財產之管理，應注意下列事項：

(1)依據相關法令規定及預收款信託契約約定管理運用信託財產；除法令另有規定外，不得從事具有投資風險之運用，例如投資股市、基金、公司債、不動產等。

(2)依據相關法令規定及預收款信託契約約定辦理信託財產之結算及提補。

(3)依據廠商所提供商品或服務之履行、解除或終止相關證明文件或書面說明，返還信託財產。

(4)信託關係消滅時，依據相關法令規定及預收款信託契約約定，辦理信託財產之歸屬。

(5)廠商無法履行商品或服務契約時，依據相關法令規定及預收款信託契約約定，辦理信託財產之處理及其他相關事宜。

(十二)預收款價金交付信託應查核事項

1.實務上，因受限於時空因素及作業成本考量，廠商銷售商品服務憑證後，通常以定期結算（例如每週或隔週等）之方式與信託業者結算，不會馬上將預收款交付予信託業者，故如在未交付信託期間發生廠商無法履行之情事時，消費者仍難以受償，為避免廠商發行商品服務憑證後久未將預收款價金交付信託，爰訂定相關查核事項。

2.因此，辦理本業務，就下列事項應定期與廠商查核或要求廠商提供會計師查核簽認之報告：

(1)基準日廠商所告知應交付信託之金額與實際交付信託之金額是否相符。

(2)基準日廠商所提供之已服務金額，與信託財產移轉給廠商之金額是否相符。

(3) 廠商告知已向消費者收取之預收款，是否有遲延一定期間以上仍未交付信託之情形。

查核時如發現有金額不符或遲延交付之情形，應立即要求廠商改進，如仍無法查清金額或改進，則應依預收款信託契約之約定確實辦理。

(十三)**受益權人會議**

1. 廠商發生宣告破產、撤銷登記或歇業等事由，致無法履行交付商品或提供服務之義務時，會員應即辦理通知及公告申報權利，並於確認消費者或商品服務憑證持有人身分後，依預收款信託契約約定將信託財產之受益權歸屬於消費者或商品服務憑證持有人，並儘速召開受益權人會議，討論有關信託財產之分配事宜。
2. 前項有關受益權人會議之召集程序、議決方法、表決權之計算、會議規範及其他應遵循事項應於預收款信託契約中訂定，且約明其效力及於消費者或商品服務憑證持有人；並得要求廠商與消費者簽訂之預收款商品或服務契約亦同時明訂之。
3. 會員召開受益權人會議時，應主動報告信託財產目前之狀況，並提出信託財產分配方案之建議。
4. 分配方案經受益權人會議決議後，會員應作成分配表，記載分配之比例及方法，並於會員網站公告。
5. 為避免爭議，明定信託財產有變現之必要者，應由受益權人會議決議。
6. 為避免廠商倒閉後，受託人不知其倒閉而發生影響消費者權益之情形，明定會員應於信託契約簽訂後，應注意廠商能否按照原訂計畫，確實履行預收款信託契約，如發現廠商有違預收款信託契約之虞或業務經營有異常之徵兆時，應請廠商提出說明及改善方案。
7. 會員應依照本注意事項及相關規定自行訂定相關作業手冊，並確實辦理。為保留彈性，爰明定依照本注意事項及相關規定（例如信託業內部控制制度標準規範中與預收款業務相關之規範），由會員按內部作業分工（例如委託徵信部門辦理徵信），自行訂定相關作業手冊，並確實辦理。

四、目前新種金錢信託業務發展說明

(一) **禮券預收款信託**

1. **法規依據**：為強化消費者權益保障，經濟部依消費者保護法第17條第1項規定，於民國95年10月1日修訂「零售業等商品（服務）禮券定型化契約應記載及不得記載事項」，要求發行禮券業者必須自五種機制（信託、銀行履約保證、同業互保、公會連保、其他經經濟部許可並經行政院消費者保護處同意之履約保證方式）中任選一項以保障消費者權益，並自民國96年4月1日起實施。其後如客運業、旅館業、餐飲業及健身中心等相關主管機關亦紛紛訂定各業別禮券定型化契約應記載及不得記載事項，以提供消費者在持有禮券時享有更周全之保障。

2. **業務說明**

(1)「禮券預收款信託」業務係指發行禮券的業者（委託人）在禮券發行前或發行時（依目的事業主管機關不同而有不同之規範），將預計發行禮券面額之總金額信託予受託銀行（受託人），雙方簽訂信託契約，由受託銀行依該信託契約約定管理或處分信託財產，當消費者實際獲得服務或信託保證期滿後，業者始可領回該筆信託財產。

(2)禮券預收款信託雖是自益信託之架構，也就是委託人及受益人都是業者本身，但依規定業者須在履行其對消費者的義務以後才可以向信託業者請求返還其相對應的信託財產，因大部分的信託期間訂為一年（記載於禮券正面），也就是在購買禮券後享有一年的信託保障，如果超過一年期間消費者仍未使用禮券，業者也可向受託銀行請求返還該筆信託財產。因此，消費者應儘可能於信託期間內完成消費，如超過信託期間，日後禮券發行業者發生若無法履約的狀況，只能向禮券發行業者主張權益，而不得享有信託財產之受益權。

(3)如果業者在信託期間發生宣告破產、撤銷登記或歇業等事由，而無法對消費者提供服務或履行義務時，該信託財產之受益權即歸屬於尚未被履約的消費者，讓消費者有機會取回其預先支付的全部或部分款項。

(二)生前契約預收款信託

1. **法規依據**

為導正殯葬業銷售生前契約商品市場，並保障消費者權益，內政部於民國91年7月17日公布施行「殯葬管理條例」，不僅在條例中規定，與消費者簽訂生前殯葬服務契約的殯葬禮儀服務業者須具備一定之規模：

(1)具備禮儀服務能力之殯葬服務業。

(2)實收資本額達新台幣三千萬元以上。

(3)最近三年內平均稅後損益無虧損。

(4)於其服務範圍所及直轄市、縣（市）均置有專任服務人員。

且亦在條例中規定，若有預先收取費用者，應將該費用的75%依信託本旨交付信託業管理，該強制信託措施自民國92年7月1日起正式生效施行。

2. **業務說明**

「生前契約預收款信託」業務是指消費者與殯葬禮儀服務業者簽訂生前殯葬服務契約，殯葬業者必須將其自消費者預先收取費用之75%信託予受託銀行，雙方簽訂信託契約後，由受託銀行依該信託契約約定為管理或處分，以順利達成信託目的。

目前實務上業者銷售之生前契約一個單位可能為十數萬至數十萬元，消費者可以採一次繳納或分期付款的方式購買，但實際上殯葬業者提供服務的時間有可能是在數年甚至更久以後，透過信託制度，業者僅能先行動用預收費用的25%，且已交付信託之75%部分，除非對消費者履行契約提供服務，或者是有契約解除、終止的情形、或是依殯葬管理條例另有規定外，殯葬業者不能隨意提領信託財產，且若信託業於每年結算信託財產後，發現未達預收費用的75%，殯葬業者須以現金補足差額，並由受託銀行幫消費者把關。如果業者因破產、解散、停止營運連續六個月以上等狀況致不能對消費者提供服務時，信託業者經主管機關核准後，可將剩餘之信託財產依消費者繳款比例退回其預繳之部分金額。

(三) **預售屋價金信託**

1. **法規依據**

(1) 預售屋依不動產經紀業管理條例第4條第3款規定，係指領有建造執照尚未建造完成而以將來完成之建築物為交易標的之物，故預售屋之買賣係就尚未存在之物為買賣，消費者購買後須依工程進度支付款項，且僅購買屬於房屋建造完成時得請求移轉所有權之權利，所承擔的風險較大。內政部為建立預售屋交易安全機制，保障消費者權益，自民國100年5月1日起實施預售屋履約保證機制，在「預售屋買賣定型化契約應記載及不得記載事項」訂有各類型預售屋履約保證機制，其中預售屋「價金信託」為主管機關所規定其他方式之一。

(2)「預售屋價金信託」依預售屋買賣定型化契約應記載事項部分規定修正規定第7-1條係指「本預售屋將價金交付信託，由______（金融機構）負責承作，設立專款專用帳戶，並由受託機構於信託存續期間，按信託契約約定辦理工程款交付、繳納各項稅費等資金控管事宜。」第2項並規定「前項信託之受益人為賣方（即建方或合建雙方）而非買方，受託人係受託為賣方而非為買方管理信託財產，但賣方無法依約定完工或交屋者，受益權歸屬於買方。」

2.**業務說明**

(1)「預售屋價金信託」之架構為賣方（即建商或合建雙方）與受託人（銀行）簽訂信託契約並設立專款專用帳戶，由受託人於信託契約存續期間按信託契約約定辦理工程款交付、繳納各項稅費等資金控管事宜。預售屋價金信託性質上屬金錢之信託，其目的在於確保買方所繳納價金之專款專用，使其信託之價金僅能用於建案，避免價金遭賣方挪為其他非該建案目的之使用，而增加建案無法完工之風險。

(2)「預售屋價金信託」，賣方雖同時為信託關係之委託人及受益人，性質原則上屬於自益信託，惟依內政部「預售屋買賣定型化契約應記載及不得記載事項」的規定，如發生「賣方無法依約定完工或交屋」（像是賣方因解散、破產、重整、廢止許可、撤銷登記、連續停業達3個月以上或歇業而無法續建等情形），除應依法院強制執行等命令辦理外，就買方所繳購屋款交付信託，賣方所享有之受益權應歸屬於買方，此時買方可就剩餘之信託財產主張依受益權比例進行分配。

(四)**預售屋不動產開發信託**

1.**法規依據**

(1)依不動產經紀業管理條例第4條第3款規定，預售屋係指領有建造執照尚未建造完成而以將來完成之建築物為交易標的之物，故預售屋之買賣係就尚未存在之物為買賣，消費者購買後須依工程進度支付款項，且僅購買屬於房屋建造完成時得請求移轉所有權之權利，所承擔的風險較大。內政部為建立預售屋交易安全機制，保障消費者權益，自民國100年5月1日起實施預售屋履約保證機制，在「預售屋買賣定型化契約應記載及不得記載事項」訂有各類型預售屋履約保證機制，其中「不動產開發信託」為主管機關所規定內政部同意方式之一。

(2)「預售屋不動產開發信託」依內政部民國99年12月29日內授中辦地字第0990725747號公告係指「由建商或起造人將建案土地及興建資金信託予某金融機構或經政府許可之信託業者執行履約管理。興建資金應依工程進度專款專用。又簽定預售屋買賣契約時，賣方應提供上開信託之證明文件或影本予買方。」

2.**業務說明**

(1)「預售屋不動產開發信託」是以開發不動產及預售為目的之信託，架構為賣方（建商、地主）為委託人與受託人（信託業者）簽訂信託契約，將土地及興建資金交付信託，除設立專款專用帳戶，由受託人於信託契約存續期間按信託契約約定辦理履約管理外，並將興建資金依工程進度支付信託契約所約定有關完成興建開發、管理銷售及處理信託事務所需一切支出，且該興建資金不得供作其他用途。

(2)如賣方發生「無法依約定完工或交屋」時（像是賣方因解散、破產、重整、廢止許可、撤銷登記、連續停業達3個月以上或歇業而無法續建等情形），除應依法院強制執行等命令辦理外，買方所繳購屋款交付信託，賣方所享有之受益權歸屬於買方。此時，受託人會與預售屋不動產開發信託之關係人（如地主、建商、貸與部分興建資金的融資銀行等）協商處理後續信託財產結算事宜，倘結算後有可供分配之信託財產，受託人應通知買方提供相關證明文件，供受託人確認買方身分並計算個別買方應受移轉之受益權比例。

(3)「預售屋不動產開發信託」可確保興建資金依工程進度專款專用，避免建商因財務危機或其他因素挪用興建資金，以促進建案之順利完工，保障消費者權益；且交付信託尚可確保資產完整性，避免在興建期間被建商或地主任意處分或遭其債權人強制執行而拍定於第三人，以致建案無法完成，對於預售屋買方權益之保障，具有重要的作用。

(4)消費者購買預售屋除應於簽約時仔細研讀契約內容外，並應確認建商所辦理的履約保證機制內容。若屬於內政部同意之「不動產開發信託」，則應瞭解負責承作該信託之受託銀行資料，以及信託專戶網頁的查詢方式，以隨時掌握交付信託之價金明細及相關資訊，維護自身的權益。

資料來源：信託公會常見信託業務介紹

〔牛刀小試〕

( ) **1** 依信託業商業同業公會會員辦理預收款信託業務應行注意事項規定，廠商發生宣告破產時，信託業應辦理事項，下列敘述何者錯誤？
(A)召開受益權人會議
(B)將信託財產提存法院
(C)確認消費者或商品憑證持有人身分
(D)辦理通知及公告申報權利。【第41期】

( ) **2** 依信託業商業同業公會會員辦理預收款信託業務應行注意事項規定，信託業辦理本業務，對於信託財產管理之應注意事項，下列敘述何者錯誤？ (A)除法令另有規定外，不得以信託財產投資基金 (B)應依法令規定及契約約定辦理信託財產之結算及提補 (C)應依據廠商所提供商品或服務之履行、解除或終止相關證明文件或書面說明，返還信託財產 (D)信託關係消滅時，應依規定將信託財產提存信託公會。【第41期】

( ) **3** 依信託業商業同業公會會員辦理預收款信託業務應行注意事項規定，廠商如有發行商品服務憑證時，其商品服務憑證存續期間至少多久？ (A)六個月以上 (B)一年以上 (C)一年半以上 (D)二年以上。【第41期】

( ) **4** 「生前契約信託」之信託財產，若運用於經核准設置之殯儀館，其投資總額不得逾投資時信託財產當時價值之多少百分比？ (A)20% (B)25% (C)30% (D)35%。【第40期】

( ) **5** 依信託業商業同業公會會員辦理預收款信託業務應行注意事項規定，廠商如有發行商品服務憑證時，其信託契約存續期間至少多久？ (A)六個月以上 (B)一年以上 (C)一年半以上 (D)二年以上。【第40期】

解答與解析

1 (B)。依中華民國信託業商業同業公會會員辦理預收款信託業務應行注意事項第15條規定，廠商發生宣告破產、撤銷登記或歇業等事由，致無法履行交付商品或提供服務之義務時，會員應即辦理通知及公告申報權利，並於確認消費者或商品服務憑證持有人身分後，依預收款信託契約約定將信託財產之受益權歸屬於消費者或商品服務憑證持有人，並儘速召開受益權人會議，討論有關信託財產之分配事宜。

2 (D)。會員辦理預收款信託業務應行注意事項：第13條第1項第4款、信託關係消滅時，依據相關法令規定及預收款信託契約約定，辦理信託財產之歸屬。

3 (B)。依中華民國信託業商業同業公會會員辦理預收款信託業務應行注意事項第8條第1項規定，會員與廠商簽訂之預收款信託契約，除信託業法及其他法令另有規定外，應記載下列事項：一、如有發行商品服務憑證時，應於商品服務憑證記載發行日期及信託存續期間，信託存續期間至少為一年以上；並得記載信託存續期間屆滿後，由會員將信託專戶餘額交由廠商領回，但商品服務憑證持有人仍得依法向商品服務憑證發行廠商請求履行相關義務。惟如商品服務憑證因以磁條卡、晶片卡或其他電子方式發行，而難以完整 呈現前述記載事項者，廠商應以書面或其他合理方式揭露，使消費者充分知悉本款應記載事項內容。

4 (B)。依生前殯葬服務契約預收費用信託定型化契約應記載及不得記載事項第六條規定，信託財產運用範圍殯葬禮儀服務業交付信託業管理之費用，其運用範圍以下列各款為限：(一)現金及銀行存款。(二)政府債券、經中央銀行及金融監督管理委員會核准之國際金融組織來臺發行之債券。(三)以前款為標的之附買回交易。(四)經內政部認定之一定等級以上信用評等之金融債券、公司債、短期票券、依金融資產證券化條例及不動產證券化條例發行之受益證券或資產基礎證券。(五)貨幣市場共同信託基金、貨幣市場證券投資信託基金。 (六)債券型基金。(七)前二款以外之其他共同信託基金或證券投資信託基金。(八)依信託業法第十八條之一第二項所定信託業運用信託財產於外國有價證之範圍。(九)經核准設置之殯儀館、火化場需用之土地、營建及相關設施費用。前項第七款至第九款合計之投資總額不得逾投資時信託財產價值之百分之 三十;前項第九款之投資總額不得逾投資時信託財產當時價值之百分之二十 五。第一項信託財產投資運用之範圍,應以法令所定非專業投資人得投資之範圍為限。

5 **(B)**。預收款信託業務發行商品服務憑證的有效存續期間至少應為一年以上;當記載信託存託存續期間屆滿後,得由會員將信託專戶餘額交由廠商領回,但商品服務憑證持有人仍可依法向商品服務憑證發行廠商請求履行相關義務。

精選試題

( ) **1** 甲客戶至乙銀行辦理「指定用途信託資金投資國外有價證券」業務,投資丙公司經理之國外基金,試問甲與乙之法律關係為何?
(A)委任　(B)信託
(C)買賣　(D)行紀。 【第4期】

( ) **2** 委託人於訂定信託契約後,交付新臺幣五千萬元予受託人,信託目的在投資不動產、有價證券及黃金,依信託業法第十六條所定業務項目係屬下列何種信託?
(A)不動產之信託　(B)動產之信託
(C)有價證券之信託　(D)金錢之信託。 【第4期】

( ) **3** 下列何者屬於受託人不具有運用決定權之信託?
(A)特定集合管理運用金錢信託
(B)指定營運範圍或方法之單獨管理運用金錢信託
(C)指定營運範圍或方法之集合管理運用金錢信託
(D)不指定營運範圍或方法之單獨管理運用金錢信託。 【第41期】

(　　) **4** 有關特定金錢信託投資國外有價證券（大額）業務之敘述，下列何者正確？　A.為不保本，不保息　B.委託人得交付金錢或有價證券　C.受託人不具有運用決定權　(A)僅A、B　(B)僅A、C　(C)僅B、C　(D)A、B、C。【第40期】

(　　) **5** 銀行辦理特定金錢信託業務，係屬信託業法規定信託業得經營之何種信託業務？　(A)金錢之信託　(B)有價證券之信託　(C)動產之信託　(D)金錢債權之信託。【第40期】

(　　) **6** 李四將新臺幣三千萬元交付乙銀行成立信託，並授權王五得指示乙銀行以信託財產存放於定期存款或購買境外基金，王五依約指示乙銀行將三千萬元存放於一年期固定利率定期存款，下列敘述何者正確？
(A)該信託屬特定金錢信託
(B)乙銀行得承諾擔保本金
(C)該信託屬指定金錢信託
(D)該信託屬不指定金錢信託。【第40期】

(　　) **7** 我國信託法按信託設立方式分為契約信託、宣言信託及遺囑信託三種，請問現行銀行辦理之特定金錢信託投資國外有價證券業務係屬何種信託？　(A)契約信託　(B)宣言信託　(C)遺囑信託　(D)遺囑信託兼宣言信託。【第37期】

(　　) **8** 企業員工持股信託契約書之內容不得包括下列何者？　(A)會計報告之送達　(B)信託契約之變更、解除與終止事由　(C)信託財產之返還與交付方式　(D)受益人之保證收益。【第11期】

(　　) **9** 信託業法所規範之信託資金，在實務上係屬於下列何種信託？
(A)不動產信託　　(B)金錢信託
(C)專利權信託　　(D)動產信託。【第37期】

(　　) **10** 下列何者非屬特定金錢信託業務？　(A)金錢債權之信託　(B)信託資金投資國內外基金　(C)信託資金投資國外有價證券　(D)員工持股及福利儲蓄信託。【第37期】

(　　) **11** 銀行辦理特定金錢信託投資國外基金業務，下列敘述何者錯誤？(A)得發給客戶基金存摺　(B)得向客戶保證獲利　(C)得發給客戶對帳單　(D)發給客戶之信託憑證應予記名。【第36期】

(　　) **12** 下列何者屬於受託人不具有運用決定權之信託？ (A)特定集合管理運用金錢信託 (B)指定營運範圍或方法之單獨管理運用金錢信託 (C)指定營運範圍或方法之集合管理運用金錢信託 (D)不指定營運範圍或方法之單獨管理運用金錢信託。【第35期】

(　　) **13** 客戶至銀行辦理金錢之信託時，其信託契約之約定內容，下列敘述何者正確？ (A)客戶得指定營運範圍或方法 (B)應以自益信託方式辦理 (C)投資標的僅限國內外基金 (D)客戶得約定免除辦理信託登記。【第3期】

(　　) **14** 信託業辦理有運用決定權之金錢信託業務，如涉及期貨交易法第三條規定之期貨時，應向下列何者申請核准兼營證券投資顧問業務？ (A)期貨交易所 (B)期貨商業同業公會 (C)信託業商業同業公會 (D)證券暨期貨管理委員會。【第3期】

(　　) **15** 信託業法對特定金錢信託契約應記載之信託存續期間，其規定為何？
(A)並未規定　(B)至少一個月
(C)至少六個月　(D)至少一年。【第33期】

(　　) **16** 有關銀行辦理特定金錢信託投資國外有價證券業務之行為，下列何者正確？
(A)無須提存賠償準備金
(B)得與委託人作保本保息之約定
(C)得直接投資大陸地區政府發行之有價證券
(D)受託銀行得自行訂定信託手續費收費標準。【第32期】

(　　) **17** 下列何者非屬金錢信託事務？
(A)共同信託基金
(B)企業員工持股信託
(C)不動產資產信託
(D)特定金錢信託投資連動式債券。【第31期】

(　　) **18** 委託人至銀行辦理特定金錢信託投資境外基金時，下列何者為該基金可投資之標的？ (A)衍生性商品 (B)黃金 (C)商品現貨 (D)不動產。【第31期】

(　　) **19** 委託人交付現金新臺幣一千萬元予受託人所成立之信託，其信託目的約定投資股票及不動產，係屬何種信託？ (A)不動產之信託 (B)有價證券之信託 (C)動產之信託 (D)金錢之信託。【第1期】

( ) **20** 政黨以其持有之上市公司股份交付信託者，係屬於下列何種信託？ (A)金錢之信託 (B)有價證券之信託 (C)證券投資之信託 (D)議決權之信託。 【第1期】

( ) **21** 金錢之信託其指定營運範圍或方法之資金得運用於下列何種投資標的？(1)外國股票 (2)外國債券 (3)銀行存款 (4)外國基金
(A)(1)、(2)、(3) (B)(2)、(3)、(4)
(C)(1)、(2)、(3)、(4) (D)(3)、(4)。 【第1期】

( ) **22** 有關信託業辦理特定金錢信託投資國內外基金業務，下列敘述何者錯誤？ (A)應訂定客戶交付信託財產之最低金額及條件 (B)信託業不擔保本金或最低收益率 (C)信託契約應記載受託人責任之排除條款 (D)無行為能力人辦理時，其信託契約應由法定代理人簽章。 【第38期】

( ) **23** 銀行辦理特定金錢信託投資國外有價證券之可能方式，下列敘述何者錯誤？
(A)接受委託人逐筆指示
(B)接受由委託人選定之國外經理機構指示
(C)接受委託人一次單筆投資或定期定額投資
(D)應以委託人名義進行信託資金之投資交易。 【第38期】

( ) **24** 有關銀行辦理特定金錢信託投資國內外基金業務應行注意事項，下列敘述何者正確？ (A)基金投資亦屬存款承保範圍 (B)受託銀行辦理本項業務不保本但保息 (C)受託銀行得於營業處所張貼外國基金之海報 (D)提供予委託人之基金資料由基金公司對內容負責，與銀行無關。 【第38期】

( ) **25** 下列何者不得以新臺幣信託資金向信託業辦理國外有價證券投資？ (A)本國自然人 (B)本國法人 (C)國際金融業務分行之境外客戶 (D)經許可來臺並在本國銀行開設新臺幣存款帳戶之大陸地區人民。 【第38期】

( ) **26** 銀行辦理特定金錢信託投資國外有價證券業務時，下列事項何者正確？A.應與客戶簽訂信託契約 B.應依委託人指示辦理 C.應提供定期之報告 D.應為客戶主動推介有價證券 (A)僅A正確 (B)僅AB正確 (C)僅ABC正確 (D)ABCD皆正確。 【第37期】

( ) **27** 目前信託業銷售境外之保本保息型結構性商品，係由下列何者承擔保本保息之責任？
(A)總代理機構 (B)銷售機構
(C)發行機構 (D)保管機構。 【第37期】

( ) **28** 有關特定金錢信託投資國外有價證券業務，下列敘述何者錯誤？
(A)信託資金之收受得為新臺幣 (B)信託資金之收受得為外幣 (C)委託人限為自然人 (D)銀行辦理本項業務需經取得信託執照並經中央銀行核可。 【第36期】

( ) **29** 依境外基金管理辦法規定，信託業辦理特定金錢信託業務投資境外基金時，得與境外基金機構及總代理人共同簽訂何種契約？
(A)代理契約 (B)銷售契約
(C)投資契約 (D)信託契約。 【第36期】

解答與解析

1 **(B)**。為一金錢信託。

2 **(D)**。交付金錢，屬金錢信託。

3 **(A)**。特定信託受託人不具有運用決定權。

4 **(B)**。特定金錢信託投資國外有價證券（大額）業務，委託人僅得交付金錢，不包括有價證券。

5 **(A)**。交付現金購買股票，為金錢信託。

6 **(A)**。以委託人所交付之「金錢」為信託財產者之信託：此金錢之信託可以以契約約定，於信託終了時，以金錢交付信託人，亦可以約定以運用後所取得之信託財產現狀交付受益人。

7 **(A)**。委託人與銀行簽立信託契約，故為契約信託。

8 **(D)**。信託業法第31條：信託業不得承諾擔保本金或最低收益率，因此各種金錢信託均屬不保本、不保息之業務。

9 **(B)**。信託資金為委託人交付金錢，故為金錢信託。

10 **(A)**。金錢債權之信託交付債權而不是金錢，屬金錢債權信託。

11 **(B)**。信託業法第31條：信託業不得承諾擔保本金或最低收益率。

12 **(A)**。特定信託受託人不具有運用決定權。

13 **(A)**。依信託法之金錢信託，可為他益信託，投資標的可為有價證券、不動產等，依信託業法第20條，需信託登記。

14 **(D)**。信託業法第18條。

15 **(A)**。並未規定存續期間長短。

16 **(D)**。須提存賠償準備金；不得與委託人作保本息之約定；不得直接投資大陸地區政府發行之有價證券。

17 **(C)**。不動產資產信託屬不動產信託

18 **(A)**。境外基金管理辦法第23條：二、境外基金不得投資於黃金、商品現貨及不動產。

19 **(D)**。交付現金信託，為金錢信託，指定用途為投資股票及不動產。

20 **(B)**。上市公司股份為有價證券。

21 **(C)**。信託業法尚無任何限制,但受證交法限制。

22 **(C)**。信託業法第19條：信託契約之訂定，應以書面為之，並應記載下列各款事項：一、委託人、受託人及受益人之姓名、名稱及住所。二、信託目的。三、信託財產之種類、名稱、數量及價額。四、信託存續期間。五、信託財產管理及運用方法。六、信託收益計算、分配之時期及方法。七、信託關係消滅時，信託財產之歸屬及交付方式。八、受託人之責任。九、受託人之報酬標準、種類、計算方法、支付時期及方法。一〇、各項費用之負擔及其支付方法。一一、信託契約之變更、解除及終止之事由。一二、簽訂契約之日期。

23 **(D)**。應以受託人名義進行信託資金之投資交易。

24 **(C)**。基金投資不屬存款承保範圍。受託銀行辦理本項業務不保本不保息。提供予委託人之基金資料由基金公司及銀行對內容負責。

25 **(C)**。國際金融業務分行之境外客戶不得購入新台幣有價證券。

26 **(C)**。推介有價證券為被動，須由信託客戶提出才提供，且不得收費。

27 **(C)**。由結構性商品之發行機構保本保息。

28 **(C)**。除自然人外，尚包括法人。

29 **(B)**。境外基金管理辦法第18條：總代理人得委任經核准營業之證券投資信託事業、證券投資顧問事業、證券經紀商、銀行、信託業及其他經本會核定之機構，擔任境外基金之銷售機構，辦理該境外基金之募集及銷售業務。故為銷售契約。

企業員工持股信託

依據出題頻率區分，屬：**B** 頻率中

課綱概要

- 企業員工持股信託
  - 企業員工持股信託基本概念
    - 員工分紅入股
    - 以現金增資方式，由員工承購
    - 庫藏股
    - 員工認股權憑證
  - 特性
    - 小額資金
    - 自益信託
    - 投資自己所服務公司
    - 定期定額
    - 準集團信託
    - 信託財產獨立
    - 以長期投資為目標
  - 好處
    - 公司企業
      - 促進員工向心力，提高經營績效
      - 降低員工流動率，減少訓練成本
      - 落實員工有其股，穩定人事，降低訓練成本
      - 穩定公司股權，健全企業經營
    - 公司員工
      - 協助員工長期理財規劃，有助員工安心工作
      - 公司提供獎勵金，增加員工福利
      - 分享公司盈餘與股價增值利益
      - 信託財產獨立且具安全性
      - 確保退休金充足，安享人生
  - 企業員工持股信託之實務運作
    - 信託當事人
    - 信託關係人
    - 信託資金來源
    - 信託資金投資方式與範圍
    - 信託費用
    - 員工持股、員工福儲或員工福利信託業務的差異
    - 信託資金之管理

課前導讀

本章節是相對簡單的一部分，只要針對員工持股信託的角色、信託關係、特性內容與運作重點掌握住，就很容易掌握到本章節相關考題，所衍生出來的問題也能有效理解回答。

壹 企業員工持股信託基本概念 重要度★★

一、企業員工持股信託

企業員工持股之意義係以員工入股為基本前提，亦即員工持有自己所服務公司的股票，成為公司的股東之一。

透過自益信託的方式，共同成立一個員工持股會，由加入之員工即持股會之會員，授權該會之代表人與信託業簽定員工持股信託，並約定每個月自其薪資所得中提撥一定之信託資金，並配合公司之獎勵金，經由該會之代表人統一支付予信託人，依信託契約之目的與運用、管理，將員工所交付的資金以集合運用與分別管理的方式，以定期定額的概念，投資取得公司股票，分享公司的資本利得與孳息的部分，而一般員工持股取得的方式有下列4種：

(一) 員工分紅入股：即員工分享公司盈餘分配，而入股。
依公司法第240條第3項規定，依股東會決議應分派股息及紅利之全部或一部，當決議以紅利轉作資本時，依章程員工應分配之紅利，得發以配發新股或以現金方式支付。

(二) 以現金增資方式，由員工承購：公司法第267條規定，現金增資，應由員工承購其中的10%至15%。

(三) 庫藏股：依證交法第28條之2規定，公司得買回自家公司股轉讓與員工。

(四) 員工認股權憑證：依公司法第167-2條規定，公司得經董事會2/3董事出席及1/2出席董事同意決議後，與員工簽訂認股權契約，並約定於一定期間內，由公司員工依約定價格認購特定數量的公司股份，由公司依約發給員工認股權憑證。
最後，以信託財產之現狀（如公司股票）或依換成金錢方式交付，返還予受益人。是一種特定用途信託資金之業務的一種。

二、企業員工持股信託架構

我國之企業員工持股信託是參考美國之員工持股制度及日本之從業員持株信託制度。

員工持股信託架構

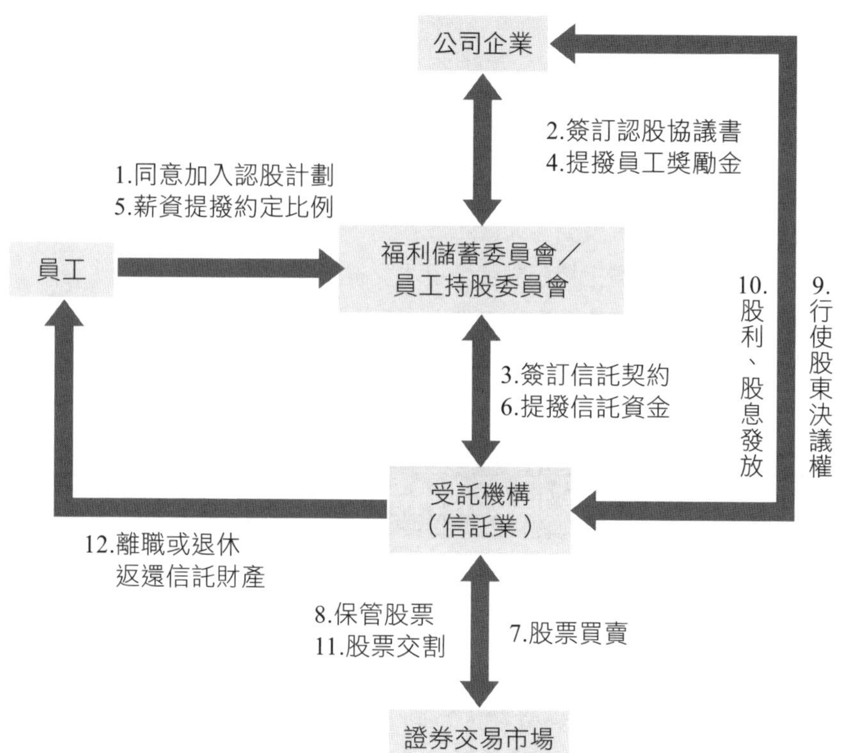

〔牛刀小試〕

( ) **1** 按企業員工持股信託業務之運作架構，對公司行使股東表決權者為下列何者？ (A)委託人 (B)受託人 (C)受益人 (D)員工持股會代表人。【第41期】

( ) **2** 有關企業員工持股信託之當事人，下列何者錯誤？ (A)委託人 (B)受託銀行 (C)員工持股會 (D)員工持股會之員工。【第41期】

( ) **3** 下列何者為員工持股信託之受益人？ (A)員工持股會 (B)員工持股會代表人 (C)公司 (D)加入員工持股會之員工。【第41期】

( ) **4** 我國之企業員工持股信託是參考下列何種制度所設計的？ (A)香港之強基金制度 (B)日本之員工退休金制度 (C)美國之401K退休金制度 (D)美國之員工持股制度及日本之從業員持株信託制度。 【第41期】

( ) **5** 按企業員工持股信託業務之運作架構，對公司行使股東表決權者為下列何者？ (A)委託人 (B)受託人 (C)受益人 (D)員工持股會代表人。 【第33期】

解答與解析

1 (B)。受託人依員工持股會代表人書面指示辦理，對公司行使股東表決權。

2 (C)。員工持股會為代表人，非信託之當事人。

3 (D)。員工為委託人及受益人。

4 (D)。參考美國之員工持股制度及日本之從業員持株信託制度。

5 (B)。受託人依員工持股會代表人之指示，對公司行使股東表決權。

貳 企業員工持股信託的特性與好處 重要度★★★

一、企業員工持股信託的特性

(一)依信託業法規定係屬金錢信託的種類，企業員工信託業務是由員工（即委託人），每月簽約同意自薪資中固定提撥一筆小額資金予受託人運用與管理。

(二)屬於自益信託：委託人與受益人為同一人之信託。

(三)屬於特定集合管理運用金錢信託，由委託人指定以投資取得自己所服務公司之上市、上櫃公司（不含全額交割股）或未上市、上櫃公司其關係企業若有上市上櫃者為限。

(四)其投資採滾入平均成本的概念，分散風險採定期定額方式投資。

(五)由於係同一企業內之員工為集合運用、分別管理，故屬於「準集團信託」（或團體信託）。

(六)信託財產獨立於委託人、受託人及受益人之自有財產，並受法律之保障。

(七)以長期投資為目標：協助員工以長期投資方式累積自有投資資產，在努力工作賺取薪資的同時，也能享有公司成長的盈餘，成為公司的股東之一，並於死亡、退休或離職時，才領回信託財產，更能以此確保退休生活的穩定。

二、員工持股信託的好處

(一)就公司企業而言

1. 促進員工向心力，提高經營績效。
2. 降低員工流動率，減少訓練成本。
3. 落實員工有其股，穩定人事，降低訓練成本。
4. 穩定公司股權，健全企業經營。

(二)對公司員工而言

1. 協助員工長期理財規劃，有助員工安心工作。
2. 公司提供獎勵金，增加員工福利。
3. 分享公司盈餘與股價增值利益。
4. 信託財產獨立且具安全性。
5. 確保退休金充足，安享人生。

〔牛刀小試〕

( ) **1** 有關企業員工持股信託業務，下列敘述何者錯誤？ (A)當委託人死亡時，其信託關係當然消滅 (B)員工持股信託業務為一典型之集團信託 (C)員工持股信託業務採「滾入平均成本法」（rollingcost）之投資理財方式 (D)員工應先加入該公司員工持股會取得會員資格後，始得加入公司員工持股信託成為委託人。 【第8期】

( ) **2** 有關企業員工持股信託對企業之優點，下列何者錯誤？ (A)降低員工流動率 (B)增加員工向心力 (C)可免提撥員工退休金 (D)穩定公司股權。 【第9期】

( ) **3** 下列何者係員工持股信託之資金運用原則？ (A)滾入平均成本法 (B)反向投資法 (C)價值投資法 (D)成長投資法。 【第4期】

( ) **4** 下列何者非屬企業員工持股信託之特點？ (A)採滾入平均成本法 (B)提撥金以每年之年終獎金為原則 (C)信託財產採集合運用與分別管理 (D)以投資取得自己所服務公司之股票為原則。 【第41期】

( ) **5** 一般而言，企業員工持股信託財產運用範圍為何？ (A)公開發行股票 (B)未上市上櫃股票 (C)興櫃股票 (D)上市上櫃股票。 【第41期】

解答與解析

1 (B)。屬於「準集團信託」，不是「集團信託」。

2 (C)。企業員工持股信託之委託人為員工；而員工退休金之提撥人為雇主，二者性質不同。

3 **(A)**。定期定額資入，即滾入平均成本法。

4 **(B)**。依信託業法規定係屬金錢信託的種類，企業員工信託業務是由員工（即委託人），每月簽約同意自薪資中固定提撥一筆小額資金予受託人運用與管理。並非以提撥金以每年之年終獎金為原則。

5 **(D)**。一般而言，上市上櫃公司才可辦理企業員工持股信託，投資自已公司，故運用範圍為上市櫃股票。

參 企業員工持股信託之實務運作 重要度★★★

員工持股信託規範事宜

(一) **信託當事人：**

1. **委託人：**以公司正式編制內的員工為限，加入之員工持股會之會員，採自由加入為原則。
2. **受託人：**經主管機關核准辦理員工持股信託業務之信託業者或兼營信託業之銀行。

(二) **信託關係人：**

1. **受益人：**為員工本人，因屬自益信託的性質，所以委託人與受益人為同一人，因此當受益人退休、離職、被解僱時信託關係將視為終止，受託人應結算返還信託財產給受益人領回。若是受益人於工作期間死亡，則信託關係亦視為終止，其信託財產則由員工的繼承人繼承領回。
2. **員工持股會與員工持股會代表人：**
   (1) 員工持股會由同一公司內參加認股計畫的全體員工（委託人）組成，並選出「員工持股會之代表人」由其代表全體會員與信託業（受託人）簽信託契約，並於信託持續期間代表所有委託人處理信託事務行使有關之指示、確認、同意及其他相關事宜。
   (2) 信託契約之主要內容依信託業法第19條規定。
   (3) 全體會員授權員工持股會之代表人代表全體會員與公司簽訂協議書。（約定公司獎助金提撥及相關事宜）
   (4) 因員工持股會屬非法人組織（屬於任意團體之一種）所以不具法律上之權利能力，員工持股信託之信託資金係由員工自行提存，並非屬員工持股會之財產，故員工持股會並非員工持股信託之委託人或受益人，亦非員工持股信託之當事人，所以信託財產應各自回歸參加認股計畫的員工（委託人）身上。

(三) **信託資金來源：**

1. **員工薪資提存：**每月依約定比例提撥。
2. **公司獎助金：**依員工每月的提撥比例，由公司相對提撥獎助金一併交受託人管理與運用。
3. **年終獎金：**年終獎金或紅利，委託人得依每月提撥比例之倍數，追加提存。
4. **現金增資認股提存金：**公司於辦理現金增資時，員工（委託人）可依受託人通知決定是否追加提存存金參與現金增資認股的計畫，員工（委託人）不得自行以股東身分直接參加認股，必須將資金交付受託人，再透過企業員工持股信託專戶名義完成認股的程序。

(四) **信託資金投資方式與範圍：**

1. 採定期定額方式（滾入平均成本法），以長期持有的方式，追求長期穩定的報酬。所謂「滾入平均成本法」乃在約定的期間內以固定金額對所定的股票或投資標的物，以定期定額方式連續投資一段時間，如此可以達到分批投資、分散風險，追求穩定投資報酬。
2. 投資範圍限於委託人所服務公司之上市、上櫃公司（不含全額交割股）或未上市、上櫃公司其關係企業若有上市上櫃者。

(五)**信託費用**

1. **信託參加手續費：**委託人在第一次加入企業員工持股信託專案時，應以一次性全額費用方式繳交金錢予受託人。
2. **信託管理費：**依委託人所累積的信託本金提撥一定比例按月計算信託管理費，由受託人由當月提撥累積的信託本金中直接扣除。
3. **信託處理費：**受託人依企業員工持股信託專案的目的需求處理信託事務所發生的各項費用，並依各委託人的信託財產比例，從信託財產中扣除。
4. **信託財產交易處理費：**當委託人領回全部或部分信託財產時，一次性支付給受託人。

(六) **信託資金之管理：**

1. 信託財產係以「受託人」之名義登記，亦即信託業或保管銀行。
2. **集合運用**：員工持股信託乃將員工小額信託資金集合合併運用，再將其結果依各委託人所提撥信託資金比例計算其應享有之信託權益並返還之。若有收益分配，則以收益實績分配為原則。
3. **分別記帳**：受託人應就信託財產與其自有財產及其他財產分別管理，因此受託人必須就員工持股信託專戶項下各「受益人別」就其所享有之信託權益，分別歸戶列帳，其中包括信託財產購入的股票、剩餘款項、股利股息及其他收益與費用。
4. **員工退出權益之計算**：員工退出信託時，不論是退休或離職，依該員工退出當時所享有之信託權益進行結算後，以信託財產現狀（如公司股票）或折算成金錢方式，交付返還予受益人（即委託人）。
5. **結算期**：以每個月月底為決算期。
6. **表決權（議決權）之行使：**
   (1) 企業員工持股信託所購入擁有的公司股票，於公司召開股東會議時，因是以「受託人」之名義登記，依法應依由受託人依員工持股會代表人以書面指示，代表出席行使表決權。
   (2) 不得由委託人或員工持股會代表人逕行出席行使之。亦即議決權須統一行使，不得要求受託人分割行使議決權。
   (3) 公司股東會遇有董監事選舉時，受託人應依員工持股會代表人書面指示記載所欲支持之候選人（不限一人）及應遵循行使其代表選擇權，而且受託人不得為董監事選舉時之候選人人選。
7. **報告之出具**：受託人應「每月」編製信託財產報表送請員工股會代表確認，並於年度終了編製決算清單，交員工持股會代表人分交各委託人（即受益人）確認。
8. **委託人中途退出：**
   (1) 死亡：信託關係消滅，信託財產歸屬委託人之繼承人繼承。
   (2) 退休、離職或解雇時。
   (3) 委託人有不得已之事由：經員工持股會代表人審核通過，得中途退出。
9. **信託契約終止**

   信託契約期前終止，當下列因素時，應於一定期限前以書面通知：
   (1) 信託目的無法或不能達成。
   (2) 信託財產不符運用績效。

(3) 員工持股會解散，或公司解散、破產、被合併或公司下市、下櫃。
(4) 企業員工持股信託依法令不得繼續辦理。
(5) 信託當事人之一方有違反企業員工持股信託行為，致無法繼續運作時。
(6) 信託契約屆滿終止。

10. **相關課稅之稅負：**

(1) 公司獎勵金之稅負：公司獎勵金應視為員工當年度薪資所得之一部分，納入員工當年度個人綜合所得稅。
(2) 信託收益稅賦：購入公司股票之信託財產所孳生之現金、股票股利等收益分配金，由信託財產專戶受配領取後，受託人將其個別列為各委託人之當年度綜合所得課稅。
(3) 信託終了帳務處理：委託人中途退會或信託終了時受託人返還信託財產，在停徵證所稅期間不予課徵。

(七) **員工持股、員工福儲或員工福利信託業務的差異**

1. 員工持股信託免依「信託業營運範圍受益權轉讓限制風險揭露及行銷訂約管理辦法」規定辦理。
2. 員工福儲信託或員工福利信託並非單純以持有公司股票為目的，信託財產之運用範圍較廣，為保障委託人（員工）權益，自100年2月17日「信託業營運範圍受益權轉讓限制風險揭露及行銷訂約管理辦法」本辦法發布施行後，信託業受託辦理員工福儲信託或員工福利信託之新增委託投資時，應依本條規定確認委託人（員工）足以承擔所投資標的之風險。信託業未來於新增受託投資時，應請員工福儲或員工福利信託代表人明確告知委託人（員工），若投資標的有超過其風險承受等級時，信託業依法不得受託投資。
3. 至於100年2月17日「信託業營運範圍受益權轉讓限制風險揭露及行銷訂約管理辦法」本辦法發布施行前，信託業所辦理之員工福儲信託或員工福利信託，其信託財產既已運用於國內外有價證券、短期票券及境內結構型商品之投資，基於法律不溯及既往原則，不受本條規定限制。

〔牛刀小試〕

(　　) **1** 有關可擔任企業員工持股信託業務之受託人，下列敘述何者正確？ (A)經主管機關核准之信託業　(B)證券投資信託公司　(C)資產管理顧問公司　(D)都市更新投資信託公司。　【第40期】

( ) **2** 受託人參加企業員工持股信託持有股票之股東會，議決權應如何行使？ (A)依持股會代表人之指示統一行使 (B)依持股會會員之指示分別行使 (C)依持股會委員之指示分別行使 (D)依受託人之意思行使。【第40期】

( ) **3** 員工因離職退出企業員工持股信託時，其信託財產返還方式，下列何者正確？ (A)得以信託財產運用現狀返還公司 (B)得以現金返還員工持股會代表人 (C)股票得轉入員工個人在集保公司開立之帳戶 (D)得以累積信託資金之餘額加計利息返還員工。【第9期】

( ) **4** 企業員工持股信託有關信託事務之指示由下列何者出具？ (A)受託人 (B)員工持股會代表人 (C)員工持股會 (D)成立員工持股會之公司。【第7期】

( ) **5** 企業員工持股信託投資股票時，應由下列何者代表出席股東會行使議決權？ (A)受託人 (B)委託人 (C)受益人 (D)員工持股會之代表人。【第39期】

解答與解析

1 (A)。受託人必須為經主管機關核准辦理員工持股信託業務之信託業者或兼營信託業之銀行。

2 (A)。企業員工持股信託投資標的之公司召開股東會時，受託人依員工持股會代表人之書面指示，代表出席行使議決權。委託人或員工持股會代表人無法以股票持有人之身分要求出席並行使議決權。而且議決權必須統一行使，委託人或員工持股會代表人不得要求受託人分割行使議決權。公司股東會遇有董監事改選時，受託人應依員工持股會代表人書面指示記載所欲支持之候選人人選（不限一人）及其選舉權數，代表出席並行使表決權。但應注意的是受託人不得成為董監事選舉時之候選人人選。

3 (C)。信託財產屬委託人所有，故委託人中途退出企業員工持股信託或信託契約終止（包括期前終止）時，受託人得以股票、折算金錢或部分股票及部分現金方式返還。

4 (B)。由員工持會之代表人代表指示。

5 (A)。企業員工持股信託投資標的之公司召開股東會時，受託人依員工持股會代表人之書面指示，代表出席行使議決權。委託人或員工持股會代表人無法以股票持有人之身分要求出席並行使議決權。而且議決權必須統一行使，委託人或員工持股會代表人不得要求受託人分割行使議決權。公司股東會遇有董監事改選時，受託人應依員工持股會代表人書面指示記載所欲支持之候選人人選（不限一人）及其選舉權數，代表出席並行使表決權。但應注意的是受託人不得成為董監事選舉時之候選人人選。

精選試題

( ) **1** 下列何者非屬企業員工持股信託之信託關係人？ (A)受益人 (B)公司 (C)員工持股會 (D)員工持股會之代表人。 【第40期】

( ) **2** 有關企業員工持股信託之信託財產獨立性與安全性之敘述，下列何者正確？ A.信託財產不屬於受託人之自有財產 B.委託人之債權人原則上不得對信託財產聲請強制執行 C.受託人之債權人不得對信託財產聲請強制執行 D.受益人之債權人不得對信託受益權聲請強制執行 (A)A.B.C.D (B)僅A.B.C (C)僅A.B.D (D)僅A.C.D。 【第39期】

( ) **3** 企業員工持股信託為信託業法第十六條之哪一種信託？
(A)有價證券信託 (B)金錢債權信託
(C)金錢信託 (D)股票信託。 【第39期】

( ) **4** 有關企業員工持股信託業務之敘述，下列何者錯誤？ (A)員工必須先加入員工持股會 (B)公司為委託人 (C)員工為受益人 (D)為準集團信託。 【第38期】

( ) **5** 除信託當事人外，有關企業員工持股信託之信託關係人，下列何者正確？ (A)受託人、員工持股會 (B)委託人、受託人 (C)員工持股會、員工持股會代表人 (D)受託人、員工持股會代表人。 【第38期】

( ) **6** 企業員工持股信託財產之運用方式為何？ (A)集合運用集合管理 (B)集合運用分別管理 (C)分別運用分別管理 (D)分別運用集合管理。 【第38期】

( ) **7** 有關企業員工持股信託業務之委託人，下列敘述何者錯誤？ (A)委託人為信託當事人 (B)採強制加入方式 (C)委託人為公司員工 (D)員工眷屬不得加入員工持股會。 【第37期】

( ) **8** 企業員工持股信託為下列何種信託？ (A)他益 (B)自益 (C)公益 (D)本金他益，孳息自益。 【第37期】

( ) **9** 下列何種企業之員工得為企業員工持股信託之開辦對象？ A.上市上櫃公司 B.全額交割股公司 C.未上櫃公司其關係企業上市上櫃者 (A)僅AB (B)僅AC (C)僅BC (D)ABC。 【第36期】

( ) **10** 下列何種業務可促進員工向心力，提高公司之經營績效？ (A)保險金信託業務 (B)員工持股信託業務 (C)證券投資信託業務 (D)有價證券信託業務。 【第3期】

( ) **11** 有關對企業員工持股信託業務受託人之敘述，下列何者不正確？ (A)不得以不法或巧立名目方式，享有不當信託利益 (B)除於信託契約約定外，不得承諾擔保本金 (C)報酬得以信託財產充之或由受益人另以金錢償付之 (D)處理信託事務時，不得使第三人獲得不當利益。 【第2期】

( ) **12** 企業員工持股信託之信託資金所投資之公司辦理現金增資發行新股時，享有該新股認購權利之名義人為下列何者？ (A)員工（即委託人） (B)員工持股會代表人 (C)員工持股信託專戶 (D)員工服務之公司。 【第2期】

( ) **13** 按企業員工持股信託業務之運作架構，對公司行使股東表決權者為何？
(A)委託人 (B)受託人
(C)受益人 (D)員工持股會。 【第1期】

( ) **14** 依我國現行規定，得開辦企業員工持股信託之機構，下列何者錯誤？ (A)上市公司 (B)上櫃公司 (C)財團法人 (D)未上市（櫃）公司其關係企業有上市（櫃）者。 【第14期】

( ) **15** 下列何者為員工持股信託之受益人？ (A)員工服務之公司 (B)員工持股會 (C)員工之眷屬 (D)加入員工持股會之員工。 【第13期】

( ) **16** 有關信託業辦理企業員工持股信託業務，下列何者錯誤？ (A)應由具有專門學識或經驗之人員為之 (B)不得違反員工持股信託契約或信託本旨 (C)得將其自有財產與信託財產集合管理 (D)應就員工持股信託專戶項下各受益人分別設帳管理。 【第12期】

( ) **17** 有關企業員工持股信託，下列敘述何者正確？ (A)信託本金屬自益信託，信託收益屬他益信託 (B)信託本金屬他益信託，信託收益屬自益信託 (C)信託本金屬他益信託，信託收益屬他益信託 (D)信託本金屬自益信託，信託收益屬自益信託。 【第8期】

( ) **18** 有關企業員工持股信託業務，下列敘述何者錯誤？ (A)屬於一種準集團信託 (B)因其投資標的為該公司之股票，故非屬金錢信託 (C)員工持股會為非法人團體 (D)員工得自由參加企業員工持股信託。 【第5期】

( ) **19** 下列何者不是員工持股信託受託人之義務？
(A)分別管理義務
(B)忠實義務
(C)保障最低收益義務
(D)善良管理人之注意義務。 【第4期】

( ) **20** 有關員工持股會之性質，下列何者正確？ (A)為法人團體 (B)為簽約當事人 (C)為委託人 (D)為非法人之任意團體。 【第39期】

( ) **21** 有關企業員工持股信託信託資金之運用採「滾入平均成本法（rollingcost）」之敘述，下列何者錯誤？ (A)適合短期投資 (B)其優點為風險分散 (C)是一種定期定額投資理財方式 (D)投資策略不受短期股價變動影響。 【第39期】

( ) **22** 有關企業員工持股信託業務之敘述，下列何者正確？ A.與信託業簽約之對象為員工持股會代表人 B.未上市上櫃公司之員工持股信託，得以投資購買其已上市或上櫃關係企業之公司股票 (A)只有A對 (B)只有B對 (C)AB皆對 (D)AB皆錯。 【第37期】

( ) **23** 企業員工持股信託業務，下列敘述何者不正確？
(A)當委託人死亡時，其信託關係當然消滅
(B)員工持股信託業務為一典型之集團信託
(C)員工持股信託業務採「滾入平均成本法」（rollingcost）之投資理財方式
(D)員工應先加入該公司員工持股會取得會員資格後，始得加入公司員工持股信託成為委託人。 【第3期】

( ) **24** 企業員工持股信託業務之信託財產，其投資運用風險由下列何者承擔？ (A)受託人 (B)加入員工持股會之員工 (C)員工眷屬 (D)成立員工持股會之公司。 【第3期】

( ) **25** 下列何者非屬實施企業員工持股信託之優點？ (A)穩定公司股權，健全企業經營 (B)保本保息，增進收益 (C)促進員工向心力，提高經營績效 (D)降低員工流動率，減少訓練成本。 【第35期】

( ) **26** 下列何者屬得辦理企業員工持股信託之企業？ A.上市公司 B.上櫃公司 C.未上市未上櫃公司但其關係企業有上市上櫃者 D.未上市未上櫃公司且其關係企業亦無上市上櫃者 (A)A.B.C.D (B)A.B.C (C)A.B.D (D)A.C.D。 【第34期】

(　　) **27** 一般而言，企業員工持股信託財產運用範圍為何？
(A)公開發行股票　(B)未上市上櫃股票
(C)興櫃股票　(D)上市上櫃股票。　【第33期】

(　　) **28** 有關企業員工持股信託之財產運用方式，下列敘述何者正確？ (A)當股價低時，公司應降低員工之獎助金 (B)配合公司之策略，隨時改變投資運用原則 (C)採定期定額之投資運用原則 (D)以短期投資獲利為主要目標。　【第33期】

(　　) **29** 下列何者為企業員工持股信託之投資標的？
(A)證券投資信託基金
(B)公司債
(C)興櫃股票
(D)員工所屬企業已上市之股票。　【第29期】

(　　) **30** 企業員工持股信託業務之委託人為下列何者？
(A)員工眷屬
(B)員工持股會
(C)加入員工持股會之員工
(D)成立員工持股會之公司。　【第29期】

解答與解析

1 **(B)**。有關企業員工持股信託之信託關係人為員工持股會、員工持股會代表人。參與企業員工持股信託之員工為委託人與受益人為同一人之信託關係。

2 **(B)**。信託財產獨立於委託人、受託人及受益人之自有財產，並受法律之保障。委託人及受託人之債權人原則上不得對信託財產聲請強制執行。

3 **(C)**。信託業法第16條第1項，金錢之信託。

4 **(B)**。公司員工為委託人。

5 **(C)**。信託當事人為員工及銀行。有關企業員工持股信託之信託關係人為員工持股會、員工持股會代表人。

6 **(B)**。集合投資同一標的，個別委託人列帳管理。

7 **(B)**。可自由參加。

8 **(B)**。委託人與受益人同一人，故為自益信託。

9 **(B)**。除全額交割股以外之所有股票上市、上櫃公司，及未上市或未上櫃之公司其關係企業若有上市、上櫃者；該未上市或未上櫃之公司之企業員工持股信託則得以投資購買其已上市或上櫃關係企業之公司股票，待該未上市或未上櫃公司本身將來獲准上市、上櫃時，始可投資購買其本身公司股票。

10 **(B)**。員工持股信託業務以投資自己公司股票為標目，公司成長，股價成長。

11 **(B)**。信託業法第31條。

12 **(C)**。受託人所管理之「員工持股信託專戶」為名義人。

13 **(B)**。受託人依員工持股會代表人書面指示辦理。

14 **(C)**。僅限上市（櫃）公司及其關係企業。

15 **(D)**。員工為委託人及受益人。

16 **(C)**。依信託法第24條規定，受託人應將信託財產與其自有財產及其他信託財產分別管理。信託財產為金錢者，得以分別記帳方式為之。故不得集合管理。

17 **(D)**。委託人均為受益人（即員工本人），故本金及收益均為自益信託。

18 **(B)**。交付現金以投資該公司股票，為金錢信託。

19 **(C)**。信託業法第31條，信託業不得保證收益。

20 **(D)**。員工持股會為非法人之任意團體。

21 **(A)**。適合長期投資。

22 **(C)**。AB皆對。

23 **(B)**。為準集團信託，指定用途信託資金才是集團信託。

24 **(B)**。由受益人承擔，即加入員工持股會之員工。

25 **(B)**。信託無保本保息。

26 **(B)**。上市公司、上櫃公司或未上市未上櫃公司但其關係企業有上市上櫃者才可得辦理企業員工持股信託。

27 **(D)**。一般而言，上市上櫃公司才可辦理企業員工持股信託，投資自己公司，故運用範圍為上市櫃股票。

28 **(C)**。(A)股價與員工之獎助金應無關。(B)投資運用原則與公司之策略無關。

(D)以長期投資獲利為主要目標。

29 **(D)**。一、以投資取得個人所任職公司之上市或上櫃股票為限，且不得為全額交割股。二、未上市上櫃公司之企業員工持股信託，得投資購買其已上市或上櫃關係企業之公司股票。

30 **(C)**。加入員工持股會之每一個員工，均是委託人及受益人。

有價證券信託

依據出題頻率區分，屬：**B** 頻率中

課綱概要

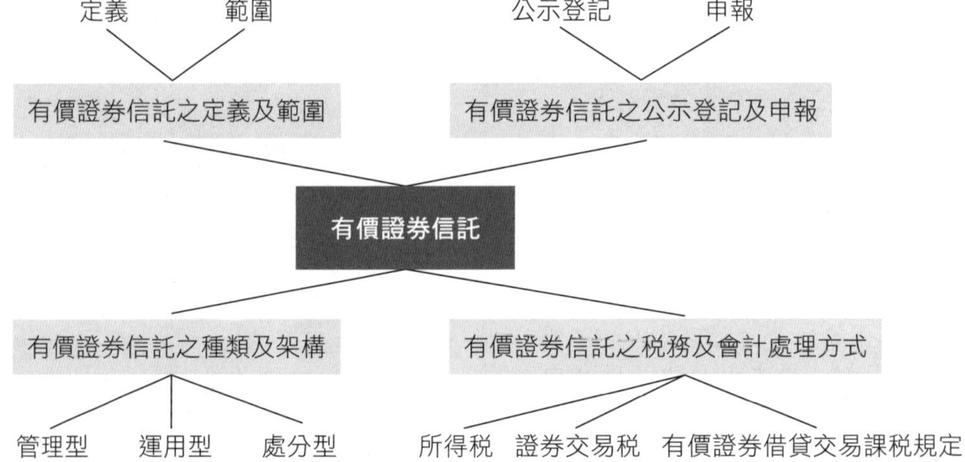

課前導讀

本章節是以有價證券信託的定義、範圍、公示登記及申報、種類及其架構與稅務會計處理等內容的解釋與說明為主，因此必須確認清楚有價證券信託的內容等重點，如此考試時就能充分掌握有價證券信託的考題變化，以便在針對考題所衍生出來的問題與概念能有效理解回答，同時對後續章節的說明與提示能有所掌握。

壹 有價證券信託之定義及範圍 重要度★★★★

一、有價證券信託定義

當信託行為成立時，委託人以其所有之有價證券信託予受託人，並不以始終保持該有價證券之原狀為必要，而是以該有價證券之管理、運用或處分為其目的之信託，直至信託關係終了為止。

當有價證券信託成立後，該有價證券之名義所有人就改為受託人所有。

二、有價證券信託範圍

有價證券指表彰具有財產價值之私有權益證券，得為有價證券信託標的，依證券交易法第6條規定之有價證券：

(一) 政府債券、公司股票、公司債券、經主管機關核定之有價證券（受益憑證、認購（售）權證、認股權證）、新股認購權利證書、新股權利證書及各種有價證券之價款繳納憑證或表明其權利之證書。

(二) 登錄公債亦可為有價證券信託標的，亦即指未印製表示其權利之實體有價證券者，亦視為有價證券。

〔牛刀小試〕

( ) 1 有關得成立有價證券信託之標的，下列何者錯誤？ (A)登錄公債 (B)未公開發行公司之股票 (C)物品折價券 (D)新股權利證書。 【第9期】

( ) 2 委託人交付新股認購權利證書為信託財產時，屬於下列何種信託業務？ (A)金錢之信託 (B)動產之信託 (C)有價證券之信託 (D)金錢債權及其擔保物權之信託。 【第41期】

( ) 3 有關信託業所辦理業務類別之敘述，下列何者錯誤？ (A)接受現金成立信託者，係為金錢之信託 (B)接受新股權利證書成立信託者，係為動產之信託 (C)接受土地成立信託者，係為不動產之信託 (D)接受公司債券成立信託者為，係為有價證券之信託。 【第40期】

( ) 4 張小姐將持有股票交付受託機構成立信託，當受託機構將該信託財產之股票全部處分完畢，股款完全存入存款中，一個月後再用該筆存款購入一棟房子，依信託業法規定，該信託之類別為下列何者？ (A)金錢信託 (B)有價證券信託 (C)不動產信託 (D)股款信託。 【第40期】

( ) 5 有關有價證券信託之敘述，下列何者正確？ (A)無記名式之有價證券不得成為信託之標的 (B)信託終了時亦必須以有價證券之型態返還剩餘

財產 (C)委託人成立信託時，須交付有價證券予受託人 (D)信託期間信託財產均須維持有價證券型態，不得變更。【第39期】

解答與解析

1 **(C)**。所謂有價證券，係指表彰具有財產價值之私有權益證券，其權益之發生、移轉或行使，須全部或一部以證券形式為之者而言。得為有價證券信託之財產標的者，如證券交易法第6條所規定之有價證券，包括政府債券、公司股票、公司債券，財政部所核定之有價證券（受益憑證、認購權證、認股權證）、新股認購權利證書、新股權利證書以及各種有價證券之價款繳納憑證或表明其權利之證書。另登錄公債亦可成為有價證券信託之標的對象；另不論記名式或無記名式之有價證券，均得成為有價證券信託之標的對象。

2 **(C)**。新股權利證書成立信託者為有價證券之信託。

3 **(B)**。接受現金成立信託者，係為有價證券之信託

4 **(B)**。交付股票，為有價證券信託。

5 **(C)**。無記名式之有價證券得成為信託之標的；信託終了時得以非原有價證券之型態返還剩餘財產，如現金等；信託期間信託財產不須維持有價證券型態，如可賣出後再買入。

貳 有價證券信託之公示登記及申報 重要度★★★

一、有價證券信託之公示登記

(一) **公示效力的依據：**

1.**依信託法第4條規定，有價證券信託公示登記申明如下：**

(1)對抗效力，非信託之生效要件，以應登記或註冊之財產權為信託者，非經信託登記，不得對抗第三人。

(2)以有價證券為信託者，非依目的事業主管機關規定於證券上或其他表彰權利之文件上載明為信託財產，不得對抗第三人。

(3)以股票或公司債券為信託者，非經通知發行公司，不得對抗該公司。

2.**依信託業法第20條規定，有關信託財產公示登記說明如下：**

(1)信託業之信託財產為應登記之財產者，應依有關規定為信託登記。

(2)信託業之信託財產為有價證券，信託業將其自有財產與信託財產分別管理，並以信託財產名義表彰，其以信託財產為交易行為時，得對抗第三人，不適用信託法第4條第2項規定。

(3) 信託業之信託財產為股票或公司債券，信託業以信託財產名義表彰，並為信託過戶登記者，視為通知發行公司。例如將有價證券信託登載之相關資料，送交集保公司，再由集保公司通知股票發行公司，視為通知發行公司。

(二) **公示效力的目的**：信託公示登記之目的，是在釐清分別信託財產與受託人之自有財產之信託關係，以應登記或註冊之財產權為信託者，非經信託登記，不得對抗第三人。此為對抗效力，而非信託成立之必要條件，即便未經信託登記，並不影響信託關係之成立，只是不能以信託財產對抗第三人而已。

二、有價證券信託之申報

公開發行公司董事、監察人、經理人及持有公司股份超過股份總額百分之十之股東（以下簡稱內部人），依信託關係移轉或取得該公開發行公司股份時，應依下列規定辦理股權申報：

(一) **內部人為委託人**：

1. 內部人將其所持有公司股份交付信託時，依信託法第1條規定，託財產之權利義務須移轉予受託人，故內部人即應依證券交易法第22-2條規定辦理股票轉讓事前申報。
2. 內部人於轉讓之次月5日依證券交易法第25條規定向所屬公開發行公司申報上月份持股異動時，經向該發行公司提示信託契約證明係屬受託人對信託財產具有運用決定權之信託，得僅申報為自有持股減少，對於內部人仍保留運用決定權之信託，內部人應於申報自有持股減少時，同時申報該信託移轉股份為「保留運用決定權之交付信託股份」。
3. 內部人「保留運用決定權之交付信託股份」，因係由內部人（含本人或委任第三人）為運用指示，再由受託人依該運用指示為信託財產之管理或處分，故該等交付信託股份之嗣後變動，仍續由內部人依證券交易法第22-2條及第25條規定辦理股權申報。
4. 公開發行公司之董事、監察人之「保留運用決定權之交付信託股份」，於依證券交易法第26條規定計算全體董事或監察人所持有記名股票之最低持股數時，得予以計入。
5. 持有公司股份超過股份總額10%之股東，將所持公司股份交付信託，並將信託財產運用決定權一併移轉予受託人者，該股權異動如達證券交易法第43-1條規定變動標準，即應依規定辦理變動申報。

(二) **內部人為受託人：**

1.**受託之內部人為信託業者：**

(1) 內部人取得信託股數時，係屬其信託財產，而非自有財產，故毋須於取得之次月依證券交易法第25條規定向所屬公開發行公司辦理該信託持股異動申報，亦毋須併計自有持股辦理證券交易法第43-1條之申報。

(2) 信託業者原因自有持股而成為公開發行公司之董事或監察人者，嗣後所取得之信託持股股數，不得計入證券交易法第26條規定全體董事或監察人法定最低持股數之計算。

2.**受託之內部人為非信託業者：**

(1) 非信託業者受託之信託財產，其對外係以信託財產名義表彰者，其股權申報及證券交易法第26條之適用，與前揭對信託業者之規定相同。

(2) 非信託業者受託之信託財產，其對外未以信託財產名義表彰者：

A.因受託之內部人對外未區分其自有財產與信託財產，故採自有財產與信託財產合併申報原則，不論取得股份為自有財產或信託財產，內部人均應於取得之次月5日前依證券交易法第25條規定，向所屬公開發行公司申報取得後之持股變動情形。

B.前述內部人依信託法第4條第2項規定為所取得股份向所屬發行公司辦理信託過戶或信託登記時，發行公司應於依證券交易法第25條規定彙總申報內部人持股異動時，註記該等股份為信託持股。

C.內部人如為公司之董事、監察人，其受託之信託持股無論對外是否以信託財產名義表彰，均不得計入證券交易法第26條規定全體董事或監察人法定最低持股數之計算。

(三) 依信託業法施行細則第7條第2款所定，信託業者對信託財產不具運用決定權之信託，係依委託人之運用指示為信託財產之管理或處分，故毋須由信託業者辦理股權申報；至於信託業者管理之具運用決定權之信託財產（所有具運用決定權之信託專戶合併計算）部分，如取得任一公開發行公司股份超過其已發行股份總額10%時，其為信託財產之管理或處分，信託業者即應依證券交易法第43-1條及第22-2條、第25條規定為其信託財產辦理股權申報。

(四) 非信託業者受託之信託財產，其對外係以信託財產名義表彰者，比照前揭(三)對信託業者之規定辦理。

(五) 非信託業者之信託財產，其對外未以信託財產名義表彰者，採自有財產與信託財產合併申報原則，故併計其信託財產後，取得任一公開發行公司股份超過其已發行股份總額10%時，即應依證券交易法第43-1條及第22-2條、第25條辦理股權申報。

〔牛刀小試〕

( ) **1** 公開發行公司之董事以公司股票辦理有價證券信託，應於何時辦理股票轉讓之事後申報？ (A)次月五日 (B)次月十日 (C)次月十五日 (D)次月二十日。【第38期】

( ) **2** 信託業辦理有價證券信託，有關信託公示之辦理，下列何者錯誤？ (A)通知發行公司 (B)於證券上載明信託財產 (C)於營業場所公告證券編號 (D)於表彰權利之文件上載明為信託財產。【第9期】

( ) **3** 下列何者非屬有價證券信託之信託公示相關規定？ (A)應於證券上載明為信託財產 (B)應向主管機關核備登載 (C)應於其他表彰權利文件上載明為信託財產 (D)信託財產登載，應依目的事業主管機關之規定，否則不得對抗第三人。【第41期】

( ) **4** 委託人為公開發行公司之內部人，欲將其所持有股份保留運用決定權交付信託，該等交付信託股份之嗣後變動，應由下列何者辦理股權異動申報？ (A)受託人 (B)委託人 (C)發行公司 (D)受益人。【第41期】

( ) **5** 有關有價證券信託之公示登記，下列敘述何者錯誤？ (A)未完成信託之公示登記，則信託關係不生效力 (B)應於證券上或其他表彰權利之文件上載明為信託財產 (C)以股票或公司債券為信託者，非經通知發行公司，不得對抗該公司 (D)非依目的事業主管機關規定於證券或其他表彰權利之文件上載明為信託財產，不得對抗第三人。【第40期】

解答與解析

1 (A)。證交法第25條（董事、監察人等持有股票之申報）：公開發行股票之公司於登記後，應即將其董事、監察人、經理人及持有股份超過股份總額百分之十之股東，所持有之本公司股票種類及股數，向主管機關申報並公告之。前項股票持有人，應於每月五日以前將上月份持有股數變動之情形，向公司申報，公司應於每月十五日以前，彙總向主管機關申報。必要時，主管機關得命令其公告之。

2 (C)。依信託法第4條：以有價證券為信託者，非依目的事業主管機關規定於證券上或其他表彰權利之文件上載明為信託財產，不得對抗第三人；以股票或公司債券為信託者，非經通知發行公司，不得對抗該公司。於營業場所公告證券編號不是法定之公示程序。

3 (B)。信託法第4條：以有價證券為信託者，非依目的事業主管機關規定於證券上或其他表彰權利之文件上載明為信託財產，不得對抗第三人。故以信託財產名義表彰後，得對抗第三人。

4 (B)。內部人為委託人：內部人「保留運用決定權之交付信託股份」，因係由內部人（含本人或委任第三人）為運用指示，再由受託人依該運用指示為信託財產之管理或處分，故該等交付信託股份之嗣後變動，仍續由內部人依證券交易法第22-2條及第25條規定辦理股權申報。

5 (A)。未完成信託之公示登記，則信託關係仍生效力，但信託關係人不得以信託為主張，對抗第三人。

參 有價證券信託之種類及架構 重要度★★★★

依其信託目的及管理運用方式可分別區分為「管理型」、「運用型」及「處分型」有價證券信託等三種類型：

一、管理型有價證券信託

(一) 所謂管理型有價證券信託係指委託人因某種原因，無法管理本身持有之有價證券，而將其持有之有價證券信託移轉所有權予受託人，由受託人處理有價證券之保管、股利或利息或債券本息等之取得、現金增資新股之認購、表決權之行使等事項。

(二) **管理型有價證券信託架構**

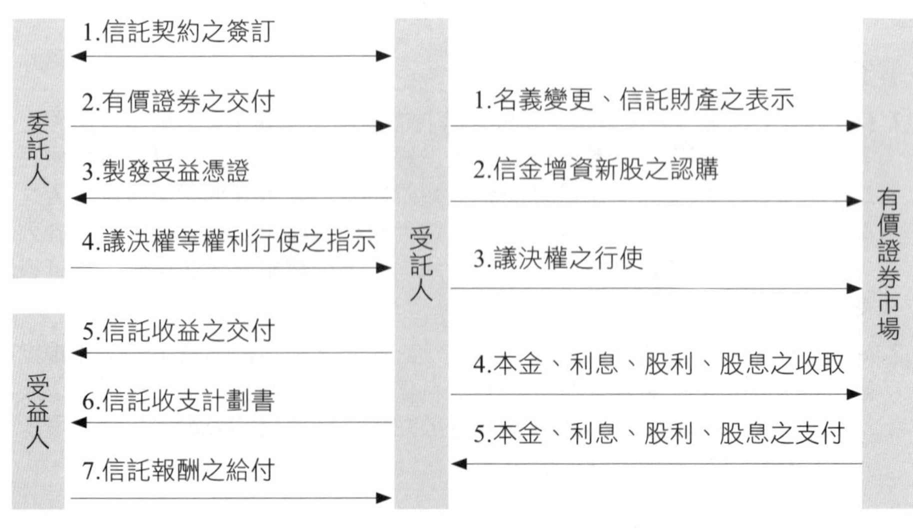

(三) **管理型有價證券信託與銀行有價證券保管業務的比較**

	管理型有價證券信託	銀行有價證券保管業務
法律關係	信託契約關係	寄託契約關係
權利移轉	所有權移轉予受託人	不移轉所有權，而是單純的占有權移轉。
權利行使	受託人行使股東所得享有之相關權利。由受託人處理有價證券之保管、股利股息或利息或債券本息等之收取、現金增資認購及議決權之行使。	視保管契約內容而定。 只對該有價證券本身管理有關股利或利息或債券本息領取、現金增資認購等權益之執行，須視保管契約內容行使等事項。

二、運用型有價證券信託

重點在於持有價證券之人，意即委託受託人將有價證券為借貸之運用管理，以提高有價證券之運用收益。

(一) **運用型之有價證券範圍**：限於股票、公債、公司債等。

(二) **受益人享有之信託利益**：除享有債券或股票本身所產生之債息、股利外，尚可享有受託人運用該有價證券所產生之其他收益，如股票借貸之借券費用。

(三) **運用型有價證券信託架構**

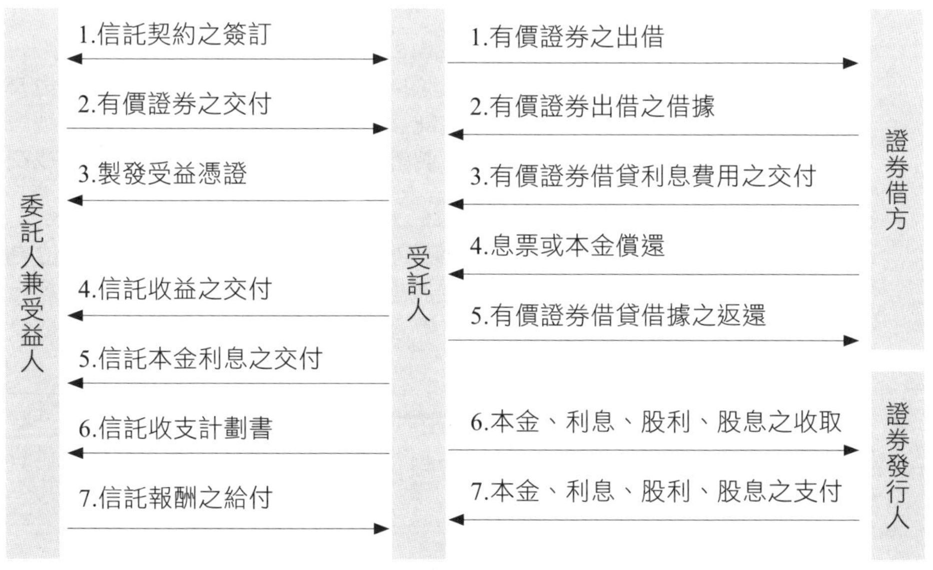

(四) 有價證券借貸的交易辦法

依臺灣證券交易所股份有限公司有價證券借貸辦法規定相關重點如下：

1. 有價證券借貸交易，係指出借人同意將有價證券出借，並由借券人以相同種類數量有價證券返還之行為。
2. 出借人出借有價證券得向借券人收取借券費用。
3. 出借人提供出借之有價證券及借券人提供擔保之有價證券及銀行保證內容，應保證權利之完整，如發現有瑕疵或有法律上之爭議，應於通知後之次一營業日內更換。
4. **有價證券借貸交易對象：**
   借貸交易人以下列之特定法人機構為限，得委託證券商代為向證交所申請開立有價證券借貸帳戶，在取得借貸交易人資格後，才可以從事有價證券借貸之定價、競價交易，及辦理議借交易之成交申報：

交易對象	法人機構類別
出借人	保險公司、銀行、信託投資公司、證券商、期貨商、證券投資信託基金、期貨信託基金、證券金融事業、特定境外外國機構投資人、政府基金、員工持股信託契約、客戶有價證券信託契約及其他經主管機關核准者。
借券人	銀行、證券商、期貨商、證券投資信託基金、證券金融事業、特定境外外國機構投資人及其他經主管機關核准者。

5. **有價證券借貸交易，分為下列三種型態：**

交易型態	說明
定價交易	由借券人、出借人（以下合稱「借貸交易人」）依證交所公告之費率，委託證券商輸入出借或借券申報，經證交所借券系統依有價證券借貸辦法第19條規定撮合成交之借貸行為。
競價交易	由借貸交易人依最高年利率16%以下，升降單位為0.1%，自定費率委託證券商輸入出借或借券申報，經證交所借券系統依有價證券借貸辦法第21條規定撮合成交之借貸行為。
議借交易	由借貸交易人自覓相對人，依最高年利率16%以下，升降單位為0.1‰，雙方自行議定費率及其他借貸條件之借貸行為。

6. **有價證券借貸申請**：證券商、證券金融事業依「證券商辦理有價證券借貸管理辦法」、「證券金融事業管理規則」規定辦理有價證券借貸業務，應與證交所簽訂有價證券借貸交易契約並開立有價證券借貸帳戶、有價證券集中保管帳戶及金融機構存款帳戶後，始得透過本公司借券系統辦理有價證券借貸交易。
7. **有價證券借貸交易之標的證券**：有價證券借貸之標的證券，係指得為融資融券交易之有價證券、得發行認購（售）權證之標的證券，及已發行下列衍生性商品之標的證券在我國上市（櫃）者：
   (1)股票選擇權或股票期貨。
   (2)指數股票型證券投資信託基金（ETF）。
   (3)海內外可轉換公司債或可交換公司債。
   (4)海外存託憑證。
   前項有價證券借貸之標的證券由證交所公告，證交所並得視市場狀況調整之。
8. **有價證券借貸交易之申請數量規定**
   (1)出借數量：標的有價證券的1個交易單位以上。
   (2)借券數量：至少標的有價證券的1個交易單位以上。
9. **有價證券借貸之營業時間**：證交所借券系統提供有價證券借貸服務之營業時間為上午九時至下午三時止。
10. **有價證券之借貸期間**
    (1)自借貸交易成交日起算，最長不得超過6個月。
    (2)借券人得於約定期限內隨時返還借券。
    (3)出借人無提前還券要求時，借券人得於借貸期限屆滿前第十個營業日起至到期日止，經由本公司向出借人提出續借申請，出借人接到通知後未同意者視為拒絕。
    (4)前項續借申請除借貸期間外，不得變更其他借貸條件，延長期間不得超過6個月，並以1次為限。
11. **有價證券之申報規定**：定價、競價交易之借券申報，限當日有效，出借申報於取消前仍屬有效。
    標的證券經暫停借貸交易者，於暫停前已輸入而尚未成交之借貸申報，仍屬有效，並得進行取消或減少申報數量。

12. **有價證券借貸交易型態**

<table>
<tr><th>交易型態</th><th colspan="2">交易方式</th></tr>
<tr><td rowspan="3">定價交易</td><td colspan="2">定價交易之借券申報、出借申報，依提前還券通知期限條件相同者逐筆撮合，並依下列情形，決定撮合優先順序：</td></tr>
<tr><td>借券申報</td><td>出借申報</td></tr>
<tr><td>出借申報數量不超過借券申報數量時，出借之申報全部成交。
出借申報數量超過借券申報數量時，出借之申報，「按電腦隨機排列順序依次撮合」。</td><td>借券申報數量不超過出借申報數量時，借券之申報全部成交。
借券申報數量超過出借申報數量時，借券之申報，「按輸入時序依次撮合」。</td></tr>
<tr><td rowspan="3">競價交易</td><td colspan="2">競價交易之借券申報、出借申報，依提前還券通知期限條件相同者逐筆撮合，並依下列原則決定撮合優先順序：</td></tr>
<tr><td>借券申報</td><td>出借申報</td></tr>
<tr><td>借券申報輸入之借券費率高於或等於出借最低費率時，就出借人所訂出借費率，由低而高依序取借，如相同費率之出借數量超過借券所需數量，「以隨機方式取借」。</td><td>出借申報輸入之出借費率低於或等於借券最高費率時，就借券人所訂借券費率，由高而低依序取借，如相同費率之借券數量超過出借數量，「依輸入時序依次取借」。</td></tr>
<tr><td>議借交易</td><td colspan="2">由借券人及出借人依最高年利率百分之十六以下，千分之零點一為升降單位，雙方自行議定成交費率。
議借交易成交申報之撥券日期為申報日之次一營業日者，借券人若於借入證券尚未撥入其有價證券集中保管帳戶前，即需賣出該借入證券，僅得委由受其委託為借券成交申報之同一證券商辦理。
借券人依前項規定賣出成交後，因屆期未能完成撥券，致借券人對其受託賣出證券商無法交割者，本公司即視其原因之責任歸屬，暫停或終止出借人或借券人參與有價證券借貸交易，或宣告出借人或借券人違約。</td></tr>
</table>

13.**有價證券借貸之返還**

交易型態	交易標的證券之返還期限及方式
定價、競價交易	1.到期日還券：證交所於設定之還券日期前十個營業日經由證券商通知借券人返還。 2.到期前還券：借券人自借券日之次一營業日起得隨時返還全部或部分標的證券。 3.出借人請求提前還券：出借人得依借貸申請條件於預定提前還券日之前一個營業日、前三個營業日或前十個營業日提出提前還券之請求，借券人應於接到通知之次一營業日起一次或分次返還被請求標的證券。 4.強制提前還券： (1)標的證券經審核不再為合格標的或經暫停借貸交易者，證交所得限期通知借券人還券了結。 (2)標的證券發行公司有合併、減資或其他影響出借人股東權行使之事由者，借券人應於停止過戶日前六個營業日前還券了結。 (3)標的證券經公告停止買賣而未定恢復期限或終止上市（櫃），借券人應於本公司所定期限內還券了結。 (4)證券市場因天然災害或其他非常事故，全部停止交易而未定恢復期限，借券人應於證交所公告所定期限內還券了結。 (5)證交所接獲借券人經由證券商透過證交所借券系統轉知之還券申報後，即通知證券集保事業，將應返還之有價證券，自借券人之證券集保帳戶，撥回出借人之證券集保帳戶，並經由證券商分別通知借券人與出借人。 (6)借券人因借券所負債務及責任，於其借入之標的證券、借券期間所衍生之權益及一切相關費用，均已返還或給付後了結。
議借交易	1.到期日還券：由證交所於其約定還券日前十個營業日通知借券人之受託證券商轉知借券人還券。 2.到期前還券：借券人與出借人可自行約定於到期日前之任何時間返還，雙方並應委託其受託證券商向證交所申報變更還券日期。 3.強制提前還券：發生前條第1項第4款所定情事時，借券人應於該條款所定期限內還券。 4.本公司接獲借券人委託其受託證券商輸入證交所借券系統之還券申報後，即通知證券集保事業，自借券人之證券集保帳戶，將應返還之標的證券，撥入出借人之證券集保帳戶，並透過證券商分別通知借券人與出借人。

14. **申請借券應提供之擔保品**

借券人委託證券商為定價、競價交易之借券申報時，應依規定提供足額適格擔保品，其種類以下列為限：

擔保品種類	提供方式
I.現金： 以新台幣為限。 但特定境外外國機構投資人及證券商、證券金融事業之證券借貸專戶得以外幣為擔保品，惟以美元、歐元、日幣、英鎊、澳幣及港幣等六種外幣為限。	由借券人直接劃撥存入證交所指定銀行擔保金帳戶。
II.擔保證券： 限得為融資融券交易之有價證券。	由證交所依證券商受託輸入之擔保證券名稱及數量，以電腦連線方式通知證券集保事業自借券人之證券集保帳戶，將其指定之擔保證券，撥入證交所借券擔保證券保管專戶，移轉予本公司作為擔保。其以擔保證券補繳擔保品差額者，亦同。
III.銀行保證。	借券人向銀行辦妥保證手續後，經由證券商向證交所申請，並將保證書正本交付本公司。
IV.中央登錄公債。	由借券人設定質權登記予證交所，或轉讓登記予證交所。

第一項所列擔保品，證交所得視其市場流動性與風險狀況拒絕接受；已接受為借券擔保者，得通知借券人更換擔保品。

15. **擔保品比率計算**

(1) 借券人委託證券商為定價、競價交易之借券申報時，應提交相當標的證券當日開盤競價基準或開始交易基準價乘申報數量，再乘以原始擔保比率（140%）之擔保品予證交所。

(2) 並自借貸交易成交當日起，逐日依當日收盤價計算各筆借券擔保品抵繳價值總額減相關借券費用後之餘額，與其標的證券價值總額加現金股利總額之比率，如低於擔保維持率（120%），借券人接獲證券商轉知之證交所通知後，應於次一營業日補繳擔保品，使擔保品抵繳價值回復至原始擔保比率。

(3) 前項所稱「擔保品抵繳價值總額」等於擔保證券當日收盤價乘以數量及其折價比率、中央登錄公債面額乘以數量及其折價比率、現金擔保總額，及銀行保證總額等項之合計數。

(4) 擔保證券遇有除權或除息交易之情事者，於除權息交易日之前三個營業日，除現金增資者外，以各當日收盤價扣除息值或權值之餘額為基準計算其抵繳價值。

(5) 前三項、第44條及第47條所稱之收盤價，如無當日收盤價格，依下列原則所決定之價格計算之：

A. 當日收盤時，最高買進申報價格高於當日開盤競價基準或開始交易基準價，則為該最高買進申報價格。

B. 當日收盤時，最低賣出申報價格低於當日開盤競價基準或開始交易基準價，則為該最低賣出申報價格。

C. 上述情形不成立時，則為當日開盤競價基準或開始交易基準價。

(6) 擔保證券之折價比率：

A. 上市有價證券為70%。

B. 上櫃有價證券為60%。

C. 中央登錄公債之折價比率為90%。

D. 證交所得視其市場流動性與風險狀況調整之。

E. 議借交易之擔保品條件及擔保品比率，由出借人與借券人雙方自行議定並提供之。

16. **借券所生相關費用**

借券人與出借人所須支付的借券相關費用，於還券時借券人須支付借券費、借貸雙方須支付借貸服務費及證券商手續費，計算方式如下：

計算種類	計算內容
1. 有關借券費用之計算	定價交易及競價交易借券費用之計算公式，採逐日逐筆，以標的有價證券每日收盤價格乘以借券數量再乘以成交費率，總計之借券費用，由證券商於還券了結後收付。無收盤價格時，依證交所「有價證券借貸辦法」第33-1條第4項辦理。 議借交易則由雙方自行議定借券費用及收取。
2. 證交所借貸服務費之計算	定價、競價交易，證交所向每一筆交易之借貸雙方按借券費用之1.6%計算借貸服務費； 議借交易，證交所向借貸雙方分別依借貸成交金額年利率0.02%計收借貸服務費。

計算種類	計算內容
3.證券商手續費之計算	定價、競價交易，證券商向每一筆交易之借貸雙方按借券費用之0.4%計算手續費，向借券人收取手續費，不足1,000元者得以1,000元計，向出借人收取手續費，不足100元者以100元計，若出借人出借收入扣除證交所借貸服務費後，不足100元時，則證券商手續費以該餘額為限，出借人無需補足差額；證券商代客戶洽尋券源，得向借貸雙方酌收費用。 議借交易之手續費，由證券商與客戶自行議定收取。

三、處分型有價證券信託

(一)**處分型有價信託之定義**：係指委託人將其所持有之有價證券託與受託人，藉由受託人（受託機構）之專業投資能力和管理經驗，將有價證券處分後，投資運用於其他標的，以取得較高之投資報酬或為其他公益或私益之信託。

(二)**處分型有價證券信託之架構**

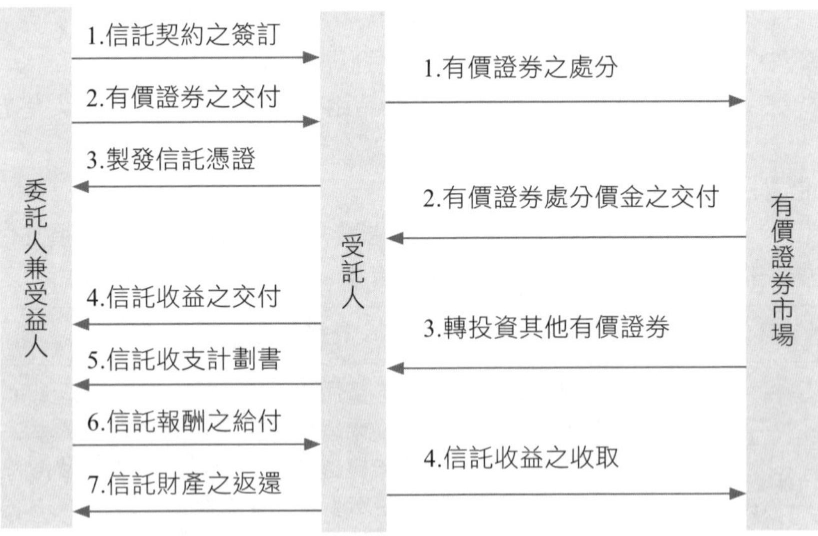

〔牛刀小試〕

( ) **1** 依有價證券借貸辦法規定，除經主管機關核准者外，有關有價證券借貸之借券人，下列何者錯誤？ (A)保險公司 (B)銀行、證券商 (C)期貨自營商 (D)證券金融事業。 【第41期】

( ) **2** 有關處分型有價證券信託之敘述，下列何者錯誤？ (A)係藉由受託機構專業能力將有價證券處分後，投資於其他投資標的為目的之信託 (B)以獲取較高之投資運用報酬或為其他公益或私益為目的之信託 (C)係將有價證券為借貸之運用管理，以提高運用收益為目的之信託 (D)政府債券與公司債券皆得為成立處分型有價證券信託之標的財產。 【第37期】

( ) **3** 楊先生投資累積了不少的股票和債券，但平日的工作十分忙碌，以致每到配息、開股東會的時候，實在沒有時間去處理相關事宜。楊先生想把手中的有價證券交付信託，下列何者最適合楊先生的需求？ (A)管理型有價證券信託 (B)處分型有價證券信託 (C)運用型有價證券信託 (D)金錢信託。 【第9期】

( ) **4** 委託人與受託人簽訂有價證券信託契約，以運用有價證券獲取較高之運用收益為目的，為下列何種類型信託？ (A)管理型有價證券信託 (B)租賃型有價證券信託 (C)運用型有價證券信託 (D)處分型有價證券信託。 【第8期】

( ) **5** 信託業辦理有價證券信託時，下列何者不屬於管理型有價證券信託之服務項目？ (A)有價證券之保管 (B)股息股利之領取 (C)有價證券之借貸 (D)現金增資新股之認購。 【第8期】

解答與解析

1 (A)。臺灣證券交易所股份有限公司有價證券借貸辦法第10條：借貸交易人以下列之特定法人機構為限，得委託證券商代為向本公司申請開立有價證券借貸帳戶，取得借貸交易人資格，從事有價證券借貸之定價、競價交易，及辦理議借交易之成交申報：一、出借人：保險公司、銀行、信託投資公司、證券商、期貨商、證券投資信託基金、期貨信託基金、證券金融事業、特定境外外國機構投資人、政府基金、員工持股信託契約、客戶有價證券信託契約及其他經主管機關核准者。二、借券人：銀行、證券商、期貨商、證券投資信託基金、證券金融事業、特定境外外國機構投資人及其他經主管機關核准者。

2 (C)。將有價證券為借貸之運用管理，以提高運用收益為目的之信託屬運用型有價證券信託。

3 (A)。不是出售，故不是處分型；不是以資本利得為目的，故不是運用型；其屬於資產管理，故為管理型。

4 **(C)**。運用有價證券者，為運用型。
5 **(C)**。有價證券借貸屬於運用型有價證券信託。

肆 有價證券信託之稅務處理方式 重要度★★★

一、有價證券信託所得稅

(一) 信託關係下，不課徵所得稅之例外處理

依所得稅法第3-3條規定，信託財產於左列各款信託關係人間，基於信託關係移轉或為其他處分者，不課徵所得稅：

1. 因信託行為成立，委託人與受託人間。
2. 信託關係存續中受託人變更時，原受託人與新受託人間。
3. 信託關係存續中，受託人依信託本旨交付信託財產，受託人與受益人間。
4. 因信託關係消滅，委託人與受託人間或受託人與受益人間。
5. 因信託行為不成立、無效、解除或撤銷，委託人與受託人間。
6. 前項信託財產在移轉或處分前，因受託人管理或處分信託財產發生之所得，應依第3-4條規定課稅。

(二) 應課所得稅之情形

依所得稅法第3-3條規定，託財產發生之收入，受託人應於所得發生年度，按所得類別依本法規定，減除成本、必要費用及損耗後，分別計算受益人之各類所得額，由受益人併入當年度所得額，依本法規定課稅。

1. 前項受益人有二人以上時，受託人應按信託行為明定或可得推知之比例計算各受益人之各類所得額；其計算比例不明或不能推知者，應按各類所得受益人之人數平均計算之。
2. 受益人不特定或尚未存在者，其於所得發生年度依前二項規定計算之所得，應以受託人為納稅義務人，於所得稅法第71條規定期限內，按規定之扣繳率申報納稅，其依所得稅法第89-1條第2項規定計算之已扣繳稅款，得自其應納稅額中減除；其扣繳率，由財政部擬訂，報請行政院核定。
3. 受託人未依第1項至第3項規定辦理者，稽徵機關應按查得之資料核定受益人之所得額，依所得稅法規定課稅。
4. 符合第4-3條各款規定之公益信託，其信託利益於實際分配時，由受益人併入分配年度之所得額，依本法規定課稅。

5.依法經金融監督管理委員會核准之共同信託基金、證券投資信託基金、期貨信託基金或其他信託基金，其信託利益於實際分配時，由受益人併入分配年度之所得額，依所得稅本法規定課稅。

二、證券交易稅

(一) 不須課徵證交稅（形式上移轉）

1.以有價證券為信託設定，委託人將有價證券移轉予受託人時。

2.有價證券於信託終了時，受託人將有價證券返還委託人時。

(二) 須課徵證交易稅（實質移轉）

1.受託人將信託財產之有價證券轉為自有財產。

2.受託人將自有財產之有價證券轉為信託財產。

3.受託人將信託財產之有價證券轉為受託人其他信託財產之有價證券。

三、有價證券借貸交易課稅規定

(一) 借券相關稅負規定

從事有價證券借貸交易之課稅，依財政部96年8月20日台財稅字第09600210970號令，核釋有關有價證券借貸制度課稅規定摘要如下：

1.出借人向借券人收取之借券費用，應繳納營業稅及營利事業所得稅。（境外外國特定機構投資人係指在我國境內無固定營業場所者，若外資有固定營業場所則其課稅方式視同國人）

出借人	借券人	營業稅納稅義務人	營利事業所得稅納稅義務人
國內機構投資人	境外外國特定機構投資人	出借人	出借人
境外外國特定機構投資人	國內機構投資人	借券人（依營業稅法第36條第1項規定報繳營業稅）	借券人於給付時依出借人稅率辦理就源扣繳
境外外國特定機構投資人	境外外國特定機構投資人	出借人及借券人在中華民國境內均無固定營業場所者，非屬營業稅課稅範圍。	出借人
國內機構投資人	國內機構投資人	出借人	出借人

2. **借券人給予出借人之權益補償課稅**

出借證券狀態	營業稅納稅義務人	營利事業所得稅納稅義務人
借券人於最後過戶日前賣出借入股票〔權息由第三者領取〕	視為出借人出售有價證券收入，免徵營業稅	視為出借人出售有價證券收入，並依規定計入基本所得額
借券人於最後過戶日仍持有借入股票〔權息由借券人領取〕	返還之權益補償具股利所得性質，免徵營業稅	現金權益及有價證券權益面額部分屬股利所得；有價證券權益按除權參考價計算超過面額部分，視為出售有價證券收入，並依規定計入出借人基本所得額

3. 借券人提供之境內現金擔保品之利息，應繳納營利事業所得稅，定、競價交易由證交所支付借券人現金擔保品之利息並辦理扣繳，由借券人辦理所得稅申報；議借交易現金擔保品利息之營利事業所得稅納稅義務人如下表。但借券人為銀行業或信託投資業者，應另繳納營業稅。

出借人（支付利息者）	借券人（收取利息者）	議借交易營利事業所得稅納稅義務人
國內機構投資人	國內機構投資人	借券人
境外外國特定機構投資人	國內機構投資人	借券人
境外外國特定機構投資人	境外外國特定機構投資人	借券人
國內機構投資人	境外外國特定機構投資人	出借人支付借券人現金擔保品之利息時辦理就源扣繳

4. 有價證券借貸交易不課徵證券交易稅及證券交易所得稅。但是借券人違約，而以現金代替實物返還出借人時，則視同出借人實質賣出借貸標的證券行為應課徵證券交易稅。

〔牛刀小試〕

(　　) **1** 依證券交易相關稅法規定，信託業辦理有價證券信託業務，於收受委託人交付之上市公司股票時，相關證券交易稅之規定為何？　(A)無須課徵證券交易稅　(B)信託業應負擔證券交易稅　(C)委託人應負擔證券交易稅　(D)委託人及信託業皆應負擔證券交易稅。　【第41期】

( ) **2** 依證券交易相關稅法規定，下列何者不須課徵證券交易稅？ (A)受託人將信託財產中之有價證券轉為自有財產 (B)受託人將信託財產中之有價證券出售予第三人 (C)受託人於信託終了將有價證券移轉返還委託人 (D)受託人將信託財產中之有價證券轉為受託人其他信託財產中之有價證券。 【第37期】

( ) **3** 辦理有價證券信託時，下列何種情形不須課徵證券交易稅？ (A)委託人將有價證券移轉予受託人 (B)受託人將信託財產中之有價證券轉為自有財產 (C)受託人賣出信託財產中之有價證券予第三人 (D)受託人將信託財產中之有價證券轉為受託人其他信託財產。 【第36期】

( ) **4** 有關有價證券信託之證券交易稅課徵規定，下列敘述何者錯誤？ (A)原受託人將有價證券移轉予新受託人時不課徵 (B)受託人將有價證券返還移轉予委託人時不課徵 (C)受託人將信託財產中之有價證券轉為受託人其他信託財產中之有價證券時不課徵 (D)受託人將信託財產中之有價證券轉為自有財產時須課徵。 【第35期】

( ) **5** 有價證券信託之委託人為營利事業法人，於信託成立時，已確定之完全他益受益人享有之信託利益，應併入下列何者所得課徵所得稅？ (A)委託人 (B)受託人 (C)受益人 (D)信託監察人。 【第35期】

解答與解析

1 **(A)**。有價證券交易稅(1)不課稅A.以有價證券為信託設定者，委託人將有價證券移轉予受託人時。B.有價證券於信託終了時，受託人將有價證券移轉返還委託人時。(2)課稅A.受託人將信託財產中之有價證券轉為自有財產。B.受託人將自有財產中之有價證券轉為信託財產。C.受託人將信託財產中之有價證券轉為受託人其他信託財產中之有價證券。

2 **(C)**。受託人於信託終了將有價證券移轉返還委託人屬形式移轉（本來就是委託人的），不是實質移轉，不課稅。

3 **(A)**。委託人將有價證券移轉予受託人，屬信託移轉，不是實質交易，不課徵證券交易稅。

4 **(C)**。受託人將信財產中之有價證券轉為受託人其他信託財產中之有價證券時，屬實質轉移之交易，課徵交易稅。

5 **(C)**。所得稅法第3-2條：委託人為營利事業之信託契約，信託成立時，明定信託利益之全部或一部之受益人為非委託人者，該受益人應將享有信託利益之權利價值，併入成立年度之所得額，依本法規定課徵所得稅。

精選試題

( ) 1 下列何者得為有價證券信託所收受之信託財產種類？ A.認股權證 B.公益彩券 C.政府債券 D.公司債券 (A)僅A.B.C (B)僅A.B.D (C)僅A.C.D (D)僅B.C.D。 【第39期】

( ) 2 下列何者非屬有價證券信託之信託財產標的？ (A)受益憑證 (B)認購權證 (C)存款餘額證明書 (D)新股認購權利證書。 【第33期】

( ) 3 下列何者不得作為有價證券信託之標的？ (A)公司債券 (B)飯店禮券 (C)公司股票 (D)政府債券。 【第23期】

( ) 4 下列何者非屬有價證券信託可受理之標的？ (A)商品優惠券 (B)政府登錄公債 (C)新股權利證書 (D)記名式公司股票。 【第15期】

( ) 5 有關信託財產登記之敘述，下列何者正確？
(A)信託資金運用時取得土地權利者，應為信託登記
(B)委託人交付現金予受託人，交付時應予信託登記
(C)信託資金運用時取得公開發行公司股票者，無需信託登記，亦得對抗第三人
(D)信託資金運用時取得非公開發行公司股票者，無需信託登記，亦得對抗第三人。 【第36期】

( ) 6 下列何者以公開發行公司之股票成立有價證券信託，毋須辦理股權移轉事前申報？ (A)該公開發行公司董事 (B)該公開發行公司監察人 (C)該公開發行公司經理人 (D)持有該公開發行公司股份總額百分之五之股東。 【第34期】

( ) 7 有關有價證券信託之公示登記制度，下列敘述何者錯誤？
(A)有價證券係屬信託法規定應登記之財產權
(B)信託業接受股票為信託者，應通知發行公司
(C)若未於有價證券上載明為信託財產，則信託契約無效
(D)公開發行公司股票已辦理信託過戶作業者，視為符合通知發行公司之規定。 【第33期】

( ) 8 下列委託人將持有公開發行公司股票信託時，何者無需依證券交易法規定辦理股權異動申報？ (A)董事 (B)監察人 (C)持有公司股份超過百分之五之股東 (D)持有公司股份超過百分之十之股東。 【第33期】

( ) **9** 信託業辦理有價證券信託，收受股票為信託財產時，依證交法規定，有關股權申報之敘述，下列何者正確？
(A)信託業所收受之股票信託財產應與自有財產合併申報
(B)信託業所取得之信託持股得合併自有持股，計入信託業之董監事最低持股數
(C)委託人為內部人且信託業無運用決定權時，應由信託業辦理股票轉讓事前申報
(D)信託業如以具運用決定權之信託財產，取得任一公開發行公司已發行股份總額超過百分之十股份時，信託業須辦理股權申報。 【第32期】

( ) **10** 甲上市公司蔡董事長將甲公司股票交付信託業辦理信託時，依證券交易法規定，下列何者需辦理股票轉讓事前申報？ (A)信託業 (B)蔡董事長 (C)甲公司之股務代理機構 (D)甲公司。【第30期】

( ) **11** 甲公開發行公司董事將其持有該公司之股票向信託業辦理保留運用決定權之信託，於依證券交易法規定計算全體董事所持有記名股票之最低持股數，下列敘述何者正確？ (A)信託之股數得計入最低持股數 (B)僅信託之股票為上市公司股票時得計入最低持股數 (C)信託之股數不得計入最低持股數 (D)僅信託之股票為上櫃公司股票時得計入最低持股數。 【第31期】

( ) **12** 委託人為公開發行公司之內部人，欲將其所持有股份保留運用決定權交付信託，該等交付信託股份之嗣後變動，應由下列何者辦理股權異動申報？ (A)受託人 (B)委託人 (C)發行公司 (D)受益人。 【第31期】

( ) **13** 銀行辦理特定金錢信託業務，所收受之金錢，其信託登記規定為何？(A)無信託登記之必要 (B)僅投資國外有價證券時，金錢需為信託登記 (C)僅投資國內有價證券時，金錢需為信託登記 (D)投資國內、國外有價證券時，均應將金錢辦理信託登記。 【第30期】

( ) **14** 依信託法及信託業法規定，有關信託公示之敘述，下列何者錯誤？ (A)信託公示為信託關係之生效要件 (B)以股票為信託者，應通知發行公司 (C)應於證券或其他表彰權利之文件上載明為信託財產 (D)非依目的事業主管機關之規定辦理信託公示者，不得對抗第三人。 【第29期】

( ) **15** 有關有價證券信託之公示登記，下列敘述何者錯誤？ (A)有價證券信託未辦理信託登記，其信託關係無效 (B)信託財產之登載，應依目的事業主管機關之規定，否則不得對抗第三人 (C)依公開發行股票公司股務處理準則之規定，已辦理信託過戶作業者，視為符合通知發行公司之規定 (D)參加人將有價證券信託登載之相關資料，轉由證券集中保管事業通知股票發行公司，視為符合通知發行公司之規定。 【第28期】

( ) **16** 信託業接受以公開發行公司股票為信託者，應完成下列何種手續方得對抗第三人？ (A)刊登報紙信託公示三天 (B)張貼網路信託公示五天 (C)辦妥法院信託公示公證 (D)將其與自有財產分別管理，並以信託財產名義表彰。 【第21期】

( ) **17** 依有價證券集中保管帳簿劃撥作業辦法規定，信託業接受委託人交付上市公司股票信託時，得透過下列何者通知發行公司，以符合信託公示登記之規定？ (A)證券集中保管事業 (B)證券商 (C)台灣證券交易所 (D)信託公會。 【第18期】

( ) **18** 甲銀行開辦有價證券信託業務，其中運用型有價證券信託係以下列何者之運用收益為目的？ (A)領取股息 (B)領取股利 (C)行使議決權 (D)有價證券借貸。 【第36期】

( ) **19** 有關信託業辦理有價證券信託業務得收受之信託財產種類，下列何者正確？ A.土地所有權狀 B.新股認購權利證書 C.認購權證 D.債權讓與契約 (A)AB (B)BC (C)CD (D)AD。 【第36期】

( ) **20** 依有價證券借貸辦法規定，有價證券借貸交易型態不包括下列何者？
(A)競價交易 (B)定價交易
(C)議借交易 (D)標價交易。 【第35期】

( ) **21** 委託人與受託人簽訂有價證券信託契約，以運用有價證券獲取較高之運用收益為目的者，為下列何種類型信託？ (A)管理型有價證券信託 (B)租賃型有價證券信託 (C)運用型有價證券信託 (D)處分型有價證券信託。 【第33期】

( ) **22** 周先生持有不少股票但無暇管理，想把手中的股票交付專家積極操作處分後，投資於其他標的，以獲取較高的報酬，下列何者最適合周先生的需求？ (A)管理型有價證券信託 (B)處分型有價證券信託 (C)運用型有價證券信託 (D)贈與型有價證券信託。 【第32期】

( ) **23** 委託人與受託人簽訂有價證券信託契約，將運用管理有價證券標的為借貸，以獲取較高之運用收益為目的，為下列何種類型信託？
(A)管理型有價證券信託
(B)租賃型有價證券信託
(C)運用型有價證券信託
(D)處分型有價證券信託。 【第32期】

( ) **24** 委託人辦理運用型有價證券信託，如約定運用於有價證券之借貸，則其主要目的為下列何者？ (A)行使議決權 (B)保管有價證券 (C)收取借券費用 (D)賺取買賣差價。 【第31期】

( ) **25** 有價證券信託業務中，將有價證券為借貸之運用管理，以提高其所持有有價證券之運用收益為目的者，係指下列何者？
(A)運用型有價證券信託 (B)管理型有價證券信託
(C)處分型有價證券信託 (D)金融資產證券化。 【第30期】

( ) **26** 委託人交付新股認購權利證書為信託財產時，屬於下列何者信託業務？ (A)金錢之信託 (B)動產之信託 (C)有價證券之信託 (D)金錢債權及其擔保物權之信託。 【第30期】

( ) **27** 下列何項有價證券信託業務係指將有價證券標的為借貸之運用管理為目的？
(A)管理型有價證券信託
(B)運用型有價證券信託
(C)融資型有價證券信託
(D)處分型有價證券信託。 【第29期】

( ) **28** 依臺灣證券交易所股份有限公司有價證券借貸辦法規定，有價證券借貸之交易型態可為下列何者？ A.撮合交易 B.定價交易 C.競價交易D.議借交易 (A)A.B.C.D (B)僅A.B.C (C)僅B.C.D (D)僅A.C.D。 【第29期】

( ) **29** 有價證券借貸之借券人申請借券提供之擔保品種類，下列何者不符合證交所規定？
(A)現金
(B)銀行保證
(C)中央登錄公債
(D)未公開發行公司之股票。 【第29期】

(　　) **30** 有價證券借貸是屬於下列何類型有價證券信託？
(A)管理型有價證券信託
(B)運用型有價證券信託
(C)處分型有價證券信託
(D)保管型有價證券信託。　【第28期】

解答與解析

1 **(C)**。公益彩券不能為信託財產，但已中獎的公益彩券屬有價證券，則可以為信託財產。

2 **(C)**。存款餘額證明書不是有價證券。

3 **(B)**。飯店禮券非屬有價證券。

4 **(A)**。商品優惠券不是有價證券。

5 **(A)**。信託法第4條：以應登記或註冊之財產權為信託者，非經信託登記，不得對抗第三人。以有價證券為信託者，非依目的事業主管機關規定於證券上或其他表彰權利之文件上載明為信託財產，不得對抗第三人。以股票或公司債券為信託者，非經通知發行公司，不得對抗該公司。(B)委託人交付現金予受託人，現金不須信託登記。(C)信託資金運用時取得公開發行公司股票者，需信託登記，才得對抗第三人。(D)信託資金運用時取得非公開發行公司股票者，需信託登記，才得對抗第三人。

6 **(D)**。公開發行公司董事、監察人、經理人及持有公司股份超過股份總額百分之十之股東，依信託關係移轉或取得該公開發行公司股份時，應依規定辦理股權申報。

7 **(C)**。信託法第4條：以應登記或註冊之財產權為信託者，非經信託登記，不得對抗第三人。以有價證券為信託者，非依目的事業主管機關規定於證券上或其他表彰權利之文件上載明為信託財產，不得對抗第三人。以股票或公司債券為信託者，非經通知發行公司，不得對抗該公司。

8 **(C)**。公開發行公司董事、監察人、經理人及持有公司股份超過股份總額百分之十之股東（簡稱內部人），依信託關係移轉或取得該公開發行公司股份時，應依規定辦理股權申報。

9 **(D)**。依信託業法施行細則第7條第2款所定，信託業者對信託財產不具運用決定權之信託，係依委託人之運用指示為信託財產之管理或處分，故毋須由信託業者辦理股權申報；至於信託業者管理之具運用決定權之信託財產（所有具運用決定權之信託專戶合併計算）部分，如取得任一公開發行公司股份超過其已發行股份總額10%時，其為信託財產之管理或處分，信託業者即應依證券交易法第43-1條及第22-2條、第25條規定為其信託財產辦理股權申報。

10 (B)。信託前，財產屬蔡董事長，故由蔡董事長事前申報。

11 (A)。內部人為委託人：公開發行公司之董事、監察人之「保留運用決定權之交付信託股份」，於依證券交易法第26條規定計算全體董事或監察人所持有記名股票之最低持股數時，得予以計入。

12 (B)。內部人為委託人：內部人「保留運用決定權之交付信託股份」，因係由內部人（含本人或委任第三人）為運用指示，再由受託人依該運用指示為信託財產之管理或處分，故該等交付信託股份之嗣後變動，仍續由內部人依證券交易法第22-2條及第25條規定辦理股權申報。

13 (A)。金錢無法做登記，故無信託登記之必要。

14 (A)。信託公示不是信託關係之生效要件，僅不得對抗第三人。

15 (A)。未辦理信託公示登記其信託關係有效，但不得對抗第三人。

16 (D)。信託法第4條，以有價證券為信託者，非依目的事業主管機關規定於證券上或其他表彰權利之文件上載明為信託財產，不得對抗第三人。故以信託財產名義表彰後，得對抗第三人。

17 (A)。信託業將有價證券交由證券集中保管事業集中保管，並由其通知發行公司，以符合信託公示登記之規定。

18 (D)。領取股息、領取股利、行使議決權屬管理型。有價證券借貸屬運用型。

19 (B)。得為有價證券信託之財產標的者，以證券交易法第6條所規定之有價證券，包括政府債券、公司股票、公司債券、主管機關所核定之有價證券（受益憑證、認購權證、認股權證）、新股認購權利證書、新股權利證書以及各種有價證券之價款繳納憑證或表明其權利之證書為主。認購權證及債權讓與契約為權利證書，而非屬有價證券。

20 (D)。臺灣證券交易所股份有限公司有價證券借貸辦法第5條：本辦法規範之有價證券借貸交易，分為下列三種型態：一、定價交易：由借券人、出借人（以下合稱「借貸交易人」）依本公司公告之費率，委託證券商輸入出借或借券申報，經本公司借券系統依第19條規定撮合成交之借貸行為。二、競價交易：由借貸交易人依最高年利率百分之十六以下，百分之零點一為升降單位，自定費率委託證券商輸入出借或借券申報，經本公司借券系統依第21條規定撮合成交之借貸行為。三、議借交易：由借貸交易人自覓相對人，依最高年利率百分之十六以下，千分之零點一為升降單位，雙方自行議定費率及其他借貸條件之借貸行為。

21 (C)。(A)出借、收息為管理型有價證券。(B)無租賃有價證券類型之信託。(C)以運用有價證券獲取收益為目的，故為運用型有價證券信託。(D)賣出為處分型有價證券信託。

22 (B)。交付專家積極操作處分，故為處分型有價證券信託。

23 **(C)**。運用管理有價證券標的為借貸，以獲取較高之運用收益為目的，為運用型有價證券信託。

24 **(C)**。借出有價證券，可收取借券費用。

25 **(A)**。因其為運用管理，故為運用型有價證券信託。

26 **(C)**。新股認購權利證書為有價證券，故是有價證券之信託。

27 **(B)**。借貸屬有價證券之運用，故為運用型有價證券信託。

28 **(C)**。臺灣證券交易所股份有限公司有價證券借貸辦法第5條：本辦法規範之有價證券借貸交易，分為下列三種型態：一、定價交易：由借券人、出借人（以下合稱「借貸交易人」）依本公司公告之費率，委託證券商輸入出借或借券申報，經本公司借券系統依第19條規定撮合成交之借貸行為。二、競價交易：由借貸交易人依最高年利率百分之二十以下，百分之零點一為升降單位，自定費率委託證券商輸入出借或借券申報，經本公司借券系統依第21條規定撮合成交之借貸行為。三、議借交易：由借貸交易人自覓相對人，依最高年利率百分之二十以下，千分之零點一為升降單位，雙方自行議定費率及其他借貸條件之借貸行為。

29 **(D)**。臺灣證券交易所股份有限公司有價證券借貸辦法第33條：借券人委託證券商為定價、競價交易之借券申報時，應依規定提供足額適格擔保品，其種類以下列為限：一、現金：以新台幣為限。但特定境外外國機構投資人及證券商、證券金融事業之證券借貸專戶得以美元為擔保品。二、擔保證券：限得為融資融券交易之有價證券。三、銀行保證。四、中央登錄公債。

30 **(B)**。運用型有價證券信託，重點在於持有價證券之人，意即委託受託人將有價證券為借貸之運用管理，以提高有價證券之運用收益。

不動產信託

依據出題頻率區分，屬：**B** 頻率中

課綱概要

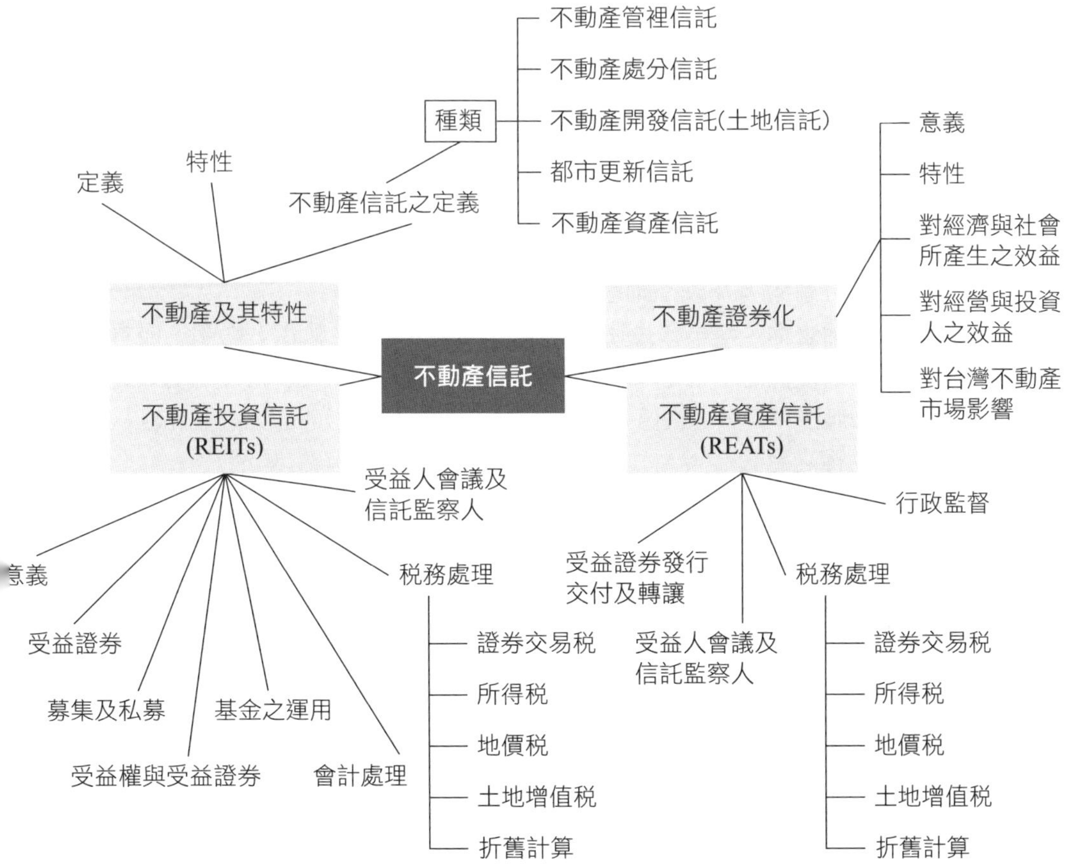

不動產信託
- 不動產及其特性
  - 定義
  - 特性
  - 不動產信託之定義
    - 種類
      - 不動產管裡信託
      - 不動產處分信託
      - 不動產開發信託(土地信託)
      - 都市更新信託
      - 不動產資產信託
- 不動產證券化
  - 意義
  - 特性
  - 對經濟與社會所產生之效益
  - 對經營與投資人之效益
  - 對台灣不動產市場影響
- 不動產投資信託(REITs)
  - 意義
  - 受益證券
  - 募集及私募
  - 受益權與受益證券
  - 基金之運用
  - 會計處理
  - 稅務處理
    - 證券交易稅
    - 所得稅
    - 地價稅
    - 土地增值稅
    - 折舊計算
  - 受益人會議及信託監察人
- 不動產資產信託(REATs)
  - 受益證券發行交付及轉讓
  - 受益人會議及信託監察人
  - 稅務處理
    - 證券交易稅
    - 所得稅
    - 地價稅
    - 土地增值稅
    - 折舊計算
  - 行政監督

課前導讀

本章節是考試重要程度必須充分了解的一部分，因為與如何活絡與穩定不動產市場的操作運用有著密切的相關性，主要是以REITs及REATs兩大類的不動產信託證券化為信託及市場化討論的重點，因此必須確認清楚從不動產信託的定義、特性及種類，同時就不動產信託基金相關的運作架構及其規定、推展與資訊接露規範為目前不動產信託市場發展的重點，同時就此提醒考試時就能充分掌握不動產信託證券化的相關考題變化，便能有效理解與回答。

壹　不動產及其特性　重要度★★

一、不動產的定義

(一) 依我國民法第66條規定，稱不動產者，謂土地及其定著物。不動產之出產物，尚未分離者，為該不動產之部分。

(二) 不動產包括土地、建築改良物、道路、橋樑、隧道、軌道、碼頭、停車場與其他具經濟價值之土地定著物及所依附之設施，但以該設施與土地及其定著物分離即無法單獨創造價值，土地及其定著物之價值亦因而減損者為限。

(三) 不動產物權之意義

依民法所定規定之不動產物權，包括：

1.**所有權**。

2.**用益物權**：地上權、永佃權、地役權、典權。

3.**擔保物權**：抵押權。

二、不動產之特性

信託業辦理不動產信託之不動產特性與我國目前我國不動產市場之特性之比較。

不動產特性	我國不動產市場之特性
(1) 不動產具有不可移動性。 (2) 不動產具有當地性。 (3) 不動產具有多用途性。 (4) 不動產具有異質性。 (5) 不動產具有所有權與使用權可分離性。	(1) 有土斯有財之觀念深根蒂固。 (2) 政府政策干預。 (3) 住宅自有率高。 (4) 政府陸續推出各種購屋貸款優惠去化了空屋率。

不動產特性	我國不動產市場之特性
(6) 不動產具有消費與投資效用之雙重性。 (7) 不動產市場具有不完全競爭性。	(5) 超額供給仍然存在。 (6) 人口負成長。

三、不動產信託之意義

(一) 不動產信託之定義

係指接受信託時，信託財產之交付標的為不動產之信託。目前我國不動產信託係依不動產證券化條例第4條第5款之規定，不動產投資信託：向不特定人募集發行或向特定人私募交付不動產投資信託受益證券，以投資不動產、不動產相關權利、不動產相關有價證券及其他經主管機關核准投資標的而成立之信託。

及依不動產證券化條例第4條第6款規定，不動產資產信託：委託人移轉其不動產或不動產相關權利予受託機構，並由受託機構向不特定人募集發行或向特定人私募交付不動產資產信託受益證券，以表彰受益人對該信託之不動產、不動產相關權利或其所生利益、孳息及其他收益之權利而成立之信託。

(二) 不動產信託之種類

1. **不動產管理信託**：所稱不動產管理信託，係指委託人將房地產設定信託給受託人進行招租、訂立租約及維護管理，並按期將信託收益交付給受益人，於信託期間屆滿時，依信託契約將房地產移轉給委託人或受益人之信託約定。
2. **不動產處分信託**：所稱不動產處分信託，係指委託人將房地產設定信託給受託人，由受託人負責將其出售或為其他處分，並依信託契約將處分收益交付給受益人，而於信託期間屆滿時，依信託契約將剩餘財產移轉給委託人或受益人。
3. **不動產開發信託（土地信託）**：所謂不動產開發信託，泛指不動產所有人（委託人）以土地開發為目的，而將土地、地上權或其他不動產物權設定信託給受託人，受託人則依信託契約之約定執行信託事務，完成地上或建築物之興建，再由受益人分享土地開發之利益。其中依受託人之權能可區分為：
   (1) 事業執行之不動產開發信託：係由受託人負責發包建築物興建工程、資金調度、不動產租賃及分割出售所興建完成之建築物等。

(2)資產控管之不動產開發信託：係指受託人並不負責發包建築物興建工程、資金調度、不動產租賃及分割出售所興建完成之建築物等事務，而是由建設公司、地主或建築物起造人將建案之土地及興建資金設定信託給受託人執行履約管理，並將其興建資金依工程進度專款專用為之。但依農業發展條例第33條規定私法人不得承受耕地之管理或處分。

倘若以開發為目的之土地信託，經全體受益人同意或受益人會議決議者，仍可以信託財產辦理抵押借款。

資產控管之不動產開發信託，有可分為下列兩種信託型態：

A.一般型不動產開發信託，主要可保障地主、建商等全體委託人於開發期間之權益，避免因個別委託人之財務問題影響工程進度。

B.預售屋買賣履約保證型之不動產開發信託，以此納入預售屋買賣定型化契約履約保證機制，以保障買賣之買方權益。

4. **都市更新信託**：所謂都市更新信託，係由土地所有權人、合法建築物所有權人、他項權利人或實施者，為自己的利益，將不動產（包括土地及建築物）、他項權利及興建資金移轉給信託業，藉此由信託業控管興建資金能專款專用，以確保重建、整建或維護之興建工程執行能順利完成。同時於興建完成後，再經由信託業依權利變換計畫，將信託財產分配給受益人。

5. **不動產資產信託**：指依不動產證券化條例之規定，委託人移轉其不動產或不動產相關權利予受託機構，並由受託機構向不特定人募集發行或向特定人私募交付不動產資產信託受益證券，以表彰受益人對該信託之不動產、不動產相關權利或其所生利益、孳息及其他收益之權利而成立之信託。

〔牛刀小試〕

(　　) **1** 依99年2月3日修正公布之民法規定，以在他人土地上之上下有建築物或其他工作物為目的而使用其土地之權，稱為下列何種物權？ (A)普通地上權 (B)所有權 (C)農育權 (D)普通抵押權。 【第41期】

(　　) **2** 我國民法規定之不動產，包括下列何者？ (A)僅土地 (B)僅土地定著物 (C)土地及與土地有關之有形無形財產 (D)土地及其定著物。 【第40期】

(　　) **3** 受託機構私募不動產資產信託受益證券時，其私募對象如係符合主管機關所定條件之自然人、法人或基金時，其應募人總數至多不得超過多少人？ (A)15人 (B)25人 (C)35人 (D)50人。 【第38期】

(　　) **4** 臺北101金融大樓之土地所有權人為臺北市政府，其70年租期之使用權則歸臺北101金融大樓公司所有，此係不動產的何種特性？ (A)當地性 (B)異質性 (C)不可移動性 (D)所有權與使用權可分離性。【第36期】

(　　) **5** 依民法規定，不動產物權中所稱擔保物權包括下列何者？ (A)抵押權 (B)永佃權 (C)地役權 (D)地上權。【第34期】

解答與解析

1 (A)。以在他人土地上之上下有建築物或其他工作物為目的而使用其土地之權，稱普通地上權。

2 (D)。不動產證券化條例第4條：一、不動產：指土地、建築改良物、道路、橋樑、隧道、軌道、碼頭、停車場與其他具經濟價值之土地定著物及所依附之設施，但以該設施與土地及其定著物分離即無法單獨創造價值，土地及其定著物之價值亦因而減損者為限。

3 (C)。不動產證券化條例第13條：受託機構得對下列對象進行不動產投資信託受益證券之私募：一、銀行業、票券業、信託業、保險業、證券業或其他經主管機關核准之法人或機構。二、符合主管機關所定條件之自然人、法人或基金。前項第2款之應募人總數，不得超過三十五人。第36條：第7條、第11條至第15條、第18條、第19條、第21條、第22條第2項及第3項、第23條、第25條至第28條之規定，於不動產資產信託準用之。

4 (D)。(A)當地性：不同區域的不動產各有其不同或特有的使用型態、產品型式或居住文化。(B)異質性：沒有兩棟條件完全相同的物件。(C)不可移動性：固著於土地之上且又不可移動。(D)所有權與使用權可分離性：可分屬不同的人持有。

5 (A)。民法中所規定之不動產物權，除所有權外，另有地上權、永佃權、地役權、典權等四種用益物權以及抵押權一項擔保物權（註：永佃權已更名為農育權；地役權已更名為不動產役權）。

貳 不動產證券化 重要度★★★

一、不動產證券化的意義與特性

(一) 不動產證券化的意義

1. 指受託機構依不動產證券化條例之規定成立不動產投資信託或不動產資產信託，向不特定人募集發行或向特定人私募交付受益證券，以獲取資金之行為。

2.就是將一個或數個龐大而不具流動性之不動產，轉換成較小單位的有價證券並發行予投資人，以達到促進不動產市場及資本市場相互發展之目標。

3.也就是將投資人與其所投資之不動產間的法律關係，由直接持有不動產所有權的物權關係，轉變為持有表彰經濟效益之有價證券，將不動產由原先僵固性之資產型態轉化為流動性之有價證券型態，同時運用社會大眾購買有價證券所募集之資金，透過不動產專業開發或管理機構進行不動產之管理或處分，以有效開發不動產，提高不動產之價值，充分結合不動產市場與資本市場之特性，達到「地利共享，錢暢其流」的目標。

(二) **不動產證券化特性**

1.投資金額較低。

2.投資單位較多。

3.權益可分割性。

4.營運透明化。

5.經營專業化。

6.募集資金較快。

(三) **不動產證券化對經濟與社會所產生之效益**

對經濟層面之效益	對社會層面之效益
1.調整不動產投資觀念。 2.增加投資管道。 3.加速公共建設。 4.建立不動產資本市場。 5.擴大發行市場。	1.促進社會資金之有效運用。 2.減少住宅市場之假性需求。 3.避免財團壟斷資源。

(四) **不動產證券化對經營者與投資人之效益**

對經營者	對投資人
1.籌資容易 2.永續經營 3.所有權與經營權分離	1.參與投資機會 2.提供節稅機會（採分離課稅）

(五) **不動產證券化對臺灣不動產市場影響**

1.減少住宅市場之假性需求。

2.促進商業不動產的發展。

3.抑制土地價格飆漲。
4.直接由資本市場募集資金。
5.減少土地取得時地主之抗爭。
6.促進土地開發利用。
7.可經由信用增強以提高競爭力。
8.可經由信託機制進行策略聯盟。

(六) **不動產證券化相關項目之定義**

1.**不動產**：指土地、建築改良物、道路、橋樑、隧道、軌道、碼頭、停車場與其他具經濟價值之土地定著物及所依附之設施，但以該設施與土地及其定著物分離即無法單獨創造價值，土地及其定著物之價值亦因而減損者為限。

2.**不動產相關權利**：指地上權及其他經中央目的事業主管機關核定之權利。

3.**不動產相關有價證券**：指受託機構或特殊目的公司依本條例或金融資產證券化條例發行或交付之受益證券或資產基礎證券，其資產池含不動產、不動產相關權利或不動產擔保貸款債權者。

4.**證券化**：指受託機構依本條例之規定成立不動產投資信託或不動產資產信託，向不特定人募集發行或向特定人私募交付受益證券，以獲取資金之行為。

5.**不動產投資信託**：指依本條例之規定，向不特定人募集發行或向特定人私募交付不動產投資信託受益證券，以投資不動產、不動產相關權利、不動產相關有價證券及其他經主管機關核准投資標的而成立之信託。

6.**不動產資產信託**：指依本條例之規定，委託人移轉其不動產或不動產相關權利予受託機構，並由受託機構向不特定人募集發行或向特定人私募交付不動產資產信託受益證券，以表彰受益人對該信託之不動產、不動產相關權利或其所生利益、孳息及其他收益之權利而成立之信託。

7.**受益證券**：指下列不動產投資信託受益證券及不動產資產信託受益證券：

(1)不動產投資信託受益證券：指受託機構為不動產投資信託基金而發行或交付表彰受益人享有該信託財產及其所生利益、孳息及其他收益之受益權持分之權利憑證或證書。

(2)不動產資產信託受益證券：指受託機構為不動產資產信託而發行或交付表彰受益人享有該信託財產本金或其所生利益、孳息及其他收益之受益權持分之權利憑證或證書。

8.**受託機構**：指得受託管理及處分信託財產，並募集或私募受益證券之機構。

9. **不動產投資信託基金**：指不動產投資信託契約之信託財產，其範圍包括因募集或私募不動產投資信託受益證券所取得之價款、所生利益、孳息與其他收益及以之購入之各項資產或權利。
10. **信託監察人**：指由受託機構依不動產投資信託契約或不動產資產信託契約之約定或經受益人會議決議所選任，為受益人之利益，行使本條例所定權限之人。
11. **利害關係人**：指信託業法第七條所稱之利害關係人。
12. **不動產管理機構**：指受受託機構委任管理或處分信託財產之不動產投資業、營造業、建築經理業、不動產買賣租賃業或其他經主管機關核定之機構。
13. **封閉型基金**：指於基金存續期間，投資人不得請求受託機構買回其持有之受益證券之基金。
14. **開放型基金**：指投資人得請求受託機構買回其持有之受益證券之基金。
15. **專業估價者**：指不動產估價師或其他依法律得從事不動產估價業務者。
16. **發起人**：指受託機構申請或申報募集或私募不動產投資信託基金時，已確定投資之不動產之所有人、不動產相關權利之權利人或現金出資人。
17. **安排機構**：指對受益證券之募集或私募安排規劃整體事務者。
18. **開發型之不動產或不動產相關權利**：指正進行或規劃進行開發、建築、重建、整建之不動產或不動產相關權利。

前項第8款所定受託機構，以信託業法所稱之信託業為限，設立滿3年以上者，並應經主管機關認可之信用評等機構評等達一定等級以上。

僅辦理不動產投資信託或不動產資產信託業務之信託業，主管機關應就其最低實收資本額、股東結構、負責人資格條件、經營與管理人員專門學識或經驗、業務限制另定之。

第1項第12款所定不動產管理機構，應符合一定條件，並與受託機構簽訂記載其職權、義務、責任及應遵行事項之委任契約書。

前項一定條件及委任契約書之應記載事項，由信託業商業同業公會洽商相關不動產管理機構之商業同業公會擬訂，報請主管機關核定。

第1項第17款所定安排機構，應符合一定條件；其一定條件及應受規範，由信託業商業同業公會洽商相關公會擬訂，報請主管機關核定。

(七) **不動產證券化之特性與傳統不動產投資比較，其特性如下：**

1. 投資金額較低。
2. 可規劃較多樣式之投資單位。
3. 權益可以分割。
4. 營運透明化。
5. 營業專業化。
6. 募集資金容易。

二、不動產證券化業務的種類與架構

(一) 不動產證券化業務的種類

不動產證券化依不動產證券化條例的規定採用「不動產投資信託」（REIT）及「不動產資產信託」（REAT）等以下兩種證券化型態：

1.「不動產投資信託」（REIT）

以成立基金的方式發行受益證券，為類似信託基金的一種投資工具，只是投資標的為不動產、不動產相關權利、不動產相關有價證券，及其他經主管機關核准投資標的等。受託機構經主管機關核准向投資人募集或私募受益證券時，即與投資人成立不動產投資信託之契約關係，藉以向投資人吸收資金。因此不動產投資信託契約的當事人為投資人與受託機構，投資人為委託人及受益人，而受託機構為受託人。

不動產投資信託（REIT）流程架構

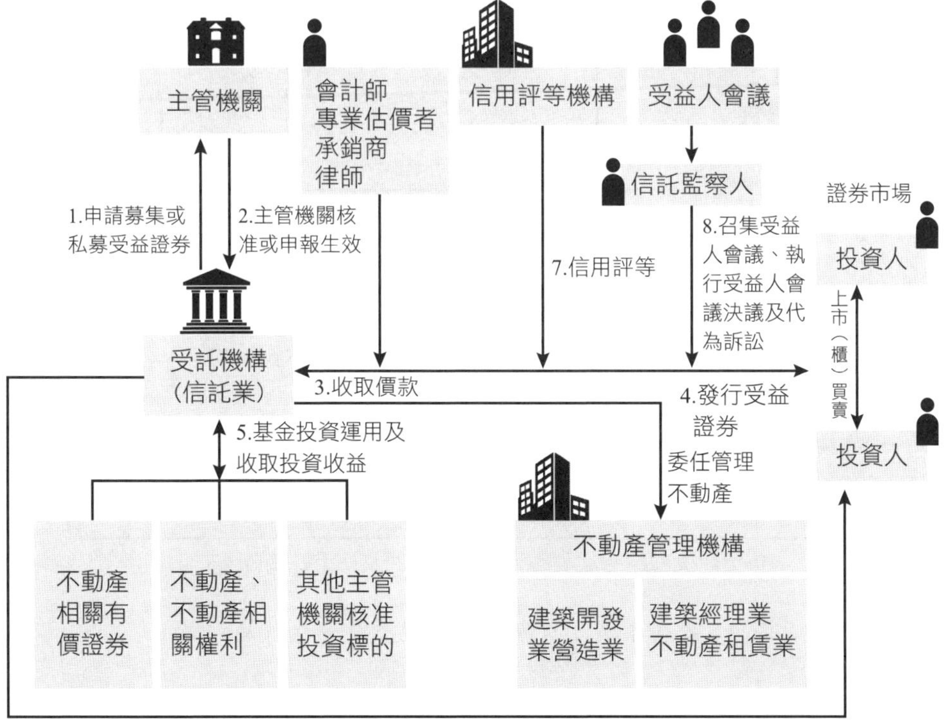

資料來源：金融監督管理委員會銀行局

2.**「不動產資產信託」（REAT）**

即委託人以信託方式移轉不動產或不動產相關權利予受託機構（受託人），受託機構以之為基礎資產，經主管機關核准向投資人（受益人）募集或私募受益證券，以表彰其持有不動產的權利而成立的信託。投資人透過持有信託受益證券之方式來參與不動產之經營，由受託機構做為發行受益證券募集資金之導管，證券化架構中尚包含信用增強機構、信用評等機構、不動產管理機構、專業估價機構等相關單位共同參與。

不動產資產信託（REAT）流程架構

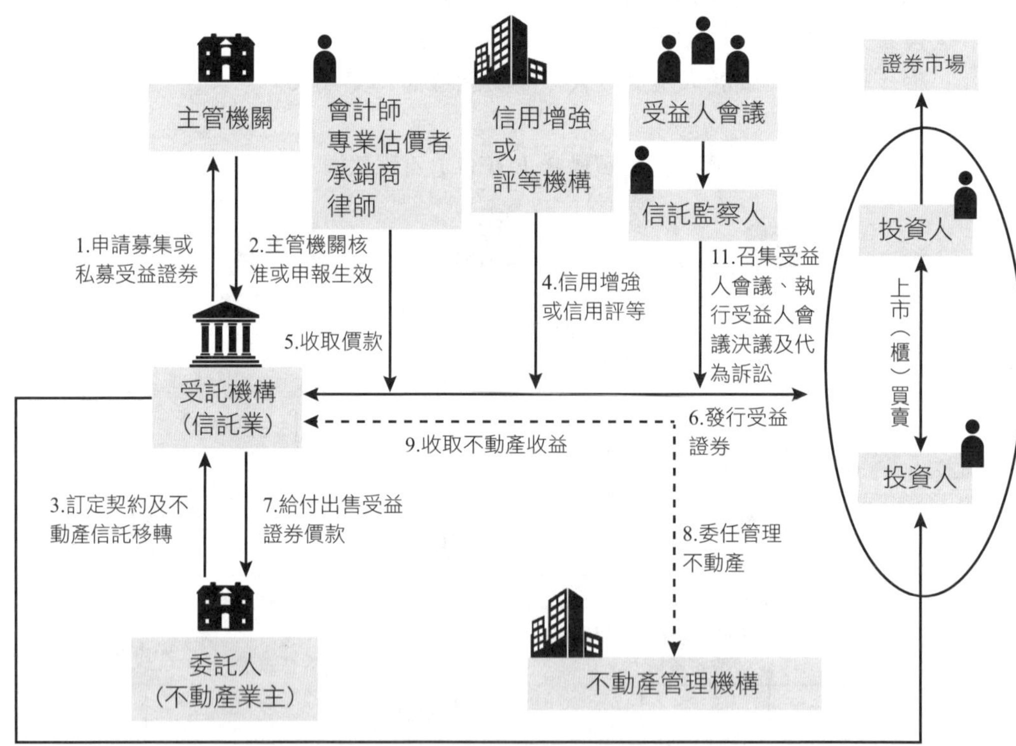

資料來源：金融監督管理委員會銀行局

(二) REITs與REATs之比較

項目	不動產投資信託REITs	不動產資產信託REATs
信託本質	金錢信託	實物信託（分為融資型或賣斷型）
信託財產	現金	土地所有權
信託目的	將不動產實質所有權小額化、上市交易流動化。	以活化委託人之不動產及籌資為目的。
委託人	不動產投資信託機構	土地所有權人
受託機構	信託評等達到一定等級以上之信託業者	信託評等達到一定等級以上之信託業者
受益證券	不動產投資信託受益證券	不動產資產信託受益證券
受益證券之特性	所有受益證券權益皆相同。 非固定收益之股權性質證券。	分為優先順位受益證券與次順位受益證券，優先順位受益證券有票面利率，次順位受益證券多為信用增強之用。 優先順位受益證券為債券性質之證券。
投資標的	不動產及其相關權利證券	信託土地之開發經營
募集方式	公開募集、私募皆有	公開募集、私募皆有
信託期限	較短（5-7年）	較長（10-20年）
基金存續期間	多為永續經營	有存續期間，配合開發案，大多為5-8年
受益證券收益來源	運用基金所投資之不動產及相關權利之營運利益或其投資收益。	存續期間以當期不動產營運收入或租金收入為受益證券利息及部分本金分配來源；本金償還來源為委託人於契約終止時償付或出售土地及建物所有權之收入（可視為融資行為或出售行為）。
收益分配	存續期間以當其投資淨收益分配，每年或每半年分配一次（年度結束後6個月內）；契約終止時為不動產證券增值。	依契約約定
業務特性	直接從市場上募集不動產投資開發基金。	信託機構取代開發商的角色，自行受託經營。

〔牛刀小試〕

(　　) **1** 下列何者非屬「不動產證券化條例」之立法目的？　(A)資本大眾化　(B)產權證券化　(C)經營專業化　(D)報酬極大化。【第33期】

(　　) **2** 有關不動產證券化特性之敘述，下列何者錯誤？
(A)權益具不可分割性
(B)投資單位較多
(C)經營專業化
(D)經由資本市場募集資金。【第31期】

(　　) **3** 有關不動產證券化之效益，下列何者錯誤？
(A)增加投資管道
(B)擴大發行市場
(C)加速公共建設
(D)增加住宅市場之假性需求。【第21期】

(　　) **4** 依不動產證券化條例規定，除經主管機關核定外，下列何者不屬於不動產管理機構？　(A)不動產投資業　(B)營造業　(C)建築經理業　(D)建築師事務所。【第29期】

(　　) **5** 我國不動產證券化條例實施以來，已發行之不動產證券化商品有下列何者？　(A)無　(B)僅有不動產投資信託　(C)僅有不動產資產信託　(D)不動產投資信託與不動產資產信託皆有。【第41期】

解答與解析

1 (D)。不動產證券化條例第1條：為發展國民經濟，藉由證券化提高不動產之流動性，增加不動產籌資管道，以有效開發利用不動產，提升環境品質，活絡不動產市場，並保障投資，特制定本條例。故僅包括資本大眾化、產權證券化、經營專業化。

2 (A)。權益具可分割性，以利小額投資人投資證券化商品。不動產證券化產品將投資權益加以規劃分割，有助於投資權益之買賣、轉讓、分配及流通。其他特性：投資金額較低、投資單位較多、營運透明化、經營專業化、募集資金較快。

3 (D)。可減少住宅市場之假性需求：不動產證券化之後，可將個人從事房地產投資資金由住宅市場引導至商用不動產，從而減少住宅市場之假性需求。

4 (D)。不動產證券化條例第4條：十二、不動產管理機構：指受受託機構委任管理或處分信託財產之不動產投資業、營造業、建築經理業、不動產買賣租賃業或其他經主管機關核定之機構。

5 (D)。不動產投資信託與不動產資產信託皆有。

參 不動產投資信託 重要度★★★★

一、「不動產投資信託」（REIT）的意義

(一) 指依不動產證券化條例之規定，向不特定人募集發行或向特定人私募交付不動產投資信託受益證券，以投資不動產、不動產相關權利、不動產相關有價證券及其他經主管機關核准投資標的而成立之信託。

(二) 在性質上，投資人係投入信託資金，屬於金錢信託，因其投資「不動產」為主，所以為廣義之「不動產信託」。但投資對象不包括開發型不動產。

二、不動產投資信託受益證券

(一) 指受託機構為不動產投資信託基金而發行或交付表彰受益人享有該信託財產及其所生利益、孳息及其他收益之受益權持分之權利憑證或證書。

(二) 不動產投資信託或不動產資產信託受益行使及轉讓，應以表彰該受益權之「受益證券」為之；受益權應為記名式，其轉讓應以「書面」為之。

(三) 不動產相關權利：指地上權及其他經中央目的事業主管機關核定之權利。

(四) 不動產相關有價證券：指受託機構或特殊目的公司依本條例或金融資產證券化條例發行或交付之受益證券或資產基礎證券，其資產池含不動產、不動產相關權利或不動產擔保貸款債權者。

(五) 委託人為信託財產（不動產）之所有權人或相關所有人。

(六) 委託人將信託財產（不動產）移轉給受託機構，由受託機構管理處分信託財產，取得資金調度，此為委託人將不動產交付信託之目的之一。

(七) 受益人：既為購買受益證券之投資人，可依其受益權持分比例享有不動產、不動產相關權利及其所生之利益、孳息及其他利益之權利。

(八) 受託機構：指得受託管理及處分信託財產，並募集或私募受益證券之機構。所定受託機構，以信託業法所稱之信託業為限，設立滿3年以上者，並應經主管機關認可之信用評等機構評等達一定等級以上。不動產投資信託之信託業，其最低之資本額為新台幣10億元。

(九) 不動產投資信託基金：指不動產投資信託契約之信託財產，其範圍包括因募集或私募不動產投資信託受益證券所取得之價款、所生利益、孳息與其他收益及以之購入之各項資產或權利。

三、不動產投資信託之募集及私募

(一)受託機構募集或私募不動產投資信託受益證券，應檢具不動產投資信託計畫、不動產投資信託契約、公開說明書或投資說明書等相關書件，向主管機關申請核准或申報生效；其審核程序、核准或生效條件及其他應遵行事項之處理辦法，由主管機關定之：

1. 不動產投資信託計畫。
2. 不動產投資信託契約。
3. 不動產投資信託契約與定型化契約範本異同之對照表。
4. 公開說明書或投資說明書。
5. 不動產投資信託基金經營與管理人員符合主管機關規定之證明文件。
6. 設有信託監察人者，其信託監察人之名單、資格證明文件及願任同意書。
7. 受託機構董事會決議募集或私募不動產投資信託受益證券之議事錄。
8. 信託財產之管理及處分方法說明書。委任不動產管理機構進行信託財產之管理或處分者，該委任契約書或其他證明文件。
9. 受託機構填報及會計師或律師複核之案件檢查表。
10. 律師之法律意見書。
11. 其他經主管機關規定之文件。

(二)主管機關於審核前項書件時，應洽商中央目的事業主管機關出具意見書。

不動產投資信託基金有發起人者，發起人對於其所提供受託機構辦理受益證券之募集、發行或私募之資料，不得有虛偽、詐欺或其他足致他人誤信之行為。

發起人違反前項規定，對於該受益證券之善意取得人或出賣人因而所受之損害，應負賠償責任。

發起人擬讓與之不動產或不動產相關權利有設定抵押權者，發起人應予塗銷，並檢具相關證明文件予受託機構。

(三)投資人與受託機構要簽訂不動產投資信託契約，應以書面為之。

(四)不動產投資信託基金，以封閉型基金為限。

但經主管機關核准者，得募集附買回時間、數量或其他限制之開放型基金。

(五)**國外募集或私募前應先報請中央銀行同意**

受託機構擬於國外募集或私募不動產投資信託基金投資國內不動產者、及不動產管理信託，於申請核准或申報生效募集、追加募集或私募前，應先報請中央銀行同意。

(六) 不動產投資信託計畫書，應記載事項：

1. 受託機構之名稱、地址；委任不動產管理機構進行信託財產之管理或處分者，其受委任機構之名稱、地址；有發起人、安排機構者，其名稱、地址。

2. 不動產投資信託基金之名稱及其存續期間。

3. 與不動產投資信託受益證券有關之下列事項：

   (1) 不動產投資信託基金募集或私募總額、受益權單位總數。

   (2) 不動產投資信託受益證券之發行或交付方式、發行或交付日期、購買每一受益權單位之金額、費用及其轉讓限制。

4. 不動產投資信託基金募集或私募成立與不成立之條件及不成立時之處理方式。

5. 信託財產預期收益之評價方法、評估基礎及專家意見。

6. **投資計畫**：包含計劃購買、管理或處分之不動產或其他投資標的之種類、地點、預定持有期間、資金來源、運用及控管程式、成本回收、財務預測及預估收益率等事項。

7. **不動產開發計畫**：包含預定開發之不動產或不動產相關權利之種類、地點、市場分析、可行性分析、產權調查報告、估價報告書、預定開發時程、計畫、取得、開發、銷售或經營管理等各階段計畫及控管程式、資金來源、運用及控管程式、成本回收、財務預測及預估收益率、專家審查意見及自行評估計畫等事項。

8. 不動產開發計畫未完成或遲延之處理方式、對受益人權益之影響與受託機構、不動產管理機構及受益人間權利義務之約定。

9. 其他主管機關規定之事項。

前項第5款及第7款所定出具意見之專家，應與受託機構及不動產所有人無財務會計準則公報第六號所定之關係人或實質關係人之情事。

(七) 主管機關受理受託機構募集受益證券之申請案時，依受託機構募集不動產投資信託或資產信託受益證券審查要點第10條之規定，於檢視受託機構資格及其提出之書件完備後，並洽經證券主管機關核准。

(八) 依照不動產證券化條例（106.12.06華總一義字第10600145151號令修正）第9條規定，受託機構應依主管機關核准或向主管機關申報生效之不動產投資信託計畫，經營不動產投資信託業務。

受託機構募集或私募不動產投資信託受益證券後，非經受益人會議決議及申經主管機關核准或向主管機關申報生效，不得變更不動產投資信託計書。但其變更對受益人之權益無重大影響者，經主管機關核准或向主管機關申報生效後，即得變更之。

前項申請或申報，應以申請書或申報表載明變更內容及理由，並檢附下列文件為之：

1.變更前、後之不動產投資信託計畫及其對照表。

2.受益人會議議事錄。屬前項但書規定之變更者，免附。

3.對受益人之權益有無重大影響之評估及專家意見。

4.其他主管機關規定之文件。

主管機關於審核前項書件時，應洽商中央目的事業主管機關出具意見書。

受託機構募集或私募不動產投資信託基金，於核准或申報生效之總額外，追加募集或私募者，應經受益人會議決議，並適用第六條規定，不適用前3項規定。

(九)定型化契約

1.不動產投資信託契約，應以書面為之，並記載下列事項：

(1)受託機構之名稱、地址；委任不動產管理機構進行信託財產之管理或處分者，其受委任機構之名稱、地址。

(2)不動產投資信託基金之名稱及其存續期間。

(3)不動產投資信託基金募集或私募總面額、受益權單位總數。

(4)不動產投資信託受益證券之發行或交付方式、發行或交付日期、購買每一受益權單位之金額、費用及其轉讓限制。

(5)受託機構之義務及責任；委任不動產管理機構進行信託財產之管理或處分者，該機構之義務及責任。

(6)運用不動產投資信託基金之基本方針、範圍及投資策略。

(7)不動產投資信託基金有關借入款項與其上限及閒置資金之事項。

(8)不動產投資信託基金投資收益分配之項目、時間及給付方式。

(9)不動產投資信託基金應負擔費用之項目及其計算方法、給付方式及時間。

(10)受託機構之報酬、種類、計算方法、支付時期及方法。

(11)不動產投資信託基金淨資產價值之計算方法（含不動產估價方法、評估基礎、進行估價期間、淨資產價值計算之期間、應為公告之期限及公告方）。

(12)受益權單位淨資產價值之計算及公告方式。

(13)受託機構應召集受益人會議之事由。

(14)受託機構應選任信託監察人之事由及其專門學識或經驗。

(15)不動產投資信託契約之變更、解除、終止事由、終止程序及終止後之處理事項。

(16)不動產投資信託基金不再存續時，基金之清算方法及受益人請求返還金額或財產之計算方法、給付方式及時間。

(17)其他依信託業法第十九條第一項及主管機關規定事項。

2. 不動產投資信託契約之變更及終止，準用金融資產證券化條例第2章第7節之規定。但信託契約另有約定，且於公開說明書或投資說明書中載明者，從其所定。

3. 信託業商業同業公會應訂定受託機構募集不動產投資信託基金、不動產管理信託之定型化契約範本，報請主管機關核定。

4. 受託機構募集不動產投資信託基金，其不動產投資信託契約之訂定及修改，就受益人權益保障之程度，不得低於主管機關所核定之不動產投資信託定型化契約範本。

(十) 公開說明書及投資說明書

1. **募集用公開說明書**：受託機構依不動產投資信託計畫、不動產資產管理計畫募集受益證券時，受託機構應依證券交易法規定之方式，向應募人或購買人提供公開說明書。

2. **私募用投資說明書**：受託機構私募受益證券時，受託機構應依主管機關規定之方式，向應募人或購買人提供投資說明書。

(十一) **公開說明書編製之基本原則**

依「受託機構募集不動產投資信託或資產信託受益證券公開說明書應行記載事項準則」第2條說明，公開說明書編製之基本原則如下：

1. 公開說明書所記載之內容，必須詳實明確，文字敘述應簡明易懂，不得有虛偽或欠缺之情事。

2. 公開說明書所記載之內容，必須具有時效性。公開說明書刊印前，發生足以影響利害關係人判斷之交易或其他事件，均應一併揭露。

(十二) **公開說明書或投資說明書應記載之主要內容有虛偽或隱匿情事者，下列各款之人，對於善意相對人，因而所受之損害，應負連帶賠償責任：**

1. 發起人及其負責人。

2. 不動產資產信託之委託人及其負責人。

3. 安排機構及其負責人。

4. 不動產管理機構及其負責人。

5.受託機構及其負責人。

6.發起人及不動產資產信託委託人之職員，曾在公開說明書或投資說明書上簽章，以證實其所記載內容之全部或一部者。

7.受益證券之證券承銷商。

8.會計師、律師、專業估價者、其他專門職業或技術人員，曾在公開說明書或投資說明書上簽章，以證實其所記載內容之全部或一部，或陳述意見者。

前項第1款至第7款之人，除發起人、不動產資產信託之委託人及其負責人外，對於未經前項第8款之人簽證部分，如能證明已盡相當之注意，並有正當理由確信其主要內容無虛偽、隱匿情事或對於簽證之意見有正當理由確信其為真實者，免負賠償責任；前項第8款之人，如能證明已經合理調查，並有正當理由確信其簽證或意見為真實者，亦同。

(十三) **開始募集期限及募集完成後報備規範**

1.受託機構申請或申報募集不動產投資信託基金、不動產管理信託經主管機關核准或向主管機關申報生效後，應於核准函送達之日或申報生效之日起3個月內開始募集。

2.但有正當理由者，得於期限屆滿前，向主管機關申請展延；展延期限不得超過3個月，並以1次為限。

3.受託機構應於不動產投資信託基金、不動產管理信託募集完成後5個營業日內，報請主管機關備查。

4.受託機構如於不動產投資信託基金、不動產管理信託募集發行期間屆滿未募足最低募集金額致無法成立時，應於募集發行期間屆滿後10個營業日內，以書面通知受益人並報請主管機關備查，並應依不動產投資信託計畫之規定處理後續事宜。

(十四) **私募對象與資格**

受託機構得對下列對象進行不動產投資信託受益證券之私募：

1.銀行業、票券業、信託業、保險業、證券業或其他經主管機關核准之法人或機構。

2.符合主管機關所定條件之自然人、法人或基金。

3.應募人總數，不得超過35人。

4.對於符合主管機關所定條件之自然人、法人或基金之條件，應為符合下列條件之人：

(1) 自然人：對該受益證券有充分瞭解之國內外自然人，且於應募或受讓時符合下列情形之一者：

A. 本人淨資產超過新臺幣1000萬元或本人與配偶淨資產合計超過新臺幣1500萬元。

B. 最近兩年度，本人年度平均所得超過新臺幣150萬元，或本人與配偶之年度平均所得合計超過新臺幣200萬元。

(2) 法人：最近期經會計師查核簽證之財務報表總資產超過新臺幣5000萬元之法人或基金、信託業簽訂信託契約之信託財產超過新臺幣5000萬元，或證券投資顧問事業或證券投資信託事業簽訂全權委託投資契約之資金超過新臺幣5000萬元者。

(3) 基金：證券投資信託事業募集之證券投資信託基金、信託業募集之共同信託基金、公務人員退休撫卹基金、勞工退休基金及勞工保險基金。

5. 受託機構應第1項第2款對象之合理請求，於私募完成前負有提供與本次私募有關之財務、業務或其他資訊之義務。受託機構應於不動產投資信託受益證券價款繳納完成日起15日內，報請主管機關備查。

6. 有關私募有價證券轉讓之限制，應於不動產投資信託受益證券以明顯文字註記，並於交付應募人或購買人之相關書面文件中載明。

四、不動產投資信託基金之運用

(一) 不動產投資信託基金，以投資或運用於下列標的為限：

1. 開發型或已有穩定收入之不動產。
2. 開發型或已有穩定收入之不動產相關權利。
3. 不動產相關有價證券。
4. 第18條規定之（閒置資金之運用範圍）運用範圍。
5. 其他經主管機關核准投資或運用之標的。

(二) 不動產投資信託基金投資或運用於現金、政府債券及前項第1款至第3款投資標的之最低比率，由主管機關定之。依92.9.2.台財融（四）字第0924000790 號令規定，不動產投資信託基金投資或運用於現金、政府債券及不動產證券化條例第17條第1項第1款至第3款投資標的金額，合計不得低於該基金淨資產價值之75%，前揭運用於現金之範圍，包括銀行存款。

(三) 不動產投資信託基金投資於證券交易法第6條之有價證券，不得超過其募集發行額度之一定比率及金額；其一定比率及金額，由主管機關定之。

依照92.9.19.台財融（四）字第0924000779號函令，目前規定不動產投資信託基金投資於證券交易法第6條之有價證券，不得超過其募集發行額度之40%及新臺幣6億元。但投資於不動產證券化條例第17條第1項第3款標的者，不在此限。

同時，依照民國106年06月30日金管銀票字第10600146140號令，不動產證券化條例第17條第6項規定之募集及私募不動產投資信託基金投資於開發型不動產或不動產相關權利之比率，分別不得超過該基金信託財產價值之15%及40%。但私募不動產投資信託基金投資於公共建設者，投資比率放寬為100%。

全文內容：募集或私募不動產投資信託基金投資於開發型不動產或不動產相關權利之比率上限規定修正條文：

一、茲依據不動產證券化條例第17條第6項規定訂定：

(一)募集之不動產投資信託基金投資於開發型不動產或不動產相關權利，不得超過該基金信託財產價值之百分之十五。

(二)私募之不動產投資信託基金投資於開發型不動產或不動產相關權利 ，不得超過該基金信託財產價值之百分之百分之四十。但投資於促進民間參與公共建設法所稱公共建設或經中央目的事業主管機關核准參與之公共建設者，不在此限。

二、本令自即日生效。

(四) 不動產投資信託基金投資於開發型之不動產或不動產相關權利時，如須取得建造執照者，應於該不動產或不動產相關權利領得建造執照後，始得動用該基金款項。

(五) **募集之不動產投資信託基金投資於開發型不動產或不動產相關權利，以下列各款標的為限：**

1.都市更新條例核定之都市更新事業計畫範圍內之土地、建築物及不動產相關權利。

2.促進民間參與公共建設法所稱公共建設。

3.經中央目的事業主管機關核准參與之公共建設。

因開發型之不動產或不動產相關權利，其投資風險較大，需較專業之投資知識，一般投資大眾尚難進行該類投資，為保障一般投資大眾權益，爰參考日本、新加坡之立法例，增訂第5項，此項原則禁止公開招募之不動產投資信託基金投資於開發型之不動產或不動產相關權利。但考量經都市更新條例核定之都市更新事業計畫範圍內土地、建築物及不動產相關權利、促進民間參與公共建設法所稱公共建設及經中央目的事業主管機關核准參與之公共建設，其投資風險應較一般開發案低，為促進我國都市更新及公共建設，並兼顧不動產投資信託基金之安全性，爰允許募集之不動產投資信託基金得投資上述標的。

至私募之不動產投資信託基金，因其投資人均為專業投資機構或有較高風險承擔能力者，故不限制僅得投資上述標的。

4. 募集及私募之不動產投資信託基金投資於開發型不動產或不動產相關權利，不得超過該基金信託財產價值之一定比率；其一定比率，由主管機關會同相關中央目的事業主管機關分別定之。

惟採募集方式者，該比率不得超過30%。

5. **前二項之開發型不動產或不動產相關權利，不得為下列標的：**

(1) 政府、公股占20%以上事業、政府直接或間接控制之基金或法人參與投資比率合計超過10%者。

(2) 政府承諾承擔其債務或保證其營運收益者。

但為避免開發型不動產業者獲得政府投資資金、承諾承擔債務或保證營運收益後，又利用本條規定籌措大筆資金，而本身僅出具少量資金，致造成道德風險，才會增訂第7項，此項規定不動產投資信託基金之投資標的，不得為政府、公股占20%以上事業、政府直接或間接控制之基金或法人參與投資比率合計超過10%者，及政府承諾承擔其債務或保證其營運收益者。另依促進民間參與公共建設法辦理之污水下水道、海水淡化廠及未來擬修法推動之PF（政府購買長期服務）等促參案件，該等案件係由民間負責籌資、興建及營運，且政府於興建期間並未對民間機構支付任何費用，而係於其營運期間按契約所定營運要求及民間機構實際提供之服務給付費用，其性質尚非屬「政府保證其營運收益者」，併予敘明。

6. **前項所定標的，不含下列事項：**

(1) 依促進民間參與公共建設法第29條規定由主辦機關就公共建設非自償部分補貼其所需貸款利息或投資其建設之一部。

(2) 提供不動產參與都市更新。

(六) **受託機構應依不動產信託條例第25條之規定、不動產投資信託計畫及不動產投資信託契約之約定，募集發行或私募交付及投資運用不動產投資信託基金，並遵守下列規定：**

1. 除本條例另有規定外，不得為保證、放款或提供擔保。

2. 不得從事證券信用交易。

3.不得對於受託機構所設立之各不動產投資信託基金及不動產資產信託間為交易行為。

4.投資於任一公司短期票券之總金額，不得超過投資當日該不動產投資信託基金淨資產價值10%。

5.存放於同一金融機構之存款，以及投資於其發行、保證或承兌之債券或短期票券金額，合計不得超過投資當日該不動產投資信託基金淨資產價值20%及該金融機構淨值10%。

6.投資於其他受託機構或特殊目的公司依本條例或金融資產證券化條例發行或交付之受益證券及資產基礎證券總額，不得超過投資當日該不動產投資信託基金淨資產價值20%。

7.依風險分散原則，投資於不動產及不動產相關權利。

8.不得藉該不動產投資信託基金經主管機關核准或申報生效，作為保證其申請事項或文件之真實或保證受益證券獲利之宣傳。

9.不得為經主管機關規定之其他禁止事項。

同時主管機關於必要時，得規定不動產投資信託基金投資於不動產及不動產相關權利之風險分散原則。受託機構違反該原則者，應於主管機關所定期限內調整之。

(七) **不動產投資信託基金、不動產管理信託基金閒置資金之運用，應以下列各款方式為限**

1.銀行存款。

2.購買政府債券或金融債券。

3.購買國庫券或銀行可轉讓定期存單。

4.購買經主管機關規定一定評等等級以上銀行之保證、承兌或一定等級以上信用評等之商業票據。

(八) **信託約定資產出租規定**

不動產投資信託、不動產資產管理信託之信託財產，其全部或一部依信託契約之約定出租時，其租金得不受土地法第97條第1項規定之限制；租賃期限不受民法第449條第1項規定20年之限制，但最長不得超過信託契約之存續期間。

(九) **信託財產借入款之規定**

1.受託機構得依不動產投資信託、不動產資產管理信託契約之約定，以信託財產借入款項。但借入款項之目的，以不動產或不動產相關權利之取得、開發、營運，或以配發利益、孳息或其他收益所必需者為限。

2. 受託機構得於借入款項之範圍，就信託財產為不動產抵押權或其他擔保物權之設定；該擔保物權之權利人於不動產抵押權或其他擔保物權之設定範圍內，僅得對信託財產聲請法院裁定後強制執行。
3. 受託機構依第一項規定借入款項，應於借款契約生效日起2日內，於受託機構本機構所在地之日報或依主管機關規定之方式辦理公告。

(十) **不動產或不動產相關權利估價規定**

1. 受託機構運用不動產投資信託基金、不動產資產管理信託基金進行達主管機關規定之一定金額以上（目前主管機關定為新台幣1億元），必須依93.9.3.台財融（四）字第 0924000785 號函令要求不動產或不動產相關權利交易前，應先洽請專業估價者依不動產估價師法規定出具估價報告書。
2. 不動產估價主管機關或不動產估價師公會應就前項之估價報告書，訂定估價報告書範本。受託機構委請專業估價者出具估價報告書時，應符合下列規定：

   (1) 同一宗交易金額達新臺幣3億元以上者，應由2位以上之專業估價者進行估價。若專業估價者間在同一期日價格之估計達20%以上之差異，受託機構應依不動產估價師法第41條規定辦理。

   (2) 交易契約成立日前估價者，其價格日期與契約成立日期不得逾6個月。

   (3) 專業估價者及其估價人員應與交易當事人無財務會計準則公報第六號所定之關係人或實質關係人之情事。

   (4) 其他不動產估價主管機關規定之事項。

   第1項之交易行為，應於契約生效日起2日內，於受託機構本機構所在地之日報或依主管機關規定之方式辦理公告。

(十一) 依不動產資產信託契約移轉之財產權，以「開發型」或「已有穩定動產及不動產關權利」為限。

但募集之不動產資產信託受益證券，其信託財產以「已有穩定收入之不動產或不動產相關權利」為限。

五、不動產投資信託之會計處理

(一) 信託財產評審委員會：受託機構依信託業法第21條規定設置之信託財產評審委員會，應至少每3個月評審不動產投資信託基金、不動產資產管理信託基金之信託財產1次，並於報告董事會後，於本機構所在地之日報或依主管機關規定方式公告之。

(二) 信託財產評審委員會於必要時或依不動產投資信託、不動產資產管理契約之約定，得洽請專業估價者或專家出具相關估價報告書或意見，作為評審信託財產之參考。

前項專業估價者或專家，應與受託機構無財務會計準則公報第六號所定之關係人或實質關係人之情事。

(三) 受託機構應於每一營業日計算，並於本機構所在地之日報或依主管機關規定之方式公告前一營業日不動產投資信託基金、不動產資產管理信託基金每受益權單位之淨資產價值。

但不動產或其他信託財產之資產價值於公告期間內無重大變更，且對基金之淨資產價值無重大影響者，得依不動產投資信託契約之約定，以附註揭露方式替代對該不動產或信託財產資產價值重新估價計算。

(四) 受託機構募集或私募之不動產投資信託基金、不動產資產管理信託基金應有獨立之會計，受託機構不得將其與自有財產或其他信託財產相互流用。

(五) 手續費及報酬、稅捐及分配利益之處理

1. 受託機構得向受益人收取辦理不動產投資信託、不動產資產管理信託業務之手續費及報酬，或逕於不動產投資信託、不動產資產管理信託之信託財產中扣除支付之。
2. 受託機構辦理不動產投資信託、不動產資產管理信託業務，因運用、管理所產生之費用及稅捐，得逕自信託財產中扣除繳納之。
3. 不動產投資信託基金、不動產資產管理信託基金投資所得依不動產投資信託契約約定應分配之收益，應於會計年度結束後6個月內分配之。

六、不動產投資信託之受益權與受益證券

(一) **受益權之表彰與轉讓**：不動產投資信託或不動產資產信託受益權之行使及轉讓，應以表彰該受益權之受益證券為之。上述受益證券為證券交易法第六條規定經主管機關核定之其他有價證券。

(二) **受益證券轉讓方式**：受益證券應為記名式，其轉讓並應以背書方式為之；且非將受讓人之姓名或名稱、住所通知受託機構，不得對抗受託機構。

受益證券之轉讓，非將受讓人之姓名或名稱記載於該受益證券，不得對抗第三人。

(三) **收益分配及其他給付請求權時效**：受益證券持有人之收益分配請求權，自發放日起5年間不行使而消滅。該時效消滅之收益併入信託財產。除前項規定外，基於受益證券所為之其他給付，其請求權之消滅時效為15年。

(四) **受益證券喪失公示催告**：受益證券喪失時，受益人得為公示催告之聲請。公示催告程序開始後，聲請人得提供相當擔保，請求受託機構履行關於該受益證券之債務。

(五) **受益證券信用之加強**：受託機構依本條例規定發行或交付之受益證券，得依不動產投資信託計畫或不動產資產信託計畫之規定，由國內外金融機構或法人以保證、承諾、更換部分資產或其他方式，增強其信用。

(六) **得申請上市或上櫃交易**：依本條例所發行之受益證，得依證券相關法令規定申請於證券交易所上市或證券商營業處所買賣。

(七) 依照臺灣證券交易所股份有限公司臺證上一字第1071806066號公告修正發布第2條條文，並自即日起實施(民國107年11月30日金融監督管理委員會金管證投字第1070119899號函同意照辦)第2條第25項規定，有「受託機構募集或私募不動產投資信託或資產信託受益證券處理辦法」第8條第1項各款規定之情事者，不動產投資信託及不動產資產信託受益證券，應符合下列持有金額及比率之規定：一、任何五人合計持有不動產投資信託受益證券之總金額，不得達該受益證券發行總金額之一半以上。但獨立專業投資人所持有者，不計入上述金額。二、任何五人合計持有不動產資產信託第一受償順位受益證券之總金額，不得達該受益證券發行總金額之一半以上。但獨立專業投資人所持有者，不計入上述金額；及受託機構依同條第3項規定，受託機構對於因其持有受益證券致不符合第一項規定之持有人，應通知該持有人於一個月內轉讓受益證券以符合規定。該持有人屆期未轉讓者，不得行使其受益權之表決權，且受託機構不得再分配信託利益予該持有人。通知該持有人於1個月內轉讓受益證券之屆期改善情形。

七、不動產投資信託之受益人會議及信託監察人

(一) **受益人會議**：不動產證券化所發行或交付之受益證券，準用金融資產證券化條例有關受益人會議之規定。

(二) **信託監察人設置**：受託機構為保護受益人之權益，得依不動產投資信託契約或不動產資產信託契約之約定，選任信託監察人，並準用金融資產證券化條例第28條第2項及第3項、第29條、第31條至第33條之規定。

信託監察人不得為發起人、受託機構之利害關係人、職員、受雇人或不動產資產信託之委託人。

八、稅務處理

(一)**證券交易稅**：依不動產證券化條例規定發行或交付之受益證券，其買賣或經受託機構依信託契約之約定收回者，免徵證券交易稅。

(二)**所得稅**

1. 依不動產證券化條例規定募集或私募之受益證券，其信託利益應每年分配。依前項規定分配之信託利益，為受益人之所得，按利息所得課稅，不計入受託機構之營利事業所得額。
2. 上述利息所得於分配時，應以受託機構為扣繳義務人，依規定之扣繳率扣繳稅款分離課稅，不併計受益人之綜合所得稅總額或營利事業所得額。

(三)**地價稅**：不動產投資信託或不動產資產信託以土地為信託財產，並以其為標的募集或私募受益證券者，該土地之地價稅，於信託關係存續中，以受託機構為納稅義務人。其應納稅額之計算，就該信託計畫在同一直轄市或縣（市）轄區內之所有信託土地合併計算地價總額，依土地稅法第16條規定稅率課徵地價稅。

(四)**土地增值稅**：依不動產資產信託契約約定，信託土地於信託終止後毋須返還委託人者，於信託行為成立移轉土地所有權時，以委託人為納稅義務人，課徵土地增值稅，不適用土地稅法第28-3條規定。

(五)**折舊**：依不動產投資信託計畫或不動產資產信託計畫投資之建築物，得依固定資產耐用年數表規定之耐用年數延長二分之一計算每年之折舊費用。但經選定延長年限提列折舊者，嗣後年度即不得變更。

(六)**REITs與其他投資稅賦之比較**

投資標的		定存	普通公司債	政府公債	債券型基金	REITs
利息稅賦	法人	25%營所稅	25%營所稅	25%營所稅	就源扣繳10%-20%	分離課稅6%
	個人	綜合所得稅	綜合所得稅	綜合所得稅	分配收益時免稅	

〔牛刀小試〕

( ) **1** 除經主關機關核准者外，下列何者非屬不動產投資信託基金閒置資金之運用範圍？ (A)銀行存款 (B)政府債券 (C)公司債券 (D)銀行可轉讓定期存單。【第31期】

( ) **2** 依不動產證券化條例規定，受託機構申請私募不動產資產信託受益證券，下列何者正確？ (A)應向主管機關申請核准 (B)應向證券主管機關申請核准 (C)應同時向主管機關與證券主管機關申請核准 (D)應向信託業商業同業公會申請核准。【第9期】

( ) **3** 有關受託機構投資運用不動產投資信託基金，下列敘述何者錯誤？ (A)不得從事證券信用交易 (B)除另有規定外，不得為保證、放款或提供擔保 (C)受託機構所設立之各不動產投資信託基金及不動產資產信託間得互為交易行為 (D)投資於任一公司短期票券之總金額，不得超過投資當日該不動產投資信託基金淨資產價值百分之十。【第41期】

( ) **4** 不動產投資信託基金投資或運用於現金、政府債券、已有穩定收入之不動產、已有穩定收入之不動產相關權利及其他依不動產證券化條例或金融資產證券化條例發行或交付之受益證券或資產基礎證券之最低比率，合計不得低於該基金淨資產價值之多少比率？ (A)百分之七十五 (B)百分之八十 (C)百分之八十五 (D)百分之九十。【第41期】

( ) **5** 除不動產投資信託基金係採私募成立者外，有關受託機構運用不動產投資信託基金投資不動產或不動產相關權利，而委請專業估價者進行估價之說明，下列敘述何者錯誤？ (A)同一宗交易金額為新臺幣二億元，應經二位以上專業估價者進行估價 (B)在交易契約成立日前估價者，其價格日期與契約成立日期不得逾六個月 (C)專業估價者應依不動產估價師法規定出具估價報告書 (D)專業估價者及其估價人員應與交易當事人間無財務會計準則公報第六號所定之關係人或實質關係人之情事。【第41期】

( ) **6** 受託機構對於不符合受益權分散目的之不動產投資信託受益證券持有人，應通知該持有人於何時轉讓受益證券以符合規定？ (A)一個月內 (B)二個月內 (C)三個月內 (D)六個月內。【第51期】

解答與解析

1 (C)。不動產證券化條例第18條：不動產投資信託基金閒置資金之運用，應以下列各款方式為限：一、銀行存款。二、購買政府債券或金融債券。三、購買國庫券或銀行可轉讓定期存單。四、購買經主管機關規定一定評等等級以上銀行之保證、承兌或一定等級以上信用評等之商業票據。

2 **(A)**。依不動產證券化條例第29條：不動產資產信託之受託機構募集或私募不動產資產信託受益證券，應檢具規定書件，向主管機關申請核准或申報生效。

3 **(C)**。受託機構應依不動產證券化條例第25條之規定、信託計畫及信託契約之約定，募集發行或私募交付及投資運用信託基金，並遵守下列規定：一、除本條例另有規定外，不得為保證、放款或提供擔保。二、不得從事證券信用交易。三、不得對於受託機構所設立之各不動產投資信託基金及不動產資產信託間為交易行為。四、投資於任一公司短期票券之總金額，不得超過投資當日該不動產投資信託基金淨資產價值百分之十。五、存放於同一金融機構之存款，以及投資於其發行、保證或承兌之債券或短期票券金額，合計不得超過投資當日該不動產投資信託基金淨資產價值百分之二十及該金融機構淨值百分之十。六、投資於其他受託機構或特殊目的公司依本條例或金融資產證券化條例發行或交付之受益證券及資產基礎證券總額，不得超過投資當日該不動產投資信託基金淨資產價值百分之二十。七、依風險分散原則，投資於「不動產」及「不動產相關權利」。八、不得藉該不動產投資信託基金經主管機關核准或申報生效，作為保證其申請事項或文件之真實或保證受益證券獲利之宣傳。

4 **(A)**。不動產投資信託基金投資或運用於現金、政府債券及不動產證券化條例第17條第1項第1款至第3款投資標的金額（即已有穩定收入之不動產、已有穩定收入之不動產相關權利及其他受託機構或特殊目的公司依本條例或金融資產證券化條例發行或交付之受益證券或資產基礎證券），合計不得低於該基金淨資產價值之百分之七十五，前揭運用於現金之範圍，包括銀行存款。

5 **(A)**。不動產證券化條例第22條：受託機構委請專業估價者出具估價報告書時，應符合下列規定（該交易行為，應於契約生效日起2日內，於受託機構本機構所在地之日報或依主管機關規定之方式辦理公告）：一、同一宗交易金額達新臺幣3億元以上者，應由2位以上之專業估價者進行估價。若專業估價者間在同一期日價格之估計達百分之二十以上之差異，受託機構應依不動產估價師法第41條規定辦理。二、交易契約成立日前估價者，其價格日期與契約成立日期不得逾6個月。三、專業估價者及其估價人員應與交易當事人無財務會計準則公報第六號所定之關係人或實質關係人之情事。四、其他不動產估價主管機關規定之事項。

6 **(A)**。依照臺灣證券交易所股份有限公司臺證上一字第1071806066號公告修正發布第2條條文，並自即日起實施(民國107年11月30日金融監督管理委員會金管證投字第1070119899號函同意照辦)第2條第25項規定，有「受託機構募集或私募不動產投資信託或資產信託受益證券處理辦法」第8條第1項各款規定之情事者；及受託機構依同條第3項規定通知該持有人於1個月內轉讓受益證券之屆期改善情形。

肆 不動產資產信託 重要度★★

一、「不動產資產信託」（REAT）

(一)指依不動產證券化條例之規定，委託人移轉其不動產或不動產相關權利予受託機構，並由受託機構向不特定人募集發行或向特定人私募交付不動產資產信託受益證券，以表彰受益人對該信託之不動產、不動產相關權利或其所生利益、孳息及其他收益之權利而成立之信託。

(二)**不動產資產信託之受託機構募集或私募不動產資產信託受益證券，應檢具下列書件，向主管機關申請核准或申報生效；其審核程序、核准或生效條件及其他應遵行事項之處理辦法，由主管機關定之：**

1. 不動產資產信託計畫。
2. 不動產資產信託契約。
3. 不動產資產信託契約與定型化契約範本異同之對照表。
4. 公開說明書或投資說明書。
5. 不動產資產信託經營與管理人員符合主管機關規定之證明文件。
6. 設有信託監察人者，其信託監察人之名單、資格證明文件及願任同意書。
7. 受託機構董事會決議募集或私募不動產資產信託受益證券之議事錄。
8. 信託財產之管理及處分方法說明書。委任不動產管理機構進行信託財產之管理或處分者，該委任契約書或其他證明文件。
9. 信託財產之估價報告書。
10. 第30條第2項及第3項規定之書件。
11. 受託機構填報及會計師或律師複核之案件檢查表。
12. 律師之法律意見書。
13. 其他經主管機關規定之文件。

主管機關於審核前項書件時，應洽商中央目的事業主管機關出具意見書。

委託人應將信託財產相關書件及資料，提供受託機構，不得有虛偽或隱匿之情事。

委託人違反前項規定，對於受益證券取得人或受讓人因而所受之損害，應負賠償責任。

(三)**不動產資產信託契約移轉之財產權**

1. 依不動產資產信託契約移轉之財產權，以第17條第1項第1款及第2款所規定者為限。但募集之不動產資產信託受益證券，其信託財產以已有穩定收入之不動產或不動產相關權利為限。

2. 前項之財產權有設定抵押權者，委託人應予塗銷，並檢具相關證明文件予受託機構。因故未能塗銷者，委託人應檢具抵押權人於信託契約存續期間不實行抵押權之公證人公證同意書。

3. 委託人應提供債務明細之書面文件予受託機構，並定1個月以上之期限，公告債權人於期限內聲明異議，並將聲明異議之文件予受託機構。

(四) 不動產資產信託契約，應以書面為之。

(五) **受託機構**：指得受託管理及處分信託財產，並募集或私募受益證券之機構。所定受託機構，以信託業法所稱之信託業為限，設立滿三年以上者，並應經主管機關認可之信用評等機構評等達一定等級以上。
不動產投資信託之信託業，其最低之資本額為新台幣3億元。

(六) **採事先出具估價報告書使得送請主管機關申請核准或申報生效**：受託機構依第29條規定向主管機關申請核准或申報生效前，應先洽請專業估價者就不動產資產信託之信託財產，依不動產估價師法之規定出具估價報告書。

(七) **不動產資產信託之信託財產之租賃**：不動產資產信託之信託財產，其全部或一部依信託契約之約定出租時，其租金得不受土地法第97條第1項規定之限制；租賃期限不受民法第449條第1項規定20年之限制。
不動產資產信託契約約定信託財產於信託終止後須返還委託人者，信託財產之租賃期限如超過信託契約之存續期間，應事先經委託人同意。但承租人為委託人時，不適用之。

(八) **不動產資產信託之利害關係人規範**：不動產資產信託之委託人為受託機構之利害關係人時，受託機構不得就該不動產資產信託依本條例規定發行受益證券。但委託人有數人，且有利害關係之委託人就信託財產所占持分及持有擔保物權持分之合計比率未達20%時，不在此限。

二、不動產資產信託受益證券發行交付及轉讓

(一) 受益證券發行交付及轉讓

1. 指受託機構為不動產資產信託而發行或交付表彰受益人享有該信託財產本金或其所生利益、孳息及其他收益之受益權持分之權利憑證或證書。

2. 不動產投資信託或不動產資產信託受益行使及轉讓，應以表彰該受益權之「受益證券」為之：（不動產證券條例第39條）

   (1) 受益證券應為記名式，其轉讓並應以背書方式為之；且非將受讓人之姓名或名稱、住所通知受託機構，不得對抗受託機構。

(2)受益證券之轉讓，非將受讓人之姓名或名稱記載於該受益證券，不得對抗第三人。

(3)受益證券以帳簿劃撥方式發行或交付有價證券者，得不印製實體有價證券；其轉讓、買賣之交割、設質之交付等事項，依證券交易法第43條規定辦理。

(4)受益證券之受讓人，依該受益證券所表彰受益權之種類、內容及順位，承受不動產投資信託或不動產資產信託契約委託人之權利及義務。但不動產資產信託契約就委託人之義務另有約定者，不在此限。

(5)受益證券持有人之收益分配請求權，自發放日起5年間不行使而消滅。該時效消滅之收益併入信託財產。除前項規定外，基於受益證券所為之其他給付，其請求權之消滅時效為15年。

(6)受益證券喪失時，受益人得為公示催告之聲請。公示催告程序開始後，聲請人得提供相當擔保，請求受託機構履行關於該受益證券之債務。

3.不動產投資信託或不動產資產信託受益證券，應符合一定之持有人數、持有金額及比率；未符合規定之持有人，其受益權之表決權行使及信託利益之分配，得予以限制。

前項持有人數、持有金額與比率及限制事項，由主管機關以辦法定之。

4.受益證券應編號、載明下列事項及由受託機構之代表人簽名、蓋章，並經發行簽證機構簽證後發行或交付之：

(1)表明其為不動產投資信託受益證券或不動產資產信託受益證券之文字。

(2)受益證券發行日或交付日及到期日。

(3)受益證券發行總金額。

(4)不動產資產信託之委託人之姓名或名稱。

(5)受託機構之名稱、地址。

(6)受益人之姓名或名稱。

(7)所表彰之權利內容及其他相關事項。

(8)信託契約之存續期間。

(9)受託機構支出費用之償還及損害賠償之事項。

(10)受託機構之報酬、種類、計算方法、支付時期及方法。

(11)受益證券轉讓對象如有限制者，其限制內容及其效力。

(12)受益人行使權利之限制。

(13)其他主管機關規定之事項。

前項受益證券之簽證，準用公開發行公司發行股票及公司債券簽證規則之規定。

三、受益人會議及信託監察人

(一) 不動產證券化所發行或交付之受益證券，準用金融資產證券化條例第20條、第2章第3節及第42條之規定。但信託契約另有約定，且於公開說明書或投資說明書中載明者，從其所定。

(二) 受託機構為保護受益人之權益，得依不動產投資信託契約或不動產資產信託契約之約定，選任信託監察人，並準用金融資產證券化條例第28條第2項及第3項、第29條、第31條至第33條之規定。

(三) 信託監察人不得為發起人、受託機構之利害關係人、職員、受雇人或不動產資產信託之委託人。

四、不動產資產信託之稅務處理

(一) **證券交易稅**：不動產資產信託發行或交付之受益證券，其買賣或經受託機構依信託契約之約定收回者，免徵證券交易稅。

(二) **所得稅**：不動產資產信託募集或私募之受益證券，其信託利益應每年分配。
依前項規定分配之信託利益，為受益人之所得，按利息所得課稅，不計入受託機構之營利事業所得額。
第1項利息所得於分配時，應以受託機構為扣繳義務人，依規定之扣繳率扣繳稅款分離課稅，不併計受益人之綜合所得稅總額或營利事業所得額。

(三) **地價稅**：不動產投資信託或不動產資產信託以土地為信託財產，並以其為標的募集或私募受益證券者，該土地之地價稅，於信託關係存續中，以受託機構為納稅義務人。其應納稅額之計算，就該信託計畫在同一直轄市或縣（市）轄區內之所有信託土地合併計算地價總額，依土地稅法第16條規定稅率課徵地價稅。

(四) **土地增值稅**：依不動產資產信託契約約定，信託土地於信託終止後毋須返還委託人者，於信託行為成立移轉土地所有權時，以委託人為納稅義務人，課徵土地增值稅，不適用土地稅法第28-3條規定。

(五) **折舊計算**：依不動產投資信託計畫或不動產資產信託計畫投資之建築物，得依固定資產耐用年數表規定之耐用年數延長二分之一計算每年之折舊費用。但經選定延長年限提列折舊者，嗣後年度即不得變更。

五、行政監督

(一) 主管機關為保護公益或受益人權益之必要時，得會同目的事業主管機關派員或委託適當機構，就不動產投資信託計畫或不動產資產信託計畫之執行狀況及其他相關事項，檢查受託機構、不動產管理機構、不動產資產信託之委託人或其他關係人之業務、財務或其他有關事項，或令其於限期內據實提報財務報告、財產目錄或其他有關資料及報告。

主管機關於必要時，得委託專門職業及技術人員，就前項規定應行檢查事項、報表或資料予以查核，並向主管機關據實提出報告，其費用由被查核人負擔。

前項委託專門職業及技術人員查核之辦法，由主管機關定之。

(二) 受託機構違反本條例之規定或不依不動產投資信託計畫或不動產資產信託計畫經營信託業務者，主管機關得變更受託機構並命原受託機構將該業務及信託財產移轉予新受託機構，或準用信託業法第44條之規定。

依前項受讓之受託機構，應於業務及信託財產移轉日起2日內，於其本機構所在地之日報或依主管機關規定之方式辦理公告。

(三) 不動產管理機構有下列情事之一，經受託機構通知限期改善而未於指定期限內改善者，受託機構得終止委任契約，移轉其受任事項予其他不動產管理機構，不受原委任契約之限制，並於終止後陳報主管機關備查：

1.違反委任契約之約定事項。

2.業務或財務有嚴重缺失時。

經受託機構依前項規定終止委任契約者，不動產管理機構應於受託機構所定期限內辦理委任事項相關業務、財務之結算及移交。不動產管理機構未於所定期限內辦理結算及移交者，受託機構得逕行結算，結算之結果對不動產管理機構有拘束力。

不動產管理機構留置於管理不動產上之機具及其他物品，應限期遷移。屆期未遷移者，視同廢棄，受託機構得逕予處置；其費用由該不動產管理機構負擔。

受託機構於發生第1項情事時，應於委任契約終止日起2日內，於受託機構本機構所在地之日報或依主管機關規定之方式辦理公告。

(四) 受託機構依本條例辦理不動產投資信託或不動產資產信託業務有下列情事之一者，準用信託業法第41條之規定：

1.依本條例之規定召集受益人會議。

2.未依不動產投資信託計畫或不動產資產信託計畫分配信託利益。

3.其他足以影響受益人權益之重大情事。

受託機構依本條例規定辦理不動產投資信託或不動產資產信託業務，有前項及信託業法第41條所定情事者，如該信託設有信託監察人時，並應通知信託監察人。

〔牛刀小試〕

(　　) **1** 有關不動產資產信託契約移轉之財產權上設定有抵押權者，下列敘述何者錯誤？　(A)委託人應於移轉受託機構前予以塗銷　(B)委託人塗銷後並應檢具證明文件予受託機構　(C)委託人如於移轉受託機構前未能塗銷，應檢具抵押權人於信託契約存續期間不實行抵押權之公證人公證同意書　(D)該財產權上之抵押權得隨同所有權移轉予受託機構，並由委託人出具聲明書承諾信託移轉後一年內向抵押權人清償並予塗銷即可。【第40期】

(　　) **2** 依不動產資產信託契約之約定，信託土地於信託終止後毋須返還委託人者，於信託行為成立移轉土地所有權時，即應以何者為納稅義務人，課徵土地增值稅？　(A)委託人　(B)受託人　(C)受益人　(D)監察人。【第39期】

(　　) **3** 僅辦理不動產資產信託之信託業，其最低實收資本額為新臺幣多少元？(A)三億元　(B)五億元　(C)十億元　(D)二十億元。【第8期】

(　　) **4** 我國不動產證券化條例實施以來，已發行之不動產證券化商品有下列何者？　(A)無　(B)僅有不動產投資信託　(C)僅有不動產資產信託　(D)不動產投資信託與不動產資產信託皆有。【第39期】

(　　) **5** 有關不動產資產信託之敘述，下列何者錯誤？　(A)委託人將資產移轉予受託機構　(B)委託人為信託財產名義上之所有權人　(C)受託機構募集發行受益證券應提供公開說明書　(D)與受託機構有利害關係之委託人就信託財產所占持分及持有擔保物權持分之合計比率未達20%，受託機構始得發行受益證券。【第39期】

解答與解析

1 (D)。不動產證券化條例第30條：依不動產資產信託契約移轉之財產權，以第17條第1項第1款及第2款所規定者為限。前項之財產權上有抵押權者，委託人應予塗銷，並檢具相關證明文件予受託機構。因故未能塗銷者，委託人應檢具抵押權人於信託契約存續期間不實行抵押權之法院公證同意書。委託人應提供債務明細之書面文件予受託機構，並定1個月以上之期限，公告債權人於期限內聲明異議，並將聲明異議之文件予受託機構。

2 (A)。其與不動產資產信託之委託人直接出售該不動產無異，故於信託行為成立移轉土地所有權時，即應以委託人為納稅義務人，課徵土地增值稅。

3 (A)。信託業設立標準第3條：申請設立信託公司，其最低實收資本額為新臺幣二十億元，發起人及股東之出資以現金為限。但依本條例規定僅辦理不動產投資信託業務之信託公司，其最低實收資本額為新臺幣十億元；僅辦理不動產資產信託業務者，其最低實收資本額為新臺幣三億元；僅辦理不動產投資信託及不動產資產信託業務者，其最低實收資本額為新臺幣十億元。

4 **(D)**。不動產投資信託與不動產資產信託皆有。

5 **(B)**。受託人為信託財產名義上之所有人。

精選試題

( ) **1** 下列何者非屬民法規定之不動產物權，且不得為交付不動產信託之標的？
(A)永佃權 (B)地役權
(C)典權 (D)貨幣之債。 【第31期】

( ) **2** 下列何者非屬民法所規定之不動產物權，且不得為不動產證券化條例所列不動產資產信託之標的？ (A)所有權 (B)地上權 (C)留置權 (D)抵押權。 【第15期】

( ) **3** 有關不動產證券化之經濟面效益，下列何者錯誤？ (A)增加投資管道 (B)建立不動產資本市場 (C)擴大發行市場 (D)提高國人儲蓄率。 【第36期】

( ) **4** 有關不動產證券化特性之敘述，下列何者正確？
(A)權益可分割性 (B)投資單位少
C)募集資金不易 (D)投資金額高。 【第34期】

( ) **5** 有關不動產證券化之敘述，下列何者錯誤？
(A)得由資本市場募集資金
(B)限定對不特定人募集資金
(C)將不動產物權規格化、單位化、細分化
(D)不動產資產信託以不動產及其相關權利為標的。 【第30期】

( ) **6** 由受託機構依不動產證券化條例募集發行或私募交付受益證券，以投資不動產、不動產相關權利、不動產相關有價證券等而成立之信託業務名稱，下列何者正確？ (A)有價證券信託 (B)地上權信託 (C)不動產資產信託 (D)不動產投資信託。 【第37期】

(　　) **7** 依不動產證券化條例規定，其不動產之範圍不包含下列何者？
(A)土地
(B)道路
(C)軌道
(D)與不動產有關之相關知識。【第30期】

(　　) **8** 不動產證券化條例受益證券之發行主體為下列何者？　(A)受託機構　(B)承銷商　(C)發起人　(D)安排機構。【第29期】

(　　) **9** 下列何者非屬不動產證券化之特性？
(A)投資金額較低
(B)權益可分割性
(C)經營專業化
(D)投資單位以分棟分層分戶方式銷售。【第26期】

(　　) **10** 依不動產證券化條例規定，不動產資產信託之信託財產得包括下列那些項目？　A.已有穩定收入之不動產　B.已有穩定收入之不動產相關權利C.尚在開發中之不動產　D.未開發之不動產　(A)AB　(B)AC　(C)ABC　(D)ABCD。【第21期】

(　　) **11** 我國不動產證券化業務之主管機關為下列何者？　(A)經濟部　(B)法務部　(C)內政部　(D)金融監督管理委員會。【第15期】

(　　) **12** 有關不動產投資信託基金及不動產資產信託稅務處理，下列敘述何者錯誤？　(A)受益證券之利息所得採分離課稅　(B)以土地為信託財產，其地價稅以受託機構為納稅義務人　(C)受益證券之買賣免徵證券交易稅　(D)受益證券之利息所得應併入受益人之綜合所得稅課稅。【第12期】

(　　) **13** 有關不動產證券化業務中受益證券之規範，下列何者錯誤？　(A)受益權不得轉讓　(B)得以私募或公開募集方式發行　(C)受益證券喪失時，受益人得為公示催告之聲請　(D)屬證券交易法第六條規定之經主管機關核定之其他有價證券。【第9期】

(　　) **14** 不動產投資信託基金除經主管機關核准者外，應以下列何者為限？　(A)開放型基金　(B)封閉型基金　(C)私募型基金　(D)債券型基金。【第37期】

( ) **15** 依不動產證券化條例規定，不動產資產信託契約移轉之財產權若設有抵押權者，其處理方式之敘述，下列何者正確？ (A)受託機構洽詢受益人同意即可 (B)財產權隨同抵押權一併移轉予受託機構即可 (C)委託人僅提供抵押權人出具於信託期間內不實行抵押權之聲明書即可 (D)委託人原則上應於移轉受託機構前予以塗銷，並應檢具相關證明文件予受託機構。 【第37期】

( ) **16** 受託機構運用不動產投資信託基金投資不動產，同一宗交易金額最低達新臺幣多少元以上時，須委請專業估價者出具估價報告書，並應由二位以上專業估價者估價？ (A)一億元 (B)二億元 (C)三億元 (D)五億元。 【第37期】

( ) **17** 有關不動產投資信託基金借入款項之敘述，下列何者錯誤？ (A)不得借入款項 (B)應於信託契約明定 (C)借入款項時得就信託財產為其他擔保物權之設定 (D)借入款項時得就信託財產為不動產抵押權之設定。 【第35期】

( ) **18** 不動產投資信託基金受託機構於購買具有穩定收入之不動產後，其不動產管理，下列敘述何者正確？ (A)限於自行管理 (B)限於委託不動產管理機構管理 (C)限於委託信託監察人管理 (D)得自行管理或依契約約定委託不動產管理機構管理。 【第35期】

( ) **19** 有關不動產投資信託基金之投資所得，下列敘述何者正確？ (A)投資收益不一定要每年分配 (B)投資收益分配時應於會計年度結束後三個月內為之 (C)基金分配之信託利益為受益人之不動產交易所得，併入受益人每年度綜合所得課稅 (D)受託機構為辦理不動產投資信託業務，而因運用、管理所產生之費用及稅捐，得自信託財產扣除繳納之。 【第35期】

( ) **20** 有關不動產投資信託契約就信託財產借入款項之規定，下列敘述何者錯誤？ (A)運用於配發信託利益 (B)運用於配發受益證券孳息 (C)運用於信託不動產之營運 (D)運用於償還信託不動產前順位抵押貸款。 【第34期】

( ) **21** 有關不動產投資信託，下列敘述何者正確？ (A)屬於資產運用型 (B)得從事證券信用交易 (C)受益人買賣受益證券應徵證券交易稅 (D)受託機構依規定借入款項，至遲應於借款契約生效日起10日內依規定方式公告。 【第33期】

( ) **22** 不動產投資信託基金投資於證券交易法第六條之有價證券，除投資於受益證券或資產基礎證券外，不得超過其募集發行額度之比率及金額各為若干？
(A)百分之六十及新臺幣六億元
(B)百分之五十及新臺幣五億元
(C)百分之四十及新臺幣六億元
(D)百分之三十及新臺幣五億元。 【第33期】

( ) **23** 不動產投資信託基金原則上應以募集下列何種型態之基金為限？
(A)開放型基金 (B)封閉型基金
(C)股票型基金 (D)債券型基金。 【第33期】

( ) **24** 不動產投資信託基金原則上應於主管機關核准函送達或申報生效之日起幾日內開始募集？ (A)一個月 (B)二個月 (C)三個月 (D)六個月。 【第32期】

( ) **25** 不動產投資信託受益證券之持有人，每一年度中至少有335日，合計應達50人以上，每一自然人、法人、基金及信託契約視為同一人，其目的主要為下列何者？
(A)確保租稅優惠由少數特定人享有
(B)使不動產證券化商品成為多數人之投資工具
(C)鼓勵投資人進行短線操作
(D)沒有特殊意義或目的。 【第32期】

( ) **26** 以下列何種方式成立之不動產投資信託基金，於法令規範上有較簡化之管理？ (A)私募 (B)上市 (C)公開募集 (D)上櫃。 【第31期】

( ) **27** 受託機構如運用不動產投資信託基金於不動產或不動產相關權利達一定金額時，應委請估價師出具估價報告書，下列敘述何者錯誤？
(A)於買賣契約生效日起二日內依規定之方式辦理公告
(B)同一宗交易金額達新臺幣三億元以上，應由二位以上估價師進行估價
(C)交易契約成立日前估價者，其價格日期與契約成立日期不得逾六個月
(D)同一期日價格之估計達百分之二十以上之差異，受託機構得擇一辦理。 【第31期】

( ) **28** 有關不動產投資信託基金之會計處理，下列何者錯誤？
(A)不動投資信託基金之投資所得，應每年分配
(B)受託機構對於所募集或私募之不動產投資信託基金，應有獨立之會計
(C)受託機構因運用、管理所產生之費用及稅捐，得逕自信託財產中扣除繳納之
(D)依不動產投資信託契約約定應分配之受益，至遲應於會計年度結束後一年內分配。【第31期】

( ) **29** 受託機構依規定對不動產投資信託基金之淨資產價值計算，下列敘述何者錯誤？
(A)應依主管機關核定標準計算淨資產價值
(B)應每日公告每受益權單位之淨資產價值
(C)無論不動產價值變動與否均須每日重估
(D)得依約定以附註揭露方式替代重新估價。【第30期】

( ) **30** 有關受託機構募集不動產投資信託基金之規定，下列何者正確？
(A)僅得募集開放型基金
(B)僅得募集封閉型基金
(C)得自行決定募集封閉型或開放型基金
(D)以封閉型基金為限，但經主管機關核准者，亦得募集有限制條件之開放型基金。【第30期】

解答與解析

1 **(D)**。貨幣之債不是不動產物權。

2 **(C)**。不動產物權：所有權、地上權、抵押權、永佃權、地役權、典權。

3 **(D)**。提高國人的投資管道，即降低存款利率，儲蓄率會下降。

4 **(A)**。可將投資金額分割成很小單位，供一般大眾投資，故投資單位多、募集資金易、單一投資金額可很小。

5 **(B)**。可採用私募，故不限對不特定人募集資金。

6 **(D)**。不動產證券化條例第4條：五、不動產投資信託：指依本條例之規定，向不特定人募集發行或向特定人私募交付不動產投資信託受益證券，以投資不動產、不動產相關權利、不動產相關有價證券及其他經主管機關核准投資標的而成立之信託。六、不動產資產信託：指依本條例之規定，委託人移轉其不動產或不動產相關權利予受託機構，並由受託機構向不特定人募集發行或向特定人私募交付不動產資

產信託受益證券，以表彰受益人對該信託之不動產、不動產相關權利或其所生利益、孳息及其他收益之權利而成立之信託。

7 **(D)**。不動產證券化條例第4條：一、不動產：指土地、建築改良物、道路、橋樑、隧道、軌道、碼頭、停車場與其他具經濟價值之土地定著物及所依附之設施，但以該設施與土地及其定著物分離即無法單獨創造價值，土地及其定著物之價值亦因而減損者為限。

8 **(A)**。發行主體為受託機構。不動產證券化條例第4條：七、受益證券：指下列不動產投資信託受益證券及不動產資產信託受益證券：(一)不動產投資信託受益證券：指受託機構為不動產投資信託基金而發行或交付表彰受益人享有該信託財產及其所生利益、孳息及其他收益之受益權持分之權利憑證或證書。(二)不動產資產信託受益證券：指受託機構為不動產資產信託而發行或交付表彰受益人享有該信託財產本金或其所生利益、孳息及其他收益之受益權持分之權利憑證或證書。

9 **(D)**。投資單位以受益證券方式銷售。

10 **(A)**。不動產證券化條例第17條：不動產投資信託基金，以投資或運用於下列標的為限：一、已有穩定收入之不動產。二、已有穩定收入之不動產相關權利：指地上權及其他經中央目的事業主管機關核定之權利。三、其他受託機構或特殊目的公司依本條例或金融資產證券化條例發行或交付之受益證券或資產基礎證券。四、第18條規定之運用範圍。五、其他經主管機關核准投資或運用之標的。

11 **(D)**。主管機關為金融監督管理委員會。

12 **(D)**。不動產證券化條例第50條：利息所得於分配時，應以受託機構為扣繳義務人，依規定之扣繳率扣繳稅款分離課稅，不併計受益人之綜合所得稅總額或營利事業所得額。

13 **(A)**。依不動產證券化條例第39條：受益證券應為記名式，其轉讓並應以背書方式為之。第5條：依本條例規定募集或私募之受益證券，為證券交易法第6條規定經財政部核定之其他有價證券。第42條：受益證券喪失時，受益人得為公示催告之聲請。

14 **(B)**。不動產證券化條例第16條：不動產投資信託基金，以封閉型基金為限。但經主管機關核准者，得募集附買回時間、數量或其他限制之開放型基金。

15 **(D)**。不動產證券化條例第30條：財產權有設定抵押權者，委託人應予塗銷，並檢具相關證明文件予受託機構。因故未能塗銷者，委託人應檢具抵押權人於信託契約存續期間不實行抵押權之公證人公證同意書。委託人應提供債務明細之書面文件予受託機構，並定一個月以上之期限，公告債權人於期限內聲明異議，並將聲明異議之文件予受託機構。

16 **(C)**。不動產證券化條例第22條：同一宗交易金額達新臺幣三億元以上者，應由二位以上之專業估價者進行估價。

17 **(A)**。不動產證券化條例第19條：受託機構得依不動產投資信託契約之約定，以信託財產借入款項。但借入款項之目的，以不動產或不動產相關權利之取得、開發、營運，或以配發利益、孳息或其他收益所必需者為限。受託機構得於借入款項之範圍，就信託財產為不動產抵押權或其他擔保物權之設定；該擔保物權之權利人於不動產抵押權或其他擔保物權之設定範圍內，僅得對信託財產聲請法院裁定後強制執行。

18 **(D)**。不動產證券化條例第23條：受託機構運用不動產投資信託基金自行或委任不動產管理機構進行信託財產之管理或處分，應依計畫、取得、開發、銷售、經營等階段作成書面控管報告，並按季向董事會提出各階段之檢討報告。

19 **(D)**。不動產證券化條例第28條第3項規定：不動產投資信託基金投資所得依不動產投資信託契約約定應分配之收益，應於會計年度結束後六個月內分配之。第50條：依本條例規定募集或私募之受益證券，其信託利益應每年分配。依前項規定分配之信託利益，為受益人之所得，按利息所得課稅，不計入受託機構之營利事業所得額。第1項利息所得於分配時，應以受託機構為扣繳義務人，依規定之扣繳率扣繳稅款分離課稅，不併計受益人之綜合所得稅總額或營利事業所得額。

20 **(D)**。不動產證券化條例第19條：受託機構得依不動產投資信託契約之約定，以信託財產借入款項。但借入款項之目的，以不動產或不動產相關權利之取得、開發、營運，或以配發利益、孳息或其他收益所必需者為限。

21 **(A)**。不得從事證券信用交易。依不動產證券化條例規定發行或交付之受益證券，其買賣或經受託機構依信託契約之約定收回者，免徵證券交易稅。受託機構依規定借入款項，至遲應於契約生效日起2日內依規定方式公告。

22 **(C)**。92/09/19發文文號：台財融（四）字第0924000779號令茲規定不動產投資信託基金投資於證券交易法第6條之有價證券，不得超過其募集發行額度之百分之四十及新臺幣六億元。但投資於不動產證券化條例第17條第1項第3款標的者（不動產相關有價證券），不在此限。

23 **(B)**。不動產證券化條例第16條：不動產投資信託基金，以封閉型基金為限。但經主管機關核准者，得募集附買回時間、數量或其他限制之開放型基金。

24 **(C)**。不動產證券化條例第14條：受託機構申請或申報募集不動產投資信託基金經主管機關核准或向主管機關申報生效後，應於核准函送達之日或申報生效之日起三個月內開始募集。

25 **(B)**。使不動產證券化商品成為多數人之投資工具。

26 **(A)**。私募係洽特定人且多具專業，於法令規範上有較簡化之管理。

27 **(D)**。不動產證券化條例第22條：受託機構委請專業估價者出具估價報告書時，應符合下列規定：一、同一宗交易金額達新臺幣三億元以上者，應由二位以上之專業估價者進行估價。若專業估價者間在同一期日價格之估計達百分之二十以上之差異，受託機構應依不動產估價師法第41條規定辦理。二、交易契約成立日前估價者，其價格日期與契約成立日期不得逾六個月。三、專業估價者及其估價人員應與交易當事人無財務會計準則公報第六號所定之關係人或實質關係人之情事。

28 **(D)**。不動產證券化條例第28條：不動產投資信託基金投資所得依不動產投資信託契約約定應分配之收益，應於會計年度結束後六個月內分配之。

29 **(C)**。不動產證券化條例第26條：受託機構對不動產投資信託基金之淨資產價值，應按主管機關依前項核定之淨資產價值計算標準、有關法令及一般公認會計原則計算之。受託機構應於每一營業日計算，並於本機構所在地之日報或依主管機關規定之方式公告前一營業日不動產投資信託基金每受益權單位之淨資產價值。但不動產或其他信託財產之資產價值於公告期間內無重大變更，且對基金之淨資產價值無重大影響者，得依不動產投資信託契約之約定，以附註揭露方式替代對該不動產或信託財產資產價值重新估價計算。

30 **(D)**。不動產證券化條例第16條：不動產投資信託基金，以封閉型基金為限。但經主管機關核准者，得募集附買回時間、數量或其他限制之開放型基金。

金融資產證券化

依據出題頻率區分，屬：**B** 頻率中

課綱概要

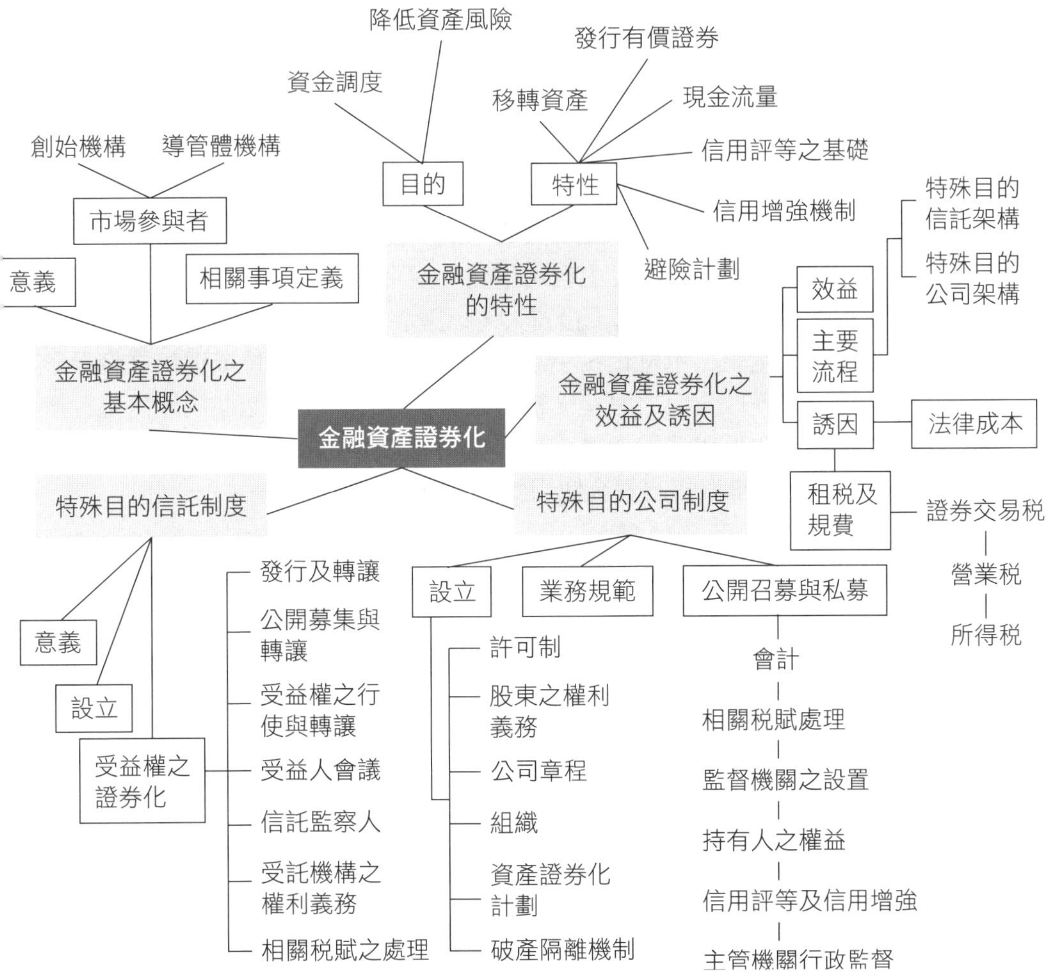

- 金融資產證券化
  - 金融資產證券化之基本概念
    - 意義
    - 市場參與者
      - 創始機構
      - 導管體機構
    - 相關事項定義
  - 金融資產證券化的特性
    - 目的
      - 資金調度
      - 降低資產風險
    - 特性
      - 移轉資產
      - 發行有價證券
      - 現金流量
      - 信用評等之基礎
      - 信用增強機制
      - 避險計劃
  - 金融資產證券化之效益及誘因
    - 效益
    - 主要流程
      - 特殊目的信託架構
      - 特殊目的公司架構
    - 誘因
      - 法律成本
      - 租稅及規費
        - 證券交易稅
        - 營業稅
        - 所得稅
  - 特殊目的信託制度
    - 意義
    - 設立
    - 受益權之證券化
      - 發行及轉讓
      - 公開募集與轉讓
      - 受益權之行使與轉讓
      - 受益人會議
      - 信託監察人
      - 受託機構之權利義務
      - 相關稅賦之處理
  - 特殊目的公司制度
    - 設立
      - 許可制
      - 股東之權利義務
      - 公司章程
      - 組織
      - 資產證券化計劃
      - 破產隔離機制
    - 業務規範
    - 公開召募與私募
      - 會計
      - 相關稅賦處理
      - 監督機關之設置
      - 持有人之權益
      - 信用評等及信用增強
      - 主管機關行政監督

課前導讀

本章節是針對金融資產證券化的原理與運用闡明金融體系在風險控管的前提下，可以將資產予以包裝成信託產品，因此必須先確認清楚從金融資產的原理、運用範圍與限制、運作架構及其規定等重點，如此考試時就能充分掌握此類考題的變化，針對考題所衍生出來的問題就不難理解與回答。

壹 金融資產證券化之基本概念 重要度★★★

一、金融資產證券化之意義

(一) 指銀行、保險公司或證券商等金融機構等創始機構，將其能產生現金流量的金融資產加以包裝組合成資產組群（稱資產池），信託與受託機構或讓與特殊目的公司，透過其隔離風險的功能，由受託機構或特殊目的公司以其所持有的資產為基礎，經由信用增強及信用評等機制的搭配，發行受益證券或資產基礎證券，出售予投資人，以獲取資金的行為。

(二) 重點是將資產重組為單位化、小額化，或不同層次、順位或種類之證券形式，向投資人獲取資金之過程。經過證券化過程後，創始機構無需持有債權資產至屆期才得以清償債權債務，可轉而向投資人調度資金，為籌措資金之新管道，並得以提高資金使用效率。

二、金融資產證券化之市場參與者

(一) **創始機構：**

1. 指依本條例之規定，將金融資產信託與受託機構或讓與特殊目的公司，由受託機構或特殊目的公司以該資產為基礎，發行受益證券或資產基礎證券之金融機構或其他經主管機關核定之機構。
2. 即指銀行、信用卡業務機構、票券公司、保險業、證券商等創始機構。

(二) **導管體機構：**我國採雙規制一為「特殊目的信託公司架構」，另一為「特殊目的公司」，作為金融資產證券化之導管體。

1. **特殊目的信託架構**

(1) 特殊目的信託架構係依金融資產證券化條例之規定，以資產證券化為目的而成立之信託關係。在此信託架構下，創始機構將特定之金融資產設定信託與受託機構（即以信託業法所稱之信託業），並經主管機關認可信用評等達一定等級以上者為限。

(2) 依92.10.30.台財融（四）字第0924000966號函規定，信託業之信用評等等級符合下列情形之一，始可擔任金融證券化之受託機構：

信用評等機構	長期債務信用評等	短期債務信用評等
Standard & Poor's Corp（標準普爾公司）	BBB-級以上	A-3級以上
Moody's Investors Service（穆迪投資人服務公司）	Baa3級以上	P-3級以上
Fitch Ratings Ltd.（惠譽公司）	BBB-級以上	F3級以上
中華信用評等公司	twBBB-級以上	twA-3級以上
英商惠譽國際信用評等公司台灣分公司	BBB-（twn）級以上	F3（twn）級以上
台灣穆迪信用評等公司	Baa3.tw級以上	TW-3級以上

2. **特殊目的公司**：指依金融資產證券化條例之規定，經主管機關許可設立，以經營資產證券化業務為目的之股份有限公司。其可由金融機構1人為發起人所成立者，實質上此公司僅是導管體之一種紙上公司。

(三) **信用評等機構**：依金融資產證券化條例第102條所訂，特殊目的公司或受託機構依對非特定人公開招募之資產基礎證券或受益證券，應經主管機關認可之信用評等機構評定其評等等級。

(四) **信用增強機構**

1. 由創始機構或金融機構作擔保
2. 依金融資產證券化條例第103條所訂，受託機構或特殊目的公司依金融資產證券化發行之受益證券或資產基礎證券，得依資產信託證券化計畫或資產證券化計畫之規定，由創始機構或金融機構以擔保、信用保險、超額資產、更換部分資產或其他方式，以增強其信用。

(五) **服務機構**：指受受託機構之委任，或特殊目的公司之委任或信託，以管理及處分信託財產或受讓資產之機構。服務機構可為創始機構，亦可為其他融機構或經主管機關所認可之資產管理公司。

(六) **投資人保護機構，包括下列兩種：**

1. **信託監察人**：指由受託機構依特殊目的信託契約之約定或經受益人會議決議所選任，而為受益人之利益，行使金融資產證券化條例所定權限之人。
2. **監督機關**：指為保護資產基礎證券持有人之權益，由特殊目的公司依資產證券化計畫之規定所選任之銀行或信託業。

(七) **承銷商**

1. 視資產基礎證券或受益證券性質，由證券承銷商或票券承銷商負責承銷。
2. 受益證券及資產基礎證券，除經主管機關核定為短期票券者外，為證券交易法第6條規定經主管機關核定之其他有價證券。
3. 如為證交法第6條規定之有價證券，應由證券承銷商負責辦理承銷業務；若為短期票券，應由票券承銷商負責辦理承銷業務。

(八) **投資人**

1. 投資人之來源視公開召募或私募而定。
2. 若為公開召募則投資人原則上不加限制；
3. 若為私募，則得私募之對象與不動產證券化私募之對象限制相同，應募人數，不得超過35人。
4. 私募自然人條件：
   (1) 本人淨資產超過新臺幣1000萬元或本人與配偶淨資產合計超過新臺幣1500萬元。
   (2) 最近兩年度，本人年度平均所得超過新臺幣150萬元，或本人與配偶之年度平均所得合計超過新臺幣200萬元。
5. 私募法人或基金：
   最近期經會計師和簽證之財務報表總資產超過新台幣5000萬元之法人或基金。

三、金融資產證券化之相關事項定義

(一) **創始機構**：指依本條例之規定，將金融資產（以下簡稱資產）信託與受託機構或讓與特殊目的公司，由受託機構或特殊目的公司以該資產為基礎，發行受益證券或資產基礎證券之金融機構或其他經主管機關核定之機構。

(二) **資產**：指由創始機構收益及處分之下列資產：

1. 汽車貸款債權或其他動產擔保貸款債權及其擔保物權。
2. 房屋貸款債權或其他不動產擔保貸款債權及其擔保物權。

3.租賃債權、信用卡債權、應收帳款債權或其他金錢債權。

4.創始機構以前3目所定資產與信託業成立信託契約所生之受益權。

5.其他經主管機關核定之債權。

(三) **證券化**：指創始機構依本條例之規定，將資產信託與受託機構或讓與特殊目的公司，由受託機構或特殊目的公司以該資產為基礎，發行受益證券或資產基礎證券，以獲取資金之行為。

(四) **特殊目的信託**：指依本條例之規定，以資產證券化為目的而成立之信託關係。

(五) **特殊目的公司**：指依本條例之規定，經主管機關許可設立，以經營資產證券化業務為目的之股份有限公司。

(六) **受益證券**：指特殊目的信託之受託機構依資產信託證券化計畫所發行，以表彰受益人享有該信託財產本金或其所生利益、孳息及其他收益之受益權持分（以下分別簡稱本金持分、收益持分）之權利憑證或證書。依金融資產證券化條例發行一年期以下受益證券，其轉讓方式得為記名背書、帳簿劃撥、空白背書方式。

(七) **資產基礎證券**：指特殊目的公司依資產證券化計畫所發行，以表彰持有人對該受讓資產所享權利之權利憑證或證書。

(八) **資產池**：指創始機構信託與受託機構或讓與特殊目的公司之資產組群。

(九) **殘值受益人**：指受益證券或資產基礎證券清償後，對資產池之賸餘財產享有利益之人。

(十) **監督機構**：指為保護資產基礎證券持有人之權益，由特殊目的公司依資產證券化計畫之規定所選任之銀行或信託業。

(十一) **服務機構**：指受受託機構之委任，或特殊目的公司之委任或信託，以管理及處分信託財產或受讓資產之機構。

(十二) **金融機構**：指下列機構：

1.銀行法所稱之銀行、信用卡業務機構及票券金融管理法所稱之票券金融公司。

2.依保險法以股份有限公司組織設立之保險業。

3.證券商：指依證券交易法設立之證券商。

4.其他經主管機關核定之金融相關機構。

(十三) **信託監察人**：指由受託機構依特殊目的信託契約之約定或經受益人會議決議所選任，而為受益人之利益，行使本條例所定權限之人。

(十四)前項所稱受託機構，以信託業法所稱之信託業，並經主管機關認可之信用評等機構評等達一定等級以上者為限。

〔牛刀小試〕

( ) 1 依金融資產證券化條例發行一年期以下受益證券，其轉讓方式得為下列何種方式？ A.記名背書 B.帳簿劃撥 C.空白背書 (A)僅A (B)僅A、B (C)A、B、C (D)僅B、C。 【第40期】

( ) 2 依金融資產證券化條例規定，受益證券於何種情形下應經信用評等機構評定其評等等級？ (A)向特定人私募時 (B)未採取信用增強措施時 (C)對非特定人公開招募時 (D)未設置信託監察人時。 【第9期】

( ) 3 金融資產證券化條例所稱之受託機構，下列何者正確？ (A)保險法所稱之保險業 (B)信託業法所稱之信託業 (C)金融機構合併法所稱之資產管理公司 (D)證券交易法所稱之證券投資信託事業。 【第9期】

( ) 4 金融資產證券化簽訂特殊目的信託契約之雙方為下列何者？ (A)創始機構與投資人 (B)創始機構與受託機構 (C)服務機構與投資人 (D)受託機構與諮詢顧問機構。 【第41期】

( ) 5 依金融資產證券化條例規定，信託監察人及監督機構均為投資人之保護機構，下列敘述何者錯誤？ (A)信託監察人得由受益人會議決議所選任 (B)信託監察人得由受託機構依特殊目的信託契約之約定所選任 (C)監督機構係由特殊目的公司依資產證券化計劃之規定所選任之銀行或信託業 (D)監督機構係由特殊目的公司依資產證券化計劃所載之創始機構或服務機構擔任。 【第40期】

解答與解析

1 **(C)**。發行一年期以下受益證券（短期受益證券），其轉讓得以空白背書方式為之。

2 **(C)**。金融資產證券化條例第102條：特殊目的公司或受託機構依本條例對非特定人公開招募之資產基礎證券或受益證券，應經主管機關認可之信用評等機構評定其評等等級。

3 **(B)**。金融資產證券化條例第4條第2項：受託機構則以信託業法所稱之信託業，並經主管機關認可之信用評等機構評等達一定等級以上者為限。

4 **(B)**。創始機構將金融資產信託與受託機構或讓與特殊目的公司，由受託機構或特殊目的公司以該資產為基礎，發行受益證券或資產基礎證券。故信託當事人為創始機構與受託機構。

5 (D)。金融資產證券化條例第77條：特殊目的公司發行資產基礎證券時，為保護資產基礎證券持有人之權益，應依資產證券化計畫之規定，選任監督機構，並簽訂監督契約。但不得選任該資產證券化計畫所載之創始機構或服務機構為監督機構。

貳 金融資產證券化的特性 重要度★

一、屬於金融機構調度資金的新管道，本質上是一種資產金融化的模式，不同於傳統所稱的直接金融或間接金融，其目的主要有二

(一) 資金調度：例如將20年的房貸債權，透過證券化，可以立即實現。

(二) 降低資產風險：金融機構將資產移轉給特殊目的公司，可以降低金融機構的風險性資產，符合資本適足性之要求。

二、就其特性而言，分述如下

(一) 創始機構應移轉資產予特殊目的機構

創始機構作為發行有價證券之基礎資產，須與原有資產分離，會計應屬出售資產，非借入款項。

(二) 由特殊目的機構發行有價證券

1.以「信託架構」為特殊目的所發行的有價證券稱為「受益證券」。

2.以「公司架構」為特殊目的所發行的有價證券稱為「資產基礎證券」。

(三) 投資人收益來自特定金融資產之現金流量。

(四) 現金流量可委由服務機構代為管理。

(五) 特定金融機構資產為信用評等之基礎

特殊目的機構所發行有價證券信用等級，應以創始機構所移轉特定金融資產品質而定。

(六) 金融資產證券化得採用信用增強機制

1.**內部增強機制**：提供超額供給、優先劣後架構之運用、現金準備帳戶、利差帳戶。

2.**外部增強機制**：提供保證、承諾或信用狀、投保信用保險、提供擔保等。

(七) 金融資產證券化得採用避險計畫。

〔牛刀小試〕

( ) 1 有關金融資產證券化之特性，下列何者錯誤？ (A)由創始機構發行有價證券 (B)特定金融資產為信用評等之基礎 (C)投資人之收益來自特定金融資產之現金流量 (D)金融資產之現金流量可委由服務機構代為管理。【第38期】

( ) 2 有關金融資產證券化之敘述，下列何者正確？ (A)特定金融資產為信用評等之基礎 (B)投資人之收益來自於創始機構之信用 (C)現金流量不可委由服務機構代為管理 (D)不得採用避險計畫，以免增加創始機構之信用風險。【第37期】

( ) 3 有關金融資產證券化之內部信用增強機制，下列何者正確？ (A)設置信託監察人 (B)投保信用保險 (C)金融機構提供保證 (D)運用優先劣後架構。【第32期】

( ) 4 有關金融資產證券化之敘述，下列何者錯誤？ (A)本質上即為傳統所稱之「直接金融」 (B)現金流量得委由服務機構代為管理 (C)以證券化之特定金融資產為信用評等之基礎 (D)創始機構應移轉資產予特殊目的機構。【第18期】

( ) 5 有關金融資產證券化之特性,下列敘述何者正確？ (A)由創始機構發行有價證券 (B)信用評等之基礎為特殊目的機構之信用評等 (C)投資人之收益來自特定金融資產之現金流量 (D)得採提供超額資產、利差帳戶、現金準備帳戶等外部信用增強機制。【第50期】

解答與解析

1 **(A)**。由受託機構發行有價證券。

2 **(A)**。(B)投資人之收益來自於信託資產之信用。(C)現金流量可委由服務機構代為管理。(D)得採用避險計畫，以降低信託資產之信用風險。

3 **(D)**。設置信託監察人不是信用增強機制，投保信用保險、金融機構提供保證是外部信用增強機制。

4 **(A)**。本質上即為傳統所稱之「間接金融」。

5 **(C)**。金融資產證券化之特性，(A)由受託機構發行有價證券，非創始機構。(B)信用評等之基礎為特殊目的機構之信用評等，應以信用評等之基礎特殊目的機構所發行有價證券信用等級，非為特殊目的機構之信用評等。(C)投資人之收益來自特定金融資產之現金流量，正確。(D)內部增強機制：提供超額供給、優先劣後架構之運用、現金準備帳戶、利差帳戶、非超額資產。

參 金融資產證券化之效益及誘因 重要度★★

一、金融資產證券化之效益

(一)金融機構之效益

1.提供金融資產之流動性及使用效率。

2.提高金融機構之自有資本比率及經營績效。

3.降低資金調度成本。

4.擴大金融機構資金調度之管道。

5.分散金融資產風險，改善金融機構的資產負債。

(二)金融市場之效益

1.提高資金流動效率。

2.擴大證券市場規模。

3.拓展金融市場之深度及廣度。

(三)對投資人及消費者之效益

1.投資工具之多元化。

2.投資人保護措施之強化。

3.擴大金融機構之服務範圍。

二、金融資產證券化之誘因

(一)租稅及規費的誘因

1.資產移轉稅費免稅

特殊目的信託之受託機構係為資產信託證券化之導管體，創始機構將資產信託登記與特殊目的之受託機構，該信託資產移轉係屬形式移轉，依「金融資產證券化條例」第38條規定，其相關稅費處理依下列規定辦理：

(1)因移轉資產而生之印花稅、契稅及營業稅，除受託機構處分不動產時應繳納之契稅外，一律免徵。

(2)不動產、不動產抵押權、應登記之動產及各項擔保物權之變更登記，得憑主管機關之證明向登記主管機關申請辦理登記，免繳納登記規費。

(3)因實行抵押權而取得土地者，其辦理變更登記，免附土地增值稅完稅證明，移轉時應繳稅額依法仍由原土地所有權人負擔。但於受託機構處分該土地時，稅捐稽徵機關就該土地處分所得價款中，得於原土地所有權人應繳稅額範圍內享有優先受償權。

(4) 受託機構依資產信託證券化計畫，將其信託資產讓與其他特殊目的公司時，其資產移轉之登記及各項稅捐，準用前項規定。

(5)「金融資產證券化條例」第38條免稅規定係限於申請核准或申報生效之資產信託證券化計畫所為資產移轉，或受託機構依資產信託證券化計畫，將其信託財產讓與其他特殊目的公司時，但不包括受託機構處分受託資產。

2. **買賣受益證券之證券交易稅**：依據「金融資產證券化條例」第39條規定受益證券除經主管機關核定為短期票券者外，其買賣按公司債之稅率課徵證券交易稅。

由於票券並非證券交易稅之課稅標的，若受益證券如經核定為短期票券，將免課證券交易稅。

3. 特殊目的信託收入之營業稅依據「金融資產證券化條例」第40條規定「特殊目的信託財產之收入，適用銀行業之營業稅稅率」。其立法理由為得證券化之金融資產係屬銀行業、保險公司等金融機構所得收益及處分之債權資產，其原係以銀行業等之營業稅稅率課徵營業稅，故受託機構受託管理特殊目的信託所產生之收入，自宜適用相同之營業稅率，以維稅制之中立性與公平性。

4. **受益人之所得稅**：「金融資產證券化條例」第41條規定，特殊目的信託財產之收入，減除成本及必要費用後之收益，為受益人之所得，按利息所得課稅，不計入受託機構之營利事業所得額。

並應以受託機構為扣繳義務人，依規定之扣繳率10%為扣繳稅款分離課稅，不併計受益人之綜合所得總額或營利事業所得額。

(二)法律成本誘因

1. 創始機構依「金融資產證券化條例」之規定，將資產信託與受託機構或讓與特殊目的公司時，債權之讓與，除有下列情形外，非通知債務人或向債務人寄發已為前條第1項所定公告之證明書，對於債務人不生效力：

(1) 創始機構仍受受託機構或特殊目的公司委任或信託擔任服務機構，向債務人收取債權，並已依前條第一項規定為公告者。

(2) 創始機構與債務人於契約中約定得以其他方式，取代通知或寄發前條第1項所定公告之證明書者。

創始機構將資產信託與受託機構或讓與特殊目的公司時，民法第301條所定之承認，創始機構與債務人得於契約中約定以其他方式代之。

第1項所定公告證明書之格式及內容，由主管機關定之。

2. 明定信託設定對抗債務人要件，依現行民法第297條之規定，原則上債權之讓與非經讓與人或受讓人通知債務人或提示讓與字據於債務人，對債務人不生效力。惟因資產之信託移轉涉及諸多債務人之隱私權，似不宜直接對債務人提示，爰分別規定四種創始機構以其信託對抗債務人之情形，供其選擇：

(1) 依民法第297條規定，通知債務人者。

(2) 向債務人寄發已為前條所定公告之證明書者。

(3) 創始機構仍受受託機構之委任，向債務人收取債權，並已依規定為公告者。

(4) 創始機構與債務人於契約約定得以其他方式取代民法第297條所定通知或本文之寄發證明書者。

3. 另因信託契約除包括金錢債權本身之移轉外，如創始機構與其債務人間之法律關係，屬於雙務契約之性質，亦有可能一併移轉創始機構所應負擔之債務，此時，創始機構即為債務人，原債務人即為債權人，爰於第2項明定創始機構與債務人得於契約約定以其他方式取代民法第301條規定之承認，以簡化其程序。

4. 為求公告證明書之格式得以一致，避免爭議，爰於第3項規定其格式及內容，由主管機關定之。

三、金融資產證券化之主要流程

(一) 基本運作流程重點

1. 資產創始。
2. 資產組合包裝。
3. 資產移轉。
4. 信用增強及信用評等。
   (1) 內部信用增強：超額資產、次順位架構、差價帳戶、資產更換。
   (2) 外部信用增強：第三人保證、購買信用保險。
5. 證券之發行、承銷及買賣。
6. 債權事務之處理與服務，通常委由創始機構或其他金融機構為之。

(二) 特殊目的信託架構之金融資產證券化流程

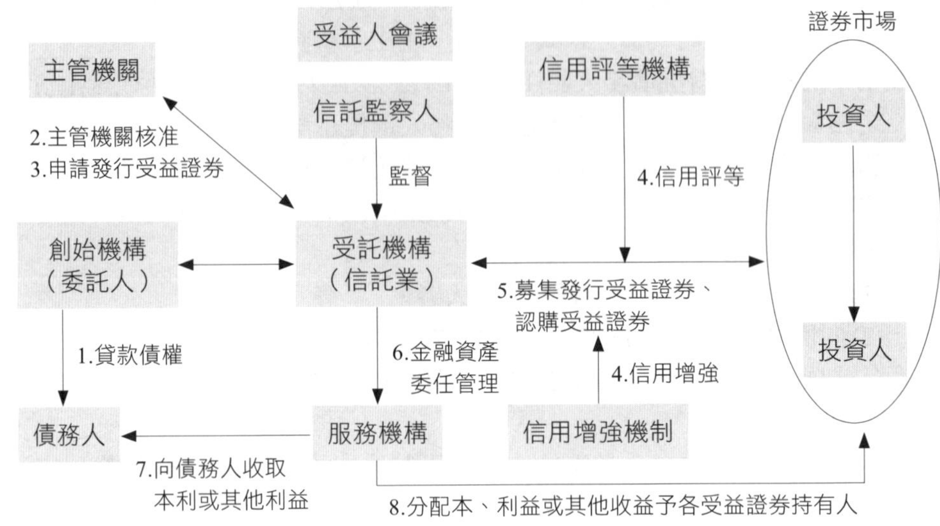

(三) 特殊目的公司架構之金融資產證券化流程重點

1. 資產證券化導管體之紙上公司。
2. 最低資本額10萬元。
3. 業務內容限於受讓金融資產等特定資產、發行資產基礎證券、特定資產之管理處分及分派管理處分特定資產之收益。
4. 資產移轉手續，其會計處理尚應符合「財務會計準則公報第33號」規定。

〔牛刀小試〕

(　　) **1** 依金融資產證券化條例規定，有關金融資產證券化對金融機構之效益，下列敘述何者錯誤？　(A)降低原債務人違約之風險　(B)擴大金融機構資金調度之管道　(C)提高金融機構之自有資本比率及經營績效　(D)提高金融資產之流動性及資金使用效率。【第36期】

(　　) **2** 有關金融資產證券化之效益，下列敘述何者錯誤？　(A)降低資金調度成本　(B)提高資金使用效率　(C)降低金融機構之自有資本比率　(D)提高金融資產之流動性。【第41期】

(　　) **3** 下列何者非屬金融資產證券化之效益？　(A)提高金融資產之流動性　(B)降低資金調度之成本　(C)改善不良授信政策　(D)提供投資人多元化之投資工具。【第38期】

( ) **4** 有關金融資產證券化對金融機構之可能效益，下列何者錯誤？ (A)擴大資產負債規模 (B)提高自有資本比率及經營績效 (C)擴太資金調度之管道 (D)提高金融資產之流動性及資金使用效率。 【第23期】

( ) **5** 有關金融資產證券化對金融市場之可能效益，下列何者錯誤？ (A)提高資金流動效率 (B)擴大證券市場規模 (C)拓展金融市場之深度與廣度 (D)其所涉及之法規制度較為單純。 【第37期】

解答與解析

1 (A)。可將原債務人違約之風險轉移至證券化商品持有人。

2 (C)。金融資產證券化之效益：1.金融機構之效益：(1)提供金融資產之流動性及使用、(2)提高金融機構之自有資本比率及經營績效、(3)降低資金調度成本、(4)擴大金融機構資金調度之管道、(5)分散金融資產風險，改善金融機構的資產負債。2.金融市場之效益：(1)提高資金流動效率、(2)擴大證券市場規模、(3)拓展金融市場之深度及廣度。3.對投資人及消費者之效益：(1)投資工具之多元化、(2)投資人保護措施之強化、(3)擴大金融機構之服務範圍。

3 (C)。並不是將不良授信證券化，故與改善不良授信政策無關。

4 (A)。金融機構將授信資產出售，收回現金，故不會擴大資產負債規模。

5 (D)。所涉及之法規制度較為複雜，如須另訂金融資產證券化條例規範交易權利及義務。

肆 特殊目的信託制度 重要度★★

一、特殊目的信託之意義

(一) 以資產證券化為目的而成立之信託關係。

(二) 只要具有現金流量之金融資產，不論是既存或未來的債權，皆可成為特殊目的信託之標的。

(三) 其性質屬於「商事信託」（即營業信託）。

(四) 依金融資產證券化條例規定，須以信託業法成立之信託公司或兼營信託業務之銀行始得辦理。

二、特殊目的之設立

(一) **受託機構發行受益證券，應檢具申請書或申報書及下列文件，向主管機關申請核准或申報生效；其處理準則，由主管機關定之：**

1.資產信託證券化計畫。

2.特殊目的信託契約書。

3.信託財產之管理及處分方法說明書。如委任服務機構管理及處分信託財產時，該委任契約書或其他證明文件。

4.有關之避險計畫與文件。

5.其他經主管機關規定之文件。

(二) 受託機構非經主管機關核准或向主管機關申報生效，不得發行受益證券。

(三) 受託機構應依主管機關核准或向主管機關申報生效之資產信託證券化計畫，經營特殊目的信託業務。

(四) 創始機構與受託機構不得為同一關係企業，並應將信託財產相關書件及資料，提供受託機構，不得有虛偽或隱匿之情事。

同一關係企業之範圍，適用公司法第369-1條至第369-3條、第369-9條及第369-11條規定。

(五) 創始機構違反前項規定，對於受益證券取得人或受讓人因而所受之損害，應負賠償責任。

(六) **資產信託證券化計畫，為規範特殊目的信託之架構，應記載下列事項：**

1.創始機構之名稱、地址。

2.特殊目的信託契約之存續期間。

3.信託財產之種類、名稱、數量、價額、平均收益率、期限及信託時期。

4.與受益證券有關之下列事項：

(1) 信託財產本金或其所生利益、孳息及其他收益分配之方法。

(2) 發行各種種類或期間之受益證券，其本金持分、收益持分、受償順位及期間等事項。

5.信託財產管理處分之方法，與受委任管理及處分該財產之服務機構。

6.受託機構及信託監察人之職權及義務。

7.為處理特殊目的信託事務所為借入款項及費用負擔之相關事項。

8.如有信用評等或信用增強者，其有關證明文件。

9.信託財產之評價方法、基本假設及專家意見。

10.其他主管機關規定之事項。

(七) 受託機構應於資產信託證券化計畫執行完成之日起30日內，檢具該計畫之結算書及報告書，向主管機關申報。

(八) **特殊目的信託契約，應記載下列事項**

1. 信託目的。
2. 委託人之義務及應告知受託機構之事項。
3. 受託機構支出費用之償還及損害賠償之事項。
4. 受託機構之報酬、種類、計算方法、支付時期及方法。
5. 第5條第1項公告之方式。（93.8.19.金管銀(四)字第0934000591號規定，所稱之公告方式，係指於信託業商業同業公會之網站辦理公告事宜。）
6. 信託財產之管理及處分方法。受託機構如將該財產委任服務機構管理及處分者，該機構之名稱。
7. 信託財產本金或其所生利益、孳息及其他收益分配之方法。
8. 各種種類或期間之受益證券，其本金持分、收益持分、受償順位及期間。
9. 受益證券之發行方式及其轉讓限制。
10. 受託機構於處理信託事務時，關於借入款項、費用負擔及閒置資金之運用方法。
11. 受託機構應召集受益人會議之事由。
12. 受託機構應選任信託監察人之事由及其專門學識或經驗。
13. 信託業法第19條第1項及主管機關規定之其他事項。

(九) **信託財產借入款項**：受託機構不得以信託財產借入款項。但資產信託證券化計畫另有規定者，不在此限。前項資產信託證券化計畫所定借入款項之目的，應以配發利益、孳息或其他收益為限：

信託財產閒置資金運用範圍：特殊目的信託中屬於信託財產之閒置資金，其運用範圍以下列各款規定為限：

1. 銀行存款。
2. 購買政府債券或金融債券。
3. 購買國庫券或銀行可轉讓定期存單。
4. 購買經主管機關規定一定評等等級以上銀行之保證、承兌或一定等級以上信用評等之商業票據。
5. 經主管機關核准之其他運用方式。

三、受益權之證券化

(一)受益證券之發行及轉讓

1. 受託機構得依資產信託證券化計畫，發行各種種類及期間之受益證券。受益證券清償後，資產池之賸餘財產應依資產信託證券化計畫，分配與殘值受益人。
2. 受益證券應編號、載明相關事項及由受託機構之代表人簽名、蓋章，並經發行簽證機構簽證後發行之。
3. 為確保不動產投資信託基金之流動性，主管機關於必要時，得規定不動產投資信託基金之流動性資產之範圍及比率。受託機構未達該比率者，應於主管機關所定期限內調整之。至於不動產資產管理信託則無此規範。

(二)受益證券之公開募集與轉讓

1. 公開召募：受託機構依資產信託證券化計畫，對非特定人公開招募受益證券時，受託機構應依證券主管機關規定之方式，向應募人或購買人提供公開說明書。受託機構辦理前項公開招募時，應向證券主管機關申請核准或申報生效，其處理準則及公開說明書之記載事項，由證券主管機關洽商主管機關定之。
2. 受益證券之私募：受託機構向特定人私募受益證券時，受託機構應依主管機關規定之方式，向應募人或購買人提供投資說明書，並應於受益證券以明顯文字註記，於提供應募人或購買人之相關書面文件中載明。前項特定人之範圍、投資說明書之內容及受益證券轉讓之限制，由主管機關定之。
3. 公開說明書或投資明書應揭露事項：
   公開說明書或投資說明書之內容，除依證券主管機關或主管機關之規定外，應充分揭露下列事項：
   (1) 受益證券與創始機構之存款或其他負債無關，亦不受中央存款保險公司存款保險之保障。
   (2) 受託機構不保證信託財產之價值。
   (3) 受益證券持有人之可能投資風險，以及其相關權利。
   (4) 特殊目的信託契約之重要事項。

(三)受益權之行使與轉讓

1. 除殘值受益人外，特殊目的信託受益權之行使及轉讓，應以表彰該受益權之受益證券為之。

2. 受益證券應為記名式，其轉讓並應以背書方式為之；且非將受讓人之姓名或名稱、住所通知受託機構，不得對抗受託機構。
3. 受益證券之轉讓，非將受讓人之姓名或名稱記載於該受益證券，不得對抗第三人。
4. 受益證券以帳簿劃撥方式交付有價證券之發行者，得不印製實體有價證券；其轉讓、買賣之交割、設質之交付等事項，依證券交易法或票券金融管理法之相關規定辦理。
5. 受益證券之受讓人，依該受益證券所表彰受益權之本金持分數，承受特殊目的信託契約委託人之權利及義務。但特殊目的信託契約就委託人之義務另有約定者，不在此限。
6. 受益人會議，由受託機構或信託監察人召集之。持有本金持分總數3%以上之受益人，為受益人之共同利益事項，得以書面記明提議事項及理由，請求前項有召集權之人召集受益人會議

(四) **受益人會議**

1. 受益人會議權限：特殊目的信託受益人及委託人權利之行使，應經受益人會議決議或由信託監察人為之。但下列之受益人權利，不在此限：
   (1) 受領受託機構基於特殊目的信託契約所負債務之清償。
   (2) 其他僅為受益人自身利益之行為。
2. 表決權之行使：特殊目的信託契約非經受益人會議決議及受託機構之同意，不得變更。
3. 前項受益人會議之決議，應有表決權總數二分之一以上受益人之出席，出席受益人表決權三分之二以上之同意行之）。

(五) **信託監察人**

1. 受託機構為保護受益人之權益，得依特殊目的信託契約之約定，選任信託監察人。受託機構依前項規定選任信託監察人時，應自選任之日起10日內以書面通知各受益人。
2. 信託監察人有數人時，其職務之執行除特殊目的信託契約另有約定或受益人會議另有決議外，以過半數決之。
3. 受託機構之利害關係人、職員、受雇人或創始機構，不得擔任信託監察人。
4. 信託監察人權利之行使：信託監察人得以自己名義，為受益人及委託人為有關信託之訴訟上或訴訟外之行為。但下列權利，不適用之：

(1) 解除受託機構之責任。

(2) 變更或終止特殊目的信託契約。

(3) 同意受託機構之辭任、解任受託機構或聲請法院解任受託機構。

(4) 指定或聲請法院選任新受託機構。

(5) 其他依特殊目的信託契約約定信託監察人不得行使之權利。受託機構依第一項規定選任信託監察人時，應自選任之日起10日內以書面通知各受益人。

5. 少數受益人之請求：持有本金持分總數3%以上之受益人。

6. 得為受益人之共同利益事項，以書面請求信託監察人行使其權利。信託監察人對於前項之請求，除該權利之行使有礙特殊目的信託事務之執行，有損害受益人之共同利益，或有其他正當事由者外，不得拒絕。

7. 機構之行為違反法令或特殊目的信託契約處理：致有損害信託財產之虞時，信託監察人得為信託財產之利益，請求受託機構停止其行為。

8. 信託監察人報酬：信託監察人之報酬、因處理事務所支出之必要費用及非可歸責於自己事由所受損害之補償，得由受託機構以信託財產充之。

(六) **受託機構之權利義務**

1. 備置相關文件供相關人閱覽：受託機構應於本機構，備置特殊目的信託契約書之副本或謄本及受益人名冊。各受益人、信託監察人或因受託機構處理特殊目的信託事務所生債務之債權人，得請求閱覽、抄錄或影印前項之文書。

2. 得委託服務機構代理管理及處分：

(1) 受託機構得將信託財產之管理及處分，委任服務機構代為處理。但以資產信託證券化計畫有載明者為限。

(2) 服務機構應定期收取信託財產之本金、或其利益、孳息及其他收益，提供受託機構轉交受益人並將信託財產相關債務人清償、待催收與呆帳情形及其他重大訊息，提供受託機構。

(3) 服務機構無法履行其服務義務時，得依資產信託證券化計畫規定或報經主管機關核准後，由備位服務機構繼續提供資產管理處分之服務。

3. 受託人之財務報告

受託機構應分別於每營業年度終了及資產信託證券化計畫執行完成後4個月內，就特殊目的信託之信託財產作成下列書表，向信託監察人報告，並通知各受益人：

(1)資產負債表。

(2)損益表。

(3)信託財產管理及運用之報告書。

(七)特殊目的信託相關稅賦之處理

依本條例規定申請核准或申報生效之資產信託證券化所為之資產移轉其相關稅費依下列規定辦理：

1.因移轉資產而生之印花稅、契稅及營業稅，除受託機構處分不動產時應繳納之契稅外，一律免徵。

2.不動產、不動產抵押權、應登記之動產及各項擔保物權之變更登記，得憑主管機關之證明向登記主管機關申請辦理登記，免繳納登記規費。

3.因實行抵押權而取得土地者，其辦理變更登記，免附土地增值稅完稅證明，移轉時應繳稅額依法仍由原土地所有權人負擔。但於受託機構處分該土地時，稅捐稽徵機關就該土地處分所得價款中，得於原土地所有權人應繳稅額範圍內享有優先受償權。

4.證券交易稅：受益證券除經主管機關核定為短期票券者外，其買賣按公司債之稅率課徵證券交易稅。

5.營業稅：特殊目的信託財產之收入，適用銀行業之營業稅稅率。

6.所得稅：

(1)特殊目的信託財產之收入，減除成本及必要費用後之收益，為受益人之所得，按利息所得課稅（目前稅率扣繳為6%），亦不計入受託機構之營利事業所得額。

(2)前項利息所得於實際分配時，應以受託機構為扣繳義務人，依規定之扣繳率扣繳稅款分離課稅，不併計受益人之綜合所得總額或營利事業所得額。

〔牛刀小試〕

( ) **1** 依金融資產證券化條例規定，受託機構於每營業年度終了後，應就特殊目的信託之信託財產作成下列哪些書表？ (A)損益表及現金流量表 (B)資產負債表及現金流量表 (C)資產負債表、損益表及現金流量表 (D)資產負債表、損益表、信託財產管理及運用之報告書。 【第41期】

( ) **2** 採特殊目的信託架構之金融資產證券化，特殊目的信託契約係由受託機構與下列何者簽訂？ (A)投資人 (B)承銷商 (C)創始機構 (D)服務機構。 【第40期】

( ) **3** 有關受託機構依資產信託證券化計畫所發行之受益證券，下列敘述何者錯誤？
(A)受益證券應為記名式
(B)實體受益證券之轉讓應以背書方式為之
(C)受益證券不得以無實體方式發行
(D)受益證券轉讓後，應將受讓人之姓名或名稱、住所通知受託機構，始能對抗受託機構。 【第38期】

( ) **4** 有關金融資產證券化之受益證券，下列敘述何者錯誤？ (A)應為記名式 (B)可以帳簿劃撥方式交付 (C)不得印製實體有價證券 (D)非將受讓人之姓名或名稱、住所通知受託機構，不得對抗受託機構。【第37期】

( ) **5** 依金融資產證券化條例規定，我國金融資產證券化採特殊目的信託架構者，受託機構對特定人私募受益證券時，應向購買人或應募人提供下列何種文件？ (A)公開說明書 (B)投資說明書 (C)營業計劃書 (D)產品說明暨風險預告書。 【第35期】

解答與解析

1 (D)。金融資產證券化條例第36條：受託機構應分別於每營業年度終了及資產信託證券化計畫執行完成後四個月內，就特殊目的信託之信託財產作成下列書表，向信託監察人報告，並通知各受益人：一、資產負債表。二、損益表。三、信託財產管理及運用之報告書。

2 (C)。創始機構將金融資產信託與受託機構或讓與特殊目的公司，由受託機構或特殊目的公司以該資產為基礎，發行受益證券或資產基礎證券。故信託當事人為創始機構與受託機構共同簽訂契約。

3 (C)。金融資產證券化條例第19條：受益證券以帳簿劃撥方式交付有價證券之發行者，得不印製實體有價證券。

4 (C)。金融資產證券化條例第19條：受益證券應為記名式，其轉讓並應以背書方式為之；且非將受讓人之姓名或名稱、住所通知受託機構，不得對抗受託機構。受益證券之轉讓，非將受讓人之姓名或名稱記載於該受益證券，不得對抗第三人。受益證券以帳簿劃撥方式交付有價證券之發行者，得不印製實體有價證券；其轉讓、買賣之交割、設質之交付等事項，依證券交易法或票券金融管理法之相關規定辦理。

5 (B)。金融資產證券化條例第17條：受託機構向特定人私募受益證券時，受託機構應依主管機關規定之方式，向應募人或購買人提供投資說明書，並應於受益證券以明顯文字註記，於提供應募人或購買人之相關書面文件中載明。

伍 特殊目的公司制度 重要度★★★

一、特殊目的公司之設立

(一) 特殊目的公司應由金融機構組織設立，為股份有限公司，其股東人數以1人為限。

(二) 前項之金融機構與創始機構不得為同一關係企業。

(三) **實務上解釋，創始機構不得發起特殊目的公司。上述所謂之可成立特殊目的公司之金融機構限於：**

1. 銀行法所稱之銀行、信用卡業務機構及票券金融管理法所稱之票券金融公司。
2. 依保險法以股份有限公司組織設立之保險業。
3. 證券商：指依證券交易法設立之證券商。
4. 其他經主管機關核定之金融相關機構。

(四) 按特殊目的公司在資產證券化之架構設計上，具有透明導管之功能，其業務項目極為單純，為確保其導管體之特性，故公司法第27條有關政府或法人代表之規定，自不宜援引適用。

(五) **設立採許可制**

1. 金融機構經主管機關之核准，得於外國成立特殊目的公司辦理資產。
2. 特殊目的公司之設立及許可準則，由主管機關定之。
3. 金融機構申請設立特殊目的公司，以專業經營資產證券化業務為限，其最低實收資本額為新臺幣10萬元，發起人之出資以現金為限。
4. 特殊目的公司應於其名稱中標明特殊目的公司之字樣。
5. 設立特殊目的公司者，應提出申請書，載明相關各款事項，報請主管機關許可。

   申請書應載明內容：

   (1) 特殊目的公司之名稱。 (2) 公司章程。
   (3) 資本總額。 (4) 公司所在地。
   (5) 發起人之姓名及住所。 (6) 其他經主管機關規定之事項。

   特殊目的公司之設立及許可準則，由主管機關定之。

(六) **股東之權利義務**

1. 特殊目的公司之章程所載之股份總數，不得分次發行。
2. 股東除經主管機關核准外，不得將股份轉讓於他人。

(七) 公司章程

1. 特殊目的公司之章程除載明公司法第129條所定之事項外，尚應載明下列各款事項：
   (1) 以經營資產證券化業務為公司目的之意旨。
   (2) 公司之存續期間及解散事由。
   (3) 其他經主管機關規定之事項。
2. 下列各款事項，非經記載於章程者，不生效力：
   (1) 發起人所得受之特別利益及受益者之姓名。
   (2) 發起人領有報酬者，其金額。
   (3) 應由特殊目的公司負擔之設立費用。

(八) 特殊目的公司之組織

1. 【董事】
   (1) 董事設置，特殊目的公司應至少設置董事一人，最多設置董事三人。
   (2) 有下列情事之一者，不得充任董事：
      A. 有公司法第30條所定事由者。
      B. 資產證券化計畫所定之創始機構及其負責人。
      C. 資產證券化計畫所定負責管理及處分該資產之服務機構及其負責人。
      D. 資產證券化計畫所定監督機構及其負責人。
      E. 資產證券化計畫所定之資產為信託受益權時，該受託之信託業及其負責人。
      F. 曾經主管機關解除職務者。
   (3) 董事應以善良管理人之注意，為特殊目的公司處理事務，並負忠實義務。董事執行業務有違反法令、章程、股東會決議或資產證券化計畫時，參與決議之董事，對於特殊目的公司負賠償之責任。但經表示異議之董事，有紀錄或書面聲明可證者，免其責任。
   (4) 董事執行業務有違反法令、章程、資產證券化計畫之行為，或經營登記範圍以外之業務時，股東得請求董事停止其行為。
   (5) 董事之報酬，應以章程明訂之。
   特殊目的公司之董事對外代表特殊目的公司。董事有數人時，得以章程特定一人對外代表公司。
   (6) 除本條例另有規定者外，公司法有關董事會之職權及應負責事項，由特殊目的公司之董事行使及辦理之。董事有數人時，由全體董事以過半數之決議行使。

(7) 董事為前項所定決議時，準用公司法第206條第2項之規定，並應作成議事錄。前項議事錄，準用公司法第183條之規定。

(8) 股東得以書面請求監察人為特殊目的公司對董事提起訴訟。

(9) 監察人自有前項之請求30日內不提起訴訟時，股東得為公司提起訴訟。

2.【監察人】

(1) 監察人設置，特殊目的公司應至少設置監察人1人，最多設置監察人3人。

(2) 監察人應以善良管理人之注意，為特殊目的公司監督董事所執行之職務。

(3) 董事執行業務有違反法令、章程、資產證券化計畫之行為，或經營登記範圍以外之業務時，監察人應即通知董事停止其行為。

3.【股東會】

不設置股東會。

(九) **資產證券化計畫記載事項：**

1. 特殊目的公司發行資產基礎證券，應檢具申請書或申報書及下列文件，載明下列事項，向主管機關申請核准或申報生效；其處理準則，由主管機關定之：

(1) 資產證券化計畫。

(2) 受讓資產之契約或其他證明文件。

(3) 特殊目的公司之名稱、公司章程及所在地。

(4) 董事之姓名及住所。

(5) 董事決議之日期及其證明文件。

(6) 受讓資產之管理及處分方法說明書。如委任或信託與服務機構管理及處分受讓資產時，該委任或信託契約書或其他證明文件。

(7) 有關之避險計畫與文件。

(8) 其他經主管機關規定之事項。

2. 資產證券化計畫，應記載下列事項：

(1) 創始機構之名稱及地址。

(2) 受讓資產之種類、名稱、數量、價額、平均收益率、期限及受讓時期。

(3) 資產證券化計畫之執行期間及相關事項。

(4) 資產基礎證券之總金額、票面利率或權利內容，以及本金、利益、孳息或其他收益償還或配發之時期及方法。如有發行不同種類或期間之資產基礎證券者，其就特殊目的公司所受讓之資產或其所生之利益、孳息或其他收益，所得受償之順位。

(5)受讓資產管理處分之方法，與受委任或信託管理及處分該資產之服務機構。

(6)監督機構之名稱、職權及義務。

(7)為經營資產證券化計畫業務所為借入款項及費用負擔之相關事項。

(8)如有信用評等或信用增強者，其有關證明文件。

(9)為發行資產基礎證券所支出之必要費用及其攤銷方式。

(10)受讓資產之評價方法、基本假設及專家意見。

(11)其他主管機關規定之事項。

(十)**資產之移轉與管理：**（破產隔離機制）

1.特殊目的公司於發行資產基礎證券後，創始機構與特殊目的公司應於資產證券化計畫所載之受讓期間內，辦理資產之移轉手續，不得有拖延或虛偽之行為。

2.前項資產之移轉，其會計處理應符合一般公認會計原則（即要符合中華民國會計研究發展基金會發表之財務準則公報第33條規定）。

3.創始機構依前2項規定辦理資產移轉，並依資產證券化計畫取得讓與資產之對價者，推定為民法第244條第2項所定之有償行為。

4.特殊目的公司除所受讓之資產為信託受益權外，應將受讓資產之管理及處分，委任或信託服務機構代為處理。

5.服務機構應將前項資產與其自有財產分別管理，其債權人對該資產不得為任何之請求或行使其他權利。

6.服務機構管理及處分特殊目的公司之受讓資產，應定期收取該受讓資產之本金、或其利益、孳息及其他收益，提供監督機構轉交資產基礎證券持有人，並將受讓資產相關債務人清償、待催收與呆帳情形及其他重大訊息，提供監督機構。

7.服務機構無法履行其服務義務時，得依資產證券化計畫規定或報經主管機關核准，由備位服務機構繼續提供資產管理處分之服務。

二、特殊目的公司之業務規範

(一)**業務規範**

1.除本條例或資產證券化計畫另有規定者外，特殊目的公司不得將所受讓之資產出質、讓與、互易、供擔保或為其他處分。

2. 按特殊目的公司所辦理之資產證券化業務為一項特許業務，且就其功能而言，乃屬於資產證券化之中介機構，其業務範圍應受嚴格之限制，爰明定特殊目的公司兼業之限制。參考日本「資產流動化法」第142條之規定。
3. 特殊目的公司除得經營資產證券化業務外，不得兼營其他業務。
4. 特殊目的公司之自有財產及因其所受讓之資產而生閒置資金，其運用範圍以下列各款為限，不適用公司法第13條及第15條之規定：
   (1) 銀行存款。
   (2) 購買政府債券或金融債券。
   (3) 購買國庫券或銀行可轉讓定期存單。
   (4) 購買經主管機關規定一定評等等級以上之銀行保證、承兌或經一定等級以上信用評等之商業票據。
   (5) 其他經主管機關核准之運用方式。
5. 除金融資產證券化條例或資產證券化計畫另有規定者外，特殊目的公司不得借入款項。
6. 前項借入款項之目的，應以依資產證券化計畫配發或償還利益、本金、利息或其他收益為限，並經全體董事同意後為之。
7. 特殊目的公司不得為任何人保證或背書，不適用公司法第16條之規定。公司負責人違反前項規定時，應自負保證及背書責任，如公司或資產基礎證券持有人受有損害時，亦應負賠償責任。
8. 特殊目的公司之負責人，不得就資產基礎證券之募集或發行，為有關經紀或居間買賣資產基礎證券之行為。

(二) 資產基礎證券與轉讓

1. 受託機構得依資產信託證券化計畫，發行各種種類及期間之資產基礎證券。資產基礎證券清償後，資產池之賸餘財產應依資產證券化計畫，分配與殘值受益人。
2. 資產基礎證券應為記名式，其轉讓並應以背書方式為之；且非將受讓人之姓名或名稱、住所通知受託機構，不得對抗受託機構。
3. 資產基礎證券之轉讓，非將受讓人之姓名或名稱記載於該證券，不得對抗第三人。
4. 資產基礎證券以帳簿劃撥方式交付有價證券之發行者，得不印製實體有價證券；其轉讓、買賣之交割、設質之交付等事項，依證券交易法或票券金融管理法之相關規定辦理。

三、資產基礎證券公開召募與私募

(一)**資產基礎證券之公開召募**：特殊目的公司依資產化計畫，對非特定人公開招募資產基礎證券時，特殊目的公司應依證券主管機關規定之方式，向應募人或購買人提供公開說明書。

(二)**資產基礎證券之私募**：特殊目的公司向特定人私募資產基礎證券時，特殊目的公司應依主管機關規定之方式，向應募人或購買人提供投資說明書，並應於資產基礎證券以明顯文字註記，於提供應募人或購買人之相關書面文件中載明。前項特定人之範圍、投資說明書之內容及受益證券轉讓之限制，由主管機關定之。

其特定人之對象與特殊目的之信託受益證券、不動產證券化條例所規範相同。

(三)**公開說明書或投資說明書應揭露事項**：

公開說明書或投資說明書之內容，除依證券主管機關或主管機關之規定外，應充分揭露下列事項：

1.資產基與創始機構之存款或其他負債無關，亦不受中央存款保險公司存款保險之保障。

2.特殊目的公司機構不保證信託財產之價值。

3.資產基礎證券持有人之可能投資風險，以及其相關權利。

4.特殊目的信託契約之重要事項。

四、特殊目的公司之會計

(一)特殊目的公司應按資產證券化計畫，就不同種類或期間資產基礎證券之發行條件，分別設置帳簿，就所受讓資產之管理及處分情形作成紀錄，計算其損益及分配金額，並應定期就受讓資產之帳面餘額、已收回之本金或其他利益、待催收與呆帳情形及其他重大訊息，作成報告書，向監督機構報告，並通知各資產基礎證券持有人。

(二)特殊目的公司每會計年度終了，應編年報，並應將經監察人查核之營業報告書及財務報告，於董事決議通過後15日內，向主管機關申報及送交監督機構。

(三)特殊目的公司公開招募資產基礎證券者，並應適用證券交易法第36條之規定辦理申報及公告。其適用範圍由證券主管機關定之。

(四)特殊目的公司向特定人發行資產基礎證券者，應依投資說明書之規定，向資產基礎證券持有人寄發財務報告。

五、相關稅賦處理

與特定目的信託相同。

六、監督機關之設置

(一) 特殊目的公司發行資產基礎證券時，為保護資產基礎證券持有人之權益，應依資產證券化計畫之規定，選任監督機構，並簽訂監督契約。但不得選任該資產證券化計畫所載之創始機構或服務機構為監督機構。

(二) 監督機構應以善良管理人之注意義務，為資產基礎證券持有人之利益，依融資產證券化條例之規定行使權限及履行義務，並負忠實義務。

(三) 監督機構得以自己名義，為資產基礎證券持有人為訴訟上或訴訟外之行為。

(四) 監督機構非經資產基礎證券持有人會議決議，並經法院認可，不得為免除或減輕特殊目的公司依資產證券化計畫所應負之給付責任及義務，或與特殊目的公司為訴訟上或訴訟外之和解。

(五) 監督機構為前項所定之行為時，應公告及通知各資產基礎證券持有人。監督機構得隨時查核特殊目的公司及服務機構關於資產證券化之業務、財務狀況及其簿冊文件，並得請求特殊目的公司之董事提出報告。

(六) 監督機構違反第2項所定之義務時，應對資產基礎證券持有人負損害賠償之責任。

七、資產基礎證券持有人之權益

(一) 資產基礎證券持有人有受領特殊目的公司依資產證券化計畫配發或償還之本金、利益、孳息或其他收益之權利。

(二) 監督機構應以善良管理人之注意義務，為資產基礎證券持有人之利益，依本條例之規定行使權限及履行義務，並負忠實義務。

(三) 監督機構得以自己名義，為資產基礎證券持有人為訴訟上或訴訟外之行為。

(四) 監督機構非經資產基礎證券持有人會議決議，並經法院認可，不得為免除或減輕特殊目的公司依資產證券化計畫所應負之給付責任及義務，或與特殊目的公司為訴訟上或訴訟外之和解。

(五) 監督機構為前項所定之行為時，應公告及通知各資產基礎證券持有人。

(六) 監督機構得隨時查核特殊目的公司及服務機構關於資產證券化之業務、財務狀況及其簿冊文件，並得請求特殊目的公司之董事提出報告。

(七) 持有同次資產基礎證券單位總數3%以上之持有人，得檢具書面理由，請求監督機構檢查特殊目的公司之業務及財務狀況。

(八)持有同次資產基礎證券單位總數3%以上之持有人，得以書面附具理由，向特殊目的公司請求閱覽、影印或抄錄其依前條所編製之報告書及財務報告。

八、信用評等及信用增強

(一)公開召募之證券應先經信用評等機構評等

特殊目的公司或受託機構對非特定人公開招募之資產基礎證券或受益證券，應經主管機關認可之信用評等機構評定其評等等級。

(二)信用增強方式

受託機構或特殊目的公司發行之受益證券或資產基礎證券，得依資產信託證券化計畫或資產證券化計畫之規定，由創始機構或金融機構以擔保、信用保險、超額資產、更換部分資產或其他方式，以增強其信用。

(三)信用評等及增強方式資訊之揭露

受託機構或特殊目的公司發行之受益證券或資產基礎證券，有經信用評等機構評定其等級或增強其信用之情形者，應於公開說明書、投資說明書或主管機關規定之其他文件，說明其信用評等之結果及信用增強之方式，不得有虛偽或隱匿之情事。

九、主管機關行政監督

(一)檢查權

1. 主管機關得隨時派員或委託適當機構，就資產信託證券化計畫或資產證券化計畫之執行狀況及其他相關事項，檢查受託機構、特殊目的公司、創始機構、服務機構或其他關係人之業務、財務或其他有關事項，或令其於限期內據實提報財務報告、財產目錄或其他有關資料及報告。
2. 主管機關於必要時，得委託專門職業及技術人員，就前項規定應行檢查事項、報表或資料予以查核，並向主管機關據實提出報告，其費用由被查核人負擔。

(二)處分權

受託機構違反本條例或資產信託證券化計畫者，主管機關得命其將該業務及信託財產移轉與其他受託機構，或準用信託業法第44條之規定。特殊目的公司違反本條例、章程或資產證券化計畫或財務或業務顯著惡化，不能支付其債務或有損及持有人利益之虞者，主管機關除得予以糾正、命其限期改善外，並得視情節之輕重，為下列處分：

1.撤銷或廢止許可。
2.限期停止全部或部分業務。
3.解除董事、監察人之職務。
4.將其業務及受讓資產移轉與其他指定之人。
5.停止發行資產基礎證券。
6.其他必要之處置。

(三) **受託機構辦理特殊目的信託業務有下列情事之一者，準用信託業法第41條之規定：**

1.召集受益人會議。
2.未依資產信託證券化計畫按時分配信託利益。
3.其他足以影響受益人權益之重大情事。

受託機構辦理特殊目的信託業務有信託業法第41條及前項所定之情事者，如特殊目的信託設有信託監察人時，並應通知信託監察人。

(四) **特殊目的公司有下列情事之一者，應於事實發生之日起2個營業日內，向主管機關申報及通知監督機構，並應於本公司所在地日報或依主管機關所指定之方式公告：**

1.存款不足之退票、拒絕往來或其他喪失債信情事者。
2.因訴訟、非訟、行政處分或行政爭訟事件，對公司財務或業務有重大影響者。
3.有依本條例召集資產基礎證券持有人會議之情事者。
4.董事、監察人發生變動者。
5.未依資產證券化計畫按時配發或償還利益、本金、利息或其他收益者。
6.有本條例所定應予解散事由者。
7.其他足以影響特殊目的公司之營運或資產基礎證券持有人權益之重大情事者。

〔牛刀小試〕

( ) **1** 依金融資產證券化條例規定，有關特殊目的公司之敘述，下列何者錯誤？ (A)不得為任何人保證或背書 (B)最多設置董事三人 (C)不得由金融機構組織設立 (D)除得經營資產證券化業務外，不得兼營其他業務。 【第41期】

( ) **2** 金融資產證券化符合資格受益人提出召集受益人會議之請求後，原則上有召集權之人至遲應於幾日內召集受益人會議？ (A)5日 (B)10日 (C)15日 (D)20日。【第40期】

( ) **3** 有關特殊目的公司發行資產基礎證券，下列敘述何者錯誤？ (A)採核准或申報生效 (B)提出資產信託證券化計畫 (C)資產信託證券化計畫應記載創始機構之名稱 (D)承諾資產基礎證券之收益率。【第40期】

( ) **4** 依金融資產證券化條例規定，有關特殊目的公司借入款項之敘述，下列何者錯誤？ (A)絕對不得借入款項 (B)借入款項應經全體董事同意 (C)得依資產證券化計畫之規定借入款項 (D)借入款項應依資產證券化計畫以配發或償還利益、本金、利息或其他利益為限。【第39期】

( ) **5** 依金融資產證券化條例規定，有關特殊目的公司之設立，下列敘述何者錯誤？ (A)特殊目的公司之股東應有二人以上 (B)特殊目的公司應由金融機構組織成立 (C)創始機構與特殊目的公司不得為同一關係企業 (D)特殊目的公司之組織型態為股份有限公司。【第39期】

解答與解析

1 (C)。金融資產證券化條例第54條：特殊目的公司應由金融機構組織設立，為股份有限公司，其股東人數以一人為限。

2 (C)。金融資產證券化條例第24條：受益人會議，由受託機構或信託監察人召集之。持有本金持分總數百分之三以上之受益人，為受益人之共同利益事項，得以書面記明提議事項及理由，請求前項有召集權之人召集受益人會議。前項請求提出後十五日內，有召集權之人不為召集或因其他理由不能召集時，持有本金持分總數百分之三以上之受益人，得報經主管機關許可後自行召集。

3 (D)。金融資產證券化條例第73條：特殊目的公司發行資產基礎證券，應檢具申請書或申報書及相關文件，載明法定事項，向主管機關申請核准或申報生效。但不包括承諾資產基礎證券之收益率。信託業不能提供收益保證承諾。

4 (A)。依金融資產證券化條例第88條規定，除本條例或資產證券化計畫另有規定者外，特殊目的公司不得借入款項。前項借入款項之目的，應以依資產證券化計畫配發或償還利益、本金、利息或其他收益為限，並經全體董事同意後為之。

5 (A)。金融資產證券化條例第54條：特殊目的公司應由金融機構組織設立，為股份有限公司，其股東人數以一人為限。

精選試題

( ) 1 銀行不得因擔任金融資產證券化條例之創始機構，為銀行法第32條及第33-2條禁止之無擔保授信，並以該授信債權為金融資產證券化條例之資產，但下列哪些情形不在此限？ A.土地貸款 B.建築貸款 C.政府貸款 D.符合主管機關規定額度內之消費者貸款 (A)僅AB (B)僅BC (C)僅CD (D)僅AD。 【第35期】

( ) 2 有關金融資產證券化之特性，下列敘述何者正確？ (A)由創始機構發行有價證券 (B)其信用評等與創始機構有關 (C)創始機構應移轉資產予服務機構 (D)投資人之收益來自特定金融資產之現金流量。 【第33期】

( ) 3 依金融資產證券化條例規定，信託監察人及監督機構均為投資人之保護機構，下列敘述何者錯誤？ (A)信託監察人得由受益人會議決議所選任 (B)信託監察人得由受託機構依特殊目的信託契約之約定所選任 (C)監督機構係由特殊目的公司依資產證券化計劃之規定所選任之銀行或信託業 (D)監督機構係由特殊目的公司依資產證券化計劃所載之創始機構或服務機構擔任。 【第33期】

( ) 4 特殊目的信託係指以金融資產證券化為目的，由下列何者與受託機構簽訂特殊目的信託契約？ (A)創始機構 (B)承銷機構 (C)服務機構 (D)信用增強機構。 【第33期】

( ) 5 依金融資產證券化條例規定，創始機構得移轉信託之標的，下列何者錯誤？ (A)房屋貸款債權 (B)汽車貸款債權 (C)不動產 (D)信用卡債權。 【第32期】

( ) 6 依金融資產證券化條例規定，受益證券或資產基礎證券之私募，其符合主管機關所定條件之自然人、法人或基金之應募人總數，不得超過多少人？ (A)15人 (B)35人 (C)50人 (D)100人。 【第32期】

( ) 7 受託機構依資產信託證券化計畫提供投資人之公開說明書，所應充分揭露事項，下列何者正確？ (A)受託機構保證信託財產之價值 (B)受益證券受中央存保公司存款保險之保障 (C)受益證券持有人之可能投資風險 (D)受益證券與創始機構之存款或其他負債有關。 【第31期】

( ) **8** 依金融資產證券化條例規定，持有同次資產基礎證券單位總數多少以上之持有人得檢具書面理由，請求監督機構檢查特殊目的公司之業務及財務狀況？ (A)千分之一 (B)千分之三 (C)百分之一 (D)百分之三。【第29期】

( ) **9** 下列何者非屬金融資產證券化之市場參與者？ (A)投資人 (B)創始機構 (C)不動產估價師 (D)特殊目的公司。【第22期】

( ) **10** 依金融資產證券化條例規定，對非特定人公開招募之資產基礎證券或受益證券之信用評等要求，下列何者正確？ (A)不需要 (B)依市場需要 (C)由受託機構決定 (D)強制要求。【第20期】

( ) **11** 依金融資產證券化條例規定，有關特殊目的公司之組織型態，下列何者正確？ (A)股份有限公司 (B)有限公司 (C)兩合公司 (D)無限公司。【第19期】

( ) **12** 依金融資產證券化條例規定，下列何者非屬公開說明書或投資說明書應充分揭露事項？ (A)受託機構不保證信託財產之價值 (B)特殊目的信託契約之重要事項 (C)受益證券如經信用評等即可確保其收益 (D)受益證券持有人可能投資風險及其相關權利。【第19期】

( ) **13** 受託機構向特定人私募受益證券時，依主管機關規定，應向應募人或購買人提供下列何項文書？ (A)投資說明書 (B)公開說明書 (C)受託機構資產負債表 (D)公告說明書。【第17期】

( ) **14** 下列何者非屬金融資產證券化之市場參與者？ (A)創始機構 (B)特殊目的公司 (C)投資人 (D)不動產估價師。【第16期】

( ) **15** 下列何者非屬金錢信託業務？ (A)共同信託基金 (B)企業員工持股信託 (C)金融資產證券化信託業務 (D)特定金錢信託投資連動式債券。【第16期】

( ) **16** 依金融資產證券化條例規定，受託機構得將信託財產之管理及處理，委任服務機構代為處理，應於下列何項文件中載明始得為之？ (A)申請書 (B)避險計畫 (C)受益人名冊 (D)資產信託證券化計畫。【第14期】

( ) **17** 對非特定人公開招募之資產基礎證券或受益證券之信用評等要求，下列何者正確？ (A)不需要 (B)依市場需要 (C)由受託機構決定 (D)強制要求。【第11期】

( ) **18** 有關金融資產證券化對金融機構之效益，下列何者錯誤？ (A)降低資金調度成本 (B)處分自有不動產 (C)分散金融資產風險 (D)提高金融資產之流動性。 【第13期】

( ) **19** 有關金融資產證券化之受益證券，下列敘述何者錯誤？ (A)得為無記名式 (B)得以無實體方式發行 (C)得採公開招募或私募 (D)得發行各種種類或期間之受益證券。 【第36期】

( ) **20** 有關金融資產證券化受益權與受益證券之敘述，下列何者錯誤？ (A)可設計為權利層次不同之受益權 (B)殘值受益人無需藉由受益證券表彰所享有之受益權 (C)實體受益證券得設計為無記名式 (D)實體受益證券應由受託機構之代表人簽名、蓋章，並經簽證。 【第22期】

( ) **21** 有關金融資產證券化受益證券之敘述，下列何者正確？ (A)受益證券得為記名式或無記名式 (B)受益證券不得以帳簿劃撥方式交付 (C)實體受益證券免經簽證機構簽證 (D)受益證券喪失時，受益人得為公示催告之聲請。 【第19期】

( ) **22** 依金融資產證券化條例規定，受託機構應備置特殊目的信託契約書之副本或謄本及受益人名冊，有關得請求閱覽、抄錄或影印該文書者，下列何者錯誤？ (A)各受益人 (B)信託監察人 (C)不特定多數人 (D)因受託機構處理特殊目的信託事務所生債務之債權人。 【第17期】

( ) **23** 有關金融資產證券化之敘述，下列何者錯誤？
(A)公開招募時，應強制信評
(B)特殊目的信託受託機構通常自行收取金融資產之現金流量
(C)特殊目的公司得委任創始機構管理處分信託財產
(D)創始機構得擔任服務機構。 【第16期】

( ) **24** 依金融資產證券化條例規定，我國金融資產證券化採特殊目的信託架構者，有關受益證券之敘述，下列何者錯誤？
(A)受益證券屬有價證券，有助於受益權之流通性及變現性
(B)受益證券僅限於記名式，原則上應以記名背書方式轉讓
(C)受益證券之轉讓，非將受讓人之姓名或名稱記載於該受益證券，不得對抗受託機構
(D)受益證券得以無實體方式發行，其轉讓、買賣之交割、設質之交付，以帳簿劃撥方式取代之。 【第16期】

( ) **25** 創始機構與特殊目的公司辦理資產移轉，於符合下列何條件後，可推定為民法第二百四十四條第二項所定之有償行為？ A.資產移轉符合一般公認會計原則 B.創始機構依資產證券化計畫取得讓與資產之對價 C.於資產證券化計畫所載受讓時間內辦理資產之移轉手續 D.經法院之核可 (A)A.B.C (B)B.C.D (C)A.B.D (D)A.C.D。 【第10期】

( ) **26** 受託機構依資產信託證券化計畫清償受益證券後，資產池之賸餘財產應分配予下列何者？ (A)信託監察人 (B)優先順位受益證券之受益人 (C)殘值受益人 (D)服務機構。 【第9期】

( ) **27** 有關金融資產證券化之創始機構將金融資產移轉予特殊目的機構之會計項目，下列何者正確？ (A)出售資產 (B)借入款項 (C)同業往來 (D)票據貼現。 【第9期】

( ) **28** 有關金融資產證券化之特性，下列何者錯誤？
(A)由創始機構發行有價證券
(B)金融資產之現金流量可委由服務機構代為管理
(C)投資人之利益來自特定金融資產之現金流量
(D)特定金融資產為信用評等之基礎。 【第9期】

( ) **29** A銀行聘用B銀行擔任諮詢顧問機構，將企業貸款債權信託移轉予C銀行，並由D券商負責承銷受益證券，下列何者應依規定向主管機關提出資產信託證券化計畫之申請？ (A)A銀行 (B)B銀行 (C)C銀行 (D)D券商。 【第8期】

( ) **30** 下列何者為特殊目的公司依資產證券化計畫所發行，以表彰持有人對該受讓資產所享權利之權利憑證或證書？ (A)受益憑證 (B)信託憑證 (C)受益證券 (D)資產基礎證券。 【第8期】

解答與解析

1 (C)。銀行不得因擔任金融資產證券化條例之創始機構，為銀行法第32條及第33-2條禁止之無擔保授信，並以該授信債權為金融資產證券化條例之資產。但下列情形不在此限：(1)符合主管機關規定額度內之消費者貸款。(2)政府貸款。

2 (D)。(A)由受託機構發行有價證券。(B)其信用評等與金融資產有關。(C)創始機構應移轉資產受託機構。

3 (D)。金融資產證券化條例第77條：特殊目的公司發行資產基礎證券時，為保護資產基礎證券持有人之權益，應依資產證券化計畫之規定，選任監督機構，並簽訂監督契約。但不得選任該資產證券化計畫所載之創始機構或服務機構為監督機構。

4 **(A)**。金融資產證券化條例第4條：一、創始機構：指依本條例之規定，將金融資產信託與受託機構或讓與特殊目的公司，由受託機構或特殊目的公司以該資產為基礎，發行受益證券或資產基礎證券之金融機構或其他經主管機關核定之機構。

5 **(C)**。金融資產證券化條例第4條：本條例用詞定義如下：二、資產：指由創始機構收益及處分之下列資產：(一)汽車貸款債權或其他動產擔保貸款債權及其擔保物權。(二)房屋貸款債權或其他不動產擔保貸款債權及其擔保物權。(三)租賃債權、信用卡債權、應收帳款債權或其他金錢債權。(四)創始機構以前三目所定資產與信託業成立信託契約所生之受益權。(五)其他經主管機關核定之債權。

6 **(B)**。受益證券資產基礎證券私募特定人範圍投資說明書內容及轉讓限制準則第2條：受託機構或特殊目的公司僅得對下列對象（以下簡稱特定人）進行受益證券或資產基礎證券之私募：一、銀行業、票券業、信託業、保險業、證券業或其他經主管機關核定之法人、機構或基金。二、符合主管機關所定條件之自然人、法人或基金。前項第2款之應募人總數，不得超過三十五人。

7 **(C)**。金融資產證券化條例第17條第4項：第1項之公開說明書或第3項投資說明書之內容，除依證券主管機關或主管機關之規定外，應充分揭露下列事項：一、受益證券與創始機構之存款或其他負債無關，亦不受中央存款保險公司存款保險之保障。二、受託機構不保證信託財產之價值。三、受益證券持有人之可能投資風險，以及其相關權利。四、特殊目的信託契約之重要事項。

8 **(D)**。金融資產證券化條例第93條：持有同次資產基礎證券單位總數百分之三以上之持有人，得檢具書面理由，請求監督機構檢查特殊目的公司之業務及財務狀況。

9 **(C)**。不動產估價師非市場參與者，僅提出估價報告。

10 **(D)**。金融資產證券化條例第102條：特殊目的公司或受託機構依本條例對非特定人公開招募之資產基礎證券或受益證券，應經主管機關認可之信用評等機構評定其評等等級。

11 **(A)**。金融資產證券化條例第4條：本條例用詞定義如下：…五、特殊目的公司：指依本條例之規定，經主管機關許可設立，以經營資產證券化業務為目的之股份有限公司。

12 **(C)**。金融資產證券化條例第17條第6項：第1項之公開說明書或第3項投資說明書之內容，除依證券主管機關或主管機關之規定外，應充分揭露下列事項：一、受益證券與創始機構之存款或其他負債無關，亦不受中央存款保險公司存款保險之保障。二、受託機構不保證信託財產之價值。三、受益證券持有人之可能投資風險，以及其相關權利。四、特殊目的信託契約之重要事項。

13 **(A)**。金融資產證券化條例第17條：受託機構向特定人私募受益證券時，受託機構應依主管機關規定之方式，向應募人或購買人提供投資說明書，並應於受益證券以明顯文字註記，於提供應募人或購買人之相關書面文件中載明。

14 **(D)**。金融資產證券化不一定需要不動產估價師參與。

15 **(C)**。金融資產證券化信託業務一般為金錢債權及其擔保物權之信託。

16 **(D)**。金融資產證券化條例第10條：資產信託證券化計畫，應記載下列事項：五、信託財產管理處分之方法，與受委任管理及處分該財產之服務機構。

17 **(D)**。金融資產證券化條例第102條：特殊目的公司或受託機構依本條例對非特定人公開招募之資產基礎證券或受益證券，應經主管機關認可之信用評等機構評定其評等等級。

18 **(B)**。金融資產證券化條例第4條第2款資產：指由創始機構收益及處分之下列資產：(一)汽車貸款債權或其他動產擔保貸款債權及其擔保物權。(二)房屋貸款債權或其他不動產擔保貸款債權及其擔保物權。(三)租賃債權、信用卡債權、應收帳款債權或其他金錢債權。(四)創始機構以前三目所定資產與信託業成立信託契約所生之受益權。(五)其他經主管機關核定之債權。故不包括自有不動產（自有不動產可依不動產證券化條例處分之）。

19 **(A)**。金融資產證券化條例第19條：受益證券應為記名式，其轉讓並應以背書方式為之；且非將受讓人之姓名或名稱、住所通知受託機構，不得對抗受託機構。

20 **(C)**。金融資產證券化條例第19條：受益證券應為記名式，其轉讓並應以背書方式為之；且非將受讓人之姓名或名稱、住所通知受託機構，不得對抗受託機構。

21 **(D)**。金融資產證券化條例第19條：受益證券應為記名式，其轉讓並應以背書方式為之；且非將受讓人之姓名或名稱、住所通知受託機構，不得對抗受託機構。受益證券之轉讓，非將受讓人之姓名或名稱記載於該受益證券，不得對抗第三人。受益證券以帳簿劃撥方式交付有價證券之發行者，得不印製實體有價證券；其轉讓、買賣之交割、設質之交付等事項，依證券交易法或票券金融管理法之相關規定辦理。第22條：受益證券喪失時，受益人得為公示催告之聲請。公示催告程序開始後，聲請人得提供相當擔保，請求受託機構履行關於該受益證券之債務。

22 **(C)**。金融資產證券化條例第34條：受託機構應於本機構，備置特殊目的信託契約書之副本或謄本及受益人名冊。各受益人、信託監察人或因受託機構處理特殊目的信託事務所生債務之債權人，得請求閱覽、抄錄或影印前項之文書。

23 **(B)**。因特殊目的機構通常僅為金融資產證券化之導管體，故不自行收取特定金融資產所生之本金及利息，需要委託或信託資產服務機構向債務人收取本金及利息。

24 **(C)**。金融資產證券化條例第19條：受益證券應為記名式，其轉讓並應以背書方式為之；且非將受讓人之姓名或名稱、住所通知受託機構，不得對抗受託機構。受益證券之轉讓，非將受讓人之姓名或名稱記載於該受益證券，不得對抗第三人。受益證券以帳簿劃撥方式交付有價證券之發行者，得不印製實體有價證券；其轉讓、買賣之交割、設質之交付等事項，依證券交易法或票券金融管理法之相關規定辦理。

25 **(A)**。金融資產證券化條例第83條：特殊目的公司於發行資產基礎證券後，創始機構與特殊目的公司應於資產證券化計畫所載之受讓期間內，辦理資產之移轉手續，不得有拖延或虛偽之行為。前項資產之移轉，其會計處理應符合一般公認會計原則（詳見財務會計準則公報第33號）。創始機構依前項規定辦理資產移轉，並依資產證券化計畫取得讓與資產之對價者，推定為民法第244條第2項所定之有償行為。

26 **(C)**。金融資產證券化條例第15條：資產池之賸餘財產應依資產信託證券化計畫，分配與殘值受益人。

27 **(A)**。金融資產證券化後，即不屬於創始機構，相當資產售出，故為出售資產。

28 **(A)**。以特殊目的信託架構作為金融資產證券化之導管體，則創始機構係居於委託人之地位，由受託機構發行各種不同種類及期間之受益證券；如選擇以特殊目的公司架構作為金融資產證券化之導管體，則特殊目的公司於受讓特定金融資產後，由特殊目的公司發行受益證券。金融資產證券化之信用評等，係以證證券化之特定金融資產為之，而非創始機構、受託機構或特殊目的公司。

29 **(C)**。受託人申請之，即C銀行。

30 **(D)**。金融資產證券化條例第4條第7項。

保管銀行業務

依據出題頻率區分，屬：**A** 頻率高

課綱概要

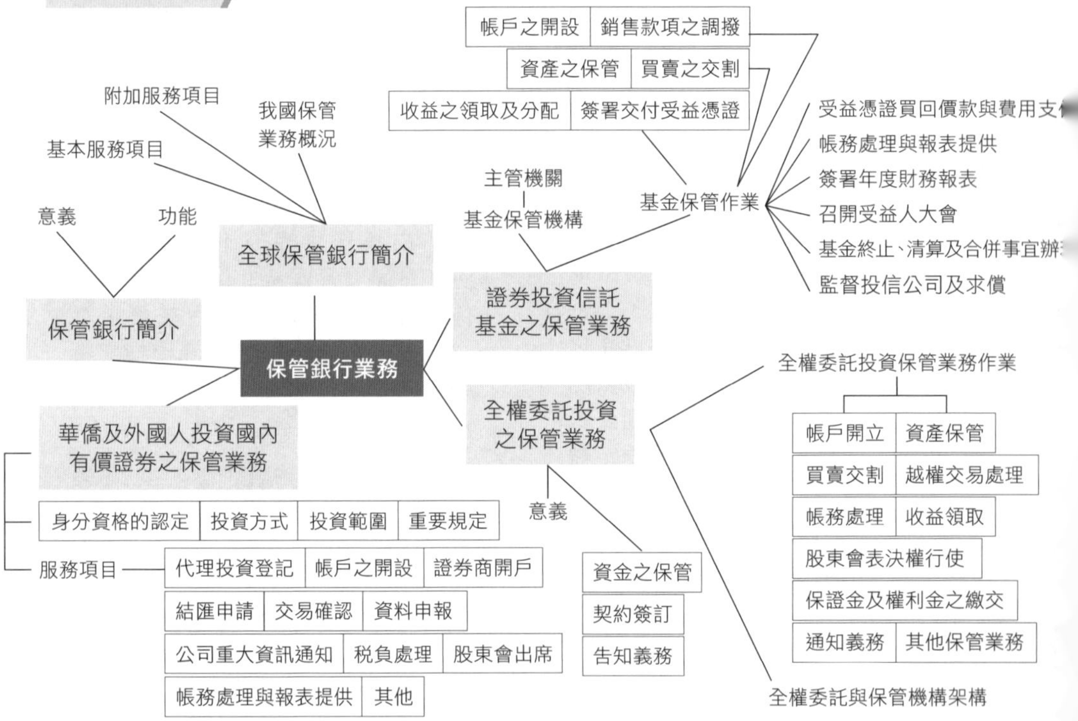

- 保管銀行業務
  - 保管銀行簡介
    - 意義
    - 功能
  - 全球保管銀行簡介
    - 基本服務項目
    - 附加服務項目
    - 我國保管業務概況
  - 證券投資信託基金之保管業務
    - 主管機關
    - 基金保管機構
    - 基金保管作業
      - 帳戶之開設｜銷售款項之調撥
      - 資產之保管｜買賣之交割
      - 收益之領取及分配｜簽署交付受益憑證
      - 受益憑證買回價款與費用支
      - 帳務處理與報表提供
      - 簽署年度財務報表
      - 召開受益人大會
      - 基金終止、清算及合併事宜辦
      - 監督投信公司及求償
  - 全權委託投資之保管業務
    - 意義
      - 資金之保管
      - 契約簽訂
      - 告知義務
    - 全權委託投資保管業務作業
      - 帳戶開立｜資產保管
      - 買賣交割｜越權交易處理
      - 帳務處理｜收益領取
      - 股東會表決權行使
      - 保證金及權利金之繳交
      - 通知義務｜其他保管業務
    - 全權委託與保管機構架構
  - 華僑及外國人投資國內有價證券之保管業務
    - 身分資格的認定｜投資方式｜投資範圍｜重要規定
    - 服務項目
      - 代理投資登記｜帳戶之開設｜證券商開戶
      - 結匯申請｜交易確認｜資料申報
      - 公司重大資訊通知｜稅負處理｜股東會出席
      - 帳務處理與報表提供｜其他

課前導讀

本章節相對容易了解，主要將保管銀行相關運作流程及規範念熟就很容易過關，但為避免意外，此部分考試試題就多唸一下，就能充分掌握考題的變化，因此針對考題所衍生出來的問題與概念能有效理解回答，對後續章節的說明與提示就能有所掌握。

壹 保管銀行簡介　重要度★

一、保管銀行之意義

(一) 又稱保管機構，任何經核准開辦有價證券保管業務之金融機構，均可稱之。通常係指保管證券投資信託基金、共同信託基金、全權委託投資資金及證券商、期貨商、證券投資信託事業及證券投資顧問事業營業保證金等銀行業務。

(二) 目前我國多由商業銀行之信託部辦理此項業務。

二、保管銀行功能種類

服務項目除資產保管外，尚包括買賣交割、過戶登記、收益領取、資料申報、公司重大資訊提供及其他相關服務。保管銀行依其功能及所負擔之責任可分為：

(一) **受寄人**：寄託人為特定目的將其財產交付受寄人，受寄人收取費用，待該項特定目的達成後，再將此財產交還給寄託人或其指定之人。

(二) **代理人**：保管銀行基於委任人之授權代為處理委任人之相關事項。

(三) **受託人**：委託人將其財產權移轉或設定權利予受託人，而受託人依信託契約之規定，為受益人利益或為特定之受託目的，管理或處分財產。

〔牛刀小試〕

(　　) 有關保管銀行之敘述，下列何者錯誤？ (A)在我國又稱保管機構 (B)保管銀行之服務項目不包括收益領取 (C)我國目前多由商業銀行之信託部辦理此項業務 (D)廣義而言，任何經核准開辦有價證券保管業務之金融機構均可稱之為保管銀行。【第40期】

解答與解析

(B)。保管銀行之服務項目包括收益領取。

貳 全球保管銀行簡介 重要度★★

一、全球保管銀行

係指當客戶從事跨國海外投資時，提供其所在地區及其所使用之多種貨幣之保管、買賣、交割及報告之銀行。

(一) 基本服務項目

服務項目	服務種類
1.資產之保管	(1)實體保管。 (2)集中保管。
2.交易之確認	透過次保管確認交易，再辦理交割。
3.有價證券之買賣與交割	(1)帳簿劃撥交割。 (2)實體交割。
4.收益之領取	收現入帳
5.公司重大資訊之通知	隨時將公司重大資訊通告投資人，亦須提供有關當地財經政策重大變動及投資法令修正等各類訊息。例如 (1)公開標購。 (2)合併分割。 (3)除權除息等。
6.報表之提供	(1)交割明細表。 (2)未完成交割明細表。 (3)收益領取明細表。 (4)現金帳戶變動明細表。 (5)庫存資產明細表等。
7.股東權益之行使	(1)代理投票。 (2)新股認購。 (3)認股權證轉換。 (4)可轉換債券之轉換。

(二) 附加服務項目

服務項目	服務內容
1.有價證券之借貸	以出借人之代理人身分，透過各次保管銀行或由其本身將其保管之證券借予當地金融市場之需要者。公司股票、公司債、政府發行之固定收益債券皆可出借。
2.績效分析之評估	係指保管銀行以第三者之客觀立場，為投資人定期提供投資績效之評估、比較及分析等資訊。
3.現金餘額之管理	依照投資人指示，由保管銀行安排現金餘額投資於短期金融工具，或其他可隨時變現之投資工具之額外服務。
4.即時資訊系統之提供	藉銀行開發之系統可使投資人直接進入保管銀行系統，查詢其持股及現金餘額，所投資國家及公司之重大資訊。
5.稅務之管理	隨時為投資人辦理各項稅務管理事務。
6.會計及淨值計算	
7.其他	證券手續費退扣、資產移轉管理、外幣兌換及擔任受託人等服務。

二、我國保管業務概況

(一) 證券投資信託事業募集發行之證券投資信託基金。

(二) 境外外國投資機構及境外華僑及外國自然人投資之有價證券。

(三) 證券投資顧問事業、證券投資信託事業或期貨經理事業經營全權委託投資業務，客戶委任交付或信託移轉之委託投資資產。

(四) 證券商、境外基金管理機構或其指定機構委任之代理人、期貨商（期貨交易轉輔助人）、期貨顧問事業、經營全權委託投資業務之證券投資顧問事業、證券投資信託事業或期貨經理事業等依規定繳存之籌設（設置）保證金或營業保證金。

(五) 保險公司銷售之投資型保險商品專設帳簿資產。

(六) 為發行海外存託憑證而提存之有價證券。

〔牛刀小試〕

(　　) **1** 目前我國保管銀行業務不包括下列何項？
(A)外資投資證券市場之代理、交割、保管事宜
(B)有價證券借貸之仲介事宜
(C)證券投資信託基金之交割、保管事宜
(D)全權委託投資業務之交割、保管事宜。【第16期】

(　　) **2** 有關全球保管銀行提供之基本服務項目，不包括下列何者？
(A)資產之保管
(B)交易之確認
(C)績效分析之評估
(D)公司重大資訊之通知。【第8期】

(　　) **3** 全球保管銀行應為投資人行使之股東權利不包括下列何者？
(A)有價證券之借貸　(B)代理投票
(C)認股權證轉換　(D)可轉換債券轉換。【第7期】

(　　) **4** 有關全球保管銀行之基本服務項目，下列敘述何者正確？
(A)公司重大資訊之通知　(B)現金餘額之管理
(C)會計及淨值之計算　(D)外幣兌換。【第41期】

(　　) **5** 依我國規定，下列何者不需繳存籌設（設置）保證金或營業保證金於保管銀行？
(A)證券商　(B)期貨商
(C)期貨顧問事業　(D)臺灣證券交易所。【第38期】

解答與解析

1 (B)。有價證券借貸之仲介事宜不是保管銀行提供之主要服務。

2 (C)。績效分析評估屬於附加服務項目。

3 (A)。有價證券之借貸屬附加服務項目（非基本服務項目）。

4 (A)。基本服務項目：資產之保管、交易之確認、有價證券買賣之交割、收益之領取、公司重大資訊之通知、報表之提供及股東權利之行使。

5 (D)。證交法第99條：證券交易所應向國庫繳存營業保證金，其金額由主管機關以命令定之。

參 證券投資信託基金之保管業務 重要度★★★★★

一、證券投資信託基金保管機構

(一) 依證券投資信託及顧問法規定，本於信託關係，擔任證券投資信託契約受託人（亦即基金保管機構），依證券投資信託事業之運用指示從事保管、處分、收付證券投資信託基金，並依本法及證券投資信託契約辦理相關基金保管業務之信託公司或兼營信託業務之銀行。

(二) **主管機關：**金管會。

(三) **證券投資信託事業之種類：**

1. 證券投資信託業務。
2. 全權委託投資信託。
3. 其他經主管機關核准之有關業務。

(四) **依證券投資信託及顧問法第22條及證券投資信託基金管理辦法第59條規定，如有下列情形時，除經主管機關核准外，不得為之：**

1. **有下列情形之一者，不得擔任基金保管機構：**
   (1) 經本會依證券投資信託及顧問法本法第115條規定處分，處分期限尚未屆滿。
   (2) 未符合經本會核准或認可之信用評等機構評等達一定等級以上。
2. **信託公司或兼營信託業務之銀行有下列情形之一，除經金管會核准外，不得擔任各該證券投資信託事業之基金保管機構：**
   (1) 投資於證券投資信託事業已發行股份總數達10%以上。
   (2) 擔任證券投資信託事業董事或監察人；或其董事、監察人擔任證券投資信託事業董事、監察人或經理人。
   (3) 證券投資信託事業持有其已發行股份總數達10%以上。
   (4) 由證券投資信託事業或其代表人擔任董事或監察人。
   (5) 擔任證券投資信託基金之簽證機構。
   (6) 與證券投資信託事業屬於同一金融控股公司之子公司，或互為關係企業。
   (7) 其他經主管機關規定不適合擔任基金保管機構。
   (8) 董事、監察人為法人者，其代表或指定代表行使職務者，準用前項第2款規定。第2項第6款所稱子公司，指金融控股公司法第4條所稱之子公司。證券投資信託事業應訂定基金保管機構遴選標準，並執行之。

(五)擔任基金保管機構，需符合主管機關認可之信用評等機構評等達一定等級以上者。

信用評等機構名稱	長期債務信用評等等級	短期債務信用評等等級
A.M. Best Company, Inc.	bbb-	AMB-3
DBRS Ltd.	BBBL	R-3
Fitch Ratings Ltd.	BBB-	F3
Japan Credit Rating Agency, Ltd.	BBB-	J3
Moody's Investor Services, Inc.	Baa3	P-3
Rating and Investment Information, Inc.	BBB-	a-3
Standard & Poor's Rating Services	BBB-	A-3
Egan-Jones Rating Company	BBB-	A-3
中華信用評等股份有限公司	twBBB-	twA-3
澳洲商惠譽國際信用評等股份有限公司臺灣分公司	BBB-（twn）	F3（twn）

二、證券投資信託基金保管作業

擔任基金保管機構應提供的主要作業服務項目，如下：

(一)**帳戶之開設**

1. 投信公司募集證券信託基金，必須先經主管機關核准或申報生效。
2. 同時先向稅捐稽徵機構辦理扣繳單位統一編號之申請。
3. 保管機構依核准或申報生效後之「○○銀行信託部受託保管○○證券投資信託基金專戶」之名稱設立帳戶。
4. 再於投信公司及保管機構指定之金融機構開設活期存款及支票存款帳戶，以便於日後辦理有價證券之買賣事宜。
5. 同時須在集保公司參加人帳戶下，開設集中保管帳戶。

(二)**銷售款項之調撥**：基金保管機構應於規定時間內將銷售款項匯入保管機構指定之各基金存款專戶。

(三) 資產之保管

1. 應以基金保管機構之基金專戶名義登記。
2. 按基金帳戶別，獨立設帳保管證券投資信託基金。
   (1) 投信公司募集之信託基金，與其本身事業及保管機構之自有財產應分別獨立。
   (2) 基金所持有之財產，應登記為基金保管機構名義下某證券投資信託基金專戶。
   (3) 但持有外國之有價證券及證券相關商品，得依基金保管機構與國外受託保管機構所訂定之契約辦理。
3. 應盡善良管理人之注意義務及忠實義務。

(四) 買賣之交割

1. 由基金保管機構與集保結算所以帳簿方式辦理：目前我國股票買賣交割已全面辦理款券帳簿劃撥交割。
2. **交割作業應注意重點事項**
   (1) 擔任投信公司保管業務之保管機構應於「一週內」完成相關交易之基本資料建檔，且回報投信公司，投信公司始得進行交易。
   (2) 交割指示若未於規定期間送達者，保管機構得拒絕辦理，惟應於交割指示到達之時起「1小時內」通知投信公司。
   (3) 保管機構如發現有下列情事，應拒絕指示辦理交割，並通知證券投資信託公司補正：
      A. 交易內容不符相關法令或信託契約。
      B. 證券投資信託公司之交割指示內容不明確、要件不齊或有權人簽章不符等情事。
   (4) 款券應同時交割，費用應依信託契約規定辦理，交割時若基金存款不足，保管機構依相關法令規定不得墊款，亦不得抵用交換票據。
   (5) 保管機構於交割前應連繫交易對象以確認交割事宜，並經複核程序始得辦理交割，交割程序應作成紀錄，並經複核後，併同其他交易憑證留存、歸檔，並以書面回報證券投資信託公司及交易對象。
3. **交割作業準則**
   (1) 交割前作業
      A. 基本資料之建立
         a. 有權人員簽章樣式之留存：為確保交割作業安全，保管機構應取得投信公司有權人員之簽章樣本或（及）密碼，憑以確認交割指示資料之有效性。

b.交易對象基本資料之建立：保管機構應於投信公司通知擬交易對象後，自行取得該交易對象之銀行存款帳號、戶名及交易帳號等基本資料，並應將相關之交割帳戶建檔管理。

c.交易標的樣張或印模或其他可資辨識標記之蒐集：保管機構依投信公司通知擬交易對象後應自行建立交易標的之樣張或印模或其他可資辨識標記並建檔，以備交易標的真偽之辨識。

d.基本資料建檔之回報：保管機構應於投信公司通知送達十個營業日完成相關交易之基本資料建檔且回報投信公司後，投信公司始得進行交易。交易對象如無法提供基本資料予保管機構建檔，保管機構應先通知投信公司。

B. 交割指示之確認

a. 對投信公司之確認

I. 交易內容之確認：保管機構應複核交割指示包含交易標的、交易價格、交易款項等必要記載內容，並以善良管理人之注意，確認交易標的是否符合相關法令及證券投資信託契約之規定。

II. 有權人員簽章之確認：保管機構得認定符合左列方式中之任一方式為單獨有效指示：

i.書面指示：應經投信公司有權人員簽章。

ii.傳真指示：符合投信公司與保管機構事先書面約定顯由投信公司發出，並經投信公司有權人員簽章。

iii.電子傳輸：核符雙方交換之密碼，惟對ii、iii項未經事先書面約定或交換密碼時，應事後補發書面指示正本。

保管機構得視事實需求，另向投信公司相關人員確認，並作成書面紀錄留存。

b.交易對象之確認保管機構依據建檔資料，聯繫基金交易對象（不含股票交易對象）確認包含交割時間、地點、收付款項及收付標的方式等交割事宜，並依交割指示辦理交割。上開確認應留存紀錄備查。

c.交割指示內容不明確、指示之要項不齊全、有權人員簽章不符或欠缺、或交易內容不符法令與證券投資信託契約規定者，保管機構應拒絕依交割指示辦理交割，並儘速通知投信公司補正，書面交割指示應經投信公司編號，由保管機構依序建檔保存。

d.交易內容異常者，保管機構應向投信公司確認。

(2) 交割作業

A. 保管機構於辦理交割時，應以善良管理人之注意義務，核對交易內容與投信公司之指示內容相符始得辦理交割。保管機構於辦理交割時，除依『證券商管理規則』第42條第3項及『證券經紀商受託買賣有價證券製作委託書買賣報告書及對帳單應行記載事項準則』第5條規定得免辦理交割單據之簽章者外，應確認交易對象所派交割人員之身分，辨識交易標的本身或印鑑或簽章字樣之真偽。

B. 交割方式

a.保管機構對交易事項原則上應款券同時交割，費用則依基金信託契約之規定辦理。

b.依現行交割實務（例如交易對象為外埠地區）或因清算系統作業致款券無法同時交割者，保管機構得以先付款後收券或先付券後收款之方式辦理交割者。

c.證券投資信託基金投資國外有價證券時，得依基金保管機構與國外受託保管機構所訂契約辦理。

C. 款項之支付方式

a.一般交易對象：有關基金資產之交割事宜，而款項支付之方式係由投信公司指示，經保管機構同意後以票據或匯款為之。

b.基金贖回款項：限匯入受益人本人帳戶或開立受益人為抬頭人之禁止背書轉讓票據，或匯入受益入指定轉申購之原投信公司經理之基金專戶。

c.基金存款不足時，保管機構應依相關法令規定不得墊款，亦不得抵用待交換票據。

D. 交易憑證之留存交割流程除依『證券商管理規則』第42條第3項及『證券經紀商受託買賣有價證券製作委託書買賣報告書及對帳單應行記載事項準則』第5條規定得免辦理交割單據之簽章者外，應作成紀錄並經複核後，併同其他有關憑證留存歸檔。

E. 交割指示作業之合理時間證券投資信託基金投資國內有價證券時，交割指示作業之合理到達時間依交易日（T）區分為：

a.第T日交割者：T日下午一時前。

b.第T+1日交割者：T+1日保管機構營業時間開始以前。

c.第T+2日（含）以上交割者：T+1日保管機構營業時間截止前。

d.依雙方協議時間辦理。

交割指示如未於前述期間內送達者，保管機構得拒絕辦理交割，惟倘拒絕依交易指示內容辦理交割，保管機構應於交割指示到達之時起1小時內通知投信公司。

F. 保管機構依投信公司交割指示，且已盡善良管理人之注意義務完成交割者，即解除交割責任。惟保管機構如發現投信公司之指示違反法令或證券投資信託契約規定時，保管機構應拒絕依交割指示辦理交割，並陳報主管機關。

(3)交割後作業

A.保管機構不論交割完成與否，均應以書面回報投信公司，以利勾稽並俾明確其責任。

B.保管機構辦理基金資產交割作業所作成之書面紀錄及投信公司交割指示函，至少保存五年。

4. **收益之領取及分配**

(1)收益分配：依投信公司提供之收益分配數據，擔任基金分配之給付人與扣繳義務人以「○○基金可分配收益專戶」之名義存入獨立帳戶，不再視為基金資產一部分，但所生孳息應併入證券投資信託基金資產。

(2)現金股利之發放：目前採直接匯入或郵寄支票方式，保管機構於收到款項後入帳即可。

(3)股票股利或現金增資股票發放：經由證券集中保管公司以劃撥方式撥入保管機構之證券投資信託基金帳上。

(4)實體債券之還本付息：由保管機構配送至指定之金融機構兌領。

5. **簽署交付受益憑證**

(1)簽署：受益權證應由證券投資信託公司及保管機構應在正面上共同簽署證明之。

(2)交付：開放式基金投資人申購時，證券投資信託公司應於保管機構收足款項之「7個營業日內」與保管機構共同簽署後之受益憑證交付投資人。目前市場係以「保管條」或「對帳單」代替。

6. **受益憑證買回價款與費用支付**

(1)買回次一營業日起5個營業日內給付買回價金。

(2)其贖價格以投資人請求買回之書面或電子資料到達投信公司或其代理機構次一營業日之基金淨值核算之。

(3) 基金贖回款項限匯入受益人本人帳戶或開立受益抬頭人禁止背書轉讓票據或匯入受益人指定原申購之基金專戶。

(4) 由保管機構依投信公司指示從基金資產中支付，依投信公司及信託契約約定報酬及各種應支付之費用，包括投信公司與保管機構報酬、應付稅捐、取得或處分基金資產之直接成本及經紀商佣金等

7. **帳務處理及報表提供**

(1) 依基金每日之交易明細作帳務處理，保管機構應依據證券投資信託基金「每日」交易明細做帳，會計原則採「現金收付制」。

(2) 配合投信編製各項表冊，於次月5個營業日內交付投信，由投信編製基金檢查表、資產負債報告書、庫存資產調節表及相關報表，由保管機構副署後，於每月10日前送投信投顧公會轉送主管機關備查。

8. **簽署年度財務報表**

投信公司應於會計年度終了後「2個月內」編具年報，送交投信投顧公會轉送主管機關備查。此項年度報表應經主管機關核准之會計師查核簽證，並經主管機關核准保管機構簽署後，並由投信公司公告之。

9. **召開受益人大會**

(1) 依法律、命令或證券投資信託契約規定，應由受益人會議決議之事項發生時，由證券投資信託事業召開受益人會議。

(2) 證券投資信託事業不能或不為召開時，由基金保管機構召開之。

(3) 基金保管機構不能或不為召開時，依證券投資信託契約有關「受益人大會規則」之規定或由受益人自行召開。

(4) 均不能或不為召開時，由主管機關指定之人召開之。

(5) 召開受益人會議費用，原則由證券投資信託基金負擔。

10. **基金終止、清算及合併事宜辦理**：證券投資信託基金存續期間屆滿或終止，投信公司應於「3個月」內清算證券投資信託基金，若投信公司因故不能擔任基金清算人時，保管機構應負責辦理基金之清算事宜，包括處分財產、收回債權、清償債務後，再分配清算後餘額，依受益權單位之比率分派予投資人。

11. **監督投信公司及求償**：當投信公司發生因故意或過失，以致損害基金資產時，保管機構應為基金向其求償；若投信公司如有違反證券投顧信託契約或相關法令之事項，保管機構應通知投信公司依證券投資信託契約或相關法令履行其義務，並應即呈報主管機關，並抄送同業公會。

〔牛刀小試〕

(　) **1** 證券投資信託基金存續期間屆滿或發生符合證券投資信託契約終止情事必須清算時，由保管機構擔任清算人，若無正當理由，保管機構應於主管機關核准清算後於何期限內完成基金清算？ (A)一個月 (B)三個月 (C)六個月 (D)一年。【第41期】

(　) **2** 投資國內之開放型證券投資信託基金如有投資人申請買回受益憑證，下列敘述何者錯誤？ (A)保管銀行得以匯款支付買回價金 (B)投資人申請買回文件不齊時，不得支付買回價金 (C)保管銀行所開立之支票得由買回人指定任一受款人 (D)原則上保管銀行應於投資人買回請求到達之次一營業日起五個營業日內給付買回價金。【第41期】

(　) **3** 依證券投資信託及顧問法辦理基金保管業務之信託公司或兼營信託業務之銀行從事保管、處分、收付證券投資信託基金，係以何種法制關係？ (A)受寄關係 (B)代理關係 (C)買賣關係 (D)信託關係。【第41期】

(　) **4** 下列何者非為證券投資信託基金保管機構解任之條件？ (A)基金保管機構解散 (B)基金保管機構停業 (C)基金保管機構歇業 (D)基金保管機構更換負責人。【第41期】

(　) **5** 有關保管銀行之敘述，下列何者錯誤？ (A)境外外國人投資之國內有價證券不須指定保管銀行保管 (B)保險公司銷售之投資型保險商品專設帳簿資產須指定保管銀行保管 (C)境外外國投資機構投資人投資之國內有價證券須指定保管銀行保管 (D)經營全權委託投資業務之證券投資顧問事業依規定繳存之營業保證金須指定保管銀行保管。【第41期】

解答與解析

1 (B)。證券投資信託及顧問法第47條：證券投資信託契約終止時，清算人應於主管機關核准清算後三個月內，完成證券投資信託基金之清算，並將清算後之餘額，依受益權單位數之比率分派予各受益人。但有正當理由無法於三個月內完成清算者，於期限屆滿前，得向主管機關申請展延一次，並以三個月為限。清算人應將前項清算及分配之方式，向主管機關申報及公告，並通知受益人。清算程序終結後應於二個月內，將處理結果向主管機關報備，並通知受益人。

2 (C)。保管機構以受益人為受款人之記名劃線禁止背書轉讓之票據或匯款方式為之。

3 (D)。依信託業法辦理，故為信託關係。

4 (D)。證券投資信託基金管理辦法第63條：基金保管機構因解散、停業、歇業、撤銷或廢止許可事由，致不能繼續從事基金保管業務者，證券投資信託事業應洽由其他基金保管機構承受其基金保管業務，並經本會核准。證券投資信託事業不能依前項規定辦理者，由本會指定其他基金保管機構承受；受指定之基金保管機構，除有正當理由，報經本會核准者外，不得拒絕。基金保管機構保管基金顯然不善者，本會得命其將該基金移轉於經本會指定之其他基金保管機構保管。基金保管機構辭卸保管職務應與證券投資信託事業協議或經受益人會議決議更換保管機構者，應先經本會核准。前四項之承受、移轉或更換事項，應由證券投資信託事業公告之。本會為第2項及第3項之指定或命令前，得由信託業公會協調其他基金保管機構業承受。

5 **(A)**。華僑及外國人投資證券管理辦法第17條：境外華僑及外國人投資國內證券，應指定經金管會核准得經營保管業務之銀行擔任保管機構，辦理有關證券投資之款券保管、交易確認、買賣交割及資料申報等事宜。

肆 華僑及外國人投資國內有價證券之保管業務 重要度★★

一、華僑及外國人投資國內有價證券之保管業務

(一) 身分資格的認定

依華僑及外國人投資證券管理辦法第3條對適用身分的規定：

1. 境內華僑及外國人，指居住於中華民國境內領有華僑身分證明書、持有僑居身分加簽之中華民國護照、外僑居留證之自然人或外國機構投資人。
2. 境外華僑及外國人，指在中華民國境外之華僑及外國自然人（FIDI）或外國機構投資人（FINI）。所稱外國機構投資人，指在中華民國境外，依當地政府法令設立登記者，或外國法人在中華民國境內設立之分公司。
3. 依據行政院於民國71年核定之「引進僑外資投資證券計畫」，採取逐步開放之三階段作法。
   (1) 第一階段：行政院於民國72年5月26日發布「證券投資信託事業管理規則」，開放證券投資信託公司赴海外募集基金，投資國內證券市場。
   (2) 第二階段：行政院於民國79年12月28日修正公布「華僑及外國人投資證券及其結匯辦法」，開放外國專業投資機構（簡稱QFII）直接投資國內證券市場。
   (3) 第三階段：行政院於民國85年3月1日修正「華僑及外國人投資證券及其結匯辦法」，進一步開放一般境外法人及自然人（簡稱GFII）直接投資國內證券。

(4)民國92年9月30日，為配合加速金融改革，擴大我國證券市場規模及加速證券市場國際化，行政院修正發布「華僑及外國人投資證券管理辦法」，取消「QFII制度」，將外資區分為「外國機構投資人」（簡稱FINI）及「華僑及外國自然人」（簡稱FIDI）兩類，FINI投資國內證券完全無額度限制。

4.92年10月2日取消QFII制度後，將GFII自然人部分改稱「境外華僑及外國自然人（FIDI）」；GFII法人部分併入「境外外國機構投資人」內。FIDI指設籍於大陸以外地區，年滿二十歲者。

5.**申請程序方面FINI**：向證交所申請辦理投資登記，並取具中央銀行外匯局同意函。FIDI：向證交所申請辦理投資登記。

6.**投資額度方面FINI**：無額度限制。FIDI：投資額度5百萬美元。

7.**投資範圍方面**：

目前投資之範圍如下：

(1)上市、上櫃公司及興櫃股票公司發行或私募之股票、債券換股權利證書及台灣存託憑證。

(2)證券投資信託基金受益憑證。

(3)政府債券、金融債券、普通公司債、轉換公司債及附認股權公司債。

(4)受託機構公開招募或私募受益證券、特殊目的公司公開招募或私募資產基礎證券。

(5)認購（售）權證。

(6)其他經證券主管機關核定之有價證券。

外資匯入之資金尚未投資國內證券者，得投資於公債、定期存款、貨幣市場工具、貨幣市場基金及從事避險性期貨、選擇權、新台幣利率衍生性金融商品交易；惟該等投資總額度不得超過其匯入資金之30%，但投資買賣斷公債者，不在此限。

(二)**華僑及外國人得依下列方式投資證券**：

1.投資由國內證券投資信託事業發行並於國外銷售之證券投資信託基金受益憑證（以下簡稱國外受益憑證）。

2.投資國內證券。

3.投資由發行公司在國外發行或私募之公司債（以下簡稱海外公司債）。

4.投資由發行公司參與在國外發行或私募之存託憑證（以下簡稱海外存託憑證）。

5.投資由發行公司在國外發行、私募或交易之股票（以下簡稱海外股票）。

(三) **境外華僑及外國人投資國內證券，其投資範圍，以下列為限：**

1.上市、上櫃公司及興櫃股票公司發行或私募之股票、債券換股權利證書及臺灣存託憑證。

2.證券投資信託基金受益憑證。

3.政府債券、金融債券、普通公司債、轉換公司債及附認股權公司債。

4.受託機構公開招募或私募受益證券、特殊目的公司公開招募或私募資產基礎證券。

5.認購（售）權證。

6.其他經金融監督管理委員會（以下簡稱金管會）核定之有價證券。

(四) **境外華僑及外國人投資國內證券之重要規定**

1.境外華僑及外國人投資國內證券，應指定經金管會核准之銀行或證券商擔任保管機構，辦理有關證券投資之款券保管、交易確認、買賣交割及資料申報等事宜；證券商擔任保管機構者，其客戶之款項應專戶存放於金管會核准之銀行。

2.境外華僑及外國人投資國內證券，應指定國內代理人或代表人，辦理國內證券買賣之開戶、國內公司債之交換、轉換或認購股份申請、買入證券之權利行使、結匯之申請及繳納稅捐等各項手續。

3.境外華僑及外國人投資國內證券，所指定代理人、代表人之資格條件如下：

(1)代理人：

A.自然人：具有行為能力者。如為華僑及外國自然人，以居住於中華民國境內領有華僑身分證明書、持有僑居身分加簽之中華民國護照或外僑居留證者為限。

B.法人：依中華民國法律設立，得經營代理業務者為限。

C.外國法人：在中華民國境內設立分公司，得經營代理業務者。

(2)代表人：在我國設有代表人辦事處之代表人或分支機構之負責人。

(3)以法人或外國法人為代理人者，應指定一自然人執行代理業務。

(4)境外外國機構投資人持有公開發行公司之股份者，其表決權之行使，除法令另有規定外，應指派國內代理人或代表人出席為之。

(5)實務上，大多由保管機構擔任國內代理人。

二、保管機構在僑資外資保管業務所提供之服務項目

(一) **代理投資登記：**華僑及外國人投資國內證券，應依台灣證券交易所業務規章規定，檢具相關書件，向台灣證券交易所申請辦理登記。但境內華僑及

外國人投資政府債券、不具股權性質之金融債券、普通公司債及開放型受益憑證者，不在此限。

(二) **帳戶之開設**

1.境外華僑及外國人投資國內證券，應指定國內代理人或代表人申請開設新臺幣帳戶。

2.其指定之開戶代理人，以國內證券商或金融機構為限。

3.境外華僑及外國人投資國內證券及其資金運用，限以保管機構受託保管專戶之名義，在國內金融機構開設活期存款或活期儲蓄存款之新臺幣帳戶。

4.其帳戶僅供交割之用途。

(三) **證券商開戶**

1.華僑及外國人向證券商申請開戶買賣有價證券，應檢具證券交易所或期貨交易所登記文件。

2.須檢具下列文件：

(1)國內代理人授權書或代表人指派書。

(2)國內代理人或代表人之國民身分證、居留證影本或公司登記後之證明文件影本完成登記證明。

(四) **結匯申請**：境外華僑及外國人投資國內證券，其投資本金、投資收益及以借券方式賣出有價證券之價金，得申請結匯。但資本利得及股票股利部分，以已實現者為限。

(五) **交易確認**：境外華僑及外國人委託國內證券商買賣國內證券，應提供委託紀錄，並由指定之保管機構確認交易及辦理交割手續。

(六) **資料申報**：每月終了10日內，編製上一月份證券買賣明細、資金匯入出情形及庫存資料，向外匯業務主管機關申報，同時將資料提供予證券交易所登錄。

(七) **公司重大資訊通知**：境外華僑及外國人資金運用與庫存資料，應由保管機構設帳，逐日詳予登載，並向外匯業務主管機關通報前一日資金匯入出情形；於每月終了10日內，編製上一月份證券買賣明細、資金匯入出情形及庫存資料，向外匯業務主管機關申報，同時將資料提供予證券交易所登錄。

(八) **稅負處理**：境外華僑及外國人資金取得股利及利息收入，給付時扣繳20%稅款，無須辦理結算申報。保管機構應確認其投資人取得之股利及利息收益是否已按規定扣繳稅款。

(九) **股東會出席**

1.境外外國機構投資人持有公開發行公司之股份者，其表決權之行使得依公司法規定以書面或電子方式。

2.亦得指派符合條件之公司或指派國內代理人或代表人以外之人出席行使表決權，惟持有公開發行公司股份未達「30萬」股者，得不指派人員出席股東會。

(十) **帳務處理與報表提供**：保管機夠應依每日交易之行作帳務處理，採「權責發生制」，並依境外華僑及外國人之要求提供各類報表。

(十一) **其他**：有關資產保管、買賣交割及收益領取之作業事項與證券投資信託基金保管作業相同。

〔牛刀小試〕

( ) **1** 有關擔任境外外國機構投資人之國內保管銀行，下列何者正確？ (A)可以代墊交割款項 (B)不可同時擔任境外外國機構投資人之國內代理人 (C)需處理越權交易 (D)應提供證券商開戶之服務。 【第9期】

( ) **2** 有關擔任華僑及外國人投資國內有價證券保管機構之作業，下列敘述何者錯誤？ (A)提供上市櫃公司重大資訊之通知 (B)帳務處理實務採權責發生制 (C)保管機構不得擔任僑外資之國內代理人 (D)以保管機構受託保管專戶名義開設帳戶。 【第40期】

( ) **3** 甲為境外外國機構投資人，委任乙銀行擔任其保管機構及國內代理人，甲欲在丙證券商下單，則應由下列何者為甲向台灣證券交易所辦理投資登記？
(A)甲 (B)乙銀行
(C)丙證券商 (D)不須辦理投資登記。 【第40期】

( ) **4** 僑外資直接投資國內證券所取得之股利及股息收入等，扣繳義務人於給付時，應按給付金額扣繳多少比率稅額，無須再辦理結算申報？ (A)百分之十 (B)百分之二十 (C)百分之二十五 (D)百分之三十。 【第39期】

( ) **5** 有關僑外資投資國內有價證券之資金結匯申請，下列何者需由其委託國內代理人檢附繳納稅捐之證明文件或稽徵機關出具之完稅證明代理結匯之申請？ (A)投資本金之匯出款項 (B)投資收益之匯出款項 (C)投資額度內之匯入款項 (D)超過投資額度之匯入款項。 【第39期】

解答與解析

1 (D)。華僑及外國人投資國內有價證券之保管業務範圍：一、實務上，由於目前提供保管機構服務之外商及本國銀行，均可經營代理業務，故擔任僑外資之保管機構者，亦幾乎均擔任僑外資之國內代理人，須同時辦理代理人或代表人事項。二、代理投資之登記。三、臺幣帳戶及集中保管劃撥帳戶之開設、證券商之開戶。四、結匯之申請、交易之確認、資料之申報。五、公司重大資訊之通知、稅負之處理、股東會之出席、帳務處理與報表之提供。

2 **(C)**。華僑及外國人投資證券管理辦法：境外華僑及外國人投資國內證券，應指定國內代理人或代表人，辦理國內證券買賣之開戶、國內公司債之交換、轉換或認購股份申請、買入證券之權利行使、結匯之申請及稅捐之繳納等各項手續。

3 **(B)**。乙銀行為其保管機構及國內代理人，故由乙銀行為甲向台灣證券交易所辦理投資登記。

4 **(B)**。外國人採以百分之二十課稅。

5 **(B)**。投資收益須課稅，故須檢附繳納稅捐之證明，以避免逃漏稅。

伍 全權委託投資之保管業務 重要度★★★★★

一、全權委託投資業務之意義

依投信投顧法第5條第10款規定，指對客戶委任交付或信託移轉之委託投資資產，就有價證券、證券相關商品或其他經主管機關核准項目之投資或交易為價值分析、投資判斷，並基於該投資判斷，為客戶執行投資或交易之業務。

二、全權委託資金之保管

(一) 契約簽訂

1. 簽訂三方協議書：受任人與客戶簽訂全權委託投資契約後，應將契約副本送交客戶指定之全權委託保管機構，並通知客戶與全權委託保管機構簽訂委任或信託契約；前開契約應由全權委託保管機構與客戶個別簽訂，除法令或金管會另有規定外，不得接受共同之委任或信託。
2. 受任人不得以任何理由保管受託投資資產。
3. 每一全權委託投資帳戶之全權委託保管機構以一家為限。

上述全權委託保管機構之指定，應由客戶行為之。

(二) 告知義務

委任指定之保管機構與投信投顧者有下列控制關係，投信投顧業者應負告知之義務：

1. 投資於證券投資信託事業或證券投資顧問事業已發行股份總數10%以上股份。

2. 擔任證券投資信託事業或證券投資顧問事業董事或監察人；或其董事、監察人擔任證券投資信託事業或證券投資顧問事業董事、監察人或經理人。
3. 證券投資信託事業或證券投資顧問事業持有其已發行股份總數10%以上股份。
4. 由證券投資信託事業或證券投資顧問事業或其代表人擔任董事或監察人。
5. 全權委託保管機構與證券投資信託事業或證券投資顧問事業間，具有其他實質控制關係。

三、全權委託與保管機構架構

(一) 全權委託投資制度運作的主要當事人包括投資人（委任人）、投信投顧公司（受任人）及保管機構（銀行信託部或信託業）三者。

(二) 由投資人與投信投顧公司（受任人）簽訂「全權委託投資契約」委託投信投顧公司代為操作投資，投資人另需委任金融機構並與之簽訂「委任契約」來保管其委託投資的資產及代理投資人辦理買賣證券之相關開戶、交割等事宜。

(三) 與委任人個別簽訂，不得接受共同委任。

(四) 每一帳戶，最多可委任一家保管銀行。

(五) 再由三方當事人共同簽訂「三方權義協定書」，來確認彼此之間的權利義務關係，其制度架構之關係如下圖：

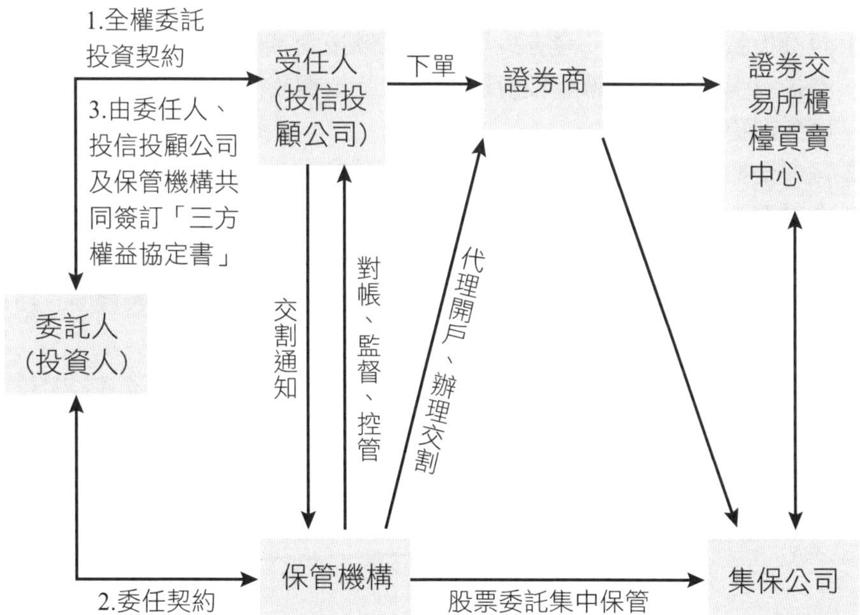

四、全權委託投資保管業務作業

(一)帳戶開立

1.保管機構由客戶自行指定。

2.保管契約應由全權委託保管機構與客戶個別簽訂，除法令或金管會另有規定外，不得接受共同之委任或信託。

3.保管機構執行業務，應先審核全權委託投資契約約定之範圍及限制事項。

4.受任人與客戶及全權委託保管機構共同簽訂三方權義協定書後，通知全權委託保管機構依據委任契約代理客戶與證券商或期貨商簽訂開戶暨受託買賣契約客戶與全權委託保管機構簽訂委任契約者，投資買賣帳戶及期貨交易帳戶應以客戶名義為之，帳戶應載明客戶及受任人名稱，編定戶名。

5.接受開戶之證券商、期貨商或其他交易對象，由客戶自行指定，且不以一家為限；如客戶不為指定而由受任人指定者。全權委託保管機構完成開戶手續後，應將開戶事宜通知客戶。

6.客戶委任同一受任人為全權委託投資時，除下列情形外，不得在同一證券商、期貨商或其他交易對象之同一營業處所開立一個以上之全權委託投資買賣帳戶及期貨交易帳戶。

7.客戶與全權委託保管機構簽訂信託契約者，投資買賣帳戶及期貨交易帳戶應以保管機構名義為之。

(二)資產保管

1.證券投資信託事業或證券投資顧問事業接受客戶之委託投資資產，與證券投資信託事業或證券投資顧問事業及全權委託保管機構之自有財產，應分別獨立。

2.每一全權委託投資帳戶之全權委託保管機構以一家為限。

3.全權委託投資業務之客戶為信託業或其他經金管會核准之事業，得由客戶自行保管委託投資資產並與證券商或期貨商簽訂開戶暨受託買賣契約；客戶為信託業，並以經管之信託財產全權委託受任人管理且自行保管者。

4.受任人接受客戶之委託投資資產，與受任人及保管機構之自有財產，應分別獨立。其保管資產應按受任人別予以區隔，分別設帳管理。

5.經營全權委託投資業務，應按客戶別設帳，按日登載客戶資產交易情形、委託投資資產庫存數量及金額。

6. 受任人及保管機構對其自有財產所負債務，其債權人不得對委託投資資產，為任何之請求或行使其他權利。
7. 應於簽約時將委託投資資產一次全額交由全權委託保管機構保管或信託移轉予保管機構，增加委託投資資產時，亦同。
8. 受任人接受單一客戶委託投資資產之金額不得低於新台幣500萬元。前項委託投資資產如為有價證券者，除其他法令另有規定外，應由全權委託保管機構或國外受託保管機構委託當地證券集中保管事業保管。

(三) **買賣交割**

1. 委任或信託契約均應約定由全權委託保管機構辦理款券交割，並約定以保管機構為保證金與權利金收付、結算買賣交割之代理人。
2. 於辦理有價證券之集中交割時，以客戶（為信託業者）或全權委託保管機構之投資買賣帳戶名義，經由全權委託保管機構開設之有價證券集中保管帳戶及存款帳戶為之。
3. 於辦理證券相關商品交易之保證金與權利金收付及結算交割時，以客戶或全權委託保管機構之期貨交易帳戶名義，經由保管機構開設之投資保管帳戶為之。
4. 全權委託保管機構完成開戶手續後，應將開戶事宜通知客戶。投資範圍包含外國有價證券者，得依資產所在地法令或全權委託保管機構與國外受託保管機構間之契約約定辦理。
5. 客戶自行保管委託投資資產者，投資買賣帳戶及期貨交易帳戶應載明客戶及受任人名稱，編定戶名。
6. 客戶以其經管之信託財產委託時，應載明全權委託及信託意旨。
7. 受任人為指示全權委託保管機構辦理全權委託帳戶交割、結算及保證金與權利金收付作業，應將證券商、期貨商及其他交易對象之公司名稱通知保管機構，並由保管機構建立及蒐集下列基本資料：
   (1) 證券商、期貨商及其他交易對象之銀行存款帳號或客戶保證金專戶帳號、戶名、交易帳號及結算交割人員之身分資料等。
   (2) 包括政府債券、金融債券、公司債券及其他有價證券等之交易標的樣張。
   (3) 債券存摺簽發機構、短期票券簽證機構及銀行定期存單有權人員簽章樣式之印鑑卡。
   (4) 受任人有權人員簽章樣式或（及）密碼。

8.同一客戶之不同全權委託投資帳戶，於辦理買賣交割、保證金與權利金收付或結算交割時，不得相互辦理款券轉撥、現金或未沖銷部位移轉。

(四)**越權交易處理**

1.**一般受任人之交割指示：**

受任人得以下列方式之一為單獨有效之指示，指示全權委託保管機構憑以辦理交割、保證金與權利金收付及結算交割：

(1)書面指示：應經受任人有權人員簽章。

(2)傳真指示：符合受任人與保管機構事先書面約定顯由受任人發出，並經受任人有權人員簽章。

(3)電子傳輸：核符合雙方交換之密碼。

2.交割作業所作成之書面紀錄及交割指示函，至少保存5年。

3.**出具越權交易通知書之時限**：全權委託保管機構就交割指示函所示內容認有逾越法令或契約所定限制範圍情事者（以下簡稱越權交易），應即於成交日次一營業日上午11時前，依委任或信託契約之約定，就越權部分出具越權交易通知書，載明越權之事由及詳細內容，分別通知客戶、受任人、證券商或其他交易對象及投信投顧公會。

4.**越權交易之處理**：受任人為個別全權委託投資帳戶從事有價證券或其他經金管會核准項目投資後，經全權委託保管機構出具越權交易通知書時，除經客戶出具同意交割之書面並經全權委託保管機構審核符合相關法令外，受任人應負履行責任，並於交割日前將保管機構認定為越權交易之款、券撥入客戶之投資保管帳戶，客戶與保管機構簽訂信託契約者，應撥入保管機構辦理交割之帳戶，由保管機構辦理交割。

5.**沖銷費用之扣抵**：反向沖銷所生損失及相關交易稅費由受任人負擔，所生相關交易稅費後之利益歸客戶，並自沖銷所得價款扣抵之。

6.**越權交易沖銷方式**：越權交易買進或賣出之款券或證券相關商品，受任人應於接獲越權交易通知書之日起即依下列規定為相反之賣出或買進沖銷處理並結算損益：

(1)如為買進有價證券總金額逾越委託投資資產金額或其可動用金額者，應就逾越之金額所買進之有價證券全數賣出沖銷；其應行賣出沖銷之有價證券及因之所生損益之計算，均採後進先出法，將越權交易當日買進成交時間最遲之有價證券優先賣出，依次為之，至完全沖銷；所生損失及相關交易稅費由受任人負擔，所生相關交易稅費後之利益歸客戶，並自沖銷所得價款扣抵之，扣抵後之餘額於越權交易之交割及沖銷完成後歸還受任人；不足扣抵之差額由受任人負責補足。

(2) 如為超買或超賣某種有價證券者，應就超買或超賣之數量全數沖銷，其損益之計算、歸屬、稅費負擔與所得價款餘額之歸還，同前款規定。

(3) 如為證券相關商品交易之越權交易，應就越權交易之標的全數反向沖銷，其損益之計算、歸屬、稅費負擔與所得價款餘額之歸還，同第一款規定。受任人未依前項規定補足沖銷後之損益及稅費者，全權委託保管機構得代理客戶或以自己名義向受任人追償。客戶自己保管委託投資資產者，並得自行向受任人追償。

(五) **帳務處理**

1. 保管機構應依主管機關、投信投顧公會及全權委託操作辦法之規定，就委任人委託投資資金之交易資產變動為帳務處理。
2. 對帳單之交付：保管機構應於最後一個營業日製作截至該營業日止之委任人投資保管帳戶之有價證券明細表及銀行存款餘額表，並於「次月5個營業日內」交付委託人。
3. 查詢服務：保管機構對於委任人或受任人之查詢，應予配合。

(六) **收益領取**：全權委託投資帳戶內之有價證券所生孳息、股息、股利及無償配股或其他利益，由發行人或集中保管事業依規定，採全面劃撥或匯款方式配合轉入客戶各全權委託投資帳戶。

上述保管機構收取，並以書面通知受益人。

(七) **股東會表決權行使**

1. 因全權委託投資所持有國內發行公司股票之出席股東會、行使表決權，由客戶（委任人）行使之；但客戶與全權委託保管機構簽訂信託契約者，應由保管機構行使之，保管機構之行使方式由雙方於契約中另行約定之。
2. 國外發行有價證券之出席股東會、行使表決權，經客戶於契約授權受任人者，得由全權委託保管機構徵求受任人同意後行使之，或指示國外受託保管機構行使。
3. 全權委託保管機構及其負責人、業務人員及受僱人依前項行使表決權時，不得轉讓出席股東會委託書或藉行使表決權，收受金錢或其他利益。除信託契約另有規定者外，保管機構應指派代表人出席股東會，行使表決權，不得委託他人代理行使。

(八) **保證金及權利金之繳交**：委任或信託契約均應約定由全權委託保管機構辦理款券交割，並約定以保管機構為保證金與權利金收付、結算買賣交割之代理人。

(九) **通知義務**

1. 保管機構發現受任人違反全權委託投資契約時，應即通知投信投顧公會及委任人。
2. 客戶之委託投資資產或受益人之受益權遭法院命令查封、扣押、強制執行或法院判決信託無效或撤銷信託等時，全權委託保管機構於知悉時應即通知客戶及受任人，複委託保管機構應通知保管機構。
3. 除有可歸責於受任人之情形外，客戶應自行履行相關義務。

(十) **其他保管業務**

1. **投資型保險商品**：保管機構經選定後，如有變更，應於變更後15個營業日向主管機關申報。
2. **證券商債券保管**
   (1) 證券商營業處所議價成交之債券附條件買賣，除可轉債、附認股債外，其券之給付得以證券商指定之保管機構出具債券存摺或中央登錄公債附條件交易憑證代替交付證券商營業保證金保管。
   (2) 保管銀行須達一定信用評等等級。
   (3) 以現金、定存單、政府債券或金融債券提存。
   (4) 如以無實體公債提存，保管機構應以「○○銀行保管○○營業保證金專戶」名義，開立中央登錄債券帳戶。
   (5) 提取、動用或移轉營業保證金前，報請證期局核准始得為之。

〔牛刀小試〕

(　　) **1** 全權委託投資業務以委任關係辦理者，有關保管銀行作業之敘述，下列何者錯誤？　(A)股權表決權由委任人行使　(B)每一全權委託投資帳戶之保管銀行以一家為限　(C)委託投資之資金應於簽約時一次全額存入保管銀行　(D)同一委任人之不同全權委託投資帳戶，得相互辦理款券轉撥。　【第9期】

(　　) **2** 全權委託投資業務以委任關係辦理者，有關保管銀行對越權交易之處理方式，下列何者正確？　(A)立即通知委任人並依其書面意見辦理　(B)依交易對象指示辦理　(C)依受任人之書面意見辦理　(D)依主管機關指示辦理。　【第9期】

(　　) **3** 有關全權委託投資保管機構出具越權交易通知書之敘述，下列何者錯誤？　(A)應於成交日次一營業日上午十一時前出具　(B)應分別通知委任人（客戶）、受任人、交易對象及證期會　(C)僅就越權部分出具

越權交易通知書 (D)越權交易通知書應載明越權交易之事由及其詳細內容。【第7期】

( ) **4** 全權委託投資業務以委任關係辦理者，係由下列何者出席股東會及行使表決權？ (A)證券商 (B)保管銀行 (C)委任人 (D)受任人。【第6期】

( ) **5** 證券投資信託事業經營全權委託投資業務，應與委任人簽訂下列何種契約？ (A)證券投資信託契約 (B)代理契約 (C)居間契約 (D)全權委託投資契約。【第5期】

( ) **6** 我國證券商在其營業處所因經營櫃檯買賣業務所取得之實體債券，應存放於該證券商指定之保管銀行，且該保管銀行應向下列何者申報，嗣後變更時亦同？ (A)中華民國證券櫃檯買賣中心 (B)臺灣證券交易所 (C)金融監督管理委員會 (D)財政部。【第50期】

解答與解析

1 (D)。全權委託投資業務操作辦法第26條：同一委託人之不同信託契約，於辦理買賣交割時，除法令或信託契約另有規定外，不得相互辦理款券轉撥。

2 (A)。保管機構對於受任人出具之交割指示函認為有逾越法令或委任契約所訂交割範圍限制（簡稱越權交易）或有爭議時，應即通知委任人（客戶），並依其書面通知辦理。如未能及時通知或未能及時接獲委任人（客戶）書面指示，且該項爭議未能及時協商解決者，保管機構應就越權部分出具越權交易通知書，載明越權之事由及其詳細內容，於成交日次一營業日上午十一時前分別通知委任人（客戶）、受任人及交易對象，並通知投信投顧公會。

3 (B)。全權委託操作辦法第39條。

4 (C)。全權委託操作辦法第54條，全權委託之財產屬委任人（即投資人）所有，故由委任人行使表決權。

5 (D)。證券投資信託及顧問法第61條第1項規定，證券投資信託事業或證券投資顧問事業經營全權委託投資業務，應與客戶簽訂全權委託投資契約，明定其與客戶間因委任或信託關係所生之各項權利義務內容；並應由客戶與保管機構另行簽訂委任或信託契約。但依本法得自行保管委託投資資產者，不在此限。

6 (A)。依證券投資信託及顧問法及證券商營業處所買賣有價證券管理辦法第5條規定，有價證券在櫃檯買賣，除政府發行之債券或其他經本會指定之有價證券，由本會依職權辦理外，其餘由發行人向財團法人中華民國證券櫃檯買賣中心(以下簡稱證券櫃檯買賣中心)申請上櫃或登錄。因此證券商經營櫃檯買賣業務所取得之實體債券，應存放於該證券商指定之保管銀行，且該保管銀行應向證券櫃檯買賣中心集中申報，嗣後變更時亦同。

精選試題

( ) **1** 有關全球保管銀行提供之基本服務項目，下列何者正確？ (A)會計及淨值計算 (B)現金餘額之管理 (C)有價證券之借貸 (D)公司重大資訊之通知。【第25期】

( ) **2** 有關全球保管銀行提供之服務，下列何者非屬附加服務項目？ (A)有價證券之借貸 (B)績效分析之評估 (C)報表之提供 (D)稅務之管理。【第10期】

( ) **3** 全球保管銀行為投資人行使其所投資有價證券之股東權利，不包括下列何者？ (A)代理投票 (B)新股認購 (C)可轉換債券轉換 (D)有價證券之借貸。【第10期】

( ) **4** 下列何者非屬全球保管銀行提供客戶之基本服務項目？ (A)資產之保管 (B)交易之確認 (C)有價證券之借貸 (D)有價證券買賣之交割。【第18期】

( ) **5** 下列何者為全球保管銀行所提供之附加服務（Value-AddedServices）項目？ (A)績效分析之評估 (B)新股之認購 (C)交易之確認 (D)報表之提供。【第15期】

( ) **6** 有關全球保管銀行提供之有價證券借貸服務，下列敘述何者錯誤？(A)全球保管銀行可以將證券直接交付給借券人之保管銀行或透過帳簿劃撥交付證券 (B)全球保管銀行向借券人收取之抵押品價值至少須相當或高於借出證券市價總值 (C)全球保管銀行可運用收受之抵押品以賺取收益 (D)全球保管銀行應每月一次進行洗價以評估出借證券之市場價值。【第7期】

( ) **7** 甲銀行持有乙證券投資信託公司百分之十股權，如欲擔任乙所募集基金之保管機構者，試問須經下列何者核准？
(A)臺灣證券交易所
(B)信託業商業同業公會
(C)證券暨期貨管理委員會
(D)證券暨期貨發展基金會。【第7期】

( ) **8** 詹先生至乙銀行辦理指定用途信託資金投資國外共同基金，嗣後詹先生可能收到之報表或憑證，下列何者錯誤？ (A)對帳單 (B)基金存摺 (C)信託憑證 (D)受益憑證。【第6期】

( ) **9** 下列何者不屬於證券投資信託基金保管機構更換之事由？ (A)依受益人大會決議 (B)保管機構有撤銷核准事由 (C)保管機構有解散事由 (D)依證券投資信託事業董事會自行決議。 【第4期】

( ) **10** 有關證券投資信託基金之保管機構，下列敘述何者正確？ (A)應由其他之證券投資信託公司擔任 (B)得由募集基金之證券投資信託公司本身擔任 (C)得經受益人大會決議由證券投資顧問公司擔任 (D)主要由信託業或銀行信託部擔任。 【第4期】

( ) **11** 有關證券投資信託基金保管機構之報酬，係依下列何者之一定比例計算？ (A)基金之成立金額 (B)基金之盈餘 (C)基金之淨資產價值 (D)基金之總資產。 【第4期】

( ) **12** 我國證券投資信託基金資產一般係以下列何者名義登記？ (A)保管機構自有名義 (B)證券投資信託事業 (C)受益人 (D)○○銀行受託保管○○證券投資信託基金專戶。 【第4期】

( ) **13** 有關證券投資信託基金保管機構提供之服務，下列何者錯誤？ (A)帳戶之開設 (B)銷售款項之調撥 (C)出席股東會 (D)費用之支付。 【第35期】

( ) **14** 證券投資信託基金保管機構如發現投信公司之指示違反法令或證券投資信託契約規定時，應如何處理？
(A)先依指示辦理交割，再通知投信投顧公會
(B)先依指示辦理交割，再陳報主管機關
(C)拒絕依指示辦理交割，並通知投信投顧公會
(D)拒絕依指示辦理交割，並陳報主管機關。 【第35期】

( ) **15** 有關證券投資信託基金保管機構辦理基金資產交割，下列敘述何者錯誤？ (A)應取得投信公司有權人員之簽章樣本及密碼 (B)原則上應款券同時交割 (C)交割指示內容不明確時，應拒絕辦理交割 (D)交割未完成才需回報投信公司及交易對象，並做成書面紀錄。 【第35期】

( ) **16** 有關證券投資信託基金受益憑證之簽署，下列敘述何者正確？ (A)投信公司與簽證機構共同簽署 (B)簽證機構與保管銀行共同簽署 (C)投信公司與保管銀行共同簽署 (D)投信公司與投資人共同簽署。 【第34期】

( ) **17** 若證券投資信託公司無法召開受益人大會時，保管銀行得依主管機關之指示及信託契約有關「受益人大會規則」規定，召開受益人大會，其費用由下列何者負擔？ (A)證券投資信託基金 (B)保管銀行 (C)受益人 (D)委託人。 【第34期】

( ) **18** 有關證券投資信託基金款項之支付，下列敘述何者錯誤？ (A)交割款項支付方式，得以匯款或票據為之 (B)基金贖回款項得以匯款或票據為之 (C)基金存款不足時，保管銀行不得墊款 (D)基金存款不足時，保管銀行得抵用待交換票據。 【第34期】

( ) **19** 保管銀行應依投信公司之指示及證券投資信託契約規定支付之款項，不包括下列何者？
(A)基金經理人之薪資
(B)投信公司之報酬
(C)保管銀行之報酬
(D)處分基金資產所產生之直接成本。 【第34期】

( ) **20** 證券投資信託基金所持有之國內資產，應以下列何者名義登記？ (A)投資人 (B)基金保管機構 (C)證券投資信託事業 (D)基金保管機構之基金專戶。 【第33期】

( ) **21** 基金保管機構應依證券投資信託事業指示而為下列何種處分基金資產之行為？ A.因投資決策所需之投資組合調整 B.為避險決策所需之保證金帳戶調整或支付權利金 (A)只有A對 (B)只有B對 (C)AB皆對 (D)AB皆錯。 【第33期】

( ) **22** 依我國現行法令規定，下列何者無須指定保管機構保管？ (A)期貨商營業保證金 (B)發行海外存託憑證所提存之有價證券 (C)中小企業信用保證基金 (D)證券商營業保證金。 【第33期】

( ) **23** 證券投資信託基金之保管銀行領取現金股利時，其後應辦理之方式為何？ (A)直接存入基金之保管帳戶 (B)直接分配予受益人 (C)匯交證券投資信託事業 (D)撥入保管銀行自有帳戶。 【第33期】

( ) **24** 證券投資信託基金保管機構辦理基金資產交割作業，於確認交易內容時，其應覆核交割指示之必要記載內容包含下列何者？ A.交易標的 B.交易價格 C.交易款項 D.交易地點 (A)ABC (B)ACD (C)BCD (D)ABCD。 【第33期】

( ) **25** 有關證券投資信託基金保管銀行辦理有價證券買賣交割之敘述，下列何者錯誤？ (A)確認有權人員之簽章 (B)確認交易內容與投信公司之指示是否相符 (C)存款不足時，保管銀行不得抵用待交換票據 (D)交割指示如未於規定時間內送達者，保管銀行得拒絕辦理交割，惟應於交割指示到達之時起二十四小時內通知投信公司。 【第33期】

( ) **26** 信託業須經中華信用評等股份有限公司評定其長短期債務信用評等分別為何種等級以上，始可擔任金融資產證券化條例所稱之受託機構？ (A)長期twBB-，短期twB (B)長期twBBB-，短期twB (C)長期twBB-，短期twA-3 (D)長期twBBB-，短期twA-3。 【第33期】

( ) **27** 證券投資信託基金保管機構在上市股票買賣部份，係以下列何種方式辦理交割？ (A)保管條 (B)實體股票 (C)帳簿劃撥 (D)向台灣證券集中保管公司借券。 【第32期】

( ) **28** 下列何者非為證券投資信託基金保管機構解任之條件？ (A)基金保管機構解散 (B)基金保管機構停業 (C)基金保管機構歇業 (D)基金保管機構更換負責人。 【第32期】

( ) **29** 擔任證券投資信託基金之保管機構所提供之服務，不包括下列何者？ (A)交易對象之選定 (B)年度財務報表之共同簽署 (C)受益憑證買回價款之支付 (D)實體受益憑證。 【第19期】

( ) **30** 投資國內之開放型證券投資信託基金如有投資人申請買回受益憑證，下列敘述何者錯誤？ (A)保管銀行得以匯款支付買回價金 (B)投資人申請買回文件不齊時，不得支付買回價金 (C)保管銀行所開立之支票得由買回人指定任一受款人 (D)原則上保管銀行應於投資人買回請求到達之次一營業日起五個營業日內支付買回價金。 【第31期】

解答與解析

1 (D)。基本服務：資產之保管、交易之確認、有價證券買賣之交割、收益之領取、公司重大資訊之通知、報表之提供、股東權利之行使
附加服務項目：有價證券之借貸、績效分析之評估、即時資訊系統之提供、稅務之管理、會計及淨值計算、證券手續費退扣、資產移轉管理或外幣兑換及擔任受託人等。

2 (C)。報表之提供屬基本服務項目。

3 (D)。有價證券借貸屬附加服務項目，與股東權益無關。

4 (C)。基本服務項目：資產之保管、交易之確認、有價證券買賣之交割、

收益之領取、公司重大資訊之通知、報表之提供、股東權利之行使。附加服務項目：有價證券之借貸、績效分析之評估、現金餘額之管理、即時資訊系統之提供、稅務之管理、會計及淨值計算、提供證券手續費退扣（commission recapture）、資產移轉管理（transition management）或外幣兌換（foreign exchange）及擔任受託人等服務。

5 **(A)**。附加服務項目：有價證券之借貸、績效分析之評估、稅務之管理、即時資訊系統之提供、現金餘額之管理等。

6 **(D)**。應每日洗價，以注意保證金是否充足。

7 **(C)**。證券投信事業之主管機關為證期會。

8 **(D)**。受益憑證為信託財產，不可能給委託人或受益人。

9 **(D)**。證券投信基管理辦法第19條。

10 **(D)**。依證券投資信託及顧問法第5條第1項第2款規定，基金保管機構：指本於信託關係，擔任證券投資信託契約受託人，依證券投資信託事業之運用指示從事保管、處分、收付證券投資信託基金，並依本法及證券投資信託契約辦理相關基金保管業務之信託公司或兼營信託業務之銀行。故答案(D)，正確，目前主要由信託業及銀行信託部辦理。

11 **(C)**。保管機構之手續費依淨資產價值比率收取。

12 **(D)**。以基金專戶名義登記，以利管理。

13 **(C)**。證券投資信託事業管理規則第23條：由信託公司出席股東會，非保管機構之服務項目。

14 **(D)**。證券投資信託基金保管機構辦理基金資產交割作業準則：3、交割作業：(六)保管機構如發現投信公司之指示違反法令或證券投資信託契約規定時，保管機構應拒絕依交割指示辦理交割，並陳報主管機關。

15 **(D)**。證券投資信託基金保管機構辦理基金資產交割作業準則：4、交割後作業：(一)保管機構不論交割完成與否，均應以書面回報投信公司，以利勾稽並俾明確其責任。

16 **(C)**。投信公司以印製實體發行受益憑證募集證券投資信託基金，投信公司應依規定，製作表彰受益權單位之受益憑證，受益憑證應由投信公司及保管機構在受益憑證正面共同簽署後發行。

17 **(A)**。依有關法令、證券投資信託契約或依證期會之命令，如發生應由受益人大會決議之事項時，投信公司即應召開受益人大會；若投信公司不能召開時，保管機構得依證期會之指示，及證券投資信託契約有關「受益人大會規則」之規定，召開受益人大會，其費用則由證券投資信託基金負擔。

18 **(D)**。基金存款不足時，保管機構依相關法令規定不得墊款，亦不得抵用待交換票據。

19 **(A)**。保管機構應依投信公司之指示及證券投資信託契約之規定支付費用，包括投信公司及保管機構之報酬、所有應付之稅捐、取得或處分基金資產所產生之直接成本及經紀商佣金等。

20 **(D)**。國內資產屬該基金所有，故以基金保管機構之基金專戶登記。

21 **(C)**。A.B.皆對，均屬保管機構之現金管理、下單及交割工作之一。

22 **(C)**。中小企業信用保證基金為他人作保，無須指定保管機構。

23 **(A)**。直接存入基金之保管帳戶，屬基金之現金收入，計入淨資產。

24 **(A)**。保管機構應覆核交割指示，包含交易標的、交易價格、交易款項等必要記載內容，並以善良管理人之注意確認交易標的，是否符合相關法令及證券投資信託契約之規定。

25 **(D)**。交割指示如未於規定時間內送達者，保管機構得拒絕交割，惟倘拒絕依交易指示內容辦理交割，保管機構應於交割指示到達之時起一小時內通知投信公司。

26 **(D)**。經中華信用評等股份有限公司評定，短期債務信用評等達twA-3級以上，或長期債務信用評等達twBBB-級以上。

27 **(C)**。以帳簿劃撥方式辦理交割。

28 **(D)**。基金保管機構更換負責人非為證券投資信託基金保管機構解任之條件。

29 **(A)**。擔任證券投資信託公司發行證券投資信託基金之保管機構，其日常應提供之服務主要包括：帳戶之開設、銷售款項之調撥、資產之保管、買賣之交割、收益之領取及分配、受益憑證之簽署、受益憑證買回價款與費用之支付、帳務處理與報表之提供、年度財務報表之簽署、受益人大會之召開、基金清算事宜之辦理、監督投信公司及求償。

30 **(C)**。保管機構以受益人為受款人之記名劃線禁止背書轉讓之票據或匯款方式為之。

信託資金集合管理運用帳戶

依據出題頻率區分，屬：**B** 頻率中

課綱概要

- 信託資金集合管理運用帳戶
  - 集合管理運用帳戶設置、終止、退出
    - 信用評等
    - 設置
    - 變更
    - 終止
    - 境外原則
  - 信託資金集合管理及運用之概念及架構
    - 運用之概念
    - 運用之定義
    - 帳戶架構
    - 規範重點
  - 信託資金集合管理及運用之原則
    - 客戶分級管理制度
    - 應遵循規範
    - 運用限制
  - 信託資金集合管理及運用之會計制度
    - 一般公認會計原則
    - 同業公會規範及法令
    - 每日分別計算每一帳戶淨資產價值
    - 同業公會擬定計算標準
    - 稅捐、費用或債務之處理
    - 收益及損失計算
    - 報表及財務報告之備查處理
    - 帳戶終止及清算之處理
    - 應行公告事項
  - 不指定營運範圍及運用金錢信託
    - 法源依據
    - 種類
      - 單獨管理運用
      - 集合管理運用
      - 1000萬元以上申請之限制
    - 營運範圍隻種類

課前導讀

本章節係說明信託資金集合管理運用帳戶的概述、運用範圍與限制、運作架構及其規定、會計制度與不指定營運範圍運用之金錢信託等相關作業與規範重點，讀者須詳閱其運用的關係與規範既可有效針對考題所衍生出來的問題與概念能有效理解回答。

壹 信託資金集合管理之概念及架構 重要度★★★

一、信託資金集合管理運用之概念介紹

對於為了能達到協助信託業者提高信託資金運用的管理效率，同時在降低運作成本並分散風險的前提下，信託業法第28條第1項明定：「委託人得依契約之約定，委託信託業將其所信託之資金與其他委託人之信託資金集合管理及運用。」；同條第2項亦明定：「信託資金集合管理運用之管理辦法，由主管機關定之。」，金融監督管理委員會（以下簡稱金管會）依照信託業法授權管理的要求之下，參考美國共同信託基金（common trust fund）、集合信託基金（collective trust fund）業務及日本的共同運用（或稱合同運用）金錢信託之立法精神及架構訂定「信託資金集合管理運用管理辦法」（以下簡稱管理辦法），對信託業辦理信託資金集合管理運用業務的相關權利義務予以明確規範，以保障委託人及受益人之權益。

二、信託資金集合管理運用之定義

(一)「信託資金集合管理運用」依管理辦法第2條第1項規定，係指信託業受託金錢信託，依信託契約約定，委託人同意其信託資金與其他委託人之信託資金集合管理運用者，由信託業就相同營運範圍或方法之信託資金設置集合管理運用帳戶，集合管理運用。「信託資金集合管理運用帳戶」（以下簡稱集管帳戶）依同條第2項規定，係指信託業就營運範圍或方法相同之信託資金為集合管理運用所分別設置之帳戶。

(二)依照信託業法施行細則第15條規定，信託業法第28條第1項所稱集合管理及運用之信託資金，亦指第8條第2款及第4款之金錢信託，分別為指定營運範圍或方法之集合管理運用金錢信託，以及不指定營運範圍或方法之集合管理運用金錢信託，即受託人對集管帳戶具有運用決定權，得於委託人概括指定營運範圍內，對信託資金具有運用決定權或方法，或依信託業法第32條第1項與「信託業辦理不指定營運範圍方法金錢信託運用準則」之規定，受託人於信託目的範圍內全權決定集管帳戶之管理及運用。而就信託財產集合管理運用方式包括了指定、不指定及特定集合管理運用金錢信託等三種管理架構。

三、集合管理運用帳戶架構

信託資金集合管理運用帳戶，係信託業為了將來自不同委託人金錢信託之信託資金進行集合投資管理所設置的帳戶。集合管理運用帳戶的設置，主要是依據

信託業法第28條：「委託人得依契約之約定，委託信託業將其所信託之資金與其他委託人之信託資金集合管理及運用。」即不同的委託人將金錢以信託方式交付信託業者並訂立信託契約時，委託人可在信託契約中約定，同意與其他委託人交付信託業者之信託資金運用於相同的範圍時，信託業者可將其信託資金集合管理運用。

依信託業法施行細則第6條至第8條之規定，就信託業之信託財產管理運用方法，信託業辦理信託資金集合管理運用帳戶，主要的架構如下：

(一) 委託人將金錢交付信託業信託，並簽訂信託契約。

(二) 信託契約中載明委託人同意信託業可將委託人之信託資金與他人之信託資金集合管理運用，採自益或他益架構皆可。

(三) 信託業就不同委託人之信託資金中其營運範圍或方法相同的信託資金，分別設置集合管理運用帳戶，將不同委託人之信託資金依資金配置比例加入集合帳戶，加以集合管理運用。

(四) 信託業應就各集合管理運用帳戶與委託人分別訂立約定條款。

(五) 信託資金交付集合管理運用後，信託業應於個別集合管理運用帳戶下，依信託契約受益人持有該集合管理運用帳戶信託受益權之比例計算其所得享有信託利益之權力，並以記帳方式加以登載。

集合管理運用帳戶架構

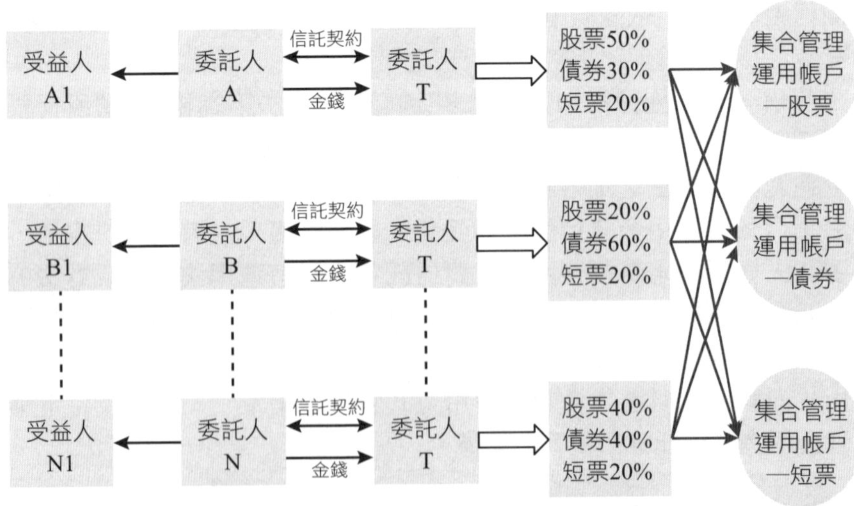

四、集合管理運用帳戶規範重點

(一) 帳戶設置

1. 依管理辦法第3條規定，信託業符合信託業營運範圍受益權轉讓限制風險揭露及行銷訂約管理辦法第4條、第5條第1款至第3款規定之條件者，得申請設置集管帳戶，且設置非專業投資人得委託投資之集管帳戶前應檢具相關書件函送同業公會審查後，由信託同業公會轉報金管會核准，此集管帳戶有管理辦法規定之變更或合併情事時，其程序與申請設置之程序相同。
2. 同時，信託公會亦訂有「會員辦理信託資金集合管理運用帳戶一致性規範」，俾供信託業會員設置帳戶條件有一致性之遵循依據。

(二) 運用範圍

1. 依管理辦法第9條規定，非專業投資人得委託投資集管帳戶之運用範圍以具有次級交易市場之投資標的為原則，並訂有交易限制及投資比例限制。
2. 如經主管機關核准運用於無次級交易市場或欠缺流動性之標的者，信託業得於該帳戶約定條款中訂定一定期間停止受益人退出。

(三) 淨資產價值

1. 依管理辦法第22條規定，集管帳戶淨資產價值之計算除約定條款另有約定外，信託業者應依信託公會所訂定之要求，報主管機關核定之「信託資金集合管理運用帳戶信託財產淨資產價值之計算標準」於每一營業日就各集管帳戶分別計算每一信託受益權之淨資產價值；
2. 且依約定條款約定之公告方式及民國95年7月25日金管銀（四）字第09500285663號函規定之方式，公告各集管帳戶之淨資產價值。

(四) **不得另收信託報酬**：依管理辦法第17條規定，信託業設置集管帳戶，就營運範圍或方法相同之信託資金為集合管理運用，不得另收信託報酬，此乃因信託報酬已於各信託契約中明訂收取標準，故規定信託資金集合管理運用時不得再請求信託報酬，避免重複向委託人收取信託報酬。

(五) 行銷規範

1. 為保護交易安全、維持市場秩序，金管會規定信託業於辦理業務時，其廣告及促銷活動不得涉及對非特定人公開招募特定集管帳戶之行為。
2. 而且集管帳戶不得以其他類似「基金」之名稱為廣告行銷，業務推展亦不得使人誤認其為類似共同信託基金或證券投資信託基金。
3. 信託公會亦訂有「信託業從事廣告、業務招攬及營業促銷活動應遵循事項」，俾供會員遵循。

(六) **其他相關規定**

1. 依信託業法第18條第2項後段規定，信託業者業務之經營得全權決定運用之標的，且將信託財產運用於證券交易法第6條規定之有價證券或期貨交易法第5條規定之期貨時，其符合一定條件者，應向主管機關申請兼營證券投資顧問業務。
2. 依「證券投資信託事業證券投資顧問事業經營全權委託投資業務管理辦法」規定，信託業者集合管理運用信託財產涉及運用於證券交易法第6條之有價證券達新台幣1000萬元以上，應依證券投資顧問事業設置標準向金管會申請兼營全權委託投資業務，除信託法及信託業法另有規定外，其運用之範圍並應依該全權委託投資業務管理辦法第4章規定辦理。

綜上所述，信託業辦理本項業務，應依金錢信託業務項目報經主管機關核准；辦理業務時，首先第一個動作是要先與委託人先簽訂金錢信託契約（即第一層信託契約），其次依其信託契約約定分別就各集管帳戶訂立約定條款（即第二層契約），做為信託契約之附件或增補約定。信託業並應遵循金管會銀行局、證期局及各有關主管機關所頒布之相關法規函令，並將業務相關法規函令中有關內控重點，納入內部稽核手冊、內部控制制度及業務作業手冊，俾以落實遵循相關規範。

同時在信託資金集合管理運用之管理辦法於民國103年10月31日修訂發布後，主管機關將集管帳戶之委託人區分為專業投資人及非專業投資人，進行差異化管理，對非專業投資人部分加強保障，納入商品適合度機制；並考量專業投資人之專業性及對創新之需求，簡化限專業投資人委託投資之集管帳戶之設置及終止等相關審查及作業程序；信託公會配合修訂「集合管理運用帳戶約定條款範本（非專業投資人適用）」、「信託資金集合管理運用帳戶信託財產淨資產價值之計算標準」及「中華民國信託業商業同業公會辦理非專業投資人信託資金集合管理運用帳戶審查規則」。

〔牛刀小試〕

(　　) **1** 信託資金集合管理運用管理辦法之法源依據為何？
(A)信託業法
(B)證券交易法
(C)證券投資信託及顧問法
(D)共同信託基金管理辦法。 【第40期】

( ) **2** 信託業辦理信託資金集合管理運用之運用範圍，存放於同一金融機構之存款、投資其發行之金融債券與其保證之公司債及短期票券金額，合計不得超過投資當日全體集合管理運用帳戶淨資產總價值百分之二十及該金融機構淨值之多少？
(A)百分之五　(B)百分之十
(C)百分之二十　(D)百分之三十。【第40期】

( ) **3** 信託業辦理信託資金集合管理運用業務時，下列敘述何者正確？
(A)運用範圍僅限於投資有價證券
(B)集合管理運用帳戶涉及資金之匯出、匯入部分，應依中央銀行相關規定辦理
(C)信託財產可與信託業之自有財產集合管理
(D)應先檢具「信託資金集合管理運用管理辦法」規定之書件直接向主管機關申辦。【第40期】

( ) **4** 依信託資金集合管理運用管理辦法規定，信託業設置之集合管理運用帳戶得受理非專業投資人委託投資者，其約定條款之變更，下列敘述何者正確？ (A)受託人決定後公告即可變更 (B)報經信託公會同意後即可變更 (C)報經信託監察人同意後即可變更 (D)應函送信託公會審查後，由公會併審查意見轉報主管機關核准。【第40期】

( ) **5** 有關信託資金集合管理運用之架構，下列敘述何者錯誤？
(A)係由信託業就相同之營運範圍之信託資金設置集合管理運用帳戶
(B)係由委託人以契約約定方式，同意信託業得應多數委託人之請求，將其信託資金與其他委託人之信託資金集合管理運用
(C)受益人可依受益權比例分享信託利益
(D)信託資金集合管理帳戶限採自益方式為之。【第39期】

解答與解析

1 **(A)**。信託資金集合管理運用管理辦法第1條：本辦法依信託業法第28條第2項規定訂定之。

2 **(B)**。存放於同一金融機構之存款、投資其發行之金融債券與其保證之公司債及短期票券金額，合計不得超過投資當日全體集合管理運用帳戶淨資產總價值百分之二十及該金融機構淨值百分之十。

3 **(B)**。信託業符合信託業營運範圍受益權轉讓限制風險揭露及行銷訂約管理辦法第4條、第5條第1款至第3款規定之條件者，得設置集合管理運用帳戶；其屬外幣計價者，應經中央銀行同意。以外幣計價之集合管理運用帳戶，除主

管機關另有規定者外，其加入、退出及應付相關費用，應以信託業所選定之外幣收付，其選定後，不得任意變更。集合管理運用帳戶涉及資金之匯出、匯入部分，應依中央銀行相關規定辦理。

4 **(D)**。信託資金集合管理運用管理辦法第3條第2項規定：信託業符合信託業營運範圍受益權轉讓限制風險揭露及行銷訂約管理辦法第4條、第5條第1款至第3款規定之條件者，得設置集合管理運用帳戶；其屬外幣計價者，應經中央銀行同意。

信託業設置非專業投資人得委託投資之集合管理運用帳戶，其設置前應檢具下列書件，函送中華民國信託業商業同業公會（以下簡稱同業公會）審查後，由同業公會併其審查意見轉報主管機關核准：

一、集合管理運用帳戶之管理及運用計畫。

二、集合管理運用帳戶之風險等級，及足以承擔該帳戶風險之投資人風險承受等級。

三、集合管理運用帳戶約定條款（以下簡稱約定條款）及約定條款與同業公會制訂之約定條款範本對照表。

四、管理、運用人員之名冊及資歷。

五、約定條款定有信託監察人者，其名冊、資歷及願任同意書。

六、董事會議事錄。

七、其他經主管機關規定應檢附之文件。

前項申請經主管機關核准後，信託業應於核准函送達日起六個月內設置集合管理運用帳戶並開始受理信託資金之加入。但有正當理由無法於六個月內辦理者，於期限屆滿前，得向主管機關申請展延一次，並以六個月為限。

信託業未於前項所定期限內設置集合管理運用帳戶並開始受理信託資金之加入，主管機關得廢止其核准。

信託業設置限專業投資人委託投資之集合管理運用帳戶，應於確認信託資金加入該帳戶之日起五個營業日內，檢具第2項第1款、第3款之約定條款、第4款至第7款等書件向主管機關申報備查。

以外幣計價之集合管理運用帳戶，除主管機關另有規定者外，其加入、退出及應付相關費用，應以信託業所選定之外幣收付，其選定後，不得任意變更。

5 **(D)**。依據信託業法第28條：「委託人得依契約之約定，委託信託業將其所信託之資金與其他委託人之信託資金集合管理及運用。」即不同的委託人將金錢以信託方式交付信託業者並訂立信託契約時，委託人可在信託契約中約定，同意與其他委託人交付信託業者之信託資金運用於相同的範圍時，信託業者可將其信託資金集合管理運用。

貳 集合管理運用帳戶設置、終止、退出 重要度★★★

一、集合管理運用帳戶之基本規定

申請設置集合管理運用帳戶之信託業，應為經金管會認可下列之信用評等機構評等達一定等級以上者。考量信託業辦理集合管理運用帳戶業務，係集合不同客戶之信託資金予以管理運用，應具備良好經營能力及資產品質，爰信託業應符合一定信用評等之規定，修正為應符合行銷訂約管理辦法第4條、第5條第1款至第3款所定財務業務條件。

信用評等機構名稱	長期債務信用評等等級	短期債務信用評等等級
A.M. Best Company, Inc.	bbb-	AMB-3
DBRS Ltd.	BBBL	R-3
Fitch Ratings Ltd.	BBB-	F3
Japan Credit Rating Agency, Ltd.	BBB-	J3
Moody’s Investor Services, Inc.	Baa3	P-3
Rating and Investment Information, Inc.	BBB-	a-3
Standard & Poor’s Rating Services	BBB-	A-3
Egan-Jones Rating Company	BBB-	A-3
中華信用評等股份有限公司	twBBB-	twA-3
澳洲商惠譽國際信用評等股份有限公司臺灣分公司	BBB-（twn）	F3（twn）

二、集合管理運用帳戶之設置

(一) 信託業符合信託業營運範圍受益權轉讓限制風險揭露及行銷訂約管理辦法第4條、第5條第1款至第3款規定之條件者，得設置集合管理運用帳戶；其屬外幣計價者，應經中央銀行同意。

1. 信託業營運範圍受益權轉讓限制風險揭露及行銷訂約管理辦法第4條證券投資信託事業、證券投資顧問事業及證券商依本法第3條第2項兼營信託業務者，其得辦理之信託業務特定項目範圍、申請主管機關許可應具備之資格條件、申請程序及登錄作業，應依本法第3條第3項所定辦法辦理。

2.信託業營運範圍受益權轉讓限制風險揭露及行銷訂約管理辦法第5條第1款至第3款規定，兼營信託業務之銀行符合下列條件者，對已經主管機關核定之信託業務，除屬第七條之情形外，新增信託財產運用範圍及依本法施行細則第六條至第八條所為之業務種類，得逕行辦理：

(1)逾期放款比率未超過百分之二。

(2)自有資本與風險性資產之比率不得低於銀行資本適足性及資本等級管理辦法第五條規定之比率，且其資本適足率達該條規定之比率加計二個百分點以上。

(3)已依銀行資產評估損失準備提列及逾期放款催收款呆帳處理辦法提足損失準備、備抵呆帳及保證責任準備。

(二)信託業設置非專業投資人得委託投資之集合管理運用帳戶，其設置前應檢具下列書件，函送中華民國信託業商業同業公會（以下簡稱同業公會）審查後，由同業公會併其審查意見轉報主管機關核准：

1.集合管理運用帳戶之管理及運用計畫。

2.集合管理運用帳戶之風險等級，及足以承擔該帳戶風險之投資人風險承受等級。按客戶分級制度之目的，係為保障非專業投資人權益，並就專業投資人之專業性及對創新之需求，提供合適其需要之客製化金融商品服務。如信託業設置之集合管理運用帳戶得由非專業投資人委託投資者，應依第2項規定申請核准，並增訂第2項第2款，除依行銷訂約管理辦法第22條規定，規範信託業應依據其商品適合度規章，訂定該帳戶與其客戶之商品適配標準，以落實法令遵循。

3.集合管理運用帳戶約定條款（以下簡稱約定條款）及約定條款與同業公會制訂之約定條款範本對照表。

4.管理、運用人員之名冊及資歷。

5.約定條款定有信託監察人者，其名冊、資歷及願任同意書。

6.董事會議事錄。

7.其他經主管機關規定應檢附之文件。

(三)前項申請經主管機關核准後，信託業應於核准函送達日起6個月內設置集合管理運用帳戶並開始受理信託資金之加入。但有正當理由無法於6個月內辦理者，於期限屆滿前，得向主管機關申請展延一次，並以6個月為限。

(四)信託業未於前項所定期限內設置集合管理運用帳戶並開始受理信託資金之加入，主管機關得廢止其核准。參照證券投資信託事業募集證券投資信託基金處理準則第10條規定，以避免集合管理運用帳戶經同意設置後遲不開辦，增加監管成本之情形。

(五) 信託業設置限專業投資人委託投資之集合管理運用帳戶，應於確認信託資金加入該帳戶之日起5個營業日內，檢具第2項第1款、第3款之約定條款、第4款至第7款等書件向主管機關申報備查。係鑑於專業投資人具專業金融知識與經驗，且風險承擔能力較高，爰予差異化管理，放寬該帳戶之設置採備查制。

(六) 以外幣計價之集合管理運用帳戶，除主管機關另有規定者外，其加入、退出及應付相關費用，應以信託業所選定之外幣收付，其選定後，不得任意變更。集合管理運用帳戶涉及資金之匯出、匯入部分，應依中央銀行相關規定辦理。

(七) 集合管理運用帳戶之管理及運用計畫或集合管理運用帳戶約定條款，有變更時，應函送信託公會審查後，檢送審查意見轉報主管機關核准；信託監察人有變更時，應報請主管機關備查。

三、集合管理運用帳戶之變更

(一) 信託業設置之集合管理運用帳戶得受理非專業投資人委託投資者，第3條第2項第1款至第3款事項有變更時，應函送同業公會審查後，由同業公會併審查意見轉報主管機關核准；第5款信託監察人有變更時，應報請主管機關備查。

(二) 前項之情形經主管機關核准或備查後，信託業應即依本法第39條所定公告方式辦理公告。其公告內容應定一定期間，由委託人及受益人決定其信託受益權是否繼續參加或退出集合管理運用帳戶；受益人不特定或尚未存在之情形，由委託人決定之。

(三) 信託業設置之集合管理運用帳戶限專業投資人委託投資者，第3條第2項第1款、第3款之約定條款及第5款事項有變更時，應於變更後5個營業日內報請主管機關備查；並應通知委託人及受益人於一定期間，由委託人及受益人決定其信託受益權是否繼續參加或退出集合管理運用帳戶；受益人不特定或尚未存在之情形，由委託人決定之。

四、集合管理運用帳戶之終止，除法令另有規定外，依約定條款之規定辦理。

(一) 依約定條款之約定，經受益人會議決議通過：集合管理運用帳戶之終止，除法令另有規定或因存續期間屆滿者外，應依約定條款之約定，經受益人會議決議通過，並依該帳戶委託人得為非專業投資人或限為專業投資人，分別向主管機關申請核准及申報備查，其中申報備查期限為終止日後2個營業日。

因存續期間屆滿而終止者，應於屆滿日後2個營業日內申報主管機關備查。

(二) 信託監察人報請主管機關核准：信託業對於集合管理運用帳戶之管理、運用有違反法令或管理不善之情事，主管機關得命令信託業終止該集合管理運用帳戶；信託監察人亦得基於受益人之利益，報請主管機關核准終止該帳戶或為其他必要之處置。

(三) 主管機關命令信託業終止：前項之情形經主管機關命令信託業終止集合管理運用帳戶後，信託業應即依本法第39條所定公告方式辦理公告。但限專業投資人委託投資者，應通知委託人及受益人，免辦理公告。

(四) 信託業因事由，致不能繼續管理：信託業因解散、停業、歇業、撤銷或廢止許可等事由，致不能繼續管理及運用集合管理運用帳戶時，應洽其他適當信託業承受之，並將處理結果報請主管機關備查，於3個月內無其他信託業承受時，應終止集合管理運用帳戶，並依第26條規定辦理清算有關程序後2個月內，經信託監察人認可後，將處理結果函。

五、國際金融業務之核准或備查設置規定

基於國際金融業務條例境外原則自由之本旨，比照國際金融業務分行外幣信託業務之鬆綁，明定國際證券業務分公司之總公司已經主管機關核准或備查設置集合管理運用帳戶者，所設置限中華民國境外之個人、法人、政府機關或金融機構委託投資之集合管理運用帳戶，不適用本辦法有關運用信託財產種類及範圍、專業投資人之資格條件、應經同業公會或主管機關審查、核准、備查或申報生效及從事推介、廣告、業務招攬及營業促銷活動之相關規定。

因此，依國際金融業務條例第22-3條設立之國際證券業務分公司，其總公司已經主管機關核准或備查設置集合管理運用帳戶者，設置限中華民國境外之個人、法人、政府機關或金融機構委託投資之集合管理運用帳戶，於下列事項不適用本辦法規定：

(一) 管理、運用與處分信託財產之種類及範圍。

(二) 專業投資人應符合之資格條件。

(三) 設置之集合管理運用帳戶應經同業公會或主管機關審查、核准或備查。

(四) 從事推介、廣告、業務招攬及營業促銷活動。

〔牛刀小試〕

( ) **1** 依信託資金集合管理運用管理辦法規定，信託業申請設置集合管理運用帳戶時，申請書件應先送交下列何者審查？ (A)財政部 (B)金管會證期局 (C)中華民國信託業商業同業公會 (D)中華民國證券投資信託暨顧問商業同業公會。 【第41期】

( ) **2** 信託業依據信託資金集合管理運用管理辦法之規定，設置集合管理運用帳戶係採下列何種方式？ (A)報備制 (B)核准制 (C)申報生效制 (D)自動生效制。 【第40期】

( ) **3** 有關申請設置集合管理運用帳戶之信託業，應符合標準普爾公司之短期債務信用評等何種等級以上？ (A)A-3 (B)P-3 (C)F3 (D)F4B。 【第40期】

( ) **4** 下列何者為信託業辦理信託資金集合管理運用業務之主管機關？ (A)金融監督管理委員會 (B)銀行公會 (C)中央銀行 (D)中華民國信託業商業同業公會。 【第40期】

( ) **5** 個別集合管理運用帳戶之管理運用不符經濟規模而須合併管理時，下列何者錯誤？ (A)先經信託公會審查再轉報主管機關核准 (B)信託業應依信託業法所定方式公告 (C)應由委託人及受益人決定其信託受益權是否隨同合併或退出 (D)受益人不特定時應由受託人決定其信託受益權是否隨同合併或退出。 【第39期】

解答與解析

1 (C)。信託資金集合管理運用管理辦法第3條：信託業符合信託業營運範圍受益權轉讓限制風險揭露及行銷訂約管理辦法第4條、第5條第1款至第3款規定之條件者，得設置集合管理運用帳戶；其屬外幣計價者，應經中央銀行同意。
信託業設置非專業投資人得委託投資之集合管理運用帳戶，其設置前應檢具下列書件，函送中華民國信託業商業同業公會（以下簡稱同業公會）審查後，由同業公會併其審查意見轉報主管機關核准。

2 (B)。信託資金集合管理運用管理辦法第3條：信託業符合信託業營運範圍受益權轉讓限制風險揭露及行銷訂約管理辦法第4條、第5條第1款至第3款規定之條件者，得設置集合管理運用帳戶；其屬外幣計價者，應經中央銀行同意。其設置前，應檢具規定書件，函送中華民國信託業商業同業公會審查後，檢送審查意見轉報金管會核准。

3 (A)。一、經標準普爾公司（Standard&Poor'sCorporation）評定，長期債務信用評等達BBB-級以上，短期債務信用評等達A-3級以上。二、經穆迪投資人服務公司（Moody'slnvestorsService）評定，長期債務信用評等達Baa3

級以上，短期債務信用評等達P-3級以上。三、經惠譽國際信用評等公司（FitchRatingsLtd.）評定，長期債務信用評等達BBB-級以上，短期債務信用評等達F3級以上。四、經中華信用評等股份有限公司評定，長期債務信用評等達twBBB-級以上，短期債務信用評等達twA-3級以上。五、經英商惠譽國際信用評等股份有限公司臺灣分公司評定，長期債務信用評等達BBB-（twn）級以上，短期債務信用評等達F3（twn）級以上。六、經穆迪信用評等股份有限公司評定，長期債務信用評等達Baa3tw級以上，短期債務信用評等達TW-3級以上。

4 **(A)**。信託資金集合管理運用管理辦法第3條：信託業符合信託業營運範圍受益權轉讓限制風險揭露及行銷訂約管理辦法第4條、第5條第1款至第3款規定之條件者，得設置集合管理運用帳戶；其屬外幣計價者，應經中央銀行同意。

信託業設置非專業投資人得委託投資之集合管理運用帳戶，其設置前應檢具下列書件，函送中華民國信託業商業同業公會（以下簡稱同業公會）審查後，由同業公會併其審查意見轉報主管機關核准。

5 **(D)**。信託資金集合管理運用管理辦法第16條：信託業因合併或集合管理運用帳戶之管理運用不符經濟規模時，得依約定條款之約定，先經同業公會審查後，檢送審查意見轉報財政部核准後，就集合管理運用帳戶合併管理運用。前項情形，信託業應依本法第39條所定公告方式，公告於一定期間內，由委託人及受益人決定其信託受益權是否隨同合併或退出；受益人不特定或尚未存在之情形，由委託人決定之。

參 信託資金集合管理及運用之原則 重要度★★★

一、客戶分級管理制度

現行作業將投資人區分為非專業投資人及專業投資人，目的為能有效運用信託資金集合管理運用，以具有次級交易市場之投資標的為原則下，分散一般人的投資風險，並加強保障非專業投資人的權益。

二、運用範圍涉及證券交易法第6條規定之有價證券應遵循規範

集合管理運用帳戶之運用範圍涉及證券交易法第6條規定之有價證券或期貨交易法第3條規定之期貨時，應向證券主管機關申請兼營證券投資顧問業務，除應遵守信託法、信託業法及相關子法外，其運用之規範尚應依「證券投資信託

事業證券投資顧問事業經營全權委託投資業務管理辦法」第4章之規定辦理，但涉及運用於證券交易法第6條規定之有價證券未達新台幣1,000萬元者，得不受第4章之規範。

三、運用限制

(一) 委託人為非專業投資人，其信託財產之運用

信託業辦理非專業投資人得委託投資之集合管理運用帳戶，其信託財產之運用，應遵守下列規定：

1. 銀行存款。該銀行之信用評等應符合附表一所列信用評等機構評定達一定等級以上；如存放於境外銀行者，其資本或資產之排名應居全世界銀行前五百名以內。
2. 投資於境外短期票券，其債務人（發行人、保證人或承兌人）短期債務信用評等應符合附表二所列信用評等機構評定達一定等級以上。
3. 投資於境外政府債券，其發行國家主權評等應符合附表三所列信用評等機構評定達一定等級以上。
4. 投資於境外之金融債券、上市與上櫃公司發行之公司債（含可轉換公司債、交換公司債及附認股權公司債）、證券化商品（不包含再次證券化商品及合成型證券化商品），其發行人或保證人之長期債務信用評等及債券之債務發行評等應符合附表三所列信用評等機構評定達一定等級以上。
5. 附條件交易：以第2款為標的者，交易相對人短期債務信用評等應符合附表二所列信用評等機構評定達一定等級以上；以第3款、前款為標的者，交易相對人長期債務信用評等應符合附表三所列信用評等機構評定達一定等級以上。

(二) 委託人為專業投資人，其信託財產之運用

依信託資金集合管理運用管理辦法第8條規定，信託業辦理限專業投資人委託投資之集合管理運用帳戶，其信託財產之運用，應遵守下列規定：

1. 銀行存款。該銀行之信用評等應符合附表一所列信用評等機構評定達一定等級以上。
2. 投資於境外短期票券，其債務人（發行人、保證人或承兌人）短期債務信用評等應符合附表二所列信用評等機構評定達一定等級以上。
3. 投資於境外政府債券，其發行國家主權評等應符合附表四所列信用評等機構評定達一定等級以上。

4.投資於境外之金融債券、上市與上櫃公司發行之公司債（含可轉換公司債、交換公司債及附認股權公司債）、證券化商品者，其發行人或保證人之長期債務信用評等及債券之債務發行評等應符合附表四所列信用評等機構評定達一定等級以上。

5.附條件交易：以第2款為標的者，交易相對人短期債務信用評等應符合附表二所列信用評等機構評定達一定等級以上；以第3款、前款為標的者，交易相對人長期債務信用評等應符合附表四所列信用評等機構評定達一定等級以上。

附表一 （存放存款之銀行信用評等）【專業投資人及非專業投資人適用】

信用評等機構名稱	長期債務信用評等等級	短期債務信用評等等級
A.M. Best Company, Inc.	bbb-	AMB-3
DBRS Ltd.	BBBL	R-3
Fitch Ratings Ltd.	BBB-	F3
Japan Credit Rating Agency, Ltd.	BBB-	J3
Moody's Investor Services, Inc.	Baa3	P-3
Rating and Investment Information, Inc.	BBB-	a-3
Standard & Poor's Rating Services	BBB-	A-3
Egan-Jones Rating Company	BBB-	A-3
中華信用評等股份有限公司	twBBB-	twA-3
澳洲商惠譽國際信用評等股份有限公司臺灣分公司	BBB-（twn）	F3（twn）

附表二 （境外短期票券之發行人、保證人或承兌人及其附條件交易相對人之評等）【專業投資人及非專業投資人適用】

信用評等機構名稱	短期債務信用評等等級
A.M. Best Company, Inc.	AMB-3

信用評等機構名稱	短期債務信用評等等級
DBRS Ltd.	R-3
Fitch Ratings Ltd.	F3
Japan Credit Rating Agency, Ltd.	J3
Moody's Investor Services, Inc.	P-3
Rating and Investment Information, Inc.	a-3
Standard & Poor's Rating Services	A-3
Egan-Jones Rating Company	A-3
Kroll Bond Rating Agency	K3
Morningstar, Inc.	A-3

附表三　（境外政府債券國家主權評等、境外債券或證券化商品之發行人或保證人評等、債券或商品之債務發行評等，及相關附條件交易相對人之評等）【非專業投資人適用】

信用評等機構名稱	信用評等等級
A.M. Best Company, Inc.	bbb-
DBRS Ltd.	BBB-
Fitch Ratings Ltd.	BBB-
Japan Credit Rating Agency, Ltd.	BBB-
Moody's Investor Services, Inc.	Baa2
Rating and Investment Information, Inc.	BBB-
Standard & Poor's Rating Services	BBB-
Egan-Jones Rating Company	BBB-
Kroll Bond Rating Agency	BBB-
Morningstar, Inc.	BBB-

附表四　（境外政府債券國家主權評等、境外債券或證券化商品之發行人或保證人評等、債券或商品之債務發行評等，及相關附條件交易相對人之評等）【專業投資人適用】

信用評等機構名稱	信用評等等級
A.M. Best Company, Inc.	bb
DBRS Ltd.	BB
Fitch Ratings Ltd.	BB
Japan Credit Rating Agency, Ltd.	BB
Moody's Investor Services, Inc.	Ba2
Rating and Investment Information, Inc.	BB
Standard & Poor's Rating Services	BB
Egan-Jones Rating Company	BB
Kroll Bond Rating Agency	BB
Morningstar, Inc.	BB

(三)委託人為非專業投資人，其投資標的之原則

依信託資金集合管理運用管理辦法第9條規定，信託業辦理非專業投資人得委託投資之信託資金集合管理運用，以具有次級交易市場之投資標的為原則，並應遵守下列規定：

1. 除已獲准上市、上櫃而正辦理承銷中之股票外，不得投資未上市、未上櫃公司股票。
2. 不得辦理放款或提供擔保。
3. 不得從事證券信用交易。
4. 本身管理之各集合管理運用帳戶間不得互為交易。
5. 投資於任一上市、上櫃公司發行之股票、存託憑證、公司債、金融債券及短期票券之金額，分別不得超過個別集合管理運用帳戶投資當日淨資產價值10%。
6. 同一信託業所設置之全體集合管理運用帳戶，投資於任一上市、上櫃公司發行之股票、存託憑證、公司債、金融債券及短期票券之金額，合計不得超過投資當日該公司實收資本額10%。

7.存放於同一金融機構之存款、投資其發行之金融債券與其保證之公司債及短期票券金額，合計不得超過投資當日全體集合管理運用帳戶淨資產總價值20%及該金融機構淨值10%。

8.個別集合管理運用帳戶投資於任一基金受益憑證、受益證券、基金股份或投資單位（以下簡稱基金）之金額，不得超過投資當日被投資基金已發行受益權單位總數10%；全體集合管理運用帳戶投資於任一基金之合計金額不得超過投資當日被投資基金已發行受益權單位總數20%。

9.投資於任一基金之金額不得超過投資當日個別集合管理運用帳戶淨資產價值10%。但該集合管理運用帳戶投資五個以上基金，並任一基金之最高投資上限未超過其淨資產價值之30%，且未投資組合型基金者，不在此限。

10.投資於同一證券化發行計畫下之證券化商品總金額不得超過同一證券化發行計畫總額10%或投資當日個別集合管理運用帳戶淨資產價值10%。

11.投資於任一證券化商品之金額，加計該商品創始機構或委託人發行之股票、存託憑證、公司債、金融債券及短期票券之總金額，不得超過投資當日個別集合管理運用帳戶淨資產價值之20%。

12.個別集合管理運用帳戶投資於任一上市或上櫃公司承銷股票之總數，不得超過該次承銷總數1%；全體集合管理運用帳戶投資於同一次承銷股票之總數，不得超過該次承銷總數3%。

13.信託業與證券化商品之創始機構、委託人、受託機構或特殊目的公司之任一機構具有本法第7條所稱利害關係人之關係者，信託業不得運用集合管理運用帳戶投資於該證券化商品。

14.不得投資於非屬第3條第2項經主管機關核准之管理及運用計畫所訂定運用範圍之投資標的。

15.除第7條外，經主管機關核准之其他投資，相關管理、運用及處分等應遵循事項，得由主管機關另定之。

信託業運用集合管理運用帳戶投資前項第1款承銷股票額度應與同種類上市上櫃公司股票之股份，合併計算總數額或總金額，以合併計算得投資之比率上限；投資存託憑證應與所持有該存託憑證發行公司發行之股票，合併計算總金額或總數額，以合併計算得投資之比率上限。

第1項之集合管理運用帳戶自第1筆信託資金撥入起算3個月或存續期間屆滿日前1個月，不適用第1項第5款至第13款規定。

集合管理運用帳戶之信託資金，經主管機關核准或備查運用於無次級交易市場或欠缺流動性之標的者，信託業得於該帳戶約定條款中訂定一定期間停止受益人退出。

(四) **信託財產運用於境外投資標的之限制**：信託財產運用於境外投資標的，應以外幣計價；屬境外之衍生性金融商品，其不得連結之標的，準用境外結構型商品管理規則第17條第3款規定。

(五)**外幣計價集合管理運用帳戶信託財產運用之限制**：外幣計價集合管理運用帳戶信託財產之運用，以外幣計價標的為限，且不得涉及或連結新臺幣利率及匯率指標之商品。

(六) **流動性之維持**

1.辦理信託資金之集合管理運用時，其流動性資產之範圍及比率應依據依信託業法第36條授權所為之規定辦理。

2.信託業辦理集合管理運用之金錢信託，應保持適當之流動性。主管機關於必要時，得於洽商中央銀行後，訂定流動性資產之範圍及其比率。信託業未達該比率者，應於主管機關所定期限內調整之。

(1)流動性資產範圍

依集合管理運用金錢信託流動性質資產範圍及比率準則第2條規定，信託業辦理信託業法第28條之信託資金集合管理及運用業務時，其持有流動性資產之範圍如下：

A.現金及銀行存款。

B.公債。

C.短期票券。

D.其他經主管機關洽商中央銀行同意之資產。

(2)比率範圍：信託業辦理信託資金集合管理及運用業務，依同上準則第2條持有之流動性資產占所設置個別集合管理運用帳戶淨資產價值之最低比率為5%。信託業每日計算個別集合管理運用帳戶之流動性資產帳戶淨資產價值，其占帳戶淨資產價值之比率不得低於5%，未達規定者，應立即調整之。

(七) **契約條款之應記載約定事項**

信託業於辦理信託資金集合管理運用前，除先依本法第19條第1項規定與委託人簽訂信託契約外，並應就各集合管理運用帳戶分別訂立約定條款，約定條款中並應載明：

1.集合管理運用帳戶名稱、計價幣別及存續期間。
2.信託資金加入金額及期間。
3.集合管理運用帳戶投資基本方針、運用範圍及其限制。
4.集合管理運用帳戶之管理及運用方法。
5.信託業之責任。
6.信託資金加入及退出集合管理運用帳戶時點之規定。
7.信託資金暫停退出之規定。
8.集合管理運用帳戶項下各項費用、稅捐之負擔及其支付方法。
9.集合管理運用帳戶項下信託受益權計算方式、信託受益權淨資產價值之計算、信託收益計算與分配之期間及方法。
10.每一信託受益權淨資產價值之公告方式。
11.集合管理運用帳戶項下信託財產交付與返還之方式及期限。
12.集合管理運用帳戶項下信託財產之名義記載。
13.對委託人及受益人之定期報告事項。
14.信託業辦理信託資金集合管理運用設有信託監察人者，其選任、解任或辭任、權利義務與委託人及受益人授權之事項。
15.約定條款變更與終止之事由、終止程序及終止後之處理事項。
16.集合管理運用帳戶合併之約定事項。
17.集合管理運用帳戶終止時，信託財產之清算方法與返還之方式及期限。
18.其他經主管機關規定應記載事項。

前項約定條款應由同業公會就非專業投資人得委託投資者，擬訂約定條款契約範本，報請主管機關核定。

限由專業投資人委託投資之集合管理運用帳戶，不適用第1項第10款之規定。

(八)**個別約定**

委託人之信託資金經交付集合管理運用帳戶，其加入運用之時點、適用之信託受益權淨值基準、所得享有之信託受益權、全部或部分退出時信託財產交付或返還之方式及期限，依個別約定條款辦理。

(九)**受益人退出信託資金之例外情形**

信託業對集合管理運用帳戶之受益人退出信託資金之請求不得拒絕。但有下列情事之一者，不在此限：

1.約定條款約定一定期間停止受益人退出。
2.集中交易市場、櫃台買賣市場、外匯市場或其他相關市場非因例假日而停止交易期間。

3.通常使用之通訊中斷。

4.因匯兌交易受限制。

5.有其他無從接受退出請求或給付退出信託資金之特殊情事。

信託業有前項事由之發生而拒絕受益人退出之情形時，應於事後立即報請主管機關核備。

(十) **信託財產及帳戶管理應遵循事項**

1.信託業得就運用於不同種類投資標的之信託資金分別設置集合管理運用帳戶集合管理運用，並應以分別記帳方式管理之。

2.集合管理運用帳戶之信託財產應以信託業之信託財產名義表彰之。但信託財產運用於境外之投資標的時，其名義記載得依信託業與境外相關訂約機構之約定辦理。

3.信託業應將集合管理運用帳戶之信託財產與其自有財產及其他信託財產分別管理。

4.信託業因合併或集合管理運用帳戶之管理運用不符經濟規模時，得依約定條款之約定，屬非專業投資人得委託投資者，應先經同業公會審查後，檢送審查意見轉報主管機關核准後，就集合管理運用帳戶合併管理運用。

5.前項情形，信託業應依本法第39條所定公告方式，公告於一定期間內，由委託人及受益人決定其信託受益權是否隨同合併或退出；受益人不特定或尚未存在之情形，由委託人決定之。

6.限專業投資人委託投資之集合管理運用帳戶合併管理運用，信託業應於合併後5個營業日內向主管機關申報備查並通知委託人及受益人；信託業應提供一定期間，由委託人及受益人決定其信託受益權是否隨同合併或退出；受益人不特定或尚未存在之情形，由委託人決定之。

7.信託業設置集合管理運用帳戶，就營運範圍或方法相同之信託資金為集合管理運用，不得另收信託報酬。

8.受益人對於集合管理運用帳戶信託財產之權利，應依其持有之信託受益權行使之。

9.集合管理運用帳戶之信託受益權，受益人不得轉讓之。

(十一) **信託監察人之資格與義務**

1.約定條款定有信託監察人者，信託業應選任獨立、公正之第三人為信託監察人，其為自然人者應具備下列資格之一：

(1) 曾任職金融機構總機構副理以上或同等職務，且具有信託業務經驗達五年以上，成績優良。
(2) 領有會計師或律師執照且具有實務工作經驗達五年以上。
(3) 曾於國內外專科以上學校教授金融、會計、法律、信託等相關課程達五年以上。
(4) 擔任與信託業務有關之金融行政管理工作經驗達二年以上，並曾任薦任九職等以上或同等職務。
(5) 有其他經歷足資證明可有效執行信託監察人之職務及維護受益人之權益。

信託業之利害關係人及職員不得擔任其所設置集合管理運用帳戶之信託監察人。

2. 信託監察人應以善良管理人之注意義務，代表全體委託人及受益人執行下列職務：
(1) 以自己名義為受益人為有關信託之訴訟上或訴訟外之行為。
(2) 受託人有違反其職務或其他重大事由時，得聲請法院將其解任，並另選任新任受託人。
(3) 與受託人為集合管理運用帳戶約定條款之協議與修訂。
(4) 依法令或本辦法之規定，為受益人之利益所為必要之行為。
(5) 委託人及受益人授權之事項。

〔牛刀小試〕

( ) **1** 有關信託業辦理信託資金集合管理運用帳戶所得持有之流動性資產範圍，下列何者錯誤？ (A)公債 (B)公司債 (C)銀行存款 (D)短期票券。 【第41期】

( ) **2** 有關信託業辦理信託資金集合管理運用帳戶，除信託契約明訂之收費標準外，信託業可否計收其他信託報酬？ (A)不得另收取 (B)得依一定比率計收 (C)得依投資績效計收 (D)得依固定金額收取。 【第40期】

( ) **3** 依信託資金集合管理運用管理辦法規定，信託業所設置之個別集合管理運用帳戶，投資於任一上市公司股票、短期票券或公司債之金額應受之限制，下列何者正確？ (A)合計不得超過該信託業淨值之百分之十 (B)合計不得超過該公司淨資產價值之百分之十 (C)分別不得超過個別集合管理運用帳戶投資當日淨資產價值之百分之五 (D)分別不得超過個別集合管理運用帳戶投資當日淨資產價值之百分之十。 【第39期】

(　　) **4** 「中華民國信託業商業同業公會會員辦理信託資金集合管理運用帳戶一致性規範」對於集合管理帳戶信託財產運用範圍之規定，其共同運用標的最多可包含哪些？　A.存款　B.國庫券　C.可轉讓銀行定期存單　D.政府債券　E.短期票券附買回交易　(A)僅A、B　(B)僅A、B、C　(C)僅A、B、C、D　(D)A、B、C、D、E。【第39期】

(　　) **5** 有關信託資金集合管理運用帳戶之終止，下列敘述何者錯誤？　(A)除法令另有規定外，可依約定條款終止　(B)信託業終止集合管理運用帳戶時，毋須辦理公告　(C)信託監察人得基於受益人利益報請主管機關核准終止該帳戶　(D)信託業對於集合管理運用帳戶之管理、運用有違反法令時，主管機關得命令終止該帳戶。【第37期】

解答與解析

1 (B)。集合管理運用金錢信託流動性資產範圍及比率準則第2條：其持有流動性資產之範圍如下：一、現金及銀行存款。二、公債。三、短期票券。四、其他經財政部洽商中央銀行同意之資產。

2 (A)。信託資金集合管理運用管理辦法第17條：信託業設置集合管理運用帳戶，就營運範圍或方法相同之信託資金為集合管理運用，不得另收信託報酬。

3 (D)。依信託資金集合管理運用管理辦法第9條第5項規定，信託業辦理非專業投資人得委託投資之信託資金集合管理運用，以具有次級交易市場之投資標的為原則，並應遵守下列規定：投資於任一上市、上櫃公司發行之股票、存託憑證、公司債、金融債券及短期票券之金額，分別不得超過個別集合管理運用帳戶投資當日淨資產價值10%。

4 (D)。依照「中華民國信託業商業同業公會會員辦理信託資金集合管理運用帳戶一致性規範」第3條至第7條規定，對於集合管理帳戶信託財產運用範圍之規定貨幣市場型、債券型、股票型、平衡型及組合型集合管理運用帳戶，共同運用範圍包括：(一)銀行存款。(二)短期票券：國庫券、可轉讓銀行定期存單、公司及公營事業機構發行之本票或匯票、其他經主管機關核准之短期債務憑證（短期票券附買回交易）。

5 (B)。信託資金集合管理運用管理辦法第26條：集合管理運用帳戶終止時，信託業應於主管機關核准或備查清算後，三個月內完成集合管理運用帳戶之清算，並將清算後之信託財產依信託受益權之比例分派與各受益人。信託業應將前項清算及分配之方式向主管機關申報及公告，並通知受益人，且應於清算程序終結後二個月內，將處理結果函報主管機關備查並通知受益人。但限專業投資人委託投資之集合管理運用帳戶免辦理公告。

肆 信託資金集合管理及運用之會計制度 重要度★★

一、集合管理運用之會計制度應依一般公認會計原則、同業公會釐訂之規範及有關法令之規定辦理。

二、除約定條款另有約定外，信託業應於每一營業日就各集合管理運用帳戶分別計算其每一信託受益權之淨資產價值。

三、集合管理運用帳戶信託財產之淨資產價值之計算，由同業公會擬訂計算標準，報請主管機關核定。

四、相關稅捐、費用或債務之處理

(一)集合管理運用帳戶因管理運用所生之稅捐、為處理信託事務所生之費用或負擔之債務，信託業得逕自該帳戶之信託財產中扣除支應。

(二)各集合管理運用帳戶依法應予扣繳稅捐時，信託業應為扣繳義務人，並按信託受益權持有比例填發扣繳憑單予信託契約之受益人。

五、集合管理運用帳戶因運用所生之收益及損失均歸屬於該帳戶。

六、報表及財務報告之備查處理

(一)信託業應就各集合管理運用帳戶分別造具帳簿，載明該帳戶之處理狀況，並定期編製運用狀況報告書。

(二)信託業應於會計年度終了後4個月內，就各集合管理運用帳戶分別編具集合管理運用信託財產年度決算報告，經會計師查核簽證後送同業公會彙報主管機關，且通知委託人及受益人；約定條款定有信託監察人者，該決算報告並應先經其承認。

(三)並應於每月終了後10個營業日內編具月報，送同業公會彙報主管機關。決算報告及月報格式應由同業公會訂定，報請主管機關備查。

(四)第2項情形，約定條款定有信託監察人者，該決算報告並應先經其承認。

七、帳戶終止及清算之處理

(一)集合管理運用帳戶終止時，信託業應於主管機關核准或備查清算後，3個月內完成集合管理運用帳戶之清算，並將清算後之信託財產依信託受益權之比例分派與各受益人。

(二)信託業應將前項清算及分配之方式向主管機關申報及公告，並通知受益人，且應於清算程序終結後2個月內，將處理結果函報主管機關備查並通知受益人。但限專業投資人委託投資之集合管理運用帳戶免辦理公告。

(三)前項情形，約定條款定有信託監察人者，並應先經其承認後，再向主管機關申報或函報主管機關備查。

八、信託資金管理運用，應行公告事項

(一)集合管理運用帳戶之管理及運用計畫變更。

(二)集合管理運用帳戶約定條款之變更。

(三)主管機關命令終止集合管理運用帳戶。

(四)信託監察人基於受益人利益報請主管機關終止集合管理運用帳戶或為其他處置。

〔牛刀小試〕

( ) **1** 信託資金集合管理運用帳戶原則上應多久計算一次淨資產價值？
(A)每一營業日 (B)每週
(C)每二週 (D)每月。 【第41期】

( ) **2** 有關集合管理運用帳戶之設置及終止，下列何者錯誤？
(A)帳戶之設置採核准主義
(B)信託業可一次同時申請數個帳戶
(C)信託業得任意終止帳戶
(D)受託機構之信用評等須達一定等級。 【第41期】

( ) **3** 依信託資金集合管理運用管理辦法規定，下列何者非屬集合管理運用帳戶終止之方式？
(A)依約定條款終止
(B)主管機關命令終止
(C)受益人大會決議終止
(D)信託監察人報請終止。 【第41期】

( ) **4** 依信託資金集合管理運用管理辦法規定，下列何者非屬信託業應辦理公告之事由？
(A)更換集合管理運用帳戶經理人
(B)集合管理運用帳戶約定條款變更
(C)集合管理運用帳戶運用計畫變更
(D)經主管機關命令終止集合管理運用帳戶。 【第41期】

( ) **5** 投資下列何種證券之孳息收益係採分離課稅？ A.不動產投資信託受益證券 B.不動產資產信託受益證券 C.金融資產證券化受益證券
(A)僅AB (B)僅BC
(C)僅AC (D)ABC。 【第38期】

解答與解析

1 (A)。信託資金集合管理運用管理辦法第22條：除約定條款另有約定外，信託業應於每一營業日就各集合管理運用帳戶分別計算其每一信託受益權之淨資產價值。

2 (C)。信託資金集合管理運用管理辦法第6條：集合管理運用帳戶之終止，除法令另有規定外，依約定條款之規定辦理。

3 (C)。信託資金管理運用，應行公告事項：(一)集合管理運用帳戶之管理及運用計畫變更。(二)集合管理運用帳戶約定條款之變更。(三)主管機關命令終止集合管理運用帳戶。(四)信託監察人基於受益人利益報請主管機關終止集合管理運用帳戶或為其他處置。

4 (A)。信託資金管理運用，應行公告事項：(一)集合管理運用帳戶之管理及運用計畫變更。(二)集合管理運用帳戶約定條款之變更。(三)主管機關命令終止集合管理運用帳戶。(四)信託監察人基於受益人利益報請主管機關終止集合管理運用帳戶或為其他處置。

5 (D)。均採分離課稅。

伍 不指定營運範圍運用金錢信託 重要度★

一、法源依據

(一) 依託業法第32條第1項規定：主管機關於必要時，得對不指定營運範圍金錢信託，規定營運範圍或方法及其限額。

(二) 依據信託法施行行細則第7條規定：金錢信託依受託人對信託財產運用決定權之有無，可以區分為「特定金錢信託」、「指定營運範圍金錢信託」及「不指定營運範圍金錢信託」。其中所謂「不指定營運範圍金錢信託」係指指委託人對信託財產不指定營運範圍或方法，受託人於信託目的範圍內，對信託財產具有運用決定權。因委託人不指定營運範圍或方法，對委託人風險較大，為防止受益人濫用決定權，因此有必要由主管機關對不確定營運範圍金錢信託，規定營運範圍或方法及其限額。

二、不指定營運範圍金錢信託種類

(一) 不指定營運範圍金錢信託種類，依信託業施行行細則第6條規定，可以分為不指定單獨管理運用金錢信託與不指定營運範圍集合管理運用金錢信託，兩者均須符合信託業法第18條主管機關所規定之營運範圍。

(二) 依信託財產之管理運用方法，分類如下：

1. 單獨管理運用之信託：指受託人與個別委託人訂定信託契約，並單獨管理運用其信託財產。
2. 集合管理運用之信託：指受託人依信託契約之約定，將不同信託行為之信託財產，依其投資運用範圍或性質相同之部分，集合管理運用。故集合管理帳戶不能向不特定多數募集，與共同信託基金之差異乃在於後者可向不特定多數人募集。

(三) 信託業辦理單獨管理運用或集合管理運用之信託財產涉及運用於證券交易法第6條之有價證券達新臺幣1000萬元以上者，應依證券投資顧問事業設置標準向之主管機關申請「兼營全權委託投資業務」。

(四) 依信託業法第18條規定，信託業業務之經營涉及信託業得全權決定運用標的，且將信託財產運用於證券交易法第6條規定之有價證券或期貨交易法第3條規定之期貨時，其符合一定條件者（達新臺幣1000萬元以上者），並應向主管機關申請「兼營證券投資顧問業務」。

三、營運範圍限制

營運範圍信託業辦理委託人不指定營運範圍或方法之金錢信託，其營運範圍以下列為限：

(一)現金及銀行存款。

(二)投資公債、公司債、金融債券。

(三)投資短期票券。

(四)其他經主管機關核准之業務。

四、營運範圍之限額

不指定營運範圍金錢信託營運範圍之限額，規定如下：

(一) 信託業受託管理不指定金錢信託，存放於同一金融機構之存款、投資其發行之金融債券或其保證或承兌之公司債或短期票券金額，合計不得超過投資當日其所受託管理不指定金錢信託淨資產總價值10%，及該金融機構淨值10%。

(二) 信託業受託管理不指定金錢信託，投資於同一公司發行之公司債或短期票券金額，合計不得超過投資當日其所受託管理不指定金錢信託淨資產總價值5%及該公司債或短期票券發行公司實收資本額5%。

(三) 信託業受託管理不指定單獨管理運用金錢信託，存放於同一金融機構之存款、投資其發行之金融債券及其保證或承兌之公司債或短期票券金額，合計不得超過投資當日個別不指定單獨管理運用金錢信託淨資產總價值20%；投資於同一公司發行之公司債或短期票券金額，合計不得超過投資當日個別不指定單獨管理運用金錢信託淨資產總價值10%。

(四) 信託業受託管理不指定單獨管理運用金錢信託，其接受委託人委託管理運用資金之最低限額，由中華民國信託商業同業公會報請金管會核定之。

〔牛刀小試〕

( ) **1** 有關各種金錢信託運用範圍之限制，下列敘述何者錯誤？ (A)集合管理運用之範圍於其管理辦法中訂有限制 (B)共同信託基金運用之範圍於其管理辦法中訂有限制 (C)委託人不指定營運範圍或方法之運用範圍無限制 (D)信託資金投資國外有價證券之範圍應依主管機關規定辦理。 【第40期】

( ) **2** 不指定集合管理運用金錢信託之營業範圍包括下列何者？ A.公債 B.公司債 C.短期票券 D.上市股票 E.金融債券 (A)ABCDE (B)僅ABCD (C)僅ABCE (D)僅ACDE。 【第38期】

( ) **3** 信託資金以集合管理運用方式辦理者，有關其分類，下列何者錯誤？
(A)不指定集合管理運用金錢信託
(B)不特定集合管理運用金錢信託
(C)指定集合管理運用金錢信託
(D)特定集合管理運用金錢信託。 【第38期】

( ) **4** 信託業辦理不指定營運範圍方法金錢信託，其存款所存放之金融機構，經Moody's Investors Service評定，長期債務信用評等須達何種等級以上？ (A)Aa3 (B)Baa1 (C)Baa2 (D)Baa3。 【第26期】

解答與解析

1 (C)。信託業法第32條：信託業辦理委託人不指定營運範圍或方法之金錢信託，其營運範圍以下列為限：一、現金及銀行存款。二、投資公債、公司債、金融債券。三、投資短期票券。四、其他經主管機關核准之業務。主管機關於必要時，得對前項金錢信託，規定營運範圍或方法及其限額。

2 **(C)**。信託資金集合管理運用管理辦法第9條：信託業辦理非專業投資人得委託投資之集合管理運用帳戶，其信託財產之運用，應遵守下列規定：一、銀行存款。該銀行之信用評等應符合附表一所列信用評等機構評定達一定等級以上；如存放於境外銀行者，其資本或資產之排名應居全世界銀行前五百名以內。二、投資於境外短期票券，其債務人（發行人、保證人或承兌人）短期債務信用評等應符合附表二所列信用評等機構評定達一定等級以上。三、投資於境外政府債券，其發行國家主權評等應符合附表三所列信用評等機構評定達一定等級以上。四、投資於境外之金融債券、上市與上櫃公司發行之公司債（含可轉換公司債、交換公司債及附認股權公司債）、證券化商品（不包含再次證券化商品及合成型證券化商品），其發行人或保證人之長期債務信用評等及債券之債務發行評等應符合附表三所列信用評等機構評定達一定等級以上。五、附條件交易：以第二款為標的者，交易相對人短期債務信用評等應符合附表二所列信用評等機構評定達一定等級以上；以第3款、前款為標的者，交易相對人長期債務信用評等應符合附表三所列信用評等機構評定達一定等級以上。

3 **(B)**。信託業法施行細則第8條：本法第16條第1款規定金錢之信託，其種類如下：一、指定營運範圍或方法之單獨管理運用金錢信託。二、指定營運範圍或方法之集合管理運用金錢信託。三、不指定營運範圍或方法之單獨管理運用金錢信託。四、不指定營運範圍或方法之集合管理運用金錢信託。五、特定單獨管理運用金錢信託。六、特定集合管理運用金錢信託。並無不特定金錢信託。

4 **(D)**。銀行：

1.經Standard & Poor's Corp.評定，長期債務信用評等達BBB-級（含）以上，短期債務信用評等達A-3級（含）以上。

2.經Moody's Investors Service評定，長期債務信用評等達Baa3級（含）以上，短期債務信用評等達P-3級（含）以上。

3.經Fitch Ratings Ltd.評定，長期債務信用評等達BBB-級（含）以上，短期債務信用評等達F3級（含）以上。

4.經中華信用評等股份有限公司評定，長期債務信用評等達twBBB-級（含）以上，短期債務信用評等達twA-3級（含）以上。

5.經英商惠譽國際信用評等股份有限公司台灣分公司評定，長期債務信用評等達BBB-（twn）級（含）以上，短期債務信用評等達F3（twn）級（含）以上。

6.經穆迪信用評等股份有限公司評定，長期債務信用評等達Baa3.tw級（含）以上，短期債務信用評等達TW-3級（含）以上。

精選試題

( ) **1** 信託業辦理信託資金集合管理運用帳戶，係屬下列何種信託業務項目？ (A)有價證券之信託 (B)金錢之信託 (C)金錢債權及其擔保物權之信託 (D)其他財產權之信託。【第37期】

( ) **2** 依信託資金集合管理運用管理辦法規定，個別集合管理運用帳戶投資於任一證券投資信託事業已募集發行之證券投資信託基金受益憑證之金額，合計不得超過投資當日個別帳戶淨資產總價值之多少百分比？ (A)百分之五 (B)百分之十 (C)百分之二十 (D)百分之三十。【第33期】

( ) **3** 有關集合管理運用帳戶之主要效益，下列敘述何者錯誤？ (A)節省稅負 (B)降低信託資金運用成本 (C)分散信託資金投資風險 (D)提高信託資金之運用效率。【第30期】

( ) **4** 依信託資金集合管理運用管理辦法規定，原則上，下列何者非屬集合管理運用帳戶可投資之標的？ (A)首順位金融債券 (B)未上市公司股票 (C)上市公司股票 (D)上櫃公司股票。【第29期】

( ) **5** 依信託資金集合管理運用管理辦法規定，信託業辦理信託資金集合管理運用帳戶，除經主管機關核准者外，下列何者非屬信託資金集合管理運用帳戶得持有之流動性資產？ (A)公債 (B)公司債 (C)短期票券 (D)銀行存款。【第27期】

( ) **6** 依信託資金集合管理運用管理辦法規定，原則上下列何者非屬集合管理運用帳戶可投資之標的？ (A)公債 (B)公司債 (C)短期票券 (D)櫃檯買賣第二類股票。【第22期】

( ) **7** 信託業設置指定信託資金集合管理運用帳戶，下列何者對該帳戶具有運用決定權？ (A)受託人 (B)受益人 (C)委託人本人 (D)委託人指定之第三人。【第15期】

( ) **8** 依信託資金集合管理運用管理辦法之相關規定，有關集合管理運用帳戶之敘述，下列何者錯誤？ (A)屬金錢信託之商品 (B)受託人對信託財產之管理運用具有運用決定權 (C)集合管理運用帳戶之設置須逐一經主管機關核准 (D)均應依證券投資顧問事業證券投資信託事業經營全權委託投資業務管理辦法第四章之規定辦理。【第10期】

(　　) **9** 有關集合管理運用帳戶信託資金之運用原則，下列敘述何者正確？(A)可從事證券信用交易以發揮財務槓桿的效果　(B)可投資未上市公司股票以賺取較大的報酬　(C)可尋找承銷價與市價有相當價差之股票，並基於受託人善良管理人之注意義務，直接向盤商申購該股票　(D)經主管機關核准運用於無次級市場之標的者，信託業得於該帳戶約定條款中訂定一定期間停止受益人退出。【第37期】

(　　) **10** 集合管理運用帳戶投資於次順位公司債，有關該債券之最低信用評等等級標準，下列敘述何者正確？　(A)經S&P評定BBB-級以上　(B)經S&P評定BBB級以上　(C)經S&P評定BBB+級以上　(D)經S&P評定A-級以上。【第33期】

(　　) **11** 信託業設置集合管理運用帳戶，其運用之範圍涉及證券交易法第六條規定之有價證券，且其金額達新臺幣一千萬元者，信託業應向證券主管機關申請兼營下列何種業務？　(A)證券自營商　(B)證券承銷商　(C)證券投資顧問業務　(D)證券投資信託業務。【第22期】

(　　) **12** 信託業辦理信託資金集合管理運用業務時，下列敘述何者正確？(A)運用範圍僅限於投資有價證券　(B)信託財產應以信託業之信託財產名義表彰之　(C)信託財產可與信託業之自有財產集合管理　(D)應先檢具「信託資金集合管理運用管理辦法」規定之書件直接向財政部申辦。【第18期】

(　　) **13** 依信託資金集合管理運用管理辦法規定，集合管理運用帳戶設置後，其約定條款之變更，下列敘述何者正確？　(A)受託人決定後公告即可變更　(B)報經信託公會同意後即可變更　(C)報經信託監察人同意後即可變更　(D)原則上應函送信託公會審查後，由公會檢送審查意見轉報主管機關核准。【第17期】

(　　) **14** 主管機關對集合管理運用帳戶之流動性資產範圍及比率，於必要時得洽商下列何者後訂之？　(A)金管會證期局　(B)中央銀行　(C)信託公會(D)銀行公會。【第13期】

(　　) **15** 個別集合管理運用帳戶之管理運用不符經濟規模而須合併管理時，下列何者錯誤？　(A)先經信託公會審查再轉報主管機關核准　(B)信託業應依主管機關指定之方式公告　(C)應由委託人及受益人決定其信託受益權是否隨同合併或退出　(D)受益人不特定時應由受託人決定其信託受益權是否隨同合併或退出。【第13期】

( ) **16** 有關信託業辦理集合管理運用帳戶信託報酬收取之規定，下列何者錯誤？ (A)不得重複收取 (B)得依約定條款之約定另行重複酌收 (C)在不重複收取之原則下，應可以信託契約約定信託報酬收取標準 (D)在不重複收取之原則下，得於信託契約中約明信託報酬於集合管理運用帳戶之信託財產扣取。 【第39期】

( ) **17** 依信託資金集合管理運用管理辦法規定，有關信託資金集合管理運用帳戶之敘述，下列何者正確？ (A)集合管理運用帳戶之信託受益權得自由轉讓 (B)對信託資金集合管理運用帳戶之設置係採核准主義 (C)信託業對於集合管理運用帳戶之受益人退出信託資金之請求均不得加以拒絕 (D)信託財產運用於國內投資標的時，其名義記載均應以信託業之自有財產表彰之。 【第17期】

( ) **18** 有關信託資金集合管理運用帳戶與證券投資信託基金之比較，下列敘述何者錯誤？ (A)前者之法律關係為信託 (B)後者有最低基金規模限制 (C)前者之運用範圍不限於股票等有價證券 (D)兩者資產皆強制由其他保管機構負責保管。 【第29期】

( ) **19** 信託資金集合管理運用之信託報酬收取方式為何？ (A)不得另收取信託報酬 (B)由信託業自行訂定，毋須於信託契約中約定 (C)應於公會訂定之最高收費標準之下 (D)分別於個別信託契約及集合管理運用帳戶中扣收。 【第28期】

( ) **20** 有關集合管理運用帳戶，下列敘述何者錯誤？ (A)集合管理運用帳戶之信託受益權不得轉讓 (B)不同集合管理運用帳戶應分別記帳並造具帳簿 (C)集合管理運用帳戶因運用所生之收益及損失歸屬於受託人 (D)信託業就營運範圍或方法相同之信託資金為集合管理運用，不得另收取信託報酬。 【第14期】

( ) **21** 依信託法規定，受託人除應於接受信託時作成信託財產目錄外，每年至少定期一次作成信託財產目錄，並編製下列何種報表送交委託人及受益人？ (A)信託財產損益表 (B)收支計算表 (C)信託財產資產負債表 (D)信託財產分析表。 【第14期】

( ) **22** 有關信託資金集合管理運用帳戶之會計相關規定，下列何者錯誤？ (A)須會計年度終了後四個月內編具決算報告 (B)須每半年營業年度終了後二個月內編具半年決算報告 (C)決算報告須經會計師查核簽證 (D)個別集合管理運用帳戶之信託財產須每三個月評審一次。 【第35期】

( ) **23** 信託業設置指定信託資金集合管理運用帳戶，下列何者對該帳戶具有運用決定權？ (A)受託人 (B)受益人 (C)委託人本人 (D)委託人指定之第三人。 【第35期】

( ) **24** 依信託資金集合管理運用管理辦法之相關規定，有關集合管理運用帳戶之敘述，下列何者錯誤？ (A)集合管理運用帳戶之信託受益權，受益人不得轉讓 (B)集合管理運用帳戶之終止，原則上採契約自由約定方式 (C)集合管理運用帳戶信託監察人變更時，無須報請主管機關備查 (D)集合管理運用帳戶約定條款有重大變更時，應依信託業法第39條所定公告方式辦理公告。 【第35期】

( ) **25** 有關集合管理運用帳戶信託資金運用標的，應具備主管機關認可之信用評等機構評等達一定等級以上之敘述，下列何者正確？ (A)存於金控集團下之銀行存款時，該銀行可免信用評等 (B)投資於銀行發行之金融債券時，該銀行可免信用評等 (C)投資於短期票券或公司債時，任選一家金融機構保證或承兌即可，該金融機構可免信用評等 (D)投資於短期票券或公司債，其發行之債券若未經保證或承兌，則其發行人應經主管機關認可之信用評等機構評等達一定等級以上。 【第32期】

( ) **26** 依信託資金集合管理運用管理辦法及其相關規定，下列何者得擔任集合管理運用帳戶之信託監察人？ (A)信託業之職員 (B)信託業之利害關係人 (C)其他信託業者 (D)領有律師執照具有實務工作經驗達三年者。 【第31期】

( ) **27** 張三將一百萬元交付信託，約定受益人為其子張小明，並同意受託人將信託資金集合管理運用，但保留該集合管理運用帳戶受益權之行使，請問約定條款有關應對受益人所為之行為，應向何者為之？
(A)張三與張小明 (B)張三或張小明
(C)張小明 (D)張三。 【第31期】

( ) **28** 依信託資金集合管理運用管理辦法規定，集合管理運用帳戶之運用範圍，下列何者正確？ (A)經信託契約載明者，得提供擔保 (B)以具有次級交易市場之投資標的為原則 (C)經主管機關核准者，得從事證券信用交易 (D)除已獲准上市（櫃）而正辦理承銷中之股票外，其他未上市（櫃）股票亦得投資。 【第30期】

解答與解析

1 (B)。信託資金集合管理運用管理辦法第2條：本辦法所稱信託資金集合管理運用，謂信託業受託金錢信託，依信託契約約定，委託人同意其信託資金與其他委託人之信託資金集合管理運用者，由信託業就相同營運範圍或方法之信託資金設置集合管理運用帳戶，集合管理運用。

2 (B)。信託資金集合管理運用管理辦法第9條：投資於任一證券投資信託事業已募集發行之證券投資信託基金受益憑證之金額，合計不得超過投資當日個別集合管理運用帳戶淨資產總價值百分之十。

3 (A)。集合管理運用無節稅功能。

4 (B)。信託資金集合管理運用管理辦法第9條：信託業辦理信託資金集合管理運用之運用範圍，以具有次級交易市場之投資標的為原則，並應遵守下列規定：一、除已獲准上市、上櫃而正辦理承銷中之股票外，不得投資未上市、未上櫃公司股票及櫃檯買賣第二類股票。

5 (B)。持有流動性資產之範圍如下：(1)現金及銀行存款。(2)公債。(3)短期票券。(4)其他經主管機關洽商中央銀行同意之資產。

6 (D)。信託資金集合管理運用管理辦法第9條第1項規定：信託業辦理信託資金集合管理運用之運用範圍，以具有次級交易市場之投資標的為原則，並應遵守下列規定：

一、除已獲准上市、上櫃而正辦理承銷中之股票外，不得投資未上市、未上櫃公司股票。

7 (A)。信託資金集合管理運用管理辦法第2條：本辦法所稱信託資金集合管理運用，謂信託業受託金錢信託，依信託契約約定，委託人同意其信託資金與其他委託人之信託資金集合管理運用者，由信託業就相同營運範圍或方法之信託資金設置集合管理運用帳戶，集合管理運用。故受託人對該帳戶具有運用決定權。

8 (D)。信託業務之經營涉及信託業得全權決定運用之標的，且將信託財產運用於證券交易法第6條規定之有價證券或期貨交易法第3條規定之期貨時，應向證券主管機關申請兼營證券投資顧問業務，此時才適用全權委託管理辦法第4章之規定；但涉及運用於證券交易法第6條規定之有價證券未達新臺幣1000萬元者，得不受該辦法第4章之規範。

9 (D)。信託資金集合管理運用管理辦法第9條第1、2、3、4、14項規定：信託業辦理信託資金集合管理運用之運用範圍，以具有次級交易市場之投資標的為原則，並應遵守下列規定：

一、除已獲准上市、上櫃而正辦理承銷中之股票外，不得投資未上市、未上櫃公司股票。

二、不得辦理放款或提供擔保。

三、不得從事證券信用交易。

四、本身管理之各集合管理運用帳戶間不得互為交易。

十四、不得投資於非屬第3條第2項經主管機關核准之管理及運用計畫所訂定運用範圍之投資標的。

10 **(B)**。台財融(四)字第0914001237號令：經Standard&Poor's評定，債務發行評等達BBB級以上。

11 **(C)**。證券投資顧問事業證券投資信託事業經營全權委託投資業務管理辦法。集合管理運用帳戶之運用範圍涉及證券交易法第6條規定之有價證券或期貨交易法第3條規定之期貨時，應向證券主管機關申請兼營證券投資顧問業務。

12 **(B)**。信託資金集合管理運用管理辦法第3條。第9條：信託業辦理信託資金集合管理運用之運用範圍，以具有次級交易市場之投資標的為原則。第15條：信託業應將集合管理運用帳戶之信託財產與其自有財產及其他信託財產分別管理。

13 **(D)**。信託資金集合管理運用管理辦法第3條。

14 **(B)**。信託業法第36條：信託業辦理集合管理運用之金錢信託，應保持適當之流動性。主管機關於必要時，得於洽商中央銀行後，訂定流動性資產之範圍及其比率。信託業未達該比率者，應於主管機關所定期限內調整之。

15 **(D)**。信託資金集合管理運用管理辦法第16條：信託業因合併或集合管理運用帳戶之管理運用不符經濟規模時，得依約定條款之約定，先經同業公會審查後，檢送審查意見轉報財政部核准後，就集合管理運用帳戶合併管理運用。前項情形，信託業應依本法第39條所定公告方式，公告於一定期間內，由委託人及受益人決定其信託受益權是否隨同合併或退出；受益人不特定或尚未存在之情形，由委託人決定之。

16 **(B)**。信託資金集合管理運用管理辦法第17條：信託業設置集合管理運用帳戶，就營運範圍或方法相同之信託資金為集合管理運用，不得另收信託報酬。

17 **(B)**。信託資金集合管理運用管理辦法第18條：集合管理運用帳戶之信託受益權，受益人不得轉讓之。第13條：信託業對集合管理運用帳戶之受益人退出信託資金之請求不得拒絕。但有下列情事之一者，不在此限：

一、約定條款約定一定期間停止受益人退出者。

二、集中交易市場、櫃台買賣市場、外匯市場或其他相關市場非因例假日而停止交易期間。

三、通常使用之通訊中斷。

四、因匯兌交易受限制。

五、有其他無從接受退出請求或給付退出信託資金之特殊情事者。

信託業有前項事由之發生而拒絕受益人退出之情形時，應於事後立即報請財政部核備。第九條信託業得就運用於不同種類投資標的之信託資金分別設置集合管理運用帳戶集合管理運用，並應以分別記帳方式管理之。集合管理運用帳戶之信託財產應以信託業之信託財產名義表彰之。但信託財產運用於國外之投資標的時，其名義記載得依信託業與國外相關訂約機構之約定辦理。

18 **(D)**。信託資金集合管理運用帳戶可由受託人擔任保管機構。

19 **(A)**。信託資金集合管理運用管理辦法第17條：信託業設置集合管理運用帳戶，就營運範圍或方法相同之信託資金為集合管理運用，不得另收信託報酬。

20 **(C)**。信託資金集合管理運用管理辦法第24條：集合管理運用帳戶因運用所生之收益及損失均歸屬於該帳戶。即受益人。

21 **(B)**。信託法第31條：受託人就各信託，應分別造具帳簿，載明各信託事務處理之狀況。受託人除應於接受信託時作成信託財產目錄外，每年至少定期一次作成信託財產目錄，並編製收支計算表，送交委託人及受益人。

22 **(B)**。信託資金集合管理運用管理辦法第25條：信託業應就各集合管理運用帳戶分別造具帳簿，載明該帳戶之處理狀況，並定期編製運用狀況報告書。信託業應於會計年度終了後四個月內，就各集合管理運用帳戶分別編具集合管理運用信託財產年度決算報告，經會計師查核簽證後函報財政部備查，並通知委託人及受益人。法無規定須每半年編具決算報告。

23 **(A)**。指定信託之受託人對該帳戶具有運用決定權。

24 **(C)**。信託資金集合管理運用管理辦法第3條：信託監察人有變更時，應報請主管機關備查。

25 **(D)**。信託資金集合管理運用管理辦法第9條：五、投資於短期票券或公司債，應經財政部認可之信用評等機構評等達一定等級以上之金融機構保證或承兌，未經保證或承兌者，其發行人應經財政部認可之信用評等機構評等達一定等級以上。

26 **(C)**。信託資金集合管理運用管理辦法第19條：約定條款定有信託監察人者，信託業應選任獨立、公正之第三人為信託監察人，其為自然人者應具備下列資格之一：一、曾任職金融機構總機構副理以上或同等職務，且具有信託業務經驗達五年以上，成績優良者。二、領有會計師或律師執照具具有實務工作經驗達五年以上者。三、曾於國內外專科以上學校教授金融、會計、法律、信託等相關課程達五年以上者。四、擔任與信託業務有關之金融行政管理工作經驗達二年以上，並曾任薦任九職等以上或同等職務者。五、有其他經歷足資證明可有效執行信託監察人之職務及維護受益人之權益者。法人擔任信託監察人之職務者以信託業為限。

27 **(D)**。信託資金集合管理運用約定條款第5條：委託人保留本帳戶受益權之行使於他益信託之情形，如委託人於信託契約約定對本帳戶受益人權利之行使保留由委託人自行為之，本約定條款有關應對或應由受益人所為之行為應向或應由委託人為之。

28 **(B)**。信託資金集合管理運用管理辦法第9條：信託業辦理信託資金集合管理運用之運用範圍，以具有次級交易市場之投資標的為原則，並應遵守下列規定：

一、除已獲准上市、上櫃而正辦理承銷中之股票外，不得投資未上市、未上櫃公司股票。

二、不得辦理放款或提供擔保。

三、不得從事證券信用交易。

四、本身管理之各集合管理運用帳戶間不得互為交易。

NOTE

第五篇 歷屆試題與解析

第53期 信託法規

( ) **1** 有關信託業收受信託財產之敘述，下列何者錯誤？ (A)以船舶為信託財產時，應為信託登記 (B)以股票或其他表彰權利之文件上為信託財產者，應於股票上載明為信託財產 (C)以公司債為信託財產者，應通知發行公司 (D)以金錢為信託財產時，應為信託登記。

( ) **2** 有關信託財產之敘述，下列何者錯誤？ (A)受託人死亡時，信託財產不屬於其遺產 (B)受託人因信託行為取得之財產權為信託財產 (C)屬於信託財產之債權與不屬於該信託財產之債務得互相抵銷 (D)受託人因信託財產之管理、處分、滅失取得之財產權，仍屬信託財產。

( ) **3** 依信託法規定，宣言信託係委託人以下列何者為受託人設立之信託？ (A)法院 (B)信託監察人 (C)委託人自己 (D)目的事業主管機關。

( ) **4** 信託目的違反強制規定或公序良俗時，該信託行為之效力如何？ (A)得撤銷 (B)無效 (C)得終止 (D)效力未定。

( ) **5** 依信託法規定，他益信託之信託關係消滅時，受託人應就信託事務之處理作成結算書，並取得相關人之承認，下列何者非前述所指之相關人？ (A)受益人 (B)信託監察人 (C)委託人 (D)其他歸屬權利人。

( ) **6** 因信託關係存續中信託財產所生之地價稅，下列敘述何者錯誤？ (A)以受託人為納稅義務人 (B)稅捐機關得逕對欠稅之信託財產強制執行 (C)受託人不繳納時，稅捐機關不得執行受託人之自有財產 (D)受託人得逕由信託財產中抵充之。

( ) **7** 依信託法規定，信託關係消滅之原因，下列敘述何者正確？ (A)委託人死亡 (B)受益人喪失行為能力 (C)受託人撤銷設立登記 (D)委託人與受託人、受益人合意解約。

( ) **8** 對於信託財產之強制執行，於受託人變更時，債權人仍得依原執行名義，以下列何者為債務人續行強制執行？ (A)原受託人 (B)委託人 (C)受益人 (D)新受託人。

( ) **9** 下列何者非委託人之權利？ (A)得於信託之行為時為權利之保留 (B)對強制執行提起異議之訴之權利 (C)共同為變更信託財產管理之權利 (D)單獨終止他益信託之權利。

( ) **10** 甲、乙、丙為同一信託關係之受益人，如受託人違反信託本旨處分信託財產時，有關受益人撤銷權之行使，下列敘述何者錯誤？(A)得由甲、乙、丙其中一人為之 (B)必須向法院提出聲請 (C)必須由甲、乙、丙三人共同為之 (D)自受益人知有撤銷原因時起，一年間不行使而消滅。

( ) **11** 有關受託人之報酬，下列何者錯誤？
(A)信託報酬應載明於信託契約
(B)受託人得依信託行為之訂定，自信託財產收取
(C)受託人得依情事變更，請求法院增減約定之報酬
(D)受託人之報酬請求權為優先債權，即優先於無擔保債權人之受償。

( ) **12** 他益信託之受託人辭任或被解任時，除信託行為另有訂定外，下列何者得指定新受託人？ (A)委託人 (B)原受託人 (C)受益人 (D)信託監察人。

( ) **13** 受託人僅於下列何種情形時，得享有信託利益？ (A)受託人為委託人中之一人時 (B)受託人與他人為共同受益人時 (C)受託人為法人時 (D)受託人與委託人為同一人時。

( ) **14** 下列何者為信託監察人不得行使之權利？
(A)請求閱覽受託人所作成之信託財產目錄及收支計算表
(B)對違反規定所為強制執行提起異議之訴權利
(C)享有信託利益及拋棄信託利益
(D)對不當管理信託財產之受託人，請求損害賠償。

( ) **15** 依信託法規定，有關信託財產轉為受託人自有財產，下列敘述何者錯誤？ (A)憑受託人意願自由取得 (B)受託人經受益人書面同意，並依市價取得 (C)受託人係經由集中市場競價取得 (D)受託人有不得已事由經法院許可取得。

( ) **16** 依信託法規定，受託人因管理不當致信託財產發生損害或違反信託本旨處分信託財產時，下列敘述何者正確？ (A)受益人得主張該信託行為無效 (B)受益人得請求損害賠償或回復原狀 (C)受益人不得主張任何權利 (D)受益人得聲請由檢察官監督之。

( ) **17** 有關信託之監督機關，下列敘述何者錯誤？
(A)營業信託之監督機關為經濟部
(B)公益信託之監督機關為公益目的事業之主管機關
(C)一般民事信託中的私益信託之監督機關為法院
(D)信託業之主管機關為金管會。

( ) **18** 信託關係消滅時，其法律關係自何時起失其效力？ (A)自消滅之時起失其效力 (B)溯自信託行為發生時失其效力 (C)溯自信託訂約時失其效力 (D)自始無效。

( ) **19** 甲以其子丙為受益人成立信託，信託期間十年，且於信託契約中未有其他特別或保留約定，五年後因丙積欠債務，甲欲提前終止本信託關係，應如何辦理？ (A)須由甲與丙共同終止 (B)甲單獨提出終止即可 (C)須丙之債權人同意 (D)須向法院聲請終止。

( ) **20** 信託關係原則上不因法人受託人被撤銷設立登記而消滅；於此情形，在公益信託時，除信託行為另有訂定外，應如何處理？
(A)原受託人應依法指定新受託人
(B)由利害關係人或檢察官聲請法院選任新受託人
(C)信託監察人得指定新受託人，如不能或不為指定者，法院得因利害關係人或檢察官之聲請選任新受託人
(D)委託人得指定新受託人，如不能或不為指定者，目的事業主管機關得依申請或職權選任新受託人。

( ) **21** 有關銀行經營信託業務之經營與管理，下列敘述何者錯誤？ (A)應指撥營運資金專款經營 (B)營運範圍及風險管理規定，由業者逕自定之 (C)經營信託業務之人員應對客戶交易資料保守秘密 (D)除其他法律另有規定者外，準用銀行法第六章之規定。

( ) **22** 信託業為下列何項行為時，須逐案經主管機關許可？ (A)招募理財專員 (B)增設分支機構 (C)增設理財區域中心 (D)將部分業務委託他人經營。

( ) **23** 有關信託業之設立，下列何者錯誤？
(A)信託公司之股票得為無記名式
(B)發起人及股東中須有特定之專業股東
(C)主管機關許可時，得於必要範圍附加附款
(D)申請文件須記載一定事項，且須備有業務章則或營業計畫書。

( ) **24** 依信託業法規定，信託業得經營之業務項目，下列何者錯誤？ (A)動產之信託 (B)租賃權之信託 (C)專利權之信託 (D)商標權之信託。

( ) **25** 與信託業有下列何種關係之企業為信託業之利害關係人？
(A)兼營信託業之銀行分行襄理與他人合夥之事業
(B)兼營信託業之銀行轉投資之企業，持股超過該企業已發行股份總數百分之三者
(C)持有兼營信託業之銀行已發行股份總數百分之三之股東
(D)兼營信託業銀行之總行經理因個人投資關係擔任董事之企業。

( ) **26** 下列何者非信託業法所定信託業得經營之附屬業務項目？ (A)設置信託資金集合管理運用帳戶 (B)擔任有價證券發行簽證人 (C)擔任破產管理人及公司重整監督人 (D)提供投資財務管理及不動產開發顧問服務。

( ) **27** 信託業務項目之分類，係依下列何者決定之？ (A)委託人與受託人之約定 (B)受託人接受信託時之財產狀態 (C)信託期間處分財產之方式 (D)返還信託財產予受益人時之財產狀態。

( ) **28** 信託業得以信託財產為下列何種行為？ (A)購買本身之不動產 (B)辦理放款 (C)對於以開發為目的之土地信託經全體受益人同意而借入款項 (D)購買其利害關係人發行之股票。

( ) **29** 依「信託業負責人應具備資格條件暨經營與管理人員應具備信託專門學識或經驗準則」規定，下列何者非屬信託業經營與管理人員之分類？ (A)督導人員 (B)管理人員 (C)分析人員 (D)業務人員。

( ) **30** 依信託業法所定罰鍰，倘受罰人未依訴願及行政訴訟程序，請求救濟，罰鍰經限期繳納而逾期不繳者，自逾期之日起，每日加收滯納金為若干？ (A)罰鍰之百分之一 (B)罰鍰之百分之三 (C)罰鍰之千分之一 (D)罰鍰之千分之五。

(　) **31** 信託業為下列何種行為，將負刑事責任？ (A)未經主管機關核准，募集共同信託基金 (B)未經全體受益人同意，以該信託財產借入款項 (C)辦理集合管理運用之金錢信託，未保持適當之流動性 (D)未經受益人書面同意，而將信託財產存放於其銀行業務部門作為存款。

(　) **32** 信託業提存賠償準備金應繳存於何處？ (A)中央銀行 (B)財政部國庫署 (C)財政部之指定銀行 (D)保管機構。

(　) **33** 某兼營信託業務之銀行實收資本額為100億元，其受託之金錢信託共50億元，不動產信託10億元，有價證券信託5億元，有關該信託業應提存之賠償準備金，下列敘述何者正確？ (A)資本額之1% (B)其所受託之信託財產合計之15.125% (C)新臺幣五千萬元 (D)新臺幣一億五千萬元。

(　) **34** 信託公司之稽核單位對營業單位每年應至少辦理一般查核幾次？ (A)一次 (B)二次 (C)三次 (D)四次。

(　) **35** 兼營信託業之銀行，經主管機關派員接管時，其銀行之經營權及財產之管理處分權由下列何者行使之？ (A)股東會 (B)董事會 (C)總經理 (D)接管人。

(　) **36** 銀行經營下列何種業務，其營業及會計必須獨立？ (A)代理收付業務 (B)信託業務 (C)買賣黃金業務 (D)收受支票存款業務。

(　) **37** 有關信託公司之設立，下列敘述何者錯誤？ (A)發起人之出資以現金為限 (B)信託公司經核發營業執照後，滿三個月尚未開始營業者，主管機關應廢止其設立之許可 (C)發起人持有信託公司已發行股份總數百分之五十以上者，以投資一家信託公司為限 (D)應於核准設立後六個月內向經濟部申請公司設立登記。

(　) **38** 信託業經主管機關派員監管、接管或勒令停業進行清理時，下列敘述何者錯誤？

(A)主管機關得通知有關機關或機構禁止信託業負責人財產之移轉

(B)主管機關得通知有關機關或機構禁止有違法嫌疑之職員財產之移轉

(C)主管機關得通知有關機關或機構禁止有信託業負責人三親等以內血親財產之移轉

(D)主管機關得函請入出境許可之機關限制有違法嫌疑之職員出境。

(　　) **39** 甲委託人與乙受託人，訂立信託契約，由甲交付乙新台幣五百萬元成立信託，甲於信託契約中約明指示乙購買國內債券型基金，並同意乙擁有運用決定權，且得將甲之信託資金與其他不同信託行為之信託資金集合管理運用，此種信託係屬下列何種信託？　(A)特定單獨管理運用金錢信託　(B)特定集合管理運用金錢信託　(C)指定單獨管理運用金錢信託　(D)指定集合管理運用金錢信託。

(　　) **40** 依信託業商業同業公會會員自律公約規定，會員涉及違反相關法令、本會章則及公約時，其審議程序依序為下列何者？　(1)自律規範案件審議會議　(2)法規紀律委員會　(3)業務發展委員會　(4)理事會　(A)(1)(4)(2)(3)　(B)(1)(3)(2)(4)　(C)(4)(1)(3)(2)　(D)D(1)(2)(3)。

(　　) **41** 信託公司訂定各種作業及管理規範，應有下列何單位之參與？　(A)僅需稽核單位　(B)會計及資訊　(C)稽核及資訊　(D)稽核及會計。

(　　) **42** 有關信託業公告事項及方式之敘述，下列何者錯誤？
(A)應每半年營業年度編製營業報告
(B)將資產負債表於其所在地之日報公告
(C)應每半年營業年度編製財務報告
(D)如有信託業法第四十一條之情事發生時，至遲應於事實發生之翌日起三個營業日內辦理公告。

(　　) **43** 呂美與甲銀行簽訂信託契約，由呂美交付新臺幣壹千萬元，指示甲銀行投資於國內上市公司股票，約明信託期間全部信託利益由其姐呂麗享有，則信託關係消滅時，下列敘述何者正確？　(A)信託財產歸屬之順序，信託契約所定者優先於呂美，呂美優先於呂麗　(B)信託財產歸屬之順序，信託契約所定者優先於呂麗，呂麗優先於呂美或呂美之繼承人　(C)信託財產歸屬之順序，信託契約未約定時，呂美與呂麗之順序相同　(D)信託關係消滅時，受託人所製作之結算書及報告書不須取得呂麗之承認。

(　　) **44** 甲、乙將土地信託予丙信託業，辦理以開發為目的之自益信託，嗣甲死，受益權由丁繼承，下列敘述何者錯誤？　(A)地價稅之納稅義務人為丙信託業　(B)丙信託業得自行視開發之需要以信託財產借入款項　(C)不適用集合管理運用金錢信託流動性資產範圍及比率準則　(D)丁應就甲得享有信託利益之權利未領受部分，申報遺產稅。

( ) **45** 土地為信託財產者，應課徵土地增值稅之情形，下列何者正確？
(A)信託關係成立，委託人移轉信託財產於受託人時
(B)因信託行為被撤銷，受託人移轉信託財產於委託人時
(C)信託關係存續中，受託人將信託財產移轉為其自有財產時
(D)信託關係存續中，受託人變更，原受託人移轉信託財產於新受託人時。

( ) **46** 依信託課稅之理論及原則，所有權人與享有利益之人之關係為何？
(A)同一權利主體 (B)不同權利主體
(C)無法明顯區分之混合體 (D)容易明顯區分之混合體。

( ) **47** 信託課稅所稱之「實質課稅原則」，係指對下列何者課稅之原則？
(A)實質所得人 (B)實質支出人
(C)實質管理人 (D)所得發生時之所有權人。

( ) **48** 甲以20萬股股票成立一信託，信託期間五年，期間配息、配股及期滿股票皆歸乙，假設贈與時郵政儲金匯業局一年期定期儲金固定利率為1%，契約日當天收盤價每股新台幣50元，則甲贈與乙之權利價值為何？〔1/（1+1%）5=0.9515〕
(A)新台幣1000萬元 (B)新台幣951.5萬元
(C)新台幣48.5萬元 (D)零。

( ) **49** 陳先生有房屋一棟，將房屋以自益信託方式，信託登記給A銀行，A銀行將之出租他人做營業使用，下列應納之稅捐何者錯誤？
(A)房屋稅改以A銀行為納稅義務人
(B)信託登記時由陳先生申報繳納房屋契稅
(C)地價稅改以A銀行為納稅義務人
(D)年度租金收入應由陳先生併入當年度所得額，依規定申報課稅。

( ) **50** 個人或營利事業成立稅法規定之公益信託，其財產得列為何種支出自所得額中扣除？
(A)其他支出 (B)捐贈支出
(C)營業支出 (D)公益支出。

解答與解析 （答案標示為#者，表官方曾公告更正該題答案。）

1 **(D)**。信託業收受信託財產，因為現金無法登記，以金錢為信託財產時，不須登記。

2 **(C)**。依信託法第13條規定，屬於信託財產之債權與不屬於該信託財產之債務不得互相抵銷。

3 **(C)**。宣言信託：定義：委託人以書面或口頭方式對外宣言以自己為受託人，自本身財產中提出特定部份，作為第三人的利益管理或處分之信託。設立方式：

(1)必須是要式行為及單獨行為為之。

(2)包括以書面或已公告，公證或認證方式為之。法人是需要先向法務部申請設立登記並獲得受託同意許可，始可確認成立宣言信託。生效：在其信託行為成立的同時，信託效力既已發生。同時依信託法第71條規定，法人為增進公共利益，得經決議對外宣言自為委託人及受託人，並邀公眾加入為委託人。前項信託於對公眾宣言前，應經目的事業主管機關許可。第一項信託關係所生之權利義務，依該法人之決議及宣言內容定之。

4 **(B)**。依信託法第5條規定，信託行為，有左列各款情形之一者，無效：

一、其目的違反強制或禁止規定者。

二、其目的違反公共秩序或善良風俗者。

三、以進行訴願或訴訟為主要目的者。

四、以依法不得受讓特定財產權之人為該財產權之受益人者。

5 **(C)**。依信託法第68條1項規定，信託關係消滅時，受託人應就信託事務之處理作成結算書及報告書，並取得受益人、信託監察人或其他歸屬權利人之承認。

6 **(C)**。因信託關係存續中信託財產所生之地價稅，依信託法第39條規定，受託人就信託財產或處理信託事務所支出之稅捐、費用或負擔之債務，得以信託財產充之。前項費用，受託人有優先於無擔保債權人受償之權。第一項權利之行使不符信託目的時，不得為之。

7 **(D)**。依信託法第8條規定，信託關係不因委託人或受託人死亡、破產或喪失行為能力而消滅。但信託行為另有訂定者，不在此限。委託人或受託人為法人時，因解散或撤銷設立登記而消滅者，適用前項之規定。同時依信託法第3條規定，委託人與受益人非同一人者，委託人除信託行為另有保留外，於信託成立後不得變更受益人或終止其信託，亦不得處分受益人之權利。但經受益人同意者，不在此限。所以答案(D)委託人與受託人、受益人合意解約，正確。

8 **(D)**。依信託法第49條規定，對於信託財產之強制執行，於受託人變更時，債權人仍得依原執行名義，以新受託人為債務人，開始或續行強制執行。答案為(D)。

9 **(D)**。信託法第3條規定，委託人與受益人非同一人者，委託人除信託行為另有保留外，於信託成立後不得變更受益人或終止其信託，亦不得處分受益人之權利。但經受益人同意者，不在此限。

10 (C)。依信託法第18條第1項規定，受託人違反信託本旨處分信託財產時，受益人得聲請法院撤銷其處分。受益人有數人者，得由其中一人為之。

11 (D)。依信託法第39條規定，受託人就信託財產或處理信託事務所支出之稅捐、費用或負擔之債務，得以信託財產充之。前項費用，受託人有優先於無擔保債權人受償之權。第一項權利之行使不符信託目的時，不得為之。

12 (A)。依信託法第36條規定，受託人除信託行為另有訂定外，非經委託人及受益人之同意，不得辭任。但有不得已之事由時，得聲請法院許可其辭任。受託人違背其職務或有其他重大事由時，法院得因委託人或受益人之聲請將其解任。前二項情形，除信託行為另有訂定外，委託人得指定新受託人，如不能或不為指定者，法院得因利害關係人或檢察官之聲請選任新受託人，並為必要之處分。已辭任之受託人於新受託人能接受信託事務前，仍有受託人之權利及義務。

13 (B)。依信託法第34條規定，受託人不得以任何名義，享有信託利益。但與他人為共同受益人時，不在此限。

14 (C)。依信託法第52條信託監察人規定，受益人不特定、尚未存在或其他為保護受益人之利益認有必要時，法院得因利害關係人或檢察官之聲請，選任一人或數人為信託監察人。但信託行為定有信託監察人或其選任方法者，從其所定。信託監察人得以自己名義，為受益人為有關信託之訴訟上或訴訟外之行為。受益人得請求信託監察人為前項之行為。答案(C)應是受益人的權益，依照信託法第17條規定，受益人因信託之成立而享有信託利益。但信託行為另有訂定者，從其所定。受益人得拋棄其享有信託利益之權利。

15 (A)。依照信託法第35條第1項規定，受託人除有左列各款情形之一外，不得將信託財產轉為自有財產，或於該信託財產上設定或取得權利：一、經受益人書面同意，並依市價取得者。二、由集中市場競價取得者。三、有不得已事由經法院許可者。有關信託財產轉為受託人自有財產，答案(A)錯誤。

16 (B)。依信託法第23條規定，受託人因管理不當致信託財產發生損害或違反信託本旨處分信託財產時，委託人、受益人或其他受託人得請求以金錢賠償信託財產所受損害或回復原狀，並得請求減免報酬。

17 (A)。答案(A)錯誤，營業信託之監督機關為金管會，非經濟部。(B)依信託法第72條規定，公益信託之監督機關為公益目的事業之主管機關，(C)依信託法第60條規定，一般民事信託中的私益信託之監督機關為法院，(D)依信託法第4條規定，信託業之主管機關為金管會。

18 (A)。依照信託法第62條規定，信託關係，因信託行為所定事由發生，或因信託目的已完成或不能完成而消滅。

19 **(A)**。依照信託法第3條規定，委託人與受益人非同一人者，委託人除信託行為另有保留外，於信託成立後不得變更受益人或終止其信託，亦不得處分受益人之權利。但經受益人同意者，不在此限。

20 **(D)**。依照信託法第36條規定，受託人除信託行為另有訂定外，非經委託人及受益人之同意，不得辭任。但有不得已之事由時，得聲請法院許可其辭任。

受託人違背其職務或有其他重大事由時，法院得因委託人或受益人之聲請將其解任。

前二項情形，除信託行為另有訂定外，委託人得指定新受託人，如不能或不為指定者，法院得因利害關係人或檢察官之聲請選任新受託人，並為必要之處分。

已辭任之受託人於新受託人能接受信託事務前，仍有受託人之權利及義務。

21 **(B)**。依信託法第18之1條規定，信託業辦理信託業務之營運範圍、受益權轉讓限制及風險揭露應載明於信託契約，並告知委託人。前項之營運範圍、受益權轉讓限制、風險揭露與行銷、訂約之管理及其他應遵行事項之辦法，由主管機關定之。

22 **(B)**。依照信託業法第13條第1項規定，信託業增設分支機構時，應檢具分支機構營業計畫，向主管機關申請許可及營業執照。遷移或裁撤時，亦應申請主管機關核准。

23 **(A)**。信託業設立標準第6條第1項規定，信託公司之股票應為記名式。

24 **(D)**。依照信託業法第16條規定，信託業經營之業務項目如下：一、金錢之信託。二、金錢債權及其擔保物權之信託。三、有價證券之信託。四、動產之信託。五、不動產之信託。六、租賃權之信託。七、地上權之信託。八、專利權之信託。九、著作權之信託。十、其他財產權之信託。

25 **(D)**。依照信託業法第7條規定，本法稱信託業之利害關係人，指有下列情形之一者：

一、持有信託業已發行股份總數或資本總額百分之五以上者。
二、擔任信託業負責人。
三、對信託財產具有運用決定權者。
四、第一款或第二款之人獨資、合夥經營之事業，或擔任負責人之企業，或為代表人之團體。
五、第一款或第二款之人單獨或合計持有超過公司已發行股份總數或資本總額百分之十之企業。
六、有半數以上董事與信託業相同之公司。
七、信託業持股比率超過百分之五之企業。

26 **(A)**。依照信託業法第16條規定，信託業經營之業務項目如下：

一、金錢之信託。
二、金錢債權及其擔保物權之信託。
三、有價證券之信託。
四、動產之信託。
五、不動產之信託。
六、租賃權之信託。
七、地上權之信託。

八、專利權之信託。
九、著作權之信託。
十、其他財產權之信託。

依照信託業法第17條規定，信託業經營之附屬業務項目如下：

一、代理有價證券發行、轉讓、登記及股息、利息、紅利之發放事項。
二、提供有價證券發行、募集之顧問服務。
三、擔任有價證券發行簽證人。
四、擔任遺囑執行人及遺產管理人。
五、擔任破產管理人及公司重整監督人。
六、擔任信託監察人。
七、辦理保管業務。
八、辦理出租保管箱業務。
九、辦理與信託業務有關下列事項之代理事務：
(一)財產之取得、管理、處分及租賃。
(二)財產之清理及清算。
(三)債權之收取。
(四)債務之履行。
十、與信託業務有關不動產買賣及租賃之居間。
十一、提供投資、財務管理及不動產開發顧問服務。
十二、經主管機關核准辦理之其他有關業務。

故答案(A)非附屬業務項目。

27 (B)。依照信託業法施行細則第5條規定，本法第16條各款所定信託業經營之業務項目，以委託人交付、移轉或為其他處分之財產種類，定其分類。

28 (C)。依照信託業法第25條規定，信託業不得以信託財產為下列行為：一、購買本身或其利害關係人發行或承銷之有價證券或票券。二、購買本身或其利害關係人之財產。三、讓售與本身或其利害關係人。四、其他經主管機關規定之利害關係交易行為。信託契約約定信託業對信託財產不具運用決定權者，不受前項規定之限制；信託業應就信託財產與信託業本身或利害關係人交易之情形，充分告知委託人，如受益人已確定者，並應告知受益人。政府發行之債券，不受第一項規定之限制。

同時依照信託業法第26條規定，信託業不得以信託財產辦理銀行法第5條之2所定授信業務項目。信託業不得以信託財產借入款項。但以開發為目的之土地信託，依信託契約之約定、經全體受益人同意或受益人會議決議者，不在此限。前項受益人會議之決議，應經受益權總數三分之二以上之受益人出席，並經出席表決權數二分之一以上同意行之。故答案(C)正確。

29 (C)。依照信託業負責人應具備資格條件暨經營與管理人員應具備信託專門學識或經驗準則第13條規定，信託業經營與管理人員，依其職務之性質，分為下列三類：

一、督導人員：總經理、總稽核、督導信託業務之副總經理及協理、信託財產評審委員會委員、依第八條及第十條規定之董事、監察人。

二、管理人員：管理信託業務之經理、副理、襄理、科長、副科長。
三、業務人員：第一款及第二款以外之其他辦理信託業務人員。
依其他法律或信託業組織章程規定與前項各該款人員職責相當者，應視同前項各該款人員。以下人員視為督導人員：
一、兼營信託業務之外國銀行在臺分行、外國證券商在臺分公司，其經總行或總公司授權綜理在臺所有分行或分公司業務之經理或與其職責相當之人。
二、兼營信託業務之證券商、證券投資信託事業或證券投資顧問事業，其內部稽核部門主管。

30 **(A)**。依照信託業法第58條規定，本法所定罰鍰，由主管機關依職權裁決之。受罰人不服者，得依訴願及行政訴訟程序，請求救濟。在訴願及行政訴訟期間，得命提供適額保證，停止執行。罰鍰經限期繳納而屆期不繳納者，自逾期之日起，每日加收滯納金百分之一；屆三十日仍不繳納者，移送強制執行，並得由主管機關勒令該信託業或分支機構停業。

31 **(A)**。依信託業法第29條規定，共同信託基金之募集，應先擬具發行計畫，載明該基金之投資標的及比率、募集方式、權利轉讓、資產管理、淨值計算、權益分派、信託業之禁止行為與責任及其他必要事項，報經主管機關核准。信託業非經主管機關核准，不得募集共同信託基金。信託業應依主管機關核定之發行計畫，經營共同信託基金業務。共同信託基金管理辦法，由主管機關洽商中央銀行定之。
同時依信託業法第49條規定，違反第23條或第29條第1項規定者，其行為負責人處1年以上7年以下有期徒刑或科或併科新臺幣一千萬元以下罰金。

32 **(A)**。依照信託業法第34條第3項規定，第一項賠償準備金，應於取得營業執照後一個月內以現金或政府債券繳存中央銀行。

33 **(C)**。依照民國99年1月28日金管銀票字第09940000301號公告，依信託業法第34條第2項規定，同時依公告事項說明，
一、信託公司及兼營信託業務之機構，為擔保其因違反受託人義務而對委託人或受益人所負之損害賠償、利益返還或其他責任，應於每年五月二十日前，依上會計年度決算後受託信託財產總金額，按下列比率提存賠償準備金，新臺幣千萬元以下四捨五入，主管機關並得視社會經濟情況及實際需要調整之：
(一)就證券投資信託基金及期貨信託公司及兼營信託業務之機構，為擔保其因違反受託人義務而對委託人或受益人所負之損害賠償、利益返還或其他責任，應於每年五月二十日前，依上會計年度決算後受託信託財產總金額，按下列比率提存賠償準備金，新臺幣千萬元以下四捨五入，主管機關並得視

社會經濟情況及實際需要調整之：

(一)就證券投資信託基金及期貨信託基金之保管業務，應依受託信託財產總金額之萬分之一計提。

(二)就前款以外之信託業務，應依受託信託財產總金額之千分之一計提。

二、賠償準備金應提存至少新臺幣五千萬元，應提之賠償準備金逾實收資本額百分之五十者，應即增資。兼營信託業務之證券投資信託事業、證券投資顧問事業及證券商，其辦理全權委託投資業務、以信託方式辦理財富管理業務及以信託方式辦理客戶委託保管及運用其款項業務提存之營業保證金，其中以現金及政府債券提存者，得充當賠償準備金。

三、信託業以政府債券方式繳存，其計價方式以面額訂價發行者，以面額計算；以貼現方式發行者，按發行價格計算；分割債券則按債券到期面額之百分之八十五計價。

四、信託業提存債券因市價大幅滑落或其他原因，致與應提存準備金金額顯不相當時，主管機關得命其補足準備金。

34 **(A)**。金融控股公司及銀行業內部控制及稽核制度實施辦法第15條規定，銀行業內部稽核單位對國內營業、財務、資產保管及資訊單位每年至少應辦理一次一般查核及一次專案查核，對其他管理單位每年至少應辦理一次專案查核；對各種作業中心、國外營業單位及國外子行每年至少辦理一次一般查核；對國外辦事處之查核方式可以表報稽核替代或彈性調整實地查核頻率。

35 **(D)**。依照銀行法第62-2條規定，銀行經主管機關派員接管者，銀行之經營權及財產之管理處分權均由接管人行使之。

36 **(B)**。依照銀行法第28條規定，商業銀行及專業銀行經營信託或證券業務，其營業及會計必須獨立；其營運範圍及風險管理規定，得由主管機關定之。

37 **(B)**。依照信託業設立標準第18條規定，信託公司經核發營業執照後，滿六個月尚未開始營業者，主管機關應廢止其設立之許可，限期繳銷執照，並通知經濟部。但有正當理由經主管機關核准者，得予延展，延展期限不得超過六個月，並以一次為限。

38 **(C)**。依照信託業法第43條規定，信託業因業務或財務顯著惡化，不能支付其債務或有損及委託人或受益人利益之虞時，主管機關得命其將信託契約及其信託財產移轉於經主管機關指定之其他信託業。

信託業因解散、停業、歇業、撤銷或廢止許可等事由，致不能繼續從事信託業務者，應洽由其他信託業承受其信託業務，並經主管機關核准。

信託業未依前項規定辦理者，由主管機關指定其他信託業承受。

前三項之移轉或承受事項，如係共同信託基金或募集受益證券業務，應由承受之信託業公告之。如係其他信託業務，信託業應徵詢受益人之意見，受益人不同意或不為意思表示者，其信託契約視為終止。

39 **(D)**。由甲交付乙新台幣五百萬元成立信託為金錢信託，甲於信託契約中約明指示乙購買國內債券型基金，並同意乙擁有運用決定權為指定信託，將甲之信託資金與其他不同信託行為之信託資金集合管理運用為集合管理運用信託，所以答案為(D)，指定集合管理運用金錢信託。

40 **(B)**。依照信託業商業同業公會會員自律公約第16條規定，本會會員涉及違反相關法令、本會章則及本公約時，應依本會審議會員自律案件作業要點經自律規範案件審議會審議，如認為有違反，應移請業務發展委員會審議。

業務發展委員會就前項案件得逕為審議，或通知該會員限期提出說明、補正改善或配合辦理，會員未於期限內提出說明、說明理由不成立、逾期不改善、不配合辦理或情節重大者，經二分之一以上委員出席，出席委員過半數之同意，交由法規紀律委員會審議；經法規紀律委員會三分之二以上委員出席，出席委員過半數之同意，建議下列之處置，提報理事會決議，於決議後立即執行並報知主管機關：

一、函請該會員嗣後注意改善。
二、糾正。
三、警告。
四、限期改善並將改善情形函報本會。
五、處以新臺幣二萬元以上、一百萬元以下之違約金。
六、停止其應享有之部分或全部權益。
七、責令會員對其所屬人員為適當之處分。
八、呈報主管機關為適當之處分。

本會會員於最近一年內被糾正達三次、或經警告達二次、或未於期限內將改善情形函報本會者，得由法規紀律委員會依前項程序按第五款至第八款建議為部分或全部之處置，並提報理事會。

第二項第五款之處置，本會得按次連續各處以每次提高一倍金額之違約金，至補正改善或配合辦理為止。

41 **(C)**。94/02/25金管銀(六)字第0946000054號令修正，98信託業內部控制及稽核制度實施辦法第13條規定，（98/01/06金管銀(四)字第09740009050號令修正）信託公司訂定各種作業及管理規範，應有稽核及資訊單位之參與。修正時，亦同。

42 **(D)**。依照信託業法第41條規定，信託業有下列情事之一者，應於事實發生之翌日起二個營業日內，向主管機關申報，並應於本公司所在地之日報或依主管機關指定之方式公告：

一、存款不足之退票、拒絕往來或其他喪失債信情事者。
二、因訴訟、非訟、行政處分或行政爭訟事件，對公司財務或業務有重大影響者。
三、有公司法第一百八十五條第一項規定各款情事之一者。

四、董事長（理事主席）、總經理（局長）或三分之一以上董（理）事發生變動者。

五、簽訂重要契約或改變業務計畫之重要內容。

六、信託財產對信託事務處理之費用，有支付不能之情事者。

七、其他足以影響信託業營運或股東或受益人權益之重大情事者。

43 **(B)**。依照信託法第65條規定，信託關係消滅時，信託財產之歸屬，除信託行為另有訂定外，依左列順序定之：一、享有全部信託利益之受益人。二、委託人或其繼承人。所以信託財產歸屬之順序，信託契約所定者優先於呂麗，呂麗優先於呂美或呂美之繼承人。

44 **(B)**。依照信託業法第26條規定，信託業不得以信託財產辦理銀行法第5條之2所定授信業務項目。

信託業不得以信託財產借入款項。但以開發為目的之土地信託，依信託契約之約定、經全體受益人同意或受益人會議決議者，不在此限。

前項受益人會議之決議，應經受益權總數三分之二以上之受益人出席，並經出席表決權數二分之一以上同意行之。

45 **(C)**。依照土地稅法第5-2條規定，受託人就受託土地，於信託關係存續中，有償移轉所有權、設定典權或依信託法第35條第1項規定轉為其自有土地時，以受託人為納稅義務人，課徵土地增值稅。以土地為信託財產，受託人依信託本旨移轉信託土地與委託人以外之歸屬權利人時，以該歸屬權利人為納稅義務人，課徵土地增值稅。答案(C)信託關係存續中，受託人將信託財產移轉為其自有財產時。

46 **(B)**。依照本書第三篇第一單元所述，信託課稅原則，

(1) 實質課稅原則

A. 係對實質所得之人或實質之權利課稅之原則。

B. 對於信託本旨所為形式移轉不予課稅。

C. 對於信託所生之利益，以實際受益人為課稅對象。

(2) 發生時課稅之原則

依現行所得稅法規定核算課稅標準，採發生時課稅原則。

A. 受託人應按年度計算受益人之各類所得額課稅，若受託人未有依規辦理者，稽徵機關應按查得之資料核定受益人所得額。

B. 因信託種類的多元性，適用發生時實際課稅計算有困難者，可採由受益人於信託利益實際分配時併入所得核課。

(3) 稽徵經濟（便利）之原則

A. 為確保稅負的公平性，相關稅負應以受益人為課徵對象。

B. 同時可預防假借信託之名，規避稅負。對信託而衍生的稅賦，原則上以信託利益實質所得之人或者是信託財產實質歸屬之人，為納稅義務人。

C. 為簡便手續，即直接向受託人課稅，再由受託人依信託法第 39 條至第 41 條之規定，向實質課稅原則所定之人來求償。

所以答案為(B)，所有權人與享有利益之人之關係為不同權利主體。

47 **(A)**。依實質課稅原則：

(1) 係對實質所得之人或實質之權利課稅之原則。

(2) 對於信託本旨所為形式移轉不予課稅。

(3) 對於信託所生之利益，以實際受益人為課稅對象。答案(D)正確，以所得發生時之所有權人為課稅對象。

48 **(A)**。依遺產贈與稅法第10-2條規定，依第5條之1規定應課徵贈與稅之權利，其價值之計算，依左列規定估定之：

一、享有全部信託利益之權利者，該信託利益為金錢時，以信託金額為準；信託利益為金錢以外之財產時，以贈與時信託財產之時價為準。

20萬股股票，每股新台幣50元，甲贈與乙之權利價值為200,000×50＝100,000,000元。

49 **(B)**。依契稅條例第14-1條規定，不動產為信託財產者，於左列各款信託關係人間移轉所有權，不課徵契稅：

一、因信託行為成立，委託人與受託人間。

二、信託關係存續中受託人變更時，原受託人與新受託人間。

三、信託契約明定信託財產之受益人為委託人者，信託關係消滅時，受託人與受益人間。

四、因遺囑成立之信託，於信託關係消滅時，受託人與受益人間。

五、因信託行為不成立、無效、解除或撤銷，委託人與受託人間。

50 **(B)**。依照所得稅法第6-1條規定，個人及營利事業成立、捐贈或加入符合第4條之3各款規定之公益信託之財產，適用第17條及第36條有關捐贈之規定。

所以個人或營利事業成立稅法規定之公益信託，其財產得列為捐贈支出自所得額中扣除。答案為(B)。

第53期 信託實務

( ) **1** 依信託業商業同業公會會員辦理預收款信託業務應行注意事項規定，廠商如有發行商品服務憑證時，其商品服務憑證存續期間至少多久？ (A)六個月以上 (B)一年以上 (C)一年半以上 (D)二年以上。

( ) **2** 有關信託業辦理新臺幣特定金錢信託投資外幣有價證券業務之委託人資格，下列何者錯誤？ (A)得為本國法人 (B)得為本國自然人 (C)得為領有外僑居留證之外國自然人 (D)得為未經我國政府認許之外國法人。

( ) **3** 依境外基金管理辦法規定，銷售機構代理境外基金之募集及銷售時，應充分知悉並評估客戶之事項，下列何者錯誤？ (A)財務狀況 (B)投資知識與經驗 (C)家庭成員及消費習慣 (D)承受投資風險之程度。

( ) **4** 目前屬於金錢信託者，下列何者錯誤？ (A)預收款信託 (B)退休安養信託 (C)有價證券之信託 (D)信託資金投資國外有價證券。

( ) **5** 銀行辦理特定金錢信託投資國內外共同基金業務，下列敘述何者錯誤？ (A)委託人應負擔基金之申購、轉換、回贖等各項費用 (B)委託人得委託受託銀行以定期定額方式投資 (C)受託銀行應以委託人名義向國外相關機構辦理投資手續 (D)受託銀行於委託人交付信託資金後，應發給信託憑證或對帳單或基金存摺以資為憑。

( ) **6** 依中央銀行規定，特定金錢信託投資國外有價證券之本金，可運用之新臺幣與外幣間匯率避險工具，下列何者錯誤？ (A)換匯交易 (B)換匯換利交易 (C)期貨交易 (D)遠期外匯交易。

( ) **7** 信託資金結匯時，除法律另有規定外，原則上係占用下列何者之每年結匯額度？ (A)委託人 (B)受託人 (C)受益人 (D)不占用任何人額度。

( ) **8** 信託業辦理特定金錢信託業務，有關其與委託人簽訂之信託契約，下列敘述何者錯誤？ (A)應以書面為之 (B)應載明簽訂日期 (C)存續期間至少須為一個月 (D)不得以其他約定排除信託契約應記載事項之效力。

( ) **9** 依「銀行經營信託或證券業務之營運範圍及風險管理準則」，信託業務專責部門或分支機構辦理信託業務，應以顯著方式標示於營業櫃檯之事項，不包括下列何者？ (A)信託業務之作業流程 (B)銀行辦理信託業務，應盡善良管理人之注意義務及忠實義務 (C)信託財產經運用於存款以外之標的者，不受存款保險之保障 (D)銀行不擔保信託業務之管理或運用績效，委託人或受益人應自負盈虧。

( ) **10** 甲以特定金錢信託投資境外基金，下列敘述何者錯誤？ (A)受託銀行可接受甲一次單筆投資或定期定額投資方式 (B)受託銀行依法須製發信託憑證，不得以基金存摺替代 (C)甲交付之信託資金為新臺幣時，係以受託銀行之名義辦理結購外幣 (D)受託銀行將投資指示通知基金相關事務處理機構，款項則匯交基金保管銀行帳戶或指定之銀行帳戶。

( ) **11** 管理型有價證券信託與保管業務相比較，下列何者錯誤？ (A)兩者均須移轉有價證券之占有 (B)採信託方式時，名義上應由受託人行使股東權利 (C)兩者均須移轉有價證券之所有權 (D)採保管方式時，得約定由受任人領取股息。

( ) **12** 銀行辦理特定金錢信託投資境外基金時，可向客戶收取下列何種費用？ (A)基金推介費 (B)基金資產經理費 (C)信託管理費 (D)基金保管手續費。

( ) **13** 依境外結構型商品管理規則規定，受託非專業投資人投資之標的，下列敘述何者正確？ (1)計價幣別得為新加坡幣 (2)不得連結國內有價證券 (3)不得連結本國企業於國外發行之有價證券 (4)連結新台幣利率及匯率指標 (A)僅(1)(2)(3) (B)僅(2)(3)(4) (C)僅(1)(3)(4) (D)(1)(2)(3)(4)。

( ) **14** 銀行得將特定金錢信託之信託資金投資於下列何種有價證券？ (A)經Standard & Poor's Corp.評定為BB級之債券 (B)香港地區證券交易市場由大陸地區政府、公司有直接或間接持有股權達百分之四十之公司所發行之有價證券 (C)美國微軟公司（MicroSoft Corp.）的股票 (D)深圳證券交易市場上市的股票。

(　　) **15** 下列何者不屬於銀行辦理特定金錢信託投資國內外基金業務之前置作業事項？ (A)取得金管會辦理金錢信託之許可 (B)取得中央銀行核准開辦函 (C)與有權之基金相關機構簽訂契約 (D)加入證券投資信託暨顧問商業同業公會。

(　　) **16** 有關信託業信託財產評審委員會之規定，下列敘述何者錯誤？ (A)採事後審查機制 (B)委員會之委員至少應有五人 (C)職責為審查信託財產之運用績效是否良好 (D)對信託財產具有運用決定權之主管不得擔任委員。

(　　) **17** 有關信託業辦理信託業務之相關稅負，下列敘述何者錯誤？ (A)收取之手續費應課徵營業稅 (B)未於信託契約載明收到銀錢文字者，免納印花稅 (C)以信託申請書代替信託手續費收入憑證者，免納印花稅 (D)以信託申請書代替信託手續費收入憑證者，應報繳印花稅。

(　　) **18** 境外基金管理機構（得含其控制或從屬機構）所管理以公開募集投資於證券之基金總資產淨值須超過多少美元或等值之外幣（總資產之計算不包括退休基金或全權委託帳戶）？ (A)三億美元 (B)十億美元 (C)十五億美元 (D)二十億美元。

(　　) **19** 依據境外基金管理辦法，有關總代理人實收資本額，下列何者正確？ (A)達新台幣一千萬元以上 (B)達新台幣三千萬元以上 (C)達新台幣五千萬元以上 (D)達新台幣七千萬元以上。

(　　) **20** 特定金錢信託業務項下所能投資之境外基金，除經專案核准或基金註冊地經我國承認並公告者外，其成立時間應至少達多久以上？ (A)六個月 (B)一年 (C)二年 (D)三年。

(　　) **21** 有關以特定金錢信託方式投資連動債券，下列敘述何者正確？
(A)保本型外幣債券信託業可保本保息
(B)可連結本國企業赴海外發行之公司債
(C)可連結利率、匯率及股價指數
(D)可連結國內證券投資信託事業於海外發行之受益憑證。

(　　) **22** 信託業銷售證券投資信託基金時，必須與投信公司簽訂下列何種契約？ (A)信託契約 (B)銷售契約 (C)基金投資契約 (D)承銷契約。

(　　) **23** 企業員工持股信託中由企業提撥之公司獎助金，其稅負由下列何者負擔？　(A)員工持股會　(B)委託人　(C)員工持股會代表人　(D)公司。

(　　) **24** 下列何者為企業員工持股信託之委託人？　(A)員工持股會　(B)公司　(C)員工持股會之會員　(D)公司負責人。

(　　) **25** 下列何者不是員工持股信託受託人之義務？　(A)分別管理義務　(B)忠實義務　(C)保障最低收益義務　(D)善良管理人之注意。

(　　) **26** 有關企業員工持股信託業務之投資運用風險，係由下列何者承擔？(A)委託人　(B)受託人　(C)員工持股會代表人　(D)公司代表人。

(　　) **27** 有關企業員工持股信託業務所採「滾入平均成本法」（Rolling Cost）之優點，下列敘述何者錯誤？　(A)分散投資時點　(B)分散投資風險　(C)適合短期投資　(D)當股價處於低檔時，則購入股數較多，其每股投資成本較低。

(　　) **28** 企業員工持股信託參加現金增資認股係以下列何者名義認購？　(A)委託人　(B)員工持股會代表人　(C)員工持股會　(D)員工持股信託專戶。

(　　) **29** 企業員工持股信託之受託人將信託財產以公司股票返還委託人時，該項業務係屬信託業法中所規定之何種信託？　(A)有價證券之信託　(B)金錢之信託　(C)金錢債權及其擔保物權之信託　(D)其他財產權之信託。

(　　) **30** 企業員工持股信託之信託資金不包含下列何者？　(A)薪資提存金　(B)特別提存金　(C)公司週轉金　(D)現金增資認股提存金。

(　　) **31** 企業員工持股信託之委託人選擇以信託財產處分折算金錢方式返還時會發生何種稅負？　(A)證券交易稅　(B)證券交易所得稅　(C)贈與稅　(D)遺產稅。

(　　) **32** 信託業接受以公開發行公司股票為信託者，應完成下列何種手續方得對抗第三人？
(A)刊登報紙信託公示三天
(B)張貼網路信託公示五天
(C)辦妥法院信託公示公證
(D)將其與自有財產分別管理，並以信託財產名義表彰。

( ) **33** 依臺灣證券交易所股份有限公司有價證券借貸辦法規定，有關有價證券借券之敘述，下列何者正確？ (A)借券人不需付費用 (B)不得延長借貸期間 (C)借券人得於約定期限內隨時返還借券 (D)借貸期間自借貸交易成交日起算，最長不得超過三個月。

( ) **34** 甲銀行開辦有價證券信託業務，其中運用型有價證券信託係以下列何者之運用收益為目的？ (A)領取股息 (B)領取股利 (C)行使議決權 (D)有價證券借貸。

( ) **35** 有價證券信託之委託人為營利事業、受益人為不特定之個人者，其於所得發生年度依所得稅法規定計算之所得，應以下列何者為納稅義務人？ (A)委託人 (B)信託監察人 (C)受託人 (D)就應繳稅額先行列帳，俟受益人確定時，再以其為納稅義務人。

( ) **36** 有價證券借券定價交易之借券人申請借券應提供之擔保品，下列何者不包括在內？ (A)現金 (B)中央登錄公債 (C)未上市櫃股票 (D)銀行保證。

( ) **37** 非信託業者受託有價證券信託之信託財產，其對外未以信託財產名義表彰者，如該受託人為內部人時，其自有財產與信託財產應以下列何種原則申報？ (A)各自申報原則 (B)合併申報原則 (C)信託財產申報原則 (D)自有財產申報原則。

( ) **38** 不動產投資信託受益證券之持有人，每一年度中至少有335日，合計應達50人以上，每一自然人、法人、基金及信託契約視為同一人，其目的主要為下列何者？ (A)確保租稅優惠由少數特定人享有 (B)使不動產證券化商品成為多數人之投資工具 (C)鼓勵投資人進行短線操作 (D)沒有特殊意義或目的。

( ) **39** 受託機構將不動產投資信託之信託財產，其全部或一部依信託契約之約定出租時，其租賃期限最長為幾年？ (A)十年 (B)二十年 (C)三十年 (D)最長不得超過信託契約之存續期間。

( ) **40** 不動產物權中除所有權及用益物權外，尚包括下列何項擔保物權？ (A)典權 (B)不動產役權 (C)抵押權 (D)農育權。

( ) **41** 下列何者非屬不動產證券化商品之特性？ (A)權益可分割 (B)資本大眾化 (C)經營專業化 (D)營運私有化。

( ) **42** 依不動產證券化條例所稱之主管機關為下列何者？ (A)證券交易所 (B)金融監督管理委員會 (C)財政部 (D)經濟部。

(　　) **43** 我國民法規定之不動產，係指下列何者？　(A)僅土地　(B)僅土地定著物　(C)土地及與土地有關有形無形財產　(D)土地及其定著物。

(　　) **44** 有關不動產投資信託之敘述，下列何者正確？　(A)不動產投資信託契約之當事人為投資人與受託機構　(B)性質上為不動產信託　(C)不動產投資信託基金僅得向特定人私募　(D)「不動產投資信託」屬「資產流動型」之不動產證券化制度。

(　　) **45** 以下列何種方式成立之不動產投資信託基金，於法令規範上有較簡化之管理？　(A)私募　(B)上市　(C)公開募集　(D)上櫃。

(　　) **46** 受託機構依規定對不動產投資信託基金之淨資產價值計算，下列敘述何者錯誤？　(A)應依主管機關核定標準計算淨資產價值　(B)應每日公告每受益權單位之淨資產價值　(C)無論不動產價值變動與否均須每日重估　(D)得依約定以附註揭露方式替代重新估價。

(　　) **47** 依金融資產證券化條例規定，有關金融資產證券化案件之創始機構將最高限額抵押權轉為一般抵押權，應檢具之文件，下列敘述何者錯誤？　(A)主管機關之證明　(B)債權額決算確定證明書　(C)相關契約文件　(D)抵押人或債務人之同意書。

(　　) **48** 下列何者無法使創始機構之金融資產移轉，取得對抗債務人之效力？　(A)依民法第二百九十七條之規定，通知債務人　(B)向債務人寄發已依法公告之證明書者　(C)創始機構受受託機構之委任而擔任服務機構，負責向債務人收取債權，並依規定公告　(D)受託機構與債務人於契約約定寄發依金融資產證券化條例所定公告之證明書者。

(　　) **49** 有關金融資產證券化受益權之敘述，下列何者錯誤？　(A)可分為量的分割及質的分割　(B)依受償順位及期間之區分屬於質的分割　(C)依各受益人本金持分比例之區分屬於量的分割　(D)殘值受益人之受益權須以受益證券表彰。

(　　) **50** 甲銀行與乙銀行所簽訂之特殊目的信託契約約定，選任A擔任信託監察人，則下列何者不屬於A得行使之權限？　(A)召集受益人會議　(B)請求受託機構停止其違反法令或特殊目的信託契約之行為　(C)同意受託機構之辭任　(D)出席受益人會議。

( ) **51** 依金融資產證券化條例規定，受託機構應於本機構，備置特殊目的信託契約書之副本或謄本及受益人名冊，下列何者不得請求閱覽，抄錄或影印上述之文書？ (A)受益人 (B)信託監察人 (C)受益人之利害關係人 (D)因受託機構處理特殊目的信託事務所生債務之債權人。

( ) **52** 有關金融資產證券化資產之種類，下列何者錯誤？ (A)企業應收帳款債權 (B)以既存資產為限不包括將來債權 (C)對於企業貸款之債權 (D)房屋貸款債權或其他不動產擔保貸款債權及其擔保物權。

( ) **53** 金融資產證券化必要時得採信用增強機制，下列何者非屬內部增強機制？ (A)提供超額資產 (B)金融機構提供保證 (C)運用優先劣後架構 (D)更換部分資產。

( ) **54** 債權屬外國保本型連動債券，其符合一定條件者，亦可作為金融資產證券化條例規定之債權，但其約定到期時保本比率不得低於原幣別交易價金之多少比例，且於計算商品收益、解約或到期結算時，不得有影響市場價格公平性，或損及投資人權益之情事？ (A)百分之百 (B)百分之九十九 (C)百分之九十八 (D)百分之九十七。

( ) **55** 下列何者以甲公開發行公司之股票為信託時，無須辦理股權移轉申報？ (A)甲公司之經理人 (B)甲公司之監察人 (C)甲公司之法律顧問 (D)持有甲公司股份總額百分之十五之股東。

( ) **56** 擔任全權委託投資業務之保管銀行，應符合一定之信用評等，下列何者不屬於金管會規定之信用評等機構？ (A)Morning Star (B)Moody's Investors Service (C)Standard & Poor's Corp (D)中華信用評等（股）公司。

( ) **57** 全權委託投資之三方權義協定書係由哪三方共同簽訂？ (1)受任人 (2)委任人 (3)證券公司 (4)全權委託保管機構 (A)(1)(2)(3) (B)(2)(3)(4) (C)(1)(2)(4) (D)(1)(3)(4)。

( ) **58** 保管銀行應依投信公司之指示及證券投資信託契約規定支付之款項，不包括下列何者？
(A)基金經理人之薪資
(B)投信公司之報酬
(C)保管銀行之報酬
(D)處分基金資產所產生之直接成本。

( ) **59** 有關證券投資信託基金保管銀行辦理有價證券買賣交割之敘述，下列何者錯誤？ (A)確認有權人員之簽章 (B)確認交易內容與投信公司之指示是否相符 (C)存款不足時，保管銀行不得抵用待交換票據 (D)交割指示如未於規定時間內送達者，保管銀行得拒絕辦理交割，惟應於交割指示到達之時起二十四小時內通知投信公司。

( ) **60** 證券投資信託事業及證券投資顧問事業經營全權委託投資業務時，其客戶與保管銀行之法律關係為何？ (A)承攬或信託 (B)僱傭或委任 (C)行紀或僱傭 (D)委任或信託。

( ) **61** 甲證券投資信託公司於運用基金持有資產前，應先指示乙保管銀行以何者名義開設資產運用帳戶？ (A)甲證券投資信託公司 (B)乙銀行總行名義 (C)乙銀行受託經管甲證券投資信託基金專戶 (D)甲證券投資信託公司負責人。

( ) **62** 主管機關為保障公共利益或維護市場秩序，得隨時要求基金保管銀行或其關係人為何種處置？ (A)提高賠償準備金成數 (B)檢查其財務業務狀況 (C)提高營業保證金成數 (D)提高資本適足率。

( ) **63** 全權委託投資業務中，有關保管銀行作業內容，下列何者錯誤？(A)買賣之交割 (B)越權交易之處理 (C)投資之指示 (D)保管帳戶之開設。

( ) **64** 全球保管銀行應為投資人行使之股東權利不包括下列何者？ (A)有價證券之借貸 (B)代理投票 (C)認股權證轉換 (D)可轉換債券轉換。

( ) **65** 我國證券商營業保證金不得以下列何種方式提存於受託保管銀行？(A)現金 (B)政府債券 (C)金融債券 (D)公司債券。

( ) **66** 依證券投資信託基金保管機構辦理基金資產交割作業準則規定，基金資產交割款項係以票據或匯款方式支付，應由下列何者決定？(A)保管機構 (B)投信公司 (C)交易對象 (D)台灣證券集中保管公司。

( ) **67** 甲外國機構投資人來台投資，委任乙銀行擔任其保管機構及國內代理人，乙銀行不得為甲之下列何種款項申請結匯？ (A)投資本金 (B)投資收益 (C)未實現之股票股利 (D)以借券方式賣出有價證券之價金。

( ) **68** 依我國法令規定，下列何者不須指定保管機構？ (A)境外華僑及外國人與大陸地區投資人所投資之國內有價證券 (B)信託資金集合管理運用帳戶之資產 (C)證券商提存之營業保證金 (D)保險公司銷售之投資型保險商品專設帳簿之資產。

( ) **69** 有關全球保管銀行提供之服務，下列何者非屬附加服務項目？ (A)有價證券之借貸 (B)績效分析之評估 (C)報表之提供 (D)稅務之管理。

( ) **70** 有關集合管理運用帳戶之相關會計處理，下列何者正確？ (A)集合管理運用帳戶因運用所生之收益均歸屬於信託業者 (B)淨資產價值之計算標準由信託公會擬訂報請主管機關核定 (C)為處理信託事務所生之費用，信託業不得自該帳戶之信託財產中扣除支應 (D)因管理運用集合管理運用帳戶所生之稅捐，信託業不得逕自該帳戶之信託財產中扣除支應。

( ) **71** 有關集合管理運用帳戶信託受益人之受益權轉讓，下列何者正確？(A)不得轉讓 (B)經委託人同意即可轉讓 (C)經受託人同意即可轉讓 (D)可視其需要轉讓或不轉讓。

( ) **72** 信託業辦理集合管理運用帳戶發生下列何事項時，信託業應即辦理公告？ (A)淨資產價值跌幅達10% (B)淨資產價值跌幅達20% (C)帳戶約定條款變更 (D)受益人不特定。

( ) **73** 信託業應於會計年度終了後至遲幾個月內，就各集合管理運用帳戶分別編具集合管理運用信託財產年度決算報告？ (A)一個月 (B)二個月 (C)三個月 (D)四個月。

( ) **74** 同一信託業所設置之全體集合管理運用帳戶，投資於任一資產證券化計畫所發行之受益證券之金額，合計至多不得超過投資當日該資產證券化計畫所發行之受益證券總額百分之多少？ (A)五 (B)十 (C)十五 (D)二十。

( ) **75** 信託資金集合管理運用帳戶流動性資產占淨資產價值之最低比率為何？ (A)百分之二 (B)百分之三 (C)百分之五 (D)百分之十。

( ) **76** 下列何者得為特定金錢信託資金投資於國外有價證券之標的？ (A)未經主管機關核備之境外私募基金 (B)投資於不動產之境外基金 (C)連結台積電ADR之連動債券 (D)連結經金管會申報生效之境外基金之連動債券。

( ) **77** 有關銀行辦理特定金錢信託投資國外有價證券業務，下列敘述何者正確？ (A)限定為他益信託 (B)銀行得推薦特定基金並收取推薦手續費 (C)信託資金之交付得以新臺幣或外幣為之 (D)受託銀行收受資金後一律應發給信託憑證不得以其他方式代替。

( ) **78** 有關信託業務經營規定之敘述，下列何者錯誤？ (A)特定金錢信託之受託人對信託財產不具有運用決定權 (B)保管銀行業務係屬信託業附屬業務 (C)依現行規定，信託業應提存至少新臺幣五千萬元之賠償準備金 (D)有價證券信託係採形式讓渡課稅原則。

( ) **79** 證券投資信託基金受益人之收益分配請求權，自收益發放日起之消滅時效期間為何？ (A)一年 (B)三年 (C)五年 (D)十五年。

( ) **80** 有關全權委託投資業務保管銀行之敘述，下列何者錯誤？ (A)客戶得將委託投資資產信託移轉予保管銀行 (B)被指定之保管銀行不得為受任之證券投顧事業之董事 (C)客戶如為信託業時，可自行保管委託投資之資產 (D)除法令或金管會另有規定外，不得接受共同委任。

解答與解析 （答案標示為#者，表官方曾公告更正該題答案。）

1 (B)。依照信託業商業同業公會會員辦理預收款信託業務應行注意事項第8條第1項規定，會員與廠商簽訂之預收款信託契約，除信託業法及其他法令另有規定外，應記載下列事項：一、如有發行商品服務憑證時，應於商品服務憑證記載發行日期及信託存續期間，信託存續期間至少為一年以上。

2 (D)。投資國外有價證券業務時，依中央銀行目前發布的「銀行業辦理外匯業務作業規範」第9條及第10條規定之規定，其委託人之資格條件如下：

(1) 本國自然人、領有臺灣地區居留證、外僑居留證或外交部核發相關身分證件之外國自然人。

(2) 本國法人或經我國政府認許之外國法人。

(3) 經許可來臺，並依金融監督管理委員會規定在國內銀行開設新臺幣存款帳戶之大陸地區人民。若其辦理外幣信託資金投資外國有價證券時，限其必須在外匯指定銀行開設外匯存款帳戶。不論其以台幣或外幣投資信託資金投資外國有價證券且每筆信託資金不得超過所存入該帳戶之餘額。

(4) 其他經金融監督管理委員會或央行核准者。

3 (C)。依照境外基金管理辦法第42條1項規定，總代理人及銷售機構代理境外基金之募集及銷售，應充分知悉並評估客戶之投資知識、投資經驗、財務狀況及其承受投資風險程度。答案(C)錯誤。

4 (C)。答案(C),有價證券信託是以有價證券為託付目的,非屬金錢信託。

5 (C)。受託銀行應以受託人名義向國外相關機構辦理投資手續，非委託人名義。答案(C)錯誤。

6 (C)。依照釋示金融機構辦理「指定用途信託資金投資國外有價證券」投資國外有價證券之本金，得選擇辦理之避險工具。（民國84年8月19日台央外字第1601號函）：金融機構辦理「指定用途信託資金投資國外有價證券業務」投資國外有價證券之本金，得選擇辦理新臺幣與外幣間遠期外匯、換匯交易或換匯換利交易。

7 (D)。信託資金結匯時，除法律另有規定外原則上係占用受託人名義結匯。

8 (C)。信託業辦理特定金錢信託業務，有關其與委託人簽訂之信託契約，並無存續期間之規定。

9 (A)。依照銀行經營信託或證券業務之營運範圍及風險管理準則第3條第3項規定，銀行專責部門或分支機構辦理信託業務，應以顯著方式於營業櫃檯標示，並向客戶充分告知下列事項：(一)銀行辦理信託業務，應盡善良管理人之注意義務及忠實義務。(二)銀行不擔保信託業務之管理或運用績效，委託人或受益人應自負盈虧。(三)信託財產經運用於存款以外之標的者，不受存款保險之保障。故不包括答案(A)信託業務之作業流程。

10 (B)。信託業務作業規範規定，信託憑證之製發給付：從事金錢信託，受託人於接受委託人交付信託資金，得發給信託憑證，但可以對帳單或基金存摺或交易確認書等方式代替。

11 (C)。保管業務不須移轉有價證券的所有權，只是代理業務。答案(C)，錯誤。

12 (C)。銀行辦理特定金錢信託投資境外基金時，僅可以受託人名義向客戶收信託管理費；

13 (A)。依照境外結構型商品管理規則第18條第1項規定,境外結構型商品符合下列條件者,由其發行人或總代理人填具申請書並檢具第十九條第一項之各款文件,送受託或銷售機構所屬同業公會依第二十條第一項及第四項所定審查程序、方式、審查基準、資訊揭露及相關規範審查通過後,經由受託或銷售機構依第二十條第一項及第二項規定審查通過,並經與發行人或總代理人簽訂契約者,始得為於中華民國境內對非專業投資人從事受託投資、受託買賣或為投資型保單之標的:

一、發行機構或保證機構之長期債務信用評等及境外結構型商品之發行評等，應符合經本會核准或認可之信用評等機構評等達一定等級以上者。

二、計價幣別以美元、英鎊、歐元、澳幣、紐西蘭幣、港幣、新加坡幣、加幣、日圓及人民幣為限。

三、不得連結至下列標的：

(一)新臺幣利率及匯率指標。

(二)國內有價證券。

(三)本國企業於國外發行之有價證券。
(四)國內證券投資信託事業於國外發行之受益憑證。
(五)國內外機構編製之台股指數及其相關金融商品。但如該指數係由臺灣證券交易所股份有限公司或財團法人中華民國證券櫃檯買賣中心與國外機構合作編製非以台股為主要成分股之指數，不在此限。
(六)屬於下列任一涉及大陸地區之商品或契約：
1.大陸地區證券市場之有價證券。
2.大陸地區之政府、企業或機構所發行或交易之有價證券。
3.大陸地區股價指數、股價指數期貨。
4.大陸地區債券或貨幣市場相關利率指標。
5.人民幣匯率指標。
6.其他涉及適用臺灣地區與大陸地區人民關係條例及依該條例所定之相關法令之商品。
(七)未經本會核准或申報生效得募集及銷售之境外基金。
(八)國外私募之有價證券。
(九)股權、利率、匯率、基金、指數型股票基金(ETF)、指數、商品及上述相關指數以外之衍生性金融商品。但指數型股票基金（ETF），以本會核定之證券市場掛牌交易之以投資股票、債券為主且不具槓桿或放空效果者為限。

14 **(C)**。金融機構辦理指定用途信託資金投資國外有價證券之種類與範圍第3條規定，金融機構辦理「特定金錢信託投資國外有價證券」業務所投資之外國有價證券（境外基金除外），以下列各款為限：
(一)於外國證券集中交易市場及店頭市場交易之股票、指數股票型基金（ETF，Exchange Traded Fund）或存託憑證（Depositary Receipts）。
(二)外國債券。
(三)投資外國債券之信用評等及不得投資之外國有價證券標的，準用金管會公告之「證券投資顧問事業提供推介顧問外國有價證券之種類與範圍」之相關規定辦理。

同時依中央銀行法第35條第2款及管理外匯條例第5條第2款規定，本局89年11月24日（八九）台央外伍字第040044150號函之「金融機構辦理指定用途信託資金投資國外有價證券之種類與範圍」第2項，修訂為金融機構辦理「指定用途信託資金投資國外有價證券」業務，不得涉及下列各款之有價證券：
(一)大陸地區證券市場及大陸地區政府或公司發行或經理之有價證券。
(二)恒生香港中資企業指數（Hang Seng China-Affilicated Corporations Index）成份股公司所發行之有價證券。
(三)香港或澳門地區證券交易市場由大陸地區政府、公司直接或間接持有股權達百分之三十五以上之公司所發行之有價證券。

15 **(D)**。加入證券投資信託暨顧問商業同業公會，非屬銀行辦理特定金錢信託投資國內外基金業務之前置作業事項。

16 **(C)**。依照信託財產評審委員會之組織及評審規範第10條規定，委員會評審信託財產之內容如下：

一、對信託財產不具有運用決定權之信託，由信託業務專責部門就信託財產運用之彙總運用概況提出報告。

二、對集合管理運用帳戶，應就個別帳戶審議其信託財產之運用是否遵循法令規範並符合管理運用計畫、信託約定以及有無顯不合理之運用狀況。

三、對共同信託基金，應就個別基金審議其信託財產之運用是否遵循法令規範並符合募集發行計畫、信託約定以及有無顯不合理之運用狀況；並審閱信託業依共同信託基金管理辦法第23條所提出之檢討報告。

四、對於不動產投資信託基金及資產信託，應依信託公會對於不動產投資信託基金及資產信託之信託財產評審所擬定之評審原則審查信託財產。

五、除本條第2至4款之信託外，對於其餘就信託財產具有運用決定權之信託，應審議其信託財產之運用是否遵循法令規範、符合信託約定及有無顯不合理之運用狀況。評審時應採隨機方式進行抽查，每次抽查件數，其信託財產交付金額達新臺幣五千萬元以上者，抽查比率不得低於百分之五；其低於新臺幣五千萬元部分，應至少抽查5筆。

六、對於本規範第11條聘請之外部專業人員就信託財產運用情況所提出之分析、報告予以審查。

七、除本規範外，如有其他法律就信託財產之評審另有規定，本委員會亦應遵照該規定評審信託財產。

17 **(C)**。台北市稅捐稽征處80.9.25北市稽工乙字第二〇八八二號函釋示辦釋示辦理國外共同基金受益憑證業務，以指定用途信託申請書代替信託手續費收入憑證，應依法報繳印花稅。依印花稅法第十三條第三款規定：凡以非納稅憑證代替應納稅憑證使用者，仍應按其性質所屬類目貼用印花稅票。

18 **(D)**。依照境外基金管理辦法第24條第1項第1款規定，總代理人申請（報）境外基金之募集及銷售，除境外指數股票型基金外，該境外基金之境外基金管理機構，應符合下列條件：一、基金管理機構（得含其控制或從屬機構）所管理以公開募集方式集資投資於證券之基金總資產淨值超過二十億美元或等值之外幣者。所稱總資產淨值之計算不包括退休基金或全權委託帳戶。

19 **(D)**。依照境外基金管理辦法第9條第1項第1款規定，總代理人應符合下列資格條件：一、實收資本額、指撥營運資金或專撥營業所用資金達新臺幣七千萬元以上。

20 **(B)**。依照境外基金管理辦法第23條第1項第7款規定，境外基金除境外指數股票型基金外，其符合下列條件者，得經本會核准或申報生效在國內募集及銷售：七、境外基金必須成立滿一年。

21 **(C)**。信託業法第31條：信託業不得承諾擔保本金或最低收益率。不可連結本國企業赴海外發行之公司債及連結國內證券投資信託事業於海外發行之受益憑證，答案(C)正確，可連結利率、匯率及股價指數。

22 **(B)**。依照證券投資信託事業募集證券投資信託基金處理準則第22條第1項規定，證券投資信託事業委任基金銷售機構辦理基金銷售業務，應出具基金銷售機構符合資格之聲明書及其銷售契約，送同業公會審查核准後始得為之。

23 **(B)**。企業員工持股信託中由企業提撥之公司獎助金，其稅負應由委託人自行負擔，也就是員工本人，因為員工持股信託為自益信託。

24 **(C)**。企業員工持股信託之委託人為員工持股會之會員，也就是員工本人，也是委託人本人。

25 **(C)**。答案(C)保障最低收益義務，非受託人之義務，因為信託無保本保息之規定。

26 **(A)**。企業員工持股信託屬於自益信託，其投資運用風險，應由委託人，亦即受益人本人自行承。

27 **(C)**。採定期定額方式（滾入平均成本法），以長期持有的方式，追求長期穩定的報酬。所謂「滾入平均成本法」乃在約定的期間內以固定金額對所定的股票或投資標的物，以定期定額方式連續投資一段時間，如此可以達到分批投資、分散風險，追求穩定投資報酬。所以答案(C)，適合短期投資，錯誤。

28 **(D)**。企業員工持股信託參加現金增資認股是以受託人為名義持有人認購後存入員工持股信託專戶。答案(D)，正確。

29 **(B)**。企業員工持股信託是員工以交付現金購買公司股票，再以公司股票返還委託人（員工），因此是為金錢信託。

30 **(C)**。企業員工持股信託之信託資金並不包括公司周轉金，因為公司周轉金是屬於公司的財務，與信託資金無關。

31 **(A)**。企業員工持股信託之委託人選擇以信託財產處分折算金錢方式返還時會發生證券交易稅，因為是賣出股票的所得。

32 **(D)**。依信託法第4條規定，以應登記或註冊之財產權為信託者，非經信託登記，不得對抗第三人。
以有價證券為信託者，非依目的事業主管機關規定於證券上或其他表彰權利之文件上載明為信託財產，不得對抗第三人。
以股票或公司債券為信託者，非經通知發行公司，不得對抗該公司。

33 **(C)**。依臺灣證券交易所股份有限公司有價證券借貸辦法第3條規定，出借人出借有價證券得向借券人收取借券費用。同時依第25條規定，有價證券借貸期間，自借貸交易成交日起算，最長不得超過六個月。借券人得於約定期限內隨時返還借券。出借人無提前還券要求時，借券人得於借貸期限屆滿前第十個營業日起至到期日止，經由本公司向出借人提出續借申請，出借人接到通知後未同意者視為拒絕。前項續借申請除借貸期間外，不得變更其他借貸條件，延長以二次為限，每次不得超過六個月。

34 **(D)**。運用型有價證券信託，重點在於持有價證券之人，意即委託受託人將有價證券為借貸之運用管理，以提高有價證券之運用收益。

(一)運用型之有價證券範圍：限於股票、公債、公司債等。

(二)受益人享有之信託利益：除享有債券或股票本身所產生之債息、股利外，尚可享有受託人運用該有價證券所產生之其他收益，如股票借貸之借券費用。

35 **(C)**。依照所得稅法第3-2條規定，受益人不特定或尚未存在者，應以受託人為納稅義務人，就信託成立、變更或追加年度受益人享有信託利益之權利價值，

於第71條規定期限內，按規定之扣繳率申報納稅；其扣繳率由財政部擬訂，報請行政院核定發布之。

36 **(C)**。依照臺灣證券交易所股份有限公司有價證券借貸辦法第33條規定，借券人委託證券商為定價、競價交易之借券申報時，應依規定提供足額適格擔保品，其種類以下列為限：

一、現金：以新臺幣為限。但境外外國機構投資人及證券商、證券金融事業之證券借貸專戶得以外幣為擔保品，外幣種類以美元、歐元、日幣、英鎊、澳幣及港幣為限。

二、擔保證券：以得為融資融券交易之有價證券為限，惟非屬第12條之1所列特定機構投資人及特定境外外國機構投資人者，以臺灣五十指數成分股及該指數發行之證券投資信託基金受益憑證為限。

三、銀行保證：以本公司公告認可之本國銀行或外國銀行在台分行所開立者為限。

四、中央登錄公債。

前項擔保品提供方式如下：

一、現金：由借券人直接劃撥存入本公司指定銀行擔保金帳戶。

二、擔保證券：由本公司依證券商受託輸入之擔保證券名稱及數量，以電腦連線方式通知證券集保事業自借券人之證券集保帳戶，將其指定之擔保證券，撥入本公司借券擔保證券保管專戶，移轉予本公司作為擔保。其以擔保證券補繳擔保品差額者，亦同。

三、銀行保證：借券人向銀行辦妥保證手續後，經由證券商向本公司申請，並將保證書正本交付本公司。

四、中央登錄公債：由借券人設定質權登記予本公司，或轉讓登記予本公司。

第一項所列擔保品，本公司得視其市場流動性與風險狀況拒絕接受；已接受為借券擔保者，得通知借券人更換擔保品。

所以不包括未上市櫃股票，答案為(C)。

37 **(B)**。民國92年3月11日台財證三字第0920000969號內部人依信託關係移轉或取得該公司股份時，其股權申報辦理方式，第2條受託之內部人為非信託業者之第5項說明，非信託業者之信託財產，其對外未以信託財產名義表彰者，採自有財產與信託財產合併申報原則，故併計其信託財產後，取得任一公開發行公司股份超過其已發行股份總額百分之十時，即應依證券交易法第43條之1及第22條之2、第25條辦理股權申報。

38 **(B)**。不動產投資信託受益證券之持有人，每一年度中至少有335日，合計應達50人以上，每一自然人、法人、基金及信託契約視為同一人，其目的主要為(B)使不動產證券化商品成為多數人之投資工具。長期投資，並享有租稅優惠。

39 **(D)**。依不動產證券化條例第24條規定，不動產投資信託之信託財產，其全部或一部依信託契約之約定出租時，其租金得不受土地法第97條第1項規定之限制；租賃期限不受民法第449條第1項規定20年之限制，但最長不得超過信託契約之存續期間。

40 **(C)**。不動產物權中除所有權及用益物權外，尚包括民法物權編，規定了八種物權以及占有。八種物權分別是所有權、地上權、農育權、不動產役權、典權、抵押權、質權及留置權。答案為(C)。

41 **(D)**。不動產證券化商品之特性，如下：

(1) 投資金額較低。
(2) 可規劃較多樣式之投資單位。
(3) 權益可以分割。
(4) 營運透明化。
(5) 營業專業化。
(6) 募集資金容易。

故不包括(D)營運私有化。

42 **(B)**。依不動產證券化條例第3條規定，本條例所稱主管機關，為金融監督管理委員會。本條例規定事項，涉及目的事業主管機關職掌者，由主管機關會同目的事業主管機關辦理。

43 **(D)**。依民法第66條規定，稱不動產者，謂土地及其定著物。不動產之出產物，尚未分離者，為該不動產之部分。

44 **(A)**。不動產投資信託：指依本條例之規定，向不特定人募集發行或向特定人私募交付不動產投資信託受益證券，以投資不動產、不動產相關權利、不動產相關有價證券及其他經主管機關核准投資標的而成立之信託。屬於金錢信託。

依不動產證券化條例第13條規定，受託機構得對下列對象進行不動產投資信託受益證券之私募：一、銀行業、票券業、信託業、保險業、證券業或其他經主管機關核准之法人或機構。二、符合主管機關所定條件之自然人、法人或基金。前項第二款之應募人總數，不得超過三十五人。

「不動產投資信託」屬「資產運用型」之不動產證券化制度，非流動型。

45 **(A)**。依私募方式進行不動產投資信託基金相對於法令規範上有較簡化之管理。

46 **(C)**。依照不動產信託條例第26條第6項規定，受託機構應於每一營業日計算，並於本機構所在地之日報或依主管機關規定之方式公告前一營業日不動產投資信託基金每受益權單位之淨資產價值。但不動產或其他信託財產之資產價值於公告期間內無重大變更，且對基金之淨資產價值無重大影響者，得依不動產投資信託契約之約定，以附註揭露方式替代對該不動產或信託財產資產價值重新估價計算。故答案(C)錯誤。

47 **(D)**。依金融資產證券化條例施行細則第19條規定，創始機構將最高限額抵押權所擔保之債權，依資產信託證券化計畫或資產證券化計畫信託或讓與，檢具主管機關之證明、債權額決算確定證明書及相關契約文件者，其最高限額抵押權即轉為一般抵押權，隨同移轉予受託機構或特殊目的公司，無須債務人或抵押人同意或會同申請移轉登記。動產擔保交易法第16條第2項所定之動產抵押契約，亦同。

48 **(D)**。依金融資產證券化條例第6條規定，創始機構依本條例之規定，將資產信託與受託機構或讓與特殊目的公司時，債權之讓與，除有下列情形外，非通知債務人或向債務人寄發已為前條第1項所定公告之證明書，對於債務人不生效力：

一、創始機構仍受受託機構或特殊目的公司委任或信託擔任服務機構，向債務人收取債權，並已依前條第1項規定為公告者。

二、創始機構與債務人於契約中約定得以其他方式，取代通知或寄發前條第1項所定公告之證明書者。

創始機構將資產信託與受託機構或讓與特殊目的公司時，民法第301條所定之承認，創始機構與債務人得於契約中約定以其他方式代之。

第1項所定公告證明書之格式及內容，由主管機關定之。

故答案(D)錯誤，應於創始機構與債務人於信託契約中約定清楚。

49 **(D)**。依金融資產證券化條例第18條規定，除殘值受益人外，特殊目的信託受益權之行使及轉讓，應以表彰該受益權之受益證券為之。

50 **(C)**。依金融資產證券化條例第28條規定，受託機構為保護受益人之權益，得依特殊目的信託契約之約定，選任信託監察人。

信託監察人得以自己名義，為受益人及委託人為有關信託之訴訟上或訴訟外之行為。但下列權利，不適用之：

一、解除受託機構之責任。

二、變更或終止特殊目的信託契約。

三、同意受託機構之辭任、解任受託機構或聲請法院解任受託機構。

四、指定或聲請法院選任新受託機構。

五、其他依特殊目的信託契約約定信託監察人不得行使之權利。

受託機構依第1項規定選任信託監察人時，應自選任之日起10日內以書面通知各受益人。

51 **(C)**。依金融資產證券化條例第34條第2項規定，各受益人、信託監察人或因受託機構處理特殊目的信託事務所生債務之債權人，得請求閱覽、抄錄或影印前項之文書。

52 **(B)**。依照金融資產證券化條例施行細則第2條規定，本條例第4條第1項第2款所定資產，包括創始機構與債務人簽訂契約約定，於該契約所定條件成就時，得向債務人請求金錢給付之將來債權。

53 **(B)**。金融資產證券化得採用信用增強機制：

(1) 內部增強機制：提供超額供給、優先列後架構之運用、現金準備帳戶、利差帳戶。

(2) 外部增強機制：提供保證、承諾或信用狀、投保信用保險、提供擔保等。

54 **(A)**。民國95年8月8日金管銀(四)字第09500327360號公告第4條第4項說明，債權屬外國保本型連動債券，約定到期時保本比率不得低於原幣別交易價金之百分之百，且於計算商品收益、解約或到期結算時，不得有影響市場價格公平性，或損及投資人權益之情事。

55 **(C)**。答案(C)甲公司之法律顧問無須辦理股權移轉申報。法律顧問非負責人或股權持有人。

56 **(A)**。Morning Star是基金績效與風險評等公司，非信用評等公司。

57 **(C)**。依照證券投資信託事業證券投資顧問事業經營全權委託投資業務操作辦法第17條第3項規定，受任人審查客戶填具及檢附之申請書件合於規定並依第13條規定辦理後，應辦理下列相關契約之簽訂及帳戶之開立：三、與客戶及全權委託保管機構共同簽訂三方權義協定書。答案(C)，(1)(2)(4)。

58 **(A)**。基金經理人之薪資是由基金公司支付，投信公司之報酬、保管銀行之報酬、處分基金資產所產生之直接成本，則是保管銀行應依投信公司之指示及證券投資信託契約規定支付。

59 **(D)**。依證券投資信託基金保管機構辦理基金資產交割作業準則第5條規定，交割指示作業之合理時間，證券投資信託基金投資國內有價證券時，交割指示作業之合理到達時間依交易日（T）區分為：

(1) 第T日交割者：T日下午一時前。

(2) 第T＋1日交割者：T＋1日保管機構營業時間開始以前。

(3) 第T＋2日（含）以上交割者：T+1日保管機構營業時間截止前。

(4) 依雙方協議時間辦理。

交割指示如未於前述期間內送達者，保管機構得拒絕辦理交割，惟倘拒絕依交易指示內容辦理交割，保管機構應於交割指示到達之時起一小時內通知投信公司。

60 **(D)**。證券投資信託事業證券投資顧問事業經營全權委託投資業務操作辦法第17條規定，受任人審查客戶填具及檢附之申請書件合於規定並依第十三條規定辦理後，應辦理下列相關契約之簽訂及帳戶之開立：

一、與客戶簽訂全權委託投資契約。

二、通知客戶與全權委託保管機構簽訂委任或信託契約，並於該全權委託保管機構開立保管委託投資資產之投資保管帳戶或信託帳戶。投資範圍包含外國有價證券者，全權委託保管機構得經客戶之同意委託國外金融機構為本帳戶之國外受託保管機構，惟受任人委託國內證券商買賣外國有價證券者，以證券商名義或複受託金融機構名義寄託於交易當地保管機構保管者，依證券商受託買賣外國有價證券管理規則及其相關規定辦理；本帳戶於中華民國境外之資產，得依資產所在地法令、全權委託保管機構與國外受託保管機構間契約或證券商受託買賣外國有價證券管理規則及其相關規定辦理。除客戶與全權委託保管機構於保管契約另有約定外，全權委託保管機構就國外受託保管機構之故意或過失，應與自己之故意或過失負同一責任，如因而致損害本帳戶之資產時，全權委託保管機構應負賠償責任。

61 **(C)**。基金交易管理帳戶應以專戶處理，所以乙銀行受託經管開立甲證券投資信託基金專戶。

62 **(B)**。依照證券投資信託及顧問法第101條規定，主管機關為保障公共利益或維護市場秩序，得隨時要求證券投資信託事業、證券投資顧問事業、基金保管機構及全權委託保管機構或其關係人，於期限內提出財務、業務報告或其他相關資料，並得直接或委託適當機構，檢查其財務、業務狀況及其他相關事項，該事業、機構或其關係人不得規避、妨礙或拒絕。

63 **(C)**。依證券投資信託事業證券投資顧問事業經營全權委託投資業務操作辦法第27條規定，客戶將資產委託全權委託保管機構保管時，應於保管機構開立投資保管帳戶，帳戶並應載明客戶及受任人名稱，編定戶名及識別碼。但投資外國有價證券部分，應依當地法令或市場實務辦理。

客戶將資產信託移轉予全權委託保管機構時，保管機構應按客戶別設帳管理。客戶於同一保管機構之信託財產，同時委任不同受任人執行全權委託投資時，保管機構應按受任人別設帳管理。

每一全權委託投資帳戶之全權委託保管機構以一家為限。

約定可投資外國有價證券之全權委託投資帳戶，其全權委託保管機構得依實際需求於不同之投資地區分別複委託其他金融機構從事受託投資資產之保管工作，不受前項規定之限制。

客戶符合全權委託管理辦法第十一條第六項所定條件者，受任人得與客戶自行約定委託投資資產之保管，不適用前四項之規定。

受任人與客戶得以契約約定或取得客戶書面同意，由全權委託保管機構指定之次保管銀行提供契約交割服務，並由全權委託保管機構與指定之次保管銀行雙方約定支付或約定由全權委託投資帳戶支付。

保管機構亦即保管銀行不負責投資。答案(C)錯誤。

64 **(A)**。保管銀行基本服務項目：資產之保管、交易之確認、有價證券買賣之交割、收益之領取、公司重大資訊之通知、報表之提供及股東權利之行使。但為投資人行使之為投資人行使之股東權利不包括有價證券借貸。

65 **(D)**。依照證券商設置標準第7條第2項規定，營業保證金除了現金以外，存入款項，得以政府債券或金融債券代之。

66 **(A)**。依照證券投資信託基金保管機構辦理基金資產交割作業準則第3條第3項第1款規定，款項之支付方式：1.一般交易對象：有關基金資產之交割事宜，而款項支付之方式係由投信公司指示，經保管機構同意後以票據或匯款為之。

67 **(C)**。依華僑及外國人投資證券管理辦法第14條規定，境外華僑及外國人投資國內證券，其投資本金、投資收益及以借券方式賣出有價證券之價金，得申請結匯。但資本利得及股票股利部分，以已實現者為限。依前項申請結匯，應依外匯相關法令規定辦理。

68 **(B)**。依據信託業法第28條：「委託人得依契約之約定，委託信託業將其所信託之資金與其他委託人之信託資金集合管理及運用。」即不同的委託人將金錢以信託方式交付信託業者並訂立信託契約時，委託人可在信託契約中約定，同意與其他委託人交付信託業者之信託資金運用於相同的範圍時，信託業者可將其信託資金集合管理運用。故不須指定保管機構。答案為(B)。

69 **(C)**。保管銀行之附加服務項目包括：

(1) 有價證券之借貸。
(2) 績效分析之評估。
(3) 現金餘額之管理。
(4) 即時資訊系統之提供。
(5) 稅務之管理。
(6) 會計及淨值計算。
(7) 其他，證券手續費退扣、資產移轉管理、外幣兌換及擔任受託人等服務。

70 **(B)**。依照信託資金集合管理運用管理辦法第22條規定，除約定條款另有約定外，信託業應於每一營業日就各集合管理運用帳戶分別計算其每一信託受益權之淨資產價值。集合管理運用帳戶信託財產之淨資產價值之計算，由同業公會擬訂計算標準，報請主管機關核定。答案(B)正確。

同時第23條規定，集合管理運用帳戶因管理運用所生之稅捐、為處理信託事務所生之費用或負擔之債務，信託業得逕自該帳戶之信託財產中扣除支應。第24條規定，集合管理運用帳戶因運用所生之收益及損失均歸屬於該帳戶。所以(A)、(C)、(D)皆有誤。

71 **(A)**。依照信託資金集合管理運用管理辦法第18條規定，受益人對於集合管理運用帳戶信託財產之權利，應依其持有之信託受益權行使之。集合管理運用帳戶之信託受益權，受益人不得轉讓之。

72 **(C)**。依照信託資金集合管理運用管理辦法第5條規定，信託業設置之集合管理運用帳戶得受理非專業投資人委託投資者，第3條第2項第1款至第3款事項有變更時，應函送同業公會審查後，由同業公會併審查意見轉報主管機關核准；第5款信託監察人有變更時，應報請主管機關備查。

前項之情形經主管機關核准或備查後，信託業應即依本法第39條所定公告方式辦理公告。其公告內容應定一定期間，由委託人及受益人決定其信託受益權是否繼續參加或退出集合管理運用帳戶；受益人不特定或尚未存在之情形，由委託人決定之。

信託業設置之集合管理運用帳戶限專業投資人委託投資者，第3條第2項第1款、第3款之約定條款及第5款事項有變更時，應於變更後5個營業日內報請主管機關備查；並應通知委託人及受益人於一定期間，由委託人及受益人決定其信託受益權是否繼續參加或退出集合管理運用帳戶；受益人不特定或尚未存在之情形，由委託人決定之。

73 **(D)**。依照信託資金集合管理運用管理辦法第25條規定，信託業應就各集合管理運用帳戶分別造具帳簿，載明該帳戶之處理狀況，並定期編製運用狀況報告書。

信託業應於會計年度終了後4個月內，就各集合管理運用帳戶分別編具集合管理運用信託財產年度決算報告，經會計師查核簽證後送同業公會彙報主管機關，且通知委託人及受益人；並應於每月終了後10個營業日內編具月報，送同業公會彙報主管機關。前項決算報告及月報格式應由同業公會訂定，報請主管機關備查。第2項情形，約定條款定有信託監察人者，該決算報告並應先經其承認。

74 **(B)**。依照信託資金集合管理運用管理辦法第9條第1項第10款規定，信託業辦理非專業投資人得委託投資之信託資金集合管理運用，以具有次級交易市場之投資標的為原則，並應遵守下列規定：投資於同一證券化發行計畫下之證券化商品總金額不得超過同一證券化發行計畫總額百分之十或投資當日個別集合管理運用帳戶淨資產價值百分之十。

75 **(C)**。依集合管理運用金錢信託樓動性資產範圍及比率準則第3條規定：信託業辦理本法第28條之信託資金集合管理及運用業務，依第2條持有之流動性資產占所設置個別集合管理運用帳戶淨資產價值之最低比率為百分之五。信託業未達前項所定比率者，應即調整之。

76 **(D)**。依境外基金管理辦法第23條規定，境外基金除境外指數股票型基金外，其符合下列條件者，得經本會核准或申報生效在國內募集及銷售：

一、境外基金從事衍生性商品交易之比率，不得超過本會所訂定之比率。

二、境外基金不得投資於黃金、商品現貨及不動產。

三、境外基金投資大陸地區證券市場之有價證券占該境外基金總投資之比率，不得超過本會所訂定之比率。

四、國內投資人投資金額占個別境外基金比率，不得超過本會規定之一定限額。

五、境外基金之投資組合不得以中華民國證券市場為主要的投資地區，該投資比率由本會定之。
六、該境外基金不得以新臺幣或人民幣計價。
七、境外基金必須成立滿一年。
八、境外基金已經基金註冊地主管機關核准向不特定人募集者。
九、其他經本會規定之事項。境外基金經本會專案核准或基金註冊地經我國承認並公告者，得免受前項第1款及第7款之限制。

77 **(C)**。銀行辦理特定金錢信託投資國外有價證券業務為自益信託，銀行推薦特定基金不得收取推薦手續費，受託銀行收受資金後應發給基金憑證或基金存摺代替之。

78 **(D)**。有價證券信託證券交易稅核課：
(1) 不須課徵證交稅（形式上移轉）
A. 以有價證券為信託設定，委託人將有價證券移轉予受託人時。
B. 有價證券於信託終了時，受託人將有價證券返還委託人時。
(2) 須課徵證交易稅（實質移轉）
A. 受託人將信託財產之有價證券轉為自有財產。
B. 受託人將自有財產之有價證券轉為信託財產。
C. 受託人將信託財產之有價證券轉為受託人其他信託財產之有價證券。

79 **(C)**。依照證券投資信託及顧問法第37條規定，受益人之收益分配請求權，自收益發放日起5年間不行使而消滅，因時效消滅之收益併入該證券投資信託基金。
受益人買回受益憑證之價金給付請求權，自價金給付期限屆滿日起，15年間不行使而消滅。
基金清算時，受益人之賸餘財產分配請求權，自分配日起，15年間不行使而消滅。
受益人於本條所定消滅時效完成前行使前三項之權利時，不得請求加計遲延利息。

80 **(B)**。依照證券投資信託事業證券投資顧問事業經營全權委託投資業務管理辦法第11條規定，證券投資信託事業或證券投資顧問事業以委任方式經營全權委託投資業務，應由客戶將資產委託全權委託保管機構保管或信託移轉予保管機構，證券投資信託事業或證券投資顧問事業並不得以任何理由保管受託投資資產。
前項全權委託保管機構，應由客戶自行指定之。
客戶指定之全權委託保管機構，與證券投資信託事業或證券投資顧問事業間具有下列控制關係者，證券投資信託事業或證券投資顧問事業對客戶應負告知義務：
一、投資於證券投資信託事業或證券投資顧問事業已發行股份總數百分之十以上股份。
二、擔任證券投資信託事業或證券投資顧問事業董事或監察人；或其董事、監察人擔任證券投資信託事業或證券投資顧問事業董事、監察人或經理人。

第54期 信託法規

( ) **1** 某甲參加該公司之員工持股信託，事後如某甲積欠乙銀行房屋貸款未償還，則乙銀行可否對某甲之員工持股信託財產強制執行？ (A)經法院同意得強制執行 (B)經受託人同意得強制執行 (C)經某甲同意得強制執行 (D)不得強制執行。

( ) **2** 依我國信託業法規定，下列何者非屬信託業得經營之業務？ (A)金錢債權之信託業務 (B)專利權之信託業務 (C)不動產開發顧問業務 (D)保證業務。

( ) **3** 下列何種財產交付信託時，非經通知發行公司，不得對抗該公司？ (A)股票 (B)金錢 (C)動產 (D)不動產。

( ) **4** 錢先生交付一千萬元成立金錢信託，希望銀行幫他投資在股票型基金並代為操作，係屬下列何種信託？ (A)指定單獨金錢信託 (B)特定單獨金錢信託 (C)不指定單獨金錢信託 (D)不特定單獨金錢信託。

( ) **5** 依信託法規定，下列何種情形為當然無效之信託行為？ (A)委託人積欠稅金而將其財產權信託者 (B)以設有質權之有價證券為信託者 (C)信託行為有害於委託人之債權人權利者 (D)以依法不得受讓特定財產權之人為該財產權之受益人者。

( ) **6** 因信託關係存續中信託財產所生之地價稅，下列敘述何者錯誤？
(A)以受託人為納稅義務人
(B)稅捐機關得逕對欠稅之信託財產強制執行
(C)受託人不繳納時，稅捐機關不得執行受託人之自有財產
(D)受託人得逕由信託財產中抵充之。

( ) **7** 下列何者得為信託關係中之受託人？ (1)成年人 (2)已婚之未成年人 (3)二十歲以上之受輔助宣告之人 (4)二十歲以上之破產人 (A)僅(1) (B)僅(1)(2) (C)僅(1)(3)(4) (D)(1)(2)(3)(4)。

( ) **8** 依信託法規定，受託人違反信託本旨處分信託財產時，下列何者不屬於委託人之權利？
(A)請求減免報酬
(B)請求回復原狀
(C)聲請法院撤銷其處分
(D)請求以金錢賠償信託財產所受損害。

( ) **9** 下列何項非受託人任務終了之情形？ (A)法人受託人被撤銷設立登記時 (B)委託人死亡時 (C)受託人辭任時 (D)受託人解任時。

( ) **10** 依信託法規定，受託人違反信託本旨處分信託財產時，下列何者得聲請法院撤銷其處分？ (A)委託人 (B)受益人 (C)信託業主管機關 (D)法院依職權行使撤銷。

( ) **11** 他益信託之受託人辭任或被解任時，除信託行為另有訂定外，下列何者得指定新受託人？ (A)委託人 (B)原受託人 (C)受益人 (D)信託監察人。

( ) **12** 私益信託委託人所指定之信託監察人擬辭任，應取得下列何者之同意？ (A)委託人 (B)受益人 (C)受託人 (D)其他信託監察人。

( ) **13** 信託關係消滅時，於受託人移轉信託財產於歸屬權利人前，信託關係視為存續，並以下列何者為該法定信託之受益人？ (A)委託人 (B)信託監察人 (C)主管機關 (D)歸屬權利人。

( ) **14** 有關變更受託人事由，下列敘述何者錯誤？ (A)受託人死亡 (B)受託人受破產宣告 (C)受託人出國旅遊 (D)受託人經解散或撤銷設立登記。

( ) **15** 某甲成立以從事法制研究、法律服務或其他與法務相關事項為目的之公益信託，其設立及受託人應經下列何者許可？ (A)財政部 (B)法務部 (C)地方法院 (D)律師公會。

( ) **16** 信託監察人得以自己名義，為下列何者行使有關信託之訴訟上或訴訟外之行為？ (A)委託人 (B)受託人 (C)受益人 (D)目的事業主管機關。

( ) **17** 依信託法規定，信託關係消滅時，若享有全部信託利益之受益人死亡，且信託行為未訂歸屬權利人，該信託財產應歸屬於下列何者？ (A)國庫 (B)受託人 (C)委託人或其繼承人 (D)地方政府或自治團體。

(　) **18** 委託人甲與受託人乙訂定信託契約，指定丙為受益人，並約定信託存續期間內，得由甲單獨終止信託，下列敘述何者正確？ (A)基於他益信託關係，該契約仍須由甲、丙共同終止信託關係 (B)丙依法可終止信託關係 (C)須由甲與乙共同終止信託關係 (D)依信託契約所定，由甲終止信託關係即可。

(　) **19** 張五先生與甲銀行簽訂信託契約，移轉一上市公司之股票五十萬股與該銀行，並約定銀行之信託目的限於保管股票、收取股息與紅利、出席股東會行使投票權、表決權、公司增資發行新股之認購，同時約明股息紅利等所有孳息之收益人為其長子張華先生，則下列之敘述何者正確？ (A)該信託為有價證券運用信託 (B)其信託未經通知發行公司前其信託契約不生效力 (C)該信託為有價證券管理信託 (D)張五先生雖未於信託契約另有保留，仍得隨時終止信託契約。

(　) **20** 呂美與甲銀行簽訂信託契約，由呂美交付新臺幣壹千萬元，指示甲銀行投資於國內上市公司股票，約明信託期間全部信託利益由其姐呂麗享有，則信託關係消滅時，下列敘述何者正確？ (A)信託財產歸屬之順序，信託契約所定者優先於呂美，呂美優先於呂麗 (B)信託財產歸屬之順序，信託契約所定者優先於呂麗，呂麗優先於呂美或呂美之繼承人 (C)信託財產歸屬之順序，信託契約未約定時，呂美與呂麗之順序相同 (D)信託關係消滅時，受託人所製作之結算書及報告書不須取得呂麗之承認。

(　) **21** 銀行辦理信託業務必須優先適用下列何種法律？ (A)信託投資公司管理規則 (B)銀行法 (C)信託業法 (D)證券投資信託事業管理規則。

(　) **22** 下列何者專屬信託業得辦理之業務？ (A)保管業務 (B)募集共同信託基金 (C)擔任股票及債券發行簽證人 (D)擔任信託監察人。

(　) **23** 一般受理民事信託之人，除其他法令另有規定外，得受託經理下列何者之信託財產？ (A)特定人 (B)不特定多數人 (C)特定人及不特定多數人 (D)視信託財產之種類而定。

(　) **24** 依信託業法規定，信託業除依信託契約約定外，擬以信託財產購買其銀行業務部門經紀之有價證券，有何限制？ (A)應先經受託人之同意 (B)應取得主管機關之同意 (C)應取得信託監察人之同意 (D)應事先取得受益人之書面同意。

( ) **25** 下列何者不屬於信託業之利害關係人？ (A)信託業總公司之經理 (B)對信託財產具有運用決定權者 (C)持有信託業已發行股份總數百分之三之企業 (D)信託業持股比率超過百分之五之企業。

( ) **26** 信託業對信託財產，須盡善良管理人及忠實義務，下列行為何者錯誤？ (A)購買本身發行之有價證券 (B)不得購買本身之財產 (C)不得購買本身利害關係人之財產 (D)不得購買本身發行之票券。

( ) **27** 有關信託財產之運用，下列敘述何者正確？ (A)信託業得以信託財產辦理銀行法第五條之二所定授信業務項目 (B)信託業得經信託監察人同意後，將信託財產存放其銀行業務部門 (C)信託業得依信託契約約定，將信託財產運用於具保本保息性質之標的 (D)以開發為目的之土地信託經二分之一以上受益人之同意，得以信託財產借入款項。

( ) **28** 對信託業之經營，下列敘述何者錯誤？ (A)信託業不得經營未經主管機關核定之業務 (B)信託業經營信託業務，不得對委託人有虛偽、詐欺之行為 (C)信託業之經營與管理，應由具有專門學識或經驗之人員為之 (D)銀行信託專責部門中對信託財產具有運用決定權者，得兼任其他業務之經營。

( ) **29** 下列敘述何者屬於信託業須經受益人之書面同意而為之行為？ (A)以信託財產購買本身銀行業務部門承銷之有價證券或票券 (B)以信託財產購買本身或其利害關係人之財產 (C)以信託財產購買政府債券 (D)以信託財產購買本身銀行業務部門經紀之有價證券或票券。

( ) **30** 信託業為擔保因違反受託人義務對受益人等所負之損害賠償，至少應提存多少賠償準備金？ (A)信託財產百分之十五 (B)信託財產百分之五十 (C)新臺幣五千萬元 (D)新臺幣一億元。

( ) **31** 信託業違反法令或信託契約，或因可歸責於信託業之事由，致委託人或受益人受有損害者，應負連帶賠償責任之對象，下列何者不包括在內？ (A)負責之董事 (B)監察人 (C)主管人員 (D)該信託業。

( ) **32** 銀行經營信託業務，依其風險管理準則規定，信託業務專責部門辦理信託業務，應以顯著方式於營業櫃檯標示之事項，下列何者錯誤？ (A)銀行不擔保信託業務之管理或運用績效 (B)信託財產一律受存款保險之保障 (C)委託人或受益人應自負盈虧 (D)銀行應盡善良管理人之注意義務及忠實義務。

( ) **33** 信託業為下列何種行為，將負刑事責任？
(A)未經主管機關核准，募集共同信託基金
(B)未經全體受益人同意，以該信託財產借入款項
(C)辦理集合管理運用之金錢信託，未保持適當之流動性
(D)未經受益人書面同意，而將信託財產存放於其銀行業務部門作為存款。

( ) **34** 銀行各分支機構辦理信託業務，除經主管機關核准者外，限於對信託財產為下列何種行為？ (A)管理 (B)運用 (C)處分 (D)收受。

( ) **35** 銀行因解散而進行清算時，有關信託資金及信託財產之處理，應依下列何者為之？ (A)依清算人之決定 (B)依主管機關之命令 (C)依信託契約之約定 (D)依股東會之決議。

( ) **36** 除兼營信託業務之銀行外，信託業自有財產之運用範圍，下列何者錯誤？ (A)購買自用不動產 (B)投資公司債 (C)銀行存款 (D)投資未上市或未上櫃股票。

( ) **37** 有關共同信託基金受益證券之說明，下列何者正確？ (A)法律未規定其形式 (B)法律規定應為不記名式 (C)法律規定應為記名式 (D)原則為記名式，經委託人要求可改為不記名式。

( ) **38** 信託業須事先取得受益人之同意所為之事項，下列敘述何者正確？(A)購買利害關係人之財產 (B)購買本身承銷之有價證券 (C)對非利害關係人辦理放款 (D)以開發為目的之土地信託而借入款項。

( ) **39** 下列何者情事發生時，信託業須於事實發生之翌日起二個營業日內向主管機關申報？ (A)因印鑑錯誤而被退票 (B)更換分支機構經理 (C)編製營業報告書及財務報告 (D)簽訂重要契約。

( ) **40** 共同信託基金終止時，信託業應於主管機關核准或備查後多久期限內完成清算？ (A)二個月 (B)三個月 (C)六個月 (D)九個月。

( ) **41** 有關信託業公告事項及方式之敘述，下列何者錯誤？
(A)應每半年營業年度編製營業報告
(B)應每半年營業年度編製財務報告
(C)將資產負債表於其所在地之日報或依主管機關指定之方式公告
(D)如有信託業法第四十一條之情事發生時，至遲應於事實發生之翌日起三個營業日內辦理公告。

(　　) **42** 依證券投資信託事業證券投資顧問事業證券商兼營信託業務管理辦法規定，有關證券商兼營信託業務之信託財產保管，下列敘述何者錯誤？
(A)應委由符合主管機關認可之信用評等機構評等達一定等級以上之信託公司或銀行保管
(B)信託財產為金錢者，應以專戶存放符合規定之銀行並以受託人名義表彰
(C)應每半年營業年度編製信託帳之財務報表及信託財產目錄彙送主管機關
(D)信託帳之財務報表及信託財產目錄應公告於同業公會網站。

(　　) **43** 下列敘述何者正確？　(A)非信託業得辦理不特定多數人委託經營信託業法第十六條之信託業務　(B)信託業得辦理承諾擔保本金或最低收益率之信託業務　(C)非信託業不得使用信託業或易使人誤認為信託業之名稱　(D)證券投資信託事業優先適用信託業法之規定。

(　　) **44** 政黨交付信託之財產及其信託利益之取得及分配，應由下列何者定期公告？　(A)政黨　(B)內政部　(C)信託業　(D)信託公會。

(　　) **45** 有關信託業之管理與監督，下列敘述何者正確？　(1)信託業應提存賠償準備金　(2)信託業應至少每年編製一次營業報告書並向主管機關申報　(3)信託業違反信託業法主管機關得糾正並限期改善　(4)信託業法之罰則均得易科罰金　(A)(1)(2)　(B)(2)(3)　(C)(1)(3)　(D)(2)(4)。

(　　) **46** 有關信託業辦理不指定營運範圍或方法之金錢信託，除經主管機關核准外，就營運範圍之敘述，下列何者錯誤？　(A)不包括國外上市股票　(B)包括受益憑證　(C)包括短期票券　(D)不包括國內上市股票。

(　　) **47** 甲以300萬元成立一信託（假設成立時郵政儲金匯業局一年期定期儲金固定利率為1%），信託期間5年，期間孳息歸甲，期滿甲與乙各得一半，則甲贈與乙之權利價值為何？〔1/（1+1%）5=0.9515〕　(A)新台幣1427250元　(B)新台幣1572750元　(C)運用後之信託利益於實際分配時，應由受益人併入發生年度之所得額課稅　(D)新台幣72750元。

(　　) **48** 信託課稅所稱之「實質課稅原則」，係指對下列何者課稅之原則？
(A)實質所得人　(B)實質支出人
(C)實質管理人　(D)所得發生時之所有權人。

(　　) **49** 個人以中華民國境內之財產成立他益信託時，應以下列何者為贈與行為發生日？
(A)訂定或變更信託契約之日
(B)信託利益實際分配之日
(C)信託財產移轉給受託人之日
(D)信託財產辦理信託登記之日。

(　　) **50** 信託財產發生之收入，下列何者非於實際分配時併入受益人之所得額？
(A)公益信託
(B)共同信託基金
(C)證券投資信託基金
(D)指定單獨管理運用之金錢信託。

解答與解析　(答案標示為#者，表官方曾公告更正該題答案。)

1 (D)。依照信託法第12條第1項規定，對信託財產不得強制執行。但基於信託前存在於該財產之權利、因處理信託事務所生之權利或其他法律另有規定者，不在此限。所以答案(D)正確。

2 (D)。依信託業法第16條說明，信託業經營之業務項目如下：一、金錢之信託。二、金錢債權及其擔保物權之信託。三、有價證券之信託。四、動產之信託。五、不動產之信託。六、租賃權之信託。七、地上權之信託。八、專利權之信託。九、著作權之信託。十、其他財產權之信託。共有十項信託範圍，並不包括(D)保證業務，所以答案為(D)。

3 (A)。依信託法第4條第3項規定，以股票或公司債券為信託者，非經通知發行公司，不得對抗該公司。所以正確答案為(A)。

4 (A)。依照信託業法施行細則第八條第一款規定所稱「指定營運範圍或方法之單獨管理運用金錢信託」業務，並以財務規劃或資產負債配置為主要目的（以下簡稱指定單獨管理運用金錢信託）時，有可遵循之原則性規範，以降低投資爭議，特訂定本事項。同時依照第2條規定，應遵循事項信託業辦理以財務規劃或資產負債配置為主要目的之指定單獨管理運用金錢信託業務，且將信託財產運用於證券交易法第6條規定之有價證券未達新臺幣1,000萬元者，除其他法令另有規定者外，應依本事項之規定辦理。所以錢先生交付金錢成立的信託是屬於指定單獨金錢信託，故答案為(A)。

5 **(D)**。依信託法第5條說明，信託行為，有下列各款情形之一者，無效：一、其目的違反強制或禁止規定者。二、其目的違反公共秩序或善良風俗者。三、以進行訴願或訴訟為主要目的者。四、以依法不得受讓特定財產權之人為該財產權之受益人者。所以答案(D)為當然無效之信託行為。

6 **(C)**。納稅義務人欠繳因信託財產所生應納之地價稅，稅捐稽徵機關得否就該信託財產移送強制執行乙節，經財政部洽據法務部（信託法主管機關）95年1月26日法律字第0950002187號函復略以：「…按信託法第12條第1項規定：『對信託財產不得強制執行。但……因處理信託事務所生之權利或其他法律另有規定者，不在此限。』所稱『因處理信託事務所生之權利』包括因修繕信託財產之房屋所負擔之修繕費或因信託財產所生之地價稅。故信託關係存續中信託財產所生之地價稅，受託人不繳納者稅捐稽徵機關得對欠稅之信託財產強制執行。」

7 **(A)**。除了信託法第21條規定未成年人，受監護宣告或輔助宣告之人及破產人不得為受託人以外，任何委託人所信賴的成年人，會依照委託人的意願達成財產管理目的者，均可擔任受託人。所以只有A成年人得為信託關係中之受託人，答案為(A)。

8 **(C)**。依信託法第23條規定，受託人因管理不當致信託財產發生損害或違反信託本旨處分信託財產時，委託人、受益人或其他受託人得請求以金錢賠償信託財產所受損害或回復原狀，並得請求減免報酬。答案(C)聲請法院撤銷其處分非屬委託人之權利。

9 **(B)**。依照信託法第45條第一項規定，受託人之任務，因受託人死亡、受破產、監護或輔助宣告而終了。其為法人者，經解散、破產宣告或撤銷設立登記時，亦同。因此答案(B)委託人死亡時，非屬受託人任務終了之情形。

10 **(B)**。依信託法第18條規定，受託人違反信託本旨處分信託財產時，受益人得聲請法院撤銷其處分。受益人有數人者，得由其中一人為之。因此答案為(B)。

11 **(A)**。依信託法第36條規定，受託人除信託行為另有訂定外，非經委託人及受益人之同意，不得辭任。但有不得已之事由時，得聲請法院許可其辭任。
受託人違背其職務或有其他重大事由時，法院得因委託人或受益人之聲請將其解任。前二項情形，除信託行為另有訂定外，委託人得指定新受託人，如不能或不為指定者，法院得因利害關係人或檢察官之聲請選任新受託人，並為必要之處分。已辭任之受託人於新受託人能接受信託事務前，仍有受託人之權利及義務。答案為(A)。

12 **(A)**。依信託法第57條規定，信託監察人有正當事由時，得經指定或選任之人同意或法院之許可辭任。同時依信託法第59條規定，信託監察人辭任或解任時，除信託行為另有訂定外，指定或選任之人得選任新信託監察人；不能或不為選任者，法院亦得因利害關係人或檢察官之聲請選任之。其中得經指定或選任之人同意，係指委託人或法院許可，所以答案為(A)。

13 **(D)**。依信託法第66條規定，信託關係消滅時，於受託人移轉信託財產於前條歸屬權利人前，信託關係視為存續，以歸屬權利人視為受益人。因此法定信託之受益人為答案(D)歸屬權利人。

14 **(C)**。依信託法第45條規定，受託人之任務，因受託人死亡、受破產、監護或輔助宣告而終了。其為法人者，經解散、破產宣告或撤銷設立登記時，亦同。因此變更受託人事由答案(C)錯誤。

15 **(B)**。依照信託法第70條第1項及第72條第1項規定，公益信託之設立及其受託人，應經目的事業主管機關之許可。因此，以從事法制研究、法律服務或其他與法務相關事項為目的之公益信託其目的事業主管機關為答案(B)法務部。

16 **(C)**。依信託法第52條第2項規定，信託監察人得以自己名義，為受益人為有關信託之訴訟上或訴訟外之行為。答案為(C)。

17 **(C)**。依信託法第65條規定，信託關係消滅時，信託財產之歸屬，除信託行為另有訂定外，依左列順序定之：一、享有全部信託利益之受益人。二、委託人或其繼承人。因此答案為(C)。

18 **(D)**。依信託法第65條規定，信託關係消滅時，除信託行為另有訂定外，信託財產係歸屬於享有全部信託利益之受益人；如無享有全部信託利益之受益人時，則歸屬於信託財產之原所有人即委託人，若委託人已死亡者，則歸屬於其繼承人。因甲本人為委託人，答案(D)正確，依信託契約所定，由甲單獨終止信託關係即。

19 **(C)**。以信託契約以股票為保管標的，收取股息與紅利、出席股東會行使投票權、表決權、公司增資發行新股之認購，因此該信託為有價證券管理信託，正確答案(C)。

20 **(B)**。依信託法第65條規定，信託關係消滅時，信託財產之歸屬，除信託行為另有訂定外，依左列順序定之：一、享有全部信託利益之受益人。二、委託人或其繼承人。依信託契約內容所述，呂麗為受益人屬第一順位，呂美或呂美之繼承人為第二順位，因此答案為(B)。

21 **(C)**。依信託業法第3條規定，銀行經主管機關之許可兼營信託業務，適用本法之規定。因此，銀行辦理信託業務必須優先適用答案(C)信託業法。

22 **(B)**。依信託業法第16條規定，答案(B)募集共同信託基金為專屬信託業辦理之業務，其他(A)(C)(D)皆為附屬業務項目。

23 **(A)**。依信託業法第33條規定，非信託業不得辦理不特定多數人委託經理第16條之信託業務。但其他法律另有規定者，不在此限。受託人非以營業為目的，而接受之信託，稱為非營業信託；如一般自然人、律師、會計師擔任受託人皆屬之；又稱為「民事信託」一般民事信託可口頭或書面訂定。換言之，民事信託只得受理特定人委託之信託業務。答案(A)正確。

24 **(D)**。依信託業法第27條第1項規定，信託業除依信託契約之約定，或事先告知受益人並取得其書面同意外，不得為下列行為：一、以信託財產購買其銀行業務部門經紀之有價證券或票券。二、以信託財產存放於其銀行業務部門或其利害關係人處作為存款或與其銀行業務部門為外匯相關之交易。三、以信託財產與本身或其利害關係人為第25條第1項以外之其他交易。答案為(D)。

25 **(C)**。依信託業法第7條規定說明，本法稱信託業之利害關係人，指有下列情形之一者：一、持有信託業已發行股份總數或資本總額百分之五以上者。二、擔任信託業負責人。三、對信託財產具有運用決定權者。四、第1款或第2款之人獨資、合夥經營之事業，或擔任負責人之企業，或為代表人之團體。五、第1款或第2款之人單獨或合計持有超過公司已發行股份總數或資本總額百分之十之企業。六、有半數以上董事與信託業相同之公司。七、信託業持股比率超過百分之五之企業。因此答案(C)持有信託業已發行股份總數百分之三之企業，不屬於信託業之利害關係人。

26 **(A)**。依信託業法第25條第1項規定，信託業不得以信託財產為下列行為：一、購買本身或其利害關係人發行或承銷之有價證券或票券。二、購買本身或其利害關係人之財產。三、讓售與本身或其利害關係人。四、其他經主管機關規定之利害關係交易行為。答案為(A)。

27 **(C)**。依信託業法第26條規定，信託業不得以信託財產辦理銀行法第5條之2所定授信業務項目。信託業不得以信託財產借入款項。但以開發為目的之土地信託，依信託契約之約定、經全體受益人同意或受益人會議決議者，不在此限。前項受益人會議之決議，應經受益權總數三分之二以上之受益人出席，並經出席表決權數二分之一以上同意行之。答案(A)(D)皆不得為之。

依信託業法第27條第1項規定，信託業除依信託契約之約定，或事先告知受益人並取得其書面同意外，不得為下列行為：一、以信託財產購買其銀行業務部門經紀之有價證券或票券。二、以信託財產存放於其銀行業務部門或其利害關係人處作為存款或與其銀行業務部門為外匯相關之交易。三、以信託財產與本身或其利害關係人為第25條第1項以外之其他交易。，答案(B)必須經受益人並取得其書面同意，非監察人。答案(C)正確，得依信託契約約定，將信託財產運用於具保本保息性質之標的。

28 **(D)**。依照信託業法第23條規定，信託業經營信託業務，不得對委託人或受益人有虛偽、詐欺或其他足致他人誤信之行為。同時依信託業法第24條規定，(1)信託業之經營與管理，應由具有專門學識或經驗之人員為之。(2)對信託財產具有運用決定權者，不得兼任其他業務之經營。(3)信託業之董事、監察人應有一定比例以上具備經營與管理信託業之專門學識或經驗。(4)第一項及第三項之專門學識或經驗，及第三項之比例，由主管機關定之。答案(D)有誤。

29 **(D)**。依信託業法第27條第1項規定，信託業除依信託契約之約定，或事先告知受益人並取得其書面同意外，不得為下列行為：一、以信託財產購買其銀行業務部門經紀之有價證券或票券。二、以信託財產存放於其銀行業務部門或其利害關係人處作為存款或與其銀行業務部門為外匯相關之交易。三、以信託財產與本身或其利害關係人為第25條第1項以外之其他交易。答案為(D)，正確，以信託財產購買本身銀行業務部門經紀之有價證券或票券，須經受益人之書面同意而為之行為。

30 **(C)**。依信託業法第34條第2項規定及民國90年2月6日財政部台財融(四)第90727315號函公告「信託業提存賠償準備金額度」規定。一、信託公司及兼營信託業務之銀行，為擔保其因違反受託人義務而對委託人或受益人所負之損害賠償、利益返還或其他責任，應提存至少新臺幣5,000萬元之賠償準備金，財政部並得視社會經濟情況及實際需要調整之。因此，答案為(C)。

31 **(B)**。依信託業法第35條規定，信託業違反法令或信託契約，或因其他可歸責於信託業之事由，致委託人或受益人受有損害者，其應負責之董事及主管人員應與信託業連帶負損害賠償之責。前項連帶責任，自各應負責之董事及主管人員卸職之日起二年內，不行使該項請求權而消滅。但不包括答案(B)監察人。

32 **(B)**。依照銀行經營信託業務風險管理規範第3條第3項規定，信託業務與銀行其他業務共同行銷時，應以顯著方式於營業櫃檯標示，充分告知下列事項：

(1) 銀行辦理信託業務，應盡善良管理人之注意義務及忠實義務。

(2) 銀行不擔保信託業務之管理或運用績效，委託人或受益人應自負盈虧。

(3) 信託財產經運用於存款以外之標的者，不受存款保險之保障。

答案(B)信託財產一律受存款保險之保障，錯誤。

33 **(A)**。依信託業法第18條第2項規定，信託業不得經營未經主管機關核定之業務。並依第33條規定，非信託業不得辦理不特定多數人委託經理第16條之信託業務。依第48條規定，違反第33條規定者，處3年以上10年以下有期徒刑，得併科新臺幣1,000萬元以上2億元以下罰金。其因犯罪獲取之財物或財產上利益達新臺幣1億元以上者，處7年以上有期徒刑，得併科新臺幣2,500百萬元以上5億元以下罰金。法人犯前項之罪者，處罰其行為負責人。因此答案(A)正確。

34 (D)。依照銀行經營信託或證券業務之營運範圍及風險管理準則第3條第1項規定，銀行經營信託業務之風險管理，除應符合其他法令規定者外，並應依下列規定辦理：一、本國銀行總行或外國銀行申請認許時所設分行應設置信託業務專責部門，除得收受信託財產外，並負責信託財產之管理、運用及處分；各分支機構辦理信託業務，除經主管機關核准者外，限於信託財產之收受，其管理、運用及處分均應統籌由該專責部門為之。答案為(D)。

35 (C)。依銀行法第69條規定，銀行進行清算後，非經清償全部債務，不得以任何名義，退還股本或分配股利。銀行清算時，關於信託資金及信託財產之處理，依信託契約之約定。

36 (D)。依照信託業法第40條第1項規定，信託業自有財產之運用範圍，除兼營信託業務之銀行外，以下列各款為限：一、購買自用不動產、設備及充作營業支出。二、投資公債、短期票券、公司債、金融債券、上市及上櫃股票、受益憑證。三、銀行存款。四、其他經主管機關核准之事項。並不包括答案(D)。

37 (C)。依信託業法第30條規定，共同信託基金受益證券應為記名式。共同信託基金受益證券由受益人背書轉讓之。但非將受讓人之姓名或名稱通知信託業，不得對抗該信託業。所以答案為(C)。

38 (D)。依信託業法第25條第1項規定，信託業不得以信託財產為下列行為：一、購買本身或其利害關係人發行或承銷之有價證券或票券。二、購買本身或其利害關係人之財產。三、讓售與本身或其利害關係人。四、其他經主管機關規定之利害關係交易行為。及第26條第1項與第2項規定，信託業不得以信託財產辦理銀行法第五條之二所定授信業務項目。信託業不得以信託財產借入款項。但以開發為目的之土地信託，依信託契約之約定、經全體受益人同意或受益人會議決議者，不在此限。所以答案為(D)。

39 (D)。依信託業法第41條規定，信託業有下列情事之一者，應於事實發生之翌日起二個營業日內，向主管機關申報，並應於本公司所在地之日報或依主管機關指定之方式公告：

一、存款不足之退票、拒絕往來或其他喪失債信情事者。

二、因訴訟、非訟、行政處分或行政爭訟事件，對公司財務或業務有重大影響者。

三、有公司法第一百八十五條第一項規定各款情事之一者。

四、董事長（理事主席）、總經理（局長）或三分之一以上董（理）事發生變動者。

五、簽訂重要契約或改變業務計畫之重要內容。

六、信託財產對信託事務處理之費用，有支付不能之情事者。

七、其他足以影響信託業營運或股東或受益人權益之重大情事者。

答案(D)，正確。

40 (B)。依照共同信託基金管理辦法第41條規定，共同信託基金終止時，信託業應於主管機關核准或備查後，三個月內完成共同信託基金之清算，並將清算後之信託財產依受益權之比例分派與各受益人。答案為(B)。

41 **(D)**。依信託業法第39條規定，信託業應每半年營業年度編製營業報告書及財務報告，向主管機關申報，並將資產負債表於其所在地之日報或依主管機關指定之方式公告。(A)(B)(C)皆為正確，答案(D)依照信託業法第41條規定，信託業有情事發生時，應於事實發生之翌日起二個營業日內，向主管機關申報，並應於本公司所在地之日報或依主管機關指定之方式公告之。

42 **(B)**。依照證券投資信託事業證券投資顧問事業證券商兼營信託業務管理辦法第9條第2項規定，證券商僅辦理以信託方式辦理財富管理業務或客戶委託保管及運用其款項業務，除設置之信託資金集合管理運用帳戶應適用前項規定外，其信託財產得不委由前項之全權委託保管機構保管。但信託財產為金錢者，應以專戶存放於符合證券商辦理財富管理業務應注意事項或證券商辦理客戶委託保管及運用其款項管理辦法規定之銀行，並應以信託財產名義表彰。同時依照第10條規定，證券投資信託事業、證券投資顧問事業或證券商兼營信託業務之特定項目，應每半年營業年度依信託業會計處理原則及本法施行細則第17條第1項所定期限，編製信託帳之資產負債表、信託財產目錄及損益表，由同業公會彙送主管機關，並公告於同業公會網站。因此答案(B)有誤，應以信託財產名義表彰，非以受託人名義。

43 **(C)**。依信託業法第31條規定，信託業不得承諾擔保本金或最低收益率，答案(B)錯誤。依第33條規定，非信託業不得辦理不特定多數人委託經理第16條之信託業務。答案(A)錯誤。依照信託業法第9條第2項規定，非信託業不得使用信託業或易使人誤認為信託業之名稱。但其他法律另有規定者，不在此限。所以答案(C)正確。依信託業法第3條第1項規定，銀行經主管機關之許可兼營信託業務，適用本法之規定。答案(D)錯誤。

44 **(C)**。依信託業法第22條第3項規定，政黨或其他政治團體交付信託之財產及其信託利益之取得與分配，信託業者應定期公告；其公告事項及公告方式等事項之辦法，由主管機關定之。答案為(C)。

45 **(C)**。依信託業法第34條規定，信託業為擔保其因違反受託人義務而對委託人或受益人所負之損害賠償、利益返還或其他責任，應提存賠償準備金。第39條規定，信託業應每半年營業年度編製營業報告書及財務報告，向主管機關申報，並將資產負債表於其所在地之日報或依主管機關指定之方式公告。第44條規定，信託業違反本法或依本法所發布之命令者，除依本法處罰外，主管機關得予以糾正、命其限期改善，並得依其情節為下列之處分：一、命令信託業解除或停止負責人之職務。二、停止一部或全部之業務。三、廢止營業許可。四、其他必要之處置。信託業法之罰則包括罰金與刑責。所以只有(1)與(3)正確，因此答案為(C)。

46 **(B)**。依照信託業法第32條規定，信託業辦理委託人不指定營運範圍或方法之金錢信託，其營運範圍以下列為限：一、現金及銀行存款。二、投資公債、公司債、金融債券。三、投資短期票券。四、其他經主管機關核准之業務。答案(B)包括受益憑證，是錯誤的。

47 **(A)**

48 **(A)**。即實質所得人。為保持稅捐之中立性，「信託相關稅法」制定原則，實質上謹守稅捐立法中立性，即起草之初，除非有政策上之目的，否則有關信託稅制之立法，避免對信託行為結果賦與稅法上之異常利益，或加重其不當之稅負。

49 **(A)**。依遺產及贈與稅法第5之1條規定，(1)信託契約明定信託利益之全部或一部之受益人為非委託人者，視為委託人將享有信託利益之權利贈與該受益人，依本法規定，課徵贈與稅。(2)信託契約明定信託利益之全部或一部之受益人為委託人，於信託關係存續中，變更為非委託人者，於變更時，適用前項規定課徵贈與稅。(3)信託關係存續中，委託人追加信託財產，致增加非委託人享有信託利益之權利者，於追加時，就增加部分，適用第一項規定課徵贈與稅。(4)前三項之納稅義務人為委託人。但委託人有第七條第一項但書各款情形之一者，以受託人為納稅義務人。

50 **(D)**。依照所得稅法第3之4條第6項規定，依法經行政院金融監督管理委員會核准之共同信託基金、證券投資信託基金、期貨信託基金或其他信託基金，其信託利益於實際分配時，由受益人併入分配年度之所得額，依本法規定課稅。只有答案(D)指定單獨管理運用之金錢信託非於實際分配時併入受益人之所得額。

第54期 信託實務

( ) **1** 陳先生欲投資信用連結型之連動債商品，則辦理特定金錢信託之銀行應向其加強揭露說明定義內容之風險，不包括下列何者？ (A)破產風險 (B)重整風險 (C)無法履行債務風險 (D)通膨風險。

( ) **2** 依據「境外基金管理辦法」，經金管會核准或申報生效在國內募集及銷售之境外基金必須符合之條件，下列何者正確？ (A)得以新台幣計價 (B)得以一定比率投資於大陸地區證券市場 (C)得以中華民國證券市場為主要的投資地區 (D)得以一定比率投資於黃金、商品現貨及不動產。

( ) **3** 信託業依據境外基金管理辦法，對於投資境外基金規定，下列何者正確？ (A)信託業得複委託其他機構辦理 (B)信託業得與相關機構簽訂合作銷售契約 (C)投資標的限境外已發行成立二年以上，基金規模達等值美金二億以上之基金 (D)國內投資人投資金額占個別境外基金淨資產價值之比率不得超過50%。

( ) **4** 我國境內居住之個人透過特定金錢信託投資國外有價證券所孳生之利息收入及證券交易所得之稅務，應如何處理？ (A)利息收入須併入個人利息所得一併課稅 (B)利息收入及證券交易所得均應依所得基本稅額條例課稅 (C)證券交易所得須併入個人所得課稅 (D)利息收入及證券交易所得均須併入所得課稅。

( ) **5** 證券商申請主管機關許可兼營金錢之信託及有價證券之信託，得辦理之特定項目，下列敘述何者錯誤？ (A)以信託方式辦理財富管理業務 (B)以信託方式辦理公益之信託 (C)以信託方式辦理全權委託投資業務 (D)以信託方式辦理客戶委託保管及運用其款項業務。

( ) **6** 委託人交付新臺幣資金以特定金錢信託方式投資境外基金時，係以下列何者名義辦理結購外匯事宜？ (A)委託人 (B)受託銀行 (C)受益人 (D)基金公司。

(　　) **7** 銀行依約定自動按月定期自委託人存款帳戶中扣取一定金額投資境外基金，此種投資方式通稱為下列何者？　(A)定期定額投資　(B)零存整付投資　(C)多角化投資　(D)標準投資。

(　　) **8** 下列何者非屬特定金錢信託業務？　(A)員工儲蓄福利信託　(B)預收款信託　(C)有價證券信託　(D)預售屋價金信託。

(　　) **9** 張三將現金一千萬元交付甲銀行成立信託，並約定五百萬元購買不動產，三百萬元購買股票，二百萬元存放於定期存款，該信託屬信託業法中之下列何種信託？　(A)不動產信託　(B)有價證券信託　(C)金錢信託　(D)其他財產權信託。

(　　) **10** 有關特定金錢信託投資國外有價證券之本金，得選擇新臺幣與外幣間之避險工具，下列何者錯誤？　(A)期貨交易　(B)換匯交易　(C)換匯換利交易　(D)遠期外匯交易。

(　　) **11** 有關信託業辦理特定金錢信託之敘述，下列何者錯誤？
(A)應簽訂書面信託契約
(B)信託契約毋須記載受託人之責任
(C)運用信託資金取得信託財產時，應注意信託登記事宜
(D)信託契約應記載受託人之報酬標準、種類、計算方式、支付期間及方法。

(　　) **12** 有關銀行辦理特定金錢信託投資國內外基金業務，於委託人交付信託資金後可發給之文件，下列何者錯誤？　(A)信託憑證　(B)對帳單　(C)保管條　(D)基金存摺。

(　　) **13** 有關銀行辦理特定金錢信託投資國外有價證券業務所得運用之範圍，下列敘述何者錯誤？
(A)不得涉及大陸銀行發行之有價證券
(B)得為經Fitch Ratings Ltd.評等為A級之美國公司債
(C)不得涉及澳門地區證券交易市場由大陸公司間接持有股權達百分之三十以上之有價證券
(D)發行受益憑證之基金管理機構所管理基金總資產淨值含退休基金後須超過十億美元。

(　　) **14** 依基金通路報酬揭露施行要點規定，有關基金通路報酬項目，下列何者錯誤？　(A)申購手續費分成　(B)經理費分成　(C)銷售獎勵金　(D)境外基金機構內部員工講師之講師費。

( ) **15** 銀行辦理特定金錢信託投資主管機關核准或申報生效之境外基金，其境外基金管理機構應符合之條件，下列何者錯誤？ (A)應成立滿二年以上者 (B)最近二年未受當地主管機關處分並有紀錄在案者 (C)個別基金經慕迪投資服務公司（Moody's Investors Service）評等為A級以上者 (D)基金管理機構（得含其控制或從屬機構）所管理以公開募集方式集資投資於證券之基金總資產淨值超過二十億美元或等值之外幣者，所稱總資產淨值之計算不包括退休基金或全權委託帳戶。

( ) **16** 有關銀行辦理特定金錢信託投資國內共同基金業務，下列何者錯誤？ (A)不得主動向客戶推薦基金買賣 (B)為受託人無運用決定權之信託 (C)委託人得逕向投信公司辦理基金贖回 (D)以信託申請書代替信託手續費收入憑證者，仍應依法報繳印花稅。

( ) **17** 李小姐身價上億，但尚未申請成為金融機構的專業投資人，其信託財產可投資標的，下列何者正確？ (1)已核備發行之放空型ETF基金 (2)獲准發行的期貨信託基金 (3)台灣五十ETF基金 (4)黃金 (A)僅(1)(2) (B)僅(2)(3) (C)僅(2)(3)(4) (D)僅(3)。

( ) **18** 客戶經由特定金錢信託以定期定額方式投資境外基金，如因主管機關修改規定致投資標的不符時，銀行應以下列何種方式處理？
(A)應辦理基金轉換
(B)應於三年內調整至符合規定
(C)原則上得按原契約金額繼續投資，至委託人全數贖回為止
(D)應停止定期定額投資，但原基金可持有至信託契約屆滿或委託人全數贖回為止。

( ) **19** 特定金錢信託業務項下所能投資之境外基金，除經專案核准或基金註冊地經我國承認並公告者外，其成立時間應至少達多久以上？ (A)六個月 (B)一年 (C)二年 (D)三年。

( ) **20** 有關信託業辦理特定金錢信託投資國外有價證券業務應遵守之事項，下列敘述何者錯誤？ (A)投資標的涉及連動債券時，應揭露個別商品條件與所涉風險 (B)為提供客戶充足投資資訊，應主動寄送特定商品說明書予一般大眾 (C)其自交易對手取得之信託報酬事項，應將相關內容納入信託契約中 (D)境外基金投資人須知須按季更新，其範本由投信投顧公會擬訂，報金管會核定。

( ) **21** 有關兼營信託業務銀行於其國際金融業務分行（OBU）對境外客戶辦理外幣信託，下列敘述何者錯誤？ (A)應依國際金融業務條例之規定，於申請核准後，始得辦理 (B)OBU原則上限於信託財產之收受 (C)信託財產之管理運用應統籌由信託業務專責部門為之 (D)本項業務之帳務應設於信託業務專責部門，另以附註方式揭露於OBU之財務報表中。

( ) **22** 信託業辦理特定金錢信託投資國外有價證券業務，依現行法令規定，原則上其信託資金之委託期限為何？ (A)至少一個月 (B)至少半年 (C)最長五年 (D)沒有期限限制。

( ) **23** 企業員工持股信託之委託人死亡時，原則上其信託財產歸屬下列何者？ (A)該員工之繼承人 (B)員工持股會 (C)公司 (D)員工持股會指定之第三人。

( ) **24** 企業員工持股信託存續期間，係由下列何者與受託人就信託相關事務為指示、確認、協議、同意及其他相關事宜？ (A)每一加入之員工 (B)公司之代表人 (C)工會代表 (D)員工持股會代表人。

( ) **25** 有關員工持股信託業務之敘述，下列何者錯誤？ (A)為「金錢之信託」之一種 (B)員工持股會須為登記之法人團體 (C)採滾入平均成本法進行投資 (D)員工持股會代表人全權代表全體會員與受託人簽訂信託契約。

( ) **26** 有關可擔任企業員工持股信託業務之受託人，下列敘述何者正確？ (A)經主管機關核准之信託業 (B)證券投資信託公司 (C)資產管理顧問公司 (D)都市更新投資信託公司。

( ) **27** 企業員工持股信託之投資風險係由下列何者承擔？ (A)委託人 (B)受託人 (C)員工持股會 (D)員工服務之公司。

( ) **28** 企業員工持股信託於投資標的公司股東會議決權之行使，下列何者正確？ (1)議決權可分割行使 (2)受託人應依員工持股會代表人書面指示辦理 (3)委託人得以股票持有人之身分要求出席並行使議決權 (A)僅(1)(2) (B)僅(2) (C)僅(1)(3) (D)(1)(2)(3)皆錯誤。

( ) **29** 有關企業員工持股信託業務，下列敘述何者正確？ (A)信託財產有毀損或滅失之虞時，受託人應立即採取必要且適法之防範措施 (B)信託財產係以員工持股會之名義登記管理 (C)信託財產可由員工隨時自由退出領回 (D)員工不得向受託人請求閱覽信託帳簿。

( ) **30** 有關企業員工持股信託契約之期前終止事由，下列敘述何者錯誤？
(A)信託目的不能或無法達成時
(B)企業員工持股信託投資標的公司解散或破產時
(C)信託資金太少致不符運用效益
(D)信託當事人任一方皆得不通知他方，隨時期前終止契約。

( ) **31** 有關企業員工持股信託之受託人，下列敘述何者錯誤？ (A)對信託財產具運用決定權 (B)應定期提供委託人信託報告 (C)對信託財產採單獨運用及分別管理 (D)得收取信託特別處理費。

( ) **32** 依臺灣證券交易所股份有限公司有價證券借貸辦法規定，有關有價證券借券之敘述，下列何者正確？ (A)借券人不需付費用 (B)不得延長借貸期間 (C)借券人得於約定期限內隨時返還借券 (D)借貸期間自借貸交易成交日起算，最長不得超過三個月。

( ) **33** 依有價證券借貸辦法規定，有價證券借貸交易型態不包括下列何者？ (A)競價交易 (B)定價交易 (C)議借交易 (D)標價交易。

( ) **34** 下列何項有價證券信託業務係指將有價證券標的為借貸之運用管理為目的？ (A)管理型有價證券信託 (B)運用型有價證券信託 (C)融資型有價證券信託 (D)處分型有價證券信託。

( ) **35** 依有價證券借貸辦法之規定，下列何者非屬於定價交易之借款人返還有價證券之方式？ (A)到期日還券 (B)到期前還券 (C)提前還券要求 (D)以現金核算返還。

( ) **36** 非信託業者受託有價證券信託之信託財產，其對外未以信託財產名義表彰者，如該受託人為內部人時，其自有財產與信託財產應以下列何種原則申報？ (A)各自申報原則 (B)合併申報原則 (C)信託財產申報原則 (D)自有財產申報原則。

( ) **37** 依現行相關法規，以無記名證券為有價證券信託之財產標的時，下列敘述何者錯誤？ (A)無記名證券不得為信託之標的 (B)無法信託公示 (C)無法對抗第三人 (D)信託關係有效。

( ) **38** 為能達到不動產證券化受益權分散之目的，原則上信託契約應載明～所有受益證券持有人，於每一年度中至少有三百三十五日，合計應達多少人以上？ (A)35人 (B)50人 (C)75人 (D)100人。

(　　) **39** 有關受託機構運用不動產投資信託基金之禁止事項，下列敘述何者錯誤？　(A)不得從事證券信用交易　(B)除不動產證券化條例另有規定外，不得放款　(C)不得投資於其他不動產資產信託受益證券　(D)除不動產證券化條例另有規定外，不得提供擔保。

(　　) **40** 不動產投資信託基金除經主管機關核准者外，其基金類型以下列何者為限？　(A)開放型基金　(B)封閉型基金　(C)並無限制　(D)連結型基金。

(　　) **41** 有關不動產投資信託及不動產資產信託計劃，下列敘述何者正確？(A)不動產投資信託及不動產資產信託計劃均採核准制度　(B)不動產投資信託採核准制度及不動產資產信託計劃採核備制度　(C)不動產投資信託採核備制度及不動產資產信託計劃採核准制度　(D)不動產投資信託及不動產資產信託計劃均採核備制度。

(　　) **42** 採募集方式之不動產投資信託基金投資於開發型不動產或不動產相關權利，不得超過該基金信託財產價值之百分之多少？　(A)十　(B)十五　(C)二十　(D)四十。

(　　) **43** 受託機構運用不動產投資信託基金進行達多少金額以上之不動產交易前，應先洽請專業估價者出具估價報告書？　(A)新臺幣五千萬元　(B)新臺幣一億元　(C)新臺幣三億元　(D)新臺幣五億元。

(　　) **44** 受託機構私募不動產投資信託受益證券時，除經主管機關核准之法人或機構外，下列何者不得為私募之對象？　(A)銀行業　(B)票券業　(C)保險業　(D)期貨業。

(　　) **45** 有關不動產證券化業務中受益證券之規範，下列何者錯誤？　(A)受益證券不得轉讓　(B)受益證券應為記名式　(C)受益證券喪失時，受益人得為公示催告之聲請　(D)屬證券交易法第六條規定之經主管機關核定之其他有價證券。

(　　) **46** 有關不動產投資信託基金得投資之標的，下列何者錯誤？　(A)已有穩定收入之不動產　(B)已有穩定收入之不動產相關權利　(C)開發型之不動產　(D)銀行可轉讓定期存單。

(　　) **47** 有關金融資產證券化之敘述，下列何者正確？　(A)特定金融資產為信用評等之基礎　(B)投資人之收益來自於創始機構之信用　(C)現金流量不可委由服務機構代為管理　(D)不得採用避險計畫，以免增加創始機構之信用風險。

( ) **48** 特殊目的信託係指以金融資產證券化為目的，由下列何者與受託機構簽訂特殊目的信託契約？ (A)創始機構 (B)承銷機構 (C)服務機構 (D)信用增強機構。

( ) **49** 依金融資產證券化條例規定，下列何者得擔任金融資產證券化之信託監察人？

(A)創始機構 (B)受託機構之職員

(C)受託機構之利害關係人 (D)受益人會議決議選任者。

( ) **50** 依金融資產證券化條例規定，具備何種條件之受益人，得以書面附具理由向受託機構請求閱覽、抄錄或影印其依法所編具之帳簿、文書及表冊？

(A)聲請法院許可

(B)繼續持有受益證券一年以上

(C)經信託監察人同意

(D)持有本金持分總數百分之三以上。

( ) **51** 有關金融資產證券化之特性，下列敘述何者錯誤？ (A)由創始機構發行有價證券 (B)特定金融資產為信用評等之基礎 (C)現金流量可委由服務機構代為管理 (D)投資人的收益來自特定金融資產之現金流量。

( ) **52** 依金融資產證券化條例規定，受託機構應於本機構，備置特殊目的信託契約書之副本或謄本及受益人名冊，下列何者不得請求閱覽，抄錄或影印上述之文書？

(A)受益人

(B)信託監察人

(C)受益人之利害關係人

(D)因受託機構處理特殊目的信託事務所生債務之債權人。

( ) **53** 有關金融資產證券化借入款項之用途，下列何者正確？ (A)配發孳息 (B)短期投資 (C)經全體常務董事通過後為之 (D)償還創始機構債務。

( ) **54** 為避免特定金融資產之收益不足清償受益證券或資產基礎證券之債務，下列何者為較常見之外部信用增強機制？ (A)運用優先劣後架構 (B)提供超額資產 (C)準備金帳戶 (D)投保信用保險。

( ) **55** 依金融資產證券化條例規定，應由下列何者向主管機關提出資產信託證券化計畫？ (A)創始機構 (B)服務機構 (C)受託機構 (D)承銷商。

( ) **56** 有關證券投資信託基金保管機構辦理基金資產之交割作業，下列敘述何者錯誤？
(A)交割如已完成即毋須再回報投信公司
(B)應先核對交割指示函之有權人員簽樣
(C)必須取得交易對象之銀行存款帳號
(D)交割標的為公司債時，應取得其樣張。

( ) **57** 目前國內依法可從事全權委託投資業務之事業，不包括下列何者？ (A)證券投資信託事業 (B)證券投資顧問事業 (C)兼營證券投資顧問業務之信託業 (D)保險事業。

( ) **58** 全權委託投資之資金應由「保管機構」保管，此保管機構是指經主管機關核准得辦理保管業務，信用評等機構評等並達一定等級以上之下列何者？ (A)證券公司 (B)證券投資信託事業 (C)保險公司 (D)兼營信託業務之銀行或信託公司。

( ) **59** 客戶（委任人）與全權委託保管機構簽訂信託契約者，關於保證金與權利金收付及結算買賣交割，應以下列何者為代理人？ (A)集保公司 (B)保管機構 (C)證券公司 (D)證券投顧事業或證券投資信託事業。

( ) **60** 甲證券投資信託公司於運用基金持有資產前，應先指示乙保管銀行以何者名義開設資產運用帳戶？
(A)甲證券投資信託公司
(B)乙銀行總行名義
(C)乙銀行受託經管甲證券投資信託基金專戶
(D)甲證券投資信託公司負責人。

( ) **61** 下列何者為主管機關為保障公共利益或維護市場秩序，得隨時要求基金保管銀行或其關係人為何種處置？ (A)提高賠償準備金成數 (B)檢查其財務業務狀況 (C)提高營業保證金成數 (D)提高資本適足率。

( ) **62** 有關目前我國僑外資保管機構所辦理之事項，下列何者錯誤？ (A)證券商開戶 (B)結匯申請 (C)股東會出席 (D)買賣下單。

( ) **63** 投信公司運用證券投資信託基金所持有之資產應以下列何者名義登記？ (A)投信公司 (B)基金保管機構 (C)證券集保公司 (D)基金保管機構之保管基金專戶。

( ) **64** 全球保管銀行應為投資人行使之股東權利不包括下列何者？
(A)有價證券之借貸 (B)代理投票
(C)認股權證轉換 (D)可轉換債券轉換。

( ) **65** 有關目前我國保管銀行所辦理之業務項目，下列何者錯誤？
(A)證券商營業保證金 (B)期貨商營業保證金
(C)中小企業信用保證基金 (D)期貨交易輔助人營業保證金。

( ) **66** 全權委託投資發生越權交易且受任人或保管機構任一方對於越權交易有爭議時，下列敘述何者正確？
(A)交由投信投顧公會處理
(B)依金管會證期局指示辦理
(C)依受任人之意見辦理
(D)依保管機構出具之越權交易通知書內容辦理。

( ) **67** 下列何者非屬我國證券投資信託基金保管銀行之服務事項？
(A)買賣之交割 (B)收益之分配
(C)受益憑證之簽署 (D)績效分析之評估。

( ) **68** 有關保管機構之敘述，下列何者錯誤？ (A)僑外資保管機構就帳務處理得採權責發生制 (B)證券投資信託基金之保管機構應達一定等級以上之信用評等 (C)證券投資信託基金之簽證機構應同時擔任該基金之保管機構 (D)全權委託投資業務之客戶為信託業時，得由客戶自行保管委託投資資產。

( ) **69** 若證券投資信託公司無法召開受益人大會時，保管機構得依主管機關之指示及證券投資信託契約有關受益人大會規則規定，召開受益人大會，其費用由下列何者負擔？ (A)該證券投資信託基金 (B)該保管機構 (C)金管會證期局 (D)該證券投資信託公司。

( ) **70** 信託業就運用於不同種類投資標的之信託資金分別設置集合管理運用帳戶集合管理運用，有關不同集合管理運用帳戶之帳務應如何管理？ (A)以合併記帳方式管理 (B)以分別記帳方式管理 (C)由信託業自行決定 (D)以部分合併記帳、部分分別記帳方式管理。

( ) **71** 依信託資金集合管理運用管理辦法規定，下列何者得擔任集合管理運用帳戶之信託監察人？ (A)財團法人 (B)社團法人 (C)保險公司 (D)信託業，但不得為該帳戶之受託人。

( ) **72** 有關信託資金集合管理運用之架構，下列敘述何者錯誤？
(A)係由信託業就相同之營運範圍之信託資金設置集合管理運用帳戶
(B)係由委託人以契約約定方式，同意信託業得應多數委託人之請求，將其信託資金與其他委託人之信託資金集合管理運用
(C)受益人可依受益權比例分享信託利益
(D)信託資金集合管理帳戶限採公益方式為之。

( ) **73** 依信託資金集合管理運用管理辦法規定，個別集合管理運用帳戶，投資於同一公司股票、短期票券或公司債（次順位公司債投資金額應併入）之金額，分別不得超過個別集合管理運用帳戶投資當日淨資產總價值之百分之多少？ (A)百分之一 (B)百分之五 (C)百分之十 (D)百分之二十。

( ) **74** 信託資金以集合管理運用方式辦理者，有關其分類，下列何者錯誤？ (A)不指定集合管理運用金錢信託 (B)不特定集合管理運用金錢信託 (C)指定集合管理運用金錢信託 (D)特定集合管理運用金錢信託。

( ) **75** 集合管理運用帳戶之信託財產應以下列何者之名義表彰之？ (A)委託人 (B)受益人 (C)信託業之信託財產 (D)信託監察人。

( ) **76** 有關「證券投資信託基金保管機構辦理基金資產交割作業準則」中之規定，下列敘述何者錯誤？ (A)為確認交割指示資料之有效性，保管機構應取得投信公司所有權人之簽章樣本或密碼 (B)保管機構不論交割完成與否，均應以書面回報投信公司 (C)基金存款不足時，保管機構不得先行墊款，但得抵用待交換票據 (D)保管機構應以善良管理人之注意義務辦理交割事宜。

( ) **77** 有關銀行辦理特定金錢信託業務，下列敘述何者正確？
(A)信託資金之存續期間並無限制
(B)受託銀行於委託人交付信託資金後須立即發給受益憑證以資為憑
(C)受託銀行對委託人所交付之資金具有運用決定權
(D)目前銀行開辦之特定金錢信託業務，只接受委託人以新臺幣交付信託資金。

( ) **78** 有關信託業務性質及規定，下列敘述何者錯誤？ (A)特定金錢信託投資國外有價證券係屬集團信託 (B)證券投資信託基金之淨資產價值應於每一營業日計算 (C)金融資產證券化之特殊目的公司為股份有限公司 (D)綜合證券商得為金融資產證券化條例規定之創始機構。

( ) **79** 證券投資信託基金受益人之收益分配請求權，自收益發放日起之消滅時效期間為何？ (A)一年 (B)三年 (C)五年 (D)十五年。

( ) **80** 依信託業商業同業公會會員辦理預收款信託業務應行注意事項規定，信託業辦理本業務，對於信託財產管理之應注意事項，下列敘述何者錯誤？ (A)除法令另有規定外，不得以信託財產投資基金 (B)應依法令規定及契約約定辦理信託財產之結算及提補 (C)應依據廠商所提供商品或服務之履行、解除或終止相關證明文件或書面說明，返還信託財產 (D)信託關係消滅時，應依規定將信託財產提存信託公會。

解答與解析 (答案標示為#者，表官方曾公告更正該題答案。)

1 (D)。中華民國信託業商業同業公會會員辦理信託業務之信託報酬及風險揭露應遵循事項第12條：信託業辦理特定金錢信託業務投資連動債券，應對委託人揭露之基本風險，包含最低收益風險、委託人兼受益人提前贖回的風險、利率風險、流動性風險、信用風險、匯兌風險、事件風險、國家風險及交割風險等事項。其中並不包括答案(D)，通膨風險屬於總體經濟風險。

2 (B)。依照境外基金管理辦法第23條規定，境外基金除境外指數股票型基金外，其符合下列條件者，得經本會核准或申報生效在國內募集及銷售：一、境外基金從事衍生性商品交易之比率，不得超過本會所訂定之比率。二、境外基金不得投資於黃金、商品現貨及不動產。三、境外基金投資大陸地區證券市場之有價證券占該境外基金總投資之比率，不得超過本會所訂定之比率。四、國內投資人投資金額占個別境外基金比率，不得超過本會規定之一定限額。五、境外基金之投資組合不得以中華民國證券市場為主要的投資地區，該投資比率由本會定之。六、該境外基金不得以新臺幣或人民幣計價。七、境外基金必須成立滿一年。八、境外基金已經基金註冊地主管機關核准向不特定人募集者。九、其他經本會規定之事項。境外基金經本會專案核准或基金註冊地經我國承認並公告者，得免受前項第一款及第七款之限制。答案(B)正確。

3 **(D)**。依據「境外基金管理辦法」第23條第1項第4款及第5款規定，國內投資人投資個別境外基金之金額比率及境外基金投資中華民國證券市場之投資比率如下：(一)國內投資人投資金額占個別境外基金淨資產價值之比率不得超過50%。但基金註冊地經我國依本辦法第23條第2項規定承認並公告者，或境外基金機構經本會專案認可對提升我國資產管理業務經營與發展有具體績效貢獻事項者，前揭國內投資人投資比率上限為70%；本會並得視證券市場管理需要，調降個別境外基金之國內投資人投資比率上限為40%。(二)境外基金之投資組合不得以中華民國證券市場為主要之投資地區，其投資於中華民國證券市場之比率不得超過其淨資產價值之50%。答案(D)正確。

4 **(B)**。國內銀行信託部辦理「指定用途信託資金投資國外有價證券」業務，其所孳生之利息收入、股利收入及證券交易所得，分配給信託人（編者註：係指委託人）時，該信託人如屬我國境內居住之個人，其取自國外之收益，非屬中華民國來源所得，可免納所得稅。三、信託人如為總機構在我國境內之營利事業，該項收益，仍應依所得稅法第3條規定課徵營利事業所得稅。（財政部79/11/22台財稅第790703723號函），答案(B)，正確。

5 **(B)**。依照證券投資信託事業證券投資顧問事業證券商兼營信託業務管理辦法第3條第3項規定，證券商得申請主管機關許可兼營金錢之信託及有價證券之信託，辦理下列特定項目：一、全權委託投資業務。二、財富管理業務。三、客戶委託保管及運用其款項業務。所以答案(B)以信託方式辦理公益之信託，錯誤。

6 **(B)**。信託後，信託財產屬於受託人名義下，故以受託人之名義辦理結購外匯事宜。所以答案(B)，以受託銀行名義辦理結購外匯事。

7 **(A)**。銀行依約定自動按月定期自委託人存款帳戶中扣取一定金額投資境外基金為定期定額投資方式，答案(A)正確。

8 **(C)**。有價證券信託，係以股票、債券等有價證券為主體進行託管，並非以現金為信託託管主體，答案(C)非非屬特定金錢信託業務。

9 **(C)**。現金一千萬元交付信託，所以為金錢信託。答案為(C)。

10 **(A)**。依照信託業營運範圍受益權轉讓限制風險揭露及行銷訂約管理辦法第14條規定，信託業運用信託財產於國外或涉及外匯之投資，為避險目的得依受託人名義以客戶身分與銀行從事下列交易：一、新臺幣與外幣間匯率選擇權交易。二、新臺幣與外幣間換匯交易。三、新臺幣與外幣間換匯換利交易。前項所稱避險目的，指為移轉已持有表內、表外資產或已承諾交易之風險。所以答(A)錯誤，不包括期貨交易。

11 **(B)**。依信託業法第19條規定，信託契約之訂定，應以書面為之，並應記載下列各款事項：

(1) 委託人、受託人及受益人之姓名、名稱及住所。

(2) 信託目的。
(3) 信託財產之種類、名稱、數量及價額。
(4) 信託存續期間。
(5) 信託財產管理及運用方法。
(6) 信託收益計算、分配之時期及方法。
(7) 信託關係消滅時，信託財產之歸屬及交付方式。
(8) 受託人之責任。
(9) 受託人之報酬標準、種類、計算方法、支付時期及方法。
(10) 各項費用之負擔及其支付方法。
(11) 信託契約之變更、解除及終止之事由。
(12) 簽訂契約之日期。
(13) 其他法律或主管機關規定之事項。信託業應依照信託契約之約定及主管機關之規定，分別向委託人、受益人作定期會計報告，如約定設有信託監察人者，亦應向信託監察人報告。

12 **(C)**。信託憑證之製發給付：從事金錢信託，受託人於接受委託人交付信託資金，得發給信託憑證，但可以對帳單或基金存摺或交易確認書等方式代替；故答案(C)錯誤。

13 **(D)**。金融機構辦理指定用途信託資金投資國外有價證券之種類與範圍第3條規定，金融機構辦理「特定金錢信託投資國外有價證券」業務所投資之外國有價證券（境外基金除外），以下列各款為限：
(一)於外國證券集中交易市場及店頭市場交易之股票、指數股票型基金（ETF，Exchange Traded Fund）或存託憑證（Depositary Receipts）。
(二)外國債券。
(三)投資外國債券之信用評等及不得投資之外國有價證券標的，準用金管會公告之「證券投資顧問事業提供推介顧問外國有價證券之種類與範圍」之相關規定辦理。

同時依中央銀行法第35條第2款及管理外匯條例第5條第2款規定，本局89年11月24日（八九）台央外伍字第040044150號函之「金融機構辦理指定用途信託資金投資國外有價證券之種類與範圍」第2項，修訂為金融機構辦理「指定用途信託資金投資國外有價證券」業務，不得涉及下列各款之有價證券：
(一)大陸地區證券市場及大陸地區政府或公司發行或經理之有價證券。
(二)恒生香港中資企業指數（Hang Seng China-Affilicated Corporations Index）成份股公司所發行之有價證券。
(三)香港或澳門地區證券交易市場由大陸地區政府、公司直接或間接持有股權達百分之三十五以上之公司所發行之有價證券。

14 **(D)**。依銷售機構基金通路報酬揭露施行要點第3條的定義，境外基金機構、總代理人或證券投資信託事業依本施行要點提供銷售機構之報酬應依銷售契約約定辦理。總代理人或銷售機構因銷售基金產品而從證券投資信託事業、總代理人或境外基金機構所取得之通路報酬如下：

(1) 申購手續費分成：自申購、轉換或買回手續費取得之分成比率。
(2) 經理費分成：依投資人持有期間及持有受益憑證金額，取得經理費收入、經銷費（Distribution Fee、12b-1 Fee等）的分成比率。
(3) 銷售獎勵金：依特定期間之銷售金額或定期定額開戶數，取得之一次性銷售獎勵金。
(4) 贊助或提供產品說明會及員工教育訓練：贊助或提供總代理人或銷售機構向投資人進行產品說明及商品簡介等任何說明及活動；及為提升總代理人或銷售機構人員銷售能力及瞭解商品性質，贊助或提供基金銷售機構教育訓練。
(5) 其他：如非屬銷售獎勵之行銷贊助（如：印製對帳單、投資月刊或理財專刊等）。

答案(D)境外基金機構內部員工講師之講師費，錯誤。

15 **(C)**。依照境外基金管理辦法第24條規定，總代理人申請（報）境外基金之募集及銷售，除境外指數股票型基金外，該境外基金之境外基金管理機構，應符合下列條件：

一、基金管理機構（得含其控制或從屬機構）所管理以公開募集方式集資投資於證券之基金總資產淨值超過二十億美元或等值之外幣者。所稱總資產淨值之計算不包括退休基金或全權委託帳戶。

二、最近二年未受當地主管機關處分並有紀錄在案者。

三、成立滿二年以上者。

四、基金管理機構或其集團企業對增進我國資產管理業務有符合本會規定之具體貢獻，且經本會認可者。但基金註冊地與基金管理機構所在地為我國承認且公告者，得不受限制。

前項第四款所稱集團企業係指該基金管理機構所屬持股逾百分之五十之控股公司，或持股逾百分之五十之子公司，或屬同一控股公司持股逾百分之五十之子公司。

16 **(C)**。答案(C)，委託人得逕向投信公司辦理基金贖回，錯誤，應該項保管機構贖回。

17 **(B)**。依境外基金管理辦法第23條規定，境外基金除境外指數股票型基金外，其符合下列條件者，得經本會核准或申報生效在國內募集及銷售：

一、境外基金從事衍生性商品交易之比率，不得超過本會所訂定之比率。

二、境外基金不得投資於黃金、商品現貨及不動產。

三、境外基金投資大陸地區證券市場之有價證券占該境外基金總投資之比率，不得超過本會所訂定之比率。

四、國內投資人投資金額占個別境外基金比率，不得超過本會規定之一定限額。

五、境外基金之投資組合不得以中華民國證券市場為主要的投資地區，該投資比率由本會定之。

六、該境外基金不得以新臺幣或人民幣計價。

七、境外基金必須成立滿一年。

八、境外基金已經基金註冊地主管機關核准向不特定人募集者。

九、其他經本會規定之事項。境外基金經本會專案核准或基金註冊地經我國承認並公告者，得免受前項第1款及第7款之限制。

答案為(B)，僅(2)(3)。

18 **(C)**。依照民國95年7月28日金管證四字第0950003644號公告，為保障投資人權益，針對部分境外基金即將於95年8月1日終止受託投資及部分銷售機構不再銷售特定境外基金，請轉知所屬會員依說明事項辦理。

一、依據「境外基金管理辦法」第55條規定及95年4月18日「研商總代理人與銷售機構簽訂境外基金銷售契約相關問題」會議決議辦理。

二、原依特定金錢信託契約或受託買賣外國有價證券契約受託投資境外基金之銷售機構，請於95年8月1日前將下列事項通知客戶：

(一)未經本會申報生效之境外基金：通知客戶所投資之境外基金即將於95年8月1日起終止受託投資，除對原在國內採定期定額扣款作業之投資人得繼續其扣款外，不得新增申購。而原辦理該等境外基金投資顧問業務之證券投資顧問事業對前述未買回或繼續扣款之境外基金投資人，得提供必要之資訊。

(二)已經本會申報生效之境外基金，惟銷售機構未與總代理人簽訂銷售契約，不再銷售該境外基金者：通知客戶該銷售機構自95年8月1日起不再銷售該境外基金，除原在國內採定期定額方式投資者，得按原訂契約金額繼續投資至95年10月1日外，不得新增申請；投資人可向其他已與總代理人簽訂銷售契約之銷售機構辦理申購。

三、未來境外基金銷售機構發生有主動解約或不續約之情事，請於1個月前通知所屬客戶。

19 **(B)**。依境外基金管理辦法第23條地7項規定，境外基金除境外指數股票型基金外，其符合下列條件者，得經本會核准或申報生效在國內募集及銷售：

七、境外基金必須成立滿一年。

特定金錢信託業務項下所能投資之境外基金，除經專案核准或基金註冊地經我國承認並公告者外，其成立時間應至少1年，答案(B)正確。

20 **(B)**。依照94年10月25日金管銀(四)字第0944000687號令公告，發布「信託業辦理特定金錢信託投資國外有價證券業務應遵守之事項」

一、信託業辦理特定金錢信託投資國外有價證券業務，除其投資標的為境外基金另依本會94年8月2日金管證四字第0940003412號令發布之「境外基金管理辦法」規定辦理外，應遵守下列事項：

(一)信託業辦理特定金錢信託投資國外有價證券業務所

提供相關商品之說明書等資料，僅得於特定營業櫃檯放置。

(二)不得主動洽詢媒體公開宣導或刊登該特定商品之相關內容，或舉辦說明會、發布新聞稿。

(三)不得主動提供或寄發該特定商品說明書予客戶或一般大眾，但已屬特定金錢信託客戶者不在此限。

(四)不得於國內有公開募集行為。

所以答案(B)錯誤。

21 **(D)**。

一、依據100年11月16日召開之「研商『投信投顧公會建議開放銀行OBU辦理國內投信外幣基金相關業務』會議」決議事項及中央銀行100年12月12日台央外拾壹字第1000054869號函辦理。

二、旨揭建議事項業於上開會議中獲得共識（會議紀錄諒達），案關基金並應符合中央銀行規定，即以外幣計價、收付，不得以新臺幣收付，其投資標的限於以外幣計價之產品，且不得涉及新臺幣匯率相關產品及投資標的主要涉及國內者。本案並已洽中央銀行函復表示同意在案。

三、為簡化銀行OBU之申請程序，經核准辦理「外幣特定金錢信託投資國外有價證券」業務之OBU，即得以受託投資國內證券投資信託事業發行之外幣計價基金。另OBU如以自有資金進行投資，應依「國際金融業務分行管理辦法」第9條規定辦理。

22 **(D)**。民國104年9月1日金管銀外字第10400192770號令，金融監督管理委員會發布「銀行國際金融業務分行辦理信託業務規定」之解釋令。

一、銀行國際金融業務分行，得依國際金融業務條例第4條第1項第11款規定，辦理總行（或外國銀行申請認許時所設分行）經主管機關核准辦理之外幣信託業務。銀行國際金融業務分行以信託方式辦理國際金融業務條例第4條第1項第10款業務者，亦適用本規定。

二、前點業務之辦理，依國際金融業務條例第5條第1項規定，於業務面不受信託業法、證券投資信託及顧問法與期貨交易法之限制，包含下列各項：

(一)管理、運用與處分信託資產之種類及範圍；

(二)專業投資人應符合之資格條件；

(三)商品應經同業公會或主管機關審查、核准、備查或申報生效之規定；

(四)從事推介、廣告、業務招攬及營業促銷活動之規定。

三、第一點業務之交易對象以中華民國境外客戶為限，且受託投資標的，除經主管機關核准者，應符合下列規定：

(一)計價幣別不得為新臺幣；

(二)連結標的不得為新臺幣匯率、新臺幣利率指標或新臺幣計價商品；
(三)投資標的組合內容不得涉及新臺幣計價商品。

四、下列受託投資標的，得不受前點所稱投資標的組合內容不得涉及新臺幣計價商品之限制：
(一)境外基金，但其投資於中華民國證券市場之比率不得超過其淨資產價值之百分之五十。
(二)國內證券投資信託事業發行含新臺幣級別之多幣別基金之外幣級別。
外幣計價國際債券(含寶島債)得不計入投資於中華民國證券市場比率限制之計算範圍。

五、銀行國際金融業務分行辦理第1點業務，應善盡善良管理人之注意義務及忠實義務，除應充分說明該信託商品、服務及契約之重要內容及充分揭露其風險外，並應就下列事項訂定作業規範，本國銀行於報經董事會、外國銀行在臺分行於報經總行或區域中心核准後施行：
(一)接受客戶之標準與瞭解客戶之審查作業程序；
(二)得提供客戶之商品種類及範圍；
(三)商品適合度規章；
(四)商品上架之審查機制；
(五)從事推介、廣告、業務招攬及營業促銷活動應遵循之事項。

六、第一點業務應帳列國際金融業務分行，並另以附註方式揭露於總行（或外國銀行申請認許時所設分行）所設信託業務專責部門之財務報表。

七、本令所規範事項，應納入內部控制及稽核制度落實執行。

故答案(D)錯誤。

23 **(A)**。員工持股信託之委託人中途退出：因死亡，信託關係消滅，信託財產歸屬委託人之繼承人繼承。

24 **(D)**。員工持股會由同一公司內參加認股計畫的全體員工（委託人）組成，並選出「員工持股會之代表人」由其代表全體會員與信託業（受託人）簽信託契約，並於信託持續期間代表所有委託人處理信託事務行使有關之指示、確認、同意及其他相關事宜。
企業員工持股信託所購入擁有的公司股票，於公司召開股東會議時，因是以「受託人」之名義登記，依法應依由受託人依員工持股會代表人以書面指示，代表出席行使表決權。

25 **(B)**。企業員工持股信託的特性：
(一)依信託業法規定係屬金錢信託的種類，企業員工信託業務是由員工(即委託人)，每月簽約同意自薪資中固定提撥一筆小額資金予受託人運用與管理。
(二)屬於自益信託：委託人與受益人為同一人之信託。
(三)屬於特定集合管理運用金錢信託，由委託人指定以投資取得自己所服務公司之上市、上櫃公司（不含全額交割股）或未上市、上櫃公司其關係企業若有上市上櫃者為限。

(四)其投資採滾入平均成本的概念，分散風險採定期定額方式投資。

(五)由於係同一企業內之員工為集合運用、分別管理，故屬於「準集團信託」(或團體信託)。

(六)信託財產獨立於委託人、受託人及受益人之自有財產，並受法律之保障。

(七)以長期投資為目標：協助員工以長期投資方式累積自有投資資產，在努力工作賺取薪資的同時，也能享有公司成長的盈餘，成為公司的股東之一，並於死亡、退休或離職時，才領回信託財產，更能以此確保退休生活的穩定。

答案(B)錯誤，應屬屬於「準集團信託」(或團體信託)。

26 **(A)**。員工持股信託規範，受託人：經主管機關核准辦理員工持股信託業務之信託業者或兼營信託業之銀行。

27 **(A)**。委託人本人，即加入員工持股會之員工。

28 **(B)**。企業員工持股信託所購入擁有的公司股票，於公司召開股東會議時，因是以「受託人」之名義登記，依法應依由受託人依員工持股會代表人以書面指示，代表出席行使表決權。故答案(B)正確。

29 **(A)**。信託財產獨立於委託人、受託人及受益人之自有財產，並受法律之保障。因此信託財產有毀損或滅失之虞時，受託人應立即採取必要且適法之防範措施，答案(A)正確。

30 **(D)**。信託契約終止：信託契約期前終止，當下列因素時，應於一定期限前以書面通知：

(1) 信託目的無法或不能達成。
(2) 信託財產不符運用績效。
(3) 員工持股會解散，或公司解散、破產、被合併或公司下市、下櫃。
(4) 企業員工持股信託依法令不得繼續辦理。
(5) 信託當事人之一方有違反企業員工持股信託行為，致無法繼續運作時。
(6) 信託契約屆滿終止。

答案(D)，信託當事人任一方皆得不通知他方，隨時期前終止契約，錯誤。

31 **(#)**。分別記帳：受託人應就信託財產與其自有財產及其他財產分別管理，因此受託人必須就員工持股信託專戶項下各「受益人別」就其所享有之信託權益，分別歸戶列帳，其中包括信託財產購入的股票、剩餘款項、股利股息及其他收益與費用。

報告之出具：受託人應「每月」編製信託財產報表送請員工股會代表確認，並於年度終了編製決算清單，交員工持股會代表人分交各委託人(即受益人)確認。

信託費用：

(1) 信託參加手續費：委託人在第一次加入企業員工持股信託專案時，應以一次性全額費用方式繳交金錢予受託人。
(2) 信託管理費：依委託人所累積的信託本金提撥一定比例按月計算信託管理費，由受託人由當月提撥累積的信託本金中直接扣除。

(3) 信託處理費：受託人依企業員工持股信託專案的目的需求處理信託事務所發生的各項費用，並依各委託人的信託財產比例，從信託財產中扣除。

(4) 信託財產交易處理費：當委託人領回全部或部分信託財產時，一次性支付給受託人。

答案(B)及(D)正確。(A)及(C)錯誤。

32 **(C)**。依照臺灣證券交易所股份有限公司有價證券借貸辦法第25條規定,有價證券借貸期間,自借貸交易成交日起算,最長不得超過六個月。借券人得於約定期限內隨時返還借券。出借人無提前還券要求時，借券人得於借貸期限屆滿前第十個營業日起至到期日止，經由本公司向出借人提出續借申請，出借人接到通知後未同意者視為拒絕。

前項續借申請除借貸期間外，不得變更其他借貸條件，延長以二次為限，每次不得超過六個月。

33 **(D)**。臺灣證券交易所股份有限公司有價證券借貸辦法第5條：本辦法規範之有價證券借貸交易，分為下列三種型態：一、定價交易：由借券人、出借人（以下合稱「借貸交易人」）依本公司公告之費率，委託證券商輸入出借或借券申報，經本公司借券系統依第19條規定撮合成交之借貸行為。二、競價交易：由借貸交易人依最高年利率百分之十六以下，百分之零點一為升降單位，自定費率委託證券商輸入出借或借券申報，經本公司借券系統依第21條規定撮合成交之借貸行為。三、議借交易：由借貸交易人自覓相對人，依最高年利率百分之十六以下，千分之零點一為升降單位，雙方自行議定費率及其他借貸條件之借貸行為。有價證券借貸交易型態，包括定價交易、競價交易、議借交易三種。不包括答案(D)標價交易。

34 **(B)**。(A)出借、收息為管理型有價證券。(B)以運用有價證券獲取收益為目的，故為運用型有價證券信託。(C)無租賃有價證券類型之信託。(D)賣出為處分型有價證券信託。依其信託目的及管理運用方式可分別區分為「管理型」、「運用型」及「處分型」有價證券信託等三種類型。

35 **(D)**。依照臺灣證券交易所股份有限公司有價證券借貸辦法第26條規定，定價、競價交易標的證券之返還期限及方式如下：

一、到期日還券：本公司於設定之還券日期前十營業日經由證券商通知借券人返還。

二、到期前還券：借券人自借券日之次一營業日起得隨時返還全部或部分標的證券。

三、出借人請求提前還券：出借人得依借貸申請條件於預定提前還券日之前一個營業日、前三個營業日或前十個營業日請求返還全部或部分標的證券，借券人應於接到通知之次一營業日起一次或分次返還被請求標的證券。

四、強制提前還券：

(一)標的證券經審核不再為合格標的或經暫停借貸交易

者，本公司得限期通知借券人還券了結。

(二)標的證券發行公司有合併、減資或其他影響出借人股東權行使之事由者，或為指數股票型基金受益憑證辦理分割、反分割者，借券人應於停止過戶日前六個營業日前還券了結。

(三)標的證券經公告停止買賣而未定恢復期限或終止上市（櫃），借券人應於本公司所定期限內還券了結。

(四)證券市場因天然災害或其他非常事故，全部停止交易而未定恢復期限，借券人應於本公司公告所定期限內還券了結。

本公司接獲借券人經由證券商透過本公司借券系統轉知之還券申報後，即通知證券集保事業，將應返還之有價證券，自借券人之證券集保帳戶，撥回出借人之證券集保帳戶，並經由證券商分別通知借券人與出借人。

借券人因借券所負債務及責任，於其借入之標的證券、借券期間所衍生之權益及一切相關費用，均已返還或給付後了結。

不包括答案(D)，以現金核算返還。

36 **(B)**。非信託業者之信託財產，其對外未以信託財產名義表彰者，採自有財產與信託財產合併申報原則，故併計其信託財產後，取得任一公開發行公司股份超過其已發行股份總額10%時，即應依證券交易法第43-1條及第22-2條、第25條辦理股權申報。答案為(B)。

37 **(A)**。所謂有價證券，係指表彰具有財產價值之私有權益證券，其權益之發生、移轉或行使，須全部或一部以證券形式為之者而言。得為有價證券信託之財產標的者，如證券交易法第6條所規定之有價證券，包括政府債券、公司股票、公司債券，財政部所核定之有價證券（受益憑證、認購權證、認股權證）、新股認購權利證書、新股權利證書以及各種有價證券之價款繳納憑證或表明其權利之證書。另登錄公債亦可成為有價證券信託之標的對象；另不論記名式或無記名式之有價證券，均得成為有價證券信託之標的對象。

38 **(B)**。為能達到不動產證券化受益權分為能達到不動產證券化受益權分散之目的，原則上信託契約應載明所有受益證券持有人，於每一年度中至少有三百三十五日，合計應達50人以上。

39 **(C)**。依照不動產證券化條例第17條規定，不動產投資信託基金，以投資或運用於下列標的為限：

一、開發型或已有穩定收入之不動產。

二、開發型或已有穩定收入之不動產相關權利。

三、不動產相關有價證券。

四、第十八條規定之運用範圍。

五、其他經主管機關核准投資或運用之標的。

不動產投資信託基金投資或運用於現金、政府債券及前項第一款至第三款投資標的之最低比率，由主管機關定之。

不動產投資信託基金投資於證券交易法第六條之有價證券，不得超過其募集發行額度之一定比率及金額；其一定比率及金額，由主管機關定之。

不動產投資信託基金投資於開發型之不動產或不動產相關權利時，如須取得建造執照者，應於該不動產或不動產相關權利領得建造執照後，始得動用該基金款項。

募集之不動產投資信託基金投資於開發型不動產或不動產相關權利，以下列各款標的為限：

一、都市更新條例核定之都市更新事業計畫範圍內之土地、建築物及不動產相關權利。

二、促進民間參與公共建設法所稱公共建設。

三、經中央目的事業主管機關核准參與之公共建設。

募集及私募之不動產投資信託基金投資於開發型不動產或不動產相關權利，不得超過該基金信託財產價值之一定比率；其一定比率，由主管機關會同相關中央目的事業主管機關分別定之。惟採募集方式者，該比率不得超過百分之三十。

前二項之開發型不動產或不動產相關權利，不得為下列標的：

一、政府、公股占百分之二十以上事業、政府直接或間接控制之基金或法人參與投資比率合計超過百分之十者。

二、政府承諾承擔其債務或保證其營運收益者。

前項所定標的，不含下列事項：

一、依促進民間參與公共建設法第29條規定由主辦機關就公共建設非自償部分補貼其所需貸款利息或投資其建設之一部。

二、提供不動產參與都市更新。

40 **(B)**。依不動產證券化條例第16條規定，不動產投資信託基金，以封閉型基金為限。但經主管機關核准者，得募集附買回時間、數量或其他限制之開放型基金。

41 **(A)**。依不動產證券化條例第14條規定，不動產投資信託，受託機構申請或申報募集不動產投資信託基金經主管機關核准或向主管機關申報生效後，應於核准函送達之日或申報生效之日起三個月內開始募集。但有正當理由者，得於期限屆滿前，向主管機關申請展延；展延期限不得超過三個月，並以一次為限。（核准制）

依不動產證券化條例第32條規定，不動產資產信託，受託機構應依主管機關核准或向主管機關申報生效之不動產資產信託計畫，經營不動產資產信託業務。（核備制）

42 **(B)**。依照民國106年06月30日金管銀票字第10600146140號令，不動產證券化條例第17條第6項規定之募集及私募不動產投資信託基金投資於開發型不動產或不動產相關權利之比率，分別不得超過該基金信託財產價值之15%及40%。但私募不動產投資信託基金投資於公共建設者，投資比率放寬為100%。

全文內容：募集或私募不動產投資信託基金投資於開發型不動產或不

動產相關權利之比率上限規定修正條文：
一、茲依據不動產證券化條例第十七條第六項規定訂定：
(一)募集之不動產投資信託基金投資於開發型不動產或不動產相關權利，不得超過該基金信託財產價值之百分之十五。
(二)私募之不動產投資信託基金投資於開發型不動產或不動產相關權利，不得超過該基金信託財產價值之百分之百分之四十。但投資於促進民間參與公共建設法所稱公共建設或經中央目的事業主管機關核准參與之公共建設者，不在此限。
二、本令自即日生效。

43 **(B)**。民國92年09月03日台財融(四)字第0924000785號令，全文內容：明定不動產證券化受託機構對於交易金額達一億元者應先出具估價報告書：
一、不動產證券化條例第22條第1項所稱「達主管機關規定之一定金額以上之不動產或不動產相關權利交易」，指受託機構運用不動產投資信託基金進行同一宗交易之不動產或不動產相關權利總金額達新臺幣一億元以上者，受託機構於交易前應先洽請專業估價者依不動產估價師法規定出具估價報告書。
二、前項所稱「同一宗交易之不動產或不動產相關權利總金額」及不動產證券化條例第22條第3項第1款所稱「同一宗交易金額」，係指同一交易契約內所有標的交易金額之合計數。
三、交易日期在6個月內與交易標的坐落同一基地或毗鄰土地之其他不動產交易金額應與前項合併計算。

44 **(D)**。依照不動產條例第13條規定，受託機構得對下列對象進行不動產投資信託受益證券之私募：
一、銀行業、票券業、信託業、保險業、證券業或其他經主管機關核准之法人或機構。
二、符合主管機關所定條件之自然人、法人或基金。
前項第二款之應募人總數，不得超過三十五人。
受託機構應第一項第二款對象之合理請求，於私募完成前負有提供與本次私募有關之財務、業務或其他資訊之義務。
受託機構應於不動產投資信託受益證券價款繳納完成日起十五日內，報請主管機關備查。
有關私募有價證券轉讓之限制，應於不動產投資信託受益證券以明顯文字註記，並於交付應募人或購買人之相關書面文件中載明。
證券交易法第二十條、第四十三條之七及第四十三條之八第一項之規定，於私募之不動產投資信託受益證券準用之。
故答案(D)錯誤，不包括期貨業。

45 **(A)**。依不動產證券化條例第39條：受益證券應為記名式，其轉讓並應以背書方式為之；受益證券應為記名式,其轉讓並應以背書方式為之;且非將受讓人之姓名或名稱、住所通知受託機構,不得對抗受託機構。受益證券之轉讓,非將受讓人之姓名或名稱記載於該受益證券,不得對抗第三人。受益證券以帳簿劃撥方式發行或交付有價證券者,得不印製實體有價證券;其轉讓、買賣之交割、設質之交付等事項,依證券交易法第43條規定辦理。

依第5條:依本條例規定募集或私募之受益證券,為證券交易法第6條規定經財政部核定之其他有價證券。

依第42條:受益證券喪失時,受益人得為公示催告之聲請。

46 **(#)**。本題無正確答案,凡作答一律給分依照不動產證券條例第17條第1項規定,不動產投資信託基金,以投資或運用於下列標的為限:

一、開發型或已有穩定收入之不動產。

二、開發型或已有穩定收入之不動產相關權利。

三、不動產相關有價證券。

四、第十八條規定之運用範圍。

五、其他經主管機關核准投資或運用之標的。

同時依第18條規定,不動產投資信託基金閒置資金之運用,應以下列各款方式為限:

一、銀行存款。

二、購買政府債券或金融債券。

三、購買國庫券或銀行可轉讓定期存單。

四、購買經主管機關規定一定評等等級以上銀行之保證、承兌或一定等級以上信用評等之商業票據。

五、購買經主管機關核准之其他金融商品。

47 **(A)**。金融資產證券化特性:

(1) 創始機構應移轉資產予特殊目的機構創始機構作為發行有價證券之基礎資產,須與原有資產分離,會計應屬出售資產,非借入款項。

(2) 由特殊目的機構發行有價證券

A. 以「信託架構」為特殊目的所發行的有價證券稱為「受益證券」。

B. 以「公司架構」為特殊目的所發行的有價證券稱為「資產基礎證券」。

(3) 投資人收益來自特定金融資產之現金流量。

(4) 現金流量可委由服務機構代為管理。

(5) 特定金融機構資產為信用評等之基礎特殊目的機構所發行有價證券信用等級,應以創始機構所移轉特定金融資產品質而定。

(6) 金融資產證券化得採用信用增強機制。

A. 內部增強機制:提供超額供給、優先列後架構之運用、現金準備帳戶、利差帳戶。

B. 外部增強機制:提供保證、承諾或信用狀、投保信用保險、提供擔保等。

(7) 金融資產證券化得採用避險計畫。

48 **(A)**。依照金融資產證券化條例第4條規定,創始機構:指依本條例之規定,將金融資產(以下簡稱資產)信託與受託機構或讓與特殊目的公司，由受託機構或特殊目的公司以該資產為基礎，發行受益證券或資產基礎證券之金融機構或其他經主管機關核定之機構。

49 **(D)**。依照金融資產證券化條例第30條規定，受託機構之利害關係人、職員、受雇人或創始機構，不得擔任信託監察人。

50 **(D)**。依照金融資產證券化條例第42條規定，持有本金持分總數百分之三以上之受益人，得以書面附具理由，向受託機構請求閱覽、抄錄或影印其依本條例及信託法第31條規定編具之帳簿、文書及表冊。
前項請求，除有下列事由外，受託機構不得拒絕：
一、非為確保受益人之權利者。
二、有礙特殊目的信託事務之執行，或妨害受益人之共同利益者。
三、請求人從事或經營之事業與特殊目的信託業務具有競爭關係者。
四、請求人係為將閱覽、抄錄或影印之資料告知第三人，或於請求前二年內有將其閱覽、抄錄或影印之資料告知第三人之紀錄者。

51 **(A)**。金融資產證券化特性：
(1) 創始機構應移轉資產予特殊目的機構：創始機構作為發行有價證券之基礎資產，須與原有資產分離，會計應屬出售資產，非借入款項。
(2) 由特殊目的機構發行有價證券
A. 以「信託架構」為特殊目的所發行的有價證券稱為「受益證券」。
B. 以「公司架構」為特殊目的所發行的有價證券稱為「資產基礎證券」。
(3) 投資人收益來自特定金融資產之現金流量。
(4) 現金流量可委由服務機構代為管理。
(5) 特定金融機構資產為信用評等之基礎特殊目的機構所發行有價證券信用等級，應以創始機構所移轉特定金融資產品質而定。
(6) 金融資產證券化得採用信用增強機制：
A. 內部增強機制：提供超額供給、優先列後架構之運用、現金準備帳戶、利差帳戶。
B. 外部增強機制：提供保證、承諾或信用狀、投保信用保險、提供擔保等。
(7) 金融資產證券化得採用避險計畫。

52 **(C)**。依照金融資產證券化條例第42條規定，持有本金持分總數百分之三以上之受益人，得以書面附具理由，向受託機構請求閱覽、抄錄或影印其依本條例及信託法第31條規定編具之帳簿、文書及表冊。
前項請求，除有下列事由外，受託機構不得拒絕：
一、非為確保受益人之權利者。
二、有礙特殊目的信託事務之執行，或妨害受益人之共同利益者。
三、請求人從事或經營之事業與特殊目的信託業務具有競爭關係者。
四、請求人係為將閱覽、抄錄或影印之資料告知第三人，或於請求前二年內有將其閱覽、抄錄或影印之資料告知第三人之紀錄者。

53 **(A)**。依照金融資產證券化條例第14條規定，受託機構不得以信託財產借入款項。但資產信託證券化計畫另有規定者，不在此限。
前項資產信託證券化計畫所定借入款項之目的，應以配發利益、孳息或其他收益為限。
特殊目的信託中屬於信託財產之閒置資金，其運用範圍以下列各款規定為限：
一、銀行存款。
二、購買政府債券或金融債券。
三、購買國庫券或銀行可轉讓定期存單。
四、購買經主管機關規定一定評等等級以上銀行之保證、承兌或一定等級以上信用評等之商業票據。
五、經主管機關核准之其他運用方式。

54 **(D)**。依金融資產證券化條例第103條所訂，受託機構或特殊目的公司依金融資產證券化發行之受益證券或資產基礎證券，得依資產信託證券化計畫或資產證券化計畫之規定，由創始機構或金融機構以擔保、信用保險、超額資產、更換部分資產或其他方式，以增強其信用。
金融資產證券化得採用信用增強機制：
(1) 內部增強機制：提供超額供給、優先列後架構之運用、現金準備帳戶、利差帳戶。
(2) 外部增強機制：提供保證、承諾或信用狀、投保信用保險、提供擔保等。

55 **(C)**。依照金融資產證券化條例第4條第1項第1款規定，創始機構：指依本條例之規定，將金融資產（以下簡稱資產）信託與受託機構或讓與特殊目的公司，由受託機構或特殊目的公司以該資產為基礎，發行受益證券或資產基礎證券之金融機構或其他經主管機關核定之機構。

56 **(A)**。依照證券投資信託基金保管機構辦理基金資產交割作業準則第2項第2款第1點：對投信公司之確認：
I. 交易內容之確認：保管機構應複核交割指示包含交易標的、交易價格、交易款項等必要記載內容，並以善良管理人之注意，確認交易標的是否符合相關法令及證券投資信託契約之規定。
II. 有權人員簽章之確認：保管機構得認定符合左列方式中之任一方式為單獨有效指示：
i. 書面指示：應經投信公司有權人員簽章。
ii. 傳真指示：符合投信公司與保管機構事先書面約定顯由投信公司發出，並經投信公司有權人員簽章。
iii. 電子傳輸：核符雙方交換之密碼，惟對 ii、iii 項未經事先書面約定或交換密碼時，應事後補發書面指示正本。
保管機構得視事實需求，另向投信公司相關人員確認，並作成書面紀錄留存。

57 **(D)**。證券投資信託事業證券投資顧問事業經營全權委託投資業務管理辦法第2條說明，本辦法所稱全權委託投資業務，指證券投資信託事業或證券投資顧問事業對客戶委任交付或信託移轉之委託投資資產，就有價證券、證券相關商品或其他經金融監督管理委員會（以下簡稱本會）核准項目之投資或交易為價值分析、投資判斷，並基於該投資判斷，為客戶執行投資或交易之業務。

證券經紀商、期貨經紀商、期貨經理事業或期貨信託事業兼營證券投資顧問事業辦理全權委託投資業務者，除第2章、第4章及第4章之1外，應適用本辦法證券投資顧問事業經營全權委託投資業務之相關規定。

信託業以委任方式兼營全權委託投資業務者，除第2章、第4章及第4章之1外，應適用本辦法證券投資顧問事業以委任方式經營全權委託投資業務之相關規定。

信託業辦理信託業法第18條第1項後段全權決定運用標的，且將信託財產運用於證券交易法第六條之有價證券，並符合一定條件者，應依證券投資顧問事業設置標準向本會申請兼營全權委託投資業務，除信託法及信託業法另有規定外，其運用之規範應依第四章規定辦理。

故答案(D)錯誤，不包括保險業。

58 **(D)**。依證券投資信託事業證券投資顧問事業經營全權委託投資業務管理辦法第2條第7項、第10條第1項所稱符合本會所定條件，指保管委託投資資產與辦理相關全權委託保管業務之信託公司或兼營信託業務之銀行、提存營業保證金之金融機構。

59 **(B)**。依證券投資信託事業證券投資顧問事業經營全權委託投資業務管理辦法第26條規定，證券投資信託事業或證券投資顧問事業經營全權委託投資業務，應由客戶與全權委託保管機構另行簽訂委任或信託契約，辦理有價證券投資或證券相關商品交易之開戶、款券保管、保證金與權利金之繳交、買賣交割、帳務處理或股權行使等事宜。

依第11條第5項自行保管委託投資資產及同條第六項自行約定委託投資資產之保管者，不適用前項規定。

第1項委任或信託契約，全權委託保管機構應與客戶個別簽訂，除法令或本會另有規定外，不得接受共同之委任或信託。

全權委託保管機構執行第1項之業務，應先審核全權委託投資契約約定之範圍及限制事項。

第1項委任或信託契約之內容及契約範本，由同業公會擬訂後函報本會核定。

60 **(C)**。擔任基金保管機構應提供的主要作業服務項目，如下：帳戶之開設。

(1) 投信公司募集證券信託基金，必須先經主管機關核准或申報生效。
(2) 同時先向稅捐稽徵機構辦理扣繳單位統一編號之申請。
(3) 保管機構依核准或申報生效後之「○○銀行信託部受託保管○○證券投資信託基金專戶」之名稱設立帳戶。
(4) 再於投信公司及保管機構指定之金融機構開設活期存款及支票存

款帳戶，以便於日後辦理有價證券之買賣事宜。

(5) 同時須在集保公司參加人帳戶下，開設集中保管帳戶。

61 (B)。依證券投資信託及顧問法第101條第1項規定，主管機關為保障公共利益或維護市場秩序，得隨時要求證券投資信託事業、證券投資顧問事業、基金保管機構及全權委託保管機構或其關係人，於期限內提出財務、業務報告或其他相關資料，並得直接或委託適當機構，檢查其財務、業務狀況及其他相關事項，該事業、機構或其關係人不得規避、妨礙或拒絕。

62 (D)。華僑及外國人投資國內有價證券之保管業務範圍：一、實務上，由於目前提供保管機構服務之外商及本國銀行，均可經營代理業務，故擔任僑外資之保管機構者，亦幾乎均擔任僑外資之國內代理人，須同時辦理代理人或代表人事項。二、代理投資之登記。三、臺幣帳戶及集中保管劃撥帳戶之開設、證券商之開戶。四、結匯之申請、交易之確認資料之申報。五、公司重大資訊之通知、稅負之處理、股東會之出席、帳務處理與報表之提供。

答案(D)錯誤，不包括買賣下單。

63 (D)。按基金帳戶別，獨立設帳保管證券投資信託基金。

(1) 投信公司募集之信託基金，與其本身事業及保管機構之自有財產應分別獨立。

(2) 基金所持有之財產，應登記為基金保管機構名義下某證券投資信託基金專戶。

(3) 但持有外國之有價證券及證券相關商品，得依基金保管機構與國外受託保管機構所訂定之契約辦理。

保管機構依核准或申報生效後之「〇〇銀行信託部受託保管〇〇證券投資信託基金專戶」之名稱設立帳戶。

64 (A)。保管銀行基本服務項目：資產之保管、交易之確認、有價證券買賣之交割、收益之領取、公司重大資訊之通知、報表之提供及股東權利之行使。有價證券借貸之仲介事宜不是保管銀行提供之主要服務。

65 (C)。我國保管銀行所辦理之業務項目：證券商、境外基金管理機構或其指定機構委任之代理人、期貨商（期貨交易轉輔助人）、期貨顧問事業、經營全權委託投資業務之證券投資顧問事業、證券投資信託事業或期貨經理事業等依規定繳存之籌設（設置）保證金或營業保證金。

答案(C)錯誤，不包括中小企業信用保證基金。

66 (D)。越權交易之處理：受任人為個別全權委託投資帳戶從事有價證券或其他經金管會核准項目投資後，經全權委託保管機構出具越權交易通知書時，除經客戶出具同意交割之書面並經全權委託保管機構審核符合相關法令外，受任人應負履行責任，並於交割日前將保管機構認定為越權交易之款、券撥入客戶之投資保管帳戶，客戶與保管機構簽訂信託契約者，應撥入保管機構辦理交割之帳戶，由保管機構辦理交割。

67 **(D)**。擔任證券投資信託公司發行證券投資信託基金之保管機構，其日常應提供之服務主要包括：帳戶之開設、銷售款項之調撥、資產之保管、買賣之交割、收益之領取及分配、受益憑證之簽署、受益憑證買回價款與費用之支付、帳務處理與報表之提供、年度財務報表之簽署、受益人大會之召開、基金清算事宜之辦理、監督投信公司及求償。但不包括答案(D)績效分析之評估。

68 **(C)**。信託公司或兼營信託業務之銀行有下列情形之一，除經金管會核准外，不得擔任各該證券投資信託事業之基金保管機構：

(1) 投資於證券投資信託事業已發行股份總數達10%以上。

(2) 擔任證券投資信託事業董事或監察人；或其董事、監察人擔任證券投資信託事業董事、監察人或經理人。

(3) 證券投資信託事業持有其已發行股份總數達10%以上。

(4) 由證券投資信託事業或其代表人擔任董事或監察人。

(5) 擔任證券投資信託基金之簽證機構。

(6) 與證券投資信託事業屬於同一金融控股公司之子公司，或互為關係企業。

(7) 其他經主管機關規定不適合擔任基金保管機構。

(8) 董事、監察人為法人者，其代表或指定代表行使職務者，準用前項第2款規定。第2項第6款所稱子公司，指金融控股公司法第4條所稱之子公司。證券投資信託事業應訂定基金保管機構遴選標準，並執行之。

故答案(C)錯誤。

69 **(A)**。依有關法令、證券投資信託契約或依證期會之命令，如發生應由受益人大會決議之事項時，投信公司即應召開受益人大會；若投信公司不能召開時，保管機構得依證期會之指示，及證券投資信託契約有關「受益人大會規則」之規定，召開受益人大會，其費用則由證券投資信託基金負擔。

70 **(B)**。依信託資金集合管理運用管理辦法第14條第1項規定，信託業得就運用於不同種類投資標的之信託資金分別設置集合管理運用帳戶集合管理運用，並應以分別記帳方式管理之。

71 **(D)**。依信託資金集合管理運用管理辦法第19條規定約定條款定有信託監察人者，信託業應選任獨立、公正之第三人為信託監察人，其為自然人者應具備下列資格之一：

一、曾任職金融機構總機構副理以上或同等職務，且具有信託業務經驗達五年以上，成績優良。

二、領有會計師或律師執照且具有實務工作經驗達五年以上。

三、曾於國內外專科以上學校教授金融、會計、法律、信託等相關課程達五年以上。

四、擔任與信託業務有關之金融行政管理工作經驗達二年以上，並曾任薦任九職等以上或同等職務。

五、有其他經歷足資證明可有效執行信託監察人之職務及維護受益人之權益。

信託業之利害關係人及職員不得擔任其所設置集合管理運用帳戶之信託監察人。

答案(D)正確，信託業，但不得為該帳戶之受託人。

72 **(D)**。依信託業法施行細則第6條至第8條之規定，就信託業之信託財產管理運用方法，信託業辦理信託資金集合管理運用帳戶，主要的架構如下：

(1) 委託人將金錢交付信託業信託，並簽訂信託契約。

(2) 信託契約中載明委託人同意信託業可將委託人之信託資金與他人之信託資金集合管理運用，採自益或他益架構皆可。

(3) 信託業就不同委託人之信託資金中其營運範圍或方法相同的信託資金，分別設置集合管理運用帳戶，將不同委託人之信託資金依資金配置比例加入集合帳戶，加以集合管理運用。

(4) 信託業應就各集合管理運用帳戶與委託人分別訂立約定條款。

(5) 信託資金交付集合管理運用後，信託業應於個別集合管理運用帳戶下，依信託契約受益人持有該集合管理運用帳戶信託受益權之比例計算其所得享有信託利益之權力，並以記帳方式加以登載。

答案(D)錯誤。

73 **(C)**。依照信託資金集合管理運用管理辦法第9條第1項第5款規定，信託業辦理非專業投資人得委託投資之信託資金集合管理運用，以具有次級交易市場之投資標的為原則，並應遵守下列規定：五、投資於任一上市、上櫃公司發行之股票、存託憑證、公司債、金融債券及短期票券之金額，分別不得超過個別集合管理運用帳戶投資當日淨資產價值百分之十。

74 **(B)**。依照信託業法施行細則第15條規定，信託業法第28條第1項所稱集合管理及運用之信託資金，亦指第8條第2款及第4款之金錢信託，分別為指定營運範圍或方法之集合管理運用金錢信託，以及不指定營運範圍或方法之集合管理運用金錢信託，即受託人對集管帳戶具有運用決定權，得於委託人概括指定營運範圍內，對信託資金具有運用決定權或方法，或依信託業法第32條第1項與「信託業辦理不指定營運範圍方法金錢信託運用準則」之規定，受託人於信託目的範圍內全權決定集管帳戶之管理及運用。而就信託財產集合管理運用方式包括了指定、不指定及特定集合管理運用金錢信託等三種管理架構。所以答案(B)錯誤，不包括不特定集合管理運用金錢信託。

75 **(C)**。依照信託資金集合管理運用管理辦法第2條第1項規定，係指信託業受託金錢信託，依信託契約約定，委託人同意其信託資金與其他委託人之信託資金集合管理運用者，由信託業就相同營運範圍或方法之信託資金設置集合管理運用帳戶，集合管理運用。「信託資金集合管理運用帳戶」（以下簡稱集管帳戶）依同條第2項規定，係指信託業就營運範圍或方法相同之信託資金為集合管理運用所分別設置之帳戶。所以答案為(C)，信託業之信託財產。

76 **(C)**。答案(C)，錯誤。「證券投資信託基金保管機構辦理基金資產交割作業準則」第3條第3項第3款規定，基金存款不足時，保管機構應依相關法令規定不得墊款，亦不得抵用待交換票據。

(A)為確認交割指示資料之有效性，保管機構應取得投信公司所有權人之簽章樣本或密碼、(B)保管機構不論交割完成與否，均應以書面回報投信公司及(D)保管機構應以善良管理人之注意義務辦理交割事宜，皆為正確。

77 **(A)**。答案(A)信託資金之存續期間並無限制，正確。(B)受託銀行於委託人交付信託資金後須立即發給基金交易憑證以資為憑，非受益憑證，(C)受託銀行對委託人所交付之資金應不具有運用決定權，(D)目前銀行開辦之特定金錢信託業務，可接受委託人以新臺幣或外幣交付信託資金，並非只接受新台幣。

78 **(A)**。答案(A)錯誤，特定金錢信託投資國外有價證券係屬集團信託為準集團信託，指定用途信託資金才是集團信託。

79 **(C)**。答案(C)正確，收益分配及其他給付請求權時效：受益證券持有人之收益分配請求權，自發放日起5年間不行使而消滅。該時效消滅之收益併入信託財產。除前項規定外，基於受益證券所為之其他給付，其請求權之消滅時效為15年。

80 **(D)**。答案(D)錯誤，會員辦理預收款信託業務應行注意事項：第13條第1項第4款、信託關係消滅時，依據相關法令規定及預收款信託契約約定，辦理信託財產之歸屬。

第55期 信託法規

( ) **1** 依信託法規定，信託行為以進行訴訟為主要目的者，其效力為何？ (A)有效 (B)得撤銷 (C)得終止 (D)無效。

( ) **2** 依信託法規定，有關宣言信託之敘述，下列何者錯誤？ (A)應由法人為之 (B)得以私益為目的 (C)應經目的事業主管機關許可 (D)應對外宣言自為委託人及受託人。

( ) **3** 受託人因信託財產之管理、處分、滅失、毀損或其他事由取得之財產權，仍屬信託財產。此即信託財產之何種特性？ (A)獨立性 (B)公示性 (C)連續性 (D)物上代位性。

( ) **4** 信託法第一條「稱信託者，謂委託人將財產權移轉或為其他處分，使受託人依信託本旨，為受益人之利益或為特定之目的，管理或處分信託財產之關係。」依此，下列何者為正確？ (A)受託人是以受益人名義管理處分信託財產 (B)信託財產雖移轉予受託人，委託人仍有自行管理及處分權 (C)受託人是以委託人名義管理處分信託財產 (D)在信託法上，稱「受託人管理權」，也包括其處分權在內。

( ) **5** 甲（委託人）與乙（受託人）簽訂信託契約，指定丙為受益人，甲於信託契約存續期間死亡時，除信託行為另有訂定外，該項信託關係之效力為何？ (A)不消滅 (B)不生效 (C)信託關係終止 (D)信託監察人得聲請法院撤銷之。

( ) **6** 以股票交付信託時，如已依相關規定為信託之公示，惟未通知股票發行公司，其效力為何？ (A)得對抗第三人，亦得對抗發行公司 (B)得對抗第三人，但不得對抗發行公司 (C)不得對抗第三人，但得對抗發行公司 (D)不得對抗第三人，亦不得對抗發行公司。

( ) **7** 依信託法規定，有關法人受託人任務終了之原因，下列敘述何者錯誤？ (A)受託人解散 (B)受託人逕行辭任 (C)受託人破產宣告 (D)受託人被撤銷設立登記。

( ) **8** 受託人違反信託本旨處分信託財產時，受益人得聲請法院撤銷其處分，下列敘述何者錯誤？ (A)受益人有數人者，得由其中一人為之 (B)撤銷權自處分時起，逾十年不行使而消滅 (C)撤銷權自受益人知有撤銷原因時起，一年間不行使而消滅 (D)信託財產為應登記之財產時，如未為信託登記仍得聲請撤銷。

( ) **9** 有關受託人之直接管理義務，下列敘述何者錯誤？ (A)信託行為得另訂第三人代為處理信託事務 (B)信託行為有不得已之事由者，得使第三人代為處理信託事務 (C)受託人違反信託直接管理義務時，應就第三人之行為負完全責任 (D)受託人違反信託直接管理義務，使第三人代為處理信託事務時，該第三人所為法律行為效力可及於信託財產。

( ) **10** 他益信託之共同受託人處理信託事務原則上應由全體受託人共同為之，但當受託人意思不一致時，應得下列何者同意？ (A)全體委託人 (B)全體受益人 (C)信託監察人 (D)直接向法院聲請裁定。

( ) **11** 依信託法規定，有關受託人應將信託財產分別管理之敘述，下列何者錯誤？ (A)信託財產為金錢者，得以分別記帳方式為之 (B)信託財產為不動產者，不得以分別記帳為之 (C)受託人之自有財產與信託財產間，如信託行為訂定得不必分別管理者，從其約定 (D)受託人收受不同之信託財產間，除信託行為另有訂定外，應分別管理。

( ) **12** 下列何者簽訂信託契約時，應另取得法定代理人之書面同意？ (A)受輔助宣告之人 (B)限制行為能力人 (C)破產人 (D)未滿七歲之未成年人。

( ) **13** 下列何者為信託監察人不得行使之權利？ (A)請求閱覽受託人所作成之信託財產目錄及收支計算表 (B)對違反規定所為強制執行提起異議之訴權利 (C)享有信託利益及拋棄信託利益 (D)對不當管理信託財產之受託人，請求損害賠償。

( ) **14** 受託人因公益信託而為下列何種行為之收入，得免徵營業稅？
(A)舉辦受託人個人之新書發表會
(B)舉辦演唱會，並給予歌星報酬
(C)以公益為名義，為廠商舉辦商品展售會
(D)舉辦義賣或義演，並全部供作公益事業之用。

( ) **15** 依信託法規定，有關信託財產轉為受託人自有財產，下列敘述何者錯誤？ (A)憑受託人意願自由取得 (B)受託人經受益人書面同意，並依市價取得 (C)受託人係經由集中市場競價取得 (D)受託人有不得已事由經法院許可取得。

( ) **16** 公益信託有下列何種情形者，其目的事業主管機關得撤銷其許可或為其他必要之處置？ (A)受託人變更者 (B)信託財產減少者 (C)信託監察人變更者 (D)無正當理由連續三年不為活動者。

( ) **17** 信託關係消滅時，於受託人移轉信託財產於歸屬權利人之前，信託關係視為「存續」，以下列何者視為受益人？ (A)歸屬權利人 (B)受託人 (C)信託監察人 (D)委託人。

( ) **18** 私益信託除營業信託外由下列何者監督？ (A)金管會 (B)法務部 (C)法院 (D)目的事業主管機關。

( ) **19** 李先生於96年7月1日至其摯友程律師處，雙方言明訂立信託契約，由李先生交付一上市公司之股票壹佰萬股予程律師管理，管理之收益歸屬於其子李明，下列敘述何者錯誤？
(A)該信託屬於民事信託
(B)該信託屬於本金自益孳息他益之信託
(C)該信託契約未以書面為之，故無效
(D)李先生於信託契約成立時，應考慮是否需繳納贈與稅。

( ) **20** 委託人李先生與受託人吳先生成立信託，由李先生交付新台幣一千萬元予吳先生，約定由吳先生購買耕地，契約成立時李先生善意不知吳先生已受破產宣告，嗣後方得知，李先生得向吳先生為下列何種主張？
(A)主張信託關係自始無效
(B)主張因錯誤而為意思表示，撤銷信託契約
(C)請求雙方合意主張終止信託契約
(D)主張因法定事由發生而自動終止信託關係。

( ) **21** 信託業商業同業公會之性質為何？ (A)政府機構 (B)營利之社團法人 (C)非營利之社團法人 (D)與一般商號相同。

( ) **22** 依我國之「不動產證券化條例」開辦之「不動產投資信託」，係屬下列何種信託？ (A)金錢信託 (B)動產信託 (C)有價證券信託 (D)金錢債權信託。

( ) **23** 信託公司之發起人及股東如為同一人或同一關係人者，除屬專業之管理機構外，所持有股份，分別不得超過已發行股份總數之多少比例？ (A)百分之五 (B)百分之十 (C)百分之十五 (D)百分之二十五。

( ) **24** 依信託業法規定，除經主管機關核准者外，下列何者為信託業得經營之附屬業務項目？ (A)信用卡業務 (B)證券經紀業務 (C)股票承銷業務 (D)擔任股票發行簽證人業務。

( ) **25** 下列何者非屬信託業應遵守之行為規範？ (A)不得承諾擔保本金或最低收益率 (B)不得對委託人有虛偽、詐欺之行為 (C)以信託財產辦理授信，應事先取得受益人書面同意 (D)對信託財產有運用決定權者，不能兼任其他業務之經營。

( ) **26** 依信託業負責人應具備資格條件暨經營與管理人員應具備信託專門學識或經驗準則規定，不動產投資信託基金應至少指定一名下列何種人員，專責處理基金資產運用及管理之事務？ (A)管理人員 (B)業務人員 (C)分析人員 (D)具有運用決定權人員。

( ) **27** 依信託業法規定，信託業之利害關係人，指持有信託業或兼營信託業務之銀行已發行股份總數或資本總額多少比例以上者？ (A)百分之三 (B)百分之四 (C)百分之五 (D)百分之七。

( ) **28** 兼營信託業務之銀行辦理對信託財產具有運用決定權之信託時，於事先取得受益人之書面同意者，得為下列何項行為？ (A)將信託財產貸放於受益人指定之人 (B)以信託財產為擔保借入款項，投資於有價證券 (C)以信託財產購買其銀行業務部門經紀之有價證券 (D)以信託財產購買其銀行業務部門承銷之有價證券。

( ) **29** 信託業辦理有運用決定權之信託，未遵守謹慎投資人的規則，係違反下列何種義務？ (A)保密義務 (B)直接管理義務 (C)誠實義務 (D)善良管理人之注意義務。

( ) **30** 信託業為擔保其因違反受託人義務，應提存賠償準備金，下列何者對該賠償準備金具有優先受償之權？ (A)委託人或受益人 (B)受託人 (C)信託監察人 (D)受託人之債權人。

( ) **31** 信託業至少應提存多少賠償準備金？ (A)新臺幣一千萬元 (B)新臺幣二千萬元 (C)新臺幣三千萬元 (D)新臺幣五千萬元。

( ) **32** 依信託業法規定，除其他法律另有規定者外，非信託業之法人辦理不特定多數人委託經理信託業法第十六條之信託業務者，如何處罰？ (A)對法人處以罰鍰 (B)處其行為負責人刑罰 (C)對法人處以罰金 (D)處其行為負責人罰鍰。

( ) **33** 銀行辦理信託業務，下列敘述何者正確？ (A)信託財產經運用於存款以外之標的者，仍受存款保險之保障 (B)銀行須擔保信託業務之管理或運用績效 (C)委託人或受益人應自負盈虧 (D)信託業務與證券業務之會計應整併處理。

( ) **34** 信託業辦理信託資金集合管理運用業務，有關其運用範圍之規定，下列敘述何者正確？ (A)投資於同一公司股票，短期票券或公司債之金額，分別不得超過個別集合管理運用帳戶投資當日淨資產總價值百分之二十 (B)得辦理放款或提供擔保 (C)得投資於已獲准上市而辦理承銷中股票 (D)得從事證券信用交易。

( ) **35** 某甲將存款一千萬信託予乙並約定信託財產投資於國內股票，該信託屬於下列何者？ (A)指定營運範圍或方法之金錢信託 (B)不指定營運範圍或方法之金錢信託 (C)指定營運範圍或方法之有價證券信託 (D)不指定營運範圍或方法之有價證券信託。

( ) **36** 除兼營信託業務之銀行外，信託業以自有財產投資於每一基金受益憑證總額，最高不得超過該受益憑證發行總額之多少比例？ (A)百分之一 (B)百分之二 (C)百分之三 (D)百分之五。

( ) **37** 銀行清算時，關於信託資金及信託財產應如何處理？ (A)由銀行自行決定 (B)由清理人決定 (C)依信託契約之約定 (D)由主管機關決定。

( ) **38** 依信託業法施行細則所定金錢信託之分類，下列何者係受託人對信託財產不具運用決定權之信託？ (A)指定營運範圍或方法之單獨管理運用金錢信託 (B)不指定營運範圍或方法之集合管理運用金錢信託 (C)特定單獨管理運用金錢信託 (D)指定集合管理運用金錢信託。

( ) **39** 依信託業法規定，信託業辦理委託人不指定營運範圍或方法之金錢信託，原則上其營運範圍不包括下列何者？ (A)銀行定期存款 (B)投資金融債券 (C)投資上市股票 (D)投資公司債。

(　　) **40** 依信託業應負之義務及相關行為規範，信託業應訂定並實行適當之紛爭處理程序，其應包含之事項，下列敘述何者錯誤？　(A)受理申訴之程序　(B)回應申訴之程序　(C)適當調查申訴之程序　(D)向主管機關請求調處之程序。

(　　) **41** 依據主管機關所核定之信託業會計處理原則，信託帳會計科目分為那兩類？　(A)信託本金與信託孳息　(B)自有帳與信託帳　(C)收入與費用　(D)信託資產與信託負債。

(　　) **42** 依證券投資信託事業證券投資顧問事業證券商兼營信託業務管理辦法規定，證券商未於指定期限內辦理新增營業項目之登錄者，若有正當理由，於期限屆滿前得向主管機關申請展延幾個月，並以幾次為限？　(A)三個月；一次　(B)六個月；一次　(C)三個月；二次　(D)六個月；二次。

(　　) **43** 有關共同信託基金之敘述，下列何者錯誤？　(A)共同信託基金受益證券得為記名式或無記名式　(B)信託業管理之各共同信託基金間不得互為交易　(C)信託業非經主管機關核准，不得募集共同信託基金　(D)共同信託基金之募集，得以發行受益證券或記帳方式向不特定多數人為之。

(　　) **44** 依信託法及信託業法規定，有關信託業辦理定期會計報告之敘述，下列何者錯誤？　(A)應依信託契約及主管機關規定為之　(B)信託財產評審報告每三個月應報告委託人及受益人　(C)信託契約約定設有信託監察人者，亦應向信託監察人報告　(D)受託人每年至少定期一次作成信託財產目錄，並編製收支計算表，送交委託人及受益人。

(　　) **45** 銀行經主管機關許可兼營信託業務時，視為信託業，其適用法律之順序原則上應優先適用下列何者？　(A)銀行法　(B)公司法　(C)信託業法　(D)證券投資信託及顧問法。

(　　) **46** 依遺產及贈與稅法規定，他益信託契約如應課徵贈與稅時，其課稅時點，下列何者正確？　(A)移轉信託財產予受託人之日　(B)實際享有信託利益之日　(C)訂定、變更信託契約之日　(D)移轉信託財產予受益人之日。

(　　) **47** 張三與甲信託業訂定他益信託契約，如需申報贈與稅，則張三至遲應於贈與行為發生後幾日內申報？　(A)十五日內　(B)三十日內　(C)六十日內　(D)九十日內。

(　　) **48** 信託財產發生之利益應於所得發生時課稅，其例外之情形為下列何者？ (A)共同信託基金 (B)受益人尚未存在 (C)受益人行蹤不明 (D)私益信託受益人不特定。

(　　) **49** 以土地為信託財產者，受託人依信託本旨移轉信託土地於委託人以外之歸屬權利人時，以下列何者為納稅義務人，課徵土地增值稅？ (A)委託人 (B)受託人 (C)歸屬權利人 (D)信託監察人。

(　　) **50** 甲以20萬股股票成立一信託，信託期間五年，期間配息、配股歸甲，期滿股票歸乙，假設贈與時郵政儲金匯業局一年期定期儲金固定利率為1%，契約日當天收盤價每股新台幣50元，則甲贈與乙之權利價值為何？〔1/(1+1%)5=0.9515〕 (A)新台幣1,000萬元 (B)新台幣951.5萬元 (C)新台幣48.5萬元 (D)零。

解答與解析 （答案標示為#者，表官方曾公告更正該題答案。）

1 (D)。依照信託法第5條第3項規定，信託行為，有左列各款情形之一者，無效：

一、其目的違反強制或禁止規定者。

二、其目的違反公共秩序或善良風俗者。

三、以進行訴願或訴訟為主要目的者。

四、以依法不得受讓特定財產權之人為該財產權之受益人者。

2 (B)。宣言信託的定義：委託人以書面或口頭方式對外宣言以自己為受託人，自本身財產中提出特定部份，作為第三人的利益管理或處分之信託。設立方式：(1)必須是要式行為及單獨行為為之。(2)包括以書面或已公告，公證或認證方式為之。法人是需要先向法務部申請設立登記並獲得受託同意許可，始可確認成立宣言信託。生效：在其信託行為成立的同時，信託效力既已發生。故答案(B)得以私益為目的，錯誤。

3 (D)。依信託法第9條第2項規定，受託人因信託財產之管理、處分、滅失、毀損或其他事由取得之財產權，仍屬信託財產。故答案為(D)物上代位性。

4 (D)。受託人對信託財產的管理處分權，除了信託行為另有約定之外，還包括法律行為及事實行為。所以下列行為都屬於受託人管理處分權的範圍：

(1) 權利取得或債務負擔的行為。

(2) 為了保護信託財產所做的訴訟上或訴訟外的行為。

(3) 對於信託財產的保存、利用或改良行為。

故答案(D)，正確。

5 (A)。依信託法第8條之規定：信託關係之效力不因委託人或受託人死亡、破產或喪失行為能力而消滅。

但信託行為如另有訂定者，不再此限。答案(A)，正確。

6 **(B)**。依信託法規定信託行為應以完成登記對抗要件為前提：

(1) 以應登記或註冊之財產權為信託者，非經信託登記，不得對抗第三人。

(2) 以有價證券為信託者，非依目的事業主管機關規定於證券上或其他表彰權利之文件上載明為信託財產，不得對抗第三人。

(3) 以股票或公司債券為信託者，非經通知發行公司，不得對抗該公司。

故答案(B)，正確。

7 **(B)**。依「信託法」第45條第1項規定，受託人之任務，因受託人死亡、受破產、監護或輔助宣告而終了。其為法人者，經解散、破產宣告或撤銷設立登記時，亦同。故答案(B)，錯誤。

8 **(D)**。依信託法第18條第1項規定，受託人違反信託本旨處分信託財產時，受益人得聲請法院撤銷其處分。受益人有數人者，得由其中一人為之。信託法第19條：前條撤銷權，自受益人知有撤銷原因時起，一年間不行使而消滅。自處分時起逾十年者，亦同。依信託業法第20條規定，信託業之信託財產為應登記之財產者，應依有關規定為信託登記。答案(D)，錯誤。

9 **(D)**。依信託法第25條規定，受託人應自己處理信託事務，但信託行為另有訂定或有不得已的事由者，得使第三人代為處理。依信託法第27條第2項受託人違反親自處理信託事務義務，而使第三人代為處理者，為確保委託人及受益人權益，就信託法規定該第三人應與受託人負連帶責任。故答案(D)，錯誤。

10 **(B)**。信託法第28條：「同一信託之受託人有數人時，信託財產為其公同共有。前項情形，信託事務之處理除經常事務、保存行為或信託行為另有訂定外，由全體受託人共同為之。受託人意思不一致時，應得受益人全體之同意。受益人意思不一致時，得聲請法院裁定之。」故答案(B)，正確。

11 **(C)**。依信託法第24條第1項規定，受託人應將信託財產與其自有財產及其他信託財產分別管理，不得以契約免除受託人的分別管理義務，以防止受託人濫權或在不同信託財產間有不公平管理之情事。但基於信託財產的獨立性原則及私法自治原則，依信託法第24條第2項規定前項所提不同信託之信託財產間，信託行為訂定得不必分別管理者，從其所定。明定受託人同時或先後接受二個以上信託時，關於信託財產間的管理，得由信託當事人以信託行為約定，排除受託人的分別管理義務。答案(C)，錯誤。

12 **(B)**。一般構成信託資格的條件：(1)必須年滿二十歲之成年人及已結婚之未成年人。(2)七歲以上之限制行為能力人，經法定代理人同意者。(3)未滿七歲之未成年人、受監護或輔助宣告者或破產宣告者，不得為信託行為；有為信託行為之必要者，應由其法定代理人代理為之。故答案(B)，正確。

13 **(C)**。依信託法規所定信託監察人可為受益人行使之權利外，若涉及「受益人固有權利或權限」之範圍，信託監察人則無權代替受益人行使，而必須由受益人自行決定行使權利。所謂「受益人固有權利或權限」，有下列四種：1.依信託法第15條，「共同為變更信託財產管理方法」，2.信託法第17條第1項，「享受信託利益」，3.信託法第17條第2項，「拋棄享有信託利益」，4.信託法第64條第1項，「共同終止信託」。答案(C)為信託監察人不得行使之權利。

14 **(D)**。依加值型及非加值型營業稅法第8之1條規定，受託人因公益信託而標售或義賣之貨物與舉辦之義演，其收入除支付標售、義賣及義演之必要費用外，全部供作該公益事業之用者，免徵營業稅。前項標售、義賣及義演之收入，不計入受託人之銷售額。答案為(D)。

15 **(A)**。依信託法第35條規定，受託人除有左列各款情形之一外，不得將信託財產轉為自有財產，或於該信託財產上設定或取得權利：一、經受益人書面同意，並依市價取得者。二、由集中市場競價取得者。三、有不得已事由經法院許可者。(A)錯誤。

16 **(D)**。依信託法第77條第1項規定，公益信託設立後，有下列情事之一者，目的事業主管機關得撤銷其許可或為其他必要處置：1.違反設立許可條件。2.違反目的事業主管機關監督命令。3.為其他有害公益的行為。4.無正當理由連續三年不為活動。答案為(D)。

17 **(A)**。依信託法第66條：信託關係消滅時，於受託人移轉信託財產於前條歸屬權利人前，信託關係視為存續，以歸屬權利人視為受益人。屬於「視為存續」之信託關係，非依當事人行為（契約、遺囑或宣言）設立，由法律擬制成立，故為一種法定信託。故答案為(A)。

18 **(C)**。營業信託之私益信託：金管會；公益信託：公益目的事業主管機關；非營業信託之私益信託：法院。故答案為(C)。

19 **(C)**。營業信託其信託契約之訂定，應以書面為之；一般民事信託其信託契約之訂定，則無此限制。契約信託基於委託人與受託人間之合意而成立，故不是單獨行為。信託得以遺囑方式為之，為單獨行為。故答案(C)，錯誤。

20 **(A)**。依信託法第8條規定，受託人因為下列情形而消滅：(一)自然人的受託人死亡、破產或喪失行為能力。(二)法人的受託人解散或撤銷設立登記。答案(A)，正確。故答案(A)，正確，李先生得向吳先生主張信託關係自始無效。

21 **(C)**。信託業商業同業公會之性質為(C)非營利之社團法人。

22 **(A)**。依不動產證券化條例之規定，向不特定人募集發行或向特定人私募交付不動產投資信託受益證券，以投資不動產、不動產相關權利、不動產相關有價證券及其他經主管機關核准投資標的而成立之信託。在性質上，投資人係投入信託資金，屬於金錢信託，因其投資「不動產」為主，所以為廣義之「不動產信託」。但投資對象不包括開發型不動產。答案(A)，正確。

23 **(D)**。依「信託業設立標準」第6條第2項規定，公司股票持有股份與關係人之說明如下：信託公司之發起人及股東，同一人或同一關係人持有同一信託公司之股份，分別不得超過其已發行股份總數25%。答案(D)，正確。

24 **(D)**。依第17條第3項規定，信託業經營之附屬業務項目，適用非信託關係。例外項目：原則上本於信託關係，擔任證券投資信託事業之受託人，辦理基金保管業務。3.擔任有價證券發行簽證人。故答案(D)，正確。

25 **(C)**。信託業法第26條：信託業不得以信託財產辦理銀行法第5之2條所定授信業務項目。信託業不得以信託財產借入款項。但以開發為目的之土地信託，依信託契約之約定、經全體受益人同意或受益人會議決議者，不在此限。答案(C)，以信託財產辦理授信，應事先取得受益人書面同意，非屬信託業應遵守之行為規範。

26 **(D)**。為配合不動產證券化條例施行後，「信託業負責人應具備資格條件暨經營與管理人員應具備信託專門學識或經驗準則」增定第18條及第19條規定，要求不動產投資信託基金應至少指定一名具有運用決定權人員，專責處理基金資產運用及管理之事務。答案為(D)。

27 **(C)**。依信託業法第7條規定，本法稱信託業之利害關係人，指有下列情形之一者：一、持有信託業已發行股份總數或資本總額百分之五以上者。二、擔任信託業負責人。三、對信託財產具有運用決定權者。四、第一款或第二款之人獨資、合夥經營之事業，或擔任負責人之企業，或為代表人之團體。五、第一款或第二款之人單獨或合計持有超過公司已發行股份總數或資本總額百分之十之企業。六、有半數以上董事與信託業相同之公司。七、信託業持股比率超過百分之五之企業。故答案為(C)。

28 **(C)**。依信託業法第27條規定，信託業除依信託契約之約定，或事先告知受益人並取得其書面同意外，不得為下列行為：一、以信託財產購買其銀行業務部門經紀之有價證券或票券。二、以信託財產存放於其銀行業務部門或其利害關係人處作為存款或與其銀行業務部門為外匯相關之交易。三、以信託財產與本身或其利害關係人為第25條第1項以外之其他交易。信託業法第25條：信託業不得以信託財產為下列行為：一、購買本身或其利害關係人發行或承銷之有價證券或票券。二、購買本身或其利害關係。答案(C)，正確。

29 **(D)**。依信託業應負之義務及相關行為規範第8條規定，指明善良管理人注意義務之一般規範，信託業應依信託本旨，以善良管理人之注意義務，並以專業及謹慎態度處理信託業務。答案為(D)。

30 **(A)**。依信託業法第34條規定，信託業為擔保其因違反受託人義務而對委託人或受益人所負之損害賠償、利益返還或其他責任，應提存賠償準備金。前項賠償準備金之額度，由主管機關就信託業實收資本額或兼營信託業務之機構實收資本額之範圍內，分別訂定並公告之。第一項賠償準備金，應於取得營業執照後1個月內以現金或政府債券繳存中央銀行。委託人或受益人就第一項賠償準備金，有優先受償之權。答案為(A)。

31 **(D)**。依銀行法第28條第2項規定銀行經營信託業務應指撥營運資金之數額，不得低於新臺幣5,000萬元，該營運資金並得充當信託業法第34條規定之賠償準備金。答案為(D)。

32 **(B)**。依信託業法第33條規定，非信託業不得辦理不特定多數人委託經理第十六條之信託業務。但其他法律另有規定者，不在此限。同時依信託業法第48條地2項規定，違反第三十三條規定者，法人犯前項之罪者，處罰其行為負責人。答案為(B)。

33 **(C)**。金管會依據授權訂定「銀行經營信託或證券業務之營運範圍及風險管理準則」（106年6月27日發布修正），規範辦理重點第3點規定，充分告知事項：銀行專責部門或分支機構辦理信託業務，應以顯著方式於營業櫃檯標示，並向客戶充分告知下列事項：1.銀行辦理信託業務，應盡善良管理人之注意義務及忠實義務。2.銀行不擔保信託業務之管理或運用績效，委託人或受益人應自負盈虧。3.信託財產經運用於存款以外之標的者，不受存款保險之保障。答案(C)，正確。

34 **(C)**。依照信託資金集合管理運用管理辦法第9條第1、2、3、5項規定，信託業辦理非專業投資人得委託投資之信託資金集合管理運用，以具有次級交易市場之投資標的為原則，並應遵守下列規定：

一、除已獲准上市、上櫃而正辦理承銷中之股票外，不得投資未上市、未上櫃公司股票。答案(C)，正確。

二、不得辦理放款或提供擔保。答案(B)，錯誤。

三、不得從事證券信用交易。答案(D)，錯誤。

五、投資於任一上市、上櫃公司發行之股票、存託憑證、公司債、金融債券及短期票券之金額，分別不得超過個別集合管理運用帳戶投資當日淨資產價值百分之十。答案(A)，錯誤。

35 **(A)**。依據信託業法施行細則第7條第1項第1款規定，所指信託業法第16條各款所定的信託業經營之業務項目，依「受託人對信託財產運用決定權之有無」，可分為「具有運用決定權」及「不具有運用決定權」，其中具有運用決定權：受託人對信託財產具有運用決定權的信託，依據委託人是否指定「營運範圍或方法」，又可分為「指定」及「不指定」兩類。(1)委託委託人指定營運範圍或方法：委託人對信託財產為概括指定運用範圍或方法，並由受託人於該概括指定的運用範圍或方法內，對信託財產具有運用決定權。其中，金錢之信託簡單而言，金錢信託是指信託行為生效時，以金錢為信託財產的信託。故答案為(A)，指定營運範圍或方法之金錢信託。

36 **(D)**。依信託業法第40條規定信託業自有財產之運用範圍，除兼營信託業務之銀行外，包含並以下列各款為限：第1項第2款公司債、上市及上櫃股票、受益憑證之投資總額不得超過該信託業淨值30%；其投資每一公司之公司債及股票總額、或每一基金受益憑證總額，不得超過該信託業淨值5%及該公司債與股票發行公司實收資本額5%，或該受益憑證發行總額5%。故答案為(D)。

37 **(C)**。銀行法第69條，銀行進行清算後，非經清償全部債務，不得以任何名義，退還股本或分配股利。銀行清算時，關於信託資金及信託財產之處理，依信託契約之約定。故答案為(C)。

38 **(C)**。依信託業法施行細則第8條第5項規定之分類方式，種類中的特定單獨管理運用金錢信託：指委託人對信託資金保留運用決定權，並約定由委託人本人或其委任之第三人，對該信託資金之營運範圍或方法，就投資標的、運用方式、金額、條件、期間等事項為具體特定之運用指示，並由受託人依該運用指示為信託資金之管理或處分者。故答案為(C)，特定單獨管理運用金錢信託，受託人對信託財產不具運用決定權之信託。

39 **(C)**。信託業法第32條：信託業辦理委託人不指定營運範圍或方法之金錢信託，其營運範圍以下列為限：一、現金及銀行存款。二、投資公債、公司債、金融債券。三、投資短期票券。四、其他經主管機關核准之業務。主管機關於必要時，得對前項金錢信託，規定營運範圍或方法及其限額。故不包括答案(C)，投資上市股票。

40 **(D)**。依照信託業應負之義務及相關行為規範第47條（訂定紛爭受理方式與處理流程）信託業應訂定並實行適當之紛爭受理方式與處理流程，以有效處理委託人或受益人對其服務之申訴。信託業於判斷所訂定之紛爭受理方式與處理流程是否適當時，應考量其所承做之信託業務型態、機構之組織、可能接獲且須進一步調查之申訴之性質、其複雜度與數量。紛爭受理方式與處理流程至少應包含下列事項：一、受理申訴之程序。二、回應申訴之程序。三、適當調查申訴之程序。不包括答案(D)，向主管機關請求調處之程序。

41 **(D)**。依照信託業會計處理原則第3條原則用詞定義如下：一、自有帳：指信託業記錄其財務狀況、經營結果及財務狀況變動之帳務。二、信託帳：指信託業記錄其受託管理、運用與處分信託財產之帳務。答案為(D)。

42 **(B)**。依照證券投資信託事業證券投資顧問事業證券商兼營信託業務管理辦法第6條第2項規定，證券投資信託事業、證券投資顧問事業或證券商未於前項期限內辦理登錄，主管機關得廢止其兼營之許可。但有正當理由，於期限屆滿前，得向主管機關申請展延六個月，並以一次為限。答案為(B)。

43 **(A)**。依信託業法第30條第1項規定，共同信託基金受益證券應為記名式。答案(A)，錯誤。
依共同信託基金管理辦法第26條第3項規定，信託業運用共同信託基金，應遵守本法及下列之規定：三、本身管理之各共同信託基金間不得互為交易。答案(B)，正確。
依信託業法第29條第1項規定，共同信託基金之募集，應先擬具發行計畫，載明該基金之投資標的及比率、募集方式、權利轉讓、資產管理、淨值計算、權益分派、信託業之禁止行為與責任及其他必要事項，報經主管機關核准。信託業非經主管機關核准，不得募集共同信託基金。答案(C)，正確。
依共同信託基金管理辦法第3條第1項規定，信託業經主管機關核准募集發行共同信託基金者，應依下列各款規定為之：一、以定型化信託契約條款與不特定多數人分別訂定共同信託基金契約，收受金錢並以發行受益證券或製發表彰受益權之證明文件等方式交付受益權。答案(D)，正確。

44 **(B)**。依照信託業法第21條：信託業應設立信託財產評審委員會，將信託財產每三個月評審一次，報告董事會。答案(B)，錯誤。

45 **(C)**。信託業法優先適用於銀行法，銀行法優先適用於公司法；同時依信託業法第8條第2項規定，若設立共同信託基金以投資證券交易法第6條之有價證券為目的，其符合一定條件者，應優先適用證券投資信託及顧問法有關規定。

46 **(C)**。依遺贈稅法第5之1條規定，(1)信託契約明定信託利益之全部或一部之受益人為非委託人者，視為委託人將享有信託利益之權利贈與該受益人，依本法規定，課徵贈與稅。(2)信託契約明定信託利益之全部或一部之受益人為委託人，於信託關係存續中，變更為非委託人者，於變更時，適用前項規定課徵贈與稅。(3)信託關係存續中，委託人追加信託財產，致增加非委託人享有信託利益之權利者，於追加時，就增加部分，適用第一項規定課徵贈與稅。(4)前三項之納稅義務人為委託人。但委託人有第7條第一項但書各款情形之一者，以受託人為納稅義務人。
故依遺產及贈與稅法規定，他益信託契約如應課徵贈與稅時，其課稅時點為答案(C)訂定、變更信託契約之日。

47 **(B)**。委託人為自然人成立他益信託，而有應課徵贈與稅之情形時，應於贈與行為發生日後30日內向主管稽徵機關申報贈與稅。

48 **(A)**。所得稅法第3之4條：「受益人不特定或尚未存在者，其於所得發生年度依前二項規定計算之所得，應以受託人為納稅義務人，於第71條規定期限內，按規定之扣繳率申報納稅，其依第89條之1第2項規定計算之已扣繳稅款，得自其應納稅額中減除；其扣繳率由財政部擬訂，報請行政院核定發布之。符合第4-3條各款規定之公益信託，其信託利益於實際分配時，由受益人併入分配年度之所得額，依本法規定課稅。依法經主管機關核准之共同信託基金、證券投資信託基金，或其他經財政部核准之信託基金，其信託利益於實際分配時，由受益人併入分配年度之所得額，依本法規定課稅。」

49 **(C)**。依土地稅法第5之2條規定，「受託人就受託土地，於信託關係存續中，有償移轉所有權，設定典權或依信託法第35條第1項規定轉為其自有土地時，課徵土地增值稅。以土地為信託財產，受託人依信託本旨移轉信託土地與委託人以外之歸屬權利人時，以該歸屬權利人為納稅義務人，課徵土地增值稅。」

50 **(B)**。20萬股 50元〔1/(1＋1%)5＝0.9515〕＝951.5萬元。

NOTE

第55期 信託實務

( ) 1 依據信託業「行銷訂約管理辦法」，信託業之商品審查小組對得受託投資之金融商品進行上架前審查事項，不包括下列何者？ (A)商品之成本、費用及合理性 (B)商品之銷售量預估及可預期產生手續費收入及發行商的本商品獲利收益分析 (C)產品說明書內容之正確性及資訊之充分揭露 (D)信託業受託投資之適法性及利益衝突之評估。

( ) 2 信託業辦理「新臺幣」特定金錢信託投資「外幣」有價證券業務，其信託資金之收受及屆時本益之返還，均應以下列何種幣別為之？ (A)美元 (B)新臺幣 (C)歐元 (D)任何幣別。

( ) 3 有關信託財產評審委員會之組織及評審規範，下列何者正確？ (A)信託財產每半年評審一次，報告董事會 (B)委員會採事前審查機制 (C)信託業由外國銀行在台分行兼營者，董事會應盡之義務得由總行授權人員負責 (D)就信託財產評審事宜，認有聘請會計師、律師等外部等專業人員審查之必要時，須經金管會同意後，由信託部聘任之。

( ) 4 銀行要辦理新台幣或外幣特定金錢信託投資外幣有價證券者，應經何者核准，並向何者申請許可？ (1)信託公會 (2)投信投顧公會 (3)金管會 (4)中央銀行 (A)僅(1)、(3) (B)僅(2)、(3) (C)僅(3)、(4) (D)(1)、(2)、(3)。

( ) 5 詹先生經由銀行以特定金錢信託投資境外基金，下列敘述何者錯誤？ (A)詹先生應交付信託資金 (B)詹先生應指定運用標的 (C)詹先生毋須支付任何費用 (D)詹先生不得要求銀行保證最低收益。

( ) 6 銀行辦理特定金錢信託投資國內外共同基金業務，下列敘述何者錯誤？ (A)委託人應負擔基金之申購、轉換、贖回等各項費用 (B)委託人得委託受託銀行以定期定額方式投資 (C)受託銀行應以委託人名義向國外相關機構辦理投資手續 (D)受託銀行於委託人交付信託資金後，應發給信託憑證或對帳單或基金存摺以資為憑。

( ) **7** 甲銀行接受某乙辦理特定金錢信託投資境外基金，收取申請書上載明之信託手續費，並以信託申請書代替手續費收入憑證，則下列敘述何者正確？ (A)甲需繳交營業稅與印花稅 (B)甲乙皆需繳交營業稅與印花稅 (C)甲需繳交營業稅，乙需繳交印花稅 (D)甲乙皆不需繳交營業稅與印花稅。

( ) **8** 下列何者非屬於特定金錢信託業務？ (A)福利儲蓄信託 (B)員工持股信託 (C)共同信託基金 (D)信託資金投資國外有價證券。

( ) **9** 銀行辦理特定金錢信託投資國外有價證券業務，如客戶為非專業投資人，其所得投資之外國中央政府債券，如係經Fitch Ratings Lt (4)評等者，應至少為下列何種信用評等等級以上？ (A)A級 (B)A-級 (C)B級 (D)BBB級。

( ) **10** 有關銀行辦理特定金錢信託業務時，下列何項費用不得向客戶收取？ (A)申購手續費 (B)轉換手續費 (C)信託管理費 (D)保證諮詢費。

( ) **11** 依境外基金管理辦法規定，下列何者不是境外基金銷售契約之簽約對象？ (A)委託人 (B)銷售機構 (C)總代理人 (D)境外基金機構。

( ) **12** 銀行辦理特定金錢信託投資境外基金時，所投資之基金原則上至少必須成立滿幾年？ (A)半年 (B)一年 (C)二年 (D)三年。

( ) **13** 有關特定金錢信託投資國外有價證券業務之委託人，下列何者正確？ (A)限於自然人 (B)限於營利法人 (C)限於非營利法人 (D)得為自然人或法人。

( ) **14** 信託業辦理特定金錢信託投資國外有價證券業務，係以下列何者名義辦理結購外匯？ (A)受託人 (B)委託人 (C)受益人 (D)依委託人指示。

( ) **15** 在特定金錢信託之運作架構下，下列何事項毋須委託人處理？ (A)有價證券交割 (B)簽訂信託契約 (C)交付信託資金 (D)指定運用方式。

( ) **16** 有關特定金錢信託投資國外有價證券之本金，其新臺幣與外幣間匯率避險得採行之方式，下列何者錯誤？ (A)換匯交易 (B)換匯換利交易 (C)期貨 (D)匯率選擇權。

( ) **17** 信託業銷售證券投資信託基金時，必須與投信公司簽訂下列何種契約？ (A)信託契約 (B)銷售契約 (C)基金投資契約 (D)承銷契約。

( ) **18** 管理型有價證券信託與保管業務相比較，下列何者錯誤？ (A)兩者均須移轉有價證券之占有 (B)採信託方式時，名義上應由受託人行使股東權利 (C)兩者均須移轉有價證券之所有權 (D)採保管方式時，得約定由受任人領取股息。

( ) **19** 依信託業內部控制及稽核制度實施辦法規定，稽核單位應將營業單位辦理信託業務有無不當行銷，商品內容是否充分揭露等併入查核項目，該所指「查核」，下列敘述何者正確？ (1)重點查核 (2)突擊查核 (3)一般查核 (4)專案查核 (A)僅(1)、(2) (B)僅(2)、(3) (C)僅(3)、(4) (D)僅(2)、(3)、(4)。

( ) **20** 王伯伯與甲銀行訂定特定金錢信託契約投資國外有價證券，下列何者非屬王伯伯可能投資之標的？ (A)股票 (B)債券 (C)商品現貨 (D)基金。

( ) **21** 有關信託財產評審委員會對特定金錢信託業務之審查方式，下列敘述何者正確？

(A)應逐案加以審查

(B)信託財產交付金額為新臺幣4,000萬元，抽查比率不得低於百分之五

(C)因信託業不具運用決定權故無須審查與報告

(D)由專責部門就信託財產彙總運用概況提出報告。

( ) **22** 企業員工持股信託係屬下列何種信託？ (A)集團信託 (B)個別信託 (C)準集團信託 (D)共同信託。

( ) **23** 有關企業員工持股信託受託人之敘述，下列何者正確？ (A)保障信託本金，並擔保信託收益 (B)保障信託本金，但不擔保信託收益 (C)不保障信託本金，但擔保信託收益 (D)不保障信託本金，亦不擔保信託收益。

( ) **24** 信託業辦理「企業員工福利及儲蓄信託」業務所簽訂之信託契約，其委託人為下列何者？ (A)員工福利及儲蓄信託委員會 (B)員工福利及儲蓄信託委員會之代表人 (C)參加委員會之員工本人 (D)企業之代表人。

( ) **25** 有關企業員工持股信託專戶受配領取之股利或利息等所得之課稅原則，下列敘述何者錯誤？ (A)所得發生原則 (B)導管理論 (C)實質課稅原則 (D)實際分配原則。

( ) **26** 企業員工持股信託投資股票所孳生之股利，最終應納入下列何者之綜合所得課稅？ (A)企業員工持股信託專戶 (B)受託人 (C)委託人 (D)員工持股會。

( ) **27** 依我國信託業法規定，企業員工持股信託非屬下列何種業務？ (A)自益信託 (B)特定金錢信託 (C)金錢信託 (D)不指定金錢信託。

( ) **28** 有關企業員工持股信託之相關稅負，下列敘述何者正確？ (A)員工自提金額，可節省所得稅 (B)到期一次提領，可節省所得稅 (C)公司獎助金應納入員工當年度個人綜合所得 (D)如員工於契約期間死亡，其信託財產可免課徵遺產稅。

( ) **29** 有關員工持股會之敘述，下列何者錯誤？ (A)代表會員與受託機構簽訂協議書 (B)原則上會員成員須為公司編制內之正式員工 (C)為企業員工持股信託之信託關係人 (D)非為實際享有信託權益及負擔義務者。

( ) **30** 企業員工持股信託契約終止時，有關信託財產之返還，下列敘述何者錯誤？ (A)得以信託財產現狀返還之 (B)得以折算金錢方式返還 (C)得選擇部分股票部分現金方式返還 (D)信託財產返還時應課贈與稅。

( ) **31** 有關信託業辦理企業員工持股信託業務之敘述，下列何者錯誤？ (A)受託人之報酬得以信託財產充之 (B)不得違反信託契約之約定 (C)應由具有專門學識或經驗之人員為之 (D)得享有信託利益。

( ) **32** 依證交所規定，有價證券借貸之競價交易是由借券人及出借人依最高年利率16%以下，以百分之多少為升降單位，自行申報出借及借券費率？ (A)0. 1 (B)0. 5 (C)1 (D)2。

( ) **33** 所謂運用型有價證券信託，主要係將有價證券標的透過信託方式為下列何者方式進行運用管理，以提高其運用收益？ (A)買賣 (B)保管 (C)有價證券借貸 (D)抵押。

( ) **34** 有關有價證券信託依其信託目的及管理運用方式區分之類型，不包含下列何者？ (A)管理型有價證券信託 (B)運用型有價證券信託 (C)融資型有價證券信託 (D)處分型有價證券信託。

( ) **35** 依有價證券借貸辦法規定，辦理有價證券借貸交易之出借數量最低為多少單位？ (A)標的有價證券一個交易單位以上 (B)標的有價證券五個交易單位以上 (C)標的有價證券十個交易單位以上 (D)標的有價證券二十個交易單位以上。

( ) **36** 依主管機關規定，境外基金之投資於中華民國證券市場之比率不得超過其淨資產價值之多少？ (A)0.5 (B)0.6 (C)0.7 (D)0.8。

( ) **37** 有關企業員工持股信託所採之滾入平均成本法投資原則，下列何者正確？ (A)採定期定額投資概念 (B)短期投資 (C)股價愈高，買進股票愈多 (D)股價愈低，買進股票愈少。

( ) **38** 有關我國不動產證券化之制度，下列敘述何者錯誤？ (A)不動產投資信託屬於金錢信託 (B)可向特定人私募或向不特定人公開募集 (C)不動產資產信託係先發行證券募集資金再投資不動產 (D)包括「不動產投資信託」與「不動產資產信託」兩種制度。

( ) **39** 有關企業員工持股信託業務，倘委託人於信託期間，因其個人不得已事由而中途退出時，應經下列何者審核通過？ (A)受託人 (B)受益人 (C)員工持股會代表人 (D)該公司董事會。

( ) **40** 不動產投資信託基金之投資所得，依契約約定應分配之收益，至遲應於會計年度結束後幾個月內分配？ (A)二個月 (B)三個月 (C)四個月 (D)六個月。

( ) **41** 下列何者非屬不動產證券化之特性？ (A)投資金額較低 (B)權益可分割性 (C)經營專業化 (D)投資單位以分棟分層分戶方式銷售。

( ) **42** 目前我國不動產證券化制度，所稱之資金運用型係指下列何者？ (A)不動產投資信託 (B)不動產資產信託 (C)金融資產信託 (D)抵押貸款信託。

( ) **43** 委託人為公開發行公司之內部人，欲將其所持有股份保留運用決定權交付信託，該等交付信託股份之嗣後變動，應由下列何者辦理股權異動申報？ (A)受託人 (B)委託人 (C)發行公司 (D)受益人。

( ) **44** 除經主管機關核准外，不動產投資信託受益證券之私募對象，不包含下列何者？ (A)銀行業 (B)證券業 (C)建築業 (D)保險業。

( ) **45** 有關我國不動產證券化條例之受益證券持有人之收益分配請求權，自發放日起若干年間不行使而消滅？ (A)一年 (B)三年 (C)五年 (D)十五年。

( ) **46** 以下列何種方式成立之不動產投資信託基金，於法令規範上有較簡化之管理？ (A)私募 (B)上市 (C)公開募集 (D)上櫃。

( ) **47** 下列何者無法使創始機構之金融資產移轉，取得對抗債務人之效力？ (A)依民法第二百九十七條之規定，通知債務人 (B)向債務人寄發已依法公告之證明書者 (C)創始機構受受託機構之委任而擔任服務機構，負責向債務人收取債權，並已依規定公告 (D)受託機構與債務人於契約約定寄發依金融資產證券化條例所定公告之證明書者。

( ) **48** 依不動產證券化條例及主管機關相關規定，受託機構於向金融業以外之境內法人私募受益證券時，該法人最近一期經會計師查核或核閱之財務報告總資產至少應超過新臺幣多少元？ (A)三千萬元 (B)四千萬元 (C)五千萬元 (D)六千萬元。

( ) **49** 特殊目的信託契約係由下列何者所成立？ (A)創始機構與受益人 (B)創始機構與服務機構 (C)創始機構與受託機構 (D)受託機構與服務機構。

( ) **50** 依金融資產證券化條例規定，受益證券於何種情形下應經信用評等機構評定其評等等級？ (A)向特定人私募時 (B)未採取信用增強機制時 (C)對非特定人公開招募時 (D)未設置信託監察人時。

( ) **51** 甲公司洽信託業辦理有價證券信託，並指定受益人為乙公司時，則乙公司於信託成立時須繳納下列何種稅負？ (A)所得稅 (B)贈與稅 (C)契稅 (D)遺產稅。

( ) **52** 受託機構以不動產投資信託基金進行新臺幣一億元以上之交易，而取得之估價報告書，若係於交易契約成立日前估價者，其價格日期與契約成立日期相差不得逾多久？ (A)六個月 (B)九個月 (C)一年 (D)三年。

( ) **53** 有關金融資產證券化對金融機構之效益，下列敘述何者錯誤？ (A)降低資金調度成本 (B)處分自有不動產 (C)分散金融資產風險 (D)提高金融資產之流動性。

( ) **54** 依金融資產證券化條例規定，下列何者非屬公開說明書或投資說明書應充分揭露事項？ (A)受託機構不保證信託財產之價值 (B)特殊目的信託契約之重要事項 (C)受益證券如經信用評等即可確保其收益 (D)受益證券持有人之可能投資風險及其相關權利。

(　　) **55** 有關金融資產證券之受益人集體行使帳簿閱覽權，其至少持有本金持分總數之比例，下列何者正確？ (A)百分之二 (B)百分之三 (C)百分之四 (D)百分之五。

(　　) **56** 依我國法令規定，下列何者不須指定保管機構？ (A)境外華僑及外國人與大陸地區投資人投資之國內有價證券 (B)信託資金集合管理運用帳戶之資產 (C)證券商提存之營業保證金 (D)保險公司銷售之投資型保險商品專設帳簿之資產。

(　　) **57** 依法律、命令或證券投資信託契約規定須由證券投資信託保管機構代為召開受益人大會時，就召開會議所生之費用，原則上應由下列何者負擔？ (A)投資人 (B)保管機構 (C)證券投資信託事業 (D)證券投資信託基金。

(　　) **58** 證券投資信託事業經營全權委託投資業務，應與委任人簽訂下列何種契約？ (A)證券投資信託契約 (B)代理契約 (C)居間契約 (D)全權委託投資契約。

(　　) **59** 依證券投資信託基金保管機構辦理基金資產交割作業準則規定，有關保管銀行辦理基金交割作業，下列何者錯誤？ (A)應先取得投信公司有權人員之簽章樣本 (B)應於交割前蒐集實體有價證券交易標的之樣張 (C)收到交割指示應確認交易內容是否符合相關法令 (D)交割指示內容不明確時，應先完成交割，再與投信公司確認。

(　　) **60** 擔任證券投資信託基金之保管機構，其日常應提供之服務不包括下列何者？ (A)帳戶之開設 (B)資產之保管 (C)交割款項之墊付 (D)銷售款項之調撥。

(　　) **61** 依不動產證券化條例規定，本條例主管機關為下列何者？ (A)財政部 (B)內政部 (C)經濟部 (D)金融監督管理委員會。

(　　) **62** 有關擔任證券投資信託基金保管機構之義務，下列何者正確？ (A)即時投資資訊系統之提供 (B)協助基金經理人選擇適當投資標的 (C)定期公告基金之財務報表 (D)盡善良管理人之注意義務保管基金資產。

(　　) **63** 有關證券投資信託基金保管機構之敘述，下列何者錯誤？ (A)應由證券投資信託事業分別設帳保管 (B)應由證券投資信託事業選定保管機構 (C)基金資產應獨立於保管機構自有財產之外 (D)應確認交易內容與證券投資信託事業之指示是否相符。

( ) **64** 全權委託投資業務以委任關係辦理者，下列何者錯誤？ (A)委任人將資產委託保管機構保管時，應於保管機構開立投資保管帳戶 (B)原則上每一全權委託投資帳戶之保管銀行以一家為限 (C)越權交易所需交割之款券，原則上應由委任人負責撥入保管帳戶 (D)除法令或主管機關另有規定外，原則上不得接受共同之委任。

( ) **65** 受託機構應分別於每營業年度終了及資產信託證券化計畫執行完成後四個月內，作成下列何種書表，向信託監察人報告，並通知各受益人？ (1)資產負債表 (2)損益表 (3)資產信託證券化計畫書 (4)信託財產管理及運用之報告書 (A)(1)、(2)、(3) (B)(1)、(2)、(4) (C)(1)、(3)、(4) (D)(2)、(3)、(4)。

( ) **66** 全球保管銀行可以經由提供下列何種服務以增加收益？ (A)有價證券借貸 (B)有價證券買賣交割 (C)公司重大資訊提供 (D)報表提供。

( ) **67** 下列何者非屬保管機構得依證券投資信託公司之指示及證券投資信託契約之規定自基金資產支付之費用項目？ (A)證券投資信託公司之報酬 (B)保管機構之報酬 (C)取得或處分基金資產之經紀商佣金 (D)銷售人員業務推廣之報酬。

( ) **68** 全權委託投資之保管銀行如認為受任人有越權交易且無法及時協商解決時，至遲應於何時出具越權交易通知書？ (A)成交當日立即提出 (B)成交日次一營業日上午十時前 (C)成交日次一營業日上午十一時前 (D)成交日次二營業日上午十一時前。

( ) **69** 下列何者屬證券投資信託事業得經營之業務種類？ (1)證券投資信託業務 (2)全權委託投資業務 (3)證券投資顧問業務 (4)保管銀行業務 (A)僅(1)、(3) (B)僅(1)、(2) (C)僅(1)、(4) (D)僅(3)、(4)。

( ) **70** 除經主管機關核准外，下列何者可作為信託資金集合管理運用帳戶之流動性資產項目？ (A)基金受益憑證 (B)上市股票 (C)可轉換公司債 (D)短期票券。

( ) **71** 信託業辦理信託資金集合管理運用之運用範圍，存放於同一金融機構之存款、投資其發行之金融債券與其保證之公司債及短期票券金額，合計不得超過投資當日全體集合管理運用帳戶淨資產總價值百分之三十及該金融機構淨值之多少？ (A)百分之五 (B)百分之十 (C)百分之二十 (D)百分之三十。

( ) **72** 有關信託資金集合管理運用帳戶之信託受益權轉讓之規定，下列何者正確？ (A)由委託人背書轉讓 (B)集合管理運用帳戶之信託受益權不得轉讓 (C)由受益人背書轉讓 (D)由原受益人通知受託人劃撥轉讓予新受益人。

( ) **73** 有關集合管理運用帳戶之設置及終止，下列何者錯誤？ (A)帳戶之設置，委託人為非專業投資人者，係採核准機制 (B)信託業可一次同時申請數個帳戶 (C)信託業得任意終止帳戶 (D)受託機構之信用評等須達一定等級。

( ) **74** 有關信託業辦理信託資金集合管理運用之運用範圍，下列敘述何者正確？ (A)得辦理放款 (B)得從事證券信用交易 (C)不得辦理放款且不得從事證券信用交易 (D)得向公營行庫提供擔保，但不得從事證券信用交易。

( ) **75** 有關信託業辦理集合管理運用帳戶信託報酬收取之規定，下列何者錯誤？

(A)不得重複收取

(B)得依約定條款之約定另行重複酌收

(C)在不重複收取之原則下，應可以信託契約約定信託報酬收取標準

(D)在不重複收取之原則下，得於信託契約中約明信託報酬於集合管理運用帳戶之信託財產扣取。

( ) **76** 依信託資金集合管理運用管理辦法規定，信託業申請設置集合管理運用帳戶時，申請書件應先送交下列何者審查？ (A)財政部 (B)金管會證期局 (C)中華民國信託業商業同業公會 (D)中華民國證券投資信託暨顧問商業同業公會。

( ) **77** 依現行法令規定，除銀行兼營信託業外，僅擔任不動產投資信託之受託機構，其最低實收資本額為新台幣多少元？ (A)3億 (B)5億 (C)10億 (D)20億。

( ) **78** 有關擔任證券投資信託基金保管機構之資格，下列敘述何者正確？

(A)須擔任證券投資信託事業監察人

(B)須為銀行法第二十條所稱之銀行或信託業法第二條所稱之信託業

(C)須投資於證券投資信託事業已發行股份總數百分之十以上

(D)須擔任證券投資信託事業董事。

(　　) **79** 甲銀行兼營信託業務，辦理金錢信託、有價證券信託及保管銀行業務，其金錢信託中並無保本保息之代為確定用途信託資金，今該銀行有指撥營運資金新台幣五千萬元，請問甲銀行至少應再提存信託賠償準備金為多少元？　(A)二千萬元　(B)三千萬元　(C)四千萬元　(D)得以指撥營運資金充當賠償準備金。

(　　) **80** 依信託法及信託業法規定，有關金錢信託之信託登記，下列敘述何者正確？　(A)交付與運用時所取得財產均應信託登記　(B)交付與運用時所取得財產均無信託登記之必要　(C)交付時應信託登記；運用時所取得之財產，無須信託登記　(D)交付時無須信託登記；運用時所取得之財產為應登記財產者，應注意其信託登記事宜。

解答與解析　（答案標示為#者，表官方曾公告更正該題答案。）

1 (B)。依信託業營運範圍受益權轉讓限制風險揭露及行銷訂約管理辦法第23之1條規定，信託業應設立商品審查小組，對得受託投資之金融商品進行上架前審查，並至少包含下列事項：一、商品之合法性。二、商品之成本、費用及合理性。三、商品之投資策略、風險報酬及合理性。四、產品說明書內容之正確性及資訊之充分揭露。五、信託業受託投資之適法性及利益衝突之評估。六、商品發行機構或保證機構之過去績效、信譽及財務業務健全性。故答案(B)，錯誤，不包括商品之銷售量預估及可預期產生手續費收入及發行商的本商品獲利收益分析。

2 (B)。新台幣信託投資國外有價證券業務時，其本金收受及本益攤還均應以新台幣為之，不得直接以外幣返還。

3 (C)。

(1) 依信託業法第21條規定，信託業應設立信託財產評審委員會，將信託財產每3個月評審一次，報告董事會。答案(A)錯誤。

(2) 依有關信託財產評審委員會之組織及評審規範，下列何者正確第3條規定，委員會之職責在於審查信託財產之運用是否遵循法令規範，並符合信託約定，採事後審查機制。所以答案(B)錯誤。

(3) 現行信託財產評審係依據「信託財產評審委員會之組織及評審規範」，由非主管業務之單位主管5到9人以上（含主席）擔任委員。前項委員由董事會或總經理自董事或未參與信託財產運用決策之主管選任，其由總經理選任者並應提報董事會備查。答案(C)，正確。

(4) 信託業務部門主管擔任委員之人數應低於委員會總人數之二分之

一。信託財產評審委員會為一直接隸屬董事會之超然獨立組織，性質上不宜全由信託業務部門之人員擔任評審委員，以避免失去外部審查功能及客觀性。答案(D)，錯誤。

4 (C)。辦理特定金錢信託投資國外有價證券業務應遵循下列主管機關監管：

(1) 金融監督管理委員會：須經「金融監督管理委員會」核准辦理金錢信託業務。

(2) 中央銀行：銀行兼營信託業者須依「銀行業辦理外匯業務管理辦法」向中央銀行申請許可，並須遵守中央銀行有關「投資國外有價證券之評等、種類及範圍」等相關規定。故答案為(C)。

5 (C)。依「信託業營運範圍受益權轉讓限制風險揭露及行銷訂約管理辦法」第24條規定，信託業辦理特定金錢信託業務或特定有價證券信託業務，自交易相對人取得之報酬、費用、折讓等各項利益，應分別明定收取費率之範圍。故答案(C)，錯誤。

6 (C)。受託銀行應以受託人名義向國外相關機構辦理投資手續，非以委託人之名義執行。

7 (A)。依照民國80年9月25日北市稽工乙字第20882號函令規定，辦理國外共同基金受益憑證業務，以指定用途信託申請書代替信託手續費收入憑證，應依法報繳印花稅，依印花稅法第13條第3款規定：凡以非納稅憑證代替應納稅憑證使用者，仍應按其性質所屬類目貼用印花稅票。同時，依照民國90年12月5日台財稅字第0900457509號令規定，主旨：銀行辦理指定用途信託資金投資國外有價證券暨國內共同基金業務之信託手續費收入，屬銀行業經營專屬本業之銷售額，依營業稅法第11條第1項規定，適用百分之二營業稅稅率。故答案為(A)，甲銀行需繳交營業稅與印花稅。

8 (C)。特定金錢信託業務種類，主要業務：信託資金投資國內外有價證券、信託資金投資國內外基金、員工持股信託及福利儲蓄信託、預收款信託、保險金信託。並不包括答案(C)，共同信託基金。

9 (A)。銀行辦理特定金錢信託投資國外有價證券業務，受託買賣外國中央政府債券，委託人為非專業投資人者，發行國家主權評等應符合信用評等機構評定達一定等級以上，其所得投資之外國中央政府債券，如係經Fitch Ratings Ltd評等者，應至少為A級信用評等等級以上。

10 (D)。依信託業法第19條第1項第9款規定，信託業辦理特定金錢信託業務，自交易對手取得之服務費，在性質上屬信託報酬，應於信託契約中明定。委託人所須負擔之費用：(1)申購手續費：分為單筆投資與定期定額：費用係以信託本金乘以費率，於申購時一次給付，費率依各基金公司而有所不同，亦有於贖回時才收取者（亦即所稱B股）。(2)轉換手續費：於辦理基金轉換時一次收取。(3)信託手續費：以投資信託本金乘以費率由委託人於信託資金交付時一次給付受託銀行，有些銀行於申購費中已內含信託手續費。(4)信託管理費：由受託銀行，以信託本金乘以費率，再乘上持有期間計算之，於贖回返還信託本金時扣收。故不包括答案(D)，保證諮詢費。

11 **(A)**。境外基金管理辦法第18條：總代理人得委任經核准營業之證券投資信託事業、證券投資顧問事業、證券經紀商、銀行、信託業及其他經本會核定之機構，擔任境外基金之銷售機構，辦理該境外基金之募集及銷售業務。答案(A)，錯誤。

12 **(B)**。依據「境外基金管理辦法」第23條第7項規定，境外基金必須成立滿一年。答案為(B)。

13 **(D)**。有關特定金錢信託投資國外有價證券業務之委託人，依中央銀行目前發布的「銀行業辦理外匯業務作業規範」第9條及第10條規定之規定，其委託人之資格條件如下：

(1) 本國自然人、領有臺灣地區居留證、外僑居留證或外交部核發相關身分證件之外國自然人。

(2) 本國法人或經我國政府認許之外國法人。

(3) 經許可來臺，並依金融監督管理委員會規定在國內銀行開設新臺幣存款帳戶之大陸地區人民。若其辦理外幣信託資金投資外國有價證券時，限其必須在外匯指定銀行開設外匯存款帳戶。不論其以台幣或外幣投資信託資金投資外國有價證券且每筆信託資金不得超過所存入該帳戶之餘額。

(4) 其他經金融監督管理委員會或央行核准者。

答案為(D)。

14 **(A)**。信託業辦理特定金錢信託投資國外有價證券業務，信託後，信託財產屬於受託人名義下，故以受託人之名義辦理結購外匯事宜。答案為(A)。

15 **(A)**。在特定金錢信託之運作架構下，處理有價證券交割，屬於受託人的工作，非屬委託人處理範圍。

16 **(C)**。依「信託業營運範圍受益權轉讓限制風險揭露及行銷訂約管理辦法」信託業運用信託財產於國外或涉及外匯之投資，為避險目的得依受託人名義以客戶身分與銀行從事下列交易：(1)新臺幣與外幣間匯率選擇權交易。(2)新臺幣與外幣間換匯交易。(3)新臺幣與外幣間換匯換利交易。答案(C)，期貨，錯誤。

17 **(B)**。依銷售機構基金通路報酬揭露施行要點第3條的定義，境外基金機構、總代理人或證券投資信託事業依本施行要點提供銷售機構之報酬應依銷售契約約定辦理。答案為(B)。

18 **(C)**。管理型有價證券信託所有權移轉予受託人，保管業務不移轉所有權，而是單純的占有權移轉。答案(C)錯誤。

19 **(C)**。依照金融控股公司及銀行業內部控制及稽核制度實施辦法第15條第1項規定，銀行業內部稽核單位對國內營業、財務、資產保管及資訊單位每年至少應辦理1次一般查核及1次專案查核，對其他管理單位每年至少應辦理1次專案查核；對各種作業中心、國外營業單位及國外子行每年至少辦理1次一般查核；對國外辦事處之查核方式可以表報稽核替代或彈性調整實地查核頻率。所以答案(C)，正確，信託公司稽核單位對營業單位每年應至少辦理之一般查核及專案查核次數，1次一般查核及1次專案查核。

20 **(C)**。境外基金管理辦法第23條：二、境外基金不得投資於黃金、商品現貨及不動產。答案(C)，錯誤。

21 **(D)**。「信託財產評審委員會」之組織及評審規範第10條第1、2、5項規定，評審信託財產之方式，如下：

(1) 對信託財產不具有運用決定權之信託，由信託業務專責部門就信託財產運用之彙總運用概況提出報告。答案(C)錯誤，答案(D)正確。

(2) 對集合管理運用帳戶，應就個別帳戶審議其信託財產之運用是否遵循法令規範並符合管理運用計畫、信託約定以及有無顯不合理之運用狀況。答案(A)，錯誤。

(5) 除本條第2至4款之信託外，對於其餘就信託財產具有運用決定權之信託，應審議其信託財產之運用是否遵循法令規範、符合信託約定及有無顯不合理之運用狀況。評審時應採隨機方式進行抽查，每次抽查件數，其信託財產交付金額達新台幣5000萬元以上者，抽查比率不得低於5%；其低於新台幣5000萬元部分，應至少抽查5筆。答案(B)，錯誤。

22 **(C)**。由於係同一企業內之員工為集合運用、分別管理，故屬於「準集團信託」（或團體信託）。答案為(C)。

23 **(D)**。企業員工持股信託之投資風險係由委託人本人承擔之。所以答案(D)，正確，不保障信託本金，亦不擔保信託收益。

24 **(C)**。信託業辦理「企業員工福利及儲蓄信託」業務所訂之信託契約，其委託人應為(C)參加委員會之員工本人，非屬員工福利及儲蓄信託委員會、員工福利及儲蓄信託委員會之代表人或企業之代表人。答案(C)，正確。

25 **(D)**。企業員工持股信託專戶，採導管理論，以受配領取之股利或利息等所得為課税原則：(1)公司獎勵金之稅負：所得發生原則，公司獎勵金應視為員工當年度薪資所得之一部分，納入員工當年度個人綜合所得稅。(2)信託收益稅賦：實質課稅原則，購入公司股票之信託財產所孳生之現金、股票股利等收益分配金，由信託財產專戶受配領取後，受託人將其個別列為各委託人之當年度綜合所得課稅。(3)信託終了帳務處理：委託人中途退會或信託終了時受託人返還信託財產，在停徵證所稅期間不予課徵。

26 **(C)**。信託收益稅賦：實質課稅原則，購入公司股票之信託財產所孳生之現金、股票股利等收益分配金，由信託財產專戶受配領取後，受託人將其個別列為各委託人之當年度綜合所得課稅。答案(C)，委託人。

27 **(D)**。企業員工持股信託的特性：(一)依信託業法規定係屬金錢信託的種類，企業員工信託業務是由員工（即委託人），每月簽約同意自薪資中固定提撥一筆小額資金予受託人運用與管理。(二)屬於自益信託：委託人與受益人為同一人之信託。(三)屬於特定集合管理運用金錢信託，由委託人指定以投資取得自己所服務公司之上市、上櫃公司（不含全額交割股）或未上市、上櫃公司其關係企業若有上市上櫃者為限。答案(D)不指定金錢信託，錯誤。

28 **(C)**。企業員工持股信託之相關稅負，公司獎勵金之稅負：所得發生原則，公司獎勵金應視為員工當年度薪資所得之一部分，納入員工當年度個人綜合所得稅。答案(C)，正確。

29 **(A)**。企業員工持股之意義係以員工入股為基本前提，亦即員工持有自己所服務公司的股票，成為公司的股東之一。透過自益信託的方式，共同成立一個員工持股會，由加入之員工即持股會之會員，授權該會之代表人與信託業簽定員工持股信託，並約定每個月自其薪資所得中提撥一定之信託資金，並配合公司之獎勵金，經由該會之代表人統一支付予信託人，依信託契約之目的與運用、管理，將員工所交付的資金以集合運用與分別管理的方式，以定期定額的概念，投資取得公司股票，分享公司的資本利得與孳息的部分。答案(A)錯誤，並非簽訂協議書，而是簽訂員工持股信託。

30 **(D)**。信託財產屬委託人所有，故委託人中途退出企業員工持股信託或信託契約終止（包括期前終止）時，受託人得以股票、折算金錢或部分股票及部分現金方式返還。同時，信託終了帳務處理：委託人中途退會或信託終了時受託人返還信託財產，在停徵證所稅期間不予課徵。答案(D)，錯誤。

31 **(D)**。受託人不得享有信託利益：我國信託法中，雖未有明定受託人之忠實義務，但依信託法第34條及第35條規定載名受託人為避免發生信託財產利益與受託人個人利益相衝突情事，不得享有信託利益，也不可將信託財產轉為自有財產，或於該信託財產上設定或取得權利。答案(D)，錯誤。

32 **(A)**。依據臺灣證券交易所有價證券借貸辦法規定，有價證券借貸之競價交易：由借券人及出借人依最高年利率16%以下，0.1%為升降單位，自行申報出借及借券費率，借券費率採逐筆撮合成交。採價格優先撮合原則。答案(A)，正確。

33 **(C)**。運用型有價證券信託重點在於持有價證券之人，意即委託受託人將有價證券為借貸之運用管理，以提高有價證券之運用收益。答案為(C)。

34 **(C)**。依其信託目的及管理運用方式可分別區分為「管理型」、「運用型」及「處分型」有價證券信託等三種類型，不包括(C)融資型有價證券信託。

35 **(A)**。依證交所規定，有價證券借貸交易之申請數量規定：(1)出借數量：標的有價證券的10個交易單位以上。(2)借券數量：至少標的有價證券的1個交易單位。答案(A)。

36 **(A)**。「境外基金管理辦法」第23條第1項第5款規定，「境外基金投資中華民國證券市場之投資比率」：依金管會於民國104年9月1日金管銀外字第10400192770號令，銀行國際金融業務分行辦理總行經金融監督管理委員會核准辦理之外幣信託業務，受託投資標的為境外基金時，不受投資標的組合內容不得涉及新臺幣計價商品限制，但其投資於中華民國證券市場之比率不得超過其淨資產價值之50%。答案為(A)0.5。

37 **(A)**。定期定額資入，即滾入平均成本法。亦即投資採滾入平均成本的概念，分散風險採定期定額方式投資。答案為(A)。

38 **(C)**。不動產信託之定義係指接受信託時，信託財產之交付標的為不動產之信託，在性質上，投資在性質上，投資人係投入信託資金，屬於金錢信託，因其投資「不動產」為主，所以為廣義之「不動產信託」。

不動產信託係依不動產證券化第4條第5款條例之規定，不動產投資信託：向不特定人募集發行或向特定人私募交付不動產投資信託受益證券，以投資不動產、不動產相關權利、不動產相關有價證券及其他經主管機關核准投資標的而成立之信託。及依不動產證券化條例第4條第6款規定，不動產資產信託：委託人移轉其不動產或不動產相關權利予受託機構，並由受託機構向不特定人募集發行或向特定人私募交付不動產資產信託受益證券，以表彰受益人對該信託之不動產、不動產相關權利或其所生利益、孳息及其他收益之權利而成立之信託。答案(C)，錯誤。

39 **(C)**。企業員工持股信託業務，倘委託人於信託期間，因其個人不得已事由而中途退出時，應經員工持股會代表人審核通過。

40 **(D)**。依照不動產證券化條例第28條第3項規定，不動產投資信託基金投資所得依不動產投資信託契約約定應分配之收益，應於會計年度結束後六個月內分配之。答案(D)，正確。

41 **(D)**。不動產證券化之特性與傳統不動產投資比較，其特性如下：(1)投資金額較低。(2)可規劃較多樣式之投資單位。(3)權益可以分割。(4)營運透明化。(5)營業專業化。(6)募集資金容易。答案(D)投資單位以分棟分層分戶方式銷售，錯誤。

42 **(A)**。「不動產投資信託」（REIT）以成立基金的方式發行受益證券，為類似信託基金的一種投資工具，只是投資標的為不動產、不動產相關權利、不動產相關有價證券，及其他經主管機關核准投資標的等。答案(A)為資金運用型信託。

43 **(B)**。內部人為委託人：內部人「保留運用決定權之交付信託股份」，因係由內部人（含本人或委任第三人）為運用指示，再由受託人依該運用指示為信託財產之管理或處分，故該等交付信託股份之嗣後變動，仍續由內部人依證券交易法第22-2條及第25條規定辦理股權申報。

44 **(C)**。依不動產證券化條例第13條第1項規定，受託機構得對下列對象進行不動產投資信託受益證券之私募：一、銀行業、票券業、信託業、保險業、證券業或其他經主管機關核准之法人或機構。二、符合主管機關所定條件之自然人、法人或基金。不包括答案(C)建築業。

45 **(C)**。依不動產證券化條例第41條規定，受益證券持有人之收益分配請求權，自發放日起5年間不行使而消滅。該時效消滅之收益併入信託財產。除前項規定外，基於受益證券所為之其他給付，其請求權之消滅時效為15年依不動產證券化條例第41條規定，受益證券持有人之收益分配請求權，自發放日起5年間不行使而消滅。該時效消滅之收益併入信託財產。除前項規定外，基於受益證券所為之其他給付，其請求權之消滅時效為15年。答案為(C)。

46 **(A)**。依不動產證券化第4條第5款條例之規定，不動產投資信託：向不特定人募集發行或向特定人私募交付不動產投資信託受益證券，以投資不動產、不動產相關權利、不動產相關有價證券及其他經主管機關核准投資標的而成立之信託。答案(A)，以私募方式簡化管理。

47 **(D)**。答案(D)，錯誤。如創始機構之金融資產移轉，取得對抗債務人之效力，創始機構與債務人應以契約約定方式，依金融資產證券化條例第5條第1項規定，創始機構應於主管機關依第9條第1項或第73條第1項規定為核准或申報生效後，資產信託或讓與前，將其依本條例規定信託與受託機構或讓與特殊目的公司之主要資產之種類、數量及內容，於其本機構所在地日報或依主管機關規定之方式連續公告3日。非以受託機構與債務人於契約約定寄發依金融資產證券化條例所定公告之證明書者。答案(A)依民法第二百九十七條之規定，通知債務人、(B)向債務人寄發已依法公告之證明書者、(C)創始機構受受託機構之委任而擔任服務機構，負責向債務人收取債權，並依規定公告，皆屬正確。

48 **(C)**。「高淨值投資法人」指金融業以外之境內法人，最近一期經會計師查核或核閱之財務報告總資產超過新臺幣5,000萬元之法人或基金。但中華民國境外之法人，其財務報告免經會計師查核或核閱。答案(C)，正確。

49 **(C)**。創始機構將金融資產信託與受託機構或讓與特殊目的公司，由受託機構或特殊目的公司以該資產為基礎，發行受益證券或資產基礎證券。故信託當事人為創始機構與受託機構。答案為(C)。

50 **(C)**。依照金融資產證券化條例第102條規定，特殊目的公司或受託機構依本條例對非特定人公開招募之資產基礎證券或受益證券，應經主管機關認可之信用評等機構評定其評等等級。答案為(C)。

51 **(A)**。現行信託所得課稅制度採信託導管理論設計，視信託為委託人將信託利益移轉受益人的一個導管，乃依稅捐客體歸屬原則於所得發生時，課徵受益人所得稅。答案為(A)。

52 (A)。依照不動產證券化條例第22條第3項第2款規定，受託機構委請專業估價者出具估價報告書時，應符合下列規定（該交易行為，應於契約生效日起2日內，於受託機構本機構所在地之日報或依主管機關規定之方式辦理公告）：二、交易契約成立日前估價者，其價格日期與契約成立日期不得逾6個月。答案為(A)六個月。

53 (B)。金融機構之效益：(1)提供金融資產之流動性及使用效率。(2)提高金融機構之自有資本比率及經營績效。(3)降低資金調度成本。(4)擴大金融機構資金調度之管道。(5)分散金融資產風險，改善金融機構的資產負債。答案(B)處分自有不動產，錯誤。

54 (C)。依照金融資產證券化條例第17條第6項規定，第1項之公開說明書或第3項投資說明書之內容，除依證券主管機關或主管機關之規定外，應充分揭露下列事項：一、受益證券與創始機構之存款或其他負債無關，亦不受中央存款保險公司存款保險之保障。二、受託機構不保證信託財產之價值。三、受益證券持有人之可能投資風險，以及其相關權利。四、特殊目的信託契約之重要事項。答案(C)受益證券如經信用評等即可確保其收益，錯誤。

55 (B)。金融資產證券化條例第31條第1項規定，持有本金持分總數百分之三以上之受益人，得為受益人之共同利益事項，以書面請求信託監察人行使其權利。及第34條第2項規定，各受益人、信託監察人或因受託機構處理特殊目的信託事務所生債務之債權人，得請求閱覽、抄錄或影印前項之文書。答案(B)，正確。

56 (B)。依信託資金集合管理運用管理辦法第3條規定，信託業符合信託業營運範圍受益權轉讓限制風險揭露及行銷訂約管理辦法第4條、第5條第1款至第3款規定之條件者，得申請設置集管帳戶，且設置非專業投資人得委託投資之集管帳戶前應檢具相關書件函送同業公會審查後，由信託同業公會轉報金管會核准，此集管帳戶有管理辦法規定之變更或合併情事時，其程序與申請設置之程序相同。不須指定保管機構，答案為(B)。

57 (D)。依有關法令、證券投資信託契約或依證期會之命令，如發生應由受益人大會決議之事項時，投信公司即應召開受益人大會；若投信公司不能召開時，保管機構得依證期會之指示，及證券投資信託契約有關「受益人大會規則」之規定，召開受益人大會，其費用則由證券投資信託基金負擔。答案(D)，正確。

58 (D)。依照證券投資信託及顧問法第61條第1項規定，證券投資信託事業或證券投資顧問事業經營全權委託投資業務，應與客戶簽訂全權委託投資契約，明定其與客戶間因委任或信託關係所生之各項權利義務內容；並應由客戶與保管機構另行簽訂委任或信託契約。但依本法得自行保管委託投資資產者，不在此限。答案為(D)。

59 **(D)**。依照證券投資信託基金保管機構辦理基金資產交割作業準則第2條交割前作業第2項交割指示之確認第3款規定，交割指示內容不明確、指示之要項不齊全、有權人員簽章不符或欠缺、或交易內容不符法令與證券投資信託契約規定者，保管機構應拒絕依交割指示辦理交割，並儘速通知投信公司補正，書面交割指示應經投信公司編號，由保管機構依序建檔保存。(4)交易內容異常者，保管機構應向投信公司確認。故答案(D)，錯誤。

60 **(C)**。依照全權委託投資保管業務作業規定，擔任證券投資信託公司發行證券投資信託基金之保管機構，其日常應提供之服務主要包括：帳戶之開設、銷售款項之調撥、資產之保管、買賣之交割、收益之領取及分配、受益憑證之簽署、受益憑證買回價款與費用之支付、帳務處理與報表之提供、年度財務報表之簽署、受益人大會之召開、基金清算事宜之辦理、監督投信公司及求償。不包括答案(C)銷售款項之調撥。

61 **(D)**。依照不動產證券化條例第3條第1項規定，本條例所稱主管機關，為金融監督管理委員會。答案為(D)，正確。

62 **(D)**。資產之保管：(1)應以基金保管機構之基金專戶名義登記。(2)按基金帳戶別，獨立設帳保管證券投資信託基金。A.投信公司募集之信託基金，與其本身事業及保管機構之自有財產應分別獨立。B.基金所持有之財產，應登記為基金保管機構名義下某證券投資信託基金專戶。C.但持有外國之有價證券及證券相關商品，得依基金保管機構與國外受託保管機構所訂定之契約辦理。(3)應盡善良管理人之注意義務及忠實義務。答案(D)，正確。

63 **(A)**。資產之保管：(1)應以基金保管機構之基金專戶名義登記。(2)按基金帳戶別，獨立設帳保管證券投資信託基金。A.投信公司募集之信託基金，與其本身事業及保管機構之自有財產應分別獨立。B.基金所持有之財產，應登記為基金保管機構名義下某證券投資信託基金專戶。C.但持有外國之有價證券及證券相關商品，得依基金保管機構與國外受託保管機構所訂定之契約辦理。(3)應盡善良管理人之注意義務及忠實義務。答案(A)，錯誤。

64 **(C)**。越權交易之處理：受任人為個別全權委託投資帳戶從事有價證券或其他經金管會核准項目投資後，經全權委託保管機構出具越權交易通知書時，除經客戶出具同意交割之書面並經全權委託保管機構審核符合相關法令外，受任人應負履行責任，並於交割日前將保管機構認定為越權交易之款、券撥入客戶之投資保管帳戶，客戶與保管機構簽訂信託契約者，應撥入保管機構辦理交割之帳戶，由保管機構辦理交割。故答案(C)，錯誤。

65 **(B)**。依金融資產證券化條例第36條規定，受託機構應分別於每營業年度終了及資產信託證券化計畫執行完成後四個月內，就特殊目的信託之信託財產作成下列書表，向信託監察人報告，並通知各受益人：一、資產負債表。二、損益表。三、信託財產管理及運用之報告書。答案為(B)。

66 **(A)**。全球保管銀行可提供附加服務項目以增加收益：有價證券之借貸、績效分析之評估、稅務之管理、即時資訊系統之提供、現金餘額之管理等。答案為(A)。

67 **(D)**。保管機構得依證券投資信託公司之指示及證券投資信託契約之規定保管機構得依證券投資信託公司之指示及證券投資信託契約之規定自基金資產支付之費用項目，包括投信公司及保管機構之報酬、所有應付之稅捐、取得或處分基金資產所產生之直接成本及經紀商佣金等。不包括答案(D)銷售人員業務推廣之報酬。

68 **(C)**。依照全權委託投資保管業務作業規定，出具越權交易通知書之時限：全權委託保管機構就交割指示函所示內容認有逾越法令或契約所定限制範圍情事者（以下簡稱越權交易），應即於成交日次一營業日上午11時前，依委任或信託契約之約定，就越權部分出具越權交易通知書，載明越權之事由及詳細內容，分別通知客戶、受任人、證券商或其他交易對象及投信投顧公會。故答案為(C)。

69 **(B)**。依照證券投資信託事業證券投資顧問事業經營全權委託投資業務管理辦法第3條規定，證券投資信託事業或證券投資顧問事業經營全權委託投資業務應向金管會申請核准。答案為(B)。

70 **(D)**。依照集合管理運用金錢信託流動性資產範圍及比率準則第2條規定，信託業辦理信託業法第28條之信託資金集合管理及運用業務時，應保持適當之流動性，其持有流動性資產之範圍如下：(1)現金及銀行存款。(2)公債。(3)短期票券。(4)其他經財政部洽商中央銀行同意之資產。答案為(D)。

71 **(B)**。信託資金集合管理運用管理辦法第9條第1項第7款規定，信託業辦理非專業投資人得委託投資之信託資金集合管理運用之運用範圍，以具有次級交易市場之投資標的為原則，並應遵守下列規定：七、存放於同一金融機構之存款、投資其發行之金融債券與其保證之公司債及短期票券金額，合計不得超過投資當日全體集合管理運用帳戶淨資產總價值百分之三十及該金融機構淨值百分之十。答案為(B)。

72 **(B)**。依照信託資金集合管理運用管理辦法第18條第2項規定，集合管理運用帳戶之信託受益權，受益人不得轉讓之。答案為(B)。

73 **(C)**。信託資金集合管理運用管理辦法第26條規定，集合管理運用帳戶終止時，信託業應於主管機關核准或備查清算後，三個月內完成集合管理運用帳戶之清算，並將清算後之信託財產依信託受益權之比例分派與各受益人。信託業應將前項清算及分配之方式向主管機關申報及公告，並通知受益人，且應於清算程序終結後二個月內，將處理結果函報主管機關備查並通知受益人。但限專業投資人委託投資之集合管理運用帳戶免辦理公告。前項情形，約定條款定有信託監察人者，並應先經其承認後，再向主管機關申報或函報主管機關備查。答案(C)信託業得任意終止帳戶，錯誤。

74 **(C)**。信託資金集合管理運用管理辦法第9條第1項第2款、第3款規定，信託業辦理非專業投資人得委託投資之信託資金集合管理運用之運用範圍，以具有次級交易市場之投資標的為原則，並應遵守下列規定：二、不得辦理放款或提供擔保。三、不得從事證券信用交易。答案(C)，正確。

75 **(B)**。依信託資金集合管理運用管理辦法第17條規定，信託業設置集合管理運用帳戶，就營運範圍或方法相同之信託資金為集合管理運用，不得另收信託報酬。答案(B)，錯誤。

76 **(C)**。依信託資金集合管理運用管理辦法第5條規定，信託業設置之集合管理運用帳戶得受理非專業投資人委託投資者，第3條第2項第1款至第3款事項有變更時，應函送同業公會審查後，由同業公會併審查意見轉報主管機關核准；第5款信託監察人有變更時，應報請主管機關備查。答案為(C)。

77 **(C)**。信託業設立標準第3條：申請設立信託公司，其最低實收資本額為新臺幣二十億元，發起人及股東之出資以現金為限。但依本條例規定僅辦理不動產投資信託業務之信託公司，其最低實收資本額為新臺幣十億元；僅辦理不動產資產信託業務者，其最低實收資本額為新臺幣三億元；僅辦理不動產投資信託及不動產資產信託業務者，其最低實收資本額為新臺幣十億元。答案為(C)。

78 **(B)**。依證券投資信託及顧問法規定，本於信託關係，擔任證券投資信託契約受託人（亦即基金保管機構），依證券投資信託事業之運用指示從事保管、處分、收付證券投資信託基金，並依本法及證券投資信託契約辦理相關基金保管業務之信託公司或兼營信託業務之銀行。答案(B)須為銀行法第二十條所稱之銀行或信託業法第二條所稱之信託業，正確。

79 **(D)**。賠償準備金的金額，依照民國99年1月28日金管銀票字第09940000304號公告「信託業提存賠償準備金額度」規定：賠償準備金應提存至少新臺幣5000萬元，應提之賠償準備金逾實收資本額50%者，應即增資。兼營信託業務之證券投資信託事業、證券投資顧問事業及證券商，其辦理全權委託投資業務、以信託方式辦理財富管理業務及以信託方式辦理客戶委託保管及運用其款項業務提存之營業保證金，其中以現金及政府債券提存者，得充當賠償準備金。答案(D)正確，因為該銀行有指撥營運資金新台幣五千萬元，得以指撥營運資金充當賠償準備金。

80 **(D)**。委託人交付現金予受託人，現金不須信託登記，但依信託法之金錢信託，可為他益信託，投資標的可為有價證券、不動產等，依信託業法第20條，需信託登記。答案(D)正確，交付時無須信託登記；運用時所取得之財產為應登記財產者，應注意其信託登記事宜。

信託業務|銀行內控|初階授信|初階外匯|理財規劃|保險人員推薦用書

2F021121	初階外匯人員專業測驗重點整理+模擬試題	蘇育群	510元
2F031111	債權委外催收人員專業能力測驗重點整理+模擬試題	王文宏 邱雯瑄	470元
2F041101	外幣保單證照 7日速成	陳宣仲	430元
2F051111	無形資產評價師(初級、中級)能力鑑定速成	陳善	460元
2F061111	證券商高級業務員(重點整理+試題演練)	蘇育群	650元
2F071121	證券商業務員(重點整理+試題演練)	金永瑩	590元
2F081101	金融科技力知識檢定(重點整理+模擬試題)	李宗翰	390元
2F091121	風險管理基本能力測驗一次過關	金善英	近期出版
2F101121	理財規劃人員專業證照10日速成	楊昊軒	390元
2F111101	外匯交易專業能力測驗一次過關	蘇育群	390元

2F141121	防制洗錢與打擊資恐(重點整理+試題演練)	成琳	630元
2F151121	金融科技力知識檢定主題式題庫(含歷年試題解析)	黃秋樺	470元
2F161121	防制洗錢與打擊資恐7日速成	艾辰	550元
2F171121	14堂人身保險業務員資格測驗課 榮登博客來暢銷榜	陳宣仲 李元富	490元
2F181111	證券交易相關法規與實務	尹安	590元
2F191121	投資學與財務分析	王志成	570元
2F201121	證券投資與財務分析	王志成	460元
2F621111	信託業務專業測驗考前猜題及歷屆試題 榮登金石堂暢銷榜	龍田	590元
2F791121	圖解式金融市場常識與職業道德	金融編輯小組	430元
2F811121	銀行內部控制與內部稽核測驗焦點速成+歷屆試題 榮登金石堂暢銷榜	薛常湧	590元
2F851121	信託業務人員專業測驗一次過關	蔡季霖	670元
2F861121	衍生性金融商品銷售人員資格測驗一次過關	可樂	470元
2F881121	理財規劃人員專業能力測驗一次過關	可樂	600元
2F901121	初階授信人員專業能力測驗重點整理+歷年試題解析二合一過關寶典	艾帕斯	560元
2F911101	投信投顧相關法規(含自律規範)重點統整+歷年試題解析二合一過關寶典	陳怡如	470元
2F951101	財產保險業務員資格測驗(重點整理+試題演練)	楊昊軒	490元
2F121121	投資型保險商品第一科7日速成	葉佳洺	590元
2F131121	投資型保險商品第二科7日速成	葉佳洺	近期出版
2F991081	企業內部控制基本能力測驗(重點統整+歷年試題)	高瀅	450元

千華數位文化股份有限公司

■新北市中和區中山路三段136巷10弄17號 ■千華公職資訊網 http://www.chienhua.com.tw
■TEL: 02-22289070 FAX: 02-22289076

千華會員享有最值優惠!

立即加入會員

會員等級	一般會員	VIP 會員	上榜考生
條件	免費加入	1. 直接付費 1500 元 2. 單筆購物滿 5000 元	提供國考、證照相關考試上榜及教材使用證明
折價券	200 元	500 元	
購物折扣	▪ 平時購書 9 折 ▪ 新書 79 折 (兩周)	▪ 書籍 75 折　▪ 函授 5 折	
生日驚喜		●	●
任選書籍三本		●	●
學習診斷測驗(5科)		●	●
電子書(1本)		●	●
名師面對面		●	

facebook

公職 ・ 證照考試資訊

專業考用書籍｜數位學習課程｜考試經驗分享

f 千華公職證照粉絲團

按讚送E-coupon

Step1. 於FB「千華公職證照粉絲團」按讚

Step2. 請在粉絲團的訊息，留下您的千華會員帳號

Step3. 粉絲團管理者核對您的會員帳號後，將立即回贈e-coupon 200元。

千華 Line@ 專人諮詢服務

- 有疑問想要諮詢嗎？歡迎加入千華LINE@！
- 無論是考試日期、教材推薦、勘誤問題等，都能得到滿意的服務。
- 我們提供專人諮詢互動，更能時時掌握考訊及優惠活動！

最狂校長帶你邁向金榜之路

15 招最狂國考攻略

謝龍卿 / 編著

獨創 15 招考試方法，以圖文傳授解題絕招，並有多張手稿筆記示範，讓考生可更直接明瞭高手做筆記的方式！

榮登博客來、金石堂暢銷排行榜

贏在執行力！吳盼盼一年雙榜致勝關鍵

吳盼盼 / 著

一本充滿「希望感」的學習祕笈，重新詮釋讀書考試的意義，坦率且饒富趣味地直指大眾學習的盲點。

更多產品資訊

http://0rz.tw/4UaQS

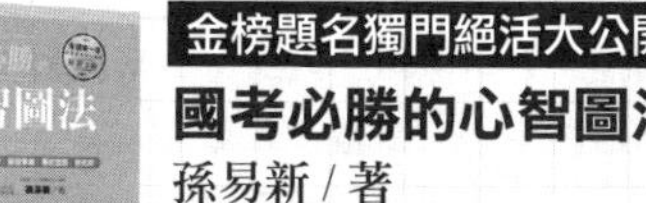

好評2刷！

金榜題名獨門絕活大公開

國考必勝的心智圖法

孫易新 / 著

全球第一位心智圖法華人講師，唯一針對國考編寫心智圖專書，公開國考準備心法！

熱銷2版！

江湖流傳已久的必勝寶典

國考聖經

王永彰 / 著

九個月就考取的驚人上榜歷程，及長達十餘年的輔考經驗，所有國考生的 Q&A，都收錄在這本！

熱銷3版！

雙榜狀元讀書秘訣無私公開

圖解 最省力的榜首讀書法

賴小節 / 編著

榜首五大讀書技巧不可錯過，圖解重點快速記憶，答題技巧無私傳授，規劃切實可行的讀書計畫！

榮登金石堂暢銷排行榜

請問，國考好考嗎？

開心公主 / 編著

開心公主以淺白的方式介紹國家考試與豐富的應試經驗，與你無私、毫無保留分享擬定考場戰略的秘訣，內容囊括申論題、選擇題的破解方法，以及獲取高分的小撇步等，讓你能比其他人掌握考場先機！

推薦學習方法　影音課程

每天 10 分鐘！斜槓考生養成計畫

立即試看

斜槓考生 / 必學的考試技巧 / 規劃高效益的職涯生涯

看完課程後，你可以學到　　講師 / 謝龍卿

1. 找到適合自己的應考核心能力
2. 快速且有系統的學習
3. 解題技巧與判斷答案之能力

國考特訓班 心智圖筆記術

立即試看

筆記術 + 記憶法 / 學習地圖結構

本課程將與你分享　　講師 / 孫易新

1. 心智圖法「筆記」實務演練
2. 強化「記憶力」的技巧
3. 國考心智圖「案例」分享

國家圖書館出版品預行編目(CIP)資料

(金融證照)信託業務人員專業測驗一次過關/蔡季霖編著. -- 第四版. -- 新北市 : 千華數位文化股份有限公司, 2023.02

面 ; 公分

ISBN 978-626-337-642-7 (平裝)

1.CST: 信託 2.CST: 信託法規

563.3 112001828

[金融證照]　**信託業務人員專業測驗一次過關**

編　著　者：蔡　季　霖

發　行　人：廖　雪　鳳

登　記　證：行政院新聞局局版台業字第 3388 號

出　版　者：千華數位文化股份有限公司

地址／新北市中和區中山路三段 136 巷 10 弄 17 號

電話／ (02)2228-9070　　傳真／ (02)2228-9076

郵撥／第 19924628 號　千華數位文化公司帳戶

千華公職資訊網 : http://www.chienhua.com.tw

千華網路書店 : http://www.chienhua.com.tw/bookstore

網路客服信箱 : chienhua@chienhua.com.tw

法律顧問：永然聯合法律事務所

編輯經理：甯開遠

主　　編：甯開遠

執行編輯：廖信凱

校　　對：千華資深編輯群

排版主任：陳春花

排　　版：林婕瀅

出版日期：2023 年 2 月 28 日　　　第四版／第一刷

本書如有勘誤或其他補充資料，
將刊於千華公職資訊網　http://www.chienhua.com.tw
歡迎上網下載。